Generalregister

zu

Band 161 bis 170

der von den Mitgliedern des Reichsgerichts und der Reichsanwaltschaft herausgegebenen

Entscheidungen des Reichsgerichts in Zivilsachen

Nebst einer Vorbemerkung

Bearbeitet

von

Dr. H. Schack

Berlin 1944

Walter de Gruyter & Co.

vormals G. J. Göschen'sche Verlagshandlung - J. Guttentag, Verlagsbuchhandlung - Georg Reimer - Karl J. Trübner - Veit & Comp.

Printed in Germany

Archiv-Nr. 280344

Vorbemerkung.

Das vorliegende Hauptinhaltsverzeichnis für die Bände 161 bis 170 der Reichsgerichtsentscheidungen in Zivilsachen ist von mir in der Zeit vom Oktober 1939 bis Ende Mai 1943 nach den bisherigen Grundsätzen (s. Vorbemerkung zum Generalregister zu Band 151 bis 160) bearbeitet worden. Mit der Drucklegung und den ersten Druckberichtigungen konnte im August 1943 begonnen werden.

In der Nacht vom 20. auf den 21. Oktober 1943 wurde die Druckarbeit durch den Brand der Druckerei Metzger & Wittig infolge Feindangriffs jäh unterbrochen; es ergab sich, daß die Handschrift und der fast schon vollendete Drucksatz neu angefertigt werden mußten. Anfang Oktober 1944 war die Drucklegung vollendet. Bei dieser zweiten Bearbeitung hat Herr Senatspräsident Dr. H. Günther die des Quellenregisters unter III. übernommen.

Dr. H. Schack.

Inhalt.

I. Systematisches Register.

Erster Teil. Zivilrecht.

Erster Abschnitt. Allgemeine Lehren.

Erstes Kapitel. Rechtsquellen.

Zweites Kapitel. Allgemeine Grundsätze von den Rechten und ihrer Verfolgung.

Drittes Kapitel. Personen.

Viertes Kapitel. Sachen.

Fünftes Kapitel. Handlungen.

Sechstes Kapitel. Zeitverhältnisse. Aufgebot und Ausschluß von Rechten.

Zweiter Abschnitt. Sachenrecht.

Erstes Kapitel. Allgemeiner Teil.

Zweites Kapitel. Das Eigentum.

Drittes Kapitel. Dingliche Rechte an fremden Sachen.

Viertes Kapitel. Pfandrecht.

Fünftes Kapitel. Sonstige dingliche Rechtsverhältnisse.

Dritter Abschnitt. Recht der Schuldverhältnisse.

Erstes Kapitel. Allgemeiner Teil.

1. Subjekte der Schuldverhältnisse.

2. Gegenstand und Inhalt der Schuldverhältnisse.

3. Schuldverhältnisse aus Verträgen.

4. Übertragung der Schuldverhältnisse.

5. Erlöschen der Schuldverhältnisse.

Zweites Kapitel. Einzelne Schuldverhältnisse.

1. Verträge und vertragsähnliche Verhältnisse.

2. Ungerechtfertigte Bereicherung. Unerlaubte und ähnliche Handlungen. Haftung für andere.

3. Schutz des geistigen Eigentums und gewerblicher Rechte.

4. Vertragsverhältnisse und sonstige Rechtsverhältnisse in Zusammenhang mit dem öffentlichen Recht. Recht öffentlicher Unternehmungen und Anstalten.

Vierter Abschnitt. Familienrecht.

Erstes Kapitel. Ehe.

Zweites Kapitel. Verwandtschaft.

Drittes Kapitel. Vormundschaft und Pflegschaft.

Fünfter Abschnitt. Erbrecht.

Sechster Abschnitt. Handelsrecht.

Erstes Kapitel. Der Handelsstand.

Zweites Kapitel. Die Handelsgesellschaften. (Gesellschaften mbH., Genossenschaften.)

Drittes Kapitel. Handelsrechtliche Vereinigungen.

Viertes Kapitel. Die Handelsgeschäfte.

1. Die Handelsgeschäfte im allgemeinen.

Zweiter Teil. Zivilprozeß.

Erstes Kapitel. Allgemeine Grundsätze.

Zweites Kapitel. Die Zivilprozeßordnung.

1. Die Gerichte.

2. Die Parteien.

Dritter Teil. Konkurs- und Vergleichsrecht.

I. Konkursordnung.

II. Vergleichsordnung.

Vierter Teil. Freiwillige Gerichtsbarkeit.

Fünfter Teil. Staats- und Verwaltungsrecht.

Sechster Teil. Kirchenrecht.

Siebenter Teil. Völkerrecht.

Achter Teil. Kolonialrecht. Schutzgebiete.

Neunter Teil. Krieg und Kriegsgesetze. Versailler Vertrag.

Zehnter Teil. Aufwertung nach den Aufwertungsgesetzen und nach dem Anleiheablösungsgesetz.

Elfter Teil.

II. Alphabetisches Register. 494

III. Quellenregister.

Erster Teil. Reichsrecht.

Erster Abschnitt.

Zweiter Abschnitt.

Zweiter Teil. Gemeines Recht.

Dritter Teil. Preußisches Allgemeines Landrecht.

Vierter Teil. Rheinisches Recht.

Abkürzungen.

Die fetten Ziffern bedeuten den Band, die gewöhnlichen ohne Zusatz die Seite; anders in den Zusammenstellungen IV und V, s. dort.

Ferner bedeuten:

AbwVo. = Abwicklungsverordnung.

aF. = alte Fassung.

ALR. = Preuß. Allgemeines Landrecht (1794).

AnfG. = Anfechtungsgesetz vom 21. Juli 1879/17. Mai 1898.

AusfG. z. = Ausführungsgesetz zu (zum, zur ...).

BeamtHaftG. = Gesetz über die Haftung des Reichs (des Staates usw.) für seine Beamten.

BBG. = Berufsbeamtentumsgesetz.

BinnSchG. = Binnenschiffahrtsgesetz.

BörsG. = Börsengesetz.

BRÄndG. = Beamtenrechtsänderungsgesetz.

DBG. = Deutsches Beamtengesetz.

DurchfVo. = Durchführungsverordnung.

EG. z. = Einführungsgesetz zu (zum, zur ...).

EheG. = Gesetz zur Vereinheitlichung des Rechts der Eheschließung usw. vom 6. Juli 1938.

Einl. z. = Einleitung zum ...

EnteigG., EntG. = Enteignungsgesetz.

EVO. = Eisenbahnverkehrsordnung.

FamRÄndG. = Familienrechtsänderungsgesetz vom 12. April 1938.

FGG. = Reichsgesetz über die freiwillige Gerichtsbarkeit.

G., Ges. = Gesetz.

GBO. = Reichsgrundbuchordnung.

GebrMG. = Gesetz über den Schutz von Gebrauchsmustern.

GemR. = Gemeines Recht.

GenG. = Genossenschaftsgesetz.

GeschmMG. = Geschmacksmustergesetz.

GewO. = Gewerbeordnung.

GewUnfVersG. = Gewerbeunfallversicherungs-Gesetz.

GKG. = Gerichtskostengesetz.

GmbGH. = Gesetz, betr. die Gesellschaften mit beschränkter Haftung.

GVG. = Gerichtsverfassungsgesetz.

HGB. = Handelsgesetzbuch.

KBG. = Preuß. Gesetz über die Anstellung und Versorgung der Kommunalbeamten v. 30. Juli 1899.

KO. = Konkursordnung.

KFG. = Gesetz über den Verkehr mit Kraftfahrzeugen.

KFVo. = Verordnung über Kraftfahrzeugverkehr.

KrankVersG. = Krankenversicherungsgesetz (Gesetze vor der Reichsversicherungsverordnung).

LGO. = Landgemeindeordnung.

LitUrhG. = Ges. über das Urheberrecht an Werken der Literatur und der Tonkunst.

LuftVG. = Luftverkehrsgesetz.

nF. = neue Fassung.

O. = Ordnung.

Osth. = Osthilfe.

PatG. = Patentgesetz.

PreistrVo. = Verordnung gegen Preistreiberei.

R. = Reich (Reichs ...).

RAGebO. = Gebührenordnung für Rechtsanwälte.

RAO. = Rechtsanwaltsordnung.

RBG. = Reichsbeamtengesetz (31. März 1873/18. Mai 1907).

RErbhG. = Reichserbhofgesetz.

RJagdG. = Reichsjagdgesetz.

RS. = Reichssiedlungsgesetz.

RVO. = Reichsversicherungsordnung.

SchRG. = Schuldenregelungsgesetz vom 1. Juni 1933.

SichVo. = Verordnung zur Sicherung der Ernte usw. vom 17. Nov. 1931.

StGB. = Strafgesetzbuch.

StPO. = Strafprozeßordnung.

UnfFürsG. = Unfallfürsorgegesetz für Beamte usw.

UnfVersG. = Unfallversicherungsgesetz (Ges. vor der ReichsversichO.).

UnlWG. = Gesetz zur Bekämpfung des unlauteren Wettbewerbs.

VAG. = Gesetz über die privaten Versicherungsunternehmungen (Versicherungsaufsichtsgesetz).

VerglO. = Vergleichsordnung.

VerlG. = Gesetz über das Verlagsrecht.

Vo. = Verordnung.

VVG. = Gesetz über den Versicherungsvertrag.

WO. = Wechselordnung.

WZG. = Warenzeichengesetz.

ZPO. = Zivilprozeßordnung.

ZVG. = Zwangsversteigerungsgesetz.

Die Nummernfolge der Paragraphen im systematischen Register entspricht den früheren Generalregistern.

I

Systematisches Register

Alphabetische Übersicht.

(Die Verweisungen beziehen sich auf die Paragraphen des nachfolgenden Registers.)

A

B

C

D

E

F

G

H

J

K

L

M

N

O

P

T

U

V

W

Z

(Die Verweisungen beziehen sich auf die Bände — fette Ziffern — und Seiten — gewöhnliche Ziffern — der Entscheidungen.)

Erster Teil.

Zivilrecht.

Erster Abschnitt. Allgemeine Lehren.

Erstes Kapitel. Rechtsquellen.

§ 1. Verhältnis der verschiedenen Rechtsquellen desselben Rechtsgebiets zueinander.

I. Reichsrecht und Landesrecht. Verhältnis des BGB. und des sonstigen sachlichen Rechts zu den Landesgesetzen sowie zum österreichischen (sudetendeutschen) Recht.

1) BGB. § 906 (RGewO. § 26) und ABGB. §§ 364, 364a. **161**, 65. — 2) BGB. §§ 1018, 1019 und ABGB. § 472. **161**, 90. — 3) Feststellungsklage eines während der Ehe geborenen Kindes gegen einen bestellten Pfleger, daß es blutmäßig nicht von dem jüdischen Ehemann abstammt. **161**, 325. — 4) Halter des Kraftwagens nach deutschem Recht und Betriebsunternehmer nach öst. Recht. **161**, 359 (360). — 5) Zum Schikane- und zum Schadensbegriff (ABGB. §§ 1293, 1295 Abs. 2 und BGB. §§ 226, 826). **162**, 65. — 6) Die blutmäßige Abstammung eines Kindes als ein (festzustellendes) Rechtsverhältnis. **162**, 113 (115). — 7) Rechtsanwaltsvertrag. **162**, 171. — 8) Art. 675 RhBGB. gilt in seinem örtlichen Anwendungsgebiet noch heute als Teil des in § 922 BGB. nicht geregelten Fensterrechts. Doch kann die nach Art. 675 erforderliche Zustimmung mit Rücksicht auf das nachbarliche Gemeinschaftsverhältnis nicht ohne triftigen Grund versagt werden. **162**, 209. — 9) § 25 des Preußischen Eisenbahn-Gesetzes vom 3. November 1838 gilt im Gebiete des Landes Preußen auch für die deutsche Reichsbahn. **163**, 65. — 10) Das Recht auf Benutzung und Erhaltung gemeinschaftlicher, die Nachbargrundstücke scheidender Mauern ist in § 922 BGB. erschöpfend geregelt. Im Bereiche dieser reichsrechtlichen Vorschrift haben ältere landesrechtliche Bestimmungen seit dem 1. Januar 1900 ihre Geltung verloren. Art. 124 EG. z. BGB. läßt nur diejenigen landesgesetzlichen Bestimmungen unberührt, welche das Eigentum an Grundstücken zugunsten der Nachbarn noch andern als den im Bürgerlichen Gesetzbuche bestimmten Beschränkungen unterwerfen. Diese Fassung ist mit Bedacht gewählt worden, um klarzustellen, daß der Inhalt der vom Bürgerlichen Gesetzbuche selbst verordneten nachbarrechtlichen Eigentumsbeschränkungen durch Landesrecht nicht geändert, also

weder erweitert noch verengt werden dürfen. Nur für andre als die reichsrechtlich bereits geregelten Eigentumsbeschränkungen blieb Raum. **162**, 209 (210). — 11) Die Reichsgesetzgebung steht dem Fortbestehen der französisch-rechtlichen Gemeinschaftlichkeit von Scheidemauern nach den Art. 653 flg. des Badischen Landesrechts nicht entgegen. **162**, 209 (212). — 12) Zu § 158 ABGB. und § 1594 Abs. 2 BGB. **163**, 90; **164**, 193 flg. — 13) Zu § 163 ABGB. und § 1717 BGB. **164**, 45 (46). — 14) Ein Anspruch, der nur im Wege der Vollstreckung zur Erwirkung von Handlungen und Unterlassungen erzwungen werden kann, ist kein Anspruch, der den Gläubiger zur Anfechtung von Rechtshandlungen seines Schuldners berechtigt. Dies gilt sowohl für das tschechoslowakische und österreichische Rechtsgebiet als auch für das Rechtsgebiet des Altreichs. **164**, 188 (192). — 15) Zu § 259 BGB. und §§ 1012, 1198 ABGB. im Falle der Zwangsvollstreckung in Forderungen des Schuldners durch Überweisung zur Einziehung. **164**, 348 (349 flg.). — 16) Ein aus dem Altreich stammender Erblasser, der seine Niederlassung zur Zeit seines Todes in der Ostmark hatte, wird nach dem Allgemeinen Bürgerlichen Gesetzbuch beerbt. **164**, 359. — 17) Die Übertragung des Eigentums an einem Grundstück und das Erwerbsgeschäft nach dem Recht der Ostmark und dem des Altreichs. **165**, 117 (118 flg.). — 18) Geltendmachung des Pflichtteilsanspruchs gegenüber den Erben; zu § 783 ABGB., § 2320 BGB. **165**, 207 (208). — 19) Sittliche Pflicht des Erzeugers, für das von ihm im Ehebruch erzeugte Kind zu sorgen; kein Bereicherungs- (Widerrufs-) recht bei Anerkenntnis. **165**, 358 (362). — 20) Keine Erfolgshaftung des Fahrschülers. **166**, 81 (82). — 21) Regelung des Verhältnisses zwischen den Kindern aus geschiedenen Ehen und ihren Eltern (§ 43 Abs. 1, § 36 FGG. in Verb. mit § 11 BGB.; §§ 109, 66, 71 JN.; § 81 EheG.; § 142 ABGB.). **166**, 377 flg. — 22) Hemmung der Ausschlußfrist zur Bestreitung der Ehelichkeit eines Kindes. **166**, 401 (403 flg.). — 23) Grundsatz der Staatshaftung, Amtspflichtverletzung, Gefährdungshaftung, Kraftfahrzeugrecht. **167**, 1 (7 flg., 9 flg., 11 flg.). — 24) § 831 BGB. und § 1315 ABGB., § 242 BGB. und § 879 Abs. 1 ABGB. **167**, 391 (396, 400). — 25) Zweck der Preisstopverordnung. **168**, 22 (29). — 26) § 134 BGB. und § 879 ABGB. **168**, 91 (97 flg.). — 27) § 138 BGB. und § 879 ABGB. **168**, 108 (110 flg.). — 28) § 313 BGB. und entsprechender Geltungsbereich des ABGB. **168**, 343 (344). — 29) Deutsches und österreichisches Patentrecht. **169**, 161. — 30) Erbrechtliche Verhältnisse im Altreich und in der Ostmark. **169**, 192. — 31) Zu §§ 1392 flg. ABGB., § 398 BGB. Abtretung zur Einziehung. Prozeßstandschaft. Klagrücknahme, Anspruchsverzicht. **170**, 191. — 32) Zwischenstaatliches und interlokales Recht im Altreich und in der Ostmark, Staatsangehörigkeitsgrundsatz und Landesangehörigkeit; deutsch-österreichisches Vormundschaftsabkommen. **170**, 188 (201 flg.).

II. Allgemeines Landesrecht. Provinzialrecht. Ortsrecht.

---

§ 2. Verhältnis des BGB. zu anderen Reichsgesetzen.

1) § 1582 BGB. und § 78 EheG. **162**, 298 (301). — 2) § 1990 BGB. und § 780 ZPO. **162**, 298 (300).

§ 3. Rechte der Konsularbezirke.

— — — — — — — — — — — — —

§ 4. Gesetze. Verordnungen (Polizeiverordnungen). Ortssatzungen. Ausführungsbestimmungen. Verwaltungsvorschriften. Prüfung der Gültigkeit.

1) a. Die lediglich auf der verfassungsmäßigen Leitungs- und Dienstgewalt eines Reichsministers beruhenden Organisationsverordnungen (so die Zuständigkeitsordnung des Reichspostministers vom 13. März 1928 PABl. 1928 S. 115) sind nicht als Rechtsverordnungen, sondern als Verwaltungsverordnungen anzusehen. — b. Zur Frage, ob und inwieweit entgegen solchen Organisationsverordnungen die Vertretungsbefugnis einer Behörde im rechtsgeschäftlichen Kreise — insbesondere etwa unter dem Gesichtspunkte des Gewohnheitsrechts — durch Verwaltungsübung begründet werden kann. **162**, 129 (134flg., 143flg.). — 2. Die sog. Benutzungsordnungen der Reichspost, so die Fernsprechordnung vom 15. Februar 1927, sind Rechtsverordnungen; sie sind auf Grund ausdrücklicher gesetzlicher Ermächtigung und mit Bezugnahme auf diese erlassen worden, wodurch ihre Rechtsnatur klar in Erscheinung tritt. **162**, 129 (137). — 3) Zur Ausschließung des ordentlichen Rechtswegs nach § 11 des Kleinrentnerhilfsgesetzes würde eine Rechtsverordnung gehören. **164**, 226 (230). — 4) Zu Art. 129 Abs. 1 Satz 4 WeimVerf. Rechtsweg. Die Nachprüfung der Rechtmäßigkeit einer nur aus wichtigem Grunde statthaften Kündigung, d. h. eines rechtsgestaltenden Verwaltungsaktes, durch den mit einem vermögensrechtlichen Anspruch des betroffenen Beamten befaßten ordentlichen Richter kann landes- oder ortsgesetzlich ausgeschlossen werden. **166**, 218 (232). — 5) Erlasse des Reichskommissars für die Preisbildung stellen innerdienstliche Verfügungen dar, die nicht das Wesen einer Rechtsquelle haben. Die darin niedergelegte Rechtsauffassung ist ohne Mitwirkung der übrigen Zentralbehörden geäußert und kann demnach nicht als eine Anordnung angesehen werden, die eine gesetzliche Regelung ersetzt und für die Gerichte bindend wäre. **168**, 91 (102). — 6) Zu § 332 BGB. als Auslegungsregel. **168**, 177 (186). — 7) Allgemeine Geschäftsbedingungen als Rechtsnormen; Vertragsordnung als Rechtsnormen; Auslegung. **170**, 233 (241).

§ 5. Auslegung der Gesetze.

(Auslegung der Prozeßgesetze — ZPO., GVG., GKG., KO., VerglO., ZVG., EGzZVG., GrundbuchO., FGG., Entlastungsvorschr. — § 271.)

I. Entstehungsgeschichte.

Entstehungsgeschichte eines Gesetzes (Geschichtliche Entwicklung und Gesetzesmaterialien, wie Reichstags-, Kommissions-, Ausschußverhandlungen — Protokolle —, amtliche Begründung — Motive, Denkschriften —) als Auslegungsmittel **161**, 149 (KFG. § 7 Abs. 3); **161**, 240 (pr. Ges. über die Trennung dauernd vereinigter Schul- und Kirchenämter vom 7. September 1938); **161**, 261 (für die Frage der Zulässigkeit der Parteivernehmung über Scheidungsgründe im [öst.] Scheidungsverfahren ist nach den Beweggründen des Gesetzgebers nicht zwischen dem Verfahren wegen Nichtigkeit oder Aufhebung der Ehe einerseits oder wegen Trennung der Ehe anderseits zu unterscheiden); **161**, 359 (Öst. KraftfHG.; Betriebsunternehmer des Kraftwagens; Bericht des Öst. Abgeordnetenhauses); **161**, 386 (Gesetze über den gewerblichen Rechtsschutz vom 5. Mai 1936); **162**, 16, 18 flg. (Anfechtung der Ehelichkeit eines Kindes); **162**, 24, 27 (zu § 138 ZPO.); **162**, 52, 56 flg., 59 (zu Art. 59, jetzt 96 EGBGB. [Leibgedinge]); **162**, 69, 72 (zu § 170 Nr. 5 EG.); **162**, 116, 118 flg. (zu § 1617 BG. [Dienstleistungen des Kindes im Hauswesen und Geschäfte der Eltern]); **162**, 209, 210 (zu Art. 124 EG. z. BGB.); **162**, 218, 221 (zu § 12 AnfG.); **162**, 244, 250 flg. (zu § 356 HGB.); **162**, 308, 311 (Reichshaftungsgesetz); **163**, 43 flg. (zu § 3a RHaftpflG., § 11 KFG.); **163**, 46, 48 flg. (Schuldenbereinigungsgesetz); **163**, 57, 61 (Testamentsgesetz); **163**, 68, 71 (Neuregelung der Ehelichkeitsanfechtung durch das Familienrechtsänderungsgesetz); **163**, 88, 89 (Haftung des Reichs für seine Beamten); **163**, 142, 148 (Gesetz über die Veräußerung von Nießbrauchsrechten und beschränkten persönlichen Dienstbarkeiten vom 13. Dezember 1935); **163**, 151, 162 flg. (Gesetz über die Änderung und Ergänzung familienrechtlicher Vorschriften und über die Rechtsstellung der Staatenlosen vom 12. April 1938); **163**, 189, 191 (zu § 879 ABGB.); **163**, 261, 266 (Rückwirkung der Dritten Teilnovelle zum ABGB.); **163**, 297, 301, 302 (Entschädigung für unschuldig erlittene Untersuchungshaft); **163**, 348, 353, 358 (zu § 988 BGB.); **164**, 1, 8 (Gesetz über die Beschränkung der Rückgriffshaftung der Soldaten vom 7. April 1937); **164**, 92, 95 (zur Unterhaltspflicht des an der Scheidung schuldigen Ehegatten); **164**, 115, 120 (zu § 28 HGB.) **164**, 177, 181 (Gesamtvertretung bei der Aktiengesellschaft); **164**, 196, 199 (Nießbrauch an einem Bruchteil einer Sache); **164**, 290 (zu § 58 Abs. 2 EheG.); **164**, 383 (zu § 54 EheG.); **164**, 388 (zu Art. 27 des Preußischen Ausführungsgesetzes zum Bürgerlichen Gesetzbuch); **165**, 136, 138 (tschechoslowakisches Gesetz vom 9. Oktober 1936 über die Neuregelung der tschechoslowakischen Währung); **165**, 166, 168, 173 (Binnenschiffahrtsgesetz; **165**, 166, 179, 183 (große Haverei); **166**, 129, 131 (amtliche Begründung zum Aktiengesetz zu §§ 195, 196); **166**, 218, 222 flg., 239 (Beratung des Entwurfs der Strafprozeßordnung, Beschlagnahme); **166**, 218, 225 (zu Art. 131 WeimVerf.); **166**, 218, 225 flg. (Erlaß der Reichsjustizgesetze; § 13 GVG., Zulässigkeit des Rechtswegs); **166**, 334, 337 (zu § 36 HGB.); **166**, 344, 347 (zu § 54 EheG.); **167**, 14, 22 (zu § 909 BGB.); **167**, 85, 89 (Aufwendungen des Lebensretters oder seiner Hinterbliebenen); **167**, 85, 90 (Lebensrettung, §§ 553a, 627 RVO.); **167**, 151, 167 (zu § 132 AktG.); **167**, 193, 196 (Art. 17 EG. z. BGB.); **167**, 193, 197 (Haager Ehescheidungsabkommen, Trennung von Tisch und Bett); **167**, 305, 307 (amtliche Begründung zum Gesetz vom 30. Juni 1937 über das Verfahren in Binnenschiffahrtssachen); **167**, 385, 388 (Begründung zum Gesetz vom 20. Dezember 1928 [Reichsversicherungsordnung]); **167**, 385, 388 (Begründung zum Feuerlöschgesetz vom 15. Dezember 1933); **168**, 240, 245 (Begründung zur VO. über Fremdwährungsschulden vom 5. Dezember 1936); **169**, 65, 82 (BGB. 45; Protokolle); **169**, 64, 89 (zu BGB. § 538; Mot.); **169**, 257, 264 (HGB. § 621; Protokolle z. allgemeinen Deutschen HGB.); **169**, 289, 293 (amtliche Begründung zu § 5 GebrMG.); **169**, 345, 352 (amtliche Begründung zu § 15 EheG.).

II. Allgemeine Erörterungen, insbesondere Grundsätze der neuen Rechtsentwicklung seit 1933.

1) Der Begriff der „geistigen Störung" nach § 50 EheG. beschränkt sich nicht auf Geisteskrankheiten, sei es auch nur solche mindern Grades; auch bloße „nervöse" Störungen fallen darunter. **161**, 106. — 2) Das Postscheckverhältnis ist kein rein einseitiges Unterwerfungsverhältnis des Teilnehmers gegenüber der Reichspost; es begründet vielmehr gegenseitige Rechte und Pflichten im Sinne eines öffentlich-rechtlichen Vertrags. **161**, 174 (180). — 3) Die Verordnung zur Ausschaltung der Juden aus dem deutschen Wirtschaftsleben vom 12. November 1938 berechtigt eine Aktiengesellschaft jedenfalls dann nicht, einem ausgeschiednen jüdischen Vorstandsmitglied ein vereinbartes Ruhegehalt zu entziehen, wenn der Jude nicht wegen seiner Rassezugehörigkeit im Zuge der politischen Entwicklung, sondern aus andern Gründen aus dem Vorstande ausgeschieden ist. **161**, 301. — 4) Die Personenbeförderung durch die Reichsbahn ist auch heute noch nicht die Ausübung fürsorglicher Hoheitsgewalt, sondern hält sich im bürgerlichrechtlichen Geschäftskreise, wenn auch die Übernahme des Eisenbahnverkehrs durch das Reich und seine Verwaltung mehr noch als bisher — wie nach heutiger Erkenntnis jede staatliche Betätigung — auf den Nutzen des Volksganzen eingestellt ist. **161**, 341 (348). — 5) Über die heutigen Anschauungen über die Bedeutung der Formvorschriften bei der Errichtung eines öffentlichen Testaments. **161**, 378. — 6) Zur Beachtlichkeit des Widerspruchs nach § 55 Abs. 2 EheG. **161**, 398. — 7) Nach Sinn und Zweck des § 55 EheG. sind unheilbar zerrüttete Ehen grundsätzlich zu scheiden und die Beachtung des Widerspruchs des Ehegatten, der an der Ehe festhalten will, bildet die nur durch besondere Gründe zu rechtfertigende Ausnahme. **162**, 20 (22). — 8) Gerade in Fällen, in denen der Kläger die Freiheit vom Eheband erstrebt, ohne daß die Gründung einer neuen Ehe in Frage kommt, kann die Abwägung der neben den völkischen Belangen zu berücksichtigenden persönlichen Belange der Ehegatten dazu führen, den schuldigen Ehegatten an der Ehe trotz deren Zerrüttung festzuhalten. **162**, 20 (23). — 9) Der Tatbestand des § 55 Abs. 1 EheG., insbesondere die dort vorausgesetzte unheilbare Ehezerrüttung, gibt dem auf Herstellung der ehelichen Gemeinschaft in Anspruch genommenen Ehegatten nicht das Recht, diese Herstellung zu verweigern. **162**, 32. — 10) Auch nach dem neuen Eherecht ist eine Klage auf Herstellung der ehelichen Gemeinschaft grundsätzlich zulässig, ohne daß etwa besondere Umstände für ein Rechtsschutzbedürfnis dargetan werden müßten. **162**, 32 (33). — 11) Für die Entscheidung eines Streites zwischen zwei Mitgliedern eines Milchwirtschaftsverbandes über die Ordnungsmäßigkeit und Verbindlichkeit einer von dem Verband vorgenommenen Festsetzung des Milchpreises sind die Marktschiedsgerichte unter Ausschluß des ordentlichen Rechtsweges zuständig. **162**, 137. — 12) Wird geltend gemacht, daß ein besonderer Rechtszug unter Ausschluß des ordentlichen Rechtswegs geschaffen sei, so handelt es sich weder um die prozeßhindernde Einrede aus § 274 Abs. 2 Nr. 3 ZPO. noch um die Einrede der sachlichen Unzuständigkeit nach § 274 Abs. 2 Nr. 1 das., sondern um die Frage der Unzulässigkeit des Rechtswegs;

dann ist die Revision ohne Rücksicht auf den Wert des Beschwerdegegenstandes zulässig. **162,** 37 (39). — 13) Im allgemeinen ist die Aufrechterhaltung einer unheilbar zerrütteten Ehe nicht als sittlich gerechtfertigt anzusehen; im Einzelfall müssen besondere Umstände vorliegen, wenn es gerechtfertigt sein soll, den schuldigen Ehegatten an den durch die Eheschließung übernommenen Verpflichtungen festzuhalten. **162,** 44. — 14) Zur Beachtlichkeit des Widerspruchs gemäß § 55 Abs. 2 EheG.; es kommt rechtsgrundsätzlich nicht darauf an, ob die Verfehlung, durch welche die Zerrüttung verursacht sein soll, verziehen ist. **162,** 47. — 15) Die Feststellung, daß die Ehe im Sinne von § 55 Abs. 1 EheG. zerrüttet sei, ergibt noch nichts in der Richtung, daß auch auf seiten des Scheidungsbeklagten das eheliche Gefühl so weit erloschen sei, daß er Verfehlungen des Scheidungsklägers als ehezerrüttend nicht mehr empfunden hätte oder nicht mehr empfinden könnte. — Ein Schuldausspruch aus Billigkeitsgründen nach § 60 Abs. 3 Satz 2 oder nach § 61 Abs. 2 Satz 2 EheG. kommt nicht nur dann in Frage, wenn sich feststellen läßt, daß der Kläger die Zerrüttung der Ehe allein verschuldet hat. **162,** 88. — 16) Bei einem nach § 138 Abs. 2 BGB. nichtigen Darlehn wird dem Darlehnsgeber durch die Vorschrift des § 817 Satz 2 BGB. die Rückforderung der Darlehnssumme nicht schlechthin verwehrt; er kann aber den darlehnsweise hingegebenen Betrag trotz der Nichtigkeit des Darlehns nicht früher zurückverlangen, als es bei dessen Gültigkeit geschehen könnte. Gleiches gilt, wenn ein gegen übermäßiges Entgelt gewährtes Darlehn deswegen nach § 138 Abs. 1 BGB. nichtig ist, weil sich der Darlehnsgeber böswillig der Erkenntnis der mißlichen Lage des Darlehnsnehmers verschlossen hat. **161,** 52. — 17) Auch wenn die Rechtsstellung eines Kindes als ehelichen Kindes nicht mehr bestritten werden soll, ist eine Klage zur Klarstellung der blutmäßigen Abstammung möglich, jedoch gegen einen Verteidiger der ehelichen Geburt und damit der blutmäßigen Abstammung einzubringen (Öst.R.). **162,** 113. — 18) Zu § 55 Abs. 2 EheG.: Das Vorhandensein noch unterhalts- und erziehungsbedürftiger Kinder fällt für die Aufrechterhaltung der Ehe erheblich ins Gewicht. Das wird auch nicht ohne weiteres dadurch ausgeschlossen, daß der auf Scheidung klagende Ehemann eine besondere Verpflichtung hinsichtlich des Unterhalts eingegangen ist. **162,** 124. — 19) Über die staatsrechtliche Stellung der Reichspost als einer Hoheitsverwaltung des Reichs. **162,** 129 (131 flg.). — 20) Der Anspruch, daß ein Reichsinnungsverband eine in sein Aufgabenbereich fallende Maßnahme widerrufe, kann nicht im ordentlichen Rechtswege verfolgt werden. **162,** 181. — 21) Daß die beklagte Ehefrau sich dem Manne gegenüber besonders lieblos und gehässig gezeigt hat, schließt die Beachtlichkeit ihres Widerspruchs nach § 55 Abs. 2 EheG. nicht in jedem Falle aus, sondern ist nur im Rahmen der Gesamtwürdigung zu berücksichtigen und kann insbesondere dahin führen, daß über ungünstige Auswirkungen der Scheidung auf ihre wirtschaftliche Lage hinweggesehen wird. **162,** 193. — 22) Art. 675 RhBGB. (Fensterrecht) gibt ebenso wie die gleichfalls dem Nachbarrecht angehörende Bestimmung des § 906 BGB. keine starre Norm, sondern ist je nach den Fortschritten der Technik und des Verkehrs wie auch nach der Denkweise der beteiligten Volkskreise dem Wandel unterworfen. Der Rechtsauffassung des Volkes entspricht es aber nicht mehr, daß ein Nachbar ohne triftigen Grund dem andern den Weg zu notwendiger besserer Belichtung seines Arbeitsplatzes verlegt. Auch hat die Baukunde heute ungleich wirksamere Mittel, um ein solches Lichtbedürfnis mit dem Schutze gegen störende Einblicke und auch gegen Geräuschzuführung zu vereinigen, als bei Schaffung der anzuwendenden Vorschrift vor mehr als hundert Jahren. **162,** 209 (216). — 23) Läßt sich mittels der Gesetzanalogie zu keinem verwertbaren Ergebnisse gelangen, so ist die Entscheidung aus dem Geist des gesamten, als ein Ganzes aufgefaßten Rechts abzuleiten. Zwischen regelmäßigem Recht und regelwidrigem Recht ist bei solcher Betrachtungsweise nicht zu unterscheiden, zumal nach der heute herrschenden geläuterten Rechtsauffassung, wo es darauf ankommt, die Ordnung der Gemeinschaft des Volkes und die Einordnung des einzelnen Gliedes in diese Gemeinschaft in Einklang zu bringen mit dem im Volke herrschenden Richtigkeitsempfinden. **162,** 244 (248). — 24) Zur Ruhegehaltsberechtigung jüdischer Beamter, die nach § 4 Abs. 2 Satz 1 der Ersten Verordnung zum Reichsbürgergesetz vom 14. November 1935 in den Ruhestand getreten sind. **162,** 257. — 25) Für die Rechtsschutzwürdigkeit eines Anspruchs kommt es nicht allein darauf an, ob das ihn begründende Rechtsgeschäft zur Zeit seines Abschlusses den sittlichen Anforderungen entsprochen hat, sondern auch darauf, ob sein weiterer Vollzug mit der nunmehr herrschenden Anschauung über das, was sittlich erlaubt ist, verträglich erscheint. **162,** 323 (326). — 26) Die Vereinigung der Schuld eines Mitverpflichteten gemäß § 3 Abs. 1 Satz 2 des Schuldenbereinigungsgesetzes setzt die Schuldenbereinigung des Hauptschuldners voraus. **163,** 46. — 27) Zur Frage der Berücksichtigung des § 48 Abs. 2 TestG. bei Erbfällen vor Inkrafttreten dieses Gesetzes und zum Inhalte der Vorschrift. **163,** 57. — 28) Der Begriff eines Verstoßes gegen die guten Sitten im Sinne von § 138 BGB. erhält heute seinen Inhalt durch das seit dem Umbruche herrschende Volksempfinden, die nationalsozialistische Weltanschauung. Deshalb kann Verträgen, die nach dieser Weltanschauung gegen die guten Sitten verstoßen, kein Rechtsschutz durch ein deutsches Gericht gewährt werden. Zur nationalsozialistischen Weltanschauung gehört auch der Gemeinschaftsgedanke, die Überzeugung von dem hohen Werte der Gemeinschaft für das Leben des Volkes und von den Pflichten des einzelnen ihr gegenüber. Dieser Gedanke hat im Vorspruche zum Testamentsgesetz und im § 48 Abs. 2 dieses Gesetzes seinen Niederschlag für das Testamentsrecht gefunden; er bedeutet zugleich eine Erweiterung des § 138 BGB. für dieses Recht. **163,** 57 (60flg.). — 29) Für die Unehelichkeit des Kindes sprechen im Sinne des § 1594 Abs. 2 BGB. auch solche Umstände, die nur geeignet sind, begründete Zweifel an der Ehelichkeit zu erwecken. Deshalb setzt schon die Kenntnis des Ehemanns der Kindesmutter davon, daß diese während der Empfängniszeit außer mit ihm auch noch anderweit geschlechtlich verkehrt hat, in der Regel die Anfechtungsfrist in Lauf. Das gilt jedoch nicht für die zurückliegende Zeit, in der weder die Blutgruppenuntersuchung noch die Ähnlichkeitsprüfung als Beweismittel im Abstammungsprozeß anerkannt waren. **163,** 68. — 30) Der Ehenichtigkeitsgrund der Impotenz nach kononischem Recht ist dem Eheaufhebungsgrund des Irrtums über Umstände, die die Person des andern Ehegatten betreffen, nicht gleichartig. Die Gleichartigkeit dieses Ehenichtigkeitsgrundes mit dem Eheungültigkeitsgrund des Unvermögens nach österreichischem Recht führt zur Anwendung des österreichischen Rechts über die Befugnis zur Klage auf Anfechtung der Ehe aus diesem Grund. **163,** 73. — 31) a. Tatsachen, die schon in einem früheren Verfahren wegen Scheidung von Tisch und Bett als Scheidungsgründe vom Gericht nicht angesehen wurden, können auch zu einer Begründung der Scheidung nach dem neuen Eherecht nicht mehr herangezogen werden. b. Die Feststellung des Ehebruchs im Spruch des Scheidungsurteils hat bei einer Scheidung nach § 55 EheG. auch dann zu unterbleiben, wenn der Ehebruch und das Verschulden des Klägers aus diesem Grunde angenommen wurden und der Antrag auf Schuldausspruch gestellt wurde. **163,** 77. — 32) Im Verfahren über die Feststellung der blutmäßigen Abstammung sind die §§ 640 flg. und auch § 618 ZPO. entsprechend anzuwenden. Gegen die Erben des angeblichen Erzeugers kann die Feststellungsklage nicht erhobeu oder fortgesetzt werden. **163,** 100. — 33) Der nach Erbhofrecht bestehende Vollstreckungsschutz ergreift auch das im Eigentum des Bauern stehende Hofzubehör und das auf dem Hofe für die Bewirtschaftung vorhandene Vieh. **163,** 104. — 34) Der Ehemann, der Protektoratsangehöriger tschechischer Volkszugehörigkeit ist, kann beim Gerichte seines Wohnsitzes im Altreich auf Scheidung verklagt werden. **163,** 127. — 35) Der Ehegatte, der von dem andern arglistig getäuscht worden ist, verwirkt sein Recht auf Aufhebung der Ehe nicht schon dann, wenn er nach einer Erklärung, er wolle versuchen, über die seelische Erschütterung hinwegzukommen, die Ehe noch kurze Zeit fortsetzt. **163,** 139. — 36) Das Recht des Staatsanwalts zur Anfechtung der Ehelichkeit wird durch die Rechtshängigkeit einer vom Ehemann innerhalb eines Jahres seit der Geburt des Kindes erhobenen Anfechtungsklage und ihre rechtskräftige Abweisung nicht beeinflußt. Das Ermessen des Staatsanwalts, auf Grund dessen er die Anfechtung für geboten erachtet, unterliegt nicht der gerichtlichen Nachprüfung. **163,** 156. — 37) Verfügungen, durch die ein Beamter in den Ruhestand versetzt wird, bedürfen zu ihrer Wirksamkeit der Zustellung, eine formlose Mitteilung genügt nicht. Die Notwendigkeit einer ordnungsmäßigen Zustellung entfällt auch nicht dadurch, daß die Zustellung zwar versucht, aber mißlungen ist, der Nachweis des Zugangs der Verfügung an den Beamten aber anderweit erbracht werden kann. **163,** 181. — 38) Durch Nr. 9 zu § 184 der Durchführungsverordnung zum Deutschen Beamtengesetz vom 29. Juni 1937 sind die Fristen zur Zustellung der Verfügungen, durch die nach den §§ 5, 6 BBG. eine Versetzung in den Ruhestand ausgesprochen wurde, bis zum 30. September 1937 erstreckt worden. Hierbei ist Voraussetzung, daß die Prüfung am 30. Juni 1937 bei der obersten Reichs- oder Landesbehörde bereits in Bearbeitung, aber noch nicht abgeschlossen war. Diese Bestimmung war zulässig und durch die im § 183 DBG. getroffene Übergangsregelung gedeckt. **163,** 181 (184). — 39) Die Umwandlung der Entlassung eines Beamten nach § 4 BBG. in die Zurruhesetzung nach § 6 kann nicht von einem Verzicht des Beamten auf den Unterschied der Ruhegehaltsbezüge nach beiden Bestimmungen abhängig gemacht werden. Ist die Umwandlung ausgesprochen, so ist ein solcher Verzicht rechtsunwirksam. Dem Beamten stehen trotz des Verzichts die Ruhegehaltsbezüge nach § 6 zu.

163, 193. — 40) Hat der klagende Teil die eheliche Gemeinschaft aufgehoben, so genügt der beklagte Teil der ihm obliegenden Beweislast für die Zulässigkeit des Widerspruchs zunächst durch den Nachweis dieser Tatsache, da sie den klagenden Teil äußerlich zunächst ins Unrecht setzt und nach der Lebenserfahrung geeignet ist, die Zerrüttung der Ehe zu bewirken. Sache des klagenden Teils ist es dann, die gegen ihn sprechende tatsächliche Vermutung durch den Nachweis zu entkräften, daß er zur Trennung berechtigten Grund gehabt hat und die Ehezerrüttung auf andere Ursachen als die Trennung zurückzuführen ist. **163,** 244. — 41) Eheverfehlungen, die der verletzte Ehegatte als ehezerstörend nicht empfunden hat, können den Scheidungsanspruch, auch nicht in Verbindung mit Eheverfehlungen, die infolge Fristablaufs als selbständige Scheidungsgründe nicht mehr verwertbar sind, begründen. b. Für eine Schuldigerklärung des Scheidungsbeklagten ist im Falle des § 55 EheG. kein Raum, wenn er mit dem von ihm selbst gegen den Scheidungskläger nach § 61 Abs. 2 gestellten Schuldantrag nicht durchdringt. **163,** 246, 344 (348). — 42) Die Gültigkeit einer zwischen geschiedenen Gatten getroffenen Vereinbarung über die Unterhaltspflicht wird nicht dadurch berührt, daß die Gatten einen nicht (mehr) bestehenden Scheidungsgrund geltend gemacht hatten. Dies gilt auch dann, wenn die Vereinbarung nur die schon während des Scheidungsprozesses verabredete Wiederholung eines bereits damals geschlossenen Abkommens darstellt. Die bisherige Rechtsprechung (RGZ. Bd. 126 S. 323 Nr. 3 zu § 80 EheG.) wird aufgegeben. **163,** 280. — 43) a. Die Aufforderung aus § 57 Abs. 1 Satz 4 EheG. kann auch in einem Prozeßschriftsatz eines bereits anhängigen Rechtsstreits auf Herstellung der häuslichen Gemeinschaft wirksam erklärt werden. b. Für die Entscheidung der Frage, ob der verklagte Ehegatte die Herstellung der häuslichen Gemeinschaft deshalb verweigern könne, weil er seinerseits berechtigt sei, auf Scheidung zu klagen, ist nicht der Zeitpunkt der Erhebung der Herstellungsklage maßgebend, sondern der Zeitpunkt der letzten mündlichen Verhandlung vor dem Tatsachenrichter. c. Die Bestimmung des § 59 Abs. 1 EheG. bezieht sich nicht auf Herstellungsklagen und die Verteidigung gegen solche. d. Das Verlangen auf Herstellung der Gemeinschaft ist ein Rechtsmißbrauch, wenn ernstlich zu besorgen ist, der klagende werde sich künftig in einer Weise benehmen, die dem andern Teil das Zusammenleben mit ihm unerträglich machen müßte. Daß das zu befürchten sei, hat der verklagte Teil zu beweisen. Doch kann er seiner Beweislast dadurch nachkommen, daß er ein Verhalten des klagenden Teiles in der Vergangenheit nachweist welches den Schluß rechtfertigt, der klagende Teil werde sich auch künftig so benehmen, z. B. aus seinen Charakteranlagen und seiner Wesensart heraus. Eine allgemeine Regel des Inhalts, ein Ehegatte, der sich früher ehewidrig verhalten habe, werde es auch künftig tun, kann jedoch nicht aufgestellt werden. **163,** 305. — 44) Auch der auf Eheaufhebung Verklagte kann, wenn er selbst Ehescheidung aus Verschulden des Klägers begehren könnte oder wenn er das Recht dazu verloren hat, die Nichtberücksichtigung jenes Verschuldens also unbillig wäre, wegen dieser Schuld des Klägers dessen Schuldigerklärung beantragen. **163,** 315. — 45) Über die Beweislast, den Umfang der Beweisaufnahme und die Beweiswürdigung in Abstammungsstreitigkeiten. **163,** 321. — 46) Im

Verfahren wegen Scheidung der Ehe nach dem großdeutschen Eherecht ist auch im Bereich des österreichischen Rechts die Verschuldensfrage nicht von Amts wegen aufzurollen. Das Berufungsgericht ist auch in der Verschuldensfrage an die Grenzen des Berufungsantrags gebunden. **163**, 335. — 47) a. Einem Ehegatten, dem infolge geistiger Erkrankung das Verständnis für das Wesen der Ehe verlorengegangen ist und der infolgedessen auch kein Empfinden für die zur Herbeiführung der Ehezerrüttung an sich geeigneten Tatsachen haben kann, kann ein Scheidungsanspruch auf Grund der §§ 49, 50, 55 EheG. nicht erwachsen. b. Nach §§ 55 Abs. 2 Satz 1 ist es grundsätzlich ohne Bedeutung, ob das Verhalten des Klägers infolge geminderter Zurechnungsfähigkeit milder zu beurteilen ist. c. Dem Falle, daß der Kläger die Zerrüttung der Ehe verschuldet hat, ist der Fall gleichzustellen, daß ihm sein ehezerrüttendes Verhalten infolge geistiger Störung nicht zum Verschulden angerechnet werden kann, er sich aber auf die von ihm herbeigeführte und von ihm als solche empfundene Ehezerrüttung zur Begründung seines Scheidungsanspruchs beruft. **163**, 338, 344 (348). — 48) a. An der Rechtsprechung wird festgehalten, daß es für die Frage der Beachtlichkeit des Widerspruchs der schuldlosen Ehefrau auch von Bedeutung ist, ob die Entfremdung der Parteien und ihre Trennung schon eingetreten ist, als die Gatten und namentlich die Frau noch auf der Höhe des Lebens standen, oder ob sich die Ehegatten erst später voneinander abgewendet haben. b. An den Urteilen RGZ. Bd. 160 S. 112 und RGZ. Bd. 162 S. 32 (betr. Klage auf Herstellung der ehelichen Gemeinschaft) wird ebenfalls festgehalten. **163**, 380. — 49) Der zur Erhebung und Durchführung der Herstellungsklage bestellte Prozeßbevollmächtigte ist berechtigt, eine Aufforderung gemäß § 57 Abs. 1 Satz 4 EheG. (früher § 1571 Abs. 2 Satz 2 BGB.) zu erlassen. Wesentlich ist nur, daß die Aufforderung wirklich dem Willen des Klägers entspricht. Es ist auch nicht nötig, daß die Aufforderung dem andern Ehegatten persönlich und unmittelbar zugesandt werde. Es genügt, wenn sie ihm dadurch bekannt wird, daß der Empfänger sie an ihn entsprechend dem Willen des Auffordernden weiterleitet. Offen bleibt, ob eine in einem Prozeßschriftsatz enthaltene Aufforderung nach § 57 Abs. 1 Satz 4 EheG. auch dann geeignet wäre, wenn der Aufgeforderte von ihr nichts erfahren hat, weil sein Stellvertreter es unterlassen hat, sie ihm mitzuteilen, und ob unter Umständen schon in der Klage auf Herstellung der ehelichen Gemeinschaft eine Aufforderung nach § 57 Abs. 1 Satz 4 EheG. erblickt werden könnte. **163**, 305 (307 flg.). — 50) Bei der großen Bedeutung, die der Abstammungsfrage nach heutiger Anschauung nicht nur für den einzelnen Betroffenen, sondern auch für die Volksgemeinschaft zukommt, müssen in einem die blutmäßige Abstammung betreffenden Rechtsstreit alle zur Klärung dieser Frage verfügbaren Erkenntnisquellen ausgenützt werden, wobei das Gericht gemäß § 640 Abs. 1, § 622 Abs. 1 ZPO. nicht an das Vorbringen und die Beweisanträge der Parteien gebunden, vielmehr auch zur selbständigen Ermittlung von Amts wegen befugt ist. **163**, 321 (322). — 51) Ein Ehegatte hat an der richterlichen Feststellung, daß der andere sich rechtswidrig fernhalte, auch dann ein rechtliches Interesse, wenn eine Änderung des gegenwärtigen Zustandes trotz der Verurteilung des andern nicht zu erwarten ist, und in dem Verlangen, der andre solle die Gemeinschaft wiederherstellen, ist nicht schon deswegen ein Rechtsmißbrauch zu erblicken, weil dem andern die eheliche Gesinnung verlorengegangen ist. Die Klärung, ob der eine Ehegatte berechtigt ist, getrennt vom andern zu leben, und die Verneinung dieser Frage durch einen Richterspruch kann auch dafür von Bedeutung sein, in welcher Art und Weise der Unterhalt zu gewähren ist (§§ 1360, 1361 BGB.). Auch sonst ist nichts ersichtlich, was dem Begehren, den andern Teil zur Herstellung der ehelichen Gemeinschaft zu verurteilen, entgegenstehen könnte. **163,** 380 (384). — 52) Übergang des gesetzlichen Schadensersatzanspruchs eines versorgungsberechtigten Verletzten im Umfange der Versorgungsansprüche auf den Dienstherrn. **163,** 396 (398). — 53) Eine Aufhebung der häuslichen Gemeinschaft liegt nicht vor, solange der Mann noch die Mahlzeiten, die die Frau mit dem ihr vom Manne zur Verfügung gestellten Wirtschaftsgeld zubereitet hat, regelmäßig in der ehelichen Wohnung einnimmt und auch gelegentlich in einem besondern Raume der Wohnung nächtigt. **163,** 277. — 54) § 55 Abs. 1 EheG. stellt zwei selbständige Tatbestandsmerkmale auf; zunächst muß die häusliche Gemeinschaft der Ehegatten seit drei Jahren aufgehoben sein, und es darf ferner infolge einer tiefgreifenden unheilbaren Zerrüttung des ehelichen Verhältnisses die Wiederherstellung einer dem Wesen der Ehe entsprechenden Lebensgemeinschaft nicht zu erwarten sein. Es genügt, wenn diese beiden Voraussetzungen im Zeitpunkte des Schlusses der mündlichen Verhandlung vor dem Tatrichter erfüllt sind. Die Verpflichtung zur häuslichen Gemeinschaft ergibt sich zwar aus der Verpflichtung zur ehelichen Lebensgemeinschaft. Ob die eheliche Lebensgemeinschaft aufgehoben und ihre Wiederherstellung nicht zu erwarten ist, ist aber nur für das zweite Tatbestandsmerkmal von Bedeutung, während das erste Tatbestandsmerkmal allein darauf abgestellt ist, ob eine solche räumliche Trennung der Ehegatten vorliegt, daß die häusliche Gemeinschaft als aufgehoben anzusehen ist. Der Grund, der zur Aufhebung der häuslichen Gemeinschaft geführt hat, kann nur für das zweite Tatbestandsmerkmal insofern von tatsächlicher Bedeutung sein, als sich aus ihm unter Umständen Schlüsse in der Richtung ziehen lassen, ob eine tiefgreifende unheilbare Zerrüttung des ehelichen Verhältnisses vorliegt und ob Aussicht auf Wiederherstellung einer rechten ehelichen Lebensgemeinschaft besteht. Für den Begriff der Aufhebung der häuslichen Gemeinschaft ist es dagegen ohne Bedeutung, aus welchem Grunde es zur Trennung der Ehegatten gekommen ist und ob im Zeitpunkte dieser Trennung bereits eine Entfremdung bestanden hat. **163,** 277/279). — 55) § 56 EheG. setzt voraus, daß der verletzte Ehegatte in der Lage ist, die Verfehlung des andern Ehegatten als solche zu werten. Ist ihm infolge geistiger Erkrankung das Verständnis für das Wesen der Ehe verlorengegangen und ist er infolgedessen außerstande, die Verfehlung des andern Ehegatten (Ehebruch) als einen Hinderungsgrund gegen die Fortsetzung der Ehe zu empfinden, so kann er auch nie durch sein Verhalten zum Ausdruck bringen, daß er die Verfehlung als ehezerstörend nicht empfunden (oder sie verziehen) habe; sein Verhalten ist vielmehr rechtlich bedeutungslos. **163,** 344. — 56) Die Feststellung, die Ehe sei im Sinne von § 55 Abs. 1 EheG. zerrüttet, ergibt noch nichts in der

Richtung, daß auch auf seiten des Scheidungsbeklagten das eheliche Gefühl so weit erloschen sei, daß er Verfehlungen des Scheidungsklägers als ehezerstörend nicht mehr empfunden hätte oder nicht mehr empfinden könnte. **163,** 344 (346). — 57) Ein Grundstückskäufer, dem der Verkäufer das Grundstück auf Grund eines nichtigen Kaufvertrags übergeben hat, hat den Besitz am Grundstück im Sinne des § 988 BGB. unentgeltlich erlangt. **163,** 348. — 58) a. Rassenverschiedenheit der Ehegatten bildet keinen Scheidungsgrund. b. Die Änderung der Scheidungsklage in die Eheaufhebungsklage ist im Rechtsmittelverfahren zulässig. c. Im Revisionsverfahren ist diese Klageänderung nicht zulässig (Österr. Recht). **164,** 59. — 59) Auf das Recht, die Feststellung der blutmäßigen Abstammung zu betreiben, kann durch Vergleich nicht wirksam verzichtet werden. **164,** 62. — 60) a. Bei der Klage aus § 55 EheG. kann der Kläger eine Schuldfeststellung zu Lasten des Beklagten nur verlangen, wenn dieser gegen ihn einen Schuldantrag gestellt und damit Erfolg hat. b. Ist bei einer Scheidung aus § 55 EheG. der Beklagte für mitschuldig erklärt, so bestimmen sich die Unterhaltsverpflichtungen nach den §§ 66—68; § 69 Abs. 2 ist dann unanwendbar. c. Ob die Ehezerrüttung durch neu hinzutretende Umstände noch vertieft werden kann, hängt nicht bloß von dem Grade der Zerrüttung und davon ab, ob bisher nur der eine Eheteil die eheliche Gesinnung verloren hat oder beide, sondern auch von der Art der hinzutretenden Umstände und der früheren Zerrüttungsursache. d. Hat der Kläger nur eine Scheidung unter Schuldigerklärung des Beklagten angestrebt, eine solche ohne Schuldausspruch aber auch nicht hilfsweise beantragt, so kann auf diese selbst dann nicht erkannt werden, wenn er die Klage rechtsirrtümlich auch auf § 55 EheG. gestützt hat; sondern es ist die Klage abzuweisen, wenn das Begehren nach Scheidung unter Schuldigerklärung des Beklagten sich als unbegründet erweist. **164,** 92. — 61) Vorbescheide gemäß § 143 Abs. 1 DVG.; Zuständigkeit bei sog. Regulativbeamten der Ortskrankenkasse; Zustellung; Beschwerde. **164,** 72. — 62) Der Ehegatte, der die nicht rein deutschblütige Abstammung des andern Teils bei der Eheschließung gekannt hat oder, falls er sie erst später erfahren hat, die Klagefrist hat verstreichen lassen, kann trotzdem die Aufhebung der Ehe verlangen, wenn er sich auf — erst später in Erscheinung getretene — tiefgreifende Folgen dieser Abstammung berufen kann, die ihn erst zur vollen Erkenntnis seines Irrtums brachten. Ebenso können bei der Anfechtung der Ehe wegen Vorhandenseins einer Erbkrankheit oder einer Anlage dazu die Auswirkungen, z. B. das Auftauchen der Krankheit auch bei Kindern aus der Ehe oder das Hervortreten der bisher nur in der Anlage vorhandenen Krankheit bei dem Ehegatten eine entscheidende Rolle spielen. Soweit aus einem verbrecherischen Hange des einen Eheteils das Aufhebungsverlangen hergeleitet wird, können solche späteren Umstände eine neue Grundlage für das Verlangen geben, die den Hang erst in seinem vollen Umfange erkennen lassen. **164,** 106 (110). — 63) Zwar können auch Auswirkungen der nach § 37 EheG. wesentlichen Umstände einen neuen Aufhebungsgrund geben, nicht aber solche, die von vorneherein — wenn auch vielleicht nicht in allen Einzelheiten — zu erwarten waren und die Bedeutung der fraglichen Umstände nicht wesentlich verstärken. **194,** 106. — 64) Die Kenntnis des Aufhebungsgrundes erfordert im Falle des § 37 Abs. 1 EheG. die Kenntnis der den äußeren und inneren Aufhebungstatbestand bildenden Tatsachen, nicht jedoch auch die Kenntnis des an diese Tatsachen geknüpften Aufhebungsrechts. **164,** 111, 244 (246) — 65) Der Anspruch der Frau auf Unterhalt bei Scheidung wegen Verschuldens ist nicht deshalb zu versagen, weil sie zur Zeit der Scheidung mit einem Mann in eheähnlicher Lebensgemeinschaft steht. **164,** 127. — 66) Eine Aufrechnung der beiderseitigen Verfehlungen liegt nicht im Sinne des § 49 Satz 2 EheG. Auch der Gedanke, daß dem Scheidungskläger wegen seiner eigenen Verfehlungen die Fortsetzung der Ehe zuzumuten sei, liegt dieser Vorschrift fern. Bei der Beurteilung, ob bei richtiger, d. h. einer der heutigen völkischen Auffassung entsprechenden Würdigung des Wesens der Ehe das Scheidungsbegehren sittlich gerechtfertigt ist oder nicht, ist auch zu prüfen, ob die Ehe noch einen Wert für die Volksgemeinschaft darstellt. **164,** 152. — 67) Die Rücksicht auf die kinderreiche Frau, die in treuer Erfüllung ihrer Mutterpflichten alt geworden ist, kann, auch wenn die Kinder erwachsen sind und für die Frage der Aufrechterhaltung der Ehe keine Rolle mehr spielen, die Aufrechterhaltung der Ehe sittlich rechtfertigen. Die Frau darf regelmäßig in solchem Falle nicht durch eine Scheidung wirtschaftlicher Gefährdung ausgesetzt werden, und auch sonst wird ihr vielfach im Alter die Erschütterung der Lebensgrundlage, welche die Scheidung mit sich bringt, nicht zugemutet werden können. **164,** 155. — 68) Die Beschränkung des Beweismittels der Parteivernehmung im Eheverfahren ist inhaltlich aufgehoben. Nach den österreichischen und sudetendeutschen Prozeßgesetzen können Scheidungs-, Aufhebungs- und Nichtigkeitsgründe des großdeutschen Eherechts durch Parteivernehmung bewiesen werden. Insoweit wird an der Entscheidung vom 28. 9. 1939 IV B 29/39, Band 161 Nr. 47, nicht festgehalten. **164,** 158. — 69) Das Scheidungsrecht kann nach dem zweiten Falle des § 56 EheG. ausgeschlossen sein, wenn die Zerrüttung der Ehe schon vor der Verfehlung des andern Ehegatten einen solchen Grad erreicht hat, daß sie einer Vertiefung nicht mehr fähig ist. Regelmäßig kann auch eine bereits bestehende Zerrüttung noch eine weitere Grundlage erhalten und sich dadurch noch mehr vertiefen, sei es auch nur in der Weise, daß der Fortbestand der Zerrüttung gesichert ist und die einer Aussöhnung entgegenstehenden Hindernisse vermehrt werden. Daher genügt der bloße Nachweis, daß die Ehe zu der Zeit, als die Verfehlung begangen wurde, bereits zerrüttet gewesen sei, noch nicht zur Begründung der Annahme, daß der verletzte Ehegatte die Verfehlung als ehezerstörend nicht empfunden habe. § 56 ist nur anwendbar, wenn die Verfehlung von dem verletzten Ehegatten schlechterdings nicht mehr als ehezerstörend empfunden werden konnte. **164,** 185. — 70) Das Aktiengesetz hat eine scharfe Trennung der Zuständigkeiten des Aufsichtsrats und der Hauptversammlung durchgeführt. **164,** 177 (184). — 71) **Die frühere Rechtsprechung zu § 1568 BGB., die darauf hinausgelaufen ist, eine Ehe könne niemals so weit zerrüttet sein, daß eine weitere Eheverfehlung die Zerrüttung nicht noch vertiefen könne, ist durch § 56 EheG. überholt und kann heute keinen Anspruch auf Beachtung mehr erheben. 164,** 185 (187). — 72) **Ob die nationalsozialistische Rechtsanschauung einer gesetzlichen Anordnung widerspricht, darüber** hat der Richter dort keine Erwägungen anzustellen, wo der nationalsozialistische Gesetzgeber selbst in jüngster Zeit gesprochen hat. **164,** 193 (194). — 73) Ein von der Hauptversammlung einer Aktiengesellschaft gefaßter Beschluß auf Umwandlung der Gesellschaft durch Übertragung ihres Vermögens auf einen Gesellschafter. in dessen Hand sich nur die Hälfte des Grundkapitals befindet, ist dergestalt nichtig, daß er nicht durch die Eintragung ins Handelsregister Rechtswirksamkeit erlangen kann. **164,** 220. — 74) In Preußen steht der Rechtsweg offen für den Anspruch auf Freigabe einer Sicherheit, die für den Ersatz von Kosten der öffentlichen Fürsorge bestellt war. **164,** 226. — 75) Die Bauernführer sind nicht befugt, nach dem Ableben eines Bauern beim Nachlaßgericht die Ausstellung eines Erbscheins „für den Anerben" zu beantragen. **164,** 235. — 76) a. Der Schuldausspruch im Aufhebungsurteil hängt ebensowenig wie bei Scheidung wegen Verschuldens von einem besondern Antrage ab. b. Die Kenntnis des Aufhebungsgrundes setzt kein Verschulden und folglich auch keine Schuldfähigkeit voraus. **164,** 244. — 77) Im Falle des § 49 EheG. kann durch krankhafte Störung der Geistestätigkeit das Verschulden oder, falls die freie Willensbestimmung erhalten geblieben ist, doch die Bewertung als schwere Eheverfehlung ausgeschlossen werden. **164,** 244 (248). — 78) Hätte der Kläger die Scheidung aus § 55 EheG. schon in einem Vorprozeß durchsetzen können, hat er aber diesen Klagegrund damals nicht geltend gemacht, so äußert § 616 ZPO. die Wirkung, daß die Klage aus § 55 EheG. erst drei Jahre nach der letzten Tatsachenverhandlung des Vorprozesses erhoben werden kann. Voraussetzung ist, daß die Heimtrennung während dieser Zeit fortbestanden hat und auch die übrigen Merkmale des gesetzlichen Tatbestandes weiterhin erfüllt sind. **164,** 249; **165,** 125 (126). — 79) Der mit der Vertragshilfe befaßte Richter hat einen Streit über Grund oder Betrag einer gegen den Handwerker geltend gemachten Forderung nicht zu entscheiden. Hierfür ist vielmehr der ordentliche Rechtsweg zulässig. **164,** 254. — 80) a. Der Ehebruch ist nach wie vor ein unbedingter Scheidungsgrund, der nur unter den Voraussetzungen des § 47 Abs. 2 oder des § 56 EheG. versagt; § 49 Satz 2 ist auf den Ehebruch nicht anwendbar. b. Die Prüfung, ob die Schuld eines der Ehegatten überwiegt, hat sich nicht nur auf die Schwere der Verfehlungen an sich, sondern, ebenso wie im Falle des § 55 Abs. 2 (RGZ. 159, 307), auch darauf zu erstrecken, in welchem Umfange die beiderseitigen Verfehlungen zur Zerrüttung der Ehe beigetragen haben. **164,** 270. — 81) In Rechtsstreitigkeiten über die Feststellung der blutmäßigen Abstammung 1) trifft die Beweisfälligkeit die klagende Partei, auch wenn es sich um eine verneinende Feststellungsklage handelt; 2) wird bei Abweisung der Klage wegen Unklarheit des Beweisergebnisses die Abstammung nicht festgestellt, sondern bleibt ungewiß; 3) ist ein Antrag auf Feststellung der Ungewißheit der Abstammung unzulässig. **164,** 281. — 82) Die Ausschließungswirkung des § 616 ZPO. kommt für solche Tatsachen nicht in Betracht, die in einem Rechtsstreit auf Scheidung von Tisch und Bett nach österreichischem Recht geltend gemacht worden sind oder geltend gemacht werden konnten. An der in RGZ. 163 S. 77 vertretenen abweichenden Auffassung wird nicht festgehalten. **164,** 304. — 83) Eine den Bestimmungen des § 2 des alten Depotgesetzes vom

5. Juli 1896 / 21. November 1923 angepaßte allgemeine und unbeschränkte Verfügungsermächtigung des Hinterlegers für den Verwahrer über Wertpapiere des ersteren vermag keinesfalls die besonderen Voraussetzungen des § 12 Abs. 3 des neuen Depotgesetzes zu erfüllen und kann nicht in eine beschränkte Ermächtigung nach Maßgabe letzterer Bestimmung umgedeutet werden. Sie ist daher unfähig, zur Grundlage einer Verpfändung durch den Verwahrer nach § 12 Abs. 3 des neuen Depotgesetzes zu dienen. **164,** 292. — 84. a. Die Scheidung einer vor dem 1. August 1929 geschlossenen Ehe wegen Unfruchtbarkeit ist auch in Österreich möglich, wenn der klagende Ehegatte bis zum 31. Juli 1939 von der Unfruchtbarkeit des andern oder dem Wegfallen eines Ausschließungsgrundes Kenntnis erlangt hat, auch wenn der klagende Gatte das 30. Lebensjahr vollendet hat, bei Kenntnis nach diesem Zeitpunkt aber nur, wenn er das 30. Lebensjahr noch nicht vollendet hat. b. Die Fristen des § 58 EheG. müssen nicht im Zeitpunkt des Scheidungserkenntnisses, sondern der Klageeinbringung noch offen sein. **164,** 290. — 85) a. § 90 DBG. findet keine Anwendung, wenn ein Beamter zwar in ein Amt mit einem besoldungsmäßig geringeren Gehalt übergetreten ist, aber auf Grund besondrer gesetzlicher Bestimmungen (§§ 30, 91 Preuß. Personalabbauverordnung, § 5 BerufsbeamtenG.) sein früheres Diensteinkommen weiter erhalten hat. Es macht auch keinen Unterschied, ob dieses Diensteinkommen nur Gehalt war oder sich aus Gehalt und einem gekürzten Ruhegehalt (§ 127 DGB.) zusammensetzt. b. Erhält im Falle des § 129 Abs. 2 ein Beamter Versorgungsbezüge nach früherem und nach neuem Recht, so ist das Ruhegehalt, das beide zusammen nicht übersteigen darf, nach den Hundertsätzen des früheren Rechts zu berechnen, nicht etwa nach dem höheren des § 89 DGB. **164,** 309. — 86) Der Widerspruch gegen die Scheidung (§ 55 Abs. 2 EheG.) ist eine dem sachlichen Recht angehörige Befugnis, durch die der Scheidungsbeklagte auf die Gestaltung des Scheidungsanspruchs Einfluß zu nehmen in der Lage ist. Seine Zurücknahme ist auch im Revisionsverfahren zu beachten. **164,** 319. — 87) Ein überwiegendes Verschulden des klagenden Ehegatten an der Zerrüttung kann dadurch ausgeschlossen werden, daß die Zerrüttung ganz oder teilweise auf Ursachen zurückgeht, die von keinem Ehegatten verschuldet sind. **164,** 321. — 88) Hat die räumliche Trennung aus beruflichen Gründen stattgefunden, weil der Mann (Schauspieler) für längere Zeit an ein auswärtiges Schauspielhaus verpflichtet worden ist, verbringt er aber alljährlich regelmäßig seine 6 bis 8 Wochen währenden Sommerferien bei der Frau in der bisherigen gemeinsamen Häuslichkeit, so liegt darin eine Wiederherstellung der häuslichen Gemeinschaft, durch die der Lauf der dreijährigen Frist jeweils unterbrochen wird. **164,** 332. — 89) Der Scheidungsausspruch aus § 50 EheG. setzt ein ehezerrüttendes Verhalten des geistig gestörten Ehegatten voraus, das sich sachlich als Eheverfehlung darstellt. Es genügt nicht, daß die Ehe durch die unmittelbaren Wirkungen der geistigen Störung auf das eheliche Verhalten, insbesondere eine dadurch bewirkte Beeinträchtigung der geistigen Gemeinschaft der Eheleute, zerrüttet worden ist. **164,** 352. — 90) a. Hat ein Ehegatte seine Familie verlassen und ehebrecherische Beziehungen aufgenommen,

also ein Verhalten betätigt, das geeignet ist, auch eine gesunde Ehe zu zerstören, so ist es seine Sache, darzutun, daß nicht hierin, sondern in andern Umständen die Ursache der bestehenden Ehezerrüttung zu suchen ist. b. Bei der Prüfung der Zulässigkeit und Beachtlichkeit des Widerspruchs ist es Pflicht des Gerichts, den Urgrund der Ehezerrüttung zu erforschen und allen Anhaltspunkten hierfür, welche die Entwicklung der Ehe bietet, nachzugehen. c. Auch unverschuldete Umstände, die zur Zerrüttung der Ehe beigetragen haben, können für die sittliche Rechtfertigung ihrer Aufrechterhaltung oder Lösung bedeutsam sein und dürfen deshalb nicht unberücksichtigt bleiben. d. Nicht unter allen Umständen sind die Belange minderjähriger Kinder ausschlaggebend für die Beachtlichkeit des Widerspruchs. **164,** 361. — 91) Der Wille zur Fortsetzung der Ehe i. S. des § 37 Abs. 3 EheG. ist nicht vorhanden, wenn der Ehegatte nach Entdeckung des Irrtums zwar zu erkennen gibt, daß er von der Herbeiführung einer Lösung des Ehebandes (Aufhebungsklage) absehen, jedoch eine wirklich eheliche Gemeinschaft nicht fortsetzen will. Ob auf das Aufhebungsrecht durch Vereinbarung verzichtet werden kann, bleibt dahingestellt. — Über die Frage, welche Anforderungen bei der Eheaufhebungsklage wegen Irrtums über die rassische Zugehörigkeit des andern Ehegatten an den Nachweis seiner Abstammung zu stellen sind und ob der Ehegatte, obwohl er bei der Eheschließung die fremdblütige Abstammung des andern kannte, die Eheaufhebung begehren kann, wenn er von den Auswirkungen der Rasseverschiedenheit keine hinreichende Vorstellung hatte. **164,** 372. — 92) Dadurch daß die Unfruchtbarkeit in Erfüllung der Frauenpflicht und Mutterschaftspflicht eingetreten ist, wird die Scheidung wegen Unfruchtbarkeit nicht in jedem Falle ausgeschlossen. **164,** 380. — 93) Auf den Einzelfall darf nicht abgestellt werden, wo es sich um die Auslegung einer Vorschrift handelt, deren Anwendungsbereich weit darüber hinausgreift. **164,** 385 (389). — 94) Zur Frage, ob die geschiedene Frau, die eine eheähnliche Geschlechtsverbindung unterhält, einen unsittlichen Lebenswandel führt. **165,** 26. — 95) Für die Abänderung des Vollstreckungsurteils, der den Unterhalt des geschiedenen Ehegatten zum Gegenstande hat, ist auch bei Änderung der Gesetzgebung der durch — gegebenenfalls ergänzende — Auslegung zu ermittelnde Wille der Vertragsparteien maßgebend. **165,** 26. — 96) Zur Frage der Wiederholung der Klage aus § 55 EheG. **165,** 32, 125; **166,** 166. — 97) Die Abweisung einer Widerklage auf Scheidung der Ehe aus Verschulden des Widerbeklagten schließt den Mitschuldantrag nach § 60 Abs. 3 EheG. selbst dann nicht aus, wenn gegen diesen das Widerklagebegehren abweisenden Teil des Urteils kein Rechtsmittel eingebracht wurde. **165,** 62. — 98) Weist ein Oberlandesgericht eine Revision mit Beschluß als unzulässig zurück, so ist dagegen der Rekurs an das Reichsgericht zulässig. Der Beschluß vom 25. April 1940 VIII B 10/40 wird nicht aufrechterhalten. **165,** 107. — 99) Der Ehegatte, der die Straftaten des andern Ehegatten und dessen Verurteilung zu Zuchthausstrafe und Sicherungsverwahrung nicht als ehezerstörend empfindet, kann wegen dieser Vorgänge Scheidung nach § 49 EheG. nicht verlangen, und zwar auch dann nicht, wenn er später erkennt, daß die Sicherungsverwahrung von langer Dauer sein wird. **165,** 109. — 100) Duldung des ehelichen Verkehrs seitens des irrenden Ehegatten nach Entdeckung des Irrtums ist ebensowenig wie die Erweisung von Zärtlichkeiten ohne weiteres als Bestätigung der Ehe zu werten; es kommt auf die Umstände des einzelnen Falls an. **165,** 121. — 101) In rechtsschöpferischer Erstreckung des Grundsatzes des § 810 BGB. muß jedem Volksgenossen gegen den Besitzer einer Urkunde von sippenkundlichem Einzigkeitswert für ihn zur Ermittelung seiner Vorfahren und ihrer Sippe ein Anspruch auf Vorlegung der Urkunde zur Einsicht zugebilligt werden. **165,** 146. — 102) Die dreijährige Dauer der Aufhebung der häuslichen Gemeinschaft gehört nicht in der Weise zum Scheidungsgrunde des § 55 Abs. 1 EheG., daß Art. 17 Abs. 2 EG. z. BGB. anzuwenden wäre, falls der Ehemann die deutsche Staatsangehörigkeit erst im Laufe der drei Jahre erworben hat. Zum Begriff der unheilbaren Zerrüttung der Ehe; zur Beachtlichkeit des Widerspruchs gegen die Ehescheidung **165,** 146. — 103) a. Das von einem Mann im außerstreitigen Verfahren abgegebene Vaterschaftsanerkenntnis steht der Erhebung der Vaterschaftsklage gegen einen andern Mann nicht entgegen. b. Der mit der Vaterschaftsklage in Anspruch genommene Beklagte kann nicht mit dem bloßen Hinweis auf die Möglichkeit, daß die Kindesmutter auch noch mit andern Männern geschlechtlichen Verkehr gehabt haben könnte, die Anordnung einer erbbiologischen Begutachtung verlangen. Eine solche Begutachtung ist vielmehr in diesem Falle nur dann erforderlich, wenn Anhaltspunkte für das Bestehen einer augenfälligen Unähnlichkeit vorhanden sind. **165,** 186. — 104) a. Der Reichskommissar für die Preisbildung kann vorgefundene streitige und noch unabgewickelte Rechtsverhältnisse mit rückwirkender Kraft auch insoweit ordnen, als sie noch über den Zeitpunkt des Inkrafttretens des Gesetzes zur Durchführung des Vierjahresplanes zurückreichen. Auch insoweit als dies geschehen ist, ist seine Anordnung für die Gerichte bindend. — b. Über die Möglichkeit der Aufrechnung einer Schadensersatzforderung gegen den zwischen den Vertragsparteien bindend festgesetzten Preis. **165,** 226. — 105) a. Klagen auf Feststellung des Bestehens oder Nichtbestehens der sog. Zahlvaterschaft sind vermögensrechtlicher Art. b. Klagen auf Feststellung des Bestehens oder Nichtbestehens der unehelichen Vaterschaft betreffen im Zweifel die blutmäßige Abstammung. c. Zur Frage der Verfahrensgrundsätze im Abstammungsstreite. **165,** 248. — 106) Der Reichskommissar für die Preisbildung kann streitige und unabgewickelte Rechtsverhältnisse auch insoweit ordnen, als sie über den Zeitpunkt des Inkrafttretens des Gesetzes zur Durchführung des Vierjahresplans zurückreichen. Gegenüber dem vom Preisbildungskommissar festgesetzten Preise kann nicht mit Schadensersatzansprüchen aufgerechnet werden. **165,** 226. — 107) Mittels eines Schadensersatzanspruchs kann nicht die endgültige Anordnung der Verwaltungsbehörde über ein im allgemeinen Interesse notwendiges Geschehen zwischen Vertragsparteien außer Wirkung gesetzt werden. **165,** 226 (235). — 108) Hat ein Zusammenschluß bei der Schließung des Betriebes eines Mitgliedes und bei der Zuweisung von dessen Lieferern an ein andres Mitglied mit diesem vereinbart, daß es die Kaufpreisschulden des ersten an die Lieferer bezahle, so ist das ein bürgerlich-rechtlicher Vertrag (Auftrag), und der Erstattungsanspruch des zweiten Mitglieds gegen den Zusammenschluß ist bürgerlich-rechtlicher Art. Gleicher Art ist der Anspruch des Zusammenschlusses gegen das erste Mitglied auf Befreiung von diesem Erstattungsanspruch, auch ist er durch keine Bestimmung dem Rechtsweg entzogen. **165,** 300. — 109) Die entsprechende Anwendung des § 625 ZPO. führt bei den Abstammungsfeststellungsklagen dazu, daß die Urteile allgemein — ohne Rücksicht darauf, ob die Vaterschaft bejaht oder verneint oder als nicht feststellbar erklärt wird — von Amts wegen zuzustellen sind. **165,** 307. — 110) Ist über eine Abstammungsfeststellungsklage nach § 256 ZPO. im gewöhnlichen Verfahren und vom Landgericht als Berufungsinstanz rechtskräftig sachlich entschieden worden, so entbehrt diese Entscheidung trotz der vorliegenden Verfahrensmängel (nach der Entscheidung RGZ. Bd. 160 S. 293 findet das Statusverfahren Anwendung und ist die Zuständigkeit des Landgerichts als erste Instanz gegeben) der Wirkung der sachlichen Rechtskraft mit der Folge, daß zwischen den gleichen Parteien eine abweichende Feststellung der Abstammung ausgeschlossen ist, jedenfalls dann nicht, wenn sich die Entscheidungsgründe des früheren Urteils im Rahmen einer auch bei Anwendung des Statusverfahrens möglichen und zulässigen Urteilsbegründung halten. **165,** 315. — 111) Gegen eine Scheidungsklage kann sich der verklagte Ehegatte mittels eines Antrags auf Ausspruch des Verschuldens des klagenden Gatten an einem Eheaufhebungsgrund (§ 42 Abs. 2 EheG.) verteidigen (siehe RGZ. Bd. 163 S. 319). **165,** 317. — 112) a. Erörterungen über die Rechtslage, wenn der Wehrleistungspflichtige in Ausführung der Inanspruchnahme nach dem Wehr(Reichs)leistungsgesetz dem Reich schuldhaft unmittelbaren oder mittelbaren Schaden verursacht hat. b. Für einen daraus hergeleiteten Anspruch des Reichs ist die ausschließliche Zuständigkeit der Landgerichte nicht vorgeschrieben und somit die Revision nur zulässig, wenn er die Revisionssumme übersteigt. **165,** 323. — 113) Wenn Streit darüber ist, ob ein Bescheid der Finanzabteilung eines evangelischen Konsistoriums, durch den die Anrechnung anderweitiger Bezüge auf das Ruhegehalt eines Geistlichen angeordnet wird, zu Recht ergangen ist, so handelt es sich im Sinne des Gesetzes über das Beschlußverfahren in Rechtsangelegenheiten der Evangelischen Kirche vom 26. Juni 1935 um den Streit über die Gültigkeit einer in der betreffenden evangelischen Landeskirche getroffene Maßnahme. **165,** 343. — 114) Der körperliche Zustand, der sich daraus ergibt, daß wegen einer Mastdarmgeschwulst der untere Teil des Mastdarms entfernt und ein künstlicher Darmausgang an der einen Bauchseite geschaffen worden ist, stellt sich nach seinem äußeren Erscheinungsbilde und infolge der Wirkung auf den Geruchsinn eines normal empfindenden Menschen als eine schwere ekelerregende Krankheit dar. **165,** 352. — 115) Die Vorschrift des § 53 EheG. hat nur die dauernde Unfruchtbarkeit im Auge. Eine solche liegt auch dann vor, wenn zwar ihre Beseitigung durch einen ärztlichen Eingriff möglich und nach den Erfahrungen der ärztlichen Wissenschaft bei ungestörtem Verlauf des Eingriffs auf deren Erfolg zu rechnen, der unfruchtbare Ehegatte auch ernstlich bereit ist, den Eingriff an sich ausführen zu lassen, wenn aber dem Scheidungskläger mit Rücksicht auf die von ihm zur Behebung der Unfruchtbarkeit längere Zeit hindurch bereits gebrachten und die von ihm noch zu bringenden Opfer nicht zugemutet werden kann, sich auf weitere

Versuche zur Behebung der Unfruchtbarkeit noch einzulassen. **165,** 354. — 116) Ein Grundstückskaufvertrag, der abgeschlossen wurde nach Inkrafttreten der Preisstopverordnung, aber vor der vom Preiskommissar am 6. Oktober 1937 getroffenen Anordnung zur Preisbildung und Preisüberwachung bei Grundstücken, kann vom Käufer nicht mit der Begründung beanstandet werden, daß der vereinbarte Kaufpreis das volkswirtschaftlich gerechtfertigte Maß übersteige. **165,** 385. — 117) Im allgemeinen kann angenommen werden, daß aus der Ehe stammende Nachkommenschaft erbgesund ist; eines besondern Nachweises der Erbgesundheit bedarf es daher im allgemeinen nicht. Anders liegt es, wenn feststeht, daß ein Eheteil erbkrank ist. Dann muß die Erbgesundheit des Kindes nachgewiesen werden; gelingt der Nachweis nicht, so kann sich der verklagte Eheteil auf die Ausnahmevorschrift des § 53 Abs. 2 EheG. nicht berufen. **166,** 123. — 118) Die Frage, ob die Aufrechterhaltung oder die Scheidung der Ehe sittlich gerechtfertigt ist, ist nach § 54 und § 55 Abs. 2 Satz 2 EheG. einheitlich zu beantworten. **166,** 188. — 119) a. Ist der Ehemann nur Angehöriger des Protektorats, die Ehefrau aber auch deutscher Volkszugehörigkeit, so gilt für die Scheidung und Trennung der Ehe Protektoratsrecht, auch wenn die deutsche Gerichtsbarkeit eintritt. b. Die Lösung der Ehe dem Bande nach kann nicht nach Großdeutschem Eherecht und das Verschulden nach Protektoratsrecht beurteilt werden. Der Scheidungsanspruch für sich kann in diesem Fall nicht rechtskräftig oder das Gericht bindend werden. **166,** 215. — 120) Fehlgeburten, die auf von beiden Ehegatten gewollten Abtreibungen beruhen, sind keine Opfer der Frau, welche die Beachtung ihres Widerspruchs gegen die Ehescheidung nach § 55 Abs. 2 EheG. rechtfertigen können. **166,** 209. — Die Bestimmung des § 95 Abs. 2 EheG. bezieht sich nicht auf die Fälle, in denen schon bei Eintritt der Unfruchtbarkeit die Ehe 10 Jahre bestand und der Kläger das 30. Lebensjahr vollendet hatte, da in diesen Fällen eine Scheidung wegen Unfruchtbarkeit auch dann ausgeschlossen gewesen wäre, wenn bei Eintritt der Unfruchtbarkeit das Ehegesetz schon in Kraft gewesen wäre (§ 58 Abs. 2 EheG.). Die in der Entscheidung vom 19. August 1940 — IV 42/40 — (= DR. 1940 S. 1887) vertretene Ansicht, daß sich § 95 Abs. 2 auch auf diese Fälle beziehe und ein Ausgleich nur auf dem Wege über § 54 möglich sei, wird aufgegeben. **166,** 263. — 121) a. Von den Vorschriften über die Besetzung des Gerichts in § 4 Abs. 1 Satz 2 und § 6 Abs. 2 der Verordnung über die Abwicklung von Lieferverträgen vom 20. April 1940 (VAL.) gibt es keine Ausnahmen für Fälle, in denen es sich nur um Verfahrensvorfragen handelt. b. Die Verordnung kennt gegen die Versäumung der Fristen des § 3 Abs. 1 und Abs. 2, die den Vorschriften des bürgerlichen Rechts in §§ 250, 326 uff. BGB. nahestehen, keine Wiedereinsetzung in den vorigen Stand oder sonstige Nachsicht des Gerichts. **166,** 268. — 122) a. Einem Abwicklungsverfahren steht bei sonst gegebenen Voraussetzungen nicht entgegen, daß sich die Parteien schon vor Stellung des Vertragshilfeantrags über einzelne Punkte der zu regelnden vertraglichen Beziehungen geeinigt haben. b. Ein Bauvertrag, welcher die Herstellung eines in Erdarbeit auszuführenden Entwässerungsgrabens zum Gegenstande hat, gehört nicht zu den in § 1 Abs. 2 der Verordnung über die Abwicklung von Lieferverträgen vom 20 April 1940 genannten Lieferverträgen. Bauleistungen solcher Art stellen keine Ware im Sinne der angeführten Vorschrift dar. **166**, 287. — 123) a. Die Gewährung der Vertragshilfe nach der VO. über die Abwicklung von Lieferverträgen vom 20. April 1940 hat zwar nicht zur Voraussetzung, daß das Bestehen des abzuwickelnden Vertragsverhältnisses zwischen den Parteien streitig ist. Das Vertragshilfegericht kann aber nicht selbst über das Zustandekommen oder Bestehen des Vertrags entscheiden. Es kann seine Entscheidung immer nur auf der Grundlage eines als bestehend anzusehenden Vertragsverhältnisses treffen. Der Vertragshilfeantrag ist deshalb als in sich selbst widerspruchsvoll zurückzuweisen, wenn sich schon aus dem Vorbringen des Antragstellers ergibt, daß er selbst das Bestehen eines Vertrags, der Gegenstand der Abwicklung sein könnte, nicht gelten läßt. Bestreitet der Antragsgegner das Zustandekommen oder Bestehen eines Vertrags, so ist das Vertragshilfegericht an einer abwickelnden Entscheidung nicht gehindert, wenn es davon ausgehen kann, daß der Antragsgegner keine Aussicht hat, mit seinen Einwendungen durchzudringen. Andernfalls muß es auf eine vorherige Klärung des Streites hinwirken und zu diesem Zwecke unter Aussetzung des Verfahrens dem Antragsteller eine Frist zum Nachweis der Klagerhebung zwecks Herbeiführung einer richterlichen Entscheidung über das Bestehen des Vertrags setzen. Nach fruchtlosem Fristablauf kann es den Vertragshilfeantrag mangels nachweisbarem Vorhandensein eines der Abwicklung zugänglichen Vertrags zurückweisen. b. Das Vertragshilfegericht ist an Anträge der Parteien, in einem bestimmten Sinne zu entscheiden, nicht gebunden. Ihnen kommt lediglich die Bedeutung einer Anregung oder eines Vorschlages zu. **166**, 276. — 124) Die sechsmonatige Klageausschlußfrist des § 143 Abs. 1 DBG. beginnt auf jeden Fall mit Ablauf von 6 Monaten seit Zugehen des Antrags auf Vorentscheid auch dann, wenn der Vorentscheid ergangen ist, aber mangels formgerechter Bekanntgabe die Frist nicht vorher hat in Lauf setzen können. **166**, 296. — 126) Durch § 96 Satz 1 EheG. wird die Rechtskraft eines früher ergangenen Unterhaltsurteils nicht kraft Gesetzes beseitigt. Die Abänderung des Urteils ist vielmehr im Wege der Klage nach § 323 ZPO. herbeizuführen. **166**, 303. — 127) a. Die Scheidung gemäß § 50 EheG. setzt grundsätzlich nicht voraus, daß mit einer künftigen Wiederholung des ehewidrigen Verhaltens des verklagten Ehegatten zu rechnen ist. b. Zur Anwendung des § 54 EheG. **166**, 344. — 127) a. Die Rücknahme der Versetzung eines Beamten in den Ruhestand, die nach dem 1. Juli 1937 — Inkrafttreten des Deutschen Beamtengesetzes — ausgesprochen wird, ist nach neuem Recht auch dann zu beurteilen, wenn die Versetzung selbst unter altem Recht ausgesprochen war. b. Nur für die Ernennung des Beamten ist nach dem deutschen Beamtengesetz auch für die Versetzung in den Ruhestand die Anfechtung der Verfügung nach den Vorschriften des bürgerlichen Rechts ausgeschlossen. **166**, 353. — 128) Zur Anwendung des § 74 EheG. auf vertraglich geregelte Unterhaltsansprüche geschiedener Ehegatten. **166**, 378. — 129) Die Rechtsnorm des Art. 131 WeimVerf., und zwar mit der Einschränkung durch § 839 Abs. 1 Satz 2 BGB., gilt seit der Wiedervereinigung Österreichs mit dem Deutschen Reich auch im Lande Österreich. **167**, 1. — 130) a. Die Vorschrift des § 65 Abs. 3 Satz 2 AktG., daß ein schuldrechtliches Geschäft über den Erwerb eigener Aktien nichtig ist, soweit der Erwerb gegen Abs. 1 und 2 das. verstößt, gilt auch für noch nicht abgewickelte Rechtsgeschäfte dieser Art aus der Zeit vor dem Inkrafttreten des Aktiengesetzes. b. Die Anwendbarkeit des § 65 AktG. hängt nicht davon ab, ob der Erwerb eigener Aktien im einzelnen Falle wirklich eine Gefährdung der Gesellschaft, ihrer Gläubiger oder der nicht veräußernden Aktionäre befürchten läßt. c. Das Urteil erörtert weiter die Frage, unter welchen Voraussetzungen ein Abhängigkeitsverhältnis im Sinne des § 15 Abs. 2 AktG., besteht. **167**, 1. — 131) Über die Heilung einer unter der Geltung der aktienrechtlichen Vorschriften des Handelsgesetzbuchs zustande gekommenen verschleierten Sachgründung nach dem Inkrafttreten des Aktiengesetzes. **167**, 99. — 132) a. Die Frist des § 158 ABGB beginnt mit dem Tage, an dem der Ehemann sichere Kenntnis von der Geburt des Kindes erlangt. Eine entsprechende Anwendung des § 1594 Abs 2 und 3 in der Fassung des Gesetzes vom 12. April 1938 RGBl. S. 380 ist ausgeschlossen. b. Der Ehemann der Mutter ist zur Bestreitung der blutmäßigen Abstammung des Kindes von ihm nur befugt, wenn er ein über das bloße Abstammungsinteresse des Kindes hinausgehendes Interesse glaubhaft macht. **167**, 120. — 133) Über die Wiederaufnahme eines Rechtsstreits, der nach Art. 1 Abs. 3 der Schutzverordnung vom 1. September 1939 ausgesetzt worden ist und die Aufhebung der Aussetzungsbeschlusses. **167**, 123. — 134) a. Eine Streitigkeit „zwischen Mitgliedern der Zusammenschlüsse" im Sinne der Marktschiedsgerichtsordnung kann auch dann gegeben sein, wenn der Streit nach Beendigung der Mitgliedschaft entsteht. b. Es handelt sich nicht um eine „Maßnahme" des Zusammenschlusses, wenn dieser, anstatt unmittelbar marktregelnde Anordnungen zu treffen, zur Erreichung seiner Aufgaben lediglich den Verkauf eines Betriebes an einen anderen Unternehmer vermittelt und die Vereinbarungen der Beteiligten genehmigt. **167**, 129. — 135) Über die Zuständigkeit der Marktschiedsgerichte für Klagen von Mitgliedern eines marktständischen Zusammenschlusses, wenn die Klagen darauf gestützt werden, daß die Beklagte dem Verbot einer Preisunterbietung (durch Gewährung genossenschaftlicher Rückvergütungen) zuwiderhandle, oder wenn unter dem Gesichtspunkt eines durch die Zuwiderhandlung begangenen Wettbewerbsverstoßes oder auf Grund der Vorschriften über unerlaubte Handlungen geklagt oder die Klage auf Schadensersatzleistung oder Auskunftserteilung gerichtet ist. **167**, 138. — 136) a. Die in der Hauptversammlung verlangten Auskünfte sind grundsätzlich nicht vom Vorsitzenden der Versammlung, sondern vom Vorstande, jedenfalls unter dessen Verantwortung zu erteilen; insbesondere hat auch über die Geltendmachung eines Auskunftsverweigerungsrechts nach § 112 Abs. 3 AktG. allein der Vorstand zu entscheiden. b. Die an die Hauptversammlung gerichtete Frage, ob sie einer Auskunftsverweigerung zustimmt oder sich mit der erteilten Auskunft zufrieden gibt, ist (im Gegensatz zum früheren Recht) nach § 112 AktG. belanglos. c. Auf mißbräuchlich gestellte Fragen, insbesondere auf solche, die ausschließlich darauf abzielen, der Verwaltung Schwierigkeiten zu machen, ist der Vorstand zur Erteilung einer Auskunft nicht verpflichtet; im Streitfall hat aber die Aktiengesellschaft einen solchen Mißbrauch des Fragerechts zu beweisen. d. Ein Beschluß der Hauptversammlung kann wegen verweigerter oder unzureichender Auskunftserteilung nur angefochten werden, wenn er bei pflichtgemäßer Auskunfterteilung möglicherweise nicht zustande gekommen wäre; die etwaige Unmöglichkeit des ursächlichen Zusammenhangs hat die verklagte Aktiengesellschaft zu beweisen. e. Dem im Anschluß an die Jahresabrechnung ergangenen Entlastungsbeschluß kommt nach § 84 Abs. 4 AktG. die Bedeutung eines Verzichts auf Regreßansprüche gegen den Vorstand und den Aufsichtsrat nicht mehr zu. f. Wenn auch die Aktiengesellschaft im Jahresabschluß ihre Aufwendungen, soweit nicht deren gesonderte Angabe im § 132 AktG. ausdrücklich verlangt ist, unmittelbar von den Erträgen abziehen darf (§ 132 zu II, 1), so berechtigt sie das nicht ohne weiteres, die Auskunft über Art und Höhe dieser sonstigen Aufwendungen zu verweigern; ein Verweigerungsrecht kann sie in dieser Hinsicht nur auf § 112 Abs. 3 AktG. stützen. g. Der Vorstand ist zur Auskunftserteilung auch auf vorher nicht angekündigte Fragen in dem Umfange verpflichtet, wie sie ihm den Umständen nach möglich und zumutbar ist. **167**, 151. — 137) Gegen Beschlüsse, die ein Oberlandesgericht als Rekursgericht erlassen hat, gibt es keinen Rekurs an das Reichsgericht, ebensowenig gegen Beschlüsse, durch die das Oberlandesgericht einen solchen Rekurs als unzulässig zurückgewiesen hat. **165**, 107; **167**, 183. — 138) Der Rechtsweg ist zulässig in dem Falle, daß eine mit Wirtschaftslenkung befaßte Körperschaft (die Geschäftsabteilung der Reichsstelle für Getreide, Futtermittel und sonstige landwirtschaftliche Erzeugnisse) in „Richtlinien" den Verarbeitern bestimmter inländischer, zu Verlustpreisen einzukaufender Rohstoffe (Ölsaaten) die Zahlung von „Auslandsvergütungen" in Aussicht stellt. **167**, 225. — 139) a. Erörterungen darüber, ob bei den an der Westfront gelegenen Gerichten infolge ihrer Zurückverlegung im September 1939 Stillstand der Rechtspflege eingetreten ist. b. Zum Begriff des Betroffenseins im Sinne der Verordnung über Maßnahmen auf dem Gebiete des bürgerlichen Streitverfahrens usw. vom 1. September 1939. **167**, 215. — 140) Ein rechtskräftig gewordener Beschluß über Genehmigung einer Grundstücksveräußerung kann von der Verwaltungsbehörde jedenfalls dann abgeändert werden, wenn sich die Sachlage in einem Punkt geändert hat, der für die frühere Entschließung der Genehmigungsbehörde wesentlich gewesen war, und danach der Kaufvertrag mit dem früher genehmigten Inhalt undurchführbar geworden ist. **167**, 236. — 141) Bei Anfechtungsklagen gegen Erstattungsbeschlüsse ist bei fehlender Revisionssumme die Revision unzulässig, wenn der Erstattungsbeschluß nicht gegen einen Beamten, sondern gegen einen Angestellten oder Arbeiter gerichtet ist. **167**, 254. — 142) Der Ausschluß der Scheidung nach § 49 Satz 2 EheG. setzt nicht notwendig voraus, daß die beiderseitigen Verfehlungen im Zusammenhange stehen. **167**, 265. — 143) Zur Frage der Auswertung eines erbbiologischen Gutachtens bei der Ehelichkeitsanfechtung. **167**, 269. — 144) In Deutschland wohnhafte polnische Staatsangehörige, die nicht dem deutschen Volkstum angehören, sind mit dem 26. Oktober 1939, dem Tage des Inkrafttretens der Führererlasse vom 8. Oktober 1939 über die Gliederung und Verwaltung der Ostgebiete (RGBl. I S. 2042, 2057) und vom 12. Oktober 1939 über die Verwaltung der besetzten polnischen Gebiete (RGBl. I S. 2077), staatenlos geworden. **167**, 274. — 145) Für die Geltendmachung von Ansprüchen aus einem Mietvertrag, den der Leistungspflichtige auf Verlangen der Bedarfsstelle mit einem Dritten über eine bewegliche Sache gemäß § 3b Nr. 1 des Reichsleistungsgesetzes abgeschlossen hat, ist der ordentliche Rechtsweg zulässig. Ist aber der Mietvertrag nicht rechtswirksam zustande gekommen, so steht dem Leistungspflichtigen gegen den Dritten wegen des Gebrauchs der Sache kein im ordentlichen Rechtsweg verfolgbarer Bereicherungsanspruch zu. Vielmehr ist dann der Leistungspflichtige auf die Ansprüche aus § 26 des Reichsleistungsgesetzes angewiesen, für die nach § 27 der Rechtweg ausgeschlossen ist. **167**, 281. — 146) Die Klage auf Feststellung der blutmäßigen Abstammung von einem Manne kann nach dessen Tode nicht gegen die uneheliche Mutter des Klägers erhoben werden. **167**, 289. — 147) a. Für die Beurteilung, ob ein Ehegatte trotz völliger Zerrüttung der Ehe Verfehlungen des anderen Ehegatten doch noch als ehezerrütetnd empfinden kann, kann die Schwere und vor allem auch die Art der Eheverfehlung eine Rolle spielen. Die Zerrüttung kann sehr wohl schon so tief sein, daß die Ehe durch eine reine Eheverfehlung, also durch ein Verhalten, mit dem der schuldige Ehegatte nur gegen die durch die Ehe geschaffenen Bindungen verstößt, nicht mehr weiter zu zerrütten ist. Anders kann es aber liegen, wenn die Verfehlung oder ein ehrloses oder unsittliches Verhalten den schuldigen Teil nicht nur in seiner Eigenschaft als Gatten, sondern auch als Menschen schwer belastet oder wenn sein Verhalten nach außen in die Erscheinung tritt und dem Ansehen des anderen Ehegatten schadet. b. Von einer vollkommen tatsächlichen Trennung der Ehegatten innerhalb derselben Wohnung kann so lange nicht die Rede sein, als die Frau noch häusliche Arbeiten für den Mann in nennenswertem Umfange verrichtet. Dagegen stehen Dienste, die die Frau dem Manne in seinem Geschäfts- und Landwirtschaftsbetriebe leistet, der Annahme, daß die häusliche Gemeinschaft aufgehoben sei, nicht entgegen. Dasselbe gilt für Dienste, die nicht dem Manne, sondern ausschließlich den Kindern zugute kommen. **167**, 301. — 148) Für Klagen auf Feststellung des Bestehens oder Nichtbestehens der blutmäßigen Abstammung eines (ehelichen oder unehelichen) Kindes ist örtlich das Landgericht des allgemeinen Gerichtsstandes des Klägers im Inlande, notfalls das Landgericht des allgemeinen Gerichtsstandes seiner Mutter zuständig. **167**, 319. — 149) a. Ein Fall der Vorfahrt ist auch beim Einbiegen nach rechts bei Begegnung mit einem von dort Kommenden gegeben, gleichviel auf welcher Seite der Straße der Betreffende kommt. b. Die Worte „Soweit nicht besondere Umstände entgegenstehen" in dem ersten Halbsatz des § 8 Abs. 2 StrVo. gelten auch für den zweiten Halbsatz („sie dürfen die linke Seite nur zum Überholen benutzen"). Als besondere Umstände, die eine Abweichung von der Regel gestatten, sind in erster Linie Hindernisse auf der rechten Seite der Fahrbahn, insbesondere haltende Fahrzeuge, anzusehen. b. Überholen im Sinne der StrVo. ist ein Vonhintenvorbeifahren an einem in gleicher Richtung sich auf derselben Straße b e w e g e n d e n Verkehrsteilnehmer. Als in Bewegung befindlich muß allerdings auch ein Fahrzeug angesehen werden, das seine Bewegung kurz unterbrochen hat, ohne die einem sich bewegenden Fahrzeug entsprechende Stellung auf der Fahrbahn aufgegeben zu haben, aber nicht ein Fahrzeug, das rechts heranfährt und dort hält, um Fahrgäste aus- und einsteigen zu lassen. **167**, 357. — 150) Über die Mithaftung der NSDAP. aus § 8 ÖstRHG., wenn ein Unterführer der Partei oder ihrer Gliederungen einen Kraftwagen der NSDAP. schuldhaft mangelhaft verwahrt hat, **167**, 391. — 151) Das Preiserhöhungsverbot des § 1 Abs. 1 der Preisstoppverordnung vom 26. November 1936 gilt auch für Verträge aus der Zeit vor dem Stichtage vom 18. Oktober 1936, in denen die Höhe des Kaufpreises von einer am Zahlungstage geltenden Richtzahl abhängig gemacht ist, wenn der danach zu zahlende Preis höher wäre, als der nach jenem Stichtage berechnete. **168**, 22. — 152) Der Widerspruch der Frau gegen die Scheidung (§ 55 Abs. 2 EheG.) ist nicht zu beachten, wenn sie unfruchtbar geworden ist, weil der Mann sie mit einer Geschlechtskrankheit angesteckt hat. **168**, 38. — 153) Umfaßt ein Pachtvertrag Räume, Grundflächen und einen Gewerbebetrieb, so tritt der Schutz des § 9 der Verordnung vom 5. September 1939 für das gesamte Pachtverhältnis ein, es sei denn, daß die Überlassung der Räume im Vergleich zur Verpachtung der anderen Gegenstände völlig nebensächlich und unbeachtlich ist. **168**, 44. — 154) Die für die Frage der Beachtlichkeit des Widerspruchs maßgebenden Grundsätze gelten, wenn das Heimatrecht des Mannes für die Scheidung gemäß Art. 27 EG. z. BGB. auf das deutsche Recht zurückverweist, auch im Falle der Scheidung einer Auslandsehe. Auch bei einer solchen Ehe ist aber für die nach § 55 Abs. 2 Satz 2 vorzunehmende Abwägung von den Belangen der deutschen Volksgemeinschaft auszugehen. Daraus können sich unter Umständen Besonderheiten gegenüber dem Falle ergeben, daß es sich um die Scheidung einer Ehe zwischen Deutschen handelt. **168**, 50. — 155) Zu § 37 EheG. Rechtfertigt der Umstand, daß ein Ehegatte Träger einer kranken Erbanlage und damit der Gefahr des Ausbruchs der Erbkrankheit erheblich stärker ausgesetzt ist als der Durchschnitt der Bevölkerung, allein schon die Aufhebung der Ehe? **168**, 61. — 156) **a.** Durch die Behauptung, die Erfüllung des Vertrags sei durch die kriegswirtschaftlichen Maßnahmen rechtlich und wirtschaftlich dermaßen erschwert, daß die dadurch verursachten Leistungshindernisse einer tatsächlichen Erfüllungsunmöglichkeit gleichzuachten seien, wird die Zulässigkeit des Abwicklungsverfahrens nicht in Frage gestellt. Auch ein im Zuge der Kriegswirtschaft erlassenes Verbot, bestimmte Aufträge auszuführen, hat nicht ohne weiteres zur Folge, daß damit der Vertrag erledigt und einer Abwicklung entzogen wäre. b. Die Inanspruchnahme richterlicher Vertragshilfe wird nicht dadurch ausgeschlossen, daß vor dem Erlaß der Abwicklungsverordnung im ordentlichen, zufolge des Vertragshilfeantrags ausgesetzten Rechtsstreit mit Schadensersatzansprüchen wegen Nichterfüllung des abzuwickelnden Vertrages aufgerechnet worden ist. **168**, 65. — 157) Ein wegen vorsätzlicher (nicht hoch- oder landesverräterischer) fortgesetzter Handlung zu einem Jahr Gefängnis rechtskräftig verurteilter Ruhestandsbeamter verliert schon dann das Ruhegehalt, wenn nur der Beginn der Ausführung der Tat in die Zeit vor seiner Versetzung in den Ruhestand fällt. **168**, 81. — 158) Beanstandet die Preisbehörde einen Grundstücksveräußerungsvertrag wegen der Höhe des von ihr als volkswirtschaftlich nicht gerechtfertigten Preises, so ist sie nicht befugt, die Aufrechterhaltung des Vertrags zu dem von ihr festgesetzten geringeren Preise anzuordnen. **168**, 91. — 159) Über die Voraussetzungen unter denen die Reichsärztekammer mit ihren Maßnahmen in die bürgerlich-rechtlichen Belange der Ärzte eingreifen kann. **168**, 129. — 160) Zu Art. 1, 13, 14, 33 des Konkordats zwischen dem Heiligen Stuhl und dem Deutschen Reich vom 20. Juli 1933. **168**, 143. — 161) Eine Befugnis der Reichsärztekammer, in die bürgerlich-rechtlichen Belange der Ärzte einzugreifen (Anordnung, sämtliche Honorarforderungen an Privatkrankenversicherte einer Verrechnungsstelle zur Einziehung und Weiterleitung unter Abzug von „Verwaltungskosten" zu überlassen) ist weder allgemein gegeben, noch auf die Fälle beschränkt, für welche die Reichsärzteordnung den Eingriff ausdrücklich anordnet oder gestattet; sie besteht vielmehr unter der Voraussetzung, daß die Erfüllung der gesetzlichen Aufgaben der Reichsärztekammer den Eingriff erfordert. **168**, 129. — 162) § 48 Abs. 2 TestG. berechtigt den Richter zur teilweisen Aufrechterhaltung einer letztwilligen Verfügung, sofern deren Gegenstand teilbar ist **168**, 177. — 163) Die erbbiologische Untersuchung kann unter Umständen zur Ausschließung der Vaterschaft eines bestimmten Mannes auch in dem Falle führen, daß sich die Untersuchung außer auf das Kind und die Mutter nur auf ihn, nicht auf einen weiteren etwa als Erzeuger in Betracht kommenden Mann erstrecken kann. **168**, 187. — 164) Das Reichsgericht hat infolge Revision das neue internationale Ehescheidungsrecht der Reichsgaue der Ostmark auch dann anzuwenden, wenn das Urteil des Berufungsgerichts vor dem 1. November 1941 ergangen ist. **168**, 175. — 165) Die durch die Verordnung vom 17. November 1939 dem § 4 des Gesetzes über beschränkte Auskunft aus dem Strafregister und die Tilgung von Strafvermerken vom 9. April 1920 als Abs. 4 angefügte Bestimmung, daß der Verurteilte im Fall der Tilgung des Vermerks über seine Verurteilung im Strafregister jede Auskunft über die Tat und über die Strafe verweigern und sich, soweit nicht eine andere noch nicht getilgte Verurteilung entgegensteht, als unbestraft bezeichnen darf, hatte für den betreffenden Verurteilten, unbeschadet der gesetzlichen Regelung über die Vernehmung als Zeuge vor Gericht, als Rechtsgrundsatz gemäß der allgemeinen Rechtsüberzeugung des deutschen Volkes schon seit der Machtergreifung im Jahre 1933 Geltung. **168**, 193. — 166) a. Der Begriff der „auf fremde Währung lautenden" Schuldverpflichtung in der Verordnung vom 5. Dezember 1936 ist gleichbedeutend mit dem „in einer ausländischen Währung ausgedrückten Geldschuld" in § 244 BGB. b. Eine in ausländischer Währung ausgedrückte Geldschuld wird nicht schon dadurch zur Fremdwährungsschuld, daß die Zahlung in ausländischer Währung bedungen ist. **168**, 240. — 167) Eine schuldhafte Verletzung der Vorfahrtregel des § 13 Abs. 2 StVO. seitens des von links Kommenden liegt immer dann vor, wenn er in die Kreuzung einfährt, ohne mit Gewißheit darauf rechnen zu können, daß er die ganze Kreuzung ungefährdet durchfahren werde. Beweis des ersten Anscheins zu Lasten des von links kommenden, also wartepflichtigen Fahrzeugs. **168**, 253. — 168) Die Rechte aus § 326 BGB. können bei einem Vertrag, welcher der devisenrechtlichen Genehmigung bedarf, vor Erteilung dieser Genehmigung nicht ausgeübt werden. **168**, 261. — 169) Anmeldung des Vermögens eines Juden, Einsatz des jüdischen Vermögens, Genehmigungspflicht der Veräußerung eines gewerblichen Betriebs (Grundstücks) **168,** 261 (268 flg.). — 170) Die Geltendmachung eines nicht oder nicht mehr bestehenden Scheidungsgrundes macht eine damit in Zusammenhang stehende Unterhaltsvereinbarung nur dann nichtig, wenn es an einem Scheidungsgrunde überhaupt fehlt, nicht dagegen dann, wenn die Ehegatten die Scheidung einverständlich statt auf Grund des in Wirklichkeit vorliegenden Scheidungsgrundes auf Grund des vorgetäuschten Scheidungsgrundes herbeiführen; dabei macht es keinen Unterschied, ob die Scheidung von dem Teile, dem der vorhandene Scheidungsgrund zur Seite steht, oder von dem anderen Teile betrieben wird. **168,** 269. — 171) Ein Verstoß gegen die Preisbildungsvorschriften macht einen Vertrag über die Verpachtung eines Eigenjagdbezirks nichtig; zu § 11, § 12 Abs. 3 Satz 2, §§ 37, 42 RJagdG. **168,** 307. — 172) Ist das auf Feststellung seiner blutsmäßigen Abstammung vom Beklagten klagende Kind wegen Geistesschwäche unfruchtbar gemacht, so wird das im allgemeinen zur Verneinung des rechtlichen Interesses an der Feststellung führen. **168,** 316. — 173) Verfügungen von Juden über Grundstücke im Protektorat Böhmen und Mähren unterliegen der Genehmigungspflicht, auch wenn der jüdische Eigentümer ausländischer Staatsangehöriger ist. Die genehmigende Behörde ist berechtigt, die Genehmigung einer solchen Verfügung über ein jüdisches Grundstück mit einer Auflage zu verbinden und insoweit den Vertragswillen des Veräußerers abzuändern. **168,** 317. — 174) Grundsätze über Unmöglichkeit der Leistung infolge von Kriegsmaßnahmen; Zulässigkeit einer Klage auf künftige Leistung. **168,** 321. — 175) Wird für ein Rechtsgeschäft, das der Genehmigung durch eine Devisenstelle bedarf, die Genehmigung versagt, so ist der Schwebezustand für dieses Geschäft beseitigt und das Geschäft endgültig nichtig. Wird doch noch nachträglich eine Genehmigung erteilt, so wirkt sie nicht auf den Zeitpunkt des früheren Geschäftsabschlusses zurück. Sie hat Wirkung nur dann, wenn das Geschäft trotz der früheren Versagung der Genehmigung nach dem erklärten Willen der Beteiligten aufrechterhalten werden soll — Bei der Abtretung einer Forderung aus einem Geschäft, für das die erforderliche Genehmigung einer Devisenstelle fehlt, sind die Voraussetzungen des Schutzes guten Glaubens aus der Person des ursprünglichen Gläubigers zu beurteilen. Wird nach dem Abschluß des genehmigungspflichtigen Geschäfts ein Beteiligter vom Devisenausländer zum Deviseninländer, so kommt nicht mehr der weitergehende Schutz guten Glaubens eines Ausländers, sondern nur der Schutz in Betracht, der für einen Inländer gilt. **168,** 346. — 176) a. § 90 DBG. setzt voraus, daß der Beamte später in der geringer besoldeten Amtsstelle in Fortsetzung desjenigen Beamtenverhältnisses verwendet wird, das auch seiner früheren Verwendung in der höher besoldeten Amtsstelle zugrunde gelegen hat. b. Ein Staatsbeamter, der unter Beurlaubung aus seinem Staatsamte zum hauptamtlichen Bürgermeister bestellt worden war, dann aber nach Zurücknahme seiner Berufung zum Bürgermeister seinen Dienst als Staatsbeamter wieder aufgenommen hat, hat damit im Sinne des § 90 Abs. 1 DBG. keinen Ämterwechsel innerhalb eines einheitlichen Beamtenverhältnisses vollzogen. **168,** 398. — 177) Fügt ein dem Unternehmen „Reichsautobahnen" zur Dienstleistung zugeteilter Beamter, Angestellter oder Arbeiter der Deutschen Reichsbahn in Ausübung der ihm anvertrauten öffentlichen Gewalt einem Dritten schuldhaft Schaden zu, so haftet das Unternehmen „Reichsautobahnen“, nicht die Deutsche Reichsbahn für den Ersatz dieses Schadens. **168**, 361. — 178) Die Unternehmerarbeiter an der Reichsautobahn werden in Ausübung öffentlicher Gewalt im Sinne des Art. 131 WeimVerf. betreut. **168**, 361. — 179) Das Unternehmen „Reichsautobahnen“ hat auf Grund des Gesetzes vom 27. Juni 1933 mit dem Bau und dem Betriebe der Kraftfahrbahnen Aufgaben staatshoheitlicher Natur übertragen erhalten. **168**, 361 (369). — 180) Zum Forderungsübergang nach § 134 der Bekanntmachung über die zusammenhängende Fassung der für die Reichsarbeitsdienstfürsorge und -versorgung geltenden Vorschriften vom 29. September 1938 RGBl. I S. 1253. **168**, 388 (393 flg.) — 181) Der Wehrmachtsangehörige ist auch dann nicht mehr als „durch einen Prozeßbevollmächtigten vertreten“ anzusehen, wenn der Prozeßbevollmächtigte in einer Ehesache auf die Nachricht vom Soldatentode seiner Partei hin seine Tätigkeit für die Partei einstellt, insbesondere von einem Antrag auf Verlängerung der Frist zur Zahlung der Prozeßgebühr absieht. Das Verfahren wird dann unterbrochen. **168**, 396. — 182) Seeversicherung. Die Deutsche Kriegsklausel 1938 enthält eine erschöpfende Bestimmung des Begriffs „Kriegsereignis“. **169**, 1. — 183) Zur Beachtlichkeit des Widerspruchs nach § 55 Abs. 2 EheG. **169**, 36. — 184) Es sind Grenzfälle denkbar, in denen, obgleich die sachlichen Voraussetzungen einer schweren Eheverfehlung gegeben sind, weder § 49 noch § 50 EheG. anwendbar ist. **169**, 59. — 185) Wenn Belange der Allgemeinheit weder an der Lösung noch an der Aufrechterhaltung der Ehe bestehen, so kann ein wesentliches persönliches Interesse des beklagten Eheteils an der Aufrechterhaltung der Ehe ausnahmsweise zur Beachtung seines Widerspruchs führen. **169**, 126. — 186) Zu § 1717 BGB., §§ 322, 640 flg. ZPO. **169**, 129. — 187) Zur außerordentlichen Wiederaufnahme des Verfahrens auf Antrag des Oberreichsanwalts. **169**, 139, 129, 140, 145. — 188) Der außerordentlichen Wiederaufnahme des Verfahrens steht der Umstand nicht entgegen, daß die Unrichtigkeit der vom Oberreichsanwalt beanstandeten Entscheidung auf eignes Verschulden der benachteiligten Partei oder ihres Vertreters zurückzuführen ist. **169**, 145. — 189) Im Verfahren nach § 31 des PersonenstandsG. darf das ersuchte Gericht die Vernehmung der Kindesmutter über die Frage des Mehrverkehrs in der Empfängniszeit nicht ablehnen. **169**, 158. — 190) a. Wenn über eine Patentverletzungsklage, die auf Grund eines Patentes ostmärkischen Ursprungs vor dem 1. Oktober 1940 erhoben ist, erst nach diesem Zeitpunkt entschieden wird, ist der gegen künftige Patentverletzungen gerichtete Unterlassungsanspruch auf Grund des deutschen Patentgesetzes vom 5. Mai 1936 zu beurteilen, während die Entscheidung über andere Ansprüche, die auf vor dem 1. Oktober 1940 geschehene Patentverletzungen gestützt sind, auf Grund des österreichischen Patentgesetzes zu treffen ist. b. Die Auslegung von Patenten ostmärkischen Ursprungs hat für die Zeit nach dem 1. Oktober 1940 auf Grund des Patentgesetzes vom 5. Mai 1936 unter Anwendung der in der Rechtsprechung des Reichsgerichts entwickelten Grundsätze stattzufinden, während der Schutzumfang für die frühere Zeit nach dem österreichischen Patentgesetz zu bestimmen ist. c. Das

Reichsgericht ist bei der Auslegung des österreichischen Patentgesetzes an die in der Rechtsprechung des Obersten Gerichtshofes in Wien entwickelten Rechtssätze nicht gebunden. Es hat die mit den Bestimmungen des Patentgesetzes vom 5. Mai 1936 inhaltlich übereinstimmenden Vorschriften des österreichischen Patentgesetzes unter Anwendung seiner eigenen Rechtsprechung über den Schutzumfang von Patenten auszulegen und bei der Auslegung abweichender Vorschriften deren Sinn selbständig zu ermitteln. Dabei ist die Rechtsprechung des Obersten Gerichtshofs zu berücksichtigen. Sie kann gegebenenfalls Anlaß zu einer Änderung der deutschen Rechtsprechung geben, aber bindend ist sie für das Reichsgericht nicht. **169**, 161. — 191) Wenn nach dem Tode des Vaters die Mutter mit ihren minderjährigen Kindern aus dem Altreich nach dem Lande Österreich verzieht, so ist als Vormundschaftsgericht das Gericht ihres Aufenthaltsortes zuständig. **169**, 192. — 192) Der Richter kann die Erkenntnisse des erbbiologischen Gutachtens nicht ohne weiteres durch entgegengesetzte eigene ersetzen. **169**, 193. — 193) Eine rechtswirksame Verzeihung ist trotz Bekundung einer versöhnlichen Gesinnung und der Bereitwilligkeit zur Fortsetzung der Ehe nicht notwendigerweise anzunehmen, wenn der verletzte Ehegatte sich bei Bekundung des Verzeihungswillens in einem Zustand starker Gemütserregung befunden hat. **169**, 196. — 194) Zu § 22 der Kriegswirtschaftsverordnung. Über die Frage der Möglichkeit der Herabsetzung einer Fautfracht, die auf Rechtsetzung der Frachtenausschüsse und ihrer Aufsichtsbehören beruht. **169**, 203. — 195) Über die Beweisforderungen bei der verneinenden Abstammungsfeststellungsklage. **169**, 216. — 196) Ein im Altreich wohnender Zeuge ist zur Duldung der erb- und rassenkundlichen Untersuchung und der Entnahme der Blutprobe in familienrechtlichen Streitigkeiten, soweit es zur Feststellung der Abstammung eines Kindes erforderlich ist, auch dann verpflichtet, wenn der Rechtsstreit vor einem Prozeßgericht in einem anderen Teile des Großdeutschen Reiches (z. B. in der Ostmark oder im Sudetenland) geführt wird. **169**, 219. — 197) a. Die verneinende Abstammungsklage ist nicht deshalb mutwillig und deshalb mangels eines Rechtsschutzbedürfnisses abzuweisen, weil der Kläger für seine Behauptung, nicht der Vater des Beklagten zu sein, keine bestimmten Beweise anzutreten vermag. b. Auch wenn ein Anhalt für einen Mehrverkehr der Kindesmutter innerhalb der Empfängniszeit fehlt, ist dem Antrag auf Anordnung der Blutgruppenuntersuchung — nicht dagegen dem auf Einholung des erbbiologischen Gutachtens — zu entsprechen. c. Der Umstand, daß durch ein dem Kind ungünstiges Ergebnis der Blutgruppenuntersuchung die Kindesmutter der Gefahr strafrechtlicher Verfolgung wegen Verletzung der Eidespflicht ausgesetzt wäre, gibt keinen „triftigen Grund" für eine Weigerung des Kindes, die Blutentnahme zum Zwecke der Untersuchung zu dulden. **169**, 223. — 198) Kohlenhändlern, die nicht als Großhändler I. oder II. Hand anerkannt sind, früher etwa abweichend von den Lieferungsbedingungen der Kohlensyndikate zugestandene Preisnachlässe sind seit dem 1. April 1929 nicht mehr zu gewähren und dürfen mit Genehmigung des Preiskommissars gestrichen werden. **169**, 227. — 199) a. Das Wesen der Kartellquote und die Feststellung der ideellen Anteile, mit denen zwei Werke, die früher in einer Hand vereinigt waren, jetzt aber verschiedenen Inhabern gehören, an der so entstandenen gemeinsamen Quote beteiligt sind. b. Die gemeinsame Quote kann nicht durch rechtsänderndes Urteil aufgehoben werden; vielmehr ist entweder zur Vorbereitung der Aufhebung der Gemeinschaft auf Feststellung der ideellen Anteile (Bruchteile) oder unmittelbar auf Zustimmung zur Aufhebung, gegebenenfalls zu einer bestimmten Art der Aufhebung der Gemeinschaft (§§ 749 flg. BGB.) zu klagen. c. Zur Fällung eines Schiedsspruchs ist das ordentliche Gericht nicht befugt, abgesehen vom Schiedsurteil gemäß den §§ 18, 19 EntlVo. d. Die Auslegungsregel des § 742 BGB. bedeutet nur, daß in Ermangelung von Unterlagen für einen anderen Maßstab gleiche Teile anzunehmen sind. Falls Unterlagen für einen anderen Maßstab gegeben sind, müssen die ideellen Anteile nach diesem nötigenfalls frei geschätzt werden, auch wenn sie sich nicht genau ermitteln lassen. **169**, 232. — 200) Hat der Erblasser auf einem Fragebogen, den die Erbschaftssteuerbehörde ihm anläßlich des Todes seiner Ehefrau zugesandt hatte, Bestimmungen über seinen eigenen Nachlaß niedergeschrieben, so kann darin ein wirksames Testament nur gesehen werden, wenn erwiesen ist, daß er damit eine rechtsgeschäftliche Anordnung treffen wollte. **169**, 264. — 201) Zu § 49 EheG. Die Scheidung einer zerrütteten Ehe kann nicht mit der Begründung abgelehnt werden, der verletzte Ehegatte habe es vom Standpunkt einer höheren sittlichen Pflicht aus nicht zum Erlöschen seiner ehelichen Gesinnung kommen lassen dürfen. **169**, 278. — 202) Für die Scheidung der Ehe ist das Großdeutsche Scheidungsrecht maßgebend, wenn der Mann Angehöriger des Protektorats ist und die Frau die deutsche Staatsangehörigkeit besitzt. **169**, 281. — 203) Zur Frage, unter welchen Voraussetzungen in einem Rechtsstreit, der die Anfechtung der Ehelichkeit des verklagten Kindes zum Gegenstand hat, Beweis durch Anordnung der Blutgruppenuntersuchung und durch Einholung eines erbbiologischen Gutachtens zu erheben ist. **169**, 282. — 204) Über die Frage, unter welchen Voraussetzungen ein erloschenes Patent oder Gebrauchsmuster auch gegenüber einem später angemeldeten Patent benutzt werden kann, das denselben Gegenstand schützt. **169**, 289. — 205) Beschluß über die Verwerfung der Berufung als offenbar unbegründet nach § 6 der 3. VereinfVo. vom 16. Mai 1942. **169**, 295. — 206) Das Verfahren wird auch dadurch unterbrochen, daß der Prozeßbevollmächtigte eines Wehrmachtangehörigen auf die unrichtige Nachricht vom Soldatentod seiner Partei hin unverschuldet seine Tätigkeit für sie einstellt. **169**, 298. — 207) Über die Frage, ob das Vorstandsmitglied einer Aktiengesellschaft einen Ruhegehaltsanspruch auf die Fürsorgepflicht des Unternehmers und einen innerhalb des Betriebes bestehenden Brauch stützen kann oder ob hierfür ein Brauch gegenüber den leitenden Angestellten des Betriebes genügt. **169**, 300. — 208) Aktiengesellschaft, Fürsorgepflicht des Betriebsführers gegenüber der Gefolgschaft, Anspruch eines Gefolgschaftsmitglieds gegenüber der Gesellschaft auf Ruhegehalt bei einem innerhalb des Betriebes bestehenden Brauch auch ohne besondere Vereinbarung. **169**, 300 (302). — 209) Dem Anerbengericht steht die Entscheidung darüber zu, ob ein Vertrag ein unter § 4 EHRVO. fallendes Recht des Bauern ergibt, das zum Erbhof gehört. Diese Entscheidung, einschließlich der darin enthaltenen Vertragsauslegung, ist für die am Verfahren beteiligten Personen bindend. Auch die ordentlichen Gerichte sind bei einem vor ihnen anhängigen Prozeß dieser Parteien an die Entscheidung des Anerbengerichts gebunden. **169**, 304. — 210) Auch wenn bei einem Fluge Personen verschollen sind, die im Sudetengau ihren Wohnsitz haben, ist das Aufgebotsverfahren nicht vom Landgericht ihres Wohnsitzes, sondern vom Amtsgericht Berlin zu führen. **169**, 339. — 211) Der Große Senat für Zivilsachen kann im Wiederaufnahmeverfahren nach dem Gesetze vom 15. Juli 1941 in der Sache selbst entscheiden. **169**, 341. — 212) Über die Rechtsgültigkeit einer sog. Ferntrauung; zur WehrmPStVo. §§ 13, 15, 32; WehrG. §§ 21,35; EheG. §§ 15, 17, 21. **169**, 345. — 213) Zum Begriff des Güterfernverkehrs und des Werkverkehrs nach dem Güterfernverkehrsgesetz vom 26. Juni 1935. **169**, 359. — 214) a. Der Abstammungsstreit ist im Gebiet des ABGB. gegen den Abstammungskurator zu führen. Eine Klage gegen den angeblichen Vater, die für das Gebiet des Altreiches zulässig ist, ist vor dem Gericht des österreichischen Rechts nicht fortzusetzen. b. Die örtliche Zuständigkeit ist durch § 100 ÖstJN. und § 642 DZPO., beide in der Fassung der 4. DurchfVo. EheG., gegeben (allgemeiner Gerichtsstand des Klägers), da der Fall, daß jemand an seinem allgemeinen Gerichtsstand wegen des dort geltenden Rechts nicht verklagt werden kann, dem Falle gleichzuhalten ist, daß er im Inlande keinen allgemeinen Gerichtsstand hat. **169**, 365. — 215) a. Berufsradrennfahrer, die sich zur Vorführung eines sog. Home-Trainer-Rennens in einem Zirkus verpflichten, sind Artisten im Sinne der Tarifordnung, obwohl die Darbietung nicht artistischer, sondern sportlicher Art ist. b. Bei den in § 2 Abs. 1 der Tarifordnung gegebenen Vorschriften handelt es sich um rechtsbegründende Formvorschriften, deren Nichtbefolgung einer Rechtswirksamkeit des Anstellungsvertrages im Wege steht. c. Ein formlos abgeschlossener Anstellungsvertrag erlangt schon dann Gültigkeit gemäß § 2 Abs. 2 der Tarifordnung, wenn der „Artist" seine Dienste nur anbietet und der Unternehmer zur Annahme bereit ist. d. Sogenannte Abschlußnormen können zum verbindlichen Inhalt einer Tarifordnung gemacht werden. **169**, 385. — 216) Zu §§ 55, 66 Abs. 1 EheG. Über die Frage, ob gegenüber dem Erfordernisse wirtschaftlicher Sicherung von Frau und Kindern geltend gemacht werden kann, im Falle der Scheidung sei zu hoffen, daß der klagende Ehemann von seinem bisherigen Bestreben, sich auf jede erdenkliche Weise den Unterhaltspflichten zu entziehen, abstehen werde, und unter welchen Voraussetzungen die verklagte Ehefrau auf eigene Erwerbstätigkeit verwiesen werden kann. **169**, 306. — 217) Der Staatsanwalt ist berechtigt, in Abstammungsfeststellungssachen Rechtsmittel einzulegen. An der Auffassung ist festzuhalten, daß das Bestehen oder Nichtbestehen der Vaterschaft nach dem Tode des als Vater in Betracht kommenden Mannes nicht durch Feststellungsklage gegen die Kindesmutter geltend gemacht werden kann. **169**, 401. — 218) Liegt bei einer Partei die Voraussetzung des Art. 1 Abs. 1 der Verordnung vom 1. September 1939 an sich vor, ist aber das Verfahren nach Abs. 3 das. in einer Instanz deshalb nicht unterbrochen, weil sie durch einen Prozeßbevollmächtigten vertreten ist, so tritt Unterbrechung des Verfahrens ein, wenn von der Gegenpartei gegen ein sie betreffendes Urteil ein Rechtsmittel eingelegt wird und die erste Partei nicht einen zur Wahrnehmung ihrer Rechte berufenen Vertreter hat (Abs. 3 das.). Als ein Vertreter im

Sinne dieser Bestimmung ist der Prozeßbevollmächtigte der Vorinstanz nicht schon anzusehen, wenn er sich noch bemüht, mit der Partei die Stellungnahme zu dem Rechtsmittel, so die Frage einer etwaigen Anschließung an das Rechtsmittel zu klären. Es bedarf einer erkennbaren Willensäußerung der Partei, daß der Prozeßbevollmächtigte als ihr Vertreter weiter ihre Rechte wahrnehmen soll. **170,** 1. — 219) Zu § 21 RErbG., § 48 EHRV. **170,** 48. — 220) a. Den Präsidenten der Einzelkammern der Reichskulturkammer steht eine Ordnungsstrafgewalt auch gegenüber solchen Personen zu, die wegen geringfügiger oder gelegentlicher Ausübung einer Kulturtätigkeit von der Zugehörigkeit zur Einzelkammer befreit sind. Dies gilt insbesondere von Inhabern gewerblicher Räume, in denen Musikdarbietungen unterhaltender Art veranstaltet werden. b. Arbeitsamtliche Zustimmungen zu Arbeitsverträgen können bei fehlender notwendiger Zugehörigkeit zu einer der Kammern der Reichskulturkammer die Ausübung des Berufes nicht rechtfertigen. **170,** 54. — 221) a. Im Geltungsbereich des ABGB. ist auch für die bejahende Klage des während der Ehe geborenen Kindes auf Feststellung der blutmäßigen Abstammung von einem anderen Manne der Nachweis eines besonderen Interesses nicht zu fordern. b. Die bejahende Klage ist nur gegen den zu bestellenden Kurator zu richten, nicht auch gegen den angeblichen blutmäßigen Erzeuger. Dieser ist aber zu hören und von Gericht und Kurator darauf hinzuweisen, daß er sich am Rechtsstreit als Streitgehilfe beteiligen kann. **170,** 61. — 222) a. Bei dem während der Ehe geborenen Kinde kann im Geltungsbereich des ABGB. die bejahende mit der verneinenden Abstammungsklage verbunden werden (blutmäßige Abstammung). b. Bei der bejahenden Abstammungsklage muß der angebliche blutmäßige Vater, wenn er noch lebt, als Zeuge vernommen, auch die Blutgruppenuntersuchung durchgeführt werden. **170,** 63. — 223) Der heutigen Rechtsauffassung muß kraft Gesetzesbefehls des Führers die sinnfällig zugehörige Gesetzesbestimmung immer dann weichen, wenn ihre Anwendung zu einem Widerspruch mit einem höheren Rechtssatz unserer Rechts- und Sittenordnung und somit zu einem unbilligen, im völkischen Leben unzweckmäßigen Ergebnis führen würde. **170,** 65 (69). — 224) Die im Aktiengesetz §§ 199 bis 201 getroffene Regelung der Anfechtungs- und Nichtigkeitsfeststellungsklage findet im Genossenschaftsrecht entsprechende Anwendung. **170,** 83. — 225) Ist im Geltungsbereich des Allgemeinen Bürgerlichen Gesetzbuches eine öffentliche Kasse die Schuldnerin, so ist sie nicht verpflichtet, einer Anweisung des Empfangsberechtigten, für ihn an eine dritte Person zu zahlen, Folge zu leisten. **170,** 113. — 226) Keine unmittelbare (oder entsprechende) Anwendung der §§ 30, 31 der Vertragshilfeverordnung auf die Rechtzeitigkeit der Mängelrüge nach § 377 HGB. **170,** 155. — 227) Das Verbot der Neuerungen gemäß § 482 Abs. 2 ÖstZPO. findet im Verfahren über Abstammungsklagen, das vom Grundsatze der Amtsuntersuchung beherrscht wird, keine Anwendung. **170,** 162. — 228) Über die Frage, unter welchen Voraussetzungen dem Mieter (Pächter) Vertragshilfe durch Beseitigung lediglich der Verzugsfolgen gewährt werden kann. **170,** 221. — 229) a. Hat eine Ehefrau sich ohne triftigen Grund beharrlich geweigert, ein zweites Kind zu empfangen und zu gebären, diese Weigerung aber später aufgegeben, so ist, wenn der

Tatbestand des § 48 EheG. nicht voll erfüllt ist, zu prüfen, ob das Scheidungsbegehren nach § 49 EheG. begründet ist. b. Verweigert eine Ehefrau, die eine schwere Entbindung durchgemacht hat, die Empfängnis und die Geburt eines weiteren Kindes, weil sie für ihr Leben und ihre Gesundheit fürchtet, so kann sie bei sachlich unberechtigter Weigerung nicht als entschuldigt gelten, wenn sie einen Arzt darüber, ob ihre Besorgnisse begründet sind, nicht zurate gezogen hat. c. Bei der Prüfung der Frage, ob eine sachlich unbegründete und schuldhafte Weigerung der Fortpflanzung durch einen Ehegatten im Einzelfall eine schwere Eheverfehlung darstellt, ist in erster Linie zu beachten, daß hier wichtigste völkische Belange zu schützen sind. Demgegenüber verlieren persönliche Schuldmilderungsgründe an Gewicht. **170,** 193. — 230) a. Patentstreitsachen im Sinne von § 51 Abs. 1 PatG. sind alle Klagen, mit denen Ansprüche geltend gemacht werden, die mit einer Erfindung in engem Zusammenhang stehen, ohne Rücksicht darauf, ob die Erfindung zum Patent angemeldet oder durch ein Patent geschützt ist. b. War das Gericht erster Instanz nicht vorschriftsmäßig besetzt und außerdem unzuständig, so kann auf einen in der Revisionsinstanz gestellten Antrag des Klägers der Rechtsstreit an das zuständige Gericht erster Instanz verwiesen werden. Die Entscheidung des Reichsgerichts in RGZ. Bd. 130 S. 53 steht nicht entgegen. **170,** 226. — 231) Allgemeine typische Geschäftverbindungen, wie die Allgemeinen Verfrachtungsbedingungen der Schiffahrtsverbände, sind ähnlich wie Rechtsnormen auszulegen. Die Belange der beteiligten Wirtschaftskreise sind gegen einander abzuwägen. **170,** 233. — 232) a. Der im Unterhaltungsprozeß verurteilte uneheliche Vater hat ein berechtigtes Interesse („Rechtsschutzinteresse") an der Erhebung der verneinenden Abstammungsklage. b. Liegen Anhaltspunkte für einen Mehrverkehr der Kindesmutter vor, so kann die erbbiologische Begutachtung nicht von vornherein als aussichtslos bezeichnet werden. **170,** 255. — 233) Das auf eine Standesklage ergehende Urteil ändert zwar nach der bisherigen Rechtslage nichts an der Stellung eines ehelichen Kindes in familien- und erbrechtlicher Beziehung, hat aber stärkere Wirkung als ein Urteil, das auf eine vorausgegangene Klage aus § 163 ABGB. ergangen ist, und gibt dem Kläger die Möglichkeit, den in dem vorausgegangenen Urteil enthaltenen Ausspruch über seine uneheliche Vaterschaft und seine Verurteilung zur Zahlung von Unterhalt zu beseitigen. **170,** 255 (256). — 234) Über den Veräußerungsvertrag, den ein von der Vermögensverkehrsstelle bestellter Treuhänder über ein jüdisches Unternehmen schließt. **170,** 292. — 235) a. Amtspflichtverletzungen der Mitglieder der Rechtsanwaltsehrengerichte; die Reichsrechtsanwaltskammer, nicht das Reich haftet. b. Der Beschluß des Rechtsanwaltsehrengerichts über das Vertretungsverbot ist kein Urteil im Sinne des § 839 Abs. 2 BGB. Das an ein Ausschlußurteil anschließende Verfahren über das Vertretungsverbot hat nicht noch einmal den die Ausschließung begründenden Tatbestand nachzuprüfen, sondern nur zu untersuchen und zu begründen, ob die festgestellten Umstände ein Vertretungsverbot erfordern. Insofern beruht der Beschluß über das Vertretungsverbot auf dem vorausgehenden Ausschlußurteil. Dasselbe gilt für die Verhandlung über die Beschwerde gegen das Vertretungsverbot. **170,** 333.

III. Einzelne Gesetze. Erste Gruppe.

1. Zur Auslegung des BGB.

1a. Zur Auslegung des Einführungsgesetzes zum BGB.

2. Zur Auslegung des Handelsgesetzbuchs.

a) des Allgemeinen Deutschen Handelsgesetzbuchs.

b) des Handelsgesetzbuchs vom 10. Mai 1897.

IV. Einzelne Gesetze. Zweite Gruppe.

1. Untergruppe. Zur Auslegung einzelner **Reichsgesetze** nach der Zeitfolge.

1935. 21. Mai. Wehrgesetz.
§ 21 . . . . **169,** 346
§ 30 . . . . **164,** 1
§ 35 . . . . **169,** 346

1935. 26. Juni. Reichsarbeitsdienstgesetz.
§ 1 . . . . **168,** 388

1935. 26. Juni. Gesetz über den Güterfernverkehr mit Kraftfahrzeugen.
§ 1 . . . . **169,** 359
§ 2 . . . . **169,** 359

1935. 13. Juli. Neunte Verordnung zur Neuordnung der Krankenversicherung.
Art. 2 §§ 2, 3 . . . . **165,** 91

1935. 14. November. 1. Vo. zum Reichsbürgergesetz.
§ 4 . . . . **162,** 257

1935. 13. Dezember. Reichsärzteordnung.
§ 1 . . . . **168,** 129
§ 19 . . . . **168,** 129
§ 38 . . . . **168,** 129
§ 42 . . . . **168,** 129
§ 46 . . . . **168,** 129

1936. 17. Januar. Gesetz über den Verkehr mit Lebensmitteln und Bedarfsgegenständen (Lebensmittelgesetz).
§ 4 . . . . **170,** 155

1936. 27. März. Durchführungsverordnung zum Gesetz über den Güterfernverkehr.
§ 4 . . . . **169,** 359

1936. 30. März. Erlaß des Reichs- und Preuß. Arbeitsministers.
165, 92

1936. 17. April. Verordnung über den Zusammenschluß der deutschen Milchwirtschaft.
165, 300

1936. 15. Juli. Bestimmungen des Reichsversicherungsamts über Anstellung, Besoldung und Dienstverhältnisse der Vertrauensärzte (Fassung vom 29. Dezember 1936).
165, 92

1936. 21. August. Luftverkehrsgesetz. Bekanntmachung.
§ 19 . . . . **161,** 76

1936. 29. Oktober. Gesetz zur Durchführung des Vierjahresplans — Bestellung eines Reichskommissars für die Preisbildung.
165, 385; **166,** 89
§ 1 . . . . **168,** 92
§ 2 **165,** 226; **168,** 92, 307; **169,** 227
§ 4 . . . . **162,** 231
§ 6 . **162,** 231; **168,** 92, 307

1936. 26. November. Verordnung über das Verbot von Preiserhöhungen (Preisstopverordnung).
165, 385; **166,** 89; **168,** 307
§ 1 **168,** 22; **169,** 141; **169,** 227

1936. 2. Dezember. Dritte Durchführungsverordnung zum Gesetz über die Umwandlung von Kapitalgesellschaften.
§ 4 . . . . **164,** 220
§ 6 . . . . **164,** 220
§ 8 . . . . **164,** 220

1936. 5. Dezember. Verordnung über Fremdwährungsschulden.
161, 262

1936. 12. Dezember. Erste Verordnung über die Wahrnehmung der Aufgaben und Befugnisse des Reichskommissars für die Preisbildung.
162, 231

1936. 21. Dezember. Erbhofrechtsverordnung (EHRV.).
§ 4 . . . . **169,** 304
§ 16 . . . . **164,** 235
§ 30 . . . . **170,** 257
§ 48 . . . . **170,** 48
§ 54 . . . . **164,** 235

1936. 22. Dezember. Gesetz über die Befreiung von der Pflicht zum Ersatz von Fürsorgekosten (Befr.G.).

§ 4 . . . . **164,** 226

1937. 26. Januar. Bekanntmachung über den Verkehr mit landwirtschaftlichen oder forstwirtschaftlichen Grundstücken (Grundstücksverkehrsbekanntmachung).

165, 117

§ 1 . . . . **168,** 343

1937. 26. Januar. Deutsches Beamtengesetz.

§ 23 . . . . **163,** 104
§ 32 . . . . **166,** 353
§ 38 . . . . **163,** 193
§ 53 . . . . **168,** 81
§ 78 . . . **163,** 181; **166,** 353
§ 89 . . . . **164,** 309
§ 90 . . . **164,** 309; **168,** 398
§§ 126 bis 133 . . . . **164,** 72
§ 129 . . . . **164,** 309
§ 132 . . . . **168,** 81
§ 139 . . . . **162,** 93; **163,** 396
§§ 142 flg. **161,** 163
§ 143 **161,** 308; **164,** 72; **166,** 296
§ 146 . . . . **161,** 308
§ 163 **163,** 181; **164,** 72; **166,** 296
§ 183 . . . . **163,** 181

1937. 26. Januar. Reichsdienststrafordnung.

§ 19 . . . . **163,** 181
§ 20 . . . . **167,** 99
§ 45 . . . . **167,** 99
§ 84 . . . . **167,** 151
§ 104 . . . . **167,** 151
§ 112 . . . . **167,** 151
§ 132 . . . . **167,** 151
§ 195 . . . . **164,** 220
§ 197 . . . . **167,** 181

1937. 30. Januar. Einführungsgesetz zum Aktiengesetz.

§ 4 . . . . **167,** 99

1937. 30. Januar. Gesetz über Aktiengesellschaften und Kommanditgesellschaften auf Aktien (Aktiengesetz).

§ 15 . . . . **167,** 40
§ 65 . . . . **167,** 40

1937. 4. Februar. Gesetz über die Verwahrung und Anschaffung von Wertpapieren.

§ 12 . . . . . . **164,** 292 flg.

1937. 10. Februar. Gesetz zur Regelung der Verhältnisse der Reichsbank und der Deutschen Reichsbahn.

161, 341
162, 364

1937. 5. März. Gesetz zum Schutze der landwirtschaftlichen Kulturpflanzen.

§ 2 . . . . **169,** 312
§ 16 . . . . **169,** 312

1937. 7. April. Gesetz über die Beschränkung der Rückgriffshaftung der Soldaten.

164, 1

1937. 18. April. Gesetz über das Verfahren für die Erstattung von Fehlbeständen an öffentlichem Vermögen.

§ 8 . . . . **167,** 254

1937. 29. Juni. Vo. zur Durchführung des deutschen Beamtengesetzes.

Zu § 38 Nr. 3 . . . . . **164,** 1
Zu § 184 Nr. 9. . . . **163,** 181

1937. 2. Juli. Durchführungsverordnung zum deutschen Beamtengesetz für die Kommunalbeamten (Beamten der Gemeinden der Gemeindeverbände und der gemeindlichen Zweckverbänder).

§ 1 . . . . **166,** 297

1937. 17. August. 1. Durchführungsverordnung zum Gesetz über die Sicherung der Reichsgrenze.

§ 2 . . . . **168,** 343

1937. 3. September. Erste Verordnung über Wasser- und Bodenverbände (Erste Wasserverbandsverordnung:

167, 312

1937. 6. Oktober. Fünfte Anordnung über die Wahrnehmung der Aufgaben und Befugnisse des Reichskommissars für die Preisbildung.

165, 385

1937. 6. Oktober. Runderlaß des Reichskommissars für die Preisbildung. Nr. 155/37.

165, 385

1937. 3. November. Personenstandsgesetz.

§ 31 . . . . **169,** 158

1937. 13. November. Straßenverkehrs-Ordnung.

§ 1 . . . . **166,** 74
§ 3 . . . . **162,** 273
§ 8 . . . **167,** 357 flg.; **169,** 284
§ 9 . . . . **166,** 74
§ 10 . . . . **167,** 358
§ 11 . . . . **166,** 74
§ 13 . . . . **168,** 253
§ 37 . . . . **169,** 284
§ 48 . . . . **167,** 358

1938. 13. März. Gesetz über die Wiedervereinigung Österreichs mit dem Deutschen Reiche.

167, 1

1938. 17. März. Verordnung über die Einführung der Reichsmarkwährung im Lande Österreich.

161, 262

1938. 12. April. Gesetz über die Änderung und Ergänzung familienrechtlicher Vorschriften und über die Rechtsstellung der Staatenlosen.

§ 4 . . . . **163,** 68, 90
§ 9 . . . . **169,** 219, 223
§ 28 . . . . **163,** 156
§ 34 . . . . **163,** 90

1938. 1. Juni. Gesetz zur Regelung der Verhältnisse der „Reichsautobahnen".

168, 362

1938. 1. Juni. 3. Verordnung zur Durchführung des Gesetzes über die Errichtung eines Unternehmens „Reichsautobahnen".

168, 362

1938. 1./3. Juni. Satzung der „Reichsautobahnen".

168, 362

1938. 9. Juni. Sechzehnte Verordnung zum Aufbau der Sozialversicherung betr. die Rechtsverhältnisse der Bediensteten der Versicherungsträger.

§§ 1, 3 . . . . **165,** 91

1938. 27. Juni. Runderlaß des Reichsarbeitsministers II a 8742/38.

165, 92

1938. 3. Juli. Verordnung über die deutsche Staatsangehörigkeit im Lande Österreich.

§ 1 . . . . **170,** 198

1938. 6. Juli. Gesetz zur Vereinheitlichung des Rechts der Eheschließung und der Ehescheidung im Lande Österreich und im übrigen Reichsgebiet.

§ 9 . . . . **163,** 77
§ 15 . . . **166,** 341; **169,** 346
§ 17 . . . . **169,** 346
§ 21 . . . . **169,** 346
§ 27 . . . . **161,** 10; **162,** 223
§ 28 **161,** 10; **162,** 223; **166,** 341
§ 37 **163,** 73; **164,** 106, 244, 373; **165,** 121; **168,** 61
§ 38 . . . **163,** 139; **165,** 121
§ 42 **163,** 315; **164,** 111, 244; **165,** 317
§ 47 **163,** 246; **164,** 185, 270
§ 48 . . . . **170,** 193
§ 49 **161,** 216; **163,** 246, 338; **164,** 152, 244, 270; **165,**

1939. 8. Oktober. Erlaß des Führers und Reichskanzlers über Gliederung und Verwaltung der Ostgebiete.

§ 6 . . . . **167**, 274

1939. 12. Oktober. Erlaß des Führers und Reichskanzlers über die Verwaltung der besetzten polnischen Gebiete.

§ 4 . . . . **167**, 274

1939. 17. November. Verordnung zur Änderung des Straftilgungsgesetzes vom 9. April 1920.

168, 193

1940. 18. Januar. 2. Verordnung zur Durchführung der Verordnung über den Einsatz des jüdischen Vermögens.

Art. II § 2 . . . . . . **168**, 317

1940. 20. April. Verordnung über die Abwicklung von Lieferverträgen.

§ 3 . . . . **166**, 268
§ 4 . . . . **166**, 268
§ 6 . . . . **166**, 268
§ 7 . . . . **166**, 268

1940. 14. Juni. Verordnung über die Währungsumstellung von Schuldverhältnissen in den in das deutsche Reich eingegliederten Ostgebieten usw.

§ 2 . . . . **170**, 177

1940. 15. Juni. Verordnung über die Behandlung feindlichen Vermögens

§ 4 . . . . **168**, 1

1940. 27. Juli. Verordnung über das Patent- und Gebrauchsmusterrecht aus Anlaß der Wiedervereinigung der Ostmark mit dem Deutschen Reich.

§ 12 . . . . **169**, 161

1940. 17. September. Verordnung über die Behandlung von Vermögen der Angehörigen des ehemaligen polnischen Staates.

§ 1 . . . . **168**, 317
§ 2 . . . . **168**, 317
§ 5 . . . . **168**, 317
§ 12 . . . . **168**, 317

1940. 22. November. Dritte Durchführungsverordnung über die Einführung der Reichsmark in dem Gebiet der bisherigen Freien Stadt Danzig.

§ 1 . . . . **170**, 177

1941. 29. Mai. Neufassung des Reichsautobahngesetzes.

168, 362

1941. 29. Mai. 4. Verordnung zur Durchführung des Reichsautobahngesetzes.

168, 362

1941. 29. Mai. Neufassung der Verordnung zur Durchführung des Reichsautobahngesetzes.

168, 362

1941. 25. Oktober. Verordnung zur Durchführung und Ergänzung des Ehegesetzes (Vierte Durchführungsverordnung zum Ehegesetz — 4. DVOEheG. —)

§ 8 . . . . **169**, 281
§ 20 . . . . **169**, 365
§ 21 . . . . **169**, 365

2. Untergruppe. Zur Auslegung einzelner **Landesgesetze**; die Länder nach der Buchstabenfolge, die Gesetze innerhalb der Länder nach der Zeitfolge.

Bayern.

1908. 15. August. Fischereigesetz.

Art. 5 Abs. 1 . . . . . **161**, 225

Ostmark und Sudetenland

(einschl. der dort noch geltenden tschechoslowakischen Bestimmungen)

1811. 1. Juni. Das allgemeine Bürgerliche Gesetzbuch.

§ 4 . . . **165**, 398; **166**, 218
§ 37 . . . **165**, 398; **166**, 215

Preußen.

Ia. Preußisches Allgemeines Landrecht.

Ib. Rheinisches Bürgerliches Gesetzbuch (RhBGB.)

II. Einzelne Gesetze.

V. Entsprechende (rechtsähnliche) Anwendung (Analogie).

1) Rechtsähnliche Anwendung des § 75 Einl. z. ALR. **161,** 364 (368); **161,** 387 (395). — 2) Die entsprechende Anwendung eines Rechtssatzes (Rechtsanalogie) ist auch auf einen Ausnahmetatbestand nicht grundsätzlich ausgeschlossen. **162,** 244. — 3) Die Vergünstigung des § 356 Abs. 1 HGB. ist auf das Konkursvorrecht des § 80 VAG. in der Fassung des Reichsgesetzes vom 6. Juni 1931 RGBl. I S. 315 entsprechend anzuwenden. **162,** 244. — 4) Läßt sich mittels der Gesetzesanalogie zu keinem verwertbaren Ergebnisse gelangen, so ist die Entscheidung aus dem Geist des gesamten, als ein Ganzes aufgefaßten Rechts abzuleiten. Zwischen regelmäßigem Recht und regelwidrigem Recht ist bei solcher Betrachtungsweise nicht zu unterscheiden, zumal nach der heute herrschenden geläuterten Rechtsauffassung, wo es darauf ankommt, die Ordnung der Gemeinschaft des Volkes und die Einordnung des einzelnen Gliedes in diese Gemeinschaft in Einklang zu bringen mit dem im Volke herrschenden Richtigkeitsempfinden. **162,** 244 (248). — 5) Die Ausnahmevorschrift des § 41 Abs. 1 [jetzt § 40 Abs. 1] GBO. ist zu Gunsten einer Gemeinde entsprechend anwendbar, wenn diese Gesamtrechtsnachfolgerin einer anderen Gemeinde geworden ist, für die eine Hypothek auf einem Grundstück eingetragen steht. **162,** 244 (248). — 6) Die Erstreckung von Ausnahmevorschriften auf rechtsähnliche andere Tatbestände ist nicht ausgeschlossen. **162,** 244 (248). — 7) Auch derjenige, der ein vermietetes Grundstück im Wege der Aneignung nach § 928 BGB. erwirbt, tritt gemäß entsprechender Anwendung in die Rechte und Pflichten aus dem Mietverhältnis nach § 571 Abs. 1 BGB. ein. **162,** 244 (248 flg.). — 8) Im Rechtsleben besteht kein Bedürfnis nach der Möglichkeit eines Nießbrauchs unter Beschränkung auf einzelne Teile eines Gebäudes, auch nicht im Wege rechtsähnlicher Gesetzesanwendung. **164,** 196 (201). — 9) In entsprechender Anwendung des § 831 BGB. muß sich der Verletzte das widerrechtliche Handeln des von ihm zu einer Verrichtung Bestellten bei Entstehung des Schadens anrechnen lassen. **164,** 264 (269). — 10) Entsprechende Anwendung der Grundsätze über den Erfüllungsgehilfen (§ 278 BGB.) auf das Dienstverhältnis zwischen dem Vertrauensarzt und der Krankenkasse vor der Neugestaltung des Sozialversicherungsrechts. **165,** 91 (103). — 11) Zur Ermittelung seiner Vorfahren und ihrer Sippe kann man von dem Besitzer die Vorlegung hierfür bedeutsamer Urkunden zur Einsicht verlangen. **165,** 146. — 12) Entsprechende Anwendung des § 878 Abs. 2 ZPO. nach § 115 Abs. 1 ZPO. **166,** 113 (123). — 12) Öffentlichrechtliche Verwahrung; Anwendung der §§ 688 flg., 278, 282 BGB. **166,** 218 (223). — 13) Entsprechende Anwendung des § 74 EheG. bei den durch Vertrag begründeten Unterhaltsansprüchen. **166,** 378 (380). — 14) Aufgabe der Rechtsprechung ist es gerade, die Gesetzesanwendung den Fortschritten des Verkehrs und der Technik anzupassen, soweit das dem Richter nach dem Inhalt des Gesetzes noch möglich ist. **167,** 14 (22). — 15) Entsprechende Anwendung des § 844, 845 BGB. auf die Hinterbliebenen des bei einer Lebensrettung tödlich Verunglückten. **167,** 85 (89). — 16) Zu § 628 ZPO. **167,** 289 (290). — 17) Keine entsprechende Anwendung des Rechtsgedankens in § 2a Abs. 1 StGB. auf die beamtenrechtlichen Wirkungen

von Strafurteilen. **168,** 81 (83). — 18) Devisenrechtliche Genehmigung. Keine rechtsgeschäftliche Bedingung, sondern Rechtsbedingung. Keine unmittelbare oder auch nur entsprechende Anwendung des § 162 BGB. **168,** 161 (267). — 19) Zu § 538 Nr. 3, §§ 254, 304 ZPO. Rechtsähnlichkeit. **169,** 127. — 20) Entsprechende Anwendung der §§ 626, 723 BGB., §§ 92, 133 HGB. wegen darin enthaltenen allgemeinen Rechtsgedankens auf andere langfristige Vertragsverhältnisse. Zulässigkeit der sofortigen Kündigung aus wichtigem Grunde. **169,** 203 (206). — 21) Zu Art. I § 6 der 3. Vo. zum ReichsbürgerG. **169,** 330 (336). — 22) Entsprechende Anwendung des vierten Buches der Zivilprozeßordnung; Zulassung der Restitutionsklage gegen Berufungsurteile des Reichsgerichts auf Vernichtung eines Patents. **170,** 51 (52). — 23) Rechtsähnliche Anwendung des in den §§ 122, 179 Abs. 2, §§ 307, 309 BGB. enthaltenen allgemeingültigen Grundsatzes über die Zubilligung des Vertrauensschadens (des negativen Interesses) auch im Falle des § 818 Abs. 3 BGB. **170,** 65 (69). — 24) Die Vorschriften des Aktiengesetzes über die Anfechtungs- und die Richtigkeitsfeststellungsklage finden im Genossenschaftsrecht entsprechende Anwendung. **170,** 83. — 25) Keine (unmittelbare oder) entsprechende Anwendung der §§ 30, 31 der Vertragshilfeverordnung auf die Rechtzeitigkeit der Mangelrüge nach § 377 HGB. **170,** 155. — 26) Entsprechende Anwendung des allgemeinen Rechtsgedankens, daß niemand mehr Rechte übertragen kann, als er selbst hat, im Falle des § 412 BGB. **170,** 285 (290). — 27) Zu § 367 ABGB. **170,** 292 (296).

§ 6. Gewohnheitsrecht. Observanz. Autonomie.

1) Ein auf alter Verleihung beruhendes Recht (Wasserbenutzungsrecht, „Konzession") richtet sich nicht notwendig und in allem nach den strengen Vorschriften des Sachenrechts; es kann einen eigenartigen Inhalt von vornherein haben oder im Laufe der Zeit bekommen; je nach der Verleihung oder nach der lange Zeit hindurch mit dem Bewußtsein, daß das so Recht sei, gehandhabten Übung. **161,** 243 (248). — 2) Zur Frage, ob und inwieweit entgegen den auf der verfassungsmäßigen Leitungs- und Dienstgewalt eines Reichsministers beruhenden Organisationsverordnungen die Vertretungsbefugnis einer Behörde im rechtsgeschäftlichen Kreise — insbesondere etwa unter dem Gesichtspunkte des Gewohnheitsrechts — durch Verwaltungsübung begründet werden kann. **162,** 129 (134 flg., 143 flg.). — 3) Handelt es sich um eine Bergung von Schiff und Ladung unter den Voraussetzungen des § 740 HGB., so kommt in Frage, ob der Bergelohn auch ohne Erfüllung der besonderen Voraussetzungen des § 700 HGB. kraft Gewohnheitsrechts nach den Grundsätzen der großen Haverei über Schiff, Fracht und Ladung zu verteilen ist. **165,** 166 (185). — 4) Daß der Verurteilte im Falle der Tilgung des Vermerks über seine Verurteilung im Strafregister jede Auskunft über die Tat und die Strafe verweigern und sich, soweit nicht eine andere noch nicht getilgte Verurteilung entgegensteht, als unbestraft bezeichnen darf (s. Vo. v. 17. November 1939). Diese Bestimmung hatte für den betreffenden Verurteilten, unbeschadet der gesetzlichen Regelung über die Vernehmung als Zeuge vor Gericht, als Rechtsgrundsatz gemäß der allgemeinen Rechts-

überzeugung des deutschen Volkes schon seit der Machtergreifung im Jahre 1933 Geltung. **168,** 193. — 5) Kein Gewohnheitsrecht mehr im Bereiche bürgerlich-rechtlicher Bestimmungen der Landesrechte. **170,** 28 (32.).

§ 7. Zeitliche Grenzen der Wirksamkeit der Gesetze.

I. Zeitliche Wirksamkeit des seit dem 1. Januar 1900 geltenden Rechts. Übergangsvorschriften des EG. z. BGB.

1. Allgemeine Grundsätze.

1) Zu Art. 30 EG. z. BGB. Als Vorschriften, welche die öffentliche Ordnung oder den Zweck eines deutschen Gesetzes betreffen, sind nur solche Normen anzusehen, die der Gesetzgeber in einer die Grundlagen des staatlichen oder wirtschaftlichen Lebens berührenden Frage auf Grund bestimmter staatspolitischer, sozialer oder wirtschaftlicher Anschauungen, nicht nur aus bloßen Zweckmäßigkeitserwägungen gegeben hat. **169,** 240 (245). — 2) Zu Art. 55 EG. z. BGB. Kein Gewohnheitsrecht mehr auf dem Gebiet des bürgerlichen Landesrechts. **170,** 28 (32).

2. Allgemeiner Teil des BGB.

— — — — — — — — — — —

3. Schuldverhältnisse.

1) Anwendung des österreichischen Kraftfahrzeughaftpflichtrechts auf einen am 4. April 1939 eingetretenen Schadensfall. **166,** 81 flg. — 2) Grundsatz der Staatshaftung (Art. 131 WeimVerf., § 839 Abt. 1 Satz 2 BGB.) mit Bezug auf seine Geltung im Lande Österreich. **167,** 1 (4 flg.). — 3) Mag zwar in der Regel für das Zustandekommen und die rechtliche Wirksamkeit eines Schuldverhältnisses dasjenige Recht maßgebend sein, unter dessen Geltung es entstanden ist, und einem späteren Gesetz rückwirkende Kraft nur dann zukommen, wenn es sich selbst solche beilegt, so braucht dies doch nicht mit ausdrücklichen Worten zu geschehen. Auch aus der Art und Bedeutung einer neuen Gesetzesvorschrift kann hervorgehen, daß sie zeitlich zurückliegende Rechtsverhältnisse erfassen will. Das ist für den Bereich des Bürgerlichen Gesetzbuchs trotz der Bestimmung in Art. 170 EG. z. BGB., daß für ein vor dem Inkrafttreten des Gesetzes entstandenes Schuldverhältnis die bisherigen Gesetze maßgebend seien, verschiedentlich angenommen worden. So in RGZ. Bd. 47 S. 103 und Bd. 66 S. 409, weil es nicht im Willen des Gesetzgebers gelegen haben könne, älteren Geschäften auch dann Rechtsschutz zu gewähren, wenn ihre Durchführung gegen die guten Sitten verstoße oder im öffentlichen Interesse erlassenen Vorschriften zum Schutze des wirtschaftlich Schwächeren zuwiderlaufe, ferner in RGZ. Bd. 144 S. 378, weil für die Art, wie der Schuldner die Leistung zu bewirken habe, nach dem Inkrafttreten des Bürgerlichen Gesetzbuchs in jedem Falle der aus seinem § 242 herzuleitende Grundsatz von Treu und Glauben gelten müsse ... **167,** 40 (44 flg.). — 4) Für die Tilgung und das Erlöschen altrechtlicher Schuldverhältnisse sind auch unter der Herrschaft des Bürgerlichen Gesetzbuchs entstandene Gründe jedenfalls dann zu beachten, wenn es sich um solche handelt, deren rechtliche Bedeutung

sich nicht aus der inneren Beschaffenheit des Schuldverhältnisses selbst ergibt, sondern auf einer damit nicht im Zusammenhange stehenden, äußeren Wirkung beruht. **167,** 40 (45).

4. Sachenrecht.

1) Die Vorschriften des Bürgerlichen Gesetzbuchs über den Inhalt des Eigentums finden gemäß Art. 181 Abs. 1 EG. BGB. auch auf den zur Zeit ihres Inkrafttretens bestehenden Überbau Anwendung. Dies gilt auch für den Eigenüberbau. **169,** 172. — 2) Zu Art. 184 EG. z. BGB. **169,** 180 (183).

5. Familienrecht.

1) Die Gültigkeit einer Ehe bestimmt sich nach dem zur Zeit ihrer Eingehung geltenden Rechte (ÖstR.). **161,** 121 (122 flg.). — 2) Die Ehescheidung deutscher Staatsangehöriger im Protektorat Böhmen und Mähren ist nach deutschem Recht zu beurteilen. **161,** 124. — 3) Nach §§ 84, 96 EheG. richtet sich die gesetzliche Unterhaltspflicht nur „für die Zukunft", d. h. vom Inkrafttreten des Ehegesetzes ab, nach den neuen Vorschriften. **162,** 298 (302) — 4) Die Rechtswirksamkeit von Unterhaltsverträgen unter dem Gesichtspunkt des § 80 EheG. ist für die Zukunft nach dieser Vorschrift zu beurteilen, auch wenn sie vor dem Inkrafttreten dieses Gesetzes abgeschlossen worden sind. **163,** 91 (93). — 5) Die Frage, ob für die Anfechtung der Ehelichkeit das Recht zu gelten hat, das zur Zeit der Geburt des Kindes in Kraft stand, oder eine spätere gesetzliche Bestimmung, ist für den Bereich des Bürgerlichen Gesetzbuchs durch § 26 des Gesetzes vom 12. April 1938 ausdrücklich geregelt. Für das Sudetenland bleibt sie unentschieden, da sich dort der Rechtszustand nicht geändert hat. **164,** 193 (195). — 6) Zu § 113 EheG. (Übergangsvorschrift für das Gebiet des Österr. Rechts). **164,** 290 (291). — 7) Die Rechtswirksamkeit von Unterhaltsverträgen unter dem Gesichtspunkt des § 80 EheG. ist für die Zukunft nach dieser Vorschrift zu beurteilen, auch wenn sie vor dem Inkrafttreten dieses Gesetzes abgeschlossen worden sind. **166,** 40 (42). — 8) Zu § 95 Satz 2 EheG. **166,** 263. — 9) Zu §§ 74, 129 EheG. **166,** 378 (380). — 10) Das Revisionsgericht hat das neue internationale Ehescheidungsrecht der Reichsgaue der Ostmark auch dann anzuwenden, wenn das Urteil des Berufungsgerichts vor dem 1. November 1941 ergangen ist. **168,** 175. — 11) Vormundschaftsgerichtliche Genehmigung nach § 1829 BGB. und nach österreichischem Recht, vor der Eingliederung der Ostmark ins Reich und nach diesem Zeitpunkte, jedoch vor dem 1. Juli 1939. **170,** 198.

6. Erbrecht.

1) Zu Art. 213 EG. z. BGB. **162,** 377 (380, 383). — 2) Zur Frage, ob und inwieweit der § 48 Abs. 2 TestG. bei der Feststellung der Sittenwidrigkeit einer Verfügung von Todeswegen zu berücksichtigen ist, wenn der Erblasser vor dem Inkrafttreten des Testamentsgesetzes verstorben ist, ob es insbesondere dazu ausreicht, wenn der Erbfall in eine Zeit fällt, in der sich die nationalsozialistische Weltanschauung bereits durchgesetzt hatte und für das Volksempfinden bestimmend war. **163,** 57 (61).

II. Zeitliche Wirksamkeit der Gesetze im übrigen.

(Für die beamtenrechtlichen Verhältnisse s. syst. Reg. § 374 I.)

1) Die Verjährung des Schadensersatzanspruchs wegen einer vor dem Inkrafttreten des Patentgesetzes vom 5. Mai 1936 begangenen Patentverletzung richtet sich nach den bisherigen Bestimmungen. **161,** 387. — 2) Zu § 6 der Verordnung über die Haftung des Reichs für die Justizbeamten vom 3. Mai 1935. **161,** 109 (111 flg.). — 3) Verfahren wegen Ungültig- oder Nichtigerklärung einer Ehe. **161,** 121 (123). — 4) Die Rechtsfolgen von Amtspflichtverletzungen (Amtsvergehen), die vor dem Inkrafttreten des Deutschen Beamtengesetzes, am 1. Juli 1937, begangen worden sind, bestimmen sich weiter nach dem bisherigen Recht. **161,** 167 (169). — 5) Zu Art. 8 § 26 des Gesetzes über die Änderung und Ergänzung familienrechtlicher Vorschriften usw. vom 12. April 1938. **162,** 16 (17). — 6) Zur dritten Teilnovelle zum ABGB. (Kais.Vo. vom 19. März 1916). **163,** 261 (266). — 7) Zu § 139 DBG. **163,** 396 (398 flg.) — 8) Zum Gesetz über die Beschränkung der Rückgriffshaftung der Soldaten vom 7. April 1937. **164,** 1 (9). — 9) Anwendung des § 5 des Patentgesetzes von 1891 auf das unter der Herrschaft dieses Gesetzes entstandene Vorbenutzungsrecht, nicht des § 7 des Patentgesetzes von 1936. **166,** 326 (328). — 10) Der Grundsatz des § 65 Abs. 3 Satz 2 AktG., wonach ein schuldrechtliches Geschäft über den Erwerb eigener Aktien unter den dort genannten Voraussetzungen nichtig ist, gilt auch für noch nicht abgewickelte Rechtsgeschäfte dieser Art aus der Zeit vor dem Inkrafttreten des Aktiengesetzes. **167,** 40. — 11) Staatshaftung nach Art. 131 WeimVerf., und zwar mit der Einschränkung durch § 839 Abs. 1 Satz 2 BGB., mit Bezug auf die Gültigkeit dieser Bestimmungen im Lande Österreich. **167,** 1 (4 flg.). — 12) Rückwirkung des Wehrleistungsgesetzes im Lande Österreich auf den 11. März 1938, den Tag des Einrückens der deutschen Truppen in Österreich. **167,** 1 (4 flg.). Vgl. auch § 8 I 2. — 13) Über die Heilung einer unter der Geltung der aktienrechtlichen Vorschriften des Handelsgesetzbuchs zustandegekommenen verschleierten Sachgründung. **167,** 99. — 14) Rückwirkung der Vorschriften des § 2 Satz 2 PatG. und des § 1 Abs. 2 Satz 3 GebrMG. **167,** 339 (356 flg.). — 15) Zu §§ 181, 53, 132, 133 Abs. 1 Nr. 3 DBG. **168,** 81 (83). — 16) Rechtsgeschäfte von Juden, die vor dem Inkrafttreten der Verordnung über die Anmeldung des Vermögens der Juden abgeschlossen worden sind. **168,** 261 (268). — 17) Inkrafttreten des preußischen Wassergesetzes, Recht zur Einleitung von Abwässern in einen Fluß. **169,** 271.

§ 8. Örtliche Grenzen der Wirksamkeit der Gesetze. Internationales Recht.

I. Allgemeine Grundsätze.

1) Für die Form eines Rechtsgeschäfts ist (auch nach Allgemeinem Landrecht) das Recht des Orts der Errichtung maßgebend. **161,** 292. — 2) Geltung des Staatshaftungsgrundsatzes (Art. 131 WeimVerf., § 839 Abs. 1 Satz 2 BGB.) im Lande Österreich, sowie des Wehrleistungsgesetzes und des Kraftfahrzeuggesetzes das. **167,** 1 (4 flg., 7 flg.). Vgl. auch § 7 I 3 Nr. 2, II Nr. 11. — 3) Dem

Tatrichter ist es grundsätzlich verwehrt, unentschieden zu lassen, ob deutsches oder ausländisches Recht maßgebend ist, weil dann das Revisionsgericht nicht zu ermessen vermag, ob und inwieweit es das Berufungsurteil nachzuprüfen hat. **167,** 274 (280). — 4) Mitwirkung von Ausländern beim Vertragsabschlusse. Maßgebend Art. 7 EG. z. BGB., der die Beurteilung der Geschäftsfähigkeit einer Person deren Heimatrecht unterstellt, sowie Art. 19 das. **170,** 198 (199). — 5) Auf das deutsche „interlokale" Recht sind wegen seiner Wesensverwandtschaft mit dem zwischenstaatlichen Privatrecht dessen Vorschriften grundsätzlich anwendbar. Für das in Frage kommende Personenrecht gilt im Altreich wie in Österreich grundsätzlich der Staatsangehörigkeitsgrundsatz. **170,** 198 (202).

II. Im allgemeinen Teil des BGB.

Zu § 184 Abs. 1 DBG. **161,** 312.

III. Im Recht der Schuldverhältnisse.

(Im Urheber- und Erfinderrecht s. §§ 155ff.)

1) Grundsätze des deutschen zwischenstaatlichen Rechts über die Frage, welchem Recht rein schuldrechtliche Bindungen aus gegenseitigen schuldrechtlichen Verträgen, insbesondere solchen unterliegen, durch die schuldrechtliche Verpflichtungen über die Art der Abstimmung in einer ausländischen Aktiengesellschaft und über die Vertretung im Falle der Behinderung einer Vertragspartei bei der Abstimmung begründet werden. **161,** 296 (298 flg.). — 2) Bei einer im Auslande zu erfüllenden Verpflichtung wird die Unmöglichkeit der Vertragsleistung auch durch ein dortiges, im Inlande nicht anwendbares Verbotsgesetz begründet. **161,** 296 (300). — 3) Eisenbahnhaftpflicht im zwischengebietlichen Recht der Ostmark. **166,** 257 (258). — 4) Der Parteiwille, wie er dem zu beurteilenden Vertragsverhältnis innewohnt, ist für die Frage des anzuwendenden Rechts bestimmend. **167,** 373 (376). — 5) Anwendung des deutschen Rechts bei Feststellung einer Fremdwährungsschuld, wenn dies mit der Sachlage und dem sich daraus ergebenden Willen der Beteiligten im Einklang steht. **168,** 240 (243).

IV. Im Sachenrecht.

— — — — — — — — — — — —

V. Im Familienrecht.

1) Nach dem im Protektorat Böhmen und Mähren geltenden Bestimmungen des zwischenstaatlichen Rechts entscheidet für die Angelegenheiten des Personenrechts das Personalstatut. Soweit danach des deutsche Eherecht anzuwenden ist, gilt auch die Einführungsverordnung des großdeutschen Eherechts in den sudetendeutschen Gebieten vom 22. Dezember 1938 mit den im § 3 der Verordnung vom 20. Juli 1939 vorgesehenen Abweichungen. **161,** 124. — 2) Für das Rechtsverhältnis zwischen geschiedenen Eheleuten und einem ehelichen Kinde ist nach Art. 19 EG. z. BGB. bei Lebzeiten des Mannes dessen Heimatrecht maßgebend, soweit nicht Art. 30 EG. z. BGB.

entgegensteht. Das gilt auch dann, wenn die in Deutschland lebende geschiedene Frau eines Ausländers die Reichsangehörigkeit erworben hat. Die zur Regelung dieses Verhältnisses nach dem maßgebenden ausländischen Recht ergangene Entscheidung der zuständigen ausländischen Behörde ist von den deutschen Gerichten grundsätzlich zu beachten. — Die Verteilung der Personensorge gemäß § 1635 Abs. 1 S. 1 BGB. gehört nicht zum ordre public im Sinne des Art. 30. — Die abweichende Ansicht in RGZ. Bd. 81 S. 373 wird aufgegeben. **162,** 329. — 3) In Art. 19 EG. z. BGB. ist der Fall, daß die Eltern oder zum mindesten der Vater eine nichtdeutsche Staatsangehörigkeit haben, nicht ausdrücklich geregelt. Aus ihm ist aber über den Wortlaut hinaus der Grundsatz zu entnehmen, daß für die Frage nach dem anzuwendenden Recht allgemein die Staatsangehörigkeit des Vaters als des regelmäßigen Inhabers der elterlichen Gewalt bei dessen Lebzeiten entscheiden muß. **162,** 329 (332). — 4) a. Für belgische und französische Ehegatten, die ohne Abschluß eines Gütervertrags die Ehe im Ausland eingegangen sind, ist das an ihrem ersten Ehewohnsitz geltende Güterrecht maßgebend. b. Die Vorschriften der Art. 14 und 15 EG. z. BGB. zwingen den deutschen Richter zu einer eindeutigen Stellungnahme, ob eine bestimmte ausländische Rechtsvorschrift die persönlichen Beziehungen der Ehegatten oder ihre güterrechtlichen Verhältnisse betrifft. Handelt es sich um eine dem deutschen Recht fremde Vorschrift des ausländischen Rechts, so müssen ihr Sinn und ihre Bedeutung unter Würdigung ihres Zweckes und ihrer Wirkung vom Standpunkt des ausländischen Rechts aus untersucht und daraufhin ihre Einordnung in die Begriffe und Abgrenzungen des deutschen zwischenstaatlichen Privatrechts vorgenommen werden. Das für Ehegatten nach belgischem und französischem Recht bestehende Gesellschaftsverbot ist eine dem Güterrecht angehörige Vorschrift. **163,** 367. — 5) Die Feststellungen des Berufungsgerichts über den Inhalt des ausländischen Rechts, die zur Anwendung des deutschen Ehegüterrechts geführt haben, unterliegen der Nachprüfung des Revisionsgerichts. Für den Fall des Art. 27 EG. z. BGB. steht dies in der Rechtsprechung des Reichsgerichts fest. **163,** 367 (370 flg.). — 6) In Frankreich herrscht die Auffassung vor, daß für das Güterrecht französischer Ehegatten das Recht ihres ersten Wohnsitzes maßgebend sei. **163,** 367 (372). — 7) Die Frage, ob ein Kind als ehelich anzusehen ist, ist nach dem Rechte des Staates zu beurteilen, dem der Ehemann der Mutter zur Zeit der Geburt des Kindes oder, wenn er früher gestorben ist, zur Zeit seines Todes angehörte. Dieser Grundsatz besteht auch im Geltungsbereich des Allgemeinen Bürgerlichen Gesetzbuchs. **164,** 193 (195). — 8) Fragen des zwischenstaatlichen Rechtes betreffend die sog. ungarischen Ehen und ihre Rechtswirksamkeit im Protektorat. Unwirksamkeit einer ausländischen Scheidung einer inländischen Ehe, wenn auch nur die Frau Inländerin geblieben ist. **165,** 398. — 9) Ist der Ehemann nur Angehöriger des Protektorats, die Ehefrau aber auch deutscher Volkszugehörigkeit, so gilt für die Scheidung und Trennung der Ehe Protektoratsrecht, auch wenn die deutsche Gerichtsbarkeit eintritt. — Die Lösung der Ehe dem Bande nach kann nicht nach Großdeutschem Eherecht und das Verschulden nach Protektoratsrecht beurteilt werden. Der Scheidungsanspruch für sich kann in diesem Fall nicht rechtskräftig oder das Gericht bindend werden. **166,** 215; **167,** 193 (198). — 10) Deutsche Gerichte dürfen gegenüber Eheleuten ausländischer Staatsangehörigkeit nicht auf beständige Trennung von Tisch und Bett erkennen. **167,** 193. — 11) Daß auch gegenüber Ausländern in Deutschland nicht auf beständige Trennung von Tisch und Bett erkannt werden dürfe, war bereits seit dem Inkrafttreten des Personenstandsgesetzes vom 6. Februar 1875 auf Grund der Vorschriften des § 77 dieses Gesetzes feststehende Rechtsprechung des Reichsgerichts. Daß dies nunmehr auf Grund des Art. 17 EG. z. BGB. gilt, ist seit Jahrzehnten fester Gerichtsgebrauch. **167,** 193 (195 flg.). — 12) Zur Frage des für die Scheidung ehemaliger polnischer Staatsangehöriger maßgebenden Rechts. **167,** 274. — 13) Das Revisionsgericht kann die Frage, ob für die Scheidung deutsches oder ausländisches Recht maßgebend ist, dahingestellt lassen, wenn sich die vom Berufungsgericht ausgesprochene Scheidung auf Grund der von ihm getroffenen tatsächlichen Feststellungen sowohl nach deutschem als auch nach dem möglicherweise in Betracht kommenden ausländischem Recht als gerechtfertigt erweist. **167,** 274. — 14) Auch das Recht der orthodoxen Kirche kennt eine Scheidung aus Verschulden. **167,** 274 (281). — 15) Die für die Frage der Beachtlichkeit des Widerspruchs maßgebenden Grundsätze gelten, wenn das Heimatrecht des Mannes für die Scheidung gemäß Art. 27 EG. z. BGB. auf das deutsche Recht zurückverweist, auch im Falle einer Auslandsehe. Auch bei einer solchen Ehe ist aber für die nach § 55 Abs. 2 Satz 2 vorzunehmende Abwägung von den Belangen der deutschen Volksgemeinschaft auszugehen. Daraus können sich unter Umständen Besonderheiten gegenüber dem Falle ergeben, daß es sich um die Scheidung einer Ehe zwischen Deutschen handelt. **168,** 50. — 16) Für die Scheidung der Ehe ist das Großdeutsche Scheidungsrecht maßgebend, wenn der Mann Angehöriger des Protektorats ist und die Frau die deutsche Staatsangehörigkeit besitzt. **169,** 281. — 17) Hat ein im Altreich lebender Österreicher als gesetzlicher Vertreter seines minderjährigen Kindes ein Grundstück verkauft, so richtet sich das Wirksamwerden der dazu nach österreichischem Recht erforderlichen, von dem zuständigen deutschen Gericht erteilten vormundschaftlichen Genehmigung auch dann nicht nach § 1829 BGB., sondern nach österreichischem Recht, wenn die Genehmigung erst nach der Wiedereingliederung der Ostmark in das Reich, aber vor dem 1. Juli 1939 erteilt worden ist. **170,** 198. — 18) Das Rechtsverhältnis zwischen den Eltern und einem ehelichen Kinde richtet sich nach den Gesetzen des Staates, dem der Vater angehört. **170,** 198 (199). — 19) Eine bei einem deutschen Gericht gemäß Art. 23 EG. z. BGB. eingeleitete Vormundschaft oder Pflegschaft über einen Ausländer wird nach sachlichem deutschem Recht geführt. **170,** 198 (200). — 20) Auf eine Tätigkeit des Vormundschaftsgerichts, welche die „sonstigen Aufgaben" betrifft, die dem Vormundschaftsgericht in familienrechtlichen Angelegenheiten übertragen sind, finden die Grundsätze des Art. 23 EG. z. BGB keine Anwendung. **170,** 198 (200). — 21) Die Grundsätze des deutsch-österreichischen Vormundschaftsabkommens vom 5. Februar 1927 sind zwar auch nach der Vereinigung der Ostmark mit dem Altreich weiter anwendbar; sie gelten aber nach ihrem klaren Wortlaut ebenfalls nur für die Vormundschaft im eigentlichen Sinne. **170,** 198 (201). — 22) Für die frühere Zeit ist entschieden, daß § 1829 Abs. 2

BGB. nicht zum sog. ordre public des deutschen Rechts gehört, Art. 30 EG. z. BGB. insoweit also nicht herangezogen werden kann. **170,** 198 (201).

VI. Im Erbrecht.

1) Ein aus dem Altreich stammender Erblasser, der seine Niederlassung zur Zeit seines Todes in der Ostmark hatte, wird nach dem Allgemeinen Bürgerlichen Gesetzbuch beerbt. **164,** 355. — 2) Zur Umschreibung im Grundbuch auf die Erben eines in der Ostmark wohnhaft gewesenen Reichsdeutschen genügt auch im Gebiet des Altreichs die Einantwortungsurkunde des ostmärkischen Verlassenschaftsgerichts; ein Erbschein ist nicht erforderlich. **167,** 383.

VII. Im Handels- und Wechselrecht.

1) Die Rechtswirksamkeit und die Rechtswirkungen in Deutschland zu erfüllender Konnossemente sind nach deutschem Recht zu beurteilen. **161,** 209 (212). — 2) Ein nach deutschem Recht zu beurteilender Vertrag über die Ausübung des Stimmrechts in einer dänischen Aktiengesellschaft ist nicht im Hinblick auf das dänische Aktienrecht unwirksam. **161,** 296. — 3) Die Frage, welchem Rechte ein Abkommen unterliegt, welches rein schuldrechtliche Verpflichtungen der Parteien über die Art der Ausübung des Stimmrechts als künftige Aktionäre in einer demnächst errichteten dänischen Aktiengesellschaft begründet, ohne daß die Abstimmung in der Hauptversammlung selbst sachlich berührt wird, und das weiter Bestimmungen über die Vertretung im Falle der Verhinderung einer der Parteien bei der Abstimmung trifft, ist nach den Grundsätzen des deutschen internationalen Privatrechts über die Beurteilung von gegenseitigen Verträgen zu beantworten. Danach ist für das anzuwendende Recht in erster Linie der Parteiwille maßgebend. Ist keine ausdrückliche Abrede getroffen, so ist aus den Umständen zu entnehmen, welches Recht die Parteien verständigerweise als maßgebend gewollt haben würden, wenn sie die Frage geregelt hätten. Dabei ist der Ort des Vertragsschlusses und die Staatsangehörigkeit der Parteien, auch ihr Wohnsitz zu berücksichtigen. Der Erfüllungsort kann in diesem Falle nicht maßgebend sein. **161,** 296 (298 flg.). — 4) Eine allgemeine und unbeschränkte Verfügungsermächtigung nach § 2 des alten Bankverwahrgesetzes kann nicht in eine beschränkte Ermächtigung nach § 12 Abs. 3 des neuen Bankverwahrgesetzes (DepG.) umgedeutet werden. **164,** 292. — 5) Für einen am 31. Oktober 1926 ausgestellten Klagewechsel sind nach Art. 1 Abs. 6 EG. z. WG. noch die Vorschriften der Wechselordnung maßgebend. **166,** 306 (308 flg.). — 6) Für Fragen, die mit der Gründung und Ausgestaltung einer Aktiengesellschaft sowie der sich aus dem Gesellschaftsverhältnis ergebenden rechtlichen Stellung ihrer Mitglieder zusammenhängen, können bei Aktiengesellschaften, die ihren Sitz in Deutschland haben und in ein deutsches Handelsregister eingetragen sind, notwendigerweise nur die Vorschriften des deutschen Handelsgesetzbuchs und seit ihrem Inkrafttreten die des Aktiengesetzes vom 30. Januar 1937 maßgebend sein. Aber auch im übrigen ist davon auszugehen, daß eine deutsche Aktiengesellschaft und ihre deutschen Aktionäre, soweit rechtliche Beziehungen zwischen ihnen entstanden sind,

diese dem deutschen Recht unterstellen wollen. **167,** 99 (106). — 7) Nach den im deutschen Recht anerkannten Rechtsgrundsätzen gelten deutsche Handelsschiffe, die sich in fremden Häfen befinden, nicht als zum Reichsgebiet gehörig. **168,** 1 (11). — 8) Anwendbarkeit deutschen Rechts, wenn die nach England bestimmte, in Schweden abgeladene Ladung wegen drohender Kriegsgefahr im deutschen Heimathafen des Schiffes gelöscht worden ist und der Reeder vom Abwesenheitspfleger des englischen Empfängers nach Ablieferung der Güter im Heimathafen Ersatz der dort erwachsenen Lagerkosten verlangt. **169,** 257. — 9) Für das Rechtsverhältnis zwischen dem Verfrachter und dem Empfänger der Ware sind nach § 651 HGB. die Konnossemente maßgebend, als deren Inhaber sich der Beklagte gegenüber dem Schiffer (im englischen Bestimmungshafen) ausgewiesen hat. Für Ansprüche und Verpflichtungen aus dem Konnossement gilt das Recht des Bestimmungshafens. Abweichend davon können die Beteiligten die Rechtsbeziehungen zwischen Verfrachter und Empfänger durch eine Klausel des Konnossements oder durch eine darin enthaltene Verweisung auf eine entsprechende Willenskundgebung des Frachtvertrags einem andern Recht unterwerfen. **169,** 257 (259).

VIII. Im Prozeß- und Konkursrecht.

Begriff des Inlandes und des Inländers nach Art. 10 EG. zu JN. **161,** 198.

§ 9. Gegensätze im Recht. Allgemeines und Sonderrecht. Zwingendes und nachgiebiges Recht. Öffentliches und Privatrecht.

1) Zur Rechtsnatur des Postscheckverhältnisses. **161,** 174. — 2) Auch die Verletzung öffentlich-rechtlicher Verträge kann zum Schadensersatz nach bürgerlichrechtlichen Vorschriften verpflichten. **161,** 181. — 3) Auch auf dem Gebiete des öffentlichen Rechts muß nach Treu und Glauben jeder seine Handlungen und Erklärungen so gelten lassen, wie der andere sie auffassen durfte. **162,** 129 (150). — 4) Begrenzte zwingende Wesensart von Vorschriften des vertraglichen Versicherungsrechts. **162,** 238 (242). — 5) Über die Grenze zwischen öffentlichem und bürgerlichem Recht bei der Auflösung öffentlichrechtlicher Verbände. Soweit der Vermögensübergang bürgerlichrechtliche Wirkungen äußert, insbesondere soweit er die Rechtsstellung dritter Personen berührt, greift das bürgerliche Recht ein. Dessen, den Übergang etwa verwehrenden oder beschränkenden Rechtssätzen gebührt folglich Beachtung. Aber auch dann bleibt nach öffentlichem Recht zu entscheiden, ob der durch die Neuordnung von Kreis- und Gemeindegrenzen geschaffene Tatbestand von der Art ist, daß er im Sinne des § 514 BGB. den Fall einer Übertragung eines Rechts ergibt oder dem Fall einer Vererbung gleichzusetzen ist. **163,** 142 (146 flg.). — 6) Läßt ein Gesetz auf einem an sich dem öffentlichen Rechte zugehörenden Gebiet eine bürgerlichrechtliche Ordnung der zu regelnden Rechtsbeziehungen zu, so weist es damit mangels einer entgegenstehenden ausdrücklichen Anordnung die Verfolgung der sich ergebenden Rechtsansprüche stillschweigend den ordentlichen Gerichten zu. **164,** 226 (233). — 7) Die Regel des § 505 Abs. 2 BGB. ist nachgiebigen Rechtes. **170,** 208 (214).

Zweites Kapitel. Allgemeine Grundsätze von den Rechten und ihrer Verfolgung.

§ 10. Rechte und Ansprüche im allgemeinen. Rechtsgüter. Wohlerworbene Rechte. Privilegien. Natürliche Verbindlichkeiten. Absolute Rechte.

1) a. Der Erzeuger eines im Ehebruch erzeugten Kindes hat die sittliche Verpflichtung, für den Unterhalt des Kindes zu sorgen, auch wenn die Ehelichkeit des Kindes von den anfechtungsberechtigten Personen nicht angefochten worden ist. b. Das Anerkenntnis dieser Unterhaltspflicht durch den Erzeuger geschieht nicht ohne Verpflichtungsgrund und begründet eine klagbare Verpflichtung. **165**, 358.

§ 11. Vererblichkeit und Veräußerlichkeit der Rechte und Ansprüche. Rechtsnachfolge.

Doktortitel als höchstpersönliches Recht unveräußerlich und unvererblich. **162**, 121 (122).

§ 12. Fristen im materiellen Recht. Ausschlußfristen. Klagefristen. Rechtsgeschäftliche Fristen.

1) Zur Frist für die Anfechtung der Ehelichkeit eines Kindes (§ 1594 BGB.). **162**, 16. — 2) Ausschlußfrist des § 12 AnfG.; ein Dritter, der gegen den Gläubiger nach Beendigung der Zwangsvollstreckung in das Vermögen des Schuldners die Bereicherungsklage mit der Behauptung erhebt, die versteigerten Gegenstände seien infolge von (mit dem Schuldner vereinbarten) Sicherungsübereignungen sein Eigentum gewesen, kann die Anfechtungseinrede nach § 3 Nr. 1 AnfG. nicht den Einwand entgegenhalten, daß die Ausschlußfrist (§ 12) abgelaufen sei. **162**, 218. — 3) Berechnung der Fristen nach § 113 EheG.; diese Vorschrift bezieht sich auch auf die Jahresfrist des § 58 Abs. 2 das. **164**, 290. — 4) Frist für die Klage auf Bestreitung der ehelichen Geburt mit ihren familien- und erbrechtlichen Folgen nach § 158 ABGB., § 1594, § 1595a BGB. **166**, 401 (402). — 5) Zu §§ 156, 159a, 163 ABGB. **167**, 402 (403). — 6) G. m. b. H. Ausschlußfrist. Unzulässigkeit der Berufung auf die Versäumung der Ausschlußfrist für die Erhebung der Anfechtungsklage einem Wehrmachtangehörigen gegenüber. **170**, 358. — 7) Verspätung der einjährigen Ausschlußfrist des § 532 BGB. **170**, 380 (384).

§ 13. Verjährung der Rechte und Ansprüche.

(Besondere Verjährungsvorschriften s. bei den Einzelansprüchen.

I. Allgemeines. Frist.

1) Verjährung von Schadensersatzansprüchen wegen Patentverletzung, die vor dem Inkrafttreten des Patentgesetzes vom 5. Mai 1936 begangen worden sind, nach altem Recht zu beurteilen. **161**, 387. — 2) Der Anspruch aus ungerechtfertigter Bereicherung unterliegt der gewöhnlichen 30jährigen Verjährung. **162**, 218 (222). — 3) Über die fünfjährige Verjährungsfrist für den Anspruch gegen den Rechtsanwalt aus der schuldhaften Nichtaus-

führung eines Auftrags nach § 37 RAO. **163,** 9 (12flg.). — 4) Zur Einrede der gegenwärtigen Arglist gegenüber der Verjährungseinrede. **163,** 9 (19flg.). — 5) a. Eine Auszahlung im Sinne des § 30 Abs. 1 GmbHG. durch „Bestellung einer Hypothek" wird nicht dadurch ausgeschlossen, daß der Gesellschafter die Hypothek am Grundstück der GmbH. (z. B. bei Nichtigkeit der Bestellung) nicht erworben hat. b. Führt die gegen § 30 Abs. 1 GmbHG. verstoßende — wirksame oder nichtige — Hypothekenbestellung im Zuge einer nicht außergewöhnlichen Entwicklung zu weiteren Verkürzungen des Vermögens der GmbH. zugunsten des Gesellschafters oder seines Hypothekennachfolgers, so beginnt die Verjährung der darauf gegründeten Erstattungsansprüche des § 31 GmbHG. nicht mit jeder neuen Verkürzung gesondert. Vielmehr läuft die in § 31 vorgesehene Verjährung einheitlich von der ersten „Auszahlung" ,der „Hypothekenbestellung", an. c. Eine gegen § 30 Abs. 1 GmbHG. verstoßende „Hypothekenbestellung" ist nicht unter allen Umständen wegen dieses Verstoßes nichtig (§ 134 BGB.). Jedoch liegt Nichtigkeit jedenfalls dann vor, wenn die Bestellung gegen die guten Sitten verstößt. d. Ein mit dem Erstattungsanspruch des § 31 Abs. 1 GmbHG. zusammentreffender Bereicherungsanspruch nach §§ 812flg. BGB. wird durch den Erstattungsanspruch nicht verdrängt. Die Verjährungsregelung, die für den Anspruch aus § 31 Abs. 1 GmbHG. gilt, ist für die Verjährung des Bereicherungsanspruchs nicht maßgeblich. **168,** 292. — 6) Wenn ein Sachverhalt die Voraussetzungen für mehrere Klageansprüche begründet, diese nebeneinander bestehen, mögen sie auf dasselbe Klageziel gehen oder nicht, so folgt jeder Anspruch seinen eigenen Bestimmungen, insbesondere auch der für ihn festgesetzten Verjährungsfrist. **168,** 292 (301). — 7) Auch im Geltungsbereich des ABGB. kann der Gläubiger der Geltendmachung der Verjährung die Gegeneinrede der allgemeinen Arglist entgegenhalten, wenn der Schuldner ihn veranlaßt hat, seine Forderung innerhalb der Verjährungsfrist nicht geltend zu machen. Wenn der Schuldner den Gläubiger durch schuldhafte Verletzung seiner Vertragspflichten oder durch unerlaubte Handlung von der rechtzeitigen Erhebung der Klage abgehalten hat, so kann der Gläubiger der Verjährungseinrede die Gegeneinrede der Arglist so lange entgegenhalten, als sein Schadensersatzanspruch nicht verjährt ist. Die Verjährung dieses Anspruchs beginnt mit dem Aufhören des durch die schuldhafte Handlung des Schuldners geschaffenen Zustandes. **168,** 336. — 8) Zu den in vier Jahren verjährenden Ansprüchen auf Rückstände von wiederkehrenden Leistungen im Sinne des § 197 BGB. gehören auch die Ansprüche desjenigen, der als Geschäftsführer ohne Auftrag für den blutmäßigen Vater eines unehelichen Kindes diesem den Unterhalt gewährt hat. **170,** 252. — 9) Nach rechtskräftiger Feststellung der blutmäßigen Abstammung im sog. Statusverfahren kann das früher mit der Unterhaltsklage abgewiesene Kind grundsätzlich, soweit nicht Treu und Glauben oder Billigkeitsgründe entgegenstehen, den Unterhalt so verlangen, als ob das klageabweisende Urteil im Unterhaltsrechtsstreit überhaupt nicht ergangen wäre; dies gilt nur unter der sich aus den Verjährungsvorschriften ergebenden Beschränkung. **170,** 252 (254). — 10) Der Gläubiger, der einen Schadensersatzanspruch von 50000 RM. gegen den Gemeinschuldner zur Tabelle angemeldet hat, ist durch die Vorschriften über die Verjährung nicht gehindert, wenn ihm wegen mitwirkenden Verschuldens nur ein Anspruch auf Ersatz von einem Drittel des Schadens zugebilligt wird, seine Behauptungen dahin zu erweitern, daß sein Schaden mehr als 150000 RM. betrage. Nur einer Erweiterung des angemeldeten Anspruchs über 50000 RM. hinaus würde die Verjährungseinrede entgegenstehen. **170,** 276.

II. Hemmung.

1) Beantragt der Kläger bei ein und demselben Schaden gemäß § 114 Abs. 1 Satz 2 ZPO. nicht für den ganzen Schadensersatzanspruch das Armenrecht, sondern nur für einen Teilanspruch und wird ihm das Armenrecht auch dafür nur zum Teil bewilligt, so daß es im übrigen als abgelehnt angesehen werden muß, wird ihm weiter nach Abweisung der Klage in erster Instanz in der Berufungsinstanz das Armenrecht auch für den eingeklagten Teilanspruch versagt, so ist die Rechtslage hinsichtlich der Hemmung des Laufs der Verjährung (§ 203 Abs. 2 BGB.) so anzusehen, als wenn er für den ganzen Schadensersatzanspruch das Armenrecht nachgesucht und in beiden Instanzen eine Versagung des Armenrechts erfahren hätte. Von dem Verlangen der Einlegung des Rechtsmittels der Beschwerde gegen den das Armenrecht versagenden Beschluß erster Instanz ist bei der bezeichneten besonderen Sachlage abzusehen. — Der Kläger ist auf die Möglichkeit der Unterbrechung der Verjährung des Rechtsanspruchs durch Zustellung eines Zahlungsbefehls oder Anbringung eines Güteantrags (§ 209 Abs. 2 Nr. 1 und 1a BGB.) nicht zu verweisen. Denn damit sind die Belange des Klägers nicht gewahrt, weil die Unterbrechung der Verjährung durch diese Rechtsbehelfe nach § 212a Satz 2, § 213 BGB. in Verb. mit § 211 Abs. 2 BGB., § 701 ZPO. nicht von Dauer ist, wenn dem Kläger im Falle des Widerspruchs des Beklagten gegen den Zahlungsbefehl oder bei Erfolglosigkeit des Güteversuchs die Mittel zur Fortsetzung des Rechtsstreits fehlen. **163,** 9. — 2) Die Versagung des Armenrechts kann für die arme Partei einen die Rechtsverfolgung hindernden Fall höherer Gewalt nach § 203 Abs. 2 BGB. darstellen, der eine Hemmung der Verjährung des zu verfolgenden Anspruchs begründet, vorausgesetzt, daß die Partei ein sachgemäß begründetes Armenrechtsgesuch für den Anspruch vorgelegt und ferner alle ihr für die Erlangung des Armenrechts zu Gebote stehenden Mittel erschöpft, insbesondere von dem zulässigen Rechtsmittel gegen einen das Armenrecht versagenden Beschluß Gebrauch gemacht hat. **163,** 9 (14). — 3) Über die Frage, unter welchen Voraussetzungen die Verjährung durch eine Versagung des Armenrechts gehemmt wird, wenn es sich um verschiedene Arten des Schadensersatzes (Rentenanspruch neben dem sonst geltend gemachten Schaden) handelt, und andererseits, wenn es sich um ein und denselben, aus einem einheitlichen Tatbestande zu folgernden Schaden, nämlich den Ausfall des Klägers mit seiner Hypothek infolge der schuldhaften Unterlassung der rechtzeitigen Stellung des Zwangsversteigerungsantrags handelt. **163,** 9 (17flg.) — 4) Der Verletzte, der gegen die Versagung des Armenrechts $2^1/_2$ Monate vor Fristablauf auf Beschwerde erhoben hat, konnte damit rechnen, durch rechtzeitige Entscheidung darüber zur fristgemäßen Erhebung der Klage in-

standgesetzt zu werden; die Verzögerung der Beschwerdeentscheidung bewirkt eine Hemmung der Verjährung. **168,** 214.

III. Unterbrechung.

1) Beantragt der Kläger bei ein und demselben Schaden gemäß § 114 Abs. 1 Satz 2 ZPO. nicht für den ganzen Schadensersatzanspruch das Armenrecht, sondern nur für einen Teilanspruch und wird ihm das Armenrecht auch dafür nur zum Teil bewilligt, so daß es im übrigen als abgelehnt angesehen werden muß, wird ihm weiter nach Abweisung der Klage in erster Instanz in der Berufungsinstanz das Armenrecht auch für den eingeklagten Teilanspruch versagt, so ist die Rechtslage hinsichtlich der Hemmung des Laufs der Verjährung (§ 203 Abs. 2 BGB.) so anzusehen, als wenn er für den ganzen Schadensersatzanspruch das Armenrecht nachgesucht und in beiden Instanzen eine Versagung des Armenrechts erfahren hätte. Von dem Verangen der Einlegung des Rechtsmittels der Beschwerde gegen den das Armenrecht versagenden Beschluß erster Instanz ist bei der bezeichneten besonderen Sachlage abzusehen. — Der Kläger ist auf die Möglichkeit der Unterbrechung der Verjährung des Restanspruchs durch Zustellung eines Zahlungsbefehls oder Anbringung eines Güteantrags (§ 209 Abs. 2 Nr. 1 und 1a BGB.) nicht zu verweisen. Denn damit sind die Belange des Klägers nicht gewahrt, weil die Unterbrechung der Verjährung durch diese Rechtsbehelfe nach § 212a Satz 2, 213 BGB. in Verb. mit § 211 Abs. 2 BGB., § 701 ZPO. nicht von Dauer ist, wenn dem Kläger im Falle des Widerspruchs des Beklagten gegen den Zahlungsbefehl oder bei Erfolglosigkeit des Güteversuchs die Mittel zur Fortsetzung des Rechtsstreits fehlen. **163,** 9. — 2) Nach Erhebung einer Teilklage braucht sich der Kläger gegenüber der Einrede der Verjährung des Restanspruchs nicht auf die Erhebung einer Feststellungsklage verweisen zu lassen, wenn ihm das Armenrecht für jene zu Unrecht versagt worden war. **163,** 9 (20). — 3) Ein beschädigter Beamter, der vor dem Inkrafttreten des Deutschen Beamtengesetzes — 1. Juli 1937 — Klage auf Feststellung der Ersatzpflicht des Schädigers gemäß § 209 BGB. hinsichtlich allen künftigen Schadens erhoben hat, hat damit die Unterbrechung der Verjährung auch insoweit herbeigeführt, als seine Ansprüche mit dem 1. Juli 1937 gemäß § 139 DBG. auf das infolge seiner später verfügten Zurruhesetzung ihm zur Gewährung von Versorgungsbezügen verpflichtete Reich übergegangen sind. Das von dem Beamten erwirkte Feststellungsurteil wirkt bezüglich der Unterbrechung der Verjährung auch zugunsten des Reichs. **163,** 396. — 4) Zu §§ 211, 212 BGB. Ist neben einer auf Leistung gerichteten Schadensersatzklage eine allgemeine Klage auf Feststellung der Schadensersatzpflicht erhoben und wird demnächst bei Erhöhung des Leistungsantrags der Feststellungsantrag nicht wiederholt, so ist im Zweifel nicht anzunehmen, daß die Feststellungsklage zurückgenommen, sondern nur, daß sie nicht weiterbetrieben worden sei. **168,** 56.

§ 14. Mißbrauch (Schikane). Notwehr. Selbsthilfe.

1) Die Zulässigkeit eines Rechtsmittels kann nicht mit dem Einwand bekämpft werden, daß es aus Schikane eingelegt sei. **162,** 65. — 2) Miß-

bräuchliche Ausübung des Fragerechts eines Aktionärs in der Hauptversammlung der Aktiengesellschaft ausschließlich, um der Verwaltung Schwierigkeiten zu machen; Beweislast. **167,** 151 (161 flg.). — 3) Einmanngesellschaft, Treu und Glauben und Rechtsmißbrauch. **169,** 240 (248).

§ 15. Sicherheitsleistung.

(Sicherheitsleistung im Prozeß § 292.)

— — — — — — — — — — —

§ 16. Zurückbehaltungsrecht.

(Kaufmännisches Zurückbehaltungsrecht § 236.)

1) Gegenüber dem Anspruch auf Einwilligung in die Löschung einer Auflassungsvormerkung, die auf Grund eines formnichtigen Kaufvertrags eingetragen wurde, hat der Käufer wegen des Anspruchs auf Ersatz von Verwendungen auf das gekaufte Grundstück ein Zurückbehaltungsrecht. **163,** 62. — 2) Aus § 273 Abs. 2 BGB. ist der Rechtssatz abzuleiten, daß das Recht auf Ersatz von Verwendungen auch schon dem Anspruch des Eigentümers auf Berichtigung des Grundbuchs entgegengehalten werden kann; der Wiedererlangung des Grundstücks ist also die Wiedererlangung des grundbuchmäßigen Eigentumsrechts gleichgesetzt. Gegenstand im Sinne des § 273 Abs. 2 BGB. kann nicht nur ein Grundstück oder eine bewegliche Sache, sondern auch ein Recht sein, und zwar gleichviel, ob es sich um ein wirklich oder nur buchmäßig bestehendes Recht handelt. **163,** 62 (63). — 3) Am Erbhof ein Zurückbehaltungsrecht geltend zu machen, ist nicht grundsätzlich ausgeschlossen. Diese kann im Einzelfalle sich als unzulässige Rechtsausübung darstellen und darf insbesondere nicht so weit gehen, daß dadurch der Hof dem Bauern entfremdet wird. **170,** 257.

§ 17. Einreden. Repliken.

— — — — — — — — — — —

§ 18. Beweislast. Gesetzliche Vermutungen. Fiktionen.

I. Beweislast.

1) Keine Umkehrung der Beweislast für den Inhalt der umstrittenen Gerechtsame tritt schon deshalb ein, weil der Beklagte im Prozeß erklärt hat, daß dem Kläger Rechte aus den von ihm käuflich erworbenen Gerechtsamen zuständen. **161,** 243 (247). — 2) Richtigkeit und Vollständigkeit einer Beurkundung beim Grundstücksverkauf. **161,** 330 (337). — 3) Zur Beweislast nach § 7 KFG. und im Rahmen der Abwägung nach § 17 das. **162,** 1, 5. — 4) Die Lehre vom Beweise des ersten Anscheins stützt sich auf die Berücksichtigung von Erfahrungssätzen, so daß sie nur bei regelmäßigen (typischen) Geschehensabläufen anwendbar ist, d. h. dort, wo ein gewisser Tatbestand feststeht, der nach der Erfahrung des Lebens auf eine bestimmte Ursache hinweist, als welche auch ein schuldhaftes Verhalten in Betracht kommt. In diesen Fällen wird im allgemeinen dem, der einen vom gewöhnlichen Verlauf abweichenden Gang des Geschehens behauptet, die Beweislast für diesen

zufallen. Eine Ausdehnung dieser Regel dahin, daß der Beweisführer nur einen gewissen Grad von Wahrscheinlichkeit darzutun brauche und der Gegner eine sich daraus ergebene Vermutung zu widerlegen habe, ist aber selbst für diese Fälle stets abgelehnt worden. Ein regelmäßiger Geschehensablauf im Sinne dieser Beweisregel liegt, wo es sich nur um das Erkennen einer gewissen Gefahr handelt, nicht vor. **163,** 21 (27). — 5) Die Verteilung der Beweislast und daß man es mit diesem Beweis streng nehmen soll, bedeutet nicht, daß der Kläger jeder Darlegungspflicht enthoben wäre. Er soll nicht schweigen, wo er reden kann, wenn er mit seinem Schweigen dem Gegner jede Möglichkeit nimmt, mit Behauptungen und mit Beweisen oder Widerlegungen einzusetzen. Das gilt insbesondere für die Gliederung einer Kapitalgesellschaft des Handelsrechts. **163,** 21 (30). — 6) Zur Verteilung der Beweislast bei der Anfechtung nach § 2 Nr. 3 der österr. Anfechtungsordnung. **163,** 82. — 7) Bei der gesetzlichen Vaterschaftsvermutung des § 270 ÖstZPO. trifft die Beweislast zu deren Entkräftung den Beklagten, der nachzuweisen hat, daß er das Kind nicht erzeugt habe. **164,** 45 (47). — 8) Über die Verteilung der Beweislast bei der bejahenden und verneinenden Feststellungsklage und insbesondere in Rechtsstreitigkeiten über die Feststellung der blutmäßigen Abstammung. **164,** 281 flg. — 9) Beweislast für die Beobachtung der „äußersten nach den Umständen des Falles möglichen Sorgfalt" gemäß § 7 Abs. 2 Satz 2 KFG. **164,** 273 (280 flg.) — 10) Anscheinsbeweis und Anzeichenbeweis sind zu unterscheiden. Jener kommt nur für Vorgänge des sog. „typischen" Geschehensablaufs in Betracht. **164,** 292 (301). — 11) Über die (Behauptungs- und) Beweislast für den Grund der Ehezerrüttung, wenn ein Ehegatte seine Familie verlassen und ehebrecherische Beziehungen aufgenommen, also sich so verhalten hat, daß dadurch auch eine gesunde Ehe zerstört werden konnte. **164,** 361. — 12) Verschulden des Arztes bei Operationen; ursächlicher Zusammenhang zwischen dem ärztlichen Eingriff und einer eingetretenen Gesundheitsbeschädigung. **165,** 336 (338 flg.). — 13) Beweislast für das Vorliegen mehrerer selbständiger Handlungen bei Anstiftung zu verbotenem Schießen. **166,** 61 (64). — 14) Öffentlichrechtliche Verwahrung im Falle der Beschlagnahme. Zu Gunsten des durch Verlust der beschlagnahmten Sache Geschädigten greift der in § 282 BGB. ausgedrückte, allgemeine Rechtsgedanke ein, wonach der Beklagte beweisen muß, daß die Unmöglichkeit der Rückgabe nicht die Folge eines von ihm zu vertretenden Umstandes ist. Die Anforderungen an diese Beweisführung sind streng zu bemessen. **166,** 218 (240). — 15) Der Eigentümer des Kraftfahrzeugs hat die Beweislast dafür, daß ein anderer Betriebsunternehmer ist. **167,** 1 (12). — 16) Beweislast des Klägers zu § 1 des Gesetzes über die Sicherung der Bauforderungen vom 1. Juni 1909. **167,** 92 (95). — 17) Beweislast im Aktienrecht **a.** hinsichtlich der Frage, ob der Aktionär sein Fragerecht in der Hauptversammlung mißbräuchlich ausgeübt hat; **b.** für die Unmöglichkeit des ursächlichen Zusammenhangs zwischen unzureichender Auskunftserteilung und dem Zustandekommen eines Beschlusses der Hauptversammlung im Falle der Anfechtung des Beschlusses. **167,** 151 (161 flg.; 165 flg.). — 18) Über den Umfang der Beweislast des auf Feststellung des Nichtbestehens der blutmäßigen Abstammung klagenden vermeintlichen Vaters.

168, 187. — 19) Zu § 839 Abs. 3 BGB. **168**, 143 (172). — 20) Wenn es zwischen dem von links kommenden und dem von rechts kommenden Fahrzeug auf der Kreuzung tatsächlich zu einem Zusammenstoß gekommen ist, so ist damit der Beweis des ersten Anscheins erbracht, daß das von links kommende Fahrzeug das Vorfahrtsrecht des von rechts kommenden Fahrzeugs schuldhaft verletzt hat. **168**, 253. — 21) Schadensersatzpflicht des Gastwirts, wenn bei der Entstehung eines dem Gast aus der Beschaffenheit der überlassenen Räume und Einrichtungen erwachsenen Schadens eigenes Verschulden des Beschädigten in Betracht kommen; Beweislast. **169**, 84. — 22) Für den Beherbergungsvertrag gilt der eine echte Umkehrung der Beweislast enthaltende Rechtsgrundsatz, daß der auf Schadensersatz in Anspruch Genommene sich entlasten muß, wenn die Sachlage zunächst auf eine Verletzung der vertraglich gegebenen Sorgfaltspflicht schließen läßt. **169**, 84 (97). — 23) Fautfracht. Voraussetzung einer unzulässigen Rechtsausübung bei der Geltendmachung eines Fautfrachtanspruchs wäre, daß ausnahmsweise dem Frachtführer aus der Kündigung des Frachtvertrags keinerlei Nachteil entstanden ist. Die Beweislast dafür trifft den Absender. **169**, 203 (212). — 24) Beweislast für eigenes Verschulden des Fahrgastes, der von der offenen Plattform eines Straßenbahnwagens fällt; es besteht keine Vermutung dafür. **169**, 382. — 25) Zur Beweislage in Streitfällen darüber, ob der sog. Altenteilsbrauch (Mecklenburg) auf einem bestimmten Gute fortbesteht. **170**, 28.

II. Gesetzliche, allgemeine Vermutungen.

1) Zu § 1617 BGB. Wenn sich in der familienrechtlichen Grundlage des Verhältnisses an sich nichts ändert, so spricht auch bei einer Erhöhung der Verantwortung und der Arbeitsleistung des Sohnes, wie sie mit der Übertragung der Betriebsleitung verbunden gewesen sein kann, die Vermutung eher für als gegen die Aufrechterhaltung des früheren Zustandes. **162**, 116 (129). — 2) Entkräftbarkeit der gesetzlichen Vaterschaftsvermutung nach § 163 ABGB. **164**, 45 (47). — 3) Die Nichtanmeldung eines legitimierten Inhabers gemäß § 1 Abs. 1 Satz 1 der Verordnung vom 4. Oktober 1939 zum Zwecke der Kraftloserklärung von Konnossementen begründet lediglich die widerlegbare Vermutung, daß das Konnossement vernichtet oder abhanden gekommen ist. **168**, 1. — 4) Unterhaltspflicht trotz Spätgeburt; keine Beweiserleichterung nach § 1717. **169**, 328 (329). — 5) Vermutung der ehelichen Geburt, Standesvermutung. **169**, 365 (366). — 6) Es besteht keine Vermutung für eigenes Verschulden des Fahrgastes, der von der offenen Plattform eines Straßenbahnwagens fällt. **169**, 382.

III. Fiktionen.

1) Die Rechtsform einer „Annahme als ob" in § 7 Abs. 1 AnfG. muß dann versagen, wenn der Gegenstand der anfechtbaren Zuwendung, auf den sich der Rückgewähranspruch des Gläubigers bezieht, nicht mehr vorhanden ist. **162**, 218 (220). — 2) Keine Fiktionen und Präklusionen im Abstammungsstreit. **169**, 365 (366).

§ 19. Einfluß des Rechtsstreits auf die Gestaltung des Rechtsverhältnisses. Sachliche Rechtskraft des Urteils.

1) Die Erstreckung der Rechtskraft eines im Rechtsstreit des Ehemanns gemäß § 1380 BGB. erwirkten Urteils erfordert nicht die Feststellung der Zustimmung der Ehefrau in dem Urteil. **164**, 240. — 2) Die nach § 1380 Satz 2 BGB. eintretende Urteilswirkung für und gegen die Frau erstreckt sich auch auf deren Erben, obwohl sie nicht Rechtsnachfolger einer Partei sind. **164**, 240 (242). — 3) Über die Rechtskraftwirkung bei Feststellungsklage und insbesondere in Rechtsstreitigkeiten über die Feststellung der blutmäßigen Abstammung. **164**, 281 flg. — 4) Keine Rechtskraftwirkung des über den Anspruch auf Scheidung von Tisch und Bett entscheidenden Urteils in einem späteren Verfahren auf Scheidung dem Bande nach. **164**, 304 (306). — 5) Über die Frage, ob die Ausnützung eines die Schuldfrage unrichtig lösenden Scheidungsurteils zur Begründung von Unterhaltsansprüchen gegen die guten Sitten verstößt. **165**, 26. — 6) Rechtskraft der die Scheidungswiderklage abweisenden Entscheidung; Zulässigkeit des Mitschuldantrags im Berufungsverfahren. **165**, 62. — 7) Wiederholung der Scheidungsklage nach § 55 EheG. trotz rechtskräftiger Abweisung einer früheren gleichartigen Klage. **165**, 125. — 8) Ist über eine Abstammungsfeststellungsklage nach § 256 ZPO. im gewöhnlichen Verfahren und vom Landgericht als Berufungsinstanz rechtskräftig sachlich entschieden worden, so entbehrt diese Entscheidung trotz der vorliegenden Verfahrensmängel (nach RGZ. Bd. 160 S. 293 findet das Statusverfahren Anwendung und ist die Zuständigkeit des Landgerichts als erste Instanz gegeben) der Wirkung der sachlichen Rechtskraft mit der Folge, daß zwischen den gleichen Parteien eine abweichende Feststellung der Abstammung ausgeschlossen ist, jedenfalls dann nicht, wenn sich die Entscheidungsgründe des früheren Urteils im Rahmen einer auch bei Anwendung des Statusverfahrens möglichen und zulässigen Urteilsbegründung halten. **165**, 315. — 9) Der Grundstückseigentümer, dessen Räumungsklage gegen den Grundstücksbesitzer wegen eines diesem zustehenden Wohnungsrecht rechtskräftig abgewiesen worden ist; kann nicht auf Grund desselben Sachverhalts auf Zahlung einer Vergütung für die Benutzung des Grundstücks aus dem Gesichtspunkt der ungerechtfertigten Bereicherung klagen. **165**, 385 (387). — 10) Die Rechtskraft des einen Grundbuchberichtigungsanspruch zuerkennenden Urteils erstreckt sich auf die Feststellung des klagebegründenden Eigentums. **165**, 385 (388). — 11) Die Rechtskraftwirkung des Urteils im Schadensprozeß bei der Haftpflichtversicherung mit Bezug auf die Bindung des Gerichts im Deckungsprozeß. **167**, 243. — 12) Rechtskraftwirkung der Entscheidungen der Verwaltungsbehörden im Bereiche der Bekanntmachung vom 15. März 1918 über den Verkehr mit landwirtschaftlichen Grundstücken hinsichtlich der Genehmigung von Grundstücksveräußerungen oder deren Versagung. **167**, 236 (241). — 13) Beschlüsse des als Vollstreckungsgericht tätigen Prozeßgerichts nach § 788 ZPO., durch welche die Verhängung von Zwangsmaßnahmen zur Erzwingung einer vollständigeren Rechnung, als sie bisher gelegt sei, abgelehnt wird, weil die aus dem Vollstreckungstitel sich ergebende Rechnungslegungspflicht erfüllt sei, sind der sachlichen Rechtskraft zugänglich; für eine Feststellungsklage, daß der Rechnungslegungspflicht nicht genügt sei,

ist kein Raum mehr. **167,** 328. — 14) Die sachliche Rechtskraft kommt nach einhelliger Lehre und Rechtsprechung auch Beschlüssen insoweit zu, als sie eine zur Rechtskraft geeignete Entscheidung enthalten. **167,** 328 (332). — 14) a. Die Rechtskraft des Urteils, das die Unterhaltsklage des unehelichen Kindes gegen den angeblichen Erzeuger abgewiesen hat, steht der Verurteilung des gleichen Beklagten zur Unterhaltszahlung dann nicht entgegen, wenn der Unterhaltsbeklagte inzwischen im Abstammungsrechtsstreit rechtskräftig als Vater des Kindes festgestellt worden ist. b. Grundsätzlich kann das Kind in solchem Fall den Unterhalt so verlangen, als ob das klagabweisende Urteil im Unterhaltsstreit nicht ergangen wäre, das heißt vom Tage der Geburt an; doch unterliegt dieser Satz — abgesehen von der sich aus den Verjährungsvorschriften ergebenden Begrenzung — der Einschränkung, daß seine Durchführung nicht zu Ergebnissen führen darf, die Treu und Glauben und dem Gebot der Billigkeit widersprechen würden. **169,** 129. — 15) Über die Frage, inwieweit im Patentnichtigkeitsverfahren ergehende Urteile der Rechtskraft fähig sind, und die damit in Zusammenhang stehende Frage, ob die unterliegende Partei durch das Urteil beschwert und daher zur Einlegung der Berufung befugt ist, gelten die allgemeinen Verfahrensgrundsätze. **170,** 346 (349flg.).

§ 20. Wiedereinsetzung in den vorigen Stand.

(Wiedereinsetzung im Prozeß § 299. Wiedereinsetzung im patentrechtlichen Streitverfahren § 157.)

— — — — — — — — — — —

Drittes Kapitel. Personen.

§ 21. Natürliche Personen.

(S. ferner § 185 — eheliche Abstammung — und § 189 — uneheliche Kinder —.)

I. Geburt. Noch nicht erzeugte Nachkommenschaft. Tod. Todeserklärung.

Auch wenn bei einem Fluge Personen verschollen sind, die im Sudetengau ihren Wohnsitz haben, ist das Aufgebotsverfahren nicht vom Landgericht ihres Wohnsitzes, sondern vom Amtsgericht Berlin zu führen. **169,** 339.

II. Geschlecht. Alter.

— — — — — — — — — — —

III. Namen. Namensrecht. Familie. Verwandtschaft. Wappen.

1) Eine Sachfirma, die aus einem dem allgemeinen Sprachschatz entnommenen, einen Allgemeinbegriff wiedergebenden Worte (z. B. dem Worte „Hydraulik") gebildet ist, ist mangels ausreichender Unterscheidungskraft in der Regel nicht schutzfähig. Sie genießt jedoch namens- und wettbewerbsrechtlichen Schutz, wenn sie im Verkehr als Kennzeichen für ein bestimmtes Unternehmen Geltung erlangt hat. Solchenfalls liegt ein un-

befugter Firmengebrauch vor, wenn das Wort von einem anderen derart verwendet wird, daß der Verkehr darin nicht den Allgemeinbegriff, sondern einen Hinweis auf das Unternehmen erblickt. **163,** 233. — 2) Ist eine Gesellschaft mbH. von zwei Gesellschaftern im eigenen Namen gegründet, die als Treuhänder oder Strohmänner für Rechnung eines und desselben Dritten gehandelt haben, und ist der Name eines der beiden Gründer in die Firma der Gesellschaft mbH. aufgenommen worden, so beurteilt sich der Unterlassungsanspruch eines Dritten, der sein Firmenrecht durch den Gebrauch des Namensbestandteils in der Firma der Gesellschaft mbH. für beeinträchtigt hält, solange die Gesellschaft nicht nach § 75 GmbHG. für nichtig erklärt oder nach § 144 RFGG. im Handelsregister gelöscht worden ist, nach den allgemeinen Grundsätzen des Namensrechts (§ 12 BGB.), des Firmenrechts (§§ 18, 30, 37 Abs. 2 HGB.), des Wettbewerbs (§§ 1, 3, 16 UnlWG., §§ 24, 31 WZG.) und der unerlaubten Handlung. **167,** 184. — 3) Zur Anwendbarkeit des Begriffs der Verwechslungsgefahr im weiteren Sinne, wenn in zwei sonst hinreichend unterscheidbaren Firmen der gleiche Familienname vorkommt. **170,** 265.

IV. Wohnsitz. Staatsangehörigkeit.

1) Altreichsdeutscher Staatsangehöriger in Österreich, Gerichtsstand für Ehescheidungsklage. **161,** 18. — 2) Deutsche Staatsangehörige im Protektorat Böhmen und Mähren, Ehescheidung nach deutschem Recht. **161,** 124. — 3) Die Erheblichkeit der Niederlassung und der Staatsangehörigkeit im zwischengebietlichen Erbrecht. **164,** 355 (356 flg.).

V. Geisteskrankheit. Geistesschwäche. Verschwendung.

1) Über die im Falle des § 6 Abs. 1 Nr. 1 BGB. an die Urteilsbegründung zu stellenden Anforderungen. **162,** 35; **170,** 341. — 2) Der Begriff der krankhaften Störung der Geistestätigkeit im Sinne des § 104 Nr. 2 BGB. ist ein weiterer als der der Geisteskrankheit im Sinne von § 6 Abs. 1 Nr. 1; denn er umfaßt auch die Fälle von Geistesschwäche, also einer dem Grad nach geringeren geistigen Erkrankung. Gegenüber dem in § 104 Nr. 2 vorausgesetzten Dauerzustand ist wiederum die nur vorübergehende Störung der Geistestätigkeit im Sinne des § 105 Abs. 2 der leichtere geistige Mangel. Unter welchen medizinischen Begriff der geistigen Erkrankungen die Störung der Geistestätigkeit einzuordnen ist, ist nicht maßgebend. **162,** 223. — 3) Bei der vorübergehenden Störung der Geistestätigkeit im Sinne des § 105 Abs. 2 BGB. muß die freie Willensbestimmung ebenfalls ausgeschlossen sein. Als geschäftsunfähig ist nach § 104 Nr. 2 derjenige anzusehen, dessen Erwägungen und Willensentschlüsse nicht mehr auf einer der allgemeinen Verkehrsauffassung entsprechenden Würdigung der Außendinge und Lebensverhältnisse beruhen, sondern durch krankhaftes Empfinden, krankhafte Vorstellungen und Gedanken oder durch Einflüsse dritter Personen dauernd derart beeinflußt werden, daß sie tatsächlich nicht mehr frei sind, vielmehr sich den genannten regelwidrigen Einwirkungen schranken- und hemmungslos hingeben und von ihnen widerstandslos beherrscht werden. Unter welchen medizinischen Begriff der geistigen Erkrankungen die Störung der Geistestätigkeit einzuordnen ist, kann ebensowenig wie nach § 6 Abs. 1 Nr. 1 BGB. oder nach § 50 EheG.

maßgebend sein. Möglich ist, daß die Geschäftsunfähigkeit auf ein bestimmtes Gebiet oder auf einen bestimmten Lebensbereich beschränkt ist. **162**, 223 (228). — 4) Über die Anwendung der §§ 49, 50, 55 EheG. im Falle geminderter Zurechnungsfähigkeit oder geistiger Störung des Scheidungsklägers. **163**, 338. — 5) Krankhafte Störung der Geistestätigkeit als Schuldausschließungsgrund bei der Ehescheidung. **164**, 244 (248). — 6) Geistige Störung als Voraussetzung der Ehescheidung. **164**, 352. — 7) Geisteskrankheit des Meistbietenden in der Zwangsversteigerung; keine Nachprüfung im Rechtsstreit gegen einen Beteiligten nach Erteilung des Zuschlages an ihn. **165**, 321. — 8) Bei der Frage, ob der zu Entmündigende seine Angelegenheitem zu besorgen vermag, muß auch sein Verhalten gegenüber den Volksgenossen und der Volksgemeinschaft eine erhebliche Rolle spielen, und es kommt nicht nur darauf an, ob die Entmündigung ihm selbst oder seinen Vermögensverhältnissen einen unmittelbaren Nutzen bringt, sondern auch, ob die Auswirkungen der Geistesstörung seine Stellung in der Volksgemeinschaft untergraben und ihn an einem richtigen Verhalten in und gegenüber der Gemeinschaft hinderte. **170**, 341. — 9) Ob im einzelnen Falle der zu Entmündigende seine Angelegenheiten infolge seiner Erkrankung nicht mehr zu besorgen vermöge, für diese Frage ist besonders Gewicht zu legen darauf, ob er seiner Stellung im gesellschaftlichen und im öffentlichen Leben gerecht zu werden imstande ist, wie er sich insbesondere im Verkehr mit den öffentlichen Behörden verhält, wieweit die krankhaften Gedanken im Verkehr mit Behörden zutage treten und ob daraus geschlossen werden kann, daß sein Wahn seine gesamten Lebensverhältnisse beherrscht und gefährdet. Dies gilt erst recht nach den heutigen nationalsozialistischen Rechtsanschauungen. **170**, 341 (344). — 10) Der Mensch als Glied der Volksgemeinschaft ist besonders zu beachten. **170**, 341 (344flg.).

VI. Standesverhältnisse.

Ein Vertrag, der unter Verletzung der Standespflichten geschlossen wird, prägt der Vereinbarung nicht ohne weiteres und in jedem Falle den Stempel der Unsittlichkeit auf. **162**, 323 (328).

§ 22. Juristische Personen.

I. Allgemeines.

1) Die den Rahmen der Vertretungsmacht beschränkenden Vorschriften gelten — bei Körperschaften des öffentlichen Rechts — nicht, soweit es sich um den Kreis der laufenden Geschäfte handelt; Verpflichtungserklärungen von außergewöhnlich großer wirtschaftlicher Bedeutung gehören nicht dazu. **162**, 129 (139). — 2) Eine vertragsähnliche Haftung öffentlich-rechtlicher Körperschaften, für die ein dazu nicht befugter Beamter Verträge abgeschlossen hat, ist zu verneinen, weil die Haftungsfolgen einer unbefugten Vertretung in § 179 BGB. ausschließlich zu Lasten des Vertreters geregelt sind und weil die Bejahung einer Haftung der öffentlichen Körperschaften solchenfalls gerade die Rechtsfolgen nach sich ziehen würde, vor denen die öffentlich-rechtlichen Körperschaften durch die Zuständigkeitsbestimmungen geschützt werden sollten. **162**, 129 (159). — 3) Den gesetzlichen Vertretern

öffentlich-rechtlicher Körperschaften kann im Rahmen dauernder Geschäftverbindungen namentlich kaufmännischer Art, bei denen sich ein Vertrauensverhältnis herausbildet, eine Pflicht zum Eingreifen und zur Aufklärung obliegen; das beschränkt sich aber auf den Fall ihrer Kenntnis, daß untergeordnete Organe sich über ihre Zuständigkeitsgrenzen hinwegzusetzen pflegen. **162,** 129 (160). — 4) Die tatsächlichen Umstände des täglichen Lebens, insbesondere des wirtschaftlichen Verkehrs, können es mit sich bringen, daß ein besonderer Vertreter bestellt werden muß (§ 30 BGB.), für den eine Entlastung dem Dritten gegenüber nicht möglich ist. Dieser Rechtsgedanke war anfänglich in beschränkterem Umfange zur Obhutspflicht der Gemeinden für die Verkehrssicherheit der Straßen und Wege herausgebildet worden; er ist aber auf alle ähnlichen Verhältnisse des täglichen Lebens und des wirtschaftlichen Verkehrs ausgedehnt worden. Hierdurch hat die Frage, ob ein Beamter für die Haftung im bürgerlichen Kreise als besonderer Vertreter anzusehen ist, ihre Bedeutung im wesentlichen eingebüßt. **162,** 129 (165 flg.). — 5) Die Handlungen des Vertreters dürfen nicht so sehr außerhalb seines sachlichen Wirkungsbereichs liegen, daß der innere Zusammenhang zwischen ihnen und dem allgemeinen Rahmen der dem Vertreter übertragenen Obliegenheiten nicht mehr erkennbar und der Schluß geboten ist, daß er nur bei Gelegenheit, aber nicht in Ausführung der ihm zustehenden Verrichtungen gehandelt habe. **162,** 139 (169). — 6) Zulässigkeit des Rechtswegs bei Haftung juristischer Personen des bürgerlichen Rechts für Schaden, den ein verfassungsmäßig berufener Vertreter durch eine in Ausübung der ihm zustehenden Verrichtungen begangenen Handlung einem Dritten zufügt. **162,** 181 (192). — 7) Wenn die Satzung einer öffentlichen Sparkasse bestimmt, daß der Vorstand ihre Geschäfte besorgt, „soweit sie nicht den Beamten der Sparkasse übertragen sind", und weiterhin bestimmt, daß die Kassengeschäfte, die Buch- und Rechnungsführung von einem Rendanten, einem Gegenbuchführer und einem Kassierer besorgt werden, so sind diese Beamten für die laufenden Geschäfte besondere, verfassungsmäßig bestellte Vertreter. Namentlich gilt dies für den Rendanten bei der Ausstellung von Sparbüchern und bei einer von ihm gemachten Zusage, daß ein Sparbuch werde ausgestellt werden. Insoweit wird von der Entscheidung des ehemaligen VIII. Zivilsenats RGZ. Bd. 131 S. 247 abgewichen. **162,** 202. — 8) § 31 BGB. setzt nicht voraus, daß der verfassungsmäßig berufene Vertreter sich in den Grenzen seiner Vertretungsmacht gehalten hat, wie denn von einer berechtigten Vertretung bei Vornahme einer unerlaubten Handlung nicht die Rede sein kann. Die Vorschrift umfaßt gerade die Fälle, in denen eine Handlung des Vertreters durch seine rechtsgeschäftliche Vertretungsmacht nicht gedeckt wird. Die abweichende Entscheidung in RGZ. Bd. 131 S. 239 (247) wird nicht aufrechterhalten. **162,** 202 (207). — 9) Körperschaften des öffentlichen Rechts können sich, und zwar auch zum Zwecke der Erreichung öffentlich-rechtlicher Ziele, mit einem bestimmten Geschäft oder mit einem umschriebenen Geschäftskreis auf den Boden des bürgerlichen Rechtsverkehrs begeben. Je nachdem dies der Fall ist oder nicht, beurteilt sich die Frage der Zulässigkeit des Rechtswegs. **167,** 225 (231). — 10) Wird der Inhalt eines langfristigen Vertrags juristischer Personen urkundlich niedergelegt, so sind der Anwendung des § 118 BGB. aus Gründen der Rechtssicherheit und nach Treu und

Glauben besondere Schranken gezogen. Der Vertragschließende, der in solchem Fall den Vertrag mit dem beurkundeten Inhalt — ganz oder zum Teil — nicht ernstlich meint, muß trotzdem in der Regel den beurkundeten Inhalt auch dann gegen sich gelten lassen, wenn er irrigerweise angenommen hat, der Vertragsgegner sei mit ihm über die Nichternstlichkeit beurkundeter Erklärungen einig. **168**, 204.

II. Fiskus. Reichsfiskus. Landesfiskus. Ausländischer Fiskus.

(Haftung des Reichs und der Länder für Verschulden ihrer Beamten bei Ausübung der öffentlichen Gewalt § 147 I.)

1) Die Personenbeförderung der Deutschen Reichsbahn ist nicht Ausübung hoheitlicher Gewalt, sondern privatrechtlicher Werkvertrag. Die Reichsbahn haftet für Unfälle aus fahrlässigem Verschulden eines Bahnbeamten daher nicht nach den Staatshaftungsgesetzen, sondern auf Grund der privatrechtlichen Organhaftung oder der Haftung für einen zur Verrichtung bestellten Gehilfen. Verfassungsmäßig berufene Vertreter der Reichsbahn sind Beamte, die durch die Geschäftsordnung, jetzt durch die Verwaltungsordnung der Reichsbahn zu ihrer Tätigkeit in ihrem Geschäftsbereich berufen sind. **161**, 341. — 2) **a.** Über die Voraussetzungen, unter denen ein Beamter als „besonderer Vertreter" anzusehen ist, wie RGZ. Bd. 157 S. 228. **b.** Der Sachbearbeiter einer Reichspostdirektion besitzt die Eigenschaft eines „besonderen Vertreters", wenn sein Geschäftsbereich wesentlich auf die (hier in allgemeinem Sinne zu verstehende) Vertretung der Reichspost nach außen hin zugeschnitten ist und eine umfangreiche wirtschaftliche Betätigung umfaßt. Im vorliegenden Falle ist das für einen mit der Erledigung von Grundstücks- und Wohnungsfürsorgeangelegenheiten betrauten Sachbearbeiter angesichts des bedeutenden Umfangs dieser Geschäfte bejaht worden. **162**, 129 (160 flg.). — 3) **a.** Grundsätzliches darüber, wann die im privatrechtlichen Kreise verübte unerlaubte Handlung eines Beamten, der verfassungsmäßiger oder besonderer Vertreter seiner Behörde ist, in Ausführung der ihm zustehenden Verrichtungen zugefügt wird. **b.** **Nimmt ein solcher Beamter ein Vertragsangebot an, das sachlich den dafür vorgesehenen behördlichen Anforderungen nicht entspricht, daher keine Aussicht auf Annahme hat und zugleich auch die damit zusammenhängenden Voraussetzungen für die sonst bestehende Abschlußbefugnis des Beamten nicht erfüllt, und tut er das unter der betrügerischen Vorspiegelung, daß alles in Ordnung sei, so handelt er trotz seiner fehlenden Zuständigkeit zum Abschluß des Geschäfts im Rahmen der ihm zustehenden Verrichtungen, sofern es seine Aufgabe ist, sich mit solchen Angeboten sachlich zu befassen, auf die Beseitigung ihrer obengenannten Mängel hinzuwirken und erschöpfende sachliche Auskünfte darüber zu geben. Der erforderliche Zusammenhang ist dann darin zu finden, daß er eine ordnungsmäßige Behandlung des Vertragsangebotes vortäuscht, während er diese in Wahrheit unterläßt. 162**, 129 (160 flg.). — 4) **Grundsätzlich braucht sich die Befugnis einer Behörde zur Vertretung des Fiskus vor Gericht nicht mit dem sonstigen sachlichen Umfang ihrer Geschäfte zu decken. 162**, 129 (143). — 5) Anordnungen, die für die Reichs- und Staatsverwaltungen die Vertretung auf bürgerlich-recht-

lichem Gebiete regeln, sind ausschließlich mit der Folge, daß eine Vertretungsmacht aus anderweitigen Tatbeständen nicht zur Entstehung gelangt; soweit dem Verkehre hierdurch Erschwerungen in der Nachprüfung der Vertretungsmacht entstehen, sind diese in Kauf zu nehmen; die Rechtsprechung kann daran nichts ändern. **162,** 129 (149 flg.). — 6) Das Vermögen des Fiskus dient den öffentlichen Zwecken des Staates, es begründet keine Vermögenslage im privatwirtschaftlichen Sinne und kann nicht zum Vermögen des Ersatzberechtigten (§ 847 BGB.) in ein Verhältnis gebracht werden. **163,** 87 (88).

III. Stadt- und Landgemeinden. Kreise. Provinzen.

(Haftung für Beamtenverschulden bei Ausübung der öffentlichen Gewalt § 147 I.)

1) Die öffentlich-rechtlichen Vorschriften und Satzungen, welche die Vertretung der öffentlich-rechtlichen Körperschaften, insbesondere der gemeindlichen Sparkassen, auf bürgerlich-rechtlichem Gebiete regeln, sind ausschließlich mit der Folge, daß eine Vertretungsmacht aus anderweiten Tatbeständen nicht zur Entstehung gelangt. **162,** 129 (149). — 2) Eine öffentlich-rechtliche Körperschaft (Kreisausschuß) kann sich auf die Rechtsunwirksamkeit einseitiger Verpflichtungserklärungen nicht berufen, wenn die zuständigen Beamten (Kreisausschußmitglieder) es versäumt haben, den gesetzlichen Formvorschriften zu genügen, die für die rechtmäßige Vertretung der Körperschaft aufgestellt sind. **162,** 129 (151). — 3) Über den Begriff der laufenden Geschäfte bei einer gemeindlichen Sparkasse. **162,** 202 (207).

IV. Sonstige juristische Personen öffentlichen Rechts.

(Innungen, Krankenkassen, Berufsgenossenschaften, Armenverbände usw., Sonderstellung der NSDAP.)

1) Die Rechtsbeziehungen der Kassenärztlichen Vereinigung Deutschlands zu den Kassenärzten sind öffentlich-rechtlicher Art. „Maßregelungen", die ihre Amtsleiter gegen Kassenärzte verhängen, sind nicht Akte der Rechtsprechung, sondern der Verwaltung. Sie müssen den an solche zu stellenden Anforderungen genügen. Die Befugnis der Amtsleiter zur Verhängung solcher Maßreglungen ist auf Verstöße beschränkt, die die Pflichten der Kassenärzte als solche betreffen, dazu gehört aber auch die Pflicht zur Einordnung in die Kassenärztliche Vereinigung und zur Bezeigung der schuldigen Achtung gegenüber den Amtsleitern und ihren Anordnungen. **164,** 15. — 2) Das Verhältnis der Kassenärztlichen Vereinigung Deutschlands, einer rechtsfähigen Körperschaft des öffentlichen Rechts, zu den Kassenärzten ist öffentlich-rechtlicher Natur, so daß die Maßnahmen, die sie diesen gegenüber wegen ihrer Zulassung zur Kassenpraxis trifft, für die Gerichte bindend sind. Sie können im Rechtswege nicht nachgeprüft werden. Aus ihnen kann jedoch ein Amtshaftungsanspruch (§ 839 BGB., Art. 131 WeimVerf.) hergeleitet werden, für den der Rechtsweg zulässig ist, wenn bestimmte greifbare Behauptungen, insbesondere über das Verschulden der beteiligten Personen aufgestellt werden, die den Tatbestand einer unerlaubten Handlung im Sinne der genannten Vorschriften ergeben. **164,** 15 (19. — 3) Unkollegiales Verhalten gegenüber einem anderen (Kassen-)Arzt gehört nicht zu den Ver-

stößen, wegen deren die Amtsleiter der Kassenärztlichen Vereinigung Deutschlands zur „Maßregelung" eines Kassenarztes befugt sind. **164**, 32. — 4) Sparkassen von preußischen Gemeinden oder Gemeindeverbänden, die gemäß der Dritten Verordnung des Reichspräsidenten zur Sicherung von Wirtschaft und Finanzen vom 6. Oktober 1931 V. Teil Kap. 1 § 2 (RGBl. I S. 537, 554) zu Anstalten mit eigner Rechtspersönlichkeit umgestaltet worden sind, brauchen nach § 36 HGB. nicht in das Handelsregister eingetragen zu werden. **166**, 334.

V. Kirchen (Kirchengemeinden). Kirchliche Körperschaften und Anstalten.

Katholische Kirche und ihre Gliederungen als Rechtspersönlichkeiten im bürgerlichen Verkehr und Körperschaften des öffentlichen Rechts, Rechtsfähigkeit des Bistums. **168**, 144 (150 flg., 153 flg.), ihre Organe als öffentliche Beamte im Sinne des § 839 BGB. (158).

VI. 1. Juristische Personen des Privatrechts. Vereine.

1) § 27 Abs. 3 BGB. findet keine Anwendung, soweit eine Genossenschaft ihren Genossen vertraglich verpflichtet ist. **161**, 68 (74). — 2) Die Reichsinnungsverbände bilden im Rahmen der fachlichen Zusammenfassung der gewerblichen Wirtschaft Gliederungen der Reichsgruppe Handwerk und sind selbständige Fachgruppen. Sie haben die Stellung von rechtsfähigen Vereinen, also von juristischen Personen des bürgerlichen Rechts. Der Aufgabenbereich eines Reichsinnungsverbandes ist öffentlich-rechtlicher Art. Der Anspruch, daß ein Reichsinnungsverband eine in sein Aufgabengebiet fallende Maßnahme widerrufe, kann im ordentlichen Rechtswege nicht geltend gemacht werden. **162**, 181. — 3) Zur Stimmenthaltungsvorschrift des § 34 BGB. **162**, 370 (372). — 4) Unzulässig ist eine Verallgemeinerung des Satzes, daß die Bezeichnung eines bestimmten verfassungsmäßig berufenen Vertreters für die Haftbarmachung der juristischen Person nicht erforderlich sei. **163**, 21 (28 flg.). — 5) Nach der Rechtsprechung sind da, wo eine Gesamtvertretung besteht, auch unerlaubte Handlungen eines einzelnen Vertreters als solche der juristischen Person anzusehen. Wo jedoch die unerlaubte Handlung des Vertreters nur in einer Fälschung der Unterschriftszeichnung der juristischen Person besteht, kann sie nicht als solche der juristischen Person betrachtet werden, weil diese bloß in der gesetz- oder satzungsmäßigen Weise verbindlich zeichnen kann. **163**, 21 (29). — 6) Als „verfassungsmäßig berufene" (besondere) Vertreter im Sinne des § 31 BGB. gelten, zum mindesten bei den Kapitalgesellschaften des Handelsrechts, auch solche Personen, die ohne diesbezügliche Satzungsbestimmungen auf Grund allgemeiner Betriebsregelung und Handhabung wegen verzweigter Organisation des Unternehmens selbständig und unter eigener Verantwortung Aufgaben zu erfüllen haben, die gewöhnlich der Betriebsführung obliegen. **163**, 21. — 7) Wenn sich ein Vereinsmitglied gegen eine Ausschließung zur Wehr setzt, die damit begründet ist, es habe durch ehrenrühriges Verhalten den Verein geschädigt, so macht es mit seinem Feststellungsbegehren nicht nur einen vermögensrechtlichen, sondern auch einen personenrechtlichen Anspruch

geltend; das gilt beim eingetragenen Verein im Sinne des § 21 BGB. und anderen juristischen Personen, deren Zweck nicht auf einen wirtschaftlichen Geschäftsbetrieb gerichtet ist, aber auch im Genossenschaftsrecht. **163,** 200 (203). — 8) Beim eingetragenen Verein kann ein satzungsmäßig für den Fall der Auflösung vorgesehenes Anfallrecht eines Dritten jederzeit durch Satzungsrecht aufgehoben werden. Eine vertragliche Bindung des Vereins in dieser Beziehung durch den Gründungsvertrag, etwa in Gestalt eines Vertrags zugunsten Dritter, ist ausgeschlossen. Dem steht, soweit es sich um den Anfall des künftigen Vermögens handelt, auch § 310 BGB. entgegen. **169,** 65.

VI. 2. Nichtrechtsfähige Vereine.

1) Das Formerfordernis des § 1027 Abs. 1 ZPO. gilt nicht für Schiedsklauseln in Satzungen nicht rechtsfähiger Vereine. **165,** 140. — 2) Zur Frage der Sittenwidrigkeit einer Vereinssatzung. **165,** 140, 146. — 3) Die körperschaftliche Verfassung einer Schutzgemeinschaft, ihre Benennung und ihre Unabhängigkeit vom Wechsel der Mitglieder begründen ihr Wesen als Verein (nicht Gesellschaft des bürgerlichen Rechts). **165,** 140 (143).

VII. Stiftungen.

(Familienstiftungen § 51 II.)

1) Das staatliche Aufsichtsrecht umfaßt auch die Bestellung von Vertretern der Stiftung als Ersatz fortgefallener oder behinderter Organe der Stiftung. **161,** 288. — 2) Die Amtspflichten städtischer Beamter erstrecken sich auch auf den Bereich der von den Organen der Stadt verwalteten Stiftungen, die eigne Rechtspersönlichkeit besitzen. **161,** 288 (294flg.). — 3) a. Ohne eine Willenserklärung, die den Zweck der Vermögenswidmung durch den Stifter ausspricht, entsteht keine Stiftung. Eine Erklärung der Stiftungsbehörde kann die mangelnde Willenserklärung des Stifters nicht ersetzen. b. Solange es ungewiß ist, ob eine Stiftung entstanden ist, kommt der behaupteten Stiftung bis zur Klarstellung, daß sie nicht besteht, die bedingte Parteifähigkeit zu. Über die Frage, ob sie besteht, ist durch Urteil zu entscheiden (österr. Recht). **170,** 22.

Viertes Kapitel. Sachen.

§ 23. Sache. Sachgesamtheit. Vermögen. Vermögensinbegriff.

Künftiges Vermögen; vertragliches Anfallrecht eines Dritten auf künftiges Vermögen eines Vereins (einer Gesellschaft mit beschränkter Haftung); zu § 310 BGB. **169,** 65.

§ 24. Öffentliche und dem Privatverkehr entzogene Sachen. Begräbnisstätten. Bestattung.

(Über Rechtsverhältnisse der öffentlichen Wege [Gemeingebrauch] s. § 82.)

— — — — — — — — — — —

§ 25. Bewegliche und unbewegliche Sachen. Selbständige Gerechtigkeiten.

— — — — — — — — — — — —

§ 26. Vertretbare und verbrauchbare, teilbare und unteilbare Sachen.

— — — — — — — — — — — —

§ 27. Haupt- und Nebensachen. Bestandteile. Zubehör.

1) Die Schachtanlage ist nicht wesentlicher Bestandteil des Grundstücks, sondern des Bergwerkseigentums. **161,** 203. — 2) Das Rohrleitungsnetz einer städtischen Wasserleitung hat Bestandteilseigenschaft, soweit es in stadteigenen Grundstücken verlegt ist. Soweit zur Verlegung des Netzes fremde Grundstücke benutzt worden sind, haben die städtischen Rohrleitungen die rechtliche Eigenschaft beweglichen Zubehörs des städtischen Grundeigentums; denn sie sind keine (wesentlichen) Bestandteile des fremden Grundeigentums geworden, weil sie sich entweder an ein in Ausübung von Rechten der Stadt an den fremden Grundstücken mit diesen verbundenes Werk darstellen oder, soweit die fremden Grundstücke nur, sei es vermöge schuldrechtlicher Befugnisse, insbesondere kraft Mietvertrags, sei es gestattungsweise benutzt werden, als lediglich zu einem vorübergehenden Zwecke mit dem Grund und Boden verbunden zu gelten haben würden. **168,** 288 (290). — 3) Ein sog. Zwischenbau, der lediglich dazu dient, eine Lücke zwischen zwei auf verschiedenen Grundstücken aufstehenden Gebäuden auszufüllen und als weder allein zu dem einen, noch allein zu dem andern Gebäude gehörig anzusehen ist, ist kein Überbau im Rechtssinne, selbst wenn er Teilflächen beider Grundstücke in Anspruch nimmt. **169,** 172. — 4) Zu §§ 912, 946, § 94 Abs. 1, § 95 Abs. 1 Satz 2, §§ 93, 94 Abs. 2 BGB. **169,** 172 (175). — 5) Zu §§ 294, 296, 302, 367, 1109 ABGB. **170,** 292.

§ 28. Früchte. Nutzungen. Lasten.

— — — — — — — — — — — —

Fünftes Kapitel. Handlungen.

§ 29. Rechtsfähigkeit. Handlungsfähigkeit (Zurechnungsfähigkeit). Geschäftsfähigkeit. Verfügungsfähigkeit.

Rechtsfähigkeit der Bistümer von jeher anerkannt. **168,** 143 (150).

§ 30. Willenserklärung, ausdrückliche, stillschweigende, empfangsbedürftige. Zugehen der Willenserklärungen. Willensübereinstimmung und deren Mangel.

1) Der (vorbehaltene) Widerruf eines Prozeßvergleichs ist, mangels anderer Abrede, dem Vergleichsgegner, nicht dem Prozeßgericht gegenüber zu erklären. **161,** 253. — 2) Soll eine stillschweigende Willenseinigung angenommen werden, so bedarf es der Feststellung der Tatsachen, in denen sie gefunden werden kann. **162,** 116 (120). — 3) Schon in dem Eintreten in die gemeinsamen Verhandlungen kann ein stillschweigendes Übereinkommen zu erblicken sein, wonach jeder Beteiligte die Belange der übrigen Beteiligten

tunlichst zu wahren habe. **162,** 129 (159). — 4) Verzicht des Unterhaltspflichtigen auf jede Herabsetzung der Rente nach seinem Tode durch lebenslängliche Rentenzuwendung. **162,** 298 (301). — 5) Stillschweigender Verzicht auf Wettbewerb bei Veräußerung eines Unternehmens bei Mitveräußerung des Kundenstocks. **163,** 211. — 6) Stillschweigende Vereinbarung der Goldsicherung im Falle der Abrede der Schuldzahlung in Fremdwährung. **163,** 324 (327). — 7) Wirksamkeit einer empfangsbedürftigen Willenserklärung unter Abwesenden. Anwendung des § 130 BGB. auf die Aufrechnungserklärung. **167,** 60 (64). — 8) Die Annahme einer stillschweigenden Haftungsvereinbarung läßt sich bei einem Auftrag allenfalls rechtfertigen, ist aber bei einer auftraglosen Geschäftsführung weder unmittelbar noch sinngemäß möglich. **167,** 85 (88). — 9) Annahme einer stillschweigenden Vereinbarung bei der Lebensrettung entbehrlich. **167,** 85 (89). — 10) Zu § 332 BGB., Empfangsbedürftigkeit der Willenserklärungen und Ausnahme. **168,** 177 (186). — 11) Stillschweigender Rücktritt vom Verlöbnis. **170,** 72 (82). — 12) Über die Anforderungen an eine Fristsetzung nach § 39 VVG. und das Zugehen einer solchen Erklärung. **170,** 285. — 13) Zu § 130 BGB. Widerruf der Schenkung durch den Schenker wegen groben Undanks ist auch in einem Testamente möglich. **170,** 380. — 14) Zugehen und stillschweigende Annahme des Vertragsantrag bei der Umstellung eines Versicherungsvertrags. **170,** 372 (401).

§ 31. Mängel der Willenserklärung.

(Anfechtung wegen Willensmängel s. auch § 37 I.)

I. Geheimer Vorbehalt. Scheingeschäft. Mangel der Ernstlichkeit.

1) Wenn die Erklärungen eindeutig sind, darf kein Teil sich darauf berufen, daß er seinen Erklärungen einen anderen Sinn beigelegt habe. **165,** 193 (198). — 2) Wird der Inhalt eines langfristigen Vertrags juristischer Personen urkundlich niedergelegt, so sind der Anwendung des § 118 BGB. aus Gründen der Rechtssicherhait und nach Treu und Glauben besondere Schranken gezogen. Der Vertragschließende, der in solchem Fall den Vertrag mit dem beurkundeten Inhalt — ganz oder zum Teil — nicht ernstlich meint, muß trotzdem in der Regel den beurkundeten Inhalt auch dann gegen sich gelten lassen, wenn er irrigerweise angenommen hat, der Vertragsgegner sei mit ihm über die Nichternstlichkeit beurkundeter Erklärungen einig. **168,** 204.

II. Irrtum.

(Irrtum als Grundlage der Eheanfechtungs- und Eheaufhebungsklage: § 174.)

1) Nach der Rechtsprechung des Reichsgerichts wird der sog. Berechnungsirrtum in der Regel dann zu einem Irrtum über den Inhalt der Erklärung, wenn die Berechnung in der Erklärung selbst oder doch bei den entscheidenden Verhandlungen erkennbar zum Ausdruck gekommen ist. **162,** 198 (201). — 2) Im Streit über die Wirksamkeit eines Vergleichs ist der angebliche Irrtum über einen Punkt, um den die Parteien gerade gestritten haben, unbeachtlich, weil die Zulassung einer hierauf gestützten Anfechtung dem Wesen und Zwecke des Vergleichs entgegenstehen würde. **162,** 198 (201). — 3) Wenn

eine Zahlung in einer Fremdwährung ohne Bezugnahme auf den Goldwert vereinbart ist, muß der Gläubiger in der Regel eine Entwertung dieser Fremdwährung in Kauf nehmen, auch wenn die Parteien in der Überzeugung von der Festigkeit dieser Fremdwährung gerade diese als Wertmesser gewählt haben, um sich gegen Schwankungen der eigenen Währung zu sichern. Allerdings kann die Vereinbarung auch als Goldsicherung aufgefaßt werden, wenn ein entsprechender Vertragswille in irgendeiner Weise zum Ausdruck kommt. Ein derartiger Wille wird sich jedoch selten feststellen lassen, weil die Parteien regelmäßig die Fremdwährung gerade für unerschütterlich gehalten haben. Ist die Goldklausel danach nicht zum Vertragsinhalt erhoben, so liegt ein reiner Irrtum im Beweggrunde vor, der unbeachtlich zu sein pflegt. **163,** 324 (327). — 4) Bei einer ins Leben getretenen offenen Handelsgesellschaft oder Kommanditgesellschaft ist eine Anfechtung des Gesellschaftsvertrags auf Grund von Willensmängeln oder ein Rücktritt vom Gesellschaftsvertrage wegen Fortfalls der Geschäftsgundlage nicht zulässig; der betroffene Gesellschafter kann nur aus wichtigem Grunde gemäß § 133 HGB. auf Auflösung klagen. **165,** 193. — 5) Desgl. im Falle der Kapitalgesellschaften und der Genossenschaften nach Eintragung dieser Körperschaften ins Handels- oder Genossenschaftsregister. **165,** 193 (203). — 6) Desgl. hinsichtlich der Zeichnungs- und Übernahmeerklärungen im Falle einer Grund- oder Stammkapitalerhöhung sowie der Beitrittserklärungen zu einer Genossenschaft. **165,** 193 (203).

III. Arglistige Täuschung. Betrug.

1) Im Falle des § 28 HGB. wird die Haftung der Gesellschaft und des persönlich haftenden Gesellschafters nicht schon dadurch beseitigt, daß der Gläubiger des Einzelkaufmanns eine bei Abschluß des Gesellschaftsvertrags oder bei Abgabe der Haftungsübernahme geschehene arglistige Täuschung gekannt hat oder hätte kennen müssen, sondern es bedarf dazu außer der Anfechtung des Gesellschaftsvertrags gegenüber dem Vertragsgegner auch einer Anfechtung der öffentlichen oder besonderen Erklärung der Haftungsübernahme gegenüber dem Gläubiger der Gesellschaft. **164,** 115. — 2) Bei einer ins Leben getretenen offenen Handelsgesellschaft oder Kommanditgesellschaft ist eine Anfechtung des Gesellschaftsvertrags auf Grund von Willensmängeln oder ein Rücktritt vom Gesellschaftsvertrage wegen Fortfalls der Geschäftsgrundlage nicht zulässig; der betroffene Gesellschafter kann nur aus wichtigem Grunde gemäß § 133 HGB. auf Auflösung klagen. **165,** 193.

IV. Zwang. Drohung.

1) Die Einwirkung auf einen fremden Willen durch Drohung ist, sofern das angedrohte Verhalten erlaubt war, nicht widerrechtlich, wenn der Drohende damit lediglich einen Vorteil erlangt, der eine billige Entschädigung für die Aufgabe von Rechten zu Gunsten des Leistenden darstellt. **166,** 40. — 2) Die Willensbeeinflussung durch Drohung ist grundsätzlich stets dann widerrechtlich und die Anfechtung nach § 123 BGB. begründet, wenn der Drohende dadurch Vorteile erlangt, auf die er keinen Rechtsanspruch hat. **166,** 40 (44).

§ 32. Rechtsgeschäfte. Allgemeines. Verfügung. Einseitige Rechtsgeschäfte. Verträge. Kausale und abstrakte Rechtsgeschäfte.

I. Allgemeines. Verfügung.

(S. auch syst. Reg. § 9 und § 105 I.)

— — — — — — — — — — — —

II. Einseitige Rechtsgeschäfte.

— — — — — — — — — — — —

III. Abstrakte und kausale Rechtsgeschäfte.

Der Verstoß gegen die guten Sitten, insbesondere der Wucher, hat die Nichtigkeit des Grundgeschäfts zur Folge. **162,** 302 (306).

§ 33. Form der Rechtsgeschäfte.

(Form der Testamente § 201 I.)

I. Form des Grundstücksveräußerungsvertrages.

(S. auch § 105 IV.)

1) Ein Gesellschaftsvertrag mit dem Ziel, dem einen Gesellschafter gehörige Grundstücke durch Veräußerung für Rechnung der Gesellschaft zu verwerten, bedarf auch dann der Form des § 313 BGB., wenn der Eigentümer der Grundstücke zum alleinigen Geschäftsführer der Gesellschaft bestimmt ist. **162,** 78. — 2) Nach § 313 BGB. ist auch die Verpflichtung zur Übertragung von Grundeigentum an einen Dritten formbedürftig, und es ist unerheblich, ob die Verpflichtung bedingt oder unbedingt übernommen wird. **162,** 78 (84). — 3) a. Die Beurkundung eines Prozeßvergleichs im Beschwerdeverfahren einer Zwangsversteigerung genügt der Formvorschrift des § 313 BGB. b. In einem der Formvorschrift genügenden Grundstücksveräußerungsvertrag kann die Bestimmung des zu übertragenden Grundstücks einem oder mehreren Dritten überlassen werden. **165,** 161. — 4) Wird eine aus zwei Gesellschaftern bestehende Innengesellschaft aufgelöst, bei der das dem Gesellschaftszwecke gewidmete Vermögen allein dem einen Gesellschafter gehört, während der andere daran im Innenverhältnis der Gesellschafter dem Werte nach zur Hälfte beteiligt sein soll, so kann dieser andere Gesellschafter von dem Eigentümer des Vermögens nur die Auszahlung des für ihn zu errechnenden Abfindungsguthabens, nicht aber die Versilberung des Vermögens und die Ausfolgung seines Anteils am Erlöse verlangen. Ein solcher Gesellschaftsvertrag bedarf, wenn zu dem der Gesellschaft gewidmeten Vermögen Grundstücke gehören, nicht der Form des § 313 BGB. **166,** 160. — 5) Bei einem nach ABGB. mündlich geschlossenen, noch genehmigungspflichtigen Kaufvertrag sind beide Vertragsteile verpflichtet, bei der Erwirkung der Genehmigung mitzuwirken. Weigert sich ein Vertragsteil, so kann der andere auf Feststellung der Gültigkeit des mündlichen Kaufvertrags vorbehältlich der Genehmigungspflicht klagen, aber auch auf Ausfertigung eines schriftlichen Kaufvertrags, nur muß in diesem zum Ausdruck kommen, daß seine Gültigkeit von der Genehmigung abhängig ist. Unter dieser Voraussetzung bestehen auch keine Bedenken dagegen, in den zu fertigenden Kaufvertrag die Bewilligung von Grundbucheintragungen zur dem-

nächstigen Erfüllung des Vertrages aufzunehmen. — Der abweichende Standpunkt in RGZ. Bd. 165 S. 117 wird nicht aufrechterhalten. **168,** 343. — 6) Die Einräumung eines Ankaufsrechts (Optionsrecht) bezüglich eines Grundstücks kann durch einseitiges, in der Form des § 313 BGB. beurkundetes Vertragsangebot (§§ 145 ff. BGB.) mit verlängerter Annahmefrist vereinbart werden, wenn der andere Teil sich noch nicht zu einer Gegenleistung verpflichtet und auch kein Bindungsentgelt gewährt. In solchem Falle können aber Rechte daraus erst nach formgerechter Annahme des Angebots hergeleitet werden. Wird dagegen die Einräumung des Ankaufsrechts vertraglich in gehöriger Form vereinbart, dann kann die Ausübung dieses Rechts formfrei stattfinden. **169,** 65. — 7) Der Gegeneinwand der Arglist oder unzulässigen Rechtsausübung gegenüber der Geltendmachung der Formnichtigkeit eines Grundstücksveräußerungsvertrags ist zulässig, wenn die Lossagung vom Vertrage nach den Beziehungen der Parteien, insbesondere nach dem bisherigen Verhalten des sich lossagenden Teils, mit dem allgemeinen Rechtsempfinden unvereinbar ist. **169,** 65. — 8) Vorvertrag über Grundstücksveräußerung (Einräumung eines „Optionsrechts"); Formnichtigkeit nach § 313 BGB. **169,** 65 (71 flg.).

II. Form der Rechtsgeschäfte im übrigen.

1) Ein Vertrag, in dem ein Teil ohne Entgelt dem andern Teil verspricht, aus seinem Vermögen eine Schenkung an einen Dritten vorzunehmen, bedarf der für Schenkungsverträge vorgesehenen Form (öst. R.). **161,** 6. — 2) Errichtung eines öffentlichen Testaments durch mündliche Erklärung; Zusammenfassung der neuerlichen Erklärung des letzten Willens durch den Erblasser mit der Verlesung und Genehmigung der Testamentsniederschrift in einem Verhandlungsvorgang; Feststellung der Erklärung des letzten Willens. **161,** 378. — 3) Berufung auf Formnichtigkeit eines Rechtsgeschäfts als Verstoß gegen Treu und Glauben. **162,** 323 (329). — 4) Zur Schriftform von Kartellabreden. **162,** 100. — 5) Die durch Ausübung eines Vorkaufsrechts entstandenen Ansprüche können nach den allgemeinen Vorschriften formlos übertragen werden. **163,** 142 (153 flg.). — 6) Im Falle eines relativen Veräußerungsverbotes im Sinne des § 153 BGB. kann die Genehmigung der Person, zu deren Schutze es bestimmt ist, formlos gültig erteilt werden. **163,** 142 (155). — 7) Die Formbedürftigkeit der Gründungsverträge der Gesellschaft mbH. und ihre Bedeutung für die Grenzen, die der Auslegung der Vertragsbestimmungen gezogen sind. **164,** 129 (140). — 8) Der auf freihändige Veräußerung eines gepfändeten GmbH.-Anteils gerichtete Vertrag bedarf der gerichtlichen oder notarischen Beurkundung. **164,** 162. — 9) Formbedürftigkeit der Verpfändungsermächtigung nach § 12 Abs. 1 DepG.; Ermächtigungsstrenge. **164,** 292 (295, 299 flg.). — 10) Das Formerfordernis des § 1027 Abs. 1 ZPO. gilt nicht für Schiedsklauseln in Satzungen nicht rechtsfähiger Vereine. **165,** 140. — 11) Der Aufnahme in den formbedürftigen Gesellschaftsvertrag über die Errichtung der Gesellschaft mbH. bedarf auch eine einen Gründer-Sondervorteil gewährende Vereinbarung, soweit sie für die Gesellschaft bindend sein soll, ebenso wie ein mit dem Geschäftsanteil verknüpftes Sonderrecht. **165,** 129 (131 flg.). —

12) Formbedürftig ist auch eine Abrede, welche schon bei der Gründung einer Gesellschaft mbH. einem Gründer mit Wirkung gegen die Gesellschaft solche Sonderrechte zuspricht, welche die Gesellschaft dauernd zugunsten des Berechtigten belasten, und zwar nicht als gesellschaftsrechtliche, sondern als persönliche; sie müssen aus dem Gesellschaftsvertrage ersichtlich sein. **165,** 129 (133). — 13) Formbedürftig nach § 88 Abs. 4 Nr. 7 LGO. sind Vereinbarungen einer Gemeinde mit einem Dritten über die Bezahlung gelieferten oder zu liefernden Wassers. **165,** 289 (291 flg.); nicht dagegen Verpflichtungserklärungen einer Landgemeinde zur Wirksamkeit der von der Gemeinde ausgehenden öffentlich-rechtlichen Widmung. **165,** 242. — 14) § 15 Abs. 4 Satz 1 GmbHG. verlangt für den auf die Abtretung gerichteten Verpflichtungsvertrag ebenfalls die gerichtliche oder notarische Form, sieht jedoch in Satz 2 die Heilung des ohne Beobachtung der Form geschlossenen Erfüllungsgeschäfts (Abtretungsvertrags) vor. **168,** 292 (297). — 15) Einmanngesellschaft, Formmißbrauch **169,** 240 (248).

§ 34. Voraussetzung. Bedingung. Befristung. Sonstige Nebenbestimmungen der Rechtsgeschäfte.

(S. auch § 104.)

Die devisenrechtliche Genehmigung ist keine rechtsgeschäftliche Bedingung, sondern eine Rechtsbedingung. Keine unmittelbare oder auch nur entsprechende Anwendung des § 162 BGB. **168,** 261 (267).

§ 35. Auslegung der Rechtsgeschäfte.

(Auslegung der Testamente § 201 IV.)

1) Auslegung der Grundsätze einer gemeinnützigen Siedlungsgenossenschaft über die Bearbeitung von Bauvorhaben der Genossen. **161,** 68 (75). — 2) Auslegung der Versicherungsbedingungen für die Allgemeine Fluggast-Unfallversicherung. **161,** 76 (85). — 3) Auslegung der Allgemeinen Feuerversicherungsbedingungen. **161,** 23. — 3a) Auslegung der Allgemeinen Beförderungsbedingungen für den Luft-Personen- und -gepäckverkehr. **161,** 76 (78 flg.). — 5) Auslegung der Allgemeinen Versicherungsbedingungen für die Kraftfahrzeugversicherung. **161,** 94. — 6) Auslegung der Allgemeinen Versicherungsbedingungen für die Unfallversicherung. **161,** 184. — 7) Auslegung eines Feuerversicherungsvertrags nach den Grundsätzen des redlichen Verkehrs im Falle der Doppelversicherung (sudetend. R.). **161,** 234 (236). — 8) Rücksicht auf Treu und Glauben bei Auslegung eines Prozeßvergleichs mit Widerrufsvorbehalt. **161,** 253 (256). — 9) Auslegung behördlicher Willenskundgebungen durch das Revisionsgericht. **161,** 308 (317 flg.). — 10) Auslegung eines Filmherstellungs- und Verwertungsvertrags mit gesellschaftsähnlichem Einschlag. **161,** 321 (324 flg.). — 11) Auslegung eines Gesellschaftsvertrags; sie verstößt, wenn sie nach Inhalt und Zweck nicht möglich ist, gegen § 157 BGB.; das Revisionsgericht ist daran nicht gebunden. **162,** 78 (81). — 12) Freizeichnungsabreden(-klauseln), die ein Gewährschein der Lieferfirma oder der hinter dieser stehenden Herstellerfirma enthält, sind eng auszulegen. **163,** 21 (31). — 13) Auslegung von Satzungsbestimmungen im Genossenschaftsrecht; freie Nachprüfung durch

das Revisionsgericht. **163,** 200 (205). — 14) Wird bei der Veräußerung eines Unternehmens der „Kundenstock" mitveräußert und erhält der Veräußerer auch hierfür ein Entgelt, ist in der Regel ein stillschweigender Wettbewerbsverzicht anzunehmen, der nicht über das Maß des Selbstverständlichen bei derartigen Vereinbarungen hinausgeht. Eröffnet der Veräußerer trotzdem ein gleichartiges Geschäft, so kann auch ein Verstoß gegen das Gesetz gegen den unlauteren Wettbewerb vorliegen. **163,** 311. — 15) a. Bei Vereinbarung des USA.-Dollars als Wertmesser zur Sicherung einer in einer anderen ausländischen Währung (tschechoslowakischen Kronen) geschuldeten Zahlung gegen Schwankungen nach unten und oben ist der Gläubiger, mangels Vereinbarung einer Goldklausel, gegen die Entwertung des Dollars durch dessen Loslösung vom Goldwert grundsätzlich ebensowenig gesichert wie bei der Wahl dieses Wertmessers zur Sicherung der Entwertung der deutschen Reichsmark (vgl. RGZ. Bd. 154 S. 187, Bd. 155 S. 133). — b. Ist im Gesellschaftsvertrage einer offenen Handelsgesellschaft oder Kommanditgesellschaft die Abfindung eines (durch Tod) ausscheidenden Gesellschafters durch langfristige Abzahlungsraten vereinbart und hierbei die Wertbeständigkeit der in ausländischer (tschechoslowakischer) Währung zu leistenden Zahlungen in der zu 1) angegebenen Weise gesichert, so kommt im Falle der unerwarteten Entwertung des Dollars ein Ausgleichsanspruch in Betracht. **163,** 324. — 16) Auslegung des § 3 d der Allgemeinen Unfall-Zusatzversicherungsbedingungen („Bewußtseinsstörung"). **164,** 49. — 17) Über die Auslegung eines Unterhaltsvertrags unter (geschiedenen) Ehegatten, wenn nichts dafür vorliegt, daß der Mann der Frau mehr als den gesetzlichen Unterhalt hat zukommen lassen wollen. **164,** 65 (68). — 18) Über die Grenzen, die der Auslegung der Gründungsverträge einer Gesellschaft mbH. gezogen sind, mit Rücksicht auf die Formbedürftigkeit. **164,** 129 (140); **165,** 68 (73). — 19) Freie Auslegung der Gesellschaftsverträge (der „Satzung") bei einer Gesellschaft mbH. in der Revisionsinstanz, jedenfalls soweit es sich um eine körperschaftsrechtliche Frage, wie den Gesellschaftszweck, handelt. **164,** 129 (140); **165,** 68 (74). — 20) Über die Frage der Auslegung eines Vergleichs über die Höhe von Versicherungsforderungen mit Bezug auf seine umschaffende Wirkung (Novation) und den etwaigen Wegfall von Vorzugsrechten im Konkurse des Versicherers. **164,** 212 (217). — 21) Wenn auch nach dem maßgeblichen sachlichen Recht Unterhaltsverträgen (unter geschiedenen Eheleuten) die Klausel der gleichbleibenden Verhältnisse regelmäßig innewohnt, so entscheidet doch der durch Auslegung zu ermittelnde Vertragswille der Parteien darüber, in welchem Umfang eine Änderung der Verhältnisse die übernommene Verpflichtung berühren sollte, insbesondere auch darüber, ob es sich um Verhältnisse im Sinne der Klausel handelt. **165,** 26 (31). — 22) Jeder Erklärende muß sich beim Worte nehmen und es sich gefallen lassen, daß seine Erklärung so verstanden wird, wie die Allgemeinheit sie auffaßt. Andererseits muß jeder Teil die Erklärung des Gegners so gegen sich gelten lassen, wie sie nach Treu und Glauben mit Rücksicht auf die Verkehrssitte zu verstehen ist. Wenn die Vertragserklärungen eindeutig sind, darf kein Teil sich darauf berufen, daß er seinen Erklärungen einen anderen Sinn beigelegt habe, und es ist für die Anwendung des Grundsatzes vom versteckten Einigungsmangel kein Raum. **165,** 193 (198 flg.).

— 23) Über die Auslegung der Patenterteilung in Ansehung des Umfangs des Patentschutzes. **165,** 209 (217 flg.). — 24) Der Schuldner muß nach Treu und Glauben die durch die Devisengesetzgebung erforderlich werdenden Änderungen in der Art der geschuldeten Leistung auf sich nehmen, sofern er dadurch nicht beschwert wird. **165,** 219 (221). — 25) Auslegung einer Verzichterklärung bei Beteiligung mehrerer Verpflichteter. **167,** 391 (399 flg.). — 26) Wenn es sich um die Auslegung des Verhaltens einer Partei im Verfahren handelt, so ist hierin das Reichsgericht an die Auffassung der Tatsacheninstanzen nicht gebunden. **168,** 56 (57). — 27) Auslegung des Versicherungsausschlusses „Personenbeförderung auf Lastkraftwagen" in einem Kraftfahrzeugversicherungsvertrag. **168,** 372. — 28) Vertragsauslegung und „nächste Ursache" in der Seeversicherung. **169,** 1. — 29) Auslegung des Gesellschaftsvertrags einer kapitalistisch aufgebauten Kommanditgesellschaft, daß der einzige persönlich haftende Gesellschafter im Innenverhältnis am Verluste nicht beteiligt, wenn seine gesetzlichen Befugnisse derart eingeschränkt sind, daß er seinen Mitgesellschaftern gegenüber tatsächlich nur die Stellung eines Angestellten hat. **169,** 105. — 30) Auslegung einer Erklärung gegenüber der Einbürgerungsbehörde, daß der Erklärende für die Antragstellerin stets sorgen werde. Findet daraufhin die Einbürgerung der Antragstellerin statt, so kann darin der Abschluß eines Vertrags zwischen dem Erklärenden und dem Staate gefunden werden, durch den der Erklärende denjenigen öffentlichen Körperschaften, die in der Folge auf Grund ihrer öffentlich-rechtlichen Fürsorgeaufgaben für die eingebürgerte Person aufzukommen haben, zum Ersatze ihrer Aufwendungen verpflichtet ist. Dieser Vertrag ist bürgerlich-rechtlicher Art. **169,** 122. — 31) Auslegung einer Vertragsabrede zwischen der Einbürgerungsbehörde und einem Dritten bei der Einbürgerung; bürgerlich-rechtlicher Vertrag. **169,** 122. — 32) Über die Auslegung allgemeiner Geschäftsbedingungen. **170,** 233.

§ 36. Rechtsgeschäfte gegen gesetzliches Verbot und die guten Sitten. Veräußerungsverbot.

I. Rechtsgeschäfte gegen Verbotsgesetze und Veräußerungsverbote.

1) Der Verstoß gegen ein ausländisches Gesetz begründet nicht ohne weiteres die Nichtigkeit des Rechtsgeschäfts nach § 134 BGB.; er kann aber nach deutschem Recht wegen Sittenverstoßes nichtig sein, wenn das ausländische Verbot zwar nicht durch allen Kulturstaaten gemeinsame rechtlich-sittliche Erwägungen, wohl aber durch die deutschen Anschauungen über die guten Sitten, das deutsche gesunde Volksempfinden gerechtfertigt wird. Bei einem Vertrag über die Abstimmung künftiger Aktionäre in einer demnächst errichteten ausländischen Aktiengesellschaft ist auch das deutsche Aktienrecht für die Beurteilung der Sittenwidrigkeit nicht ohne Bedeutung. **161,** 296 (300). — 2) Verspricht jemand in einem Übereinkommen, daß er seine Sache unter bestimmten Voraussetzungen dem Vertragspartner zuwenden wird, so wird hierdurch nicht eine vertragsmäßige fideikommissarische Substitution, sondern ein vertragsmäßiges Veräußerungsverbot begründet, dessen Wirk-

samkeit sich nach § 364 c ABGB. richtet. Das Veräußerungsverbot schließt nicht notwendig ein Belastungsverbot in sich. Ob ein solches vorliegt, hängt von den Umständen des einzelnen Falles ab (öst. Recht). **163,** 261. — 3) Verträge zur Verlängerung des Patentschutzes über die gesetzliche Schutzfrist hinaus. **165,** 1 (20). — 4) Ein Grundstückskaufvertrag, der abgeschlossen wurde nach Inkrafttreten der Preisstopverordnung, aber vor der vom Preiskommissar am 6. Oktober 1937 getroffenen Anordnung zur „Preisbildung und Preisüberwachung bei Grundstücken" (Fünfte Anordnung über die Wahrnehmung der Aufgaben und Befugnisse des Reichskommissars für die Preisbildung, Reichsanzeiger Nr. 238; Runderlaß Nr. 155/37, Reichsanzeiger Nr. 239), kann vom Käufer nicht mit der Begründung beanstandet werden, daß der vereinbarte Kaufpreis das volkswirtschaftlich gerechtfertigte Maß übersteige. **165,** 385. — 5) Ein Grundstücksveräußerungsvertrag ist in vollem Umfange nichtig (und bleibt nicht mit verändertem Preise gültig), wenn die Preisbehörde dahin entschieden hat, daß der vereinbarte Preis volkswirtschaftlich nicht gerechtfertigt sei, und wenn sie gleichzeitig einen geringeren Preis angegeben hat, zu dem die Veräußerung genehmigt werden solle. **166,** 89; **168,** 91 (96). — 6) Auch nach österreichischem Recht ist ein Grundstücksveräußerungsvertrag in vollem Umfange nichtig, wenn die Preisbehörde den vereinbarten Preis als volkswirtschaftlich nicht gerechtfertigt beanstandet. **168,** 91. — 7) Eine gegen § 30 Abs. 1 GmbHG. verstoßende „Hypothekenbestellung" ist nicht unter allen Umständen wegen dieses Verstoßes nichtig (§ 134 BGB.). Jedoch liegt Nichtigkeit jedenfalls dann vor, wenn die Bestellung gegen die guten Sitten verstößt. **168,** 292. — 8) Unterhaltsvereinbarungen, die eine der wirklichen Rechtslage nicht entsprechende Regelung lediglich die Schuldfrage bei der Ehescheidung herbeizuführen bestimmt sind, verstoßen weder gegen ein gesetzliches Verbot noch gegen die guten Sitten. **168,** 269 (275). — 9) Preisstopverordnung: Die Preisabrede bei einem in das Gebiet des Warenhandels fallenden Güterumsatzgeschäft ist, soweit sie über das zulässige Maß hinausgeht, nichtig und der Kaufvertrag (über einen gebrauchten Kraftwagen) als zum zulässigen Preis abgeschlossen anzusehen. **169,** 140 (142). — 10) Zu § 309 BGB.; Ersatz des Vertrauensschadens (negatives Interesse); rechtsähnliche Anwendung des allgemeinen Rechtsgedankens im Fall des § 818 Abs. 3. **170,** 65 (69).

II. Rechtsgeschäfte gegen die guten Sitten.

1) Über die Frage der Anwendbarkeit des § 817 Satz 2 BGB. bei sittenwidrigen Darlehnsgeschäften. **161,** 52. — 2) Mißbrauch einer Vormachtstellung (Monopolmißbrauch) kann sinnwidrig sein. **161,** 76 (81). — 3) Ein Gesellschafterbeschluß der GmbH., durch den die Gesellschaft auf einen Rückgriffsanspruch gegen ihre Geschäftsführer oder Aufsichtsratsmitglieder verzichtet, ist wegen Verstoßes gegen die guten Sitten nichtig, wenn sämtliche Gesellschafter oder auch nur ein für das Abstimmungsergebnis wesentlicher Teil der Gesellschafter sich des Bestehens des Anspruchs und zugleich auch der naheliegenden Gefahr des Zusammenbruchs der Gesellschaft bewußt sind; jedenfalls ist es eine unzulässige Rechtsausübung, wenn das auf Schadensersatz in Anspruch genommene Verwaltungsorgan sich im Kon-

kurse der GmbH. auf einen so zustandegekommenen Verzicht beruft. **161,** 129 (144 flg.). — 4) Grundsätzlich ist ein Vertrag über die entgeltliche Abgabe und Übernahme einer Rechtsanwaltspraxis, wenn Entgelt auch für die ideellen Werte bezahlt werden soll, nichtig und nur in ganz besonders liegenden Ausnahmefällen rechtswirksam. Ein solcher Ausnahmefall liegt nicht vor, wenn der Rechtsanwalt durch eigene schwere strafrechtliche und standesrechtliche Verfehlungen genötigt ist, seine Praxis aufzugeben. **161,** 153. — 5) Wenn der Rechtsanwalt einen solchen Vertrag durch einen Bevollmächtigten abschließt, so kann er sich, auch falls die Voraussetzungen des § 166 Abs. 2 BGB. nicht vorliegen, nicht darauf berufen, daß der Bevollmächtigte die die Sinnwidrigkeit des Vertrags begründenden Umstände nicht gekannt habe, sofern er selbst diese Kenntnis hatte. **161,** 153 (166 flg.). — 6) Ein Vertrag, durch den ein Angestellter, der für seinen Dienstherrn Verträge mit Dritten abzuschließen hat oder auch nur auf den Abschluß solcher Verträge bestimmend miteinwirken kann, sich von diesen dritten Personen für ihre bevorzugte Behandlung hinter dem Rücken des Geschäftsherrn Vorteile versprechen oder gewähren läßt, verstößt gegen die guten Sitten und ist nach § 138 Abs. 1 BGB. nichtig, wenn die Möglichkeit besteht, daß der Dienstherr des Angestellten dadurch benachteiligt wird. Es ist nicht notwendig, daß sich der Vertrag nach dem Vorsatz der Beteiligten zum Nachteil des Dienstherrn auswirken sollte oder daß er sich tatsächlich zum Nachteil des Dienstherrn ausgewirkt hat. **161,** 229. — 7) Bei der Entscheidung der Frage, ob ein Vertrag über die Art der Abstimmung künftiger Aktionäre in einer demnächst begründeten ausländischen Aktiengesellschaft und über die Vertretung in der Hauptversammlung nach deutschem Recht sittenwidrig und deshalb nichtig ist, ist auch das deutsche Aktienrecht nicht ohne Bedeutung. **161,** 296 (300). — 8) Unsittlichkeit eines von einem Offizier im Widerspruch mit seinen Berufspflichten geschlossenen Mäklervertrags. **162,** 323. — 9) Wucher im Wechselrecht. **162,** 302. — 10) Für die Rechtsschutzwürdigkeit eines Anspruchs kommt es nicht allein darauf an, ob das ihn begründende Rechtsgeschäft zur Zeit seines Abschlusses den sittlichen Anforderungen entsprochen hat, sondern auch darauf, ob sein weiterer Vollzug mit der nunmehr herrschenden Anschauung über das, was sittlich erlaubt ist, verträglich erscheint. **162,** 323 (326). — 11) Der Umstand, daß ein Vertrag unter Verletzung der Standespflichten geschlossen wird, prägt der Vereinbarung noch nicht ohne weiteres und in jedem Falle den Stempel der Unsittlichkeit auf. **162,** 323 (328). — 12) Der Grundsatz, daß die Geltendmachung der Nichtigkeit dann, wenn diese mit Rücksicht auf ein früheres Verhalten gegen Treu und Glauben verstößt, als arglistig nicht zuzulassen ist, gilt nur für die Berufung auf die Formnichtigkeit eines Rechtsgeschäfts. Im Falle der Nichtigkeit wegen Sittenverstoßes ist dieser Grundsatz nicht anwendbar. **162,** 323 (329). — 13) Der Begriff eines Verstoßes gegen die guten Sitten im Sinne des § 138 BGB. erhält heute seinen Inhalt durch das seit dem Umbruch herrschende Volksempfinden, die nationalsozialistische Weltanschauung. Deshalb kann Verträgen, die nach dieser Weltanschauung gegen die guten Sitten verstoßen, kein Rechtsschutz durch ein deutsches Gericht gewährt werden. Zur nationalsozialistischen Weltanschauung gehört auch der Gemeinschaftsgedanke, die Überzeugung von dem hohen Wert der Gemeinschaft für das Leben des Volkes und von den Pflichten des einzelnen ihr gegenüber. Dieser Gedanke hat im Vorspruch zum Testamentsgesetz und im § 48 Abs. 2 dieses Gesetzes seinen Niederschlag für das Testamentsrecht gefunden; er bedeutet zugleich eine Erweiterung des § 138 BGB. für dieses Recht. **163,** 57 (60 flg.). — 14) Zur Frage der Nichtigkeit von Verträgen, welche die Ehescheidung erleichtern. **163,** 91 flg. — 15) Die Gültigkeit einer zwischen geschiedenen Gatten getroffenen Vereinbarung über die Unterhaltspflicht wird nicht dadurch berührt, daß die Gatten einen nicht (mehr) bestehenden Scheidungsgrund geltend gemacht hatten. Dies gilt auch dann, wenn die Vereinbarung nur die schon während des Scheidungsprozesses verabredete Wiederholung eines bereits damals geschlossenen Abkommens darstellt. Die bisherige Rechtsprechung (RGZ. Bd. 126 S. 323 zu § 80 EheG.) wird aufgegeben. **163,** 280. — 16) Der Verzicht des Veräußerers eines Unternehmens auf Eröffnung und Führung eines gleichen Unternehmens im Rahmen des Vertragszwecks ist an sich nicht sittenwidrig, wenn der Verzicht nicht über die wirklichen und möglichen Belange des Erwerbers hinausgeht. **163,** 311. — 17) Die unbeschränkte Unterwerfung der Minderheit unter den Willen der Mehrheit im Gesellschaftsrecht verstößt gegen die guten Sitten. **163,** 385 (391). — 18) Eine Vereinbarung des Hauptschuldners mit dem Gläubiger, daß dieser von einer Vollstreckung gegen ihn absehen und nur gegen den Pfandschuldner (oder Schuldübernehmer) vorgehen solle, ist diesem gegenüber ein zum Schadensersatz verpflichtendes Verhalten gegen die guten Sitten. **164,** 86. — 19) Sittenwidrige Knebelung wurde verneint für das in Deutschland vielfach in Übung stehende Vertragswerk einer Frankfurter Schuhmaschinenfabrik, der Tochtergesellschaft eines nordamerikanischen Unternehmens. Diese Fabrik vermietet Maschinen zur Herstellung von Schuhen auf 20 Jahre fest mit sogenannten Benutzungs-, Raum- und Verkettungsklauseln, d. h. den Abreden, 1. daß der Mieter die gemietete Maschine bis zur völligen Ausnutzung ihrer Leistungsfähigkeit für alle in seinem Betriebe vorkommenden Arbeiten, die damit ausgeführt werden können, benutzen muß; 2. daß der Mieter in dem Raum, in dem die gemietete Maschine steht, kein Schuhwerk mit anderen Maschinen bestimmter Art bearbeiten darf als solchen, die er von der Frankfurter Fabrik gemietet hat; 3. daß der Mieter die gemietete Maschine nur zur Verarbeitung solchen Schuhwerks benutzen darf, bei dessen Herstellung keine anderen Maschinen bestimmter Art Verwendung gefunden haben und finden werden als die Maschinen der Vermieterin. Dem Vermieter steht dabei frei, sich von allen laufenden Verträgen durch Kündigung unter Zahlung einer einmaligen Ablösungssumme zu befreien. **165,** 1. — 20) Persönliche Voraussetzung der Ausbeutung oder einer sonst verwerflichen Gesinnung als Vorbedingung der Sittenwidrigkeit bei Bemängelung eines Vertrags mit Rücksicht auf die Höhe des Mietpreises. **165,** 1 (14). — 21) Eine Beschränkung in der wirtschaftlichen Freiheit ist nicht ohne weiteres sittenwidrig; vielmehr kommt es dabei auf die Beurteilung der gesamten Umstände an und sind die Belange beider Vertragsteile in Betracht zu ziehen. **165,** 1 (15). — 22) Zur Frage der Sittenwidrigkeit einer Vereinssatzung. **165,** 140. — 23) Nichtigkeit eines Beschlusses der Gesellschafterversammlung nach § 138 BGB., wenn das bezügliche Geschäftsgebaren der Gesellschaft mit einer anständigen und sauberen Geschäftsführung nicht vereinbar ist. **166,** 65 (72). — 24) Ein gegen das Gesetz verstoßender Beschluß einer Gesellschafterversammlung der GmbH. kann je nach Art und Bedeutung des Verstoßes unbedingt nichtig oder lediglich durch Klage anfechtbar sein. Eine unbedingte Nichtigkeit nach § 138 BGB. liegt grundsätzlich nur vor, wenn der Beschluß durch seinen Inhalt gegen die guten Sitten verstößt. Die Interessenlage ist insofern im wesentlichen die gleiche wie bei der Aktiengesellschaft. **166,** 129; **167,** 65 (76). — 25) Zur Nichtigkeit letztwilliger Zuwendungen auf Grund von § 48 Abs. 2 TestG., § 138 BGB. **166,** 395. — 26) Fortdauernde Geltung eines vor dem Inkrafttreten des Bürgerlichen Gesetzbuchs begründeten Rechtsverhältnisses und Sittenverstoß. **167,** 40 (45). — 27) a. Das Urteil äußert Bedenken gegen die Gültigkeit einer Satzungsbestimmung der GmbH., durch welche ein Teil der Gesellschafter nicht nur vom Stimmrecht, sondern auch vom Recht der Teilnahme an den Gesellschafterversammlungen ausgeschlossen wird; jedoch wird die Frage nicht abschließend entschieden. b. Beruht der Anspruch eines Gesellschafters der GmbH. auf einem unter Machtmißbrauch zustandegekommenen Gesellschafterbeschluß, so kann ihm, auch wenn der Beschluß weder nichtig noch angefochten worden ist, der Einwand unzulässiger Rechtsausübung entgegenstehen. **167,** 65. — 28) Gesetzliche Ersatzansprüche, die nach § 1542 RVO. allein auf den Versicherungsträger übergehen, können vertraglich in den Grenzen der §§ 138, 276 Abs. 2 und des § 278 BGB. wegbedungen werden. **167,** 207 (213). — 29) Wucher; zum Begriff der Zwangslage im Sinne des § 879 Abs. 2 Nr. 4 ABGB. (Wuchertatbestand). **168,** 108. — 30) Das österreichische Gesetz umfaßt alle Fälle, in denen die besonderen Verhältnisse dem Bewucherten nur die Wahl lassen, entweder auf einen drückenden Vertrag einzugehen oder einen noch größeren Nachteil zu erleiden. **168,** 108 (111). — 31) Zur Ausbeutung der Zwangslage genügt es, wenn die Zwangslage dem anderen Vertragspartner bekannt war oder offenbar aus den Umständen auffallen mußte. **168,** 108 (113). — 32) Sittenwidrigkeit von Unterhaltsverträgen unter Eheleuten zur Ermöglichung der Ehescheidung. **168,** 269. — 33) Eine gegen § 30 Abs. 1 GmbHG. verstoßende „Hypothekenbestellung" ist nicht unter allen Umständen wegen dieses Verstoßes nichtig (§ 134 BGB.). Jedoch liegt Nichtigkeit jedenfalls dann vor, wenn die Bestellung gegen die guten Sitten verstößt. **168,** 292. — 34) Unterhaltsvereinbarungen, die eine der wirklichen Rechtslage nicht entsprechende Regelung lediglich der Schuldfrage herbeizuführen bestimmt sind, verstoßen weder gegen ein gesetzliches Verbot noch gegen die guten Sitten **168,** 269 (275). — 35) Es ist nicht grundsätzlich unzulässig, in allgemeinen Lieferungsbedingungen die Haftung für jede Fahrlässigkeit, also auch für grobe Fahrlässigkeit auszuschließen. **168,** 321 (329 f.). — 36) Eine Ausnahme von dem Grundsatze, daß das Eheversprechen nichtig ist, falls einer der Beteiligten in gültiger Ehe lebt, kann keinesfalls dann anerkannt werden, wenn der Entschluß, sich scheiden zu lassen, erst durch das Verlöbnis und ein daraufhin angeknüpftes ehebrecherisches Verhältnis hervorgerufen worden ist. **170,** 72.

§ 37. Unwirksamkeit, Nichtigkeit oder Anfechtbarkeit (Anfechtung) von Rechtsgeschäften. Bestätigung. Umdeutung (Konversion).

I. Unwirksamkeit, Nichtigkeit und Anfechtbarkeit von Rechtsgeschäften.

(Anfechtung wegen Willensmängel s. auch § 31.)

1) Über die Anwendung der § 817 Satz 2 BGB. bei Nichtigkeit des Darlehnsgeschäfts. **161,** 52. — 2) Nichtigkeit der Veräußerung einer Anwalts-(Arzt) praxis. **161,** 153. — 3) Die von einem Angestellten im Dienst bewiesene Vertrauenswürdigkeit und Pflichttreue ist für die freiwillige Gewährung einer Abgangsentschädigung an ihn als eine verkehrswesentliche Eigenschaft im Sinne des § 119 Abs. 2 BGB. anzusehen; eine Irrtumsanfechtung kann hierauf jedoch nur gestützt werden, wenn sich aus dem tatsächlichen Verhalten des Angestellten das Fehlen der vorausgesetzten Wesenseigenschaft als solcher ergibt. **162,** 73. — 4) Wesenseigenschaften wie Vertrauenswürdigkeit, Pflichttreue, Ehrlichkeit fallen unter die persönlichen Eigenschaften im Sinne des § 119 Abs. 2 BGB., wenn sie zum Inhalte des Geschäfts in unmittelbarer Beziehung stehen, d. h. gerade für dieses von verkehrswesentlicher Bedeutung sind, z. B. wenn die belohnende Abfindung einem höheren Angestellten nach Art und Höhe wesentlich deshalb gewährt worden ist, weil sie dem äußeren Anscheine nach tatsächlich bewiesen worden sind. Die Anfechtung läßt sich nicht schon mit dem pflichtwidrigen Verhalten allein, sondern nur mit dem sich daraus ergebenden Fehlen der vorausgesetzten Eigenschaft begründen. **162,** 73 (77). — 5) Notwendigkeit der Prüfung nach § 139 BGB., wenn der Vertrag über die Veräußerung eines Handelsgschäfts eine Bestimmung enthält, wonach der Erwerber die den Doktortitel des Firmeninhabers enthaltende Firma ohne Nachfolgezusatz fortzuführen berechtigt sein soll. **162,** 121 (123). — 6) Unwirksamkeit von Rechtsgeschäften wegen Verletzung der Zuständigkeitsbestimmungen bei der Reichspostverwaltung. **162,** 129. — 7) Der Verstoß gegen die guten Sitten, insbesondere der Wucher, hat die Nichtigkeit des Grundgeschäfts zur Folge. Bei Wucher erstreckt sich die Nichtigkeit regelmäßig auch auf das Erfüllungsgeschäft, in diesem Fall also auf die Wechselbegebung; denn die Nichtigkeit wegen Wuchers erfaßt auch das Rechtsgeschäft, durch das wucherische Vermögensvorteile gewährt werden. **162,** 302 (306). — 8) Nichtigkeit eines Umwandlungsbeschlusses bei der Aktiengesellschaft; zur Frage der Heilung infolge der Eintragung in das Handelsregister. **164,** 220. — 9) Nichtigkeit eines Grundstücksveräußerungsvertrags wegen Verletzung der Preisbildungsvorschriften nach österreichischem Recht. **168,** 91. — 10) Schwebende Unwirksamkeit von Rechtsgeschäften beim Fehlen behördlicher Genehmigung. **168,** 261 (266).

II. Bestätigung anfechtbarer und nichtiger Geschäfte.

— — — — — — — — — — —

III. Umdeutung (Konversion) von Rechtsgeschäften (§ 140 BGB.).

Ein gesellschaftsrechtlich ungültiger Vertrag kann nicht im Wege der Umdeutung als rein schuldnerischer Vertrag Geltung haben; denn es ist begrifflich unmöglich, an Stelle eines bei Gründung der Gesellschaft mbH. zwischen den Gründern formgültig vereinbarten Rechts den Anspruch aus einem Vertrag zwischen dem Gründer und der Gesellschaft zu setzen. **165**, 129 (132 flg.).

§ 38. Einwilligung. Genehmigung.

1) Über die Genehmigung des Landrats im Grundstücksverkehr und ihre Widerruflichkeit, über die Zustellung der behördlichen Genehmigung. **165**, 161 (164 flg.). — 2) Über die Genehmigung im Grundstücksverkehr nach ostmärkischem Recht. **165**, 117; **168**, 343. — 3) Rechtskräftige Entscheidungen der Behörden über die Genehmigung von Grundstücksveräußerungen oder deren Versagung. **167**, 236 (241). — 4) Die Rechte aus § 326 BGB. können bei einem Vertrag, welcher der devisenrechtlichen Genehmigung bedarf, vor Erteilung dieser Genehmigung nicht ausgeübt werden. **168**, 261. — 5) Schwebende Unwirksamkeit, solange die devisenrechtliche Genehmigung noch nicht erteilt ist. **168**, 261 (266). — 6) Fehlen der behördlichen Genehmigung einer formgültig abgeschlossenen Grundstücksveräußerungsvertrags. Verkehr mit landwirtschaftlichen Grundstücken, kein einseitiger Rücktritt, Treueverhältnis. Kein Anspruch auf Erfüllung. **168**, 261 (266 flg.). — 7) Die devisenrechtliche Genehmigung ist keine rechtsgeschäftliche Bedingung, sondern eine Rechtsbedingung. Keine unmittelbare oder entsprechende Anwendung des § 162 BGB. **168**, 261 (267). — 8) Genehmigungspflicht nach den Vorschriften über den Einsatz des jüdischen Vermögens, die Veräußerung eines gewerblichen Betriebs eines Juden. **168**, 261 (268 flg.). — 9) Verfügungen von Juden über Grundstücke im Protektorat Böhmen und Mähren unterliegen der Genehmigungspflicht, auch wenn der jüdische Eigentümer ausländischer Staatsangehöriger ist. Die genehmigende Behörde ist berechtigt, die Genehmigung einer solchen Verfügung über ein jüdisches Grundstück mit einer Auflage zu verbinden und insoweit den Vertragswillen des Veräußerers abzuändern. **168**, 317. — 10) Bei einem nach ABGB. mündlich geschlossenen, noch genehmigungspflichtigen Kaufvertrag sind beide Vertragsteile verpflichtet, bei der Erwirkung der Genehmigung mitzuwirken. Weigert sich ein Vertragsteil, so kann der andere auf Feststellung der Gültigkeit des mündlichen Kaufvertrags vorbehältlich der Genehmigungspflicht klagen, aber auch auf Ausfertigung eines schriftlichen Kaufvertrags, nur muß in diesem zum Ausdruck kommen, daß seine Gültigkeit von der Genehmigung abhängig ist. Unter dieser Voraussetzung bestehen auch keine Bedenken dagegen, in den zu fertigenden Kaufvertrag die Bewilligung von Grundbucheintragungen zur demnächstigen Erfüllung des Vertrages aufzunehmen. Der abweichende Standpunkt in RGZ. Bd. 165, S. 117 wird nicht aufrechterhalten. **168**, 343. — 11) Devisenrechtliche Genehmigung. Wirkung nachträglicher Erteilung nach ursprünglicher Versagung. Schutz des guten Glaubens. **168**, 346. — 12) Für das Genehmigungsverfahren auf Grund der Bekanntmachung über den Verkehr mit landwirtschaftlichen Grundstücken vom 15. März 1918 RGBl. I S. 123 hat die Rechtsprechung angenommen, daß eine rechtskräftige Entscheidung der Behörde, mit der die Genehmigung zu einer Grundstücksveräußerung versagt wird, die endgültige Vernichtung des Veräußerungsgeschäfts herbeiführt. **168**, 346 (351).

§ 39. Vorbehalt.

— — — — — — — — — — — —

§ 40. Verzicht.

1) Verzicht auf das Recht der Berufung (Revision). **161,** 350. — 2) Verzicht des Unterhaltsverpflichteten auf jede Herabsetzung der Rente nach seinem Tode, auch stillschweigend durch Zusage lebenslänglicher Rente. **162,** 298 (301). — 3) Über die Frage, in welchem Umfange der Verzicht des Unterhaltspflichtigen auf Einwendungen aus einer künftigen Veränderung der für die Unterhaltsschuld maßgeblichen Verhältnisse wirksam ist. **163,** 91. — 4) Verzicht auf Zustellungsmängel im Beamtenrecht? **163,** 181 (188). — 5) Ein Verzicht auf Versorgungsansprüche eines Beamten ist in gleichem Umfange ausgeschlossen wie ein solcher auf Dienstbezüge. **163,** 193 flg. — 6) Stillschweigender Wettbewerbsverzicht. **163,** 311. — 7) Kein Verzicht auf das Recht, die Feststellung der blutmäßigen Abstammung zu betreiben. **164,** 62. — 8) Verzicht auf Bergschädenersatz; Möglichkeit einer Verdinglichung durch Eintragung einer Grunddienstbarkeit. **166,** 105 (112). — 9) Stillschweigender Verzicht auf Regreßansprüche gegen den Vorstand (Aufsichtsrat) einer Aktiengesellschaft durch Entlastungsbeschluß. **167,** 151.

§ 41. Vertretung. Vollmacht. Vertreter ohne Vertretungsmacht. Vornahme von Rechtsgeschäften durch den Vertreter mit sich selbst.

I. Vertretung.

1) Der Begriff „nach bestimmten Weisungen" in § 166 Abs. 2 BGB. ist nicht eng auszulegen und der Fall schon dann gegeben, wenn der Bevollmächtigte zu dem bestimmten Geschäft schreitet, zu dessen Vornahme ihn der Vollmachtgeber veranlassen wollte. **161,** 153 (161). — 2) § 166 Abs. 2 BGB. ist auch auf die Fälle eines Handelns ohne Vertretungsmacht, und zwar in der Weise anzuwenden, daß für die eigene Kenntnis des Vertretenen der Zeitpunkt der Genehmigung maßgebend ist. **161,** 153 (162). — 3) Wenn ein Rechtsanwalt einen Vertrag über die unentgeltliche Abgabe und Übernahme seiner Praxis durch einen Bevollmächtigten abschließt, wonach Entgelt auch für die ideellen Werte bezahlt werden soll, so kann er sich, auch falls die Voraussetzungen des § 166 Abs. 2 BGB. nicht vorliegen, nicht darauf berufen, daß der Bevollmächtigte die die Sittenwidrigkeit des Vertrags begründenden Umstände nicht gekannt habe, sofern er selbst diese Kenntnis hatte. **161,** 153 (160 flg.). — 4) An die Kenntnis der Bestimmungen über die rechtsgeschäftliche Vertretungsmacht und die Zuständigkeitsregelungen der Behörden können bei Außenstehenden nicht die Anforderungen gestellt werden wie an die Kenntnis von Gesetzen und Rechtsverordnungen. **169,** 324 (327).

II. Vollmacht.

1) Zum unentgeltlichen Verzicht auf Ersatzansprüche aus dem KraftfHG. ist — bei der Miete eines Kraftwagens zum Selbstfahren — eine besondere Vollmacht erforderlich. **161,** 359 (363). — 2) Zur Frage, inwieweit die

Zuständigkeit von Beamten zum Abschluß privatrechtlicher Geschäfte für ihre Behörde durch „Rechtsschein" (vermutete Ermächtigung) oder durch die Rücksichtnahme auf Treu und Glauben begründet werden kann. **162,** 129 (147). — 3) Bei dauernd ausgeübten Vertretungen darf unter Umständen aus dem äußeren Verhalten des Vertretenen geschlossen werden, ihm habe das Auftreten des Vertreters nicht verborgen bleiben können und dieses werde von ihm gebilligt, ohne daß von Belang ist, ob der Vertretene die rechtsgeschäftliche Tätigkeit des Vertreters wirklich gekannt und geduldet hat. Dies gilt aber nur für den Verkehr mit Kaufleuten oder mit wirtschaftlichen Betrieben, die — ohne gerade handelsrechtlich zu den kaufmännischen zu zählen — in ihrer tatsächlichen Ausgestaltung von solchen nicht verschieden sind. **162,** 129 (148). — 4) Zu §§ 167, 242 BGB. und über die Frage, welche Rechtsfolgen es hat, wenn jemand den Rechtsschein entstehen läßt, ein anderer sei befugt, ihn zu vertreten. **170,** 281.

III. Vertreter ohne Vertretungsmacht.

1) Ein Handeln ohne Vertretung bei der Prozeßführung ist möglich und bei späterer Genehmigung durch den Vertretenen für diesen voll wirksam. Die Genehmigung hat rückwirkende Kraft. **161,** 350 (351). — 2) Über die Bedeutung von Bestätigungsschreiben an Behörden über solche Rechtsgeschäfte, die von einem dazu nicht befugten Beamten abgeschlossen worden sind. **162,** 129 (151 flg.). — 3) Werden die Vertragsverhandlungen durch eine auftragslosen Vertreter geführt, so kann dadurch ein vertragsähnliches Verhältnis (Vertrauensverhältnis) zwischen dem angeblich Vertretenen und dem anderen Teile nicht begründet werden; in derartigen Fällen bewendet es bei der Haftung des auftragslosen Vertreters gemäß § 179 BGB. **162,** 129 (156). — 4) Eine vertragsähnliche Haftung öffentlichrechtlicher Körperschaften, für die ein dazu nicht befugter Beamter Verträge abgeschlossen hat, ist zu verneinen, weil die Haftungsfolgen einer unbefugten Vertretung in § 179 BGB. ausschließlich zu Lasten des Vertreters geregelt sind und weil die Bejahung einer Haftung der öffentlichen Körperschaften solchenfalls gerade die Rechtsfolgen nach sich ziehen würde, von denen die öffentlichrechtlichen Körperschaften durch die Zuständigkeitsbestimmungen geschützt werden sollten. **162,** 129 (159). — 5) Bedeutung von Vorsatz und Fahrlässigkeit bei Anwendung des § 254 BGB. **162,** 202 (208). — 6) Zu § 179 Abs. 2 BGB.; Ersatz des Vertrauensschadens (negativen Interesses); rechtsähnliche Anwendung des allgemeinen Rechtsgedankens im Falle des § 818 Abs. 3 BGB. **170,** 65 (69). — 7) Unter den Tatbestandsmerkmalen des Rechtsscheins wäre aus dem Handeln eines Nichtbevollmächtigten die Folge herzuleiten, daß dieselben Wirkungen ausgelöst werden, wie von der Rechtswirksamkeit, daß also das Rechtsgeschäft als wirklich zustandegekommen gelten würde. **170,** 281 (284).

IV. Abschluß von Rechtsgeschäften durch einen Vertreter mit sich selbst.

— — — — — — — — — — — —

§ 42. Verschulden. Arglist. Böser Glaube. Vorsatz. Absicht. Fahrlässigkeit. Zufall. Höhere Gewalt.

(Verschulden bei Vertragshandlungen: § 95 III B.)

I. Verschulden im allgemeinen.

1) Kein Verschulden eines Anwalts, der es unterläßt, bei Klagerhebung auf alle in der Rechtslehre vertretenen Rechtsanschauungen Bedacht zu nehmen (Öst. R.). **161,** 280. — 2) Wer einem anderen eine Bescheinigung ausstellt und aushändigt in dem Bewußtsein, dieser werde sie einem Dritten gegenüber zur Beweisgrundlage für einen Vertragsabschluß benutzen, haftet dem Dritten, der sich auf das Bescheinigte verläßt, vertraglich bei Unrichtigkeit des Bescheinigungsinhalts. Diese Haftung, und zwar für Vorsatz und Fahrlässigkeit, entspricht den Anforderungen der Verkehrssicherheit. **162,** 129 (154). — 3) Zur Sorgfaltspflicht des Arztes von einem schwerwiegenden Eingriff. **163,** 129. — 4) Kein Verschulden erforderlich zur vorbeugenden Unterlassungsklage gegen Eingriffe in geschützte Rechtsgüter. **166,** 150 (156). — 5) Keine Haftung der Staatskasse für zufälligen Verlust verwahrter (beschlagnahmter) Sachen. **166,** 218 (239). — 6) a. Mangelnde Sorgfalt in der Verwahrung eines Kraftwagens stellt ein Verschulden dar, das die Verantwortlichkeit des Schuldigen nach den Vorschriften des allgemeinen bürgerlichen Rechts begründet. — b. Wird durch die Mangelhaftigkeit der Verwahrung eines Kraftwagens einem Dritten die unbefugte Benutzung des Kraftwagens zu einer Schwarzfahrt ermöglicht, so besteht zwischen der mangelhaften Verwahrung und einem auf der Schwarzfahrt eingetretenen Unfall regelmäßig ein adäquater Zusammenhang. **167,** 391.

II. Arglist. Böser Glaube.

(S. auch arglistige Täuschung, § 31 III, und Treu und Glauben, § 91 II.)

1) Über die Arglisteinrede im vertraglichen Versicherungsrecht. **161,** 94. — 2) Der vom Versicherer aus abgetretenem oder gesetzlich übergegangenem Recht als Werkunternehmer in Anspruch genommene Inhaber der Ausbesserungswerkstatt kann, wenn dem ihm aus dem Dienstvertrage haftenden Angestellten Versicherungsschutz zu gewähren ist, gegenüber die Klage des Versicherers den Einwand der unzulässigen Rechtsausübung erheben. **161,** 94 (98). — 3) Keine Arglisteinrede gegenüber einem Beamten, der trotz tatsächlichen Ruhestands seine Gehaltsansprüche geltend macht. **161,** 308 (321 flg.). — 4) Gutgläubiger Erwerb eines Pfandrechts an Wertpapieren, die nicht dem Hinterleger gehören, bei einer Bank; Begriff der groben Fahrlässigkeit. **164,** 292 (299 flg.). — 5) Dolo facit, qui petit, quod redditurus est. **166,** 113 (117). — 6) Kenntnis des Abtretungsempfängers von der Rechtshängigkeit des Anspruchs. **168,** 257 (260). — 7) Auch im Geltungsbereich des ABGB. kann der Gläubiger der Geltendmachung der Verjährung die Gegeneinrede der allgemeinen Arglist entgegenhalten, wenn der Schuldner ihn veranlaßt hat, seine Forderung innerhalb der Verjährungsfrist nicht geltend zu machen. Wenn der Schuldner den Gläubiger durch

schuldhafte Verletzung seiner Vertragspflichten oder durch unerlaubte Handlung von der rechtzeitigen Erhebung der Klage abgehalten hat, so kann der Gläubiger der Verjährungseinrede die Gegeneinrede der Arglist solange entgegenhalten, als sein Schadensersatzanspruch nicht verjährt ist. Die Verjährung dieses Anspruchs beginnt mit dem Aufhören des durch die schuldhafte Handlung des Schuldners geschaffenen Zustandes. **168**, 336.

III. Vorsatz. Absicht.

1) Leichtfertigkeit (bedingter Vorsatz) des Zeitungsverlegers, wenn er die Schädigung eines Dritten durch die Presse bewußt in Kauf nimmt. **162**, 7 (15). — 2) Bei der sogenannten kongruenten (ebenmäßigen) Deckung sind an eine lediglich auf § 31 Nr. 1 KO., also nicht auch auf § 30 das. gestützte Anfechtung, die ein Benachteiligenwollen, nicht bloß das Bewußtsein nachteiligen Erfolgs voraussetzt, strengere Anforderungen an den Absichtsnachweis zu stellen. Der Schwerpunkt liegt im Falle der Absichtsanfechtung in der Beurteilung des inneren Tatbestandes; das Bewußtsein des Schuldners von einem notwendig oder nach dem gewöhnlichen Verlaufe der Dinge zu erwartenden Benachteiligungserfolge genügt nicht; die „Absicht" setzt vielmehr ein Wollen, nicht bloß ein Wissen voraus. **162**, 292 (297).

IV. Fahrlässigkeit.

1) Zur Sorgfaltspflicht des Führers eines Wagens mit Hinterradbremse. **162**, 308 (313 flg.). — 2) Zur Frage, ob die Allgemeinüblichkeit die Verletzung verkehrserforderlicher Sorgfalt ausschließt. **162**, 308 (315 flg.). — 3) Grobes Verschulden des Gerichtsvollziehers bei Pfändung von Zubehör eines Erbhofs; Rückgriff des Reichs. **163**, 104. — 4) Begriff grober Fahrlässigkeit beim Erwerb eines Pfandrechts an Wertpapieren, die nicht dem Hinterleger gehören, durch die Bank. **164**, 292 (299 flg.). — 5) Über die Frage des Verschuldens des Führers eines Kraftomnibus der Deutschen Reichspost bei der Fahrt auf einer geraden, übersichtlichen Fernverkehrsstraße innerhalb einer bebauten Ortschaft (Geschwindigkeit, Zeigen des Winkers, Rückspiegel). **166**, 75. — 6) Fahrlässigkeit, grobe Fahrlässigkeit einer Bank bei Eröffnung eines Kundenkontos, beim Erwerb der vom Kunden eingereichten Schecks; Würdigung durch den Tatrichter und in der Revisionsinstanz. **166**, 98. — 7) Gesetzliche Ersatzansprüche, die nach § 1542 RVO. allein auf den Versicherungsträger übergehen, können vertraglich in den Grenzen der §§ 138, 276 Abs. 2 und des § 278 BGB. wegbedungen werden. **167**, 207 (218). — 8) Die Haftung der Straßenbahn nach § 1 RHPflG. wird nicht dadurch ausgeschlossen, daß der Unfall durch die Verdunkelungsmaßnahmen mitverursacht ist. Zur Anwendung dieser Bestimmung genügt eine bloße Mitverursachung durch die Straßenbahn, sofern sie, wie bei Unfällen in aller Regel „adäquat" ist. Die allgemeine Verdunkelung ist keine die Haftung ausschließende höhere Gewalt. Durch die Verdunkelungsmaßnahmen wird die Betriebsgefahr der Straßenbahn erhöht; andererseits ist aber von den übrigen Verkehrsteilnehmern zur Zeit der Verdunkelung ein höheres Maß von Sorgfalt als unter gewöhnlichen Umständen zu verlangen. Dadurch

wird vermieden, daß die Verdunkelung zu einer einseitigen Belastung der Straßenbahn führt. **168**, 304. — 9) Es ist nicht grundsätzlich zulässig, in allgemeinen Lieferungsbedingungen die Haftung für jede Fahrlässigkeit, also auch für grobe Fahrlässigkeit auszuschließen. **168**, 321.

V. Zufall. Höhere Gewalt.

1) Keine Haftung der Staatskasse für zufälligen Verlust verwahrter (beschlagnahmter) Sachen. **166**, 218 (239). — 2) Verdunkelung ist keine höhere Gewalt, wirkt aber nicht einseitig zu Ungunsten der Straßenbahn. **167**, 325; **168**, 304 (307).

Sechstes Kapitel. Zeitverhältnisse. Aufgebot und Ausschluß von Rechten.

§ 43. Zeitbestimmung. Zeitrechnung. Unvordenkliche Zeit.

(Fristen im materiellen Recht § 12. Verjährung § 13.)

— — — — — — — — — — — —

§ 44. Aufgebot und Ausschluß von Rechten und Ansprüchen.

— — — — — — — — — — — —

Zweiter Abschnitt. Sachenrecht.

Erstes Kapitel. Allgemeiner Teil.

§ 45. Besitz.

1) Der Fruchtgenuß an einer Wertpapierforderung wird durch die Einräumung des Mitbesitzes am Papier bestellt. Der Mitbesitz am Wertpapier, das von einem Dritten verwahrt wird, wird durch Besitzanweisung an den Verwahrer verschafft (öst. R.). **163**, 269. — 2) Eine ausländische Tochtergesellschaft mit selbständiger Rechtspersönlichkeit ist hinsichtlich von Konnossementen, die ihr von der inländischen Muttergesellschaft zur Weiterleitung übersandt worden sind, nicht Besitzdienerin der Muttergesellschaft. **168**, 1. — 3) Die Klage desjenigen, welcher verlangt, daß ihm bücherlich jene Grundstücke zugeschrieben werden, die er zwar benutzt, die aber irrtümlich jemandem anderen zugeschrieben sind, ist nach § 372 ABG. zu beurteilen. **168**, 248. — 4) Die Rechtsstellung desjenigen, der eine Sache bei Eigentumsvorbehalt gekauft und sie zum Gebrauch oder zur Nutzung im Besitz hat, ist als ein „sonstiges Recht" im Sinne des § 823 Abs. 1 BGB. anzusehen. Eine schuldhafte Verletzung dieses Rechts begründet für den Berechtigten einen Schadensersatzanspruch aus dieser Bestimmung sowie auch aus § 823 Abs. 2 in Verbindung mit § 868 BGB. **170**, 1. — 5) Zur Übertragung eines Unternehmens ist die Einräumung der Unternehmerstellung, der Verfügungsmacht (Besitz) hinreichend. Die Übertragung des Eigentums an den zum Unternehmen gehörigen Sachen ist nicht erforderlich. **170**, 292.

§ 46. Rechte an Sachen im allgemeinen. Ursprünglicher und abgeleiteter Erwerb. Dinglicher Vertrag. Dingliches Erfüllungsgeschäft.

— — — — — — — — — — —

§ 47. Preußisches Grundbuchwesen nach früherem Recht (Gesetze vom 5. Mai 1872).

— — — — — — — — — — —

§ 48. Allgemeine Vorschriften des BGB. über Rechte an Grundstücken. Reichsgrundbuchordnung.

I. Einigung. Antrag.

Wird beim Grundbuchamt eine Urkunde eingereicht, ohne daß in einem Begleitschreiben besondere Anträge gestellt sind, so hat der Grundbuchbeamte die gesamte Urkunde daraufhin zu prüfen, welche grundbuchliche Maßnahmen durch sie veranlaßt sind. Als Beamter der freiwilligen Gerichtsbarkeit hat er durch sachgemäße Belehrung darauf hinzuwirken, daß Zweifel, die sich aus den Erklärungen der Parteien ergeben, geklärt und unvollständige Erklärungen ergänzt werden. **169,** 317.

II. Rang.

— — — — — — — — — — —

III. Vormerkung.

1) Mit Erteilung der Löschungsbewilligung räumt der Berechtigte bei der Vormerkung eine buchmäßige Rechtsstellung, deren Preisgabe — vom Sinn und Zweck des Zurückbehaltungsrechts aus gesehen — der Herausgabe des Grundstücks gleichzusetzen ist. **163,** 62 (64). — 2) An der Formnichtigkeit eines nicht beurkundeten Grundstückskaufvertrags wird durch die Eintragung einer Vormerkung zur Sicherung eines daraus herzuleitenden Anspruchs nichts geändert. **169,** 65 (71).

IV. Öffentlicher Glaube des Grundbuchs.

— — — — — — — — — — —

V. Unrichtigkeit des Grundbuchs. Berichtigung. Berichtigungsanspruch. Widerspruch.

1) Gegenüber dem Anspruch auf Einwilligung in die Löschung einer Auflassungsvormerkung, die auf Grund eines formnichtigen Kaufvertrags eingetragen wurde, hat der Käufer wegen des Anspruchs auf Ersatz von Verwendungen auf das gekaufte Grundstück ein Zurückbehaltungsrecht. **163,** 62. — 2) Aus § 273 Abs. 2 BGB. ist der Rechtssatz abzuleiten, daß das Recht auf Ersatz von Verwendungen auch schon den Anspruch des Eigentümers auf Berichtigung des Grundbuchs entgegengehalten werden kann; der Wiedererlangung des Grundstücks ist also die Wiedererlangung des grundbuchmäßigen Eigentumsrechts gleichgesetzt. Gegenstand im Sinne des § 273 Abs. 2 BGB. kann nicht nur ein Grundstück oder eine bewegliche Sache, sondern auch ein Recht sein, und zwar gleichviel, ob es sich um ein wirklich oder nur buchmäßig bestehendes Recht handelt. **163,** 62 (63). — 3) Die Klage

desjenigen, welcher verlangt, daß ihm bücherlich jene Grundstücke zugeschrieben werden, die er zwar benutzt, die aber irrtümlich jemandem anderen zugeschrieben sind, ist nach § 372 ABGB. zu beurteilen. **168,** 248.

VI. Grundbucheinrichtung. Anlegung des Grundbuchs. Eintragung. Eintragungsfähigkeit. Löschung. Verfahren.

1) Die zugunsten eines Grundstücks übernommene Pflicht, auf dem dienenden Grundstück eine Anlage zu unterlassen, wie sie auf dem herrschenden besteht, kann den Gegenstand einer Grunddienstbarkeit bilden und als solche im Grundbuch eingetragen werden. **161,** 90. — 2) Die Ausnahmevorschrift des § 71 Abs. 1 [jetzt § 40 Abs. 1] GBO. ist zugunsten einer Gemeinde entsprechend anwendbar, wenn diese Gesamtrechtsnachfolgerin einer anderen Gemeinde geworden ist, für die eine Hypothek auf einem Grundstück eingetragen steht. **162,** 244 (248). — 3) Eine entgegen der Vorschrift des § 867 Abs. 2 ZPO. auf mehreren Grundstücken als Gesamthypothek eingetragene Zwangshypothek ist, wenn sich der Verstoß gegen § 867 Abs. 2 aus der Eintragung ergibt, nichtig und gemäß § 53 Abs. 1 Satz 2 GBO. nF. von Amts wegen zu löschen. **163,** 121. — 4) Die Vorschrift des § 39 Abs. 1 GBO. gilt auch für den Fall des Übergangs eines bisher buchungsfreien und nicht gebuchten Grundstücks an einen vom Buchungszwang nicht befreiten Erwerber; es bedarf der Anlegung eines Grundbuchblatts auf den Namen des veräußernden bisherigen Eigentümers, bevor der Erwerber im Grundbuch eingetragen werden kann. **164,** 385. — 5) Auf den Einzelfall darf nicht abgestellt werden, wo es sich um die Auslegung einer Vorschrift handelt, deren Anwendungsbereich weit darüber hinausgreift. Ein wesentlicher Unterschied zwischen der Anlegung des Grundbuchs auf den Namen des Veräußerers und der auf den Namen des Erwerbers (oder der unmittelbaren Zuschreibung auf einem für diesen bereits bestehenden Grundbuchblatt) ergibt sich aus der Anwendbarkeit des § 892 BGB. Denn nur in jenem Falle vollzieht sich der Erwerb unter dem Schutze des öffentlichen Glaubens des Grundbuchs, wofür der Zeitpunkt der Vollendung des Erwerbs entscheidet und es daher nichts ausmacht, daß das dem Erwerb zugrunde liegende Rechtsgeschäft vor der Anlegung des Grundbuchs abgeschlossen wurde. **164,** 385 (389). — 6) Die Grundbuchordnung will ihrer Herrschaft grundsätzlich alle Grundstücke ihres Geltungsbereichs unterwerfen, wie § 3 mit den darin ausdrücklich vorgesehenen, aber streng zu beurteilenden Ausnahmen ergibt. Es bedarf daher des besonderen Nachweises, wenn eine ihrer Vorschriften in einem Sonderfall als nicht anwendbar erkannt werden soll. **164,** 385 (389). — 7) Das Grundsteuerkataster dient — so auch bei der Hauszinssteuer — unmittelbar der Steuerveranlagung. Darüber hinaus bildet es die gesetzliche Grundlage für die dem Rechtsverkehr dienenden Eintragungen in das Grundbuch. **165,** 257 (260). — 8) Über den Rekurs gegen den Beschluß eines Landgerichts, mit dem die Streitanmerkung nach § 61 öst. BGB. bewilligt wird, entscheidet das Oberlandesgericht Wien. **166,** 351. — 9) Die Eintragung einer Ersatzhypothek usw. (hier Reallast) auf einseitigen Antrag des Gläubigers nach § 4 GrundbuchbereinigungsG., § 4 Danziger Ges. vom 26. Juni 1931, bedarf nicht der anerbengerichtlichen

Genehmigung. **167**, 249. — 10) Für Umschreibungen im Grundbuch des Altreichs genügt zur Legitimation des Erben die Einantwortungsurkunde des Verlassenschaftsgerichts (§ 797 ABGB.). § 35 GBO. ist durch § 18 des deutsch-österreichischen Nachlaßabkommens im Verhältnis zwischen dem Deutschen Reich und Österreich außer Kraft gesetzt. **167**, 383. — 11) Grundbucheintragungen zur demnächstigen Erfüllung eines Grundstückskaufvertrags können auch in einen schriftlichen Vertrag aufgenommen werden, wenn darin zum Ausdruck kommt, daß seine Gültigkeit von einer behördlichen Genehmigung abhängig ist. **168**, 343.

§ 49. Agrarrechtliche Verhältnisse (Ablösung. Entschuldung. Gemeinheitsteilung. Zusammenlegung. Rentengüter. Siedlungsgüter. Gutsüberlassung. Reichserbhofgesetz.)

1) Über die Unpfändbarkeit von Hofzubehör nach dem Reichserbhofrecht. **163**, 104. — 2) Die Bauernführer sind nicht befugt, nach dem Ableben eines Bauern beim Nachlaßgericht die Ausstellung eines Erbscheins „für den Anerben" zu beantragen. **164**, 235. — 3) Die Eintragung einer Ersatzhypothek usw. (hier Reallast) auf einseitigen Antrag des Gläubigers nach § 4 GrundbuchbereinigungsG., § 4 Danziger Ges. vom 26. Juni 1931, bedarf nicht der anerbengerichtlichen Genehmigung. **167**, 249. — 4) Dem Anerbengericht steht die Entscheidung darüber zu, ob ein Vertrag ein unter § 4 EHRVO. fallendes Recht des Bauern ergibt, das zum Erbhof gehört. Diese Entscheidung, einschließlich der darin enthaltenen Vertragsauslegung, ist für die am Verfahren beteiligten Personen bindend. Auch die ordentlichen Gerichte sind bei einem vor ihnen anhängenden Prozeß dieser Parteien an die Entscheidung des Anerbengerichts gebunden. **169**, 304. — 5) Wenn das Anerbengericht über Erbhofeigenschaft eines Hofes zu entscheiden hat, so muß es sämtliche in § 1 RErbG. dafür aufgestellten Voraussetzungen prüfen, also auch die Frage, ob Alleineigentum des Bauern vorliegt. Nur wenn es auch das bejaht, kann es einen Erbhof annehmen. **169**, 304 (309). — 6) Zu § 21 RErbG., § 48 EHRVO. **170**, 48. — 7) § 8 der Zweiten DurchführungsVO. zum RErbH. vom 19. Dezember 1933 hat gegenüber § 21 Abs. 7 RErbG. kein neues Recht gesetzt, sondern diese Vorschrift nur maßgebend ausgelegt. **170**, 48 (50). — 8) a. Auf das Vorkaufsrecht des gemeinnützigen Siedlungsunternehmens gemäß § 4 des Reichssiedelungsgesetzes finden auch im österreichischen Rechtsgebiete die Vorschriften der §§ 505 flg. des Deutschen BGB. und nur hilfsweise die Vorschriften der §§ 1072 flg. des österreichischen ABGB. Anwendung. b. Macht ein gemeinnütziges Siedlungsunternehmen von dem gesetzlichen Vorkaufsrecht des § 4 des Reichssiedlungsgesetzes Gebrauch, so ist die Frage, ob im Sinne des § 1 des Reichssiedlungsgesetzes das Grundstück zu Siedlungszwecken geeignet ist oder ob die Voraussetzungen für eine Anliegersiedlung vorliegen, der Nachprüfung durch die Gerichte entzogen. c. Von der Regel des § 505 Abs. 2 BGB., daß mit der Ausübung des Vorkaufsrechtes der Kauf zwischen dem Berechtigten und dem Verpflichteten unter den Bedingungen zustande kommt, welche der Verpflichtete mit dem Dritten vereinbart hat, kann durch Vereinbarung zwischen dem Berechtigten und dem Verpflichteten abgewichen

werden, eine solche abweichende Vereinbarung kann schon beim Abschluß des das Vorkaufsrecht begründenden Vertrags, aber auch noch beim Eintritt des Vorkaufsfalles zwischen dem Vorkaufspflichtigen und dem Vorkaufsberechtigten getroffen werden. **170**, 208. — 9) Am Erbhof ein Zurückbehaltungsrecht geltend zu machen, ist nicht grundsätzlich ausgeschlossen. Dies kann sich aber im Einzelfalle als unzulässige Rechtsausübung darstellen und darf insbesondere nicht so weit gehen, daß dadurch der Hof dem Bauern entfremdet wird. **170**, 257. — 10) Gemäß § 37 REbG. bedarf nicht der schuldenrechtliche Überlassungsvertrag, sondern nur der seiner Erfüllung dienende dingliche Rechtsvorgang, die Übereignung des überlassenen Grundbesitzes, der Genehmigung des Anerbengerichts. Die Beurteilung der Rechtslage richtet sich grundsätzlich nach §§ 275, 323 BGB. **170**, 257 (259).

Zweites Kapitel. Das Eigentum.

§ 50. Eigentum. Inhalt. Miteigentum. Gesamteigentum. Fiduziarisches Eigentum.

(Gemeinschaft § 135.)

I. Inhalt des Eigentums.

Das Eigentum an einer Sache schließt nicht nur einen Inbegriff von Rechten, sondern auch Pflichten in sich, wozu namentlich die Fürsorge in die Richtung gehört, daß durch den Zustand und den Gebrauch kein Schaden verursacht werde. Auch wenn mit der Fürsorge für das Eigentum ein anderer beauftragt wird, muß an diesen aus der Fürsorgepflicht sich ergebenden Gedanken im wesentlichen festgehalten werden, und zwar wenigstens insoweit, als es sich um das Verhältnis nach außen handelt. Im Verhältnis nach außen erscheinen der Eigentümer der Sache und der mit der Fürsorge für sie betraute Angestellte als eine Einheit. **164**, 203 (206).

II. Miteigentum.

1) Teilung des Miteigentums an einem Grundstück durch Zuweisung je eines Hauses an die Miteigentümer (sudetend. R.). **161**, 257. 2) Ist mit dem Eigentum einer Liegenschaft (A) das Miteigentum einer anderen Liegenschaft (B) derart verbunden, daß der jeweilige Eigentümer der Liegenschaft A auch das Miteigentum B erwirbt, so liegt ein gebundenes Recht vor, das wie ein Realrecht anzusehen ist. Die Übertragung des Miteigentums an B auf eine bestimmte vom Eigentümer der Liegenschaft A verschiedene Person ist erst nach Aufhebung der Bindung möglich. Zu dieser Aufhebung ist nicht bloß die Zustimmung des derzeitigen Eigentümers der Liegenschaft A, sondern auch die Zustimmung der Person erforderlich, die bei der Widmung des Miteigentums von B deren Bindung an das Eigentum an A vorgenommen hat. **166**, 321 (öst. R.). — 3) Eine Untrennbarkeit aus der Natur der Sache liegt bei Grundflächen vor, die keine selbständige Nutzungsmöglichkeit, sondern lediglich Hilfe für die Ausnutzung der Hauptliegenschaft gewähren, z. B. bei Wegen, Gräben, Gewässern (sogenannten Zweckgrundstücken). Bei Grundstücken hingegen, die eine selbständige Verwertungsmöglichkeit ge-

statten (sogenannten Nutzungsgrundstücken), wie Wiesen, Waldungen, ist eine Lösung vom herrschenden Grundstück dem Wesen nach möglich und wohl nur in den Fällen ausgeschlossen, in denen eine ordentliche Bewirtschaftung der Hauptliegenschaft infolge einer Abtrennung der Nutzungsgrundstücke unmöglich sein würde. **166,** 321 (323).

III. Gesamteigentum.

— — — — — — — — — — —

IV. Fiduziarisches Eigentum.

— — — — — — — — — — —

§ 51. Gesetzliche Beschränkungen des Eigentums. Nachbarrecht. Lichtschutz (Fensterrecht. Zuführungen (Immissionen). Vertiefung. Überbau. Notweg.

(Über wegerechtliche Fragen, Straßenanlieger u. dgl. s. § 82.)

I. Inhalt des Eigentums im Sinne der §§ 903 bis 905 BGB.

1) Es entspricht alter deutscher Rechtsüberzeugung, daß der Gebäudeeigentümer Fenster, die auf des Nachbarn Grundstück hinausgehen, in der gemeinschaftlichen Mauer nicht oder nur unter Beschränkung anbringen darf. Gerade die Ermöglichung des Einblicks in das Nachbargrundstück ist in älteren Entscheidungen vielfach als lästig erkannt worden. **162,** 209 (213). — 2) Das Eigentum an einer von der Grenzlinie durchschnittenen gemeinschaftlichen Mauer steht jedem Nachbarn an dem auf seinem Grundstück stehenden Mauerteile bis zu jener Linie zu; es besteht kein nach Bruchteilen bestimmtes Miteigentum an der ganzen Mauer. Das gilt auch für gemeinschaftliche Mauern, die schon vor dem 1. Januar 1900 vorhanden waren. Jeder Eigentümer ist jedoch, soweit die Mauer auf seinem Grundstücke steht, gebunden, an das Mitbenutzungsrecht des anderen und insoweit kraft Gesetzes in seinem Grundeigentum zugunsten des Nachbarn beschränkt. **162,** 209 (212 flg.). — 3) Die Ortsüblichkeit im Sinne von § 906 BGB. erfordert eine gegenwärtige gleichartige Benutzung einer Mehrheit von Grundstücken derselben örtlichen Lage. Ein einzelner abgegrenzter Bezirk einer Ortschaft, insbesondere einer Großstadt, ist dann als besonderes Vergleichsgebiet zu betrachten und kann bei Beurteilung der örtlichen Verhältnisse eine selbständige Bedeutung haben, wenn er durch die Art seiner Bebauung oder des dortigen Wirtschaftslebens ein besonderes, von anderen Stadtteilen erkennbar unterschiedenes Gepräge trägt. **162,** 162, 349 (354). — 4) Bei Beurteilung der Ortsüblichkeit kann im Nachbarrecht (§ 906) die „Prävention", d. h. die Tatsache, daß eine der benachbarten Grundstücksanlagen vor der anderen da war, nicht unbeachtet bleiben. **162,** 349 (356). — 5) Bei der Beurteilung der Ortsüblichkeit kommt es nicht nur auf die Art der einwirkenden Anlage im allgemeinen (Steinbruch) an, sondern wesentlich auch auf die Art und das Maß der Benutzung durch die besondere Anlage — die Betriebsweise — (gerade in diesem Steinbruch) an. **162,** 349 (356). — 6) § 906 BGB. ist keine starre Norm, sondern wandelbar gerade auch nach den Fortschritten der Technik. **162,** 349 (357). — 7) Eine unzulässige Einwirkung von einem Grundstück auf das Nachbargrundstück liegt nur dann vor, wenn von der zu beanstandenden Anlage aus

ein unmittelbares Zuführen sinnlich wahrnehmbarer Stoffe auf das Nachbargrundstück hin, also eine Grenzüberschreitung, stattfindet. Keine unzulässige Überschreitung, wenn durch Anschüttungen auf dem einen ein Steigen des Grundwasserspiegels auf dem anderen Grundstück bewirkt wird, ohne daß eine Zuführung von dem einen auf das andere Grundstück stattfindet. Das Ergebnis in diesem Falle ist mit der Verpflichtung des Eigentümers, sein Recht den Belangen des Volks unterzuordnen, und mit dem Gedanken nachbarlichen Gemeinschaftsverhältnisses nicht unvereinbar. Das ist im Grunde nur die Anwendung der Regeln von Treu und Glauben auf den besonderen Fall des nachbarlichen Zusammenlebens. **167**, 14 (24). S. auch § 51 II Nr. 4. — 8) Die Notwendigkeit, daß jeder einzelne sein Verhalten dem gesunden Volksempfinden entsprechend einrichte und daß er dabei sowohl auf die Belange des Volksganzen als auch auf die des einzelnen, mit ihm in Berührung kommenden Volksgenossen angemessene Rücksicht nehme, gilt durchaus auch auf dem Gebiete des Eigentums und der Rechte an fremdem Eigentum. Gerade hier kann das Nebeneinanderleben, das nachbarliche Gemeinschaftsverhältnis, Rücksichtnahme erfordern. **169**, 180 (182).

II. Zuführungen (Immissionen), § 906 BGB.

(S. auch § 63.)

1) Der Grundstückseigentümer kann dem Eigentümer des benachbarten Grundstücks, auf dem ein Steinbruch betrieben wird, untersagen, durch Sprengungen Steine auf sein Grundstück zu schleudern, auch wenn der Steinbruch behördlich genehmigt ist (öst. R.). **161**, 65. — 2) Die in einem nachbarlichen Gemeinschaftsverhältnis lebenden Volksgenossen haben aufeinander Rücksicht zu nehmen. Dieser Rechtsgedanke gilt heute auch im Anwendungsgebiete des Art. 675 RhBGB. Denn diese Vorschrift gibt ebenso wie die gleichfalls dem Nachbarrecht angehörende Bestimmung des § 906 BGB. keine starre Norm, sondern ist je nach den Fortschritten der Technik und des Verkehrs wie nach der Denkweise der beteiligten Volkskreise dem Wandel unterworfen. Der Rechtsauffassung des Volkes entspricht es aber nicht mehr, daß ein Nachbar ohne triftigen Grund dem anderen den Weg zu notwendiger besserer Belichtung seines Arbeitsplatzes verlegt. Auch hat die Baukunde heute ungleich wirksamere Mittel, um ein solches Lichtbedürfnis mit dem Schutze gegen störende Einblicke und auch gegen Geräuschzuführungen zu vereinigen, als bei Schaffung der anzuwendenden Vorschrift vor mehr als hundert Jahren. **162**, 209 (216). — 3) In einem Fall, wo aus dem Betriebe eines Steinbruchs, der seit langer Zeit besteht und als solcher der Beschaffenheit der Örtlichkeit (in einem zu Berchtesgaden gehörigen Ortsteil) entspricht, Einwirkungen auf ein später erbautes, in einem Landhaussiedlungsgelände gelegenes, für Fremdenbeherbergung eingerichtetes Haus stattfinden, die wegen der in letzter Zeit eingetretenen erheblichen Verstärkung des Steinbruchsbetriebes nicht mehr ortsüblich sind, hat der Richter das beiden Teilen gerecht werdende Maß des erlaubten Bruchbetriebes zu bestimmen. Der Landhausbesitzer kann Unterlassung der danach unzulässigen Betriebsweise fordern. **162**, 349. — 4) Der Gedanke

des nachbarrechtlichen Gemeinschaftsgedankens ist wertvoll für die Anwendung der nachbarrechtlichen Gesetzesvorschriften. Er darf den Richter aber nicht dazu führen, die bestehende gesetzliche Regelung außer acht zu lassen. Vielmehr muß diese immer die Grundlage der Entscheidung bleiben. Das nachbarrechtliche Gemeinschaftsverhältnis ist zur Auslegung des in § 906 BGB. enthaltenen Begriffs der ortsüblichen Grundstücksbenutzung heranzuziehen. So ist es auch beachtlich für die Anwendung des § 909 BGB., insbesondere für den Inhalt des darauf zu gründenden Anspruchs; aber die Grundlage des möglichen Anspruchs bleibt doch eben diese Gesetzesbestimmung. **167**, 14 (23). S. auch § 51 III Nr. 5; § 51 I Nr. 7. — 5) Keine Gesamtschuldnerische Haftung mehrerer Störer bei einer auf § 26 GewO. gestützten Klage wegen übermäßiger Immissionen. **167**, 14 (39).

III. Gefahrdrohende Anlagen. Vertiefung (§§ 907—909 BGB.).

1) a. Die Vorschrift des § 909 BGB. ist anwendbar auf den Fall, daß infolge von Grundwasserabsenkungen bei Vornahme von Tiefbauten der Pfahlrost, auf dem ein Gebäude errichtet worden ist, in Fäulnis gerät. — b. War dem geschädigten Eigentümer wegen Gemeinnützigkeit des Baues, bei dem die Grundwassersenkung geschieht, eine Abwehr versagt, so hat er einen vom Nachweis schuldhaften Handelns unabhängigen Entschädigungsanspruch. — c. Dieser Anspruch hat anderen Inhalt als ein Schadensersatzanspruch aus unerlaubter Handlung. Er soll einen der Billigkeit entsprechenden Ausgleich für das zum Nutzen der Allgemeinheit Aufgeopferte bewirken. Klagverpflichtet ist der Bauherr des gemeinnützigen Unternehmens, regelmäßig aber nicht der ausführende Bauunternehmer. Haben mehrere Bauherren zusammenwirkend zur Schädigung des Nachbargrundstücks beigetragen, so haftet jeder entsprechend dem Anteil seines Mitwirkens. **167**, 14. — 2) Soweit das Grundwasserschöpfen untrennbar zu den durch Grundwassersenkungen ermöglichten Bauarbeiten zur Vertiefung der Grundstücke gehört, auf denen sie vorgenommen werden, fällt es mit unter den Begriff des Vertiefens im Sinne des § 909 BGB., handelt es sich also nicht um eine Frage des Wasserrechts, das gemäß Art. 65 EG. z. BGB. abschließend durch das Landesrecht geregelt ist. **167**, 14 (20). — 3) Die Rechtsprechung hat für die Anwendung des § 909 BGB. den Begriff der Nachbarschaft dahin erweitert, daß sie so weit zu erstrecken ist, wie der Einwirkungskreis der Vertiefungsarbeiten reicht. Daran ist, dem Zwecke dieser Vorschrift entsprechend, festzuhalten. Sie will Schutz im Zusammenleben derer gewähren, die räumlich voneinander abhängig sind. **167**, 14 (21). — 4) Es ist als Stützpunkt des Bodens des Nachbargrundstücks im Sinne des § 909 BGB anzusehen, wenn infolge Sinkens des Grundwasserspiegels ein im Grundstück stehender, zur Fundamentierung eines Gebäudes dienender Pfahlrost in Fäulnis gerät. **167**, 14 (21 flg.). — 5) § 909 BGB. gibt zwar keinen Schutz gegen jede Störung der Bausicherheit eines Grundstücks. Dies ist aber dann der Fall, wenn die dem Kläger schädliche Einwirkung auf Arbeiten der Vertiefung beruht, zu denen die Grundwasserabsenkung untrennbar gehört, wenn also der Boden des Grundstücks des Klägers infolge der Einwirkung seine Eignung verloren

hat, als Fundament des auf ihm errichteten Gebäudes zu erhalten und damit dem Gebäude eine tragfähige Unterlage zu bieten. **167,** 14 (22 flg.). S. auch § 51 II Nr. 4. — 6) § 909 BGB. ist ein Schutzgesetz im Sinne des § 823 Abs. 2 BGB. **167,** 24 (25).

IV. Überbau. Notweg.

1) Ein sogenannter Zwischenbau, der lediglich dazu dient, eine Lücke zwischen zwei auf verschiedenen Grundstücken aufstehenden Gebäuden auszufüllen und als weder allein zu dem einen noch allein zu dem andern Gebäude gehörig anzusehen ist, ist kein Überbau im Rechtssinne, selbst wenn er Teilflächen beider Grundstücke in Anspruch nimmt. **169,** 172. — 2) Das beim rechtmäßigen Grenzüberbau auf Grund des § 912 — entgegen der Grundregel der § 946, 94 Abs. 1 das. — entstehende Recht des überbauenden Grundeigentümers auf Duldung des Überbaues durch den Eigentümer des Nachbargrundstücks hat entsprechend der Vorschrift des § 95 Abs. 1 Satz 2 die Wirkung, daß der hinübergebaute Gebäudeteil nicht Bestandteil des Nachbargrundstücks wird, vielmehr gemäß §§ 93, 94 Abs. 2 wesentlicher Bestandteil des Grundstücks bleibt, von dem aus übergebaut wurde. Der Nachbar enthält als Entschädigung für die Beschränkung seines Eigentums das gesetzliche Rentenrecht. Dies hat auch dann zu gelten, wenn der Eigentümer eines Grundstücks auf ein anderes ihm ebenfalls gehöriges Grundstück hinübergebaut hat (Eigenüberbau). **169,** 172 (175).

§ 52. Grenzbau. Grenzberichtigung.

S. Überbau, § 51 IV.

§ 53. Erwerb und Verlust des Eigentums an Grundstücken. Auflassung und Eintragung. Aneignung.

1) Im Falle der Aneignung eines vermieteten Grundstücks nach § 928 BGB. tritt der Erwerber in die Rechte und Pflichten aus dem Mietverhältnis nach § 571 Abs. 1 BGB. ein **162, 244** (248 flg.). — 2) Über die behördliche Genehmigung im Grundstücksverkehr und ihre Widerruflichkeit. **165,** 161 (164 flg.).

§ 54. Eigentumserwerb an beweglichen Sachen durch Übertragung (Übergabe und deren Ersatz). Erwerb von Nichtberechtigten.

1) Gutgläubiger Erwerb pfandfreien Eigentums an gepfändeten Trauben auf dem Stock oder an dem durch Vermostung daraus gewonnenen Wein infolge unterbliebener Siegelung. Mangel des guten Glaubens beim Erwerber besteht schon dann, wenn seine Unkenntnis auf grober Fahrlässigkeit beruht. **161,** 109 (114, 119 flg.). — 2) Ob Fahrlässigkeit einer Bank bei Eröffnung eines neuen Kundenkontos und beim Erwerb der vom Kunden eingereichten Schecks als grobe anzusehen ist, bleibt, wenn alle wesentlichen Umstände beachtet worden sind, dem Tatrichter überlassen. Mindestens als leichte Fahrlässigkeit muß es aber angesehen werden, wenn der Kunde, der in seinem Ausweis als kaufmännischer Angestellter bezeichnet ist, bei der

Bank als Kaufmann geführt wird. **166,** 98. — 3) Bestandvertrag; zu §§ 294, 296, 302, 367, 1109 ABGB. **170,** 292. — 4) Über den Veräußerungsvertrag, den ein von der Vermögensverkehrsstelle bestellter Treuhänder über ein jüdisches Unternehmen schließt. „Exekutive" Veräußerung. **170,** 292.

§ 55. Eigentumserwerb an beweglichen Sachen durch Ersitzung.

— — — — — — — — — — —

§ 56. Eigentumserwerb an beweglichen Sachen durch Verbindung, Vermischung und Verarbeitung.

1) Das Pfändungspfandrecht an Trauben auf dem Stock setzt sich an dem durch Verarbeitung der Trauben gewonnenen Moste fort. Die Verarbeitung führt zu keiner Rechtsänderung, wenn der Verarbeitende sie nicht will. **161,** 109 (113). — 2) Zu § 946 BGB. Zwischenbau, der lediglich dazu dient, eine Lücke zwischen zwei auf den benachbarten Grundstücken stehenden Gebäuden auszufüllen, ist kein Überbau im Rechtssinne. **169,** 172.

§ 57. Eigentumserwerb an Schuldscheinen, Hypotheken-, Grundschuld- und Rentenbriefen, Aktien, Kuxen.

Über die Eigentumsverhältnisse an Ausfertigungen notarischer Urkunden. **163,** 51.

§ 58. Eigentumserwerb an Erzeugnissen und Bestandteilen einer Sache.

— — — — — — — — — — —

§ 59. Aneignung. Fischereirecht. Fund. Schatz.

„Inhaber der Fischereirechte" im Sinne des Art. 5 Abs. 1 BayFischG. sind nur diejenigen Fischereiberechtigten, deren Berechtigung an dem „veränderten " Teil des fließenden Gewässers selbst bestand; der Umstand, daß ein Privatbach durch Regulierung eine Verlängerung erfährt, ist nicht geeignet, eine Erstreckung des Fischereirechts eines (nur) oberhalb des Beginns der regulierten Strecke Berechtigten auf die regulierte Strecke zu rechtfertigen. **161,** 225.

§ 59a. Jagdrecht.

1) Zu §§ 11, 12 Abs. 3 Satz 2, §§ 37, 42 RJagdG. **168,** 307. — 2) Nichtigkeit einer Verpachtung eines Eigenjagdbezirks wegen Verstoßes gegen die Preisbildungsvorschriften. **168,** 307.

§ 60. Eigentumserwerb durch Zuschlag, Einziehung (Beschlagnahme, Verfallerklärung) u. a.

— — — — — — — — — — —

§ 61. Verlust des Eigentums an beweglichen Sachen.

— — — — — — — — — — —

§ 62. Eigentumsanspruch auf Herausgabe der Sache (Vindikation). Klage aus älterem Besitz. Verwendungen.

1) Der Vorbehaltseigentümer eines vom Käufer auf einer dem Käufer fremden Liegenschaft aufgestellten Dampfbackofens kann sein Eigentum gegen den Ersteher dieser Liegenschaft in der Zwangsversteigerung, dem auch der Backofen zugeschlagen wurde, geltend machen, wenn der Ersteher selbst oder sein für ihn bei der Versteigerung einschreitender Bevollmächtigter nicht gutgläubig war. Hat aber der Vorbehaltseigentümer den dem Vorbehaltsgute entsprechenden Teil des Meistbotes schon aus dem Meistbote ausgefolgt erhalten, so hat er bei Geltendmachung seines Vorbehaltseigentums gegen den Ersteher diesen Anteil am Meistbot an das Vollstreckungsgericht zurückzustellen (Österr. R.). **162,** 69. — 2) Gegenüber dem Anspruch auf Einwilligung in die Löschung einer Auflassungsvormerkung, die auf Grund formnichtigen Kaufvertrags eingetragen wurde, hat der Käufer wegen des Anspruchs auf Ersatz von Verwendungen auf das gekaufte Grundstück ein Zurückbehaltungsrecht. **163,** 62. — 3) Ein Grundstücksverkäufer, dem der Verkäufer das Grundstück auf Grund eines nichtigen Kaufvertrags übergeben hat, hat den Besitz am Grundstück im Sinne des § 988 BGB. unentgeltlich erlangt. **163,** 348. — 4) Bei der öffentlichrechtlichen Verwahrung tritt die Rechtsfolge der Ersatzpflicht des Staates (bei den sonst gegebenen Voraussetzungen) dem gegenüber ein, der durch den Verlust der Sachen geschädigt ist. Das ist der Inhaber des Rechts, auf dessen Erhaltung bei Verwahrung der beschlagnahmten Sachen vornehmlich zu achten war. Er hat sein Eigentum verloren und bleibt, da er auf die Vorschriften in §§ 989, 990, 992 BGB. einen Ersatzanspruch nicht gründen könnte, auf die öffentlichrechtliche Ersatzpflicht des Staates angewiesen. **166,** 218 (236). — 5) Zum Zurückbehaltungsrecht nach § 1000 BGB. **170,** 257.

§ 63. Eigentumsfreiheitsanspruch (Negatorische Klage).

(S. auch § 51.)

1) Über die Vorqussetzungen, unter denen sich eine Widerrufsrecht und ein Anspruch auf Auskunftserteilung schon aus einer sachlich widerrechtlichen Verletzung fremden Rechts ergibt. **162,** 181 (192). — 2) In einem Fall, wo aus dem Betriebe eines Steinbruchs, der seit langer Zeit besteht und als solcher der Beschaffenheit der Örtlichkeit (in einem zu Berchtesgaden gehörigen Ortsteil) entspricht, Einwirkungen auf ein später erbautes, in einem Landhaussiedlungsgelände gelegenes, für Fremdenbeherbergung eingerichtetes Haus stattfinden, die wegen der in letzter Zeit eingetretenen erheblichen Verstärkung des Steinbruchsbetriebes nicht mehr ortsüblich sind, hat der Richter das beiden Teilen gerecht werdende Maß des erlaubten Bruchbetriebes zu bestimmen. Der Landhausbesitzer kann Unterlassung der danach unzulässigen Betriebsweise fordern. **162,** 349. — 3) Die Abwehrklage nach § 1004 BGB. ist auch gegen den gegeben, der bestimmend an der Durchführung der den Nachbar beeinträchtigenden Betriebes mitwirkt, z. B. die zur Ausbeutung eines Steinbruchs nötigen Werkzeuge, Maschinen und Bedienungsmannschaften stellt, sodann die zu sprengenden Steine durch ihren Werkmeister

auswählen läßt. **162**, 349 (358). — 4) Ausgeschlossen ist für die Abwehrklage (§ 1004 BGB.) der Rechtsweg für Klagen auf Unterlassung von Maßnahmen, die in Ausübung staatshoheitlicher Aufgaben geschehen. Andere Unternehmen als die durch besondere Bestimmungen geschützten dürfen dann nicht durch eine Abwehr in der Ausübung ihres Betriebes gestört werden, wenn sie für das allgemeine Wohl unentbehrlich oder doch von besonderer Bedeutung sind (sogenannte lebenswichtige Betriebe). **162**, 349 (358). — 5) Wenn der Unterlassungsanspruch (§ 1004 BGB.) nicht entfällt, sondern zum mindesten teilweise begründet ist, so kann kein Schadensersatz begehrt werden, auch nicht in Gestalt eines Aufopferungsanspruchs. Dann aber kann rechtliche Grundlage für den Ersatz von Schäden außer einer etwa in Betracht kommenden Vertragshaftung nur § 823 BGB. sein. **162**, 349 (360). — 6) Der Anspruch auf Widerruf ist im Falle einer fortdauernden widerrechtlichen Beeinträchtigung auch bei nur gegenständlicher Rechtsverletzung zu gewähren, und zwar in Gestalt des selbständigen negatorischen Beseitigungsanspruchs auf der Grundlage des § 1004 BGB. Die frühere entgegenstehende Meinung wird aufgegeben. **162**, 210. — 7) Zu § 1004 BGB. (Abwehrklage): Schadensersatzklage gegenüber Bauunternehmer bei schuldhaftem Handeln möglich. **167**, 14 (28flg.). — 8) Schädigung durch Funkenflug, Vorkommnisse eines Augenblicks infolge von Einzelheiten bei der Bauausführung, deren Regelung — Streckenführung des Baugeleises, Einrichtung und Führung der Lokomotiven — vom Willen des Unternehmers abhing. **167**, 14 (29). — 9) Ergeht eine Polizeiverfügung auf Beseitigung eines polizeiwidrigen Zustands ohne die Voraussetzungen des § 21 PrPolVerwG. gegen eine nicht polizeipflichtige Person, so kann diese, wenn sie die Polizeiverfügung rechtskräftig werden läßt und den Zustand beseitigt, nicht geltend machen, daß sie für das als Geschäftsführer für den eigentlich Polizeipflichtigen getan habe. Wohl aber kann sie, wenn jener zugleich Störer im Sinne des § 1004 BGB. war, sich darauf berufen, daß sie in auftragsloser Geschäftsführung für den Störer gehandelt habe. **167**, 55. — 10) Unterlassungsklage nach §§ 12, 826 BGB., §§ 18, 30, 47 HGB., §§ 1, 3, 16 UnlWG. gegen GesellschaftmbH. **167**, 184. — 11) Der Rechtsweg ist unzulässig für eine Klage, die einen Eingriff in Privateigentum untersagen will, der von einer Gemeinde in Erfüllung öffentlichrechtlicher Aufgaben vorgenommen wird. Daher ist die Klage auf Untersagung der Einleitung ungereinigter Abwässer aus einer städtischen Sielanlage in einen Bach (Wasserlauf dritter Ordnung) abzuweisen. **170**, 40. — 12) Gegenüber Handlungen, die zur Erfüllung öffentlicher und gemeinnütziger Aufgaben geschehen, sind Klagen auf Anbringung geeigneter Schutzeinrichtungen und auf Vornahme sonstiger Schutzmaßnahmen zugelassen, wenn damit nichts gefordert wird, woraus sich eine wesentliche Änderung oder Beeinträchtigung des öffentlichen Betriebes ergibt. **170**, 40 (43). — 13) Dagegen bei Eingriffen in fremdes Eigentum, soweit die Abwehrklage mit Rücksicht auf öffentliche Belange versagt ist, ein vom Nachweise schuldhaften Handelns unabhängiger Aufopferungsanspruch im Rahmen der Billigkeit. **170**, 40 (44).

Drittes Kapitel. Die dinglichen Rechte an fremden Sachen.

§ 64. Dingliche Rechte an fremden Sachen im allgemeinen.

Ist mit dem Eigentum einer Liegenschaft (A) das Miteigentum einer anderen Liegenschaft (B) derart verbunden, daß der jeweilige Eigentümer der Liegenschaft A auch das Miteigentum B erwirbt, so liegt ein gebundenes Recht vor, das wie ein Realrecht anzusehen ist. Die Übertragung des Miteigentums an B auf eine bestimmte vom Eigentümer der Liegenschaft A verschiedene Person ist erst nach Aufhebung der Bindung möglich. Zu dieser Aufhebung ist nicht bloß die Zustimmung des derzeitigen Eigentümers der Liegenschaft A, sondern auch die Zustimmung der Person erforderlich, die bei der Widmung des Miteigentums von B deren Bindung an das Eigentum an A vorgenommen hat. **166,** 321 (Österr. R.).

§ 65. Erwerb und Verlust dinglicher Rechte an fremden Sachen, insbesondere an Grundstücken, nach früherem preußischem Recht.

Der Ausübung eines alt ersessenen Wegerechts kann der Einwand unzulässiger Rechtsausübung entgegenstehen, wenn für die Zufahrt zum herrschenden Grundstück öffentliche Straßen neu entstanden sind, die erheblich bessere Verkehrsmöglichkeit als der ersessene Wegezug bieten, und wenn andererseits die Ausübung des Wegerechts schwerwiegende Nachteile für die Eigentümer der belasteten Grundstücke mit sich bringt. **169,** 180.

§ 66. Erwerb und Verlust dinglicher Rechte an fremden Sachen nach BGB. im allgemeinen.

— — — — — — — — — — —

§ 67. Erbbaurecht.

Wesentliche Bestandteile. **161,** 203 (207).

§ 68. Dienstbarkeiten im allgemeinen.

— — — — — — — — — — —

§ 69. Grunddienstbarkeiten.

1) Die zugunsten eines herrschenden Grundstücks übernommene Pflicht, auf dem dienenden Grundstück eine Anlage zu unterlassen, wie sie auf der herrschenden besteht, kann den Gegenstand einer Grunddienstbarkeit bilden und als solche im Grundbuch eingetragen werden (Österr. R.). **161,** 90. — 2) Über die Möglichkeit der Bestellung einer Grunddienstbarkeit zur Verdinglichung des Verzichts auf Ersatz künftiger Bergschäden. **166,** 105 (110 flg.). — 3) Wegerecht auf Grund altrechtlicher Ersitzung; Einwand der unzulässigen Rechtsausübung; nachbarliches Gemeinschaftsverhältnis. **169,** 180.

§ 70. Nießbrauch.

1) Nießbrauch, zur Unterhaltung einer Schule bestellt, ist mehr an die Schule selbst gebunden. **163,** 142 (153). — 2) Bei der Bestellung eines Nieß-

brauchs an Inhaber- oder Orderpapieren ist das gesetzliche Erfordernis der Übergabe durch die Erlangung des Mitbesitzes an den die Forderung verkörpernden Wertpapieren erfüllt. **163,** 269 (271). — 3) Das Fruchtgenußrecht am Wertpapier ist mit dem Mitbesitz an diesem verbunden; daher hat der Fruchtnießer ein Recht auf die Fortdauer des einmal erlangten Mitbesitzes. **163,** 269 (272). — 4) Ein Nießbrauch kann nicht an einem einzelnen Stockwerk eines Hauses bestellt werden. **164,** 196. — 5) Ein Wohnungsrecht kann als Nießbrauch eingetragen werden. **164,** 196 (201). — 5) Nutzungen eines Geschäftsanteils (einer GmbH.), die dessen Nießbraucher zustehen; der aus einem Sonderrecht erwachsende Anspruch des Gesellschafters auf Bestellung zum Geschäftsführer und auf die damit verbundene Vergütung. **170,** 358.

§ 71. Beschränkte persönliche Dienstbarkeiten.

1) Bei Organisationsveränderungen öffentlicher Verbände innerhalb des Staatsgebietes erlischt eine für den bisherigen Rechtsträger bestellte beschränkte persönliche Dienstbarkeit nicht. **163,** 142 (153). — 2) Wenn ein Nutzungsrecht, das auf bestimmte, in der Wirklichkeit — und nicht nur anteilsmäßig (ideell) — abgegrenzte Teile eines Grundstücks beschränkt ist, für eine bestimmte Person als dingliches, die Sache selbst unmittelbar ergreifendes Recht geschaffen werden soll, so kann es nur in der Gestalt einer beschränkten persönlichen Dienstbarkeit nach §§ 1090, 1093 BGB. geschehen. **164,** 196 (200). — 3) Aus der eingehenden gesetzlichen Regelung des Wohnungsrechts (§ 1093 BGB.) ist zu schließen, daß ein Wohn-Nießbrauch an Teilen von Gebäuden nicht im Sinne des Bürgerlichen Gesetzbuchs liegt. **164,** 196 (201).

§ 72. Dingliches Vorkaufs- und Wiederkaufsrecht.

Die Formgültigkeit eines Grundstücksveräußerungsvertrags wird nicht dadurch beeinträchtigt, daß einem Dritten die Bestimmung des zu übertragenden Grundstücks überlassen ist und daß diese Bestimmung einem der Beteiligten auch ein Vorkaufsrecht vorbehält, sofern sich der Dritte damit im Rahmen der ihm durch den Vertrag übertragenen Aufgabe hält. **165,** 161 (163 flg.).

§ 73. Reallasten. Gemeine Lasten. Öffentliche Lasten.

— — — — — — — — — — — —

§ 74. Altenteil (Auszug, Leibgedinge, Leibzucht).

Unter einem Leibgedinge (Altenteil) hat man im allgemeinen den vertragsmäßig zugesicherten oder durch letztwillige Verfügung zugewandten Inbegriff von dinglich gesicherten Nutzungen und Leistungen zum Zwecke der persönlichen Versorgung des Berechtigten zu verstehen. Für seine Begriffsbestimmung ist Art. 96 EG. z. BGB. nicht maßgebend. Das echte Leibgedinge (Altenteil) genießt in der Zwangsversteigerung den Schutz des § 9 EG. z. ZVG., Art. 6 pr. AGZVG. ohne Rücksicht darauf, ob seine Bestellung in Verbindung mit der Überlassung eines Grundstücks (Art. 96 EG. z. BGB.) geschehen ist. **162,** 52.

Viertes Kapitel. Das Pfandrecht.

§ 75. Das Pfandrecht im allgemeinen.

— — — — — — — — — — — — —

§ 76. Hypothek und Grundschuld nach früherem Recht.

— — — — — — — — — — — — —

§ 77. Hypothek und Grundschuld (Rentenschuld) nach BGB.

I. Inhalt des Hypothekenrechts. Bruchteilshypothek. Bedingte Hypotheken. Bestellung. Gläubiger. Inhalt der Eintragung. Briefhypothek. Hypothekenbrief. Buchhypothek.

(Rangverhältnis § 48 II.)

— — — — — — — — — — — — —

II. Gegenstand der hypothekarischen Haftung. Gesamthypothek. Sicherheitsgefährdung. Veräußerungsbeschränkung.

— — — — — — — — — — — — —

III. Persönliche Schuld. Übernahme der persönlichen Schuld durch den Erwerber des belasteten Grundstücks. Verhältnis zwischen Forderung und Hypothek.

— — — — — — — — — — — — —

IV. Abtretung. Übergang.

— — — — — — — — — — — — —

V. Verpfändung und Zurückbehaltungsrecht.

(Pfändung von Hypotheken und Grundschulden s. § 345.)

— — — — — — — — — — — — —

VI. Grundschuld. Eigentümergrundschuld.

— — — — — — — — — — — — —

VII. Sicherungs- und Höchstbetragshypothek.

— — — — — — — — — — — — —

VIII. Zwangs- und Arresthypothek.

— — — — — — — — — — — — —

IX. Kündigung. Löschung. Aufhebung.

— — — — — — — — — — — — —

X. Klage und sonstige Rechtsmittel des Hypothekengläubigers.

— — — — — — — — — — — — —

XI. Befriedigung. Zwangsvollstreckung. Zwangsversteigerung.

— — — — — — — — — — — — —

XII. Aufwertung der Hypotheken, Grund- und Rentenschulden. Grundbuchbereinigung.

(S. auch § 389.)

— — — — — — — — — — —

§ 78. Pfandrecht an beweglichen Sachen.

1) § 1227 BGB. ist auf das Recht des Pfändungspfandgläubigers entsprechend anzuwenden. **161,** 109 (120). — 2) § 1252 BGB. ist nicht ohne weiteres auf das Zwangsvollstreckungsverfahren anzuwenden. **164,** 162 (175). — 3) § 1290 BGB. findet keine Anwendung auf die Verwertung eines gepfändeten GmbH-Anteils gemäß §§ 844, 857 ZPO. **164,** 162 (168flg.). — 4) Das gesetzliche Vorkaufsrecht des Miterben (§ 2034 BGB.) ist kein Recht im Sinne von §§ 1249, 1273 BGB. an dem Erbteil des Verpfänders eines Erbteils. **167,** 298.

§ 79. Pfandrecht an Rechten (Wertpapieren).

1) Zu § 12 Abs. 3 BankdepotG. und über die Anforderungen, die im Falle des § 12 Abs. 3 des Depotgesetzes an die Sorgfaltspflicht des Pfandnehmers zu stellen sind, der sich auf gutgläubigen Pfandrechtserwerb vom Nichtverfügungsberechtigten berufen will. **164,** 292. — 2) Für die Frage, ob im einzelnen Fall einer Bank, die es unterläßt, über die Vertrauenswürdigkeit einer bei ihr fremde Wertpapiere verpfändenden Bankfirma Erkundigungen einzuziehen, insbesondere auch den Ermächtigungsnachweis zur Verpfändung nach Maßgabe des Depotgesetzes von ihr zu verlangen, Fahrlässigkeit und in welchem Maße zur Last fällt, weitgehend nicht nur die über die Umstände des einzelnen Falls getroffenen tatsächlichen Feststellungen Bedeutung haben, sondern daß auch ihre Beurteilung auf tatrichterlicher Würdigung beruht. Immerhin ist die Grenze zwischen der letzteren und zwischen einer — etwa rechtsirrigen — Auffassung des Begriffes der groben Fahrlässigkeit (durch Überspannung der Sorgfaltspflicht) flüssig. Der Grad einer an sich rechtsirrtumsfrei festgestellten Verletzung der im Verkehr erforderlichen Sorgfalt allerdings bleibt nach ständiger Rechtsprechung des Reichsgerichts im wesentlichen Sache tatrichterlicher Würdigung, sofern dabei alle einschlägigen Umstände berücksichtigt sind. **164,** 292 (300flg.). — 3) Das gesetzliche Vorkaufsrecht des Miterben (§ 2034 BGB.) ist kein Recht im Sinne von §§ 1249, 1273 BGB. an dem Erbteil des Verpfänders eines Erbteils. **167,** 298. — 4) Durch § 1285 Abs. 2 BGB. wird der Pfandgläubiger einer hypothekarisch gesicherten Forderung nicht gehindert, eine statt in das Grundstück zunächst in sonstiges Vermögen des Forderungsschuldners geführte Zwangsvollstreckung nach seinem Belieben wieder aufzugeben oder mit dem Vollstreckungsschuldner Vergleiche zu schließen, ohne damit sich dem Gläubiger der verpfändeten Forderung haftbar zu machen. **169,** 321.

§ 80. Die gesetzlichen Pfand- und Vorzugsrechte.

— — — — — — — — — — —

Fünftes Kapitel. Sonstige dingliche Rechtsverhältnisse.

§ 81. Familienfideikommisse. Familienstiftungen. Lehen.

Eine Vergütung, die ein für eine Fideikommißverwaltung eingesetzter Pfleger für den von ihm vorgenommenen Abschluß eines Pachtvertrags über das Fideikommißgut vom Vertragsgegner bezieht, ist an das Fideikommiß-Stammvermögen herauszugeben. **164**, 98.

§ 82. Rechtsverhältnisse der öffentlichen Wege und der Privatwege. Reichsautobahnen.

1) In Hinsicht der Aufstellung von Verkehrszeichen an den öffentlichen Wegen beschränkt sich die Aufgabe des Trägers der Straßenbaulast auf das Wirtschaftliche und Technische der Beschaffung und der Anbringung der Zeichen; alles übrige ist Sache der Verkehrspolizei. Wird daher gerade durch die Weise der Aufstellung eines Verkehrszeichens eine Verkehrsgefahr gesetzt, die nicht ausschließlich durch das rein Technische der Herstellung oder der Anbringung bedingt ist, so trifft die Verantwortlichkeit die Verkehrspolizei. **162**, 273. — 2) Die dem Wegebaupflichtigen obliegende Anbringung und Unterhaltung von Warnungstafeln für den Kraftfahrverkehr sind auch dann als Erfüllung der Verkehrssicherheitspflicht und nicht als Ausübung öffentlicher Gewalt aufzufassen, wenn der Wegebaupflichtige Hoheitsträger ist, obwohl die Warnzeichen, indem sie auf Gefahrstellen vorbereiten, zugleich geeignet sind, dem Fahrer die an solchen Gefahrstellen zu beachtenden Polizeiverbote in Erinnerung zu rufen und ihre Beachtung nahezulegen. Ähnlich verhält es sich mit der dem Eisenbahnunternehmer obliegenden Anbringung und Bedienung von Schranken. Daß der dafür verantwortliche Bahnunternehmer zugleich Inhaber der Bahnpolizeigewalt ist, ändert nichts daran, daß die Anbringung und Bedienung der Schranken noch nicht Ausübung der Polizeigewalt ist, sondern daß diese erst einzugreifen hat, wenn das Verbot, das Bahngelände nach Schließung der Schranken zu begehen, übertreten wird. Es ist nicht so, daß der Schrankenwärter durch das Schließen der Schranken den Übergang verbietet und damit eine polizeiliche Verfügung erläßt, sondern der Schrankenwärter ist nur Polizeivollzugsbeamter, der Zuwiderhandlungen zu verhindern hat. Aber auch die Bahnverwaltung erläßt durch das Schließen der Schranken keine polizeiliche Verfügung, sondern die Verfügung ist in § 79 EBBO. enthalten und dagegen gerichtet, daß der Bahnkörper betreten wird, wenn die Sicherheit des Bahnverkehrs seine Freihaltung erfordert. Deshalb gilt das Verbot auch für den Fall, daß sich ein Zug nähert. Daraus ergibt sich, daß das Schließen der Schranken nur die Annäherung des Zuges anzeigt und ebensowenig wie diese selbst eine polizeiliche Maßnahme ist, sondern nur den Zustand schafft, an den die Rechtsnorm, § 79 EBBO., das Verbot knüpft. **162**, 364 (368flg.). — 3) Ein vor dem Inkrafttreten des Gesetzes über die einstweilige Neuregelung des Straßenwesens und der Straßenverwaltung vom 26. März 1934 vom Eigentümer der Straße ausgesprochener Verzicht auf Ersatz künftiger Bergschäden, der nicht in Gestalt einer Grunddienstbarkeit verdinglicht

wurde, steht demjenigen, der auf Grund dieses Gesetzes Träger der Straßenbaulast ist, bei einer Forderung auf Ersatz von Bergschäden, die zu seiner Besitzzeit an der Straße eingetreten sind, nicht entgegen. **166**, 105.

§ 83. Rechtsverhältnisse der öffentlichen Flüsse und der sonstigen öffentlichen Gewässer.

1) Die Ausübung öffentlicher Gewalt bei Bedienung einer Schleuse im Nord-Ostseekanal ist daraus herzuleiten, daß der Betrieb dieses Kanals kein fiskalischer ist, sondern gemeinnützigen öffentlichen Zwecken dient. Gerade darin liegt der wesentliche Unterschied zwischen dem Kanalbetrieb und dem Betriebe der Reichsbahn. Die Einrichtung des Kanalbetriebs bezweckt die Sicherung des Schiffahrtverkehrs, also eine hoheitliche Fürsorgetätigkeit. Die Reichsbahn bezweckt die Personen- und Güterbeförderung. Bei ihr ist die Notwendigkeit der Verkehrssicherung nur eine Begleiterscheinung der Gefährlichkeit des Unternehmens. Daß Kanal und Bahn Reichsvermögen sind und von Reichsbeamten verwaltet werden, bedeutet noch nicht Gleichheit der rechtlichen Erscheinungsform und macht die Verkehrssicherung der Reichsbahn allein noch nicht zu öffentlich-rechtlichen Fürsorgemaßnahmen. **162**, 364 (369). — 2) Hat beim Inkrafttreten des Wassergesetzes ein nicht auf besonderem Titel beruhendes Recht zur Einleitung von Abwässern in einen Fluß bestanden und sind die in §§ 379, 380 WasserG. bestimmten Voraussetzungen für die Aufrechterhaltung des Rechts gegeben, so ist dieses Recht nicht dadurch untergegangen, daß im Laufe der Zeit die allgemeine Auffassung über die notwendige Reinhaltung der Gewässer strenger geworden ist. Dem Berechtigten muß alsdann Gelegenheit gegeben werden, sich mit seinen Reinigungsvorrichtungen der neuen Auffassung anzupassen. **169**, 271. — 3) Der Eigentümer eines natürlichen Wasserlaufs muß sich Zuleitungen, mögen sie in einer bloßen Vermehrung des Wasservorrats oder in einer Beimengung fremder Stoffe bestehen, gefallen lassen, die das Maß des Regelmäßigen, Gemeinüblichen nicht überschreiten. Das ist der aus der Natur der Sache selbst sich ergebenden Erwägung zu entnehmen, daß der Fluß innerhalb seines Zuflußgebiets der von der Natur gegebene Aufnehmer ist, sowohl für das aus dem Boden und von der Oberfläche von selbst abfließende Wasser, als auch für das Wasser, dem fremde Stoffe beigemengt sind und das künstlich fortgeschafft werden muß. **169**, 271 (273). — 4) Rechtmäßig sind alle Anlagen, die (im Wasserrecht) nach den bisherigen Gesetzen mit Recht hergestellt sind und bestanden haben. Aber es sind doch Fälle denkbar, in denen eine für die Rechtmäßigkeit der Anlage nötige polizeiliche Genehmigung nachträglich widerrufen wird. **169**, 271 (274). — 5) Für das Maß des Gemeinüblichen (§ 379 Abs. 4 PrWassG.) kommt es nicht auf die beim Inkrafttreten des WasserG. herrschende Anschauung an, sondern auf die Auffassung, die zur Zeit der gegenwärtigen Beurteilung in den maßgebenden Kreisen gilt. **169**, 271 (275). — 6) Für den Begriff des „Gemeinüblichen" kommt es nicht allein auf den Willen der für die Reinhaltung der Wasserläufe besorgten Behörden an, sondern wesentlich auch auf die Anschauung und den Willen der beteiligten Bewohner. **169**, 271 (276).

§ 84. Rechtsverhältnisse der Privatflüsse, Landseen und Quellen.

Ein auf Verleihung beruhendes Wasserbenutzungsrecht kann aus dem Inhalt der Verleihung oder aus der weiteren Entwicklung heraus so gestaltet sein, daß eine Verlegung der Ausübung auf ein anderes Grundstück, als für das es ursprünglich verliehen worden war, zulässig ist. In einem zum Wasser**gebrauch** berechtigenden Wasserbenutzungsrecht ist regelmäßig die Befugnis zum Wasser**verbrauch** enthalten, wenn nicht etwa eine Verpflichtung zur Rückleitung des Wassers in der entnommenen Menge besteht. Ob eine nach § 380 PrWassG. wirksame Anmeldung zum Wasserbuch vorliegt, ist vom Prozeßgericht zu prüfen. Die Anforderungen an den Inhalt der Anmeldung sind milde zu stellen. **161,** 243.

§ 85. Mühlenrecht. Deichrecht. Vorflut.

1) Ein Ausbau eines Wasserlaufs liegt nur dann vor, wenn das Unternehmen auf Verbesserung des bisherigen Zustands für die dem Wasserlauf eigenen Zwecke — Schiffahrt und Vorflut — gerichtet ist. Der Anlieger eines Wasserlaufs hat keinen Aufopferungsanspruch, wenn ihm durch Errichtung eines nicht einem Wasserlaufausbau dienenden Deichs der tatsächliche Vorteil der Düngung durch Hochwasser genommen wird; denn er hat keinen Anspruch auf Fortbestand dieses Vorteils. Er hat auch keinen Anspruch, wenn der neuangelegte Deich ihm den Abfluß von Überschwemmungswasser hindert, das unter dem Deich her auf sein Grundstück dringt; denn er kann sich nicht dagegen wehren, daß ein Unterlieger den Abfluß seines Oberflächenwassers hindert. **161,** 364. — 2) Das preußische Wassergesetz enthält keine abschließende Regelung des Deichrechts, welche die Anwendung allgemeiner Rechtsvorschriften, z. B. über die Beziehungen, welche sich bei der Errichtung eines neuen Deichs zwischen dem Unternehmer und den betroffenen Grundeigentümern regeln, ausschließt. **161,** 364 (370). — 3) Der Rechtsweg ist ausgeschlossen für einen Anspruch, den ein Wasserverbandsmitglied gegen den Wasserverband wegen Eingriffs in ein dem Verbande angehöriges Grundstück aus dem Verbandsunternehmen erhebt. **167,** 312.

§ 86. Bergrecht.

(Die Paragraphen ohne Zusatz sind die des Preuß. Berggesetzes vom 24. Juni 1865.)

1) Ein Schacht ist wesentlicher Bestandteil des Bergwerkseigentums und nicht Bestandteil des Grundstücks, auf dem er steht. **161,** 203 (205flg.). — 2) Bergwerkseigentum ist das ausschließliche Gewinnungsrecht an bestimmten Bodenbestandteilen in einem bestimmten räumlich begrenzten Felde; es wird, selbst etwas Unkörperliches, kraft ausdrücklicher gesetzlicher Vorschrift wie ein körperlicher Gegenstand behandelt. **161,** 203 (205). — 3) Die Entschädigungspflicht aus § 148 besteht nicht für Beschädigungen fremden Bergwerkseigentums. **161,** 203 (207 flg.). — 4) Wer in den Grenzen seines Abbaurechts abbaut, handelt regelmäßig nicht widerrechtlich, auch wenn schädliche Einwirkungen auf Nachbarfelder vorauszusehen sind. **161,** 203 (208flg.). — 5) Eine Gemeinde, der ein Bergbauunternehmer wegen Entziehung des Grundwassers das erforderliche Trink- und Wirtschaftswasser

bis zu einer behördlich festgelegten Höchstgrenze unentgeltlich zu liefern hat, hat den darüber hinausgehenden Mehrverbrauch auch dann zu bezahlen, wenn eine Vereinbarung darüber nicht getroffen ist. **165,** 289. — 6) Ein vor dem Inkrafttreten des Gesetzes über die einstweilige Neuregelung des Straßenwesens und der Straßenverwaltung vom 26. 3. 1934 vom Eigentümer der Straße ausgesprochener Verzicht auf Ersatz künftiger Bergschäden, der nicht in Gestalt einer Grunddienstbarkeit verdinglicht wurde, steht demjenigen, der auf Grund dieses Gesetzes Träger der Straßenbaulast ist, bei einer Forderung auf Ersatz von Bergschäden, die zu einer Besitzzeit an der Straße eingetreten sind, nicht entgegen. **166,** 105. — 7) Die Haftung für Bergschäden nach § 148 umfaßt bei Rohrbrüchen an im Boden verlegten Leitungen auch den Verlust an Leitungsgut (Wasser, Gas usw.). **168,** 288. — 8) Die Vierung eines nach Gesetz vom 1. Juli 1821 verliehenen Steinkohlen-Längenfeldes ist in Horizontallinien von allen Punkten des Fundflözes aus zu vermessen. Der Vierungskörper findet sein Tiefstes in einer durch das Tiefste des Fundflözes gelegten Horizontalebene. Im Einzelfalle kann ein hiervon abweichend gestaltetes Bergwerksfeld verliehen werden. Doch muß dann der Wille der verleihenden Bergbehörde dazu einen zweifelsfreien Ausdruck in der Verleihung in Verbindung mit besonderen Umständen des Einzelfalles finden. Der Umstand, daß in der Übung der Bergbehörde der Begriff der Vierung zeitweise abweichend von der oben angegebenen richtigen Gesetzesauslegung aufgefaßt wurde, genügt allein nicht, um eine Verleihung entsprechend dieser jetzt als unrichtig erkannten Gesetzesauslegung anzunehmen. **170,** 116. — 9) Die Rechtsprechung hat sich bei der Auslegung des Gesetzes vom 1. Juli 1821 den in der Lehre der geodätischen Vierung entwickelten Grundsätzen angeschlossen. **170,** 116 (122).

§ 87. Realgewerbeberechtigungen. Ausschließliche Gewerbeberechtigungen. Zwangs- und Bannrechte.

— — — — — — — — — — — —

§ 88. Dingliche Rechtsverhältnisse in bezug auf Kirche und Schule. Patronatsrecht.

— — — — — — — — — — — —

Dritter Abschnitt. Recht der Schuldverhältnisse.

Erstes Kapitel. Allgemeiner Teil.

1. Subjekte der Schuldverhältnisse.

§ 89. Bestimmtheit des Subjekts.

— — — — — — — — — — — —

§ 90. Gesamtschuldner. Gesamtgläubiger.

1) Gesamthaftung eines Notars mit einer Sparkasse, welche der Verpflichtung, einen Geldbetrag auftragsgemäß im Sinne der Versteigerungsbedingungen beim Gericht zu erlegen, schuldhaft zuwidergehandelt

hat. **162**, 260. — 2) Über die Frage, ob dem zu Unrecht als Schuldner in Anspruch Genommenen, der Leistungen bewirkt hat, ein Ausgleichsanspruch nach § 426 BGB. gegen den wirklichen Schuldner zusteht. **163**, 21 (34). — 3) Gesamtschuldnerische Haftung mehrerer Täter bei Schadensersatz im Gegensatz zur Haftung bei dem an die Stelle der Abwehrklage tretenden Aufopferungsanspruch. **167**, 14 (38flg.). — 4) Wenn mehrere Personen wegen Verletzung der ihnen gegenüber dem Geschädigten obliegenden Pflichten für einen Schaden verantwortlich sind, kann sich der einzelne zu seiner Entlastung gegenüber dem Geschädigten nicht auf das Mitverschulden des andern berufen. Deshalb haften, wenn eine Partei nacheinander mehrere Anwälte um Rechtsauskunft oder Betreuung ersucht und von allen dieselben falschen, ihr schädlichen Ratschläge erhält, diese als Gesamtschuldner nebeneinander. **167**, 76 (80).

2. Gegenstand und Inhalt des Schuldverhältnisses.

§ 91. Verpflichtung des Schuldners im allgemeinen. Treu und Glauben. Teilbarkeit und Unteilbarkeit. Gesetzliche Schuldverbindlichkeiten. Natürliche Schuldverbindlichkeiten.

I. Verpflichtung des Schuldners im allgemeinen.

— — — — — — — — — — — —

II. Treu und Glauben. Unzulässige Rechtsausübung.

(S. auch Zurückbehaltungsrecht, § 16, und § 145 zu § 826 BGB.)

1) Ausschluß des Zahlungsverzugs des Schuldners bei Zahlungsschwierigkeiten, die auf dem zwischenstaatlichen Verrechnungsverkehr beruhen **161**, 100 (105flg.). — 2) Rücksicht auf Treu und Glauben bei Auslegung eines Prozeßvergleichs mit Widerrufsvorbehalt. **161**, 253 (256). — 3) Das vertragliche Recht des Pächters zur Verlängerung der Pachtdauer wird nicht dadurch beseitigt, daß sich die Preisbildungsvorschriften erheblich zuungunsten des Verpächters auswirken. **161**, 267. — 4) Kein Verstoß gegen Treu und Glauben, wenn ein Beamter trotz tatsächlichen Ruhestandes seine Gehaltsansprüche verfolgt. **161**, 308 (320). — 5) Aus dem Gebote redlicher und verkehrsüblicher Vertragserfüllung (§ 242 BGB.) kann für den Schuldner auch nach der eigentlichen Leistung eine Rechtspflicht zu bestimmten Handlungen oder Unterlassungen übrigbleiben. **161**, 330 (338). — 6) Auch das Prozeßrechtsverhältnis der Parteien wird wie ihre sachlich-rechtlichen Beziehungen durch den Grundsatz von Treu und Glauben beherrscht. **161**, 350 (359). — 7) Die Einstellung der Weiterzahlung eines vereinbarten Ruhegehalts auf Grund des § 242 BGB. setzt grundsätzlich noch schwerer wiegende Verfehlungen voraus als die fristlose Entlassung. **162**, 73 (78). — 8) Kann der gemeinsame Zweck der Gesellschafter nach dem Inhalt des Vertrags nur durch die Veräußerung von Grundstücken erreicht werden, so darf kein Gesellschafter seine Zustimmung zur Veräußerung willkürlich versagen; das würde gegen Treu und Glauben verstoßen. **162**, 78 (82). — 9) Zur Frage, inwieweit die Zuständigkeit von Beamten zum Abschluß privatrechtlicher Geschäfte für ihre Behörde durch „Rechtsschein" (vermutete Ermächtigung)

oder durch die Rücksichtnahme auf Treu und Glauben begründet werden kann. **162,** 129 (147). — 10) Auch auf dem Gebiete des öffentlichen Rechts muß nach Treu und Glauben jeder seine Handlungen und Erklärungen so gelten lassen, wie der andere sie auffassen durfte. **162,** 129 (150). — 11) Zum Begriff des verdeckten Einigungsmangels. **162,** 177 (180). — 12) Über die Erschütterung der Geschäftsgrundlage beim Streit über die Wirksamkeit eines Vergleichs. **162,** 198 (201). — 13) Rücksicht auf Treu und Glauben beim Schuldnerverzug im Versicherungsrecht. **162,** 238 (243). — 14) Der Grundsatz, daß die Geltendmachung der Nichtigkeit dann, wenn diese mit Rücksicht auf ein früheres Verhalten gegen Treu und Glauben verstößt, als arglistig nicht zuzulassen ist, gilt nur für die Berufung auf die Formnichtigkeit eines Rechtsgeschäfts. Im Falle der Nichtigkeit wegen Sittenverstoßes ist dieser Grundsatz nicht anwendbar. **162,** 323 (329). — 15) Wenn ein Gesellschafter sich deshalb genötigt sieht, das Gesellschaftsverhältnis fristlos zu kündigen, weil die Mitgesellschafter unter Verletzung ihrer gesellschaftlichen Treupflicht ihre Mitwirkung bei einer den Umständen nach gebotenen Ausschließung eines Mitgesellschafters (§ 737 BGB.) oder bei der Entziehung der Geschäftsführung gegenüber diesem (§ 712 BGB.) verweigern, so kann die Ausübung des den Mitgesellschaftern nach dem Vertrage gemäß § 736 BGB. an sich zustehenden Übernahmerechts sich unter Umständen als unzulässige Rechtsausübung darstellen. In solchem Falle kann der kündigende Gesellschafter die Mitgesellschafter, die ihre Mitwirkung zu einer Maßnahme der erwähnten Art verweigert haben, unter Umständen auch auf Schadensersatz in Anspruch nehmen. Jedoch setzt die Zubilligung eines solchen Schadensersatzanspruchs eine sorgfältige Abwägung der berechtigten Belange der beteiligten Gesellschafter voraus. **162,** 388 (394flg.). — 16) Eine gewisse Überschreitung von Fristen kann für die Vornahme von Rechtshandlungen unter Umständen unschädlich sein. **163,** 9 (13). — 17) Treu und Glauben als ein das Dienstverhältnis beherrschender Grundsatz. **163,** 9 (19). — 18) Zum Einwande der gegenwärtigen Arglist gegenüber der Verjährungseinrede. **163,** 9 (19flg.). — 19) Einwand der unrichtigen Rechtsausübung und Einwand der unzulässigen Rechtsausübung (BGB. § 826), beide vereint. **163,** 9 (20). — 20) Daß der Gläubiger seine Rechte niemals gegen Treu und Glauben geltend machen kann, ist allgemeiner Grundsatz, demgegenüber auch die auf der Grundlage der Vertragsfreiheit wirksam getroffenen Abreden weichen müssen, soweit andernfalls ein für die Volksgemeinschaft untragbares Ergebnis eintreten würde. So ist der Einwand der unzulässigen Rechtsausübung auch dann gegeben, wenn der frühere Ehemann trotz seiner inzwischen eingetretenen Verarmung wegen seiner vertraglichen Unterhaltsverpflichtung von der frühern Ehefrau in Anspruch genommen wird, sofern seine eigne bescheidene Daseinsgrundlage vernichtet werden würde. **163,** 91 (96). — 21) Einrede der allgemeinen Arglist im Beamtenrecht beim Mangel ordnungsmäßiger Zustellung einer Entlassungsverfügung. **163,** 181 (189). — 22) Desgl. im Falle des Verzichts auf Versorgungsbezüge. **163,** 193 (199flg.). — 23) Rechtsmißbrauch im Genossenschaftsrecht bei Ausschließung eines Genossen wegen nur unbedeutender Verfehlungen. **163,** 200 (207flg.). — 24) Die Aufwertung setzt eine wesentlich stärkere Entwertung voraus, als sie der amerikanische Dollar erlitten hat. **163,** 324 (333). — 25) Der auf § 242 BGB. gestützte Ausgleichsanspruch ist bei gegenseitigen Verträgen dann zu gewähren, wenn sich infolge einer wesentlichen Veränderung der Geschäftsgrundlage bei noch nicht abgewickelten Verträgen das Gleichgewicht zwischen Leistung und Gegenleistung so erheblich verschoben hat, daß es als mit Treu und Glauben nicht vereinbar erscheint, wenn der Zahlungspflichtige den Berechtigten mit einer Gegenleistung abfinden könnte, die dessen Leistung in keiner Weise entspricht. Eine den Ausgleichsanspruch rechtfertigende Gleichgewichtsverschiebung kann auch durch das unerwartete, auf gesetzlichem Eingriff beruhende Absinken einer ausländischen Währung entstehen, wenn diese wegen ihrer vermeintlichen Unerschütterlichkeit von den Vertragschließenden zum Gegenstande des Vertrags gemacht worden ist. Mag auch bei Geschäften auf dem Gebiete des Kapitalverkehrs (Darlehen, Anleihen) ein Ausgleichsanspruchs zu versagen sein, so besteht dieser Grundsatz doch dann nicht, wenn dem Zahlungsanspruch eine Sachleistung gegenübersteht. Wenn auch bisher der Ausgleichsanspruch vorwiegend auf dem Gebiete des Warenverkehrs Anerkennung gefunden hat, so besteht doch keine Veranlassung, ihn auf diesen zu beschränken. Auch bei Verträgen auf dem Gebiete des Handelsrechts (z. B. bei Vereinbarung eines durch langjährige Abzahlungsbeträge zu tilgenden Abfindungsanspruchs eines ausscheidenden Gesellschafters, wobei der amerikanische Dollar als Wertmesser zur Sicherung der in ausländischer Währung [Tschechenkronen] geschuldeten Zahlung gegen Schwankungen nach unten und oben bedungen worden ist) kann es als eine mit Treu und Glauben nicht zu vereinbarende Unbilligkeit erscheinen, wenn der durch langfristige Abzahlung begünstigte Zahlungspflichtige den Berechtigten infolge unerwarteten Absinkens der dem Vertrage zugrundeliegenden Währung mit einer der Leistung des andern Teils nicht annähernd entsprechenden geringwertigen Gegenleistung abfinden will. Hierbei sind alle nähern Umstände des Falles, die für einen gerechten Ausgleich zwischen Leistung und Gegenleistung in Betracht kommen können, nach den Grundsätzen von Treu und Glauben im Verkehr aufzuklären, zu prüfen und zu berücksichtigen. **163,** 324 (333flg.). — 26) Im Falle des § 28 HGB. kann die Berufung auf die Nichtigkeit des Gesellschaftsvertrags die Einrede der Arglist rechtfertigen, so wenn der Eintretende allgemein oder dem einzelnen Gläubiger gegenüber als Gesellschafter aufgetreten ist. **164,** 115 (121). — 27) Abgesehen von der Geschäftsführung ohne Auftrag besteht nach Treu und Glauben für den Berechtigten ein Anspruch auf Auskunftserteilung bei Rechtsverhältnissen, deren Wesen es mit sich bringt, daß der Berechtigte entschuldbarerweise über Bestehen und Umfang seines Rechts im ungewissen, der Verpflichtete aber in der Lage ist, unschwer Auskunft zu geben, in Fällen, in denen ein Recht auf Auskunft gegenüber dem Verpflichteten die Rechtsverfolgung in hohem Maße erleichtert, oft überhaupt erst möglich macht. **164,** 208 (209). — 28) Verstoß gegen Treu und Glauben (unzulässige Rechtsausübung) im Falle einer Auflösungsklage (Gesellschaft mbH.) seitens eines Gesellschafters, der den unhaltbaren Zustand (Streitigkeiten) selbst schuldhaft heraufbeschworen hat. **164,** 257 (258). — 29) Zur Frage der Einwirkung veränderter Umstände (clausula rebus sic stantibus) bei Unterhaltsverträgen.

164, 366. — 30) Bei der Anwendung des Grundsatzes der veränderten Umstände (clausula rebus sic stantibus) ist von vornherein die Einschränkung zu machen, daß nicht jede Veränderung — insbesondere in der Leistungsfähigkeit des Verpflichteten — eine andere Festsetzung der Unterhaltsrente rechtfertigt, sondern es sich um wesentliche Veränderungen handeln muß, welche die Geschäftsgrundlage zu erschüttern und den Endzweck beider Parteien zu vereiteln geeignet sind. **164,** 366 (369flg.). — 31) Zu § 323 Abs. 4 ZPO. Wenn auch nach dem maßgebenden sachlichen Recht Unterhaltsverträgen (unter geschiedenen Eheleuten) die Klausel der gleichbleibenden Verhältnisse regelmäßig innewohnt, so entscheidet doch der durch Auslegung zu ermittelnde Vertragswille der Parteien darüber, in welchem Umfange eine Änderung der Verhältnisse die übernommene Verpflichtung berühren sollte, insbesondere auch darüber, ob es sich um Verhältnisse im Sinne der Klausel handelt. **165,** 26 (31). — 32) „Positive Vertragsverletzung" durch Verstoß gegen die sich aus dem Pachtvertrag ergebende Treupflicht, wenn der Pächter um die erforderliche behördliche Genehmigung nachsucht, nach Ablauf der Pachtzeit im eigenen Hause das bisher in den Pachträumen betriebene Geschäft fortzuführen. Ebenso im Falle des Verkaufs des Geschäfts. Der Kauf (Verkauf) des Geschäfts ist bei Prüfung der Frage, was nach § 242 BGB. Rechtens ist, in angemessener Weise mitzuberücksichtigen. **165,** 35. — 33) Der Ausübung eines satzungsmäßigen Entsendungsrechts steht es nicht unbedingt entgegen, wenn der in den Aufsichtsrat der Gesellschaft mbH. zu entsendende Gesellschafter Wettbewerber der Gesellschaft ist; ob die Entsendung unter diesem Gesichtspunkt unstatthaft ist, ist eine nach Treu und Glauben zu beurteilende Frage. **165,** 68. — 34) Die Berufung einer Gesellschaft mbH. auf die Nichtigkeit eines (ein Sonderrecht des Gründers begründenden) Vertrags wegen Formmangels verstößt nicht gegen Treu und Glauben und begründet nicht den Einwand der Arglist, wenn es sich um ein bei Gründung der Gesellschaft zwischen den Gründern bedungenes Gründerrecht handelt. **165,** 129 (132). — 35) Bei einer in das Leben getretenen offenen Handelsgesellschaft oder Kommanditgesellschaft ist eine Anfechtung des Gesellschaftsvertrags auf Grund von Willensmängeln oder ein Rücktritt vom Gesellschaftsvertrage wegen Fortfalls der Geschäftsgrundlage nicht zulässig; der betroffene Gesellschafter kann nur aus wichtigem Grunde gemäß § 133 HGB. auf Auflösung klagen. **165,** 193. — 36) Bei dem nachträglichen Fortfall der Geschäftsgrundlage gewähren Rechtslehre und Rechtsprechung ein Rücktrittsrecht vom Vertrage, wenn die vertraglich bedungene Leistung nach Treu und Glauben einem Vertragsteile nicht mehr zuzumuten ist. **165,** 195 (199). — 37) Auch wenn eine Unterhaltsrente als unabänderlich vereinbart ist, kann der Verpflichtete ihre Zahlung ablehnen, soweit sein eigenes Bestehen dadurch gefährdet werden würde. **166,** 40. — 38) Auch ein Unterhaltsvertrag unter geschiedenen Eheleuten, wobei der Einwand einer wesentlichen Änderung der Verhältnisse vertraglich ausgeschlossen ist, untersteht dem allgemeinen, die ganze Rechtsordnung beherrschenden Grundsatze (§ 242 BGB.), daß niemand sein Recht gegen Treu und Glauben geltend machen darf und ihm andernfalls der Einwand unzulässiger Rechtsausübung entgegengesetzt werden kann. An diesen Einwand sind allerdings in einem Falle, wo die Parteien durch die Vereinbarung einer unabänderlichen Rente die Berufung auf eine Änderung der Verhältnisse ausgeschlossen haben, strenge Anforderungen zu stellen. Er ist nur dann begründet, wenn die Weitererfüllung des Vertrags das eigene wirtschaftliche Dasein des Schuldners gefährden würde. Wenn dieser alle verfügbaren Mittel bereits zu seinem eigenen Unterhalt und dem seiner nächsten auf ihn angewiesenen Angehörigen benötigt, würde es allerdings Treu und Glauben zuwiderlaufen und zu einem untragbaren Ergebnis führen, wollte man ihn gleichwohl zur uneingeschränkten Weiterzahlung der übernommenen Rente für verpflichtet erklären und ihn lediglich auf die Inanspruchnahme der gesetzlichen Pfändungsbeschränkungen verweisen. **166**, 40 (49). — 39) Soweit es sich um die Unzulässigkeit der Rechtsausübung durch eine Ehefrau aus einem mit Mitteln des schuldenden Ehemanns (Wechselmitschuldners) geschehenen Erwerb von vollstreckbaren Titeln handelt, kann dem Erwerb mit Mitteln des Ehemanns der Erwerb mit solchen Mitteln, die von ihm in anfechtbarer Weise erlangt sind, gleichgeachtet werden. Dann muß aber Anfechtbarkeit in dem Zeitpunkt gegeben oder noch gegeben sein, in dem die Anfechtbarkeit geltend gemacht wird oder der für die Urteilsfällung maßgebend ist. **166**, 113. — 40) Liefervertrag und Kartellvertrag. Kein gesetzlicher Zwang zum Beitritt zum Kartell. Eine vertragliche Verpflichtung aus dem Liefervertrag nur dann, wenn klar ausgesprochen. Unter Umständen hat der Käufer als Gläubiger das Leistungsunvermögen des Verkäufers nach § 324 Abs. 1 BGB. zu vertreten, wenn er durch eine im Vertrag nicht vereinbarte, ihm aber zumutbare Handlung nach Treu und Glauben den vom Schuldner herzustellenden Erfolg nicht verhindern durfte. **166**, 134. — 41) Anwendung der Regeln von Treu und Glauben auf den besondern Fall des nachbarlichen Zusammenlebens. **167**, 14 (24). — 42) Fortdauernde Geltung eines vor dem Inkrafttreten des Bürgerlichen Gesetzbuchs begründeten Schuldverhältnisses und Grundsatz von Treu und Glauben. **167**, 40 (45). — 43) a. Das Urteil äußert Bedenken gegen die Gültigkeit einer Satzungsbestimmung der GmbH., durch welche ein Teil der Gesellschafter nicht nur vom Stimmrecht, sondern auch vom Recht der Teilnahme an den Gesellschafterversammlungen ausgeschlossen wird; jedoch wird die Frage nicht abschließend entschieden. b. Beruht der Anspruch eines Gesellschafters der GmbH. auf einem unter Machtmißbrauch zustandegekommenen Gesellschafterbeschluß, so kann ihm, auch wenn der Beschluß weder nichtig noch angefochten worden ist, der Einwand unzulässiger Rechtsausübung entgegenstehen. **167**, 65. — 44) Der Verwirkungseinwand ist nicht nur auf dem Gebiete des Wettbewerbsrechts zulässig; es handelt sich vielmehr um einen Sonderfall des allgemein zulässigen Einwandes der unzulässigen Rechtsausübung, der dahin geht, daß unter besondern Umständen einer verspäteten Geltendmachung von Ansprüchen die rechtliche Wirkung versagt werden muß, weil darin ein Verstoß gegen Treu und Glauben liegt. Die Verwirkung kann deshalb durch Zeitablauf allein nicht begründet werden. Es müssen Umstände hinzutreten, welche die verspätete Geltendmachung des Unterlassungsanspruchs als gegen die guten Sitten verstoßend erscheinen lassen. Das ist besonders dann der Fall, wenn sich der Beklagte infolge der langen Untätigkeit des Klägers einen wertvollen Besitzstand geschaffen hat, der nunmehr zerstört werden würde. Nach der Rechtsprechung, von der abzugehen kein Grund besteht, steht es unter solchen Umständen dem Verwirkungseinwand auch nicht entgegen, wenn der Beklagte bei der Begründung seiner Firma bösgläubig und somit die Grundlage seines Besitzstandes unrechtmäßig war. **167,** 184 (190). — 45) Der Gesichtspunkt der Rechtssicherheit, der Gemeinschaftsgedanke, die billige Rücksicht auf die Lage des Verpflichteten, die Verkehrssitte, der Vertrauensschutz, die konkrete Rechtspflicht zur rechtzeitigen Geltendmachung des Anspruchs erfordern es, daß der einzelne sich hinsichtlich der Verwirklichung von Rechten so verhalte, wie das Verhalten jedes einzelnen der Gemeinschaft am zuträglichsten wäre. **167,** 184 (191). — 46) Wer in Kenntnis des Umstands, daß es sich um eine Schwarzfahrt handelt, an der Fahrt teilnimmt und dabei einen Unfall erleidet, kann einen Ersatzanspruch nicht damit begründen, daß der Eigentümer oder Betriebsunternehmer des Kraftwagens durch die mangelhafte Verwahrung des Wagens die Schwarzfahrt ermöglicht habe. Einwand der allgemeinen Arglist. **167,** 391. — 47) Die Frage, was Geschäftsgrundlage ist, kann nicht nur nach sachlichen Gesichtspunkten beantwortet werden, es kommt auch auf das an, was nach der Vorstellung der Parteien für die Gestaltung der Rechtsverhältnisse von wesentlicher Bedeutung war. **168,** 121. — 48) Die Erschütterung der Geschäftsgrundlage hat nicht ohne weiteres die Unwirksamkeit des Vertrags zur Folge. Insbesondere beseitigt sie nicht die bereits eingetretenen dinglichen Wirkungen des Rechtsgeschäfts. Sie hat vielmehr nur insoweit rechtliche Bedeutung, als das Festhalten am Vertrage den Grundsätzen von Treu und Glauben widersprechen würde. Insoweit dies der Fall ist, stellt das Festhalten am Vertrag eine unzulässige Rechtsausübung dar, die der Vertragsgegner mit der entsprechenden Einrede bekämpfen kann. Die Geschäftsgrundlage wird gebildet durch die beim Vertragsabschluß zutage getretenen, vom Geschäftsgegner in ihrer Bedeutung erkannte und nicht beanstandete Vorstellung eines Beteiligten oder die gemeinsame Vorstellung beider Teile vom Vorhandensein oder dem künftigen Eintritt oder Nichteintritt gewisser Umstände, auf denen sich der Geschäftswille aufbaut. **168,** 121 (126flg.). — 49) Vereitelung der devisenrechtlichen Genehmigung wider Treu und Glauben; Verletzung der Treupflicht. **168,** 261 (267). — 50) Über einen Fall unzulässiger Rechtsausübung bei Geltendmachung der Freizeichnung von der Haftung für Verzögerungsschaden in allgemeinen Lieferungsbedingungen, die einem Werklieferungsvertrag zugrunde liegen, wobei der Einwand daraus hergeleitet wird, daß der Unternehmer einem Dritten gegenüber, an den er seinerseits den Auftrag zur Anfertigung von Preßformen weitergegeben hat, die für die Herstellung des Werks erforderlich sind, durch Nichtzahlung eines vereinbarten Vorschusses vorsätzlich vertragsuntreu geworden ist und dadurch die Verzögerung der Fertigstellung veranlaßt hat. **168,** 321. — 51) Der Grundsatz des § 242 BGB. gilt auch für die Frage, ob zur Leistung eine Handlung des Gläubigers erforderlich ist. **168,** 231 (327). — 52) Die Zulässigkeit des Haftungsausschlusses ist nicht nur durch § 276 Abs. 2 BGB. (Unzulässigkeit des Ausschlusses der Haftung wegen Vorsatzes) und durch § 138 BGB. (Ungültigkeit sittenwidriger Vereinbarungen) weitgehend eingeschränkt, vielmehr kann auch § 242 BGB. der Geltendmachung solcher Bedingungen entgegenstehen. **168,** 321 (329). — 53) Zur Vertragsauslegung (Treu und Glauben) nach den Allgemeinen Deutschen Seeversicherungsbedingungen von 1919. **169,** 1, 24. — 54) Treu und Glauben und Rücksicht auf die Verkehrssitte in der Versicherung allgemein. **169,** 24 (35). — 55) Der Gegeneinwand der Arglist oder unzulässigen Rechtsausübung gegenüber der Geltendmachung der Formnichtigkeit eines Grundstücksveräußerungsvertrags ist zulässig, wenn die Lossagung vom Vertrage nach den Beziehungen der Parteien, insbesondere nach dem bisherigen Verhalten des sich lossagenden Teils, mit dem allgemeinen Rechtsempfinden unvereinbar ist. **169,** 130. — 56) Feststellung der Vaterschaft des Beklagten im Abstammungsrechtsstreit. Erneuerung des Unterhaltsrechtsstreits nach früherer Abweisung der Unterhaltsklage des unehelichen Kindes gegen denselben Beklagten. Rückwirkung und Treu und Glauben nach Grundsätzen der Billigkeit. **169,** 129. — 57) Das Verlangen des Verkäufers auf Herausgabe eines unter Eigentumsvorbehalt verkauften gebrauchten Kraftwagens wegen Nichteinhaltung der nachgelassenen Teilzahlungen ist unbegründet, wenn sich bei Beachtung des gesetzlichen Preiserhöhungsverbotes ergibt, daß der bereits bezahlte Betrag entweder den danach zulässigen Preis erreicht oder nur so unerheblich hinter ihm zurückbleibt, daß eine Ausübung des Rücktrittsrechts gegen Treu und Glauben verstieße. **169,** 140. — 58) Der Ausübung eines alt ersessenen Wegerechts kann der Einwand unzulässiger Rechtsausübung entgegenstehen, wenn für die Zufahrt zum herrschenden Grundstück öffentliche Straßen neu entstanden sind, die erheblich bessere Verkehrsmöglichkeit als der ersessene Wegezug bieten, und wenn andererseits die Ausübung des Wegerechts schwerwiegende Nachteile für die Eigentümer der belasteten Grundstücke mit sich bringt. **169,** 180. — 59) Fautfracht in der Binnenschiffahrt. Wenn die Kündigung des Frachtvertrags dem Frachtführer keinen Schaden verursacht hat, so hindert dies die Entstehung des Fautfrachtanspruchs nicht; unter Umständen könnte gefragt werden, ob die Geltendmachung des Fautfrachtanspruchs sich in einem solchen Falle ganz oder teilweise als unzulässige Rechtsausübung darstellt. Darin liegt aber zugleich, daß derjenige, der sich auf unzulässige Rechtsausübung beruft, also der Absender, seinerseits beweisen muß, daß die Kündigung ausnahmsweise keinerlei Nachteile verursacht habe. **169,** 203 (212). — 60) Einmanngesellschaft, Treu und Glauben und Rechtsmißbrauch. **169,** 240 (248). — 61) Über die Frage, welche Ansprüche für einen Ehegatten begründet sein können, der sein Handelsgeschäft dem anderen Gatten übertragen hat, um das Auskommen seiner Familie durch Abwehr des Zugriffs seiner Gläubiger zu sichern, wenn die Ehe aus Verschulden des andern Gatten geschieden wird. **169,** 250. — 62) Zur Anwendung der Grundsätze von Treu und Glauben auf eine Auskunft, die eine staatliche Baubehörde einer Bank darüber erteilt, ob Baulieferungsforderungen eines Unternehmers gegen diese Behörde als Sicherung für die Bevorschussung des Unternehmers durch die Bank geeignet seien. **169,** 324. — 63) Am Erbhof ein Zurückbehaltungsrecht geltend zu machen, ist nicht grundsätzlich ausgeschlossen. Dies kann sich im Einzelfalle als unzulässige Rechtsausübung darstellen und darf insbesondere nicht so weit gehen, daß dadurch der Hof der Bauern entfremdet wird. 170, 257. — 64) Einwand der unzulässigen Rechtsausübung gegenüber den Ansprüchen aus den §§ 1297flg. BGB., Verwirkung. 170, 72 (82). — 65) Der Käufer kann der Berufung des Verkäufers auf die Verspätung der Mängelrüge den Einwand des Rechtsmißbrauchs entgegensetzen, wenn er infolge seiner Einberufung zum Wehrdienst seine geschäftlichen Angelegenheiten nicht selbst erledigen konnte und infolge der Kriegsverhältnisse mit einer unzureichenden oder unzuverlässigen Vertretung vorlieb nehmen mußte. 170, 155, 358 (379). — 66) Kann der vorkaufsberechtigte Miterbe und der Abkäufer seines Erbanteils der Berufung eines Miterben auf die Formungültigkeit des Kaufvertrages über sein Erbanteil mit der Behauptung entgegentreten, den Miterben und den Erbschaftskäufer treffe Arglist? — auch in dem Falle, wenn der Erbteil an den verkaufenden Miterben zurückübertragen ist? 170, 203. — 67) Über die Frage der Vormachtstellung von Verbänden und ihres Mißbrauchs und ob sie in ihren Allgemeinen Verfrachtungsbedingungen ihren Vertragspartnern unbillige, unverhältnismäßige Opfer auferlegen und sich selbst unverhältnismäßige Vorteile ausbedingen. 170, 233 (242). — 68) Die GmbH. kann sich auf die Versäumung einer nachträglich beschlossenen Ausschlußfrist für die Erhebung der Anfechtungsklage durch den Anfechtungsberechtigten nicht berufen, wenn die beschließenden Gesellschafter wußten, daß sich dieser als Wehrmachtangehöriger im Felde befindet und sie damit rechnen mußten, daß er infolge seines Wehrdienstes an der Einhaltung der Frist gehindert sei. 170, 358.

III. Teilbarkeit und Unteilbarkeit.

§ 92. Unmöglichkeit der Leistung, ursprüngliche, nachträgliche. Unvermögen zur Leistung.

1) Bei einer im Auslande zu erfüllenden Verpflichtung wird die Unmöglichkeit der Leistung auch durch ein dortiges, im Inlande nicht anwendbares Verbotsgesetz begründet. 161, 296 (300). — 2) Im Falle der Veräußerung eines Handelsgeschäfts ist die Weiterführung der Firma eines Einzelkaufmanns, in der ein Doktortitel enthalten ist, durch den Erwerber, dem dieser Titel nicht zusteht, nur unter Beifügung eines hinreichend deutlichen Nachfolgezusatzes zulässig. Ein Vertrag, durch den das Recht auf Fortführung einer derartigen Firma ohne Nachfolgezusatz übertragen werden soll, ist auf eine unmögliche Leistung gerichtet. 162, 121 (123). — 3) Greift ein zur ausschließlichen Verwertung überlassenes Geheimverfahren so unmittelbar in ein bei Vertragsschluß bestehendes Patent ein, daß es dadurch in vollem Umfange bekannt geworden ist, so wird in der Regel Nichtigkeit des Vertrags nach § 306 BGB. gegeben sein, weil alsdann dem Veräußerer die Erfüllung seines Versprechens, dem Erwerber sein Geheimverfahren mit ausschließlicher Benutzungsmöglichkeit zu verschaffen, wegen des Neuheitsmangels sachlich unmöglich ist. 163, 1 (7flg.). — 4) Für den aus der Verletzung der Obhut- und Rückgabepflicht bei der öffentlich-rechtlichen Ver-

wahrung entstehenden Ersatzanspruch behält der Begriff der öffentlich-rechtlichen Verwahrung insofern seine Bedeutung, als aus ihm Inhalt und Umfang der mit der Inverwahrnahme entstehenden Amtspflichten durch Anwendung der in den §§ 688flg., 278, 282 BGB. ausgeprägten und in der Rechtsprechung hierzu entwickelten Rechtsgedanken zu bestimmen sind. **166,** 218 (223). — 5) Im Falle 4) greift der in § 282 BGB. ausgedrückte, auch dem öffentlichen Rechte angehörende allgemeine Rechtsgedanke ein, wonach der Beklagte beweisen muß, daß die Unmöglichkeit der Rückgabe nicht die Folge eines von ihm zu vertretenden Umstandes ist. Die Anforderungen an diese Beweisführung sind streng zu bemessen. **166,** 218 (240). — 6) Wenn das Leistungsversprechen so zu verstehen ist, daß die Verpflichtung nur gelten soll, falls zu der Zeit, zu der die Leistung zu bewirken sein wird, durch sie keine Verkürzung des zur Erhaltung des Stammkapitals der GmbH. erforderlichen Vermögens eintritt, dann bestehen gegen die Gültigkeit des Leistungsversprechens nach dem Grundgedanken der §§ 308, 309 BGB. keine Bedenken. **168,** 292 (302). — 7) Auf künftige Leistung kann nicht geklagt werden, wenn die Leistung infolge von Kriegsmaßnahmen zur Zeit unmöglich und noch völlig ungewiß ist, ob, wann und unter welchen Voraussetzungen sie wieder möglich sein wird. **168,** 321. — 8) Unmöglichkeit der Leistung durch Beschlagnahme der dazu benötigten Rohstoffe. Der Beklagte darf zur Leistung nicht mehr verurteilt werden, gleichviel ob er das Unmöglichwerden der Leistung zu vertreten hat oder nicht und ob es sich um eine nur vorübergehende oder dauernde Unmöglichkeit handelt. **168,** 321 (324). — 9) Zu § 307 BGB., Ersatz des Vertrauensschadens (negativen Interesses); rechtsähnliche Anwendung des allgemeinen Rechtsgedankens im Fall des § 818 Abs. 3. **170,** 65 (69). — 10) Grundsätzliches zu §§ 275, 323 BGB. **170,** 257 (259).

§ 93. Gattungsschuld. Wahlschuld.

Ist die Schuldsumme zur besseren Sicherung des Gläubigers gleichwertig in inländischer und ausländischer Währung ausgedrückt, so steht im Zweifel dem Gläubiger das Wahlrecht zu, nach welcher Währung sich die Erfüllung richten soll. **168,** 240.

§ 94. Geldschuld. Zinsen.

I. Geldschuld; Währung.

1) Eine Goldmark(Reichsmark)forderung, die vor der Einführung der Reichsmarkwährung in der Ostmark im Konkursverfahren in Schillinge umgerechnet und festgestellt wurde, ist nach der Einführung der Reichsmarkwährung auf Antrag des Konkursverwalters nach dem Gesetz zur Verhütung mißbräuchlicher Ausnutzung von Vollstreckungsmöglichkeiten als Reichsmarkforderung im ursprünglichen Reichsmarkbetrag zu behandeln. Forderungen, die auf eine fremde Währung (Lire, holländische Gulden) lauten, sind im Konkurse auch dann, wenn sie nicht Fremdwährungsforderungen im Sinne der Fremdwährungsschulden-Verordnung sind, auf Antrag des Konkurs-

verwalters nach dem Gesetze zur Verhütung mißbräuchlicher Ausnutzung von Vollstreckungsmöglichkeiten nur zu den abgewerteten Ansätzen unmittelbar von der Fremdwährung in Reichsmark umzuwandeln (öst. R.). **161**, 262. — 2) a. Bei Vereinbarung des USA.-Dollars als Wertmesser zur Sicherung einer in einer andern ausländischen Währung (tschechoslowakischen Kronen) geschuldeten Zahlung gegen Schwankungen nach unten und oben ist der Gläubiger mangels Vereinbarung einer Goldklausel gegen die Entwertung des Dollars durch dessen Loslösung vom Goldwert grundsätzlich ebensowenig gesichert wie bei der Wahl dieses Wertmessers zur Sicherung der Entwertung der deutschen Reichsmark. b. Ist im Gesellschaftsvertrag einer offenen Handelsgesellschaft oder Kommanditgesellschaft die Abfindung eines (durch Tod) ausscheidenden Gesellschafters durch langfristige Abzahlungsraten vereinbart und hierbei die Wertbeständigkeit der in ausländischer (tschechoslowakischer) Währung zu leistenden Zahlungen in der zu a. angegebenen Weise gesichert, so kommt im Falle der unerwarteten Entwertung des Dollars ein Ausgleichsanspruch in Betracht. **163**, 324. — 3) Wenn eine Zahlung in einer Fremdwährung ohne Bezugnahme auf den Goldwert vereinbart ist, muß der Gläubiger in der Regel eine Entwertung dieser Fremdwährung in Kauf nehmen, auch wenn die Parteien in der Überzeugung von der Festigkeit dieser Fremdwährung gerade diese als Wertmesser gewählt haben, um sich gegen Schwankungen der eigenen Währung zu sichern. Allerdings kann die Vereinbarung auch als Goldsicherung aufgefaßt werden, wenn ein entsprechender Vertragswille in irgendeiner Weise zum Ausdruck kommt. Ein derartiger Wille wird sich jedoch selten feststellen lassen, weil die Parteien regelmäßig die Fremdwährung gerade für unerschütterlich gehalten haben. Ist die Goldklausel danach nicht zum Vertragsinhalt erhoben, so liegt eine reiner Irrtum im Beweggrunde vor, der unbeachtlich zu sein pflegt. **163**, 324 (327). — 4) Ein vertraglicher Aufwertungsanspruch aus einer Goldklausel, der sich inhaltlich mit einem auf dem Gesetz fußenden Anspruch deckt, wird nicht dadurch aufgehoben, daß letzterer durch eine spätere Gesetzgebung ausgeschlossen wird. **165**, 136. — 5) Rechnet der Gläubiger einer in ausländischer Währung ausgedrückten Geldschuld seiner Befugnis gemäß gegen seine in Reichsmark ausgedrückte Schuld auf, so ist für die Berechnung des Umrechnungswertes der Zeitpunkt maßgebend, an dem dem Aufrechnungsgegner die Aufrechnungserklärung zugegangen ist. **167**, 60. — 6) Trotz der Bestimmung des § 389 BGB. ist für den Fall der Verrechnungstilgung einer in ausländischer Währung ausgedrückten Forderung in deutscher Währung (§ 244 Abs. 2 BGB.) als Zeitpunkt der „tatsächlich bewirkten Zahlung" der Zeitpunkt anzusehen, in dem die Aufrechnung erklärt (§§ 388, 130 BGB.). worden ist. Das ist vom Reichsgericht in RGZ. Bd. 106 S. 99 (100) in Anwendung der in RGZ. Bd. 101 S. 312 enthaltenen Grundsätze für den Fall der § 244 Abs. 2 BGB. ausdrücklich ausgesprochen worden. Daran ist insbesondere deswegen festzuhalten, weil die nach § 387 BGB. erforderliche Gleichartigkeit der Leistung vom Gläubiger einer Fremdwährungsschuld überhaupt erst durch die Ausübung seiner Befugnis nach § 244 Abs. 1 BGB., an Stelle der Fremdwährung deutsche Währung zu fordern, mittels der Aufrechnungserklärung hergestellt wird. Aus der in § 389 verfügten Wirkung ist daher nichts zu entnehmen, zu welchem Umrechnungswert ausländische Währungsforderungen und -schulden getilgt werden. Dies bestimmt sich nach § 244 Abs. 2 BGB. gemäß den Grundsätzen, die vom Reichsgericht in RGZ. Bd. 101 S. 312 und dementsprechend für die Aufrechnung in RGZ. Bd. 106 S. 100 dargelegt sind. **167**, 60 (64). — 7) a. Der Begriff der „auf fremde Währung lautenden" Schuldverpflichtung in der Verordnung vom 15. Dezember 1936 ist gleichbedeutend mit dem „in einer ausländischen Währung ausgedrückten Geldschuld" in § 244 BGB. b. Eine in ausländischer Währung ausgedrückte Geldschuld wird nicht schon dadurch zur Fremdwährungsschuld, daß die Zahlung in ausländischer Währung bedungen ist. c. Ist die Schuldsumme zur besseren Sicherung des Gläubigers gleichwertig in inländischer und ausländischer Währung ausgedrückt, so steht im Zweifel dem Gläubiger das Wahlrecht zu, nach welcher Währung sich die Erfüllung richten soll. **168**, 240. — 8) Eine Fremdwährungs- oder Valutaschuld liegt vor (§ 242 BGB.), wenn der Inhalt des Vertrags die geschuldete Leistung in ausländischer Währung bezeichnet. **168**, 240 (245). — 9) Eine doppelte Bestimmung des Wertinhalts der Schuld ist zulässig. Sie ist in der Regel mit der sogenannten alternativen Währungsklausel verbunden, durch die meist dem Gläubiger das Recht eingeräumt ist, zu bestimmen, nach welcher Währung sich die Erfüllung richten soll. **168**, 240 (247). — 10) Hängt bei der Umstellung einer auf Danziger Gulden lautenden Forderung in Reichsmark die Anwendung des höhern Umrechnungssatzes von 70 Reichspfennigen für einen Gulden von der Inländereigenschaft des Gläubigers ab, so ist, wenn der Vorteil daraus nicht dem inländischen Gläubiger, sondern ausländischen Berechtigten zugute kommen würde, der für ausländische Gläubiger zuständige geringere Umrechnungssatz maßgebend. Das gilt insbesondere, wenn die Guldenforderung von einem Ausländer an einen Inländer zur Sicherheit abgetreten ist und die gesicherten Ansprüche bereits bei Anwendung des geringeren Umrechnungssatzes voll gedeckt sind. **170**, **177**.

II. Zinsen.

1) Kreditkommission. Das Klagebegehren, daß der Kommissionär nach Beendigung des Auftrags seine Forderung an Zinsen in gesetzlicher Höhe abtrete, ist bestimmt und vollstreckbar. **168**, 277. — 2) Stille Gesellschaft. Kein Kündigungsrecht des Geschäftsinhabers nach § 247 BGB., wenn die Vermögenseinlage des stillen Gesellschafters mit mehr als 6 v. H. jährlich verzinst werden und der stille Gesellschafter am Gewinn und Verlust beteiligt sein soll. **168**, 284. — 3) Die Vorschrift des § 247 BGB. gilt für alle Schuldverhältnisse. Voraussetzung für ihre Anwendbarkeit ist, daß es sich um echte Zinsen und nicht um eine Gewinnbeteiligung handelt. Das Gesetz hat den Begriff der Zinsen nicht bestimmt. Zinsen sind die vom Schuldner fortlaufend zu entrichtende Vergütung für den Gebrauch eines in Geld oder andern vertretbaren Sachen bestehenden Kapitals, ausgedrückt in einem im vorausbestimmten Bruchteile der geschuldeten Menge. **168**, 284 (285).

§ 95. Schaden, Schadensersatz.

I. Allgemeines. Ursächlicher Zusammenhang. Art und Umfang des Schadensersatzes. Anrechnung von Vorteilen.

1) Ein Anspruch, den ein Verletzter auf Grund einer gesetzlichen Kranken- oder Unfallversicherung gegen den Versicherungsträger erwirbt, stellt einen Ersatzanspruch im Sinne des § 839 Abs. 1 Satz 2 BGB. dar. **161,** 199. — 2) Kein Schadensersatz nach § 148 ABG. für Beschädigungen fremden Bergwerkseigentums. **161,** 203 (207 flg.). — 3) Bei schädlichen Einwirkungen auf Nachbarfeldern kein Schadensersatz, wenn Abbau in den Grenzen des Abbaurechts vorgenommen wird, auch nicht bei Voraussehbarkeit. **161,** 203 (208). — 4) Es kann vereinbart werden, daß Haftungsausschließungen und Haftungsminderungen sich im Rahmen des nach § 276 BGB. Zulässigen auch auf außervertragliche Schadensersatzansprüche auswirken sollen. **161,** 209 (215). — 5) Über die Art des Schadens kann auch durch das Grundurteil entschieden werden; jedoch muß diese Absicht deutlich zum Ausdruck kommen. **161,** 276. — 6) Der Nachteil, der einem Schuldner dadurch erwachsen ist, daß eine von ihm beabsichtigte, aber sachlich aussichtslose Berufung durch ein Versehen seines Anwalts nicht ordnungsmäßig eingelegt worden ist und infolgedessen das gegen den Schuldner ergangene erstgerichtliche Urteil alsbald vollstreckt werden konnte, ist kein „Schaden" im Rechtssinne. **162,** 65. — 7) Wird ein Kind durch ein Ereignis im Verkehr einer Eisenbahn getötet und erleidet die Mutter dadurch einen Nervenzusammenbruch und damit eine Schädigung ihrer Gesundheit, so hat die Bahn auch hierfür zu haften; es liegt eine unmittelbare Beschädigung vor, für welche die Unternehmung einzutreten hat, wenn ein Verschulden der Person, deren sie sich zum Betriebe bedient, als Ursache anzusehen ist. **162,** 321. — 8) Eine Haftung besteht — soweit das Gesetz keine Ausnahme festsetzt — nur für den unmittelbaren Schaden. **162,** 321. — 9) Die Tötung eines Menschen kann die Ursache sein, daß dritten Personen Auslagen erwachsen, daß ihre Pflicht zur Leistung von Versorgungsbezügen oder Versicherungssummen ausgelöst wird, daß sie Verpflichtungen auf sich nehmen müssen, die bisher der Verstorbene getragen hat, daß ihnen Leistungen entgehen, die der Getötete bisher entweder tatsächlich oder auf Grund eines Gesetzes geleistet hat. Alles dies bildet für den Dritten einen Schaden, der nicht entstanden wäre, wenn der Tod nicht eingetreten wäre. Ein derartiger, aus dem Wegfall der Getöteten für Dritte entstehender Schaden wird als mittelbarer Schaden angesehen. **162,** 321 (322). — 10) Dem Geschädigten ist der Nachweis seines Schadens dadurch erleichtert, daß das Gericht verpflichtet ist, die Gesamtverhältnisse zu würdigen und nötigenfalls gemäß § 287 ZPO. zur Schätzung zu greifen. Der Schaden eines Unterhaltsberechtigten kann darin bestehen, daß er infolge einer unerlaubten Handlung des Verpflichteten nicht die ihm zukommenden höhern Unterhaltsleistungen, sondern erheblich geringere bezogen hat. **164,** 65 (71). — 11) Der ursächliche Zusammenhang ist nicht unterbrochen in Fällen, wo das Zwischenglied der Verursachung eine auf freier Willensbestimmung, einem selbständigen Entschlusse beruhende eigene Handlung des Beschädigten gebildet hat, zumal bei einem in Er-

füllung einer rechtlichen oder sittlichen Pflicht zum Schutze anderer betätigten Eingreifen. **164,** 125 (126). — 12) Wenn ein Angestellter trotz des Unfalls seine Stellung behält und sein Gehalt weiterbezieht, so kann regelmäßig nicht davon die Rede sein, daß ihm aus der Körperverletzung (soweit es sich um die Minderung der Erwerbsfähigkeit handelt) ein Schaden entstanden sei. Hiervon ist nur dann eine Ausnahme zu machen, wenn der Arbeitgeber das Gehalt nach dem Unfall nicht mehr als Arbeitslohn, sondern aus rein fürsorgerischen Erwägungen weiterzahlt. **165,** 236 (240). — 13) Der Schadensersatzberechtigte kann unter Umständen auch etwas fordern, was vorher noch nicht dagewesen ist, falls er es nur ohne das zum Schadensersatz verpflichtende Verhalten des Schädigers nach Erfahrungsgrundsätzen mit aller Wahrscheinlichkeit erlangt haben würde. **165,** 260 (270). — 14) Zur Frage des ursächlichen Zusammenhangs zwischen der Anstiftung zu verbotswidrigem Schießen und der tödlichen Verletzung durch einen wider Willen des Schießenden sich lösenden Schuß. **166,** 61. — 15) Schadensersatz, Entschädigung und Schadloshaltung; Begriffliches. **167,** 14 (26flg.). — 16) Ursächlicher Zusammenhang und § 287 ZPO. **167,** 14 (32). — 17) a. Mangelnde Sorgfalt in der Verwahrung eines Kraftwagens stellt ein Verschulden dar, das die Verantwortlichkeit des Schuldigen nach den Vorschriften des allgemeinen bürgerlichen Rechts begründet. b. Wird durch die Mangelhaftigkeit der Verwahrung eines Kraftwagens einem Dritten die unbefugte Benutzung des Kraftwagens zu einer Schwarzfahrt ermöglicht, so besteht zwischen der mangelhaften Verwahrung und einem auf der Schwarzfahrt eingetretenen Unfall regelmäßig ein adäquater Zusammenhang. **167,** 391. — 18) Es wäre unrichtig, schon wegen eines Mitverschuldens des Beschädigten eine „Inadäquatheit" der Folgen oder — wie es gewöhnlich ausgedrückt wird — eine Unterbrechung des ursächlichen Zusammenhangs anzunehmen; das ergibt sich unmittelbar aus § 254 BGB. **168,** 86. — 19) Die Haftung einer Straßenbahn wird dadurch nicht ausgeschlossen, daß der Unfall durch die Verdunkelungsmaßnahmen mitverursacht wird. „Adäquater" Zusammenhang. Erhöhte Sorgfaltspflicht des Verkehrsteilnehmers. **168,** 304. — 20) Die Entschädigungspflicht nach § 148 ABG. umfaßt auch den mittelbaren Schaden. **168,** 288 (291). — 21) Der ursächliche Zusammenhang wird nicht durch das mitwirkende Verschulden des Verletzten beseitigt. **168,** 304 (306). — 22) Zum Schadensersatz genügt nicht ein natürlicher ursächlicher Zusammenhang. Dieser muß vielmehr ein adäquater sein, d. h. die Möglichkeit des eingetretenen Erfolges darf nicht von vorneherein außerhalb jeder Wahrscheinlichkeit liegen. **169, 84 (91).** — 23) Umkehrung der Beweislast für Verletzung der Sorgfaltspflicht beim Beherbergungsvertrag. **169,** 84 (97). — 24) Zur Frage des Schadensersatzes bei Unfällen von Personen, deren Erwerbsfähigkeit im Laufe der Zeit durch anlagebedingte Schäden herabgesetzt worden wäre. **169,** 117. — 25) Die Frage des ursächlichen Zusammenhangs hat das Gericht nicht allein nach der Auffassung des ärztlichen Sachverständigen, sondern selbständig unter Beachtung der dafür in Betracht kommenden rechtlichen Voraussetzungen zu beantworten, wobei es zu Abweichungen von der ärztlichen Auffassung kommen kann. **169,** 117 (119). — 26) Auch die Krankheitserscheinungen, die durch einen Unfall nur deshalb ausgelöst worden sind, weil die Anlage zu der Krankheit bei dem Verletzten bereits vorhanden war, sind im Rechtssinn im Umfang eine Folge des Unfalls; wer unerlaubt gegen einen gesundheitlich anfälligen Menschen handelt, hat kein Recht darauf, so gestellt zu werden, als ob er einen völlig gesunden Menschen verletzt habe. **169**, 117 (120). — 27) Der ursächliche Zusammenhang der Handlung des Schädigers mit dem Schaden wird dadurch nicht ausgeschlossen, daß der nämliche Erfolg, der durch die schädigende Handlung eingetreten ist, auch durch ein anderes Ereignis eingetreten wäre, das später bestimmt stattgefunden hätte. **169**, 117 (120). — 28) Hat ein Steuerberater seinen Auftraggeber durch schuldhaft fehlsamen Rechtsrat daran gehindert, wegen verübter Steuerhinterziehungen rechtzeitig eine Selbstanzeige (§ 410 Reichsabgabenordnung) zu erstatten und ist der Auftraggeber mit einer Steuergeldstrafe belegt worden, so ist der ursächliche Zusammenhang für den vertraglichen Schadensersatzanspruch allein dadurch gegeben, daß der Steuerberater dem Auftraggeber die Erlangung einer Straffreiheit verscherzt hat, während dessen Steuervergehen nur eine historische Vorbedingung für den Schaden bilden Der Ersatz der Geldstrafe stellt solchenfalls keine Begünstigung (§ 257 StGB.) dar und unterliegt auch sonst keinen grundsätzlichen Rechtsbedenken. **169**, 267. — 29) Die Frage des Verschuldens ist, abgesehen von ihren Tatsachengrundlagen, bezüglich der rechtlichen Einordnung Sache der rechtlichen Beurteilung. Ebenso auch die Abwägung des Verschuldensverhältnisses (Ermessen). b. Wenn bei einer Fahrbahn kein Gehweg vorhanden ist, darf und soll ein Kraftwagen nicht an der äußersten rechten Seite seiner (rechten) Fahrbahnseite fahren. **169**, 284. — 30) Eigentumsvorbehalt begründet bei schuldhafter Verletzung des Eigentumsrechts Schadensersatzansprüche aus § 823 Abs. 1 und 2 BGB. in Verbindung mit § 868. **170**, 1. — 31) Schadensbegründung aus der Person eines Dritten. Wer einem andern gegenüber zur Obhut über eine Sache vertraglich verpflichtet ist, kann den diesem durch die Beschädigung der Sache verursachten Schaden selbst geltendmachen, weil seine Belange und die des Sacheigentümers, dem er haftbar ist, miteinander verknüpft sind. **170**, 1 (7). — 32) Wer — wenn auch unwissend — eine Gefahr für den allgemeinen Verkehr gesetzt hat, muß, sobald er die Gefahr erkennt, zu ihrer Abwendung alles tun, was ihm den Umständen nach zugemutet werden kann. **170**, 1 (13). — 33) Ersatz des Vertrauensschadens (negativen Vertragsinteresses). Zu § 122, § 179 Abs. 2, §§ 307, 309 BGB.; rechtsähnliche Anwendung im Falle des § 818 Abs. 3. **170**, 65 (69). — 34) Ein zureichender ursächlicher Zusammenhang im Rechtssinne ist nicht gegeben, wenn eine Handlung oder Unterlassung den schädigenden Erfolg nur unter besonders eigenartigen, ganz unwahrscheinlichen und deshalb nach dem regelmäßigen Verlauf der Dinge außer Betracht zu lassenden Umständen herbeigeführt hat. **170**, 129 (136). — 35) Über die Frage, unter welchen Voraussetzungen eine Vertragspartei von der andern Ersatz des Schadens eines Dritten verlangen kann, dem sie nicht ersatzpflichtig ist. **170**, 246. — 36) Vertrauensschutz und negatives Vertragsinteresse. Zu §§ 122, 307 BGB. Das negative Vertragsinteresse kann sich mit dem Erfüllungsinteresse zwar decken, braucht es aber nicht zu tun; jedenfalls wird es durch das Erfüllungsinteresse begrenzt. **170**, 281 (284).

II. Mitwirkendes Verschulden des Beschädigten (§ 254 BGB.) oder eines andern Beteiligten.

1) Soweit das Berufungsgericht einer Partei nach § 254 BGB. wegen eigenen Verschuldens einen Teil des Schadens aufgebürdet hat, ist das Urteil in der Revisionsinstanz nur daraufhin nachprüfbar, ob ihr etwa aus Rechtsgründen ein höherer Teil des Schadens aufzuerlegen gewesen wäre. **161**, 174 (183). — 2) Ausgleichspflicht aus § 254 BGB. kann beim Zusammentreffen verschiedener Haftungsgründe (Amtshaftung und Gefährdungshaftung) nur einheitlich festgestellt werden. **161**, 199 (201). — 3) Zusammentreffen der Erfolgshaftung des Betriebsunternehmers (Vermieters) eines Kraftwagens mit dem Verschulden des vom Verletzten (Mieter) gewählten Lenkers. **161**, 359 (363 flg.). — 4) Zur Beweislast nach § 7 KFG. und im Rahmen der Abwägung nach § 17 das. **162**, 1, 5. — 5) Bei Anwendung des § 31 BGB. ist im Rahmen des § 254 BGB. gegenüber der sittenwidrigen und vorsätzlichen Schädigung eine einfache Fahrlässigkeit des Klägers nicht in Betracht zu ziehen. Ob für die Anwendung des § 254 Abs. 2 BGB. nur grobe Fahrlässigkeit zu berücksichtigen wäre, nicht auch einfache, bleibt dahingestellt. **162**, 202 (208). — 6) Ist die Erwerbsfähigkeit auch nur zeitweise gemindert, verliert der Verletzte aber dadurch eine ungekündigte Erwerbsstellung, so endigt der Schadensersatzanspruch nicht ohne weiteres mit der Wiedergewinnung der vollen Erwerbsfähigkeit, sondern erst mit der Erlangung einer gleichwertigen Erwerbsstellung. Dem Haftpflichtigen steht § 254 Abs. 2 BGB. zur Seite, wenn der Verletzte sich nicht bemüht, eine mit der verlornen gleichwertige Stellung zu erlangen. **163**, 40. — 7) In § 839 Abs. 3 BGB. kann es sich nur um ein Rechtsmittel gegen die schädigende Amtshandlung selbst handeln. Ist zum Zwecke der Abwendung des Schadens ein neues selbständiges Verfahren erforderlich, so handelt es sich insoweit nicht mehr um den Gebrauch eines Rechtsmittels. Die Unterlassung eines solchen Schritts kann vielmehr nur unter dem Gesichtspunkte des § 254 BGB. gewürdigt werden. **163**, 121 (125). — 8) Hat der Haftpflichtige dem Verletzer die Aussicht eröffnet, durch eine Anstellung bei ihm — dem Haftpflichtigen — eine Erwerbseinbuße zu vermeiden, und beraubt sich der Verletzte dieser Aussicht durch Begehung einer Straftat, so ist abzuwägen, in welchem Maße die Erwerbseinbuße dem Verletzten selbst und in welchem Maße sie dem Haftpflichtigen zur Last fällt. **164**, 79. — 9) Der Eigentümer eines Kraftfahrzeugs, zu dessen Beschädigung es aus Verschulden des Kraftfahrzeugführers und eines Dritten kam, kann von dem Dritten nur den Ersatz des verhältnismäßigen Anteils an dem Schaden verlangen, wenn sich das Verhältnis des Verschuldens bestimmen läßt. Das Verschulden der Hilfsperson des Eigentümers steht dem dritten Schädiger gegenüber einem eigenen Verschulden des Beschädigten gleich. **164**, 203 (öst. Recht). — 10) Der Fahrzeughalter muß sich als Schädiger die Betriebsgefahr neben dem Verschulden des Fahrers bei der Schadensausgleichung nach § 254 BGB. sowohl wegen der Haftung aus dem Kraftfahrzeuggesetz wie wegen derjenigen aus § 839 BGB. anrechnen lassen, da § 254 auf die Abwägung nicht des beiderseitigen Verschuldens, sondern der

überwiegenden Ursache abgestellt ist. Dabei spielt es keine Rolle, daß die Haftung aus der Betriebsgefahr zu tragen ist, wenn der Fahrzeughalter nicht die Unabwendbarkeit des Unfalls beweist. Die Betriebsgefahr ist so lange als Unfallbedingung anzusehen, als ihre Einwirkung auf den Unfall nicht widerlegt ist. **164,** 264 (268). — 11) Dem wartepflichtigen Verkehrsteilnehmer liegt grundsätzlich eine gesteigerte Sorgfaltspflicht gegenüber dem Vorfahrtberechtigten ob, und die Verletzung dieser gesteigerten Sorgfaltspflicht ist bei der Schadensausgleichung erheblich in Betracht zu ziehen, da die Vorfahrtregelung eine der wesentlichen Grundlagen des Verkehrsrechts darstellt. **164,** 264 (268). — 12) Der Rechtsgedanke des § 254 BGB. ist der, daß Schädiger und Geschädigter den Schaden so weit zu tragen haben, als sie die Bedingungen verantworten müssen, die zusammen die Schadensursache gesetzt haben. Aus diesem Rechtsgedanken heraus hat die Rechtsprechung auch den Grundsatz entwickelt, daß sich der Verletzte in entsprechender Anwendung des § 831 BGB. das widerrechtliche Handeln des von ihm zu einer Verrichtung Bestellten bei Entstehung seines Schadens anrechnen lassen muß. Der Entlastungsbeweis, der dem Verletzten aus § 831 BGB. nachgelassen ist, kann aber dem Dienstherrn des Beamten nicht zur Verfügung stehen, weil seine Verantwortung aus andern Rechtsgründen nicht nur in der Beschränkung des § 831 an Stelle derjenigen des Beamten tritt. Daneben kann es dahingestellt bleiben, ob das Reich bei dem Ausgleich des ihm entstandenen Schadens sich des Verschulden seines Beamten auch aus § 278 BGB. anrechnen lassen müßte oder ob es sich in dieser Beziehung darauf berufen könnte, daß nach der Rechtsprechung die Haftung des Geschädigten für den Verrichtungsgehilfen im Rahmen des § 254 Abs. 1 BGB. auf die Fälle beschränkt ist, in denen bereits vor dem Eintritt des schädigenden Ereignisses Rechtsbeziehungen zwischen dem Geschädigten und dem Schädiger bestanden, die gewisse Sorgfaltpflichten des durch den Schaden Bedrohten gegenüber dem Schädiger begründeten. **164,** 264 (269). — 13) Die schuldlose Verantwortlichkeit des Geschädigten kann nur dann zur Anwendung des § 254 BGB. führen, wenn auch der Schädiger ohne Verschulden haftet. Dieser Rechtsgedanke kann jedenfalls dann nicht mehr maßgebend sein, wenn die Verantwortung des geschädigten Fahrzeughalters nicht allein in der Haftung für die Betriebsgefahr, sondern auch in der für das Verschulden des Fahrers besteht. Ist aus diesem Grunde der Schadensausgleich nach § 254 geboten, so muß er sich wiederum aus dem Rechtsgedanken, daß der Ausgleich in erster Reihe auf die überwiegende Verursachung abgestellt ist und deshalb alle Bedingungen des schädigenden Ereignisses abzuwägen sind, auch auf die schuldlose Verantwortung des Geschädigten erstrecken, wenn auch auf seiten des Schädigers nur schuldhafte Mitverursachung in Frage steht. **164,** 264 (270). — 14) Wenn der auf Grund der Amtshaftung für einen Beamten oder Soldaten aus dessen Verschulden bei einer Dienstfahrt verurteilten Fiskus zugleich auch als Halter des zu der Dienstfahrt benutzten Kraftfahrzeugs verurteilt worden ist, ist beim Fehlen der Revisionssumme die Nachprüfung insoweit, als die Verurteilung auf der Gefährdungshaftung beruht, ausgeschlossen. Wenn das Revisionsgericht im Rahmen der Nachprüfung der Amtshaftung und des Einwandes des mitwirkenden Verschuldens des Verletzten die Verteilung des Schadens beanstandet, dann kann auch die auf Grund der Gefährdungshaftung ausgesprochene Verurteilung des Halters nicht aufrechterhalten werden, sofern aus dem Urteil des Berufungsgerichts nicht zu ersehen ist, ob die Verurteilung in voller Höhe oder zu einem bestimmten Teile auch auf der Gefährdungshaftung allein beruht. **164,** 341. — 15) In Fällen, in denen der Klageanspruch auf beide Klagegründe (Amtshaftung und Gefährdungshaftung) gestützt ist, kann die Schadensteilung bei dem einen Klagegrund anders ausfallen wie bei dem andern. Solche unterschiedliche Teilung ist nicht nur zulässig, sondern kann sogar geboten sein. **164,** 341 (345). — 16) Ein seinen eignen Regeln folgender Sondertatbestand, bei dem es nicht auf die Art der Haftung, sondern allein auf den Ursachenkreis ankommt, kommt nur bei der Ausgleichung unter mehreren Gesamtschuldnern in Frage. Ein solcher Sondertatbestand mit eignen Regeln ist für alle Fälle abzulehnen, in denen es sich um den Anspruch des Verletzten gegen den Schädiger und nicht um die Ausgleichung unter mehreren gesamtschuldnerisch haftenden Schädigern handelt. Mag solche Ausgleichung unter mehreren Gesamtschuldnern ihren eignen Regeln unterliegen, so beruht doch die Entscheidung darüber, zu welchem Bruchteile der Schädiger dem Verletzten den entstandenen Schaden zu ersetzen hat, auf den gesetzlichen Grundlagen, denen die Ersatzpflicht selbst entspringt. Die Entscheidung darüber, welchen Bruchteil des Schadens der Halter des Kraftfahrzeugs auf Grund seiner Gefährdungshaftung dem bei dem Betrieb Verletzten, der den Schaden durch eignes Verschulden mitverursacht hat, ersetzen muß, braucht deshalb nicht ebenso auszufallen wie die Entscheidung darüber, welcher Bruchteil des Schadens nach den Bestimmungen über die Haftung für die schuldhafte Verletzung einer Amtspflicht dem Verletzten zu ersetzen ist. **164,** 341 (346). — 17) Zur Frage des Mitverschuldens. **165,** 155. — 18) § 254 BGB. ist auf den Aufopferungsanspruch nicht unmittelbar anzuwenden. **167,** 14 (26). — 19) Zur Anwendung des § 254 BGB. bei der Haftung mehrerer Rechtsanwälte gegenüber ihrem Auftraggeber und zur Frage, inwieweit der neue Anwalt dessen Erfüllungsgehilfe bei der Abwendung des Schadens ist. **167,** 76. Vgl. auch § 148 Nr. 11. — 20) Für die Anwendung des § 254 Abs. 2 BGB. ist es nicht erforderlich, daß der Schaden bereits voll eingetreten ist, sondern es genügt, daß die schadenstiftende Ursache gesetzt und damit eine Rechtslage geschaffen worden ist, die einen andern schädigen und deswegen einen Ersatzanspruch begründen kann. **167,** 76 (81). — 21) Zum Begriff des eignen Verschuldens eines Straßenbahnfahrgastes. **167,** 325. — 22) Schuldhafte Mitverursachung bei einem Kraftwagenunfall. **167,** 357 (365 flg.). — 23) Über die Frage, gegen wen sich die in einem Mitverschulden des Beschädigten liegende Pflichtverletzung richtet. **168,** 86. — 24) Die Haftung einer Straßenbahn wird dadurch nicht ausgeschlossen, daß der Unfall durch die Verdunkelungsmaßnahmen mitverursacht wird. Erhöhte Sorgfaltspflicht des Verkehrsteilnehmers. **168,** 304. — 25) Der ursächliche Zusammenhang wird nicht durch das mitwirkende Verschulden des Verletzten beseitigt. **168,** 304 (306). — 26) Zur Frage der Beweislast, wenn bei der Entstehung eines dem Gast aus der Beschaffenheit der ihm überlassenen

Gasthofsräume und Einrichtungen erwachsenen Schadens eignes Verschulden des Beschädigten in Betracht kommt. **169,** 84. — 27) Erst nachdem gegebenenfalls ermittelt ist, welche der mehreren Ursachen nach den Umständen und der Lebenserfahrung vorzugsweise zu dem Erfolge beigetragen hat, also erst nachdem auf Grund dieses Ergebnisses ein sachlicher Anhalt für die Bestimmung des jedem Teile zur Last zu legenden Anteils an der Herbeiführung des schädigenden Erfolgs gewonnen ist, kann das Maß des von jedem Teile nach den Umständen des Falles zu vertretenden Verschuldens als weiterer Posten für die Findung eines angemessenen Ausgleichs herangezogen werden. **169,** 84 (96). — 28) Hat ein Steuerberater seinen Auftraggeber durch schuldhaft fehlsamen Rechtsrat daran gehindert, wegen verübter Steuerhinterziehungen rechtzeitig eine Selbstanzeige (§ 410 Reichsabgabenordnung) zu erstatten, und ist der Auftraggeber mit einer Steuergeldstrafe belegt worden, so ist der ursächliche Zusammenhang für den vertraglichen Schadensersatzanspruch allein dadurch gegeben, daß der Steuerberater dem Auftraggeber die Erlangung der Straffreiheit verscherzt hat, während dessen Steuervergehen nur eine historische Vorbedingung für den Schaden bilden Der Ersatz der Geldstrafe stellt solchenfalls keine Begünstigung (§ 257 StGB.) dar und unterliegt auch sonst keinen grundsätzlichen Rechtsbedenken. **169,** 267. — 29) Allgemeiner Rechtsgrundsatz, wonach das eigne Verhalten des Verletzten auch außerhalb des § 254 BGB. für die Entstehung und die Höhe der Schadensersatzansprüche Dritter aus § 844 oder § 845 BGB. bedeutsam ist. **170,** 311.

III. Schadensersatz in Vertrags- und vertragsähnlichen Verhältnissen.

A. Schadensersatz wegen Nichterfüllung. (Zu § 326 BGB. s. syst. Reg. § 99.)

1. Allgemeine Grundsätze.

— — — — — — — — — — — —

2. Schadensersatz wegen Nichterfüllung beim Kauf.

— — — — — — — — — — — —

B. Schadensersatz in Vertrags- und vertragsähnlichen Verhältnissen im übrigen; auch Verschulden beim Vertragsschluß.

(Schadensersatz gegen Rechtsanwälte § 287.)

1) Beim Grundstücksverkauf bleibt, wenn keine Gewährschaftshaftung des Verkäufers für Sachmängel besteht, Raum für eine Haftung nach § 276 BGB. aus Verschulden bei Vertragsschluß. **161,** 193 (196). — 2) Dagegen im Rahmen der Gewährschaftshaftung des Verkäufers für Sachmängel. **161,** 330 (337). — 3) Schadensersatz wegen Verzugs beim Zustandekommen eines Vorvertrags (durch Annahme eines Angebots zum Eintritt in das Geschäft eines Einzelkaufmanns) und zugleich Erfüllung des Vertrags in der Weise, daß der Gläubiger sich darauf beruft, inzwischen seien Umstände eingetreten, die ihm bei rechtzeitiger Aufnahme als Gesellschafter ein Über-

nahmerecht gemäß § 142 HGB. geben würden. **165**, 260. — 4) Beherbergungsvertrag; Schadensersatzanspruch; Umkehrung der Beweislast für Verschulden. **169**, 84 (97). — 5) Gastaufnahmevertrag; Grenzen der dem Gastwirt obliegenden Sorgfalt. Der Gast, der sich an einer in der Gaststätte stattfindenden Vorführung beteiligt, übernimmt dem Gastwirt gegenüber die damit verbundene, ihm bekannte oder erkennbare Gefahr. **169**, 213.

IV. Schadensersatz außerhalb vertraglicher Verhältnisse.

1) Wenn ein Angestellter trotz des Unfalls seine Stellung behält und sein Gehalt weiterbezieht, so kann regelmäßig nicht davon gesprochen werden, daß ihm aus der Körperverletzung, soweit es sich um die Minderung der Erwerbsfähigkeit handelt, ein Schaden entstanden sei. Im allgemeinen kann daher in einem solchen Fall dem Verletzten, auch wenn er wegen der Unfallsfolgen eine Rente nach der Reichsversicherungsordnung bezieht, ein Schadensersatzanspruch wegen Minderung der Erwerbsfähigkeit gegen den Verletzer nicht erwachsen und kann deshalb ein Ersatzanspruch nicht nach § 1542 RVO. auf die Berufsgenossenschaft übergehen. **165**, 236. — 2) a. Auch nach österreichischem Kraftfahrrecht ist eine Erfolgshaftung des Fahrschülers ausgeschlossen. b. Nach allgemeinen Grundsätzen des Schadensersatzrechts hat der Fahrschüler unrichtiges Verhalten zu vertreten, insofern es nicht auf den Mangel ihm noch nicht zurechenbarer Fähigkeiten (nach § 1297, nicht nach § 1299 ABGB.) zurückzuführen ist. **166**, 81. — 3) Gesamtschuldnerische Haftung mehrerer Täter für Schadensersatz im Gegensatz zur Haftung für Aufopferungs-Entschädigung, die an Stelle der Abwehrklage tritt. **167**, 14 (38flg.). — 4) Keine schuldhafte, zum Schadensersatze verpflichtende Unterlassung liegt vor, wenn ein Mann, der außer dem als Kindesvater in Anspruch genommenen Manne mit der Kindesmutter in der gesetzlichen Empfängniszeit Geschlechtsverkehr gepflogen hat, nichts unternimmt, um die Verurteilung des andern im Vaterschaftsprozeß zu verhindern, solange er nicht bei gewissenhafter Prüfung der Umstände zu der Einsicht kommen mußte, daß das Kind aus dem von der Kindesmutter mit ihm ausgeführten Geschlechtsverkehr stammt. **167**, 308.

§ 95a. Vorbeugende Unterlassungsklage.

1) Unterlassungsklage des Verletzten, der durch die Verbreitung unrichtiger, insbesondere ehrenkränkender Behauptungen in der Presse geschädigt ist, gegen den Verleger. **162**, 7 (14). — 2) Der Anspruch auf Widerruf ist im Falle einer fortdauernden widerrechtlichen Beeinträchtigung auch bei nur gegenständlicher Rechtsverletzung zu gewähren, und zwar in Gestalt des selbständigen negatorischen Beseitigungsanspruchs auf der Grundlage des § 1004 BGB. Die frühere entgegenstehende Meinung wird aufgegeben. **163**, 210. — 3) Die sogenannte vorbeugende Klage auf Unterlassung von Eingriffen in vom Gesetz geschützte Rechtsgüter, z. B. die Ehre, setzt keine unerlaubte Handlung, also kein Verschulden des Täters voraus; ein sachlich rechtswidriger Eingriff genügt. **166**, 150. — 4) Keine Unterlassungs(Widerrufs)klage gegen den Verleger einer Zeitung wegen ehrenkränkender Aus-

führungen des Schriftleiters. **170,** 45. — 5) Unterlassungsklage; über die Frage, ob die Unterlassungsansprüche bestimmt genug gefaßt sind, und über die Grundsätze, die für Unterlassungsansprüche aus Patentrechten aufgestellt worden sind. **170,** 228 (233).

§ 96. Rechenschaftslegung. Offenbarungseid. Auskunftserteilung.

(Auskunft nach § 676 BGB. s. syst. Reg. § 133 I.)

1) Der Fall des § 687 Abs. 2 BGB. bildet nicht die einzige Handhabe für die Anwendung des § 260 BGB. In Fällen, in denen ein Recht auf Auskunft gegenüber den Verpflichteten die Rechtsverfolgung in hohem Maße erleichtert, oft überhaupt erst möglich macht, ist — auch abgesehen von der Geschäftsführung ohne Auftrag — nach den Grundsätzen von Treu und Glauben dem Berechtigten ein Anspruch auf Auskunft bei Rechtsverhältnissen zu gewähren, deren Wesen es mit sich bringt, daß der Berechtigte entschuldbarerweise über Bestehen und Umfang seines Rechts im ungewissen, der Verpflichtete aber in der Lage ist, unschwer solche Auskunft zu erteilen. **164,** 208 (209). — 2) Sobald einmal der Verpflichtete Auskunft erteilt hat, ist seine Verurteilung zu weiterer Auskunftserteilung regelmäßig ausgeschlossen. Das vom Gesetz gewährte Zwangsmittel, eine vollständige Auskunft zu erzielen, besteht nach § 260 BGB. eben nur darin, daß der Auskunftspflichtige zur Leistung des Offenbarungseides angehalten werden kann. Beruht jedoch die Unvollständigkeit des Nachlaßverzeichnisses darauf, daß der Verpflichtete einen bestimmten zum Nachlaß gehörigen Vermögensteil, den er nicht zum Nachlasse rechnet, in dem Verzeichnisse gänzlich ausgelassen hat, so kann er hinsichtlich dieses Vermögensteils, da insoweit ein Nachlaßverzeichnis nicht vorliegt, unter Feststellung der Zugehörigkeit des Anteils zum Nachlasse wiederholt zur Auskunftserteilung verurteilt werden. **164,** 208 (210). — 3) Ein Gläubiger, der Zwangsvollstreckung durch Pfändung und Überweisung zur Einziehung erwirkt hat, hat dem Verpflichteten Rechnung zu legen über die von ihm gepfändeten und eingezogenen Forderungen. Der Zeitpunkt, in dem diese Rechnungslegung verlangt werden kann, richtet sich nach den Umständen des Falles (öst. Recht). **164,** 348. — 4) Besorgt jemand Angelegenheiten, die zugleich seine eignen und die eines andern sind, so ist er diesem Rechenschaft schuldig, nicht bloß zu Auskunft verpflichtet. Durch die Besorgung eigner und fremder Angelegenheiten entsteht eine Art Ausübung von gemeinschaftlichen Rechten, die eine Rechenschaftspflicht erzeugt (öst. Recht). **164,** 348 (350). — 5) Über die sachliche Rechtskraft von Beschlüssen des als Vollstreckungsgericht tätigen Prozeßgerichts nach § 788 ZPO., durch welche die Verhängung von Zwangsmaßnahmen zur Erzwingung einer vollständigeren Rechnung, als sie bisher gelegt sei, abgelehnt wird. **167,** 328.

§ 97. Ort der Leistung. Erfüllungsort.

— — — — — — — — — — —

§ 98. Zeit der Leistung. Stundung.

— — — — — — — — — — —

§ 99. Verzug des Schuldners (insbesondere bei gegenseitigen Verträgen, § 326 BGB.).

1) Der Schuldner kommt nicht in Verzug, wenn seine Zahlungssäumnis auf Schwierigkeiten im zwischenstaatlichen Verrechnungsverkehr beruht und der Gläubiger bei Begründung der Verpflichtung wußte, daß der Schuldner für die Erlangung von Zahlungsmitteln wesentlich auf die Ergebnisse dieses Verrechnungsverkehrs angewiesen sei. **161,** 100. — 2) Rücksicht auf Treu und Glauben bei Schuldnerverzug (im Versicherungsrecht). **162,** 238 (243). — 3) Soldaten haben im Falle verspäteter Auszahlung ihrer Gebührnisse keinen Anspruch auf Verzinsung. **164,** 1 (9). — 4) Die Unterhaltspflichtige wird durch die Aufforderung zur Zahlung der Unterhaltsbeträge auf ein bei einer inländischen Bank errichtetes Vorzugssperrguthaben für den im Auslande lebenden Unterhaltsberechtigten nicht in Verzug gesetzt. **165,** 219. — 5) Unter dem Gesichtspunkt des Schadensersatzes wegen Verzugs kann gegebenenfalls derjenige, durch dessen Annahme nur ein Vorvertrag zustandegekommen ist, die Erfüllung des (auf Eintritt des Gläubigers in das Handelsgeschäft des Schuldners gerichteten) Vertrags in der Weise verlangen, daß er sich darauf beruft, inzwischen seien Umstände eingetreten, die ihm bei rechtzeitiger Aufnahme als Gesellschafter ein Übernahmerecht gemäß § 142 HGB. geben würden. **165,** 260.

§ 100. Verzug des Gläubigers.

Auch für die Frage, ob im Sinne des § 295 BGB. zur Bewirkung der Leistung des Schuldners eine Handlung des Gläubigers erforderlich ist, gilt der Grundsatz des § 242 BGB. **168,** 321 (327).

§ 101. Verschulden in Vertragsverhältnissen. Positive Vertragsverletzung. Verschulden beim Vertragsschluß.

(Vgl. § 42 „Verschulden"; auch § 101.)

1) Auch wenn mehrere selbständige Verträge geschlossen worden sind, kann es im Willen der Parteien liegen, daß diese in gewissen Beziehungen einer einheitlichen rechtlichen Behandlung unterworfen werden, dergestalt, daß bei positiver Verletzung eines Vertrags der vertragstreue Teil befugt sein soll, daraus Rechte auch hinsichtlich der übrigen Verträge herzuleiten. **161,** 100. — 2) Keine positive Vertragsverletzung, wenn der Pächter die amtliche Festsetzung des Pachtzinses betreibt und damit von einem Rechtsbehelfe Gebrauch macht, den das geltende Recht nicht zugunsten des einzelnen, sondern zum Schutze der gesamten Volkswirtschaft eingeführt hat. **161,** 267 (274flg.). — 3) Vertraglich vorausgesetzte Eigenschaft eines (zwecks Errichtung eines Landhauses in freier, landschaftlich schöner Umgebung gekauften Baugrundstücks kann die aus der örtlichen Lage und den geltenden Bebauungsplänen sich ergebende Unbebaubarkeit eines Nachbargrundstücks sein. Der Mangel einer solchen Eigenschaft kann dann einen Fehler des Kaufgrundstücks darstellen. Führt der Verkäufer, der das Vorhandensein jener Eigenschaft weder zugesichert noch vorgetäuscht, auch ihr Fehlen nicht arglistig verschwiegen hat, nach Kaufabschluß selber die Bebauung des Nachbargrundstücks herbei, so haftet er, wenn auch nicht aus unerlaubter

Handlung (§ 826 BGB.), so doch aus positiver Vertragsverletzung (§ 276) dem Käufer auf Schadensersatz. **161**, 330. — 4) Eine positive Vertragsverletzung liegt vor, wenn der Schuldner durch schuldhafte Verletzung der Leistungspflicht dem Gläubiger einen über das Erfüllungsinteresse hinausgehenden Schaden verursacht oder die Erreichung des Vertragszwecks derart gefährdet, daß dem Gläubiger die Fortsetzung des Vertragszwecks nicht zugemutet werden kann. **161**, 330 (337flg.). — 5) Grundsätzlich kann wegen der Rechtsunwirksamkeit eines Vertrags, den ein unzuständiger Beamter für eine öffentlich-rechtliche Körperschaft abschließt, diese von dem Dritten nicht um deswillen auf Schadensersatz in Anspruch genommen werden, weil der Beamte seine Unzuständigkeit, die er hätte offenbaren müssen, bei den Vertragsverhandlungen verschwiegen hat. Jedoch können besondere hinzutretende Umstände zu einem gegenteiligen Ergebnis führen: a. Nimmt der Beamte ein Vertragsangebot an, das sachlich den dafür vorgesehenen behördlichen Anforderungen nicht entspricht, daher keine Aussicht auf Annahme hat und zugleich auch die damit zusammenhängenden Voraussetzungen für die andernfalls bestehende Abschlußbefugnis des Beamten nicht erfüllt, während es die besondere Aufgabe des Beamten ist, sich mit solchen Angeboten zu befassen, auf die Beseitigung ihrer oben bezeichneten Mängel hinzuwirken und darüber unter Erteilung erschöpfender sachlicher Auskünfte mit der Gegenpartei zu verhandeln, so kann die öffentlich-rechtliche Körperschaft einer Haftung für das Verschulden des Beamten bei dem von ihm zulässigerweise geführten Vertragsverhandlungen nicht entgehen. b. Ist ferner der Beamte dazu berufen, über seine Zuständigkeit vertraglich-verpflichtende Auskünfte zu geben, so vermag — sofern nicht schon wegen schlüssig bejahter Zuständigkeit Schadensersatzansprüche gegen die öffentlich-rechtliche Körperschaft aus einem stillschweigend geschlossenen Auskunftsvertrage begründet sein sollten — insoweit auch das bloße Verschweigen der Zuständigkeit entgegen der durch die Vertragsverhandlungen begründeten Offenbarungspflicht Schadensersatzansprüche auf vertragsähnlicher Grundlage zu erzeugen. **162**, 129 (156flg.). — 6) Der Pächter, der um die erforderliche Genehmigung nachsucht, nach Ablauf der Pachtzeit im eigenen Hause das bisher in den Pachträumen betriebene Geschäft fortzuführen, kann damit eine „positive Vetragsverletzung" durch Verstoß gegen die sich aus dem Pachtvertrag ergebende Treupflicht begehen, wenn die Erteilung der Genehmigung dazu führen muß, daß der Geschäftsbetrieb in den Räumen des Verpächters nicht fortgeführt werden darf. Diese in **158**, 180 entwickelten Grundsätze gelten auch dann, wenn der Pächter gewerbliche Räume in dem auf lange Frist geschlossenen Pachtvertrag das bisher vom Pächter betriebene Geschäft käuflich übernommen hat. Der Geschäftskauf allein gibt dem Pächter nicht das Recht, bei oder kurz vor Ablauf des Pachtverhältnisses das Geschäft in ein Nachbarhaus zu verlegen, wenn im Laufe der Pachtzeit ergangene gesetzliche Bestimmungen es ausschließen, daß der Verpächter nach Beendigung des Pachtverhältnisses in den früheren Pachträumen ein gleichartiges Geschäft wieder in Betrieb nimmt. Der Kauf (Verkauf) des Geschäfts ist bei Prüfung der Frage, was nach § 242 BGB. Rechtens ist, in angemessener Weise mitzuberücksichtigen. **165**, 35. — 7) Verschulden des

Arztes bei Operationen; ursächlicher Zusammenhang zwischen Verschulden und eingetretener Gesundheitsbeschädigung; Beweislast. **165**, 336 (338flg.). — 8) Der Arzt, auch der Kassenarzt und der Arzt, der ihn vertritt, ist zu körperlichen Eingriffen ohne oder sogar gegen den Willen des Kranken nicht befugt. Er darf eine Einwilligung dazu nicht durch Drohung oder nicht genügende Belehrung erlangen. **168**, 206. — 9) Widerrechtliche Drohung des Arztes gegenüber dem Krankenkassenmitglied; er muß die Vorstellung einer Drohung gehabt haben, zum mindesten sich bewußt gewesen sein, daß seine Äußerung geeignet sei, den Kläger unzulässigerweise in seiner Willensentschließung (Einwilligung zu einem operativen Eingriff) zu beeinflussen. **168**, 206 (212).

§ 102. Haftung des Schuldners für das Verschulden seines gesetzlichen Vertreters und seines Erfüllungsgehilfen (§ 278 BGB.).

1) Zur Abgrenzung der Begriffe der Übertragung einer Auftragsausführung (§ 664 Abs. 1 BGB.) und der Übertragung und Übernahme von Dienstleistungspflichten aus einem Dienstleistungsvertrag (auf Geschäftsbesorgung) an und durch einen Dritten von dem Begriffe der Erfüllungsgehilfenschaft (§ 278). **161**, 68. — 2) Der Rechtsanwalt als Erfüllungsgehilfe des Geschädigten, für dessen Verschulden dieser im Rahmen des § 839 Abs. 3 BGB. (schuldhafter Nichtgebrauch eines Rechtsmittels zur Abwendung des Schadens) einzutreten hat. **163**, 121 (124, 126). — 3) Ein Rechtsanwalt haftet seiner Partei für ein Verschulden eines ihm bei zeitweiser Verhinderung amtlich bestellten Vertreters (Generalsubstituten) auf Grund des § 278 BGB. wie für eignes Verschulden. **163**, 377. — 4) Der Eigentümer eines Kraftfahrzeugs, zu dessen Beschädigung es aus Verschulden des Kraftfahrzeugführers und eines Dritten kam, kann von dem Dritten nur den Ersatz des verhältnismäßigen Anteils an dem Schaden verlangen, wenn sich das Verhältnis des Verschuldens bestimmen läßt. Das Verschulden der Hilfsperson des Eigentümers steht dem dritten Schädiger gegenüber einem eignen Verschulden des Beschädigten gleich. **164**, 203 (öst. Recht). — 5) Der Rechtsgedanke des § 254 BGB. ist der, daß Schädiger und Geschädigter den Schaden so weit zu tragen haben, als sie die Bedingungen verantworten müssen, die zusammen die Schadensursache gesetzt haben. Aus diesem Rechtsgedanken heraus hat die Rechtsprechung auch den Grundsatz entwickelt, daß sich der Verletzte in entsprechender Anwendung des § 831 BGB. das widerrechtliche Handeln des von ihm zu einer Verrichtung Bestellten bei Entstehung eines Schadens anrechnen lassen muß. Der Entlastungsbeweis, der dem Verletzten aus § 831 BGB. nachgelassen ist, kann aber dem Dienstherrn des Beamten nicht zur Verfügung stehen, weil seine Verantwortung aus anderen Rechtsgründen nicht nur in der Beschränkung des § 831 an Stelle derjenigen des Beamten tritt. Daneben kann es dahingestellt bleiben, ob das Reich bei dem Ausgleich des ihm entstehenden Schadens sich das Verschulden seines Beamten auch aus § 278 BGB. anrechnen lassen müßte oder ob es sich in dieser Beziehung darauf berufen könnte, daß nach der Rechtsprechung die Haftung des Geschädigten für den Verrichtungs-

gehilfen im Rahmen des § 254 Abs. 1 BGB. auf die Fälle beschränkt ist, in denen bereits vor dem Eintritt des schädigenden Ereignisses Rechtsbeziehungen zwischen dem Geschädigten und dem Schädiger bestanden, die gewisse Sorgfaltspflichten des durch den Schaden Bedrohten gegenüber dem Schädiger begründeten. **164**, 264 (269). — 6) Nach der früheren Gestaltung des Sozialversicherungsrechts waren auf das Dienstverhältnis des Vertrauensarztes zur Krankenkasse die im bürgerlichen Recht entwickelten Grundsätze über den Erfüllungsgehilfen (§ 278 BGB.) entsprechend anwendbar. **165**, 91 (103). — 7) Nach den allgemeinen Bedingungen, die den Verträgen zwischen den Reichsautobahnen und den für sie Arbeiten ausführenden Unternehmern zugrunde gelegt werden, bestehen keine Vertragsverpflichtungen zwischen den Reichsautobahnen und den von den Unternehmern beschäftigten Arbeitern. Wenn die Reichsautobahnen durch Zahlung einer Vergütung an von ihnen beschäftigte Fuhrunternehmer den Arbeitern die Möglichkeit erhalten, die Fahrzeuge der Fuhrunternehmer zur Erreichung ihrer Arbeitsstelle zu benutzen, so übernehmen sie damit keine Verpflichtung zur Beförderung der Arbeiter. Die Führer der Fahrzeuge werden dadurch nicht Erfüllungsgehilfen der Reichsautobahnen. **165**, 309. — 8) Für den aus der Verletzung der Obhut- und Rückgabepflicht bei der öffentlich-rechtlichen Verwahrung entstehenden Ersatzanspruch behält der Begriff der öffentlich-rechtlichen Verwahrung insofern seine Bedeutung, als aus ihm Inhalt und Umfang der in den §§ 688flg., 278, 282 BGB. ausgeprägten und in der Rechtsprechung hierzu entwickelten Rechtsgedanken zu bestimmen sind. **166**, 218 (223). — 9) Die außerkontraktliche Schadensersatzpflicht aus § 1315 ABGB. setzt voraus, daß der Schaden im Betrieb des Geschäftsherrn, dessen Haftung in Anspruch genommen wird, seine Ursache hat. **166**, 385. — 10) Zur Anwendung des § 254 BGB. bei der Haftung mehrerer Anwälte gegenüber ihrem Auftraggeber und zur Frage, ob unter Umständen einer der Anwälte als Erfüllungsgehilfe des Auftraggebers bei der Abwendung des Schadens anzusehen ist. **167**, 76. — 11) Der Beschädigte braucht nicht in allen Fällen das Verschulden eines Gehilfen sich anrechnen zu lassen und eine Pflicht zur Minderung oder Abwendung des Schadens besteht erst nach Eintritt des Schadens. Dies bezieht sich aber nur auf den Fall, daß nicht schon ein Rechtsverhältnis bestand, aus dem sich eine schuldrechtliche Verpflichtung des Geschädigten zum Schädiger ergab. Dagegen ist bei Bestehen eines Vertragsverhältnisses die Anwendung des § 278 im Falle des § 254 BGB. nicht zweifelhaft. **167**, 76 (81). — 12) Ist eine Partei kraft Vertrags (wie auch nach § 254 Abs. 2 BGB.) verpflichtet, von dem Antrag aus § 719 ZPO. Gebrauch zu machen, wozu er sich gemäß § 78 ZPO. eines Anwalts bedienen muß, so ist dieser deswegen auch in der Pflicht zur Abwendung des drohenden Schadens Erfüllungsgehilfe der Partei im Sinne des § 278 BGB. **167**, 76 (82). — 13) Gesetzliche Ersatzansprüche, die nach § 1542 RVO. allein auf die Versicherungsträger übergehen, können vertraglich in den Grenzen der §§ 138, 276 Abs. 2 und des § 278 BGB. wegbedungen werden. **167**, 207 (213). — 14) § 278 BGB. Der Gast, der sich an einer in der Gaststätte stattfindenden Vorführung beteiligt, übernimmt dem Gastwirt gegenüber die damit verbundene, ihm bekannte oder erkennbare Gefahr. **169**, 213.

§ 103. Verschulden außerhalb vertraglicher Verhältnisse.

(S. § 95 IV und § 145.)

1) Schon bloße Vertragsverhandlungen erzeugen — selbst dann, wenn sie nicht zum Vertragsschluß führen — ein vertragsähnliches Vertrauensverhältnis zwischen den Beteiligten, das diese zur Beachtung der im Verkehr erforderlichen Sorgfalt verpflichtet. **162,** 129 (156). — 2) Mangelnde Sorgfalt in der Verwahrung eines Kraftwagens stellt ein Verschulden dar, das die Verantwortlichkeit des Schuldigen nach den Vorschriften des allgemeinen bürgerlichen Rechts begründet. **167,** 391.

3. Schuldverhältnisse aus Verträgen.

§ 104. Vertragsschluß. Einrede, daß der Vertrag anders niedergeschrieben als verabredet sei. Mündliche (formlose) Nebenabreden neben schriftlichen (formgerechten) Verträgen.

(S. auch § 34.)

1) Schon bloße Vertragsverhandlungen erzeugen — selbst dann, wenn sie nicht zum Vertragsschluß führen — ein vertragsähnliches Vertrauensverhältnis unter den Beteiligten, das diese zur Beachtung der im Verkehr erforderlichen Sorgfalt verpflichtet. **162,** 129 (156). — 2) Schon in dem Eintreten in die gemeinsamen Verhandlungen kann ein stillschweigendes Übereinkommen zu erblicken sein, wonach jeder Beteiligte die Belange der übrigen Beteiligten zu wahren habe. **162,** 129 (159). — 3) Für die Beurteilung, ob ein versteckter Einigungsmangel vorliegt, muß sich jeder Erklärende beim Wort nehmen und es sich gefallen lassen, daß seine Erklärung so verstanden wird, wie sie von der Allgemeinheit aufgefaßt wird. **162,** 177. — 4) Nebenabreden, die in der Satzung einer Gesellschaft mbH. keinen Ausdruck gefunden haben, sind unbeachtlich. **165,** 68 (73). — 5) Wenn die Vertragserklärungen eindeutig sind, darf kein Teil sich darauf berufen, daß er seinen Erklärungen einen andern Sinn beigelegt habe, und es ist für die Anwendung des Grundsatzes vom versteckten Einigungsmangel kein Raum. **165,** 193 (199). — 6) Zustandekommen eines Vertrags durch die Annahme eines Angebots zum Eintritt in das Geschäft eines Einzelkaufmanns, wobei dem Annehmenden gewisse Wahlrechte eingeräumt sind. **165,** 260. — 7) Die Einräumung eines Ankaufsrechts (Optionsrechts) bezüglich eines Grundstücks kann durch einseitiges, in der Form des § 313 BGB. beurkundetes Vertragsangebot (§§ 145flg. BGB.) mit verlängerter Annahmefrist vereinbart werden, wenn der andere Teil sich noch nicht zu einer Gegenleistung verpflichtet und auch kein Bindungsentgelt gewährt. In solchem Falle können aber Rechte daraus erst nach formgerechter Annahme des Angebots hergeleitet werden. Wird dagegen die Einräumung des Ankaufsrechts vertraglich in gehöriger Form vereinbart, dann kann die Ausübung dieses Rechts formfrei stattfinden. **169,** 65. — 8) Zu §§ 145, 151 BGB. beim Zustandekommen und bei der Änderung (Umstellung) eines Kraftfahrzeug(haftpflicht)-versicherungsvertrags. **170,** 397 (401).

§ 105. Gegenstand und Inhalt der Verträge.

I. Allgemeines.

1) Es kann vereinbart werden, daß Haftungsausschließungen und Haftungsminderungen sich im Rahmen des nach § 276 BGB. Zulässigen auch auf außervertragliche Schadensersatzansprüche auswirken sollen. **161,** 209 (215). — 2) Vertraglich können sich die Beteiligten unter noch nicht in Kraft gesetzte gesetzliche Bestimmungen unterwerfen. **161,** 234 (236). — 3) Bemessung der Ruhegehaltsansprüche eines jüdischen Betriebsleiters, der nicht wegen seiner Rassezugehörigkeit im Zuge der politischen Entwicklung, sondern aus andern Gründen aus dem Vorstande der Aktiengesellschaft ausgeschieden ist. **161,** 301. — 4) Kraft des das Schuldrecht beherrschenden Grundsatzes der Vertragsfreiheit ist die Begründung eines Auflassungsanspruchs für den jeweiligen Eigentümer eines andern Grundstücks als möglich anzuerkennen. **162,** 349 (354). — 5) Ist ein aus Kauf und Schenkung gemischter Vertrag in Ansehung einer Liegenschaft zum überwiegenden Teil entgeltlich, so beschränkt sich der bei Rückforderung des Geschenkes infolge Widerrufs wegen groben Undanks gegebene Herausgabeanspruch auf den durch die Gegenleistung nicht ausgeglichenen Mehrwert. Auf das Grundstück selbst oder einen Teil davon kann er nicht gerichtet werden (öst. Recht). **163,** 257. — 6) In einem Grundstücksveräußerungsvertrag kann die Bestimmung des zu übertragenden Grundstücks im einzelnen einem Dritten überlassen werden, wenn die Verpflichtung zur Veräußerung formgerecht (§ 313 BGB.) beurkundet ist. Die Formgültigkeit wird nicht dadurch beeinträchtigt, wenn der Dritte die Leistung so bestimmt, daß einem der Beteiligten an einem der zu übereignenden Grundstücke ein Vorkaufsrecht vorbehalten wird, sofern sich der Dritte damit im Rahmen der ihm durch den Vertrag übertragenen Aufgabe hält. **165,** 161 (163 flg.). — 7) Es ist zulässig, in einem formgerechten Vertrage zu bestimmen, einer der Vertragschließenden solle nach Richtlinien das Grundstück bestimmen, zu dessen Übertragung sich der eine Teil verpflichte (§ 315 BGB.). Die in dem Vertrage vorgesehene Bestimmung des zu übertragenden Grundstücks kann dann formlos geschehen (§ 315 Abs. 2, § 318 Abs. 1 BGB.). **165,** 161 (163 flg.). — 8) Wer sich widersprechende oder möglicherweise unter sich in Widerstreit tretende Verpflichtungen eingeht, muß an und für sich grundsätzlich die sich daraus ergebenden Folgen selbst tragen. **169,** 227 (228).

II. Vorverträge.

1) Die Abmachung, daß der eine Vertragsteil durch einseitige Erklärung die Vertragsdauer über die ursprüngliche Vertragszeit hinaus, unter Umständen auch unter andern Bedingungen fortsetzen könne, kann sich als Abschluß eines Vorvertrags oder als ein Vertragsangebot des andern Teils oder als sofortiger Abschluß eines neuen Vertrags auf die neue Vertragszeit unter der aufschiebenden Bedingung darstellen, daß der Kläger nach pünktlicher Vertragserfüllung fristgemäß seinen Verlängerungswillen erkläre. **161,** 267 (272). — 2) Zustandekommen eines Vorvertrags durch Annahme eines Angebots zum Eintritt in das Geschäft eines Einzelkaufmanns, wobei

dem Annehmenden gewisse Wahlrechte eingeräumt sind. **165,** 260. — 3) Vorvertrag über die Grundstücksveräußerung, Einräumung eines „Optionsrechts"; Formzwang. **169,** 65 (71).

III. Verträge über unmögliche Leistung.

(S. § 92.)

— — — — — — — — — — — — —

IV. Verträge gegen gesetzliches Verbot und die guten Sitten.

(S. § 36.)

— — — — — — — — — — — — —

V. Verträge der §§ 310—312 BGB.

(S. Schuldübernahme § 114.)

1) Einem Vertrag über das Anfallrecht eines Dritten hinsichtlich des künftigen Vermögens eines eingetragenen Vereins (einer Gesellschaft mit beschränkter Haftung) steht auch § 310 BGB entgegen. **169,** 65. — 2) Abmachungen, wenn auch nur schuldrechtlich wirkende, über den Nachlaß eines noch lebenden Dritten sind unter den gesetzlichen Erben zulässig. **169,** 98 (99).

VI. Verträge über die Veräußerung von Grundstücken.

(S. auch § 33 I: Form des Grundstücksveräußerungsvertrags.)

1) a. Die Beurkundung eines Prozeßvergleichs im Beschwerdeverfahren einer Zwangsversteigerung genügt der Formvorschrift des § 313 BGB. b. In einem der Formvorschrift genügenden Grundstücksveräußerungsvertrag kann die Bestimmung des zu übertragenden Grundstücks einem oder mehreren Dritten überlassen werden. **165,** 161. — 2) Im Gebiete der Bekanntmachung vom 15. März 1918 über den Verkehr mit landwirtschaftlichen Grundstücken sind rechtskräftige Entscheidungen der Behörden über die Genehmigung von Grundstücksveräußerungen oder deren Versagung als endgültig und nachträglich abändernde Entscheidungen als unwirksam zu nehmen. **167,** 236 (241); **168,** 346 (351). — 3) Nichtigkeit eines Grundstücksveräußerungsvertrags wegen Verletzung der Preisbildungsvorschriften. **168,** 91. — 4) Bei Grundstücksveräußerungen, die der Genehmigung nach der Bekanntmachung des Bundesrats über den Verkehr mit landwirtschaftlichen Grundstücken vom 15. März 1918 oder nach dem Preußischen Grundstücksverkehrsgesetz vom 10. Februar 1923 bedurften, war auf Grund eines formgültig abgeschlossenen Vertrags, dem zu seiner Wirksamkeit nur die behördliche Genehmigung fehlte, zwar ein Treuverhältnis zwischen den Parteien begründet, so daß kein Teil sich einseitig grundlos vom Vertrage lossagen konnte, aber es war, solange die Genehmigung noch ausstand, kein Anspruch auf Erfüllung gegeben. **168,** 261 (267). — 5) Grundstücksveräußerung; Genehmigungspflicht nach der Vo. über den Einsatz des jüdischen Vermögens. **168,** 261 (269). — 6) Die schuldrechtliche Verpflichtung, das Eigentum an Grundstücken unter gewissen Voraussetzungen an einen andern zu übertragen, unterliegt als eine, wenn auch nur bedingte, Bindung der Formvorschrift

des § 313 BGB. In solchem Falle bedarf nicht nur die Verpflichtungserklärung, sondern der Vertrag im ganzen, durch den eine solche Verpflichtung begründet werden soll, also nicht nur die Erklärung dessen, der das Eigentum zu übertragen sich verpflichtet, sondern auch die Annahmeerklärung des Vertragsgegners, der gerichtlichen oder notarischen Beurkundung. Wird durch den Vertrag dem andern Teil nur ein Ankaufsrecht eingeräumt, wie bei der Vereinbarung eines Vorkaufs- oder eines Wiederkaufsrechts, so unterliegt die Ausübung dieses Ankaufsrechts keinem Formzwange. **169,** 65 (70). — 7) An der Formnichtigkeit eines derartigen Vertrags wird durch die Eintragung einer Vormerkung zur Sicherung eines hieraus herzuleitenden Anspruchs nichts geändert. **169,** 65 (71). — 8) Einräumung eines Ankaufs- („Options"rechts, wenn sich etwa auch die Gegenpartei zu einer Gegenleistung schon für diese Einräumung, zur Gewährung eines Bindungsentgelts, verpflichtet oder eine solche Gegenleistung bewirkt hätte, Vorvertrag über die Grundstücksveräußerung; Formzwang. **169,** 65 (71flg.). — 9) Bei einem sogenannten Offertvertrage erfaßt der Beurkundungszwang nicht nur das bindende Angebot zur Veräußerung eines Grundstücks, sondern auch die andern vertraglichen Abmachungen der Beteiligten, die mit dem Angebot eine rechtliche Einheit bilden. **169,** 185 (188). — 10) Die sinngemäße Anwendung des § 313 Satz 2 muß dahin gehen, die formheilende Wirkung für einen Vorvertrag, in dem sich der eine Teil zur Abgabe eines bindenden Verkaufsangebotes über ein Grundstück verpflichtet, nicht erst mit der Auflassung und Eintragung, sondern schon mit der Erfüllung der seine Formbedürftigkeit begründenden Verpflichtung, nämlich der vorschriftsmäßigen Beurkundung des Verkaufsangebotes, eintreten zu lassen, so daß er damit in vollem Umfange rechtsgültig wird. **169,** 185 (190).

§ 106. Abstrakte Verträge. Einseitige Verträge.

— — — — — — — — — — — —

§ 107. Gegenseitige Verträge (§§ 320—327 BGB.).

I. Allgemeines.

1) Eine gewisse Überschreitung von Fristen für die Vornahme von Rechtshandlungen kann nach Treu und Glauben unter Umständen unschädlich sein; dies gilt insbesondere für eine gemäß § 326 BGB. für eine Leistung gesetzte Nachfrist, wenn die Verspätung geringfügig und dazu unverschuldet ist. **163,** 9 (13). — 2) Bei Veräußerungs- und Ausübungs- (Lizenz)verträgen über ein Geheimverfahren ist im einzelnen Fall auf Grund der Vereinbarungen der Vertragsparteien und unter Heranziehung aller für die Auslegung in Betracht kommenden Umstände zu prüfen, ob und unter welchen Voraussetzungen der Veräußerer oder Nutzgeber für Mängel haftet, die sich auf die Ausführbarkeit und Brauchbarkeit des Verfahrens beziehen. An Stelle der regelmäßig nicht anwendbaren Vorschriften über die Sachmängelhaftung beim Kauf treten die allgemeinen Bestimmungen über gegenseitige Verträge (§§ 320flg. BGB.). **163,** 1. — 3) Bei einer in das Leben getretenen offenen Handelsgesellschaft oder Kommanditgesellschaft

ist eine Anfechtung des Gesellschaftsvertrags auf Grund von Willensmängeln oder ein Rücktritt vom Gesellschaftsvertrage wegen Fortfalls der Geschäftsgrundlage nicht zulässig; der betroffene Gesellschafter kann nur aus wichtigem Grund gemäß § 133 HGB. auf Auflösung klagen. **165,** 193. — 4) Die Rechte aus § 326 BGB. können bei einem Vertrag, welcher der devisenrechtlichen Genehmigung bedarf, vor Erteilung dieser Genehmigung nicht ausgeübt werden. **168,** 261.

II. Erfüllung Zug um Zug.

Zulässigkeit der Klage auf künftige Leistung nach § 259 ZPO. in den Fällen des § 322 Abs. 1 und 2 ZPO. **168,** 321 (325 f.).

III. Vorleistung. Vorleistungspflicht.

Zulässigkeit der Klage auf künftige Leistung nach § 259 ZPO. in den Fällen des § 322 Abs. 1 und 2 ZPO. **168,** 321 (325 f.).

IV. Unmöglichkeit der Erfüllung.

1) Bei einer bereits in Vollzug gesetzten Gesellschaft kann das Rücktrittsrecht wegen Unmöglichwerdens der Leistung oder wegen Leistungsverzugs aus §§ 325, 326 BGB. nicht geltend gemacht werden; das Rücktrittsrecht ist durch das Recht zur fristlosen Kündigung aus wichtigem Grunde nach § 723 BGB. oder durch das Recht nach § 133 oder nach § 133 in Verbindung mit § 161 HGB. aus wichtigem Grunde die Auflösung der Gesellschaft durch gerichtliche Entscheidung zu verlangen, ausgeschlossen. Dieselben Grundsätze müssen auch auf den Fortfall der Geschäftsgrundlage angewendet werden. **165,** 193 (199 flg.). — 2) Liefervertrag und Kartellvertrag. K. in gesetzlicher Zwang zum Beitritt zum Kartell. Eine vertragliche Verpflichtung aus dem Liefervertrag ist nur dann anzunehmen, wenn eine solche weitgehende Verpflichtung darin klar ausgesprochen ist. Unter besondern Umständen hat allerdings nach § 242 BGB. der Käufer als Gläubiger das Leistungsunvermögen des Verkäufers nach § 324 Abs. 1 BGB. zu vertreten, wenn er durch eine im Vertrag zwar nicht vereinbarte, ihm aber zumutbare Handlung nach Treu und Glauben den vom Schuldner herzustellenden Erfolg nicht verhindern durfte. Der Käufer (Gläubiger) hat auch dann das Leistungsunvermögen des Schuldners im Sinne des § 324 Abs. 1 BGB. zu vertreten, wenn er durch unlautern Wettbewerb die Sperre hervorgerufen hat. **166,** 134. — 3) Handelt es sich nur um Unmöglichkeit eines Teiles der ganzen vertraglichen Leistung, so tritt grundsätzlich Befreiung nur ein, soweit diese Leistung unmöglich geworden ist (§ 275 Abs. 1 BGB.). In der Regel wird bei solcher Teil-Unmöglichkeit nicht das Schuldverhältnis überhaupt vernichtet, sondern es bleibt bestehen; nur der unmöglich gewordene Leistungsteil kann dem Schuldner nicht mehr abgefordert werden. Ausnahmsweise aber treten durch Teil-Unmöglichkeit weitergehende Rechtswirkungen ein. Denn auch in solchen Fällen, wo eine Teilleistung an sich möglich bliebe, kann der besondere Inhalt und Zweck des Vertrags so beschaffen sein, daß dem Gläubiger nur mit der vollen Leistung gedient ist; verhält es sich so, dann

wird mit der Teil-Unmöglichkeit das ganze Schuldverhältnis ebenso hinfällig, wie wenn dem Schuldner die ganze Leistung unmöglich geworden wäre. **168**, 121 (128). — 4) Grundsätzliches zu §§ 275, 323 BGB. **170**, 257 (259).

V. Verzug des Schuldners bei gegenseitigen Verträgen.

(S. § 99.)

Zum Leistungsverzug des Gesellschafters vgl. § 107 IV Nr. 1.

§ 108. Schadensersatz in Vertragsverhältnissen und vertragsähnlichen Verhältnissen.

(S. § 95 III. § 101. Schadensersatz aus Vertragsverhältnissen mit Rechtsanwälten § 287.)

1) Es entspricht allgemeinen Rechtsgrundsätzen, daß der Gesellschafter, der durch sein schuldhaftes vertragswidriges Verhalten zur Kündigung Anlaß gegeben hat, dem kündigenden Gesellschafter den Schaden ersetzen muß, der diesem durch die erst infolge seiner Kündigung herbeigeführte vorzeitige Endigung des Gesellschaftsverhältnisses entsteht. **162**, 388 (395flg.). — 2) Wer sich gegen den Willen des Verfügungsberechtigten eigenmächtig die Verwaltung einer fremden Sache anmaßt, hat zumindest in dem Ausmaß zu haften, in dem der vertragsmäßige Verwalter nach dem Gesetz zu haften hat. **164**, 86. — 3) Schadensersatzpflicht des Auftrag(Dienst)gebers, z. B. wenn bei einem Dienstverschaffungsvertrage der Angestellte des Dienstgebers Dienste bei einem andern mit den von diesem gestellten Geräten, Maschinen oder Wagen zu leisten hat, im Falle der Verwendung ungeeigneter Arbeitsmittel oder bei einem Arbeitsverhältnis ohne Arbeitsvertrag oder bei einem mittelbaren Arbeitsverhältnis. **164**, 397 (399).

§ 109. Verträge zugunsten Dritter.

1) Kraft des das Schuldrecht beherrschenden Grundsatzes der Vertragsfreiheit ist die Begründung eines Auflassungsanspruchs für den jeweiligen Eigentümer eines andern Grundstücks als möglich anzuerkennen. **162**, 349 (354). — 2) Stellt jemand das Arbeitsgerät für eine auszuführende Arbeit, so haftet er für die Beschaffenheit des Gerätes nicht bloß seinem unmittelbaren Vertragspartner, sondern auch den von diesem mit seinem Wissen und Wollen herangezogenen Hilfskräften. **164**, 397. — 3) Der Krankenversicherte erwirbt auf Grund des zwischen der Krankenkasse und dem Kassenarzt bestehenden Vertrags nach den Grundsätzen des Vertrags zugunsten Dritter gegen den ihn behandelnden Kassenarzt einen unmittelbaren Anspruch auf sachgemäße Behandlung wie ein sonstiger Kranker gegen den ihn behandelnden Arzt, damit gegebenenfalls einen Schadensersatzanspruch gegen ihn. **165**, 91. — 4) Der zwischen der Krankenkasse und dem Kassenarzt bestehende Vertrag ist, ebenso wie der Fall der Einweisung des Kranken in ein Krankenhaus zur Behandlung im Hinblick auf die Krankenversicherten nach den Grundsätzen des Vertrags zugunsten Dritter (§§ 328flg. BGB.) zu behandeln. **165**, 91 (105flg.). — 5) Nach den allgemeinen Bedingungen, die den Verträgen zwischen den Reichsautobahnen und den für sie Arbeiten

ausführenden Unternehmern zugrunde gelegt werden, bestehen keine Vertragsverpflichtungen zwischen den Reichsautobahnen und den von den Unternehmern beschäftigten Arbeitern. Wenn die Reichsautobahnen durch Zahlung einer Vergütung an von ihnen beschäftigte Fuhrunternehmer den Arbeitern die Möglichkeit erhalten, die Fahrzeuge der Fuhrunternehmer zur Erreichung ihrer Arbeitsstelle zu benutzen, so übernehmen sie damit keine Verpflichtung zur Beförderung der Arbeiter. **165,** 309. — 6) Im Lebensversicherungsvertrage findet die Vorschrift des § 332 BGB. Anwendung, sofern deren Geltung in den Allgemeinen Versicherungsbedingungen nicht ausdrücklich ausgeschaltet ist. **168,** 177. — 7) § 332 BGB. als Auslegungsregel. **168,** 177 (186). — 8) Beim eingetragenen Verein ebenso wie bei der Gesellschaft mit beschränkter Haftung kann ein satzungsmäßig für den Fall der Auflösung vorgesehenes Anfallrecht eines Dritten jederzeit durch Satzungsrecht aufgehoben werden. Eine vertragliche Bildung des Vereins oder der Gesellschaft in dieser Beziehung durch den Gründungsvertrag, etwa in Gestalt eines Vertrags zugunsten Dritter, ist ausgeschlossen. Dem steht, soweit es sich um den Anfall des künftigen Vermögens handelt, auch § 310 BGB. entgegen. **169,** 65. — 9) Zu § 328 Abs. 1 BGB. und Versicherungsvertrag. **167,** 246 (250).

§ 110. Vertragsstrafe (vertragliches Wettbewerbsverbot).

— — — — — — — — — — — —

§ 111. Rücktritt vom Vertrage.

— — — — — — — — — — — —

4. Übertragung der Schuldverhältnisse.

§ 112. Übertragung (Abtretung) von Forderungen und anderen Rechten.

(Abtretung von Hypotheken s. § 77 IV.)

1) Nach Bewirkung der geschuldeten Abtretung eines Auflassungsanspruchs kann der Abtretungsempfänger von dem Abtretenden, der trotz der Abtretung vom Schuldner die Auflassung entgegengenommen hat, die Verschaffung des Eigentums am Grundstück fordern. **161,** 330 (338). — 2) Über die Abtretung einer der Abwicklungsgesellschaft gegen einen der gesamtvertretungsberechtigten Gesellschafter-Abwickler zustehenden Forderung an einen Dritten; Vertretungsberechtigung nur durch einen vom Gericht zu bestellenden besondern Abwickler. **162,** 370. — 3) Die durch Ausübung eines Vorkaufsrechts entstandenen Ansprüche können nach den allgemeinen Vorschriften (formlos) übertragen werden. **163,** 142 (153 flg.). — 4) Die Abtretung der durch Vorkaufsrechtsausübung entstandenen Ansprüche ist auch dann zulässig, wenn sie gleichzeitig mit der Ausübung geschehen ist. **163,** 142 (154). — 5) Der Kläger, der die streitbefangene Forderung während des ersten Rechtsgangs an einen Dritten abgetreten hat, muß, um die Klagabweisung zu vermeiden, das Klagbegehren auf Leistung an den Dritten umstellen. Das gilt auch im Bereiche des österreichischen Streitverfahrens. **167,** 321. — 6) Bei der Abtretung einer Forderung zur Sicherung kann auch der Abtretende Exekution zur Sicherstellung der Forderung führen. **168,** 115. — 7) Durch eine Sicherungsabtretung wird das Recht des Abtretenden,

Zahlung vom Schuldner zu fordern, nicht berührt; er darf nur nicht Zahlung an sich selbst, sondern nur Zahlung an den durch die Abtretung gesicherten Unternehmer verlangen. **168,** 115 (118). — 8) Abtretung einer streitbefangenen Forderung. Restitutionsklage. **168,** 225. — 9) Bei der Kreditkommission kann nach Beendigung des Auftrags der Kommittent verlangen, daß Kommissionär seine Forderung an Zinsen „in gesetzlicher Höhe" abtrete, und zwar daß er diese Erklärung dem Darlehnsnehmer gegenüber abgebe. Dieses Begehren ist bestimmt und vollstreckbar. **168,** 277. — 10) Forderungsabtretung und Devisengenehmigung. Wie wirkt es auf den Schutz des guten Glaubens, wenn der Abtretende zur Zeit des Geschäftsabschlusses Devisenausländer war, nachher aber Deviseninländer geworden ist? **168,** 346. — 11) Abtretung einer Forderung von seiten eines Gläubigers, dem die Forderung zur Einziehung überwiesen ist, an einen andern mit Wirkung gegenüber einem Drittschuldner. **169,** 54. — 12) Bei der Abtretung einer Forderung zur Einziehung (Einziehungsauftrag) wirkt die Zurückziehung der Klage unter Anspruchsverzicht als Anspruchsverlust auch gegenüber dem Gläubiger, der die Forderung übertragen hat. Er kann keine neue Klage erheben. **170,** 191. — 13) Durch die Abtretung zur Einziehung wird dem Abtretungsempfänger eine Prozeßstandschaft eingeräumt, die durchaus nicht immer mit der wirtschaftlichen Vermögenslage übereinzustimmen braucht; er erhält das Verfügungsrecht über den abgetretenen Anspruch, die Einziehungs- und Klagebefugnis. **170,** 191 (192). — 14) § 404 BGB. enthält den allgemeinen Rechtsgedanken, daß niemand mehr Rechte übertragen kann, als er selbst hat; er gilt für den Fall der Übertragung einer Forderung kraft Gesetzes, insbesondere beim Eintritt des Erwerbers einer versicherten Sache an Stelle des Veräußerers in dessen Rechte und Pflichten, entsprechend. **170,** 285 (290).

§ 113. Gesetzlicher Übergang von Forderungen und anderen Rechten.

1) Wenn Träger der Sozialversicherung den Schaden des Verletzten ausgeglichen haben, so vermögen sich infolge des § 839 Abs. 1 Satz 2 BGB. weder der Verletzte selbst auf Grund des Anspruchs aus Amtspflichtverletzung noch die Träger der Sozialversicherung auf Grund dieses auf sie etwa nach § 1542 RVO. übergegangenen Anspruchs an dem Beamten (oder vielmehr an dessen Stelle der öffentlichen Körperschaft) schadlos zu halten. Aber eine gleichartige Einschränkung der Gefährdungshaftung kennt die gesetzliche Regelung nicht. **161,** 199 (202); **164,** 1 (7). — 2) Übergang des Schadensersatzanspruchs des Verletzten auf den Versicherer, soweit dieser dem Versicherungsnehmer den Schaden ersetzt hat, nach sudetendeutschem Recht. **164,** 203 (205). — 3) Wenn ein Angestellter trotz des Unfalls seine Stellung behält und sein Gehalt weiterbezieht, so kann regelmäßig nicht davon gesprochen werden, daß ihm aus der Körperverletzung, soweit es sich um die Minderung der Erwerbsfähigkeit handelt, ein Schaden entstanden sei. Im allgemeinen kann daher in einem solchen Fall dem Verletzten, auch wenn er wegen der Unfallsfolgen eine Rente nach der Reichsversicherungsordnung bezieht, ein Schadensersatzanspruch wegen Minderung der Erwerbsfähigkeit gegen den Verletzer nicht erwachsen und kann deshalb ein Ersatz-

anspruch nicht nach § 1542 RVO. auf die Berufsgenossenschaft übergehen. **165,** 236. — 4) Den Hinterbliebenen eines bei einer Lebensrettung tödlich verunglückten Retters steht gegen den Geretteten nach den §§ 670, 683 BGB. unter entsprechender Ergänzung durch die §§ 844, 845 BGB. ein Entschädigungsanspruch zu. Dieser geht auf die öffentlichen Versicherungsträger über, soweit sie nach der Reichsversicherungsordnung den Hinterbliebenen Leistungen zu gewähren haben, auf den Träger der Unfallversicherung nach den §§ 553a, 1542 RVO. **167,** 85. — 5) Die Leistung der gesetzlichen Krankenversicherung ist eine Leistung eines Dritten im Sinne des § 839 Abs. 1 Satz 2 BGB. Der Forderungsübergang auf den Versicherungsträger erstreckt sich aber auch auf den von ihm ungedeckten Schadenteil, jedoch nur insoweit er mit seiner Leistung gleichartig und gleichzeitig entstanden ist. In den Krankenhauskosten ist auch eine Unterhaltsleistung enthalten, die dem Anspruch auf Ersatz eines Verdienstausfalls gleichartig ist. **167,** 207. — 6) Gesetzliche Ersatzansprüche, die nach § 1542 RVO. allein auf den Versicherungsträger übergehen, können vertraglich in den Grenzen der §§ 138, 276 Abs. 2 und des § 278 BGB. wegbedungen werden. **167,** 207 (213).

§ 114. Schuldübernahme. Vermögensübernahme. Gesetzlicher Übergang von Schuldverbindlichkeiten.

I. Schuldübernahme.

1) Hat jemand für eine fremde Schuld eine Haftung übernommen oder ein Pfand bestellt, so ist eine Vereinbarung des (Haupt-)Schuldners mit dem Gläubiger, daß dieser bloß aus dem Vermögen des Schuldübernehmers (Pfandschuldners) Befriedigung sucht, sowie die Ausnutzung dieser Vereinbarung zur Ersteigerung der Sache des Pfandschuldners unter dem Schätzwert sittenwidrig und verpflichtet zum Schadensersatz. **164,** 86. — 2) § 28 HGB. regelt einen Sonderfall des § 25 HGB., und beide Bestimmungen entsprechen dem Gedanken, der ebenso in § 419 BGB. zum Ausdruck kommt: Derjenige, der das Vermögen erhält, soll auch für die Schulden aufkommen. **164,** 115 (120).

II. Gesetzlicher Übergang von Schuldverbindlichkeiten.

— — — — — — — — — — — —

5. Erlöschen der Schuldverhältnisse.

§ 115. Erfüllung (Zahlung). Annahme als Erfüllung. Leistung an Erfüllungs Statt. Hingabe erfüllungshalber. Teilleistung. Quittung.

1) § 366 Abs. 2 BGB. findet auf eine Abschlagsverteilung im Konkursverfahren keine Anwendung. **164,** 212 (219). — 2) Rechnet der Gläubiger einer in ausländischer Währung ausgedrückten Geldforderung seiner Befugnis gemäß gegen seine in Reichsmark ausgedrückte Schuld auf, so ist für die Berechnung des Umrechnungswertes der Zeitpunkt maßgebend, an welchem dem Aufrechnungsgegner die Aufrechnungserklärung zugegangen ist. **167,** 60. — 3) Für die Tilgung und das Erlöschen altrechtlicher Schuldverhältnisse sind auch unter der Herrschaft des Bürgerlichen Gesetzbuchs

entstandene Gründe jedenfalls dann zu beachten, wenn es sich um solche handelt, deren rechtliche Bedeutung sich nicht aus der innern Beschaffenheit des Schuldverhältnisses selbst ergibt, sondern auf einer damit nicht im Zusammenhang stehenden, äußern Wirkung beruht. **167**, 40 (45).

§ 116. Hinterlegung.

Zur Erfüllung der Zahlungspflicht des Käufers durch eine dem Vertrag entsprechende Hinterlegung beim Notar. **167**, 227.

§ 117. Aufrechnung.

1) Gegen den Schadensersatzanspruch des Arbeitnehmers gegen den Arbeitgeber wegen Unterlassung der Anmeldung zur Pensionsversicherung kann der Arbeitgeber eine Prozeßkostenforderung nicht aufrechnen. **162**, 195. — 2) Gegenüber dem vom Preisbildungskommissar festgesetzten Preise kann nicht (mit Schadensersatzansprüchen) aufgerechnet werden. **165**, 226. — 3) Aufrechnungseinwand gegenüber dem Anspruch der Ehefrau aus einem an sie vom Ehemann begebenen Wechsel. Die Zulässigkeit hängt davon ab, ob die Frau mit dem Kläger (Ehemann) zusammengewirkt (kolludiert) hat, um dem Wechselschuldner die Aufrechnungsmöglichkeit abzuschneiden. Diese Voraussetzung würde aber nicht schon dadurch erfüllt sein, daß die Ehefrau des Klägers den Wechsel in Kenntnis von dem über den Wechselanspruch anhängigen Rechtsstreit erworben hat; sie müßte vielmehr von der Aufrechnung durch den Rechtsvorgänger der Beklagten Kenntnis gehabt haben und sich bewußt gewesen sein, daß die Weiterbegebung des Klägers dazu führen konnte, dem Wechselschuldner den Aufrechnungseinwand gegenüber dem Wechselanspruch abzuschneiden. Die Beweislast dafür tragen die Beklagten. **166**, 306 (314flg.). — 4) Rechnet der Gläubiger einer in ausländischer Währung ausgedrückten Geldforderung seiner Befugnis gemäß gegen seine in Reichsmark ausgedrückte Schuld auf, so ist für die Berechnung des Umrechnungswertes der Zeitpunkt maßgebend, an welchem dem Aufrechnungsgegner die Aufrechnungserklärung zugegangen ist. **167**, 60. — 5) Für die Aufrechnung spielt es keine Rolle, ob für die beiden gegeneinander aufgerechneten Forderungen verschiedene Erfüllungsorte bestehen. **167**, 60 (62). — 6) Über die hilfsweise erklärte Aufrechnung im Rechtsstreit und ihre verfahrensrechtliche Wirkung. **167**, 257 (258). — 7) Das Aufrechnungsverbot des § 393 BGB. gilt auch gegenüber einem vertraglichen Anspruch, der auf einem, den Tatbestand der vorsätzlichen unerlaubten Handlung verwirklichenden Sachverhalt beruht, und zwar unabhängig davon, ob der Anspruch aus unerlaubter Handlung ausdrücklich verfolgt wird oder verjährt ist. **167**, 257.

§ 118. Erlaß.

— — — — — — — — — — — — — —

§ 119. Vereinigung von Forderung und Schuld. Schulderneuerung. Schuldumwandlung (Umschaffung, Novation).

1) Der Umschaffungsgedanke ist nur ein Hilfsmittel, um gewisse rechtliche Eigentümlichkeiten des Kontokorrents begrifflich festzulegen; die An-

nahme des Untergangs der Forderungen beruht nicht sowohl auf sachlichen Erwägungen als auf „juristischer Abstraktion". **162,** 244 (249). — 2) Über die Frage der umschaffenden Wirkung der Aufnahme von Versicherungsforderungen in die laufende Rechnung des Versicherers und der vierteljährigen Saldoziehung sowie eines Vergleichs über die (zum Konkurse des Versicherers angemeldeten) Versicherungsforderungen. **162,** 244; **164,** 212 (215 flg.).

§ 120. Sonstige Erlöschungsgründe (Kündigung usw.). Verwirkung.

a. Kündigung.

(Kündigung von Miet- und Pachtverträgen s. § 124, in beamtenrechtlichen Verhältnissen § 374 I.)

— — — — — — — — — — — —

b. Verwirkung (s. § 91 II).

— — — — — — — — — — — —

Zweites Kapitel. Einzelne Schuldverhältnisse.

1. Verträge und vertragsähnliche Verhältnisse.

§ 121. Kauf.

I. Begriff. Gegenstand. Abschluß.

1) Die Veräußerung eines Geheimverfahrens kommt nach ihrer Gestaltung einem Lizenzvertrage (Nutzungs-, Ausübungsvertrage) sehr nahe. Die Eigenart solcher Verträge, bei denen nur von einem kaufähnlichen Geschäft gesprochen werden kann, läßt grundsätzlich die Anwendung der nachgiebiges Recht enthaltenden Vorschriften nicht zu, die für die Sachmängelhaftung des Verkäufers beweglicher Sachen gegeben sind (§§ 459 flg. BGB.). Vielmehr muß im einzelnen Fall auf Grund der Vereinbarungen der Vertragsbeteiligten unter Heranziehung aller für die Auslegung in Betracht kommenden Umstände ermittelt werden, ob und unter welchen Voraussetzungen der Veräußerer des Geheimverfahrens für Mängel haftet, die sich auf die Ausführbarkeit und Brauchbarkeit des Verfahrens beziehen. Bejaht man eine solche Haftung aus Vertrag, so folgt daraus noch keineswegs eine rechtsähnliche Anwendung der §§ 459 flg. BGB. **163,** 1 (5 flg.). — 2) Die entgeltliche Übertragung der Rechte aus einer Patentanmeldung ist möglicherweise als Kauf zu beurteilen. **163,** 1 (6). — 3) Die Möglichkeit einer entsprechenden Anwendung der Grundsätze über die Sachmängelhaftung auf Mängel einer Erfindung hängt von der besonderen Natur des Vertragsgegenstandes ab. **163,** 1 (6). — 4) Beim Verkaufe von Sachen, die dem Verkäufer nicht gehören, kann dieser seine Verpflichtung zur Verschaffung des Eigentums (§ 433 Abs. 1 BGB.) durch unmittelbare Übertragung des Eigentums von seinem Lieferer auf seinen Käufer erfüllen. **169,** 359 (361).

II. Nebenverträge. Bedingter Kauf. Eigentumsvorbehalt. Sicherungskauf. Vertragsstrafe.

(S. auch nachstehend zu X und § 36 II.)

1) Rechtsstellung des Vorbehaltsverkäufers eines Dampfbackofens gegenüber dem nicht gutgläubigen Ersteher des Grundstücks, auf dem der Ofen aufgestellt war; Zurückzahlung des entsprechenden Betrags an das Vollstreckungsgericht im Falle der nachträglichen Zurücknahme des Kaufgegenstandes. **162,** 69. — 2) Verkauf eines gebrauchten Kraftwagens unter Eigentumsvorbehalt. Welche Bedeutung hat es bei einem Abzahlungsvertrag über einen gebrauchten Lastkraftwagen für das Rücktrittrecht des Verkäufers, ob der vereinbarte Kaufpreis mit den Vorschriften der Preisstopverordnung im Einklang steht? **169,** 140. — 3) Eigentumsvorbehalt begründet ein „sonstiges Recht" im Sinne des § 823 Abs. 1 BGB. Schadensersatzanspruch aus § 823 Abs. 2 in Verbindung mit § 868 BGB. **170,** 1. — 4) Beim Kauf unter Eigentumsvorbehalt ist zwar der Käufer noch nicht Eigentümer der Sache; er hat aber vom Eigentümer den Besitz, das Recht zum Gebrauch und die Nutzung sowie die Anwartschaft auf das Eigentum (§ 455 BGB.) erhalten; auch ist die Gefahr nach § 446 auf ihn übergegangen. Die Verletzung des aufschiebend bedingten Eigentums an einer Sache und des Besitzes an ihr, verbunden mit dem Rechte zum Gebrauch und zur Nutzung begründen im Falle des Verschuldens Schadensersatzansprüche aus § 823, Abs. 1 und 2 BGB., § 858 das. **170,** 1 (6).

III. Abnahme. Abruf. Abnahme- und Zahlungsverzug des Käufers. Deckungsverkauf des Verkäufers. Annahmeverzug des Käufers.

— — — — — — — — — — — —

IV. Lieferungsverzug des Verkäufers. Deckungskauf des Käufers.

— — — — — — — — — — — —

V. Mängel im Recht. Entwehrung (Eviktionshaftung).

— — — — — — — — — — — —

VI. Mängel der Sache. Fehlen zugesicherter Eigenschaften. Gewährleistung. Wandlung. Preisminderung. Schadensersatz wegen Nichterfüllung. Verjährung der Gewährleistungsansprüche.

(Schadensersatz wegen Nichterfüllung s. § 95 III.)

1) Öffentlich-rechtliche Baubeschränkungen, die erst für die Zukunft geplant sind, können den Verkäufer eines Grundstücks nicht zur Gewährleistung nach den Vorschriften über die Haftung für Sachmängel verpflichten;

in solchen Fällen bleibt Raum für eine Haftung nach § 276 BGB. aus Verschulden bei Vertragsschluß oder für eine Verantwortlichkeit für arglistiges Verhalten nach § 823 Abs. 2, § 826 BGB.; ferner kommt ein Gewährschaftvertrag als Haftungsgrundlage in Betracht. **161,** 193 (196). — 2) Vertraglich vorausgesetzte Eigenschaft eines (zwecks Errichtung eines Landhauses in freier, landschaftlich schöner Umgebung gekauften) Baugrundstücks kann die aus der örtlichen Lage und den geltenden Bebauungsplänen sich ergebende Unbebaubarkeit eines Nachbargrundstücks sein. Der Mangel einer solchen Eigenschaft kann dann einen Fehler des Kaufgrundstücks darstellen. Führt der Verkäufer, der das Vorhandensein jener Eigenschaft weder zugesichert noch vorgetäuscht, auch ihr Fehlen nicht arglistig verschwiegen hat, nach Kaufabschluß selber die Bebauung des Nachbargrundstücks herbei, so haftet er, wenn auch nicht aus unerlaubter Handlung (§ 826 BGB.), so doch aus positiver Vertragsverletzung (§ 276) dem Käufer auf Schadensersatz. **161,** 330. — 3) Bei Gewährschaftshaftung des Verkäufers für Sachmängel bleibt für die Prüfung, ob sich die Klage ganz oder teilweise mit einer Erschütterung der Geschäftsgrundlage (§ 242 BGB.) oder aus Verschulden des Verkäufers beim Vertragsschluß (§ 276) begründen ließe, kein Raum. **161,** 330 (337). — 4) Bei Veräußerungs- und Ausübungs- (Lizenz-) verträgen über ein Geheimverfahren ist im einzelnen Fall auf Grund der Vereinbarungen der Vertragsparteien und unter Heranziehung aller für die Auslegung in Betracht kommenden Umstände zu prüfen, ob und unter welchen Voraussetzungen der Veräußerer oder Nutz- (Lizenz-) geber für Mängel haftet, die sich auf die Ausführbarkeit und Brauchbarkeit des Verfahrens beziehen. An Stelle der regelmäßig nicht anwendbaren Vorschriften über die Sachmängelhaftung beim Kauf treten die allgemeinen Bestimmungen über gegenseitige Verträge (§§ 320 flg.). **163,** 1. — 5) Freizeichnungsabreden (-klauseln), die ein Gewährschein der Lieferfirma oder der hinter dieser stehenden Herstellerfirma enthält, sind eng auszulegen. **163,** 21 (31). — 6) Wer, ohne Verkäufer zu sein, wegen seines wirtschaftlichen Interesses am Verkauf der Sache, insbesondere als Hersteller, einen Gewährschein ausstellt, erweckt dadurch in der Regel den Eindruck, daß er grundsätzlich in die gesetzliche Haftung des Verkäufers für Sachmängel, sei es an dessen Stelle, sei es neben diesem, einzutreten gewillt ist, wenn auch mit den sich aus dem Gewährschein selbst ergebenden Einschränkungen und Abänderungen. **163,** 21. — 7) Werden schon beim Geschäftsabschluß vorhandene, behebbare Mängel angezeigt und deren Verbesserung vereinbart, so wird dadurch der (ursprüngliche) Gewährleistungsanspruch (vorläufig) verbraucht, und es entsteht ein neuer Anspruch aus dieser Vereinbarung, der nach §§ 918 flg. ABGB. zu beurteilen ist (öst. Recht). **164,** 147. — 8) Bei den Mängeln, über die es zu keiner Vereinbarung zwischen den Streitteilen kam, kommt nur die Gewährleistung nach §§ 922 flg. ABGB. in Frage. Hier wieder genügt die rechtzeitige Klage auf Gewährleistung und kann die Wahl in der Klage, unter Umständen sogar noch im Zuge des Rechtsstreits vorgenommen werden. **164,** 147 (151). — 9) Selbständige Gewähr für einen über die Vertragsmäßigkeit des Kaufgegenstandes hinausgehenden Erfolg. **165,** 41 (47).

VII. Rechtsverhältnisse aus dem Kauf im übrigen (Lasten, Erfüllungsort, Abladegeschäft, Cif-Klausel, Übergabe, Zahlung, Stundung, Rücktritt, Verjährung usw.).

Der Abschluß eines mündlichen, nach ABGB. gültigen Kaufvertrags über ein Grundstück gibt vor Genehmigung durch die Agrarbezirksbehörde weder einen Anspruch auf Zahlung des Kaufpreises und auf Errichtung eines einverleibungsfähigen Kaufvertrags noch einen Anspruch darauf, daß der andere Vertragsteil gemeinsam um die Genehmigung des Vertrags ansuche. **165,** 117.

VIII. Nichtigkeit und Anfechtung des Kaufvertrags. Überschreitung von Höchst- und Richtpreisen.

(Anfechtung wegen Irrtums und arglistiger Täuschung: § 31 II und III; Formnichtigkeit beim Grundstücksveräußerungsvertrag: § 33 I.)

— — — — — — — — — — — —

IX. Kauf auf und nach Probe (Besicht). Wiederkauf (Rückkauf). Wiederverkauf. Vorkauf.

1) Werden infolge Neuregelung gemeindlicher Grenzen Gemeindeverbände aufgelöst und andere zu deren Rechtsnachfolgern bestimmt, so geht das einem aufgelösten Verband bestellte Vorkaufsrecht unerachtet des § 514 BGB. auf den zum Rechtsnachfolger bestimmten Verband über. (Erörtert, aber nicht abschließend beantwortet wird in dem Urteil unter kritischer Stellungnahme zu der in DR. 1939 S. 1891 Nr. 7 veröffentlichten Entscheidung des Kammergerichts die Frage, ob bei einem gemäß dem Gesetz vom 5. 7. 1934 RGBl. I S. 569 im Wege der Umwandlung einer Aktiengesellschaft sich vollziehenden Vermögensübergang ebenso zu entscheiden wäre). **163,** 142. — 2) Die durch Ausübung eines Vorkaufsrechts entstandenen Ansprüche können nach den allgemeinen Vorschriften formlos übertragen werden. **163,** 142 (153 flg.). — 3) Wenn nach dem Vertragsverhältnis einer Weiterveräußerung der vermöge des Vorkaufsrechts zurückzuerwerbenden Grundstücke nichts im Wege steht, so darf der Vorkaufsberechtigte, ohne damit dem Sinn und Zweck des Verkaufsrechts zuwiderzuhandeln, zur Vermeidung eines doppelten Eigentumswechsels sein Recht auf Übereignung dem als neuen Eigentümer ausersehenen Dritten übertragen. Darin liegt weder eine unstatthafte Übertragung des Vorkaufsrechts noch eine unzulässige Umgehung der die Übertragung ausschließenden Gesetzesvorschrift. **163,** 142 (155). — 4) Die Regel des § 514 Satz 1 BGB. enthält nur ein relatives Veräußerungsverbot im Sinne des § 135 BGB. Die Genehmigung der Person, zu deren Schutz es bestimmt ist, kann formlos erteilt werden. **163,** 142 (155). — 5) a. Auf das Vorkaufsrecht des gemeinnützigen Siedlungsunternehmens gemäß § 4 des Reichssiedelungsgesetzes finden auch im österreichischen Rechtsgebiete die Vorschriften der §§ 505 flg. des Deutschen BGB. und nur hilfsweise die Vorschriften der §§ 1072 flg. des österreichischen ABGB. Anwendung. b. Macht ein gemeinnütziges Siedlungsunternehmen vom gesetzlichen Vorkaufsrecht des § 4 des Reichssiedlungsgesetzes Gebrauch, so ist die Frage, ob im Sinne des § 1 des Reichs-

siedlungsgesetzes das Grundstück zu Siedlungszwecken geeignet ist oder ob die Voraussetzungen für eine Anliegersiedlung vorliegen, der Nachprüfung durch die Gerichte entzogen. c. Von der Regel des § 505 Abs. 2 BGB., daß mit der Ausübung des Vorkaufsrechts der Kauf zwischen dem Berechtigten und dem Verpflichteten unter den Bedingungen zustande kommt, welche der Verpflichtete mit dem Dritten vereinbart hat, kann durch Vereinbarung zwischen dem Berechtigten und dem Verpflichteten abgewichen werden, eine solche abweichende Vereinbarung kann schon beim Abschluß des das Vorkaufsrecht begründenden Vertrags, aber auch noch beim Eintritt des Vorkaufsfalles zwischen dem Vorkaufspflichtigen und dem Vorkaufsberechtigten getroffen werden. **170,** 208. — 6) Über die Verbindlichkeit nachträglicher Änderungen des Kaufvertrags für den Verkaufsberechtigten. **170,** 208 (212).

X. Gesetz vom 16. Mai 1894 über die Abzahlungsgeschäfte.

1) a. Das Verlangen des Verkäufers auf Herausgabe eines unter Eigentumsvorbehalt verkauften gebrauchten Kraftwagens wegen Nichteinhaltung der nachgelassenen Teilzahlungen ist ungegründet, wenn sich bei Beachtung des gesetzlichen Preiserhöhungsverbotes ergibt, daß der bereits bezahlte Betrag entweder den danach zulässigen Preis erreicht oder nur so unerheblich hinter ihm zurückbleibt, daß eine Ausübung des Rücktrittsrechts gegen Treu und Glauben verstieße. b. Im Falle des Rücktritts kann bei Sachen, die üblicherweise zu entgeltlichem Gebrauch überlassen werden, vom Verkäufer neben einer nach dem verkehrsüblichen Mietzins berechneten Vergütung für die Nutzungsüberlassung in der Regel nicht noch eine Entschädigung für Wertminderung verlangt werden. **169,** 140. — 2) Bei Sachen, die üblicherweise vermietet werden, bei denen also ein verkehrsüblicher Mietzins besteht, ist in ihm regelmäßig schon eine Entschädigung für die Wertminderung enthalten, welche die Sache durch Ingebrauchnahme, sei es durch bloßen Verlust der Neuheit, sei es durch Abnutzung, erleidet, und es kann nicht daneben noch ein besonderer Entwertungszuschlag berechnet werden. **169,** 140 (144).

§ 122. Tausch.

1) Wird durch einen einheitlichen Vertrag eine Sache vom Eigentümer einem andern übertragen, damit dieser seine eigene Sache einem Dritten übergebe, so liegt ein Tauschvertrag mit gespaltener Parteirolle vor, bei dem sich der Gewährleistungsanspruch gegen beide in die Parteirolle geteilten Vertragsteile richtet (öst. Recht). **161,** 1. — 2) Zur Frage der Gewährleistung und der Haftung aus Verschulden (öst. Recht). **161,** 1.

§ 123. Schenkung. Schenkungsversprechen.

1) Ein Vertrag, in dem ein Teil ohne Entgelt dem andern Teil verspricht, aus seinem Vermögen eine Schenkung an einen Dritten vorzunehmen, bedarf der für Schenkungsverträge vorgesehenen Form (öst. Recht). **161,** 6 (9). — 2) Ist ein aus Kauf und Schenkung gemischter Vertrag in Ansehung einer Liegenschaft zum überwiegenden Teil entgeltlich, so beschränkt sich der bei Rückforderung des Geschenkes infolge Widerrufs wegen

groben Undanks gegebene Herausgabeanspruch auf den durch die Gegenleistung nicht ausgeglichenen Mehrwert. Auf das Grundstück selbst oder einen Teil davon kann er nicht gerichtet werden. **163,** 257. — 3) Zur Frage der Anfechtung der „gemischten Schenkung" wegen Gläubigerbenachteiligung. **165,** 223. — 4) Was als Geschenk im Falle der §§ 530ff. zurückgefordert werden kann, ist Frage des Einzelfalls, bei der es wesentlich auf den Willen der Beteiligten über den Gegenstand der Schenkung ankommt. Nicht erforderlich ist, daß sich gerade der geschenkte Gegenstand vorher im Vermögen des Schenkers befunden habe und aus diesem in das des Beschenkten übergegangen sei. **167,** 199. — 5) Der Schenker kann den Widerruf der Schenkung auch in einem (öffentlichen) Testament wirksam erklären. **170,** 380.

§ 124. Miete. Pacht. Jagdpacht. Bestandvertrag.

I. Miete (Bestandvertrag).

(S. auch § 124 II.)

1) Das vertragliche Recht des Mieters oder Pächters, das Rechtsverhältnis durch seine Erklärung auf bestimmte Zeit zu verlängern, wird nicht dadurch beseitigt, daß die Preisbildungsvorschriften den für den laufenden Vertrag oder für die Verlängerungsdauer vereinbarten Miet- oder Pachtzins erheblich zuungunsten des andern Vertragsteils verändert haben. **161,** 267. — 2) Auch derjenige, der ein vermietetes Grundstück im Wege der Aneignung nach § 928 BGB. erwirbt, tritt gemäß entsprechender Anwendung in die Rechte und Pflichten aus dem Mietverhältnis nach § 571 Abs. 1 BGB. ein. **162,** 244 (248flg.). — 3) Der Mieter, welcher die dem Hauseigentümer obliegende Streupflicht vertraglich übernommen, aber bei Glatteis nicht gestreut hat, haftet dem auf dem Glatteise gestürzten Dritten (sudetend. Recht). **163,** 267. — 4) Über die Berechnung des Streitwerts und der Revisionssumme bei Mietaufhebungsklagen. **164,** 325flg. — 4) Für die Geltendmachung von Ansprüchen aus einem Mietvertrag, den der Leistungspflichtige auf Verlangen der Bedarfsstelle mit einem Dritten über eine bewegliche Sache gemäß § 3b Nr. 1 des Reichsleistungsgesetzs abgeschlossen hat, ist der ordentliche Rechtsweg zulässig. **167,** 281. — 5) Auch der unter der Herrschaft des Wohnungsmangelgesetzes zustande gekommene Zwangsmietvertrag hatte das Wesen eines echten bürgerlich-rechtlichen Mietvertrags. **167,** 281 (285). — 6) a. Der Beherbergungsvertrag ist im wesentlichen Wohnungsmietvertrag im Sinne der §§ 535flg. BGB. b. Neben der Haftung aus dem Beherbergungsvertrage kann sich für den Gastwirt unter Umständen eine Haftung auch aus unerlaubter Handlung nach § 823 Abs. 1 BGB. ergeben. Die allgemeine Rechtspflicht, niemanden körperlich zu verletzen, schließt aber für den Gastwirt auch unter Berücksichtigung des Umstandes, daß er sein Grundstück dem Verkehr eröffnet hat, nicht die Verpflichtung in sich, die dem Gast überlassenen Räume und Einrichtungen derart instand zu halten, daß eine Gefahr für ihn aus der Beschaffenheit der Räume und Einrichtungen unter gar keinen Umständen erwachsen kann. Der Pflicht wird genügt, wenn auf die körperliche Unversehrtheit des Gastes die Rücksicht geübt wird, die erfahrungsgemäß dazu ausreicht, den Erfolg zu gewährleisten. **169,** 84. — 7) Beherbergungsvertrag als Mietvertrag.

Der Gastwirt haftet für den Schaden, der aus dem Mangel des Zimmers entsteht, wenn es schon beim Abschluß des Beherbergungsvertrags mit einem seine Tauglichkeit aufhebenden oder mindernden Fehler behaftet war. **169,** 84 (87). — 8) Anders das Rechtsverhältnis, in das der Schank- und Speisewirt durch Aufnahme des einkehrenden Gastes tritt. **169,** 84 (87) flg. — 9) Für den Beherbergungsvertrag gilt der eine echte Umkehrung der Beweislast enthaltende Rechtsgrundsatz, daß der auf Schadensersatz in Anspruch Genommene sich entlasten muß, wenn die Sachlage zunächst auf eine Verletzung der vertraglich gegebenen Sorgfaltspflicht schließen läßt. **169,** 84 (97). — 10) Vertrag (Abzahlungsgeschäft) über Sachen, die üblicherweise vermietet werden. Im verkehrsüblichen Mietzins ist regelmäßig schon eine Entschädigung enthalten für die Wertminderung, welche die Sache durch Ingebrauchnahme, sei es durch bloßen Verlust der Neuheit, sei es durch Abnutzung, erleidet. Daneben ist kein besonderer Entwertungszuschlag zulässig. **169,** 140 (144). — 11) Miete (Pacht) und Vertragshilfe durch Beseitigung lediglich der Verzugsfolgen. **170,** 221. — 12) Zu §§ 294, 296, 302, 367, 1109 ABGB. Bestandvertrag, Herausgabe („Zurückstellung" eines Unternehmens). **170,** 292.

II. Pacht. Jagdpacht.

1) Es bemißt sich jeweils nach den Umständen des Einzelfalls, ob und in welcher Art beim gesellschaftsähnlichen Filmherstellungs- und Verwertungsvertrag der Hersteller dem Verleiher für Beschaffenheitsmängel des Films auch nach den Grundsätzen der Gewährleistung für Sachmängel haftet. Möglicherweise können dabei die Vorschriften der §§ 581 Abs. 2, 537 flg. BGB. entsprechend herangezogen werden. **161,** 321. — 2) Der Pächter, der um die erforderliche behördliche Genehmigung nachsucht, nach Ablauf der Pachtzeit im eigenen Hause das bisher in den Pachträumen betriebene Geschäft fortzuführen, kann damit eine „positive Vertragsverletzung" durch Verstoß gegen die sich aus dem Pachtvertrag ergebende Treupflicht begehen, wenn die Erteilung der Genehmigung dazu führen muß, daß der Geschäftsbetrieb in den Räumen des Verpächters nicht fortgeführt werden darf. Diese in **158,** 180 entwickelten Grundsätze gelten auch dann, wenn der Pächter gewerblicher Räume in dem auf lange Frist geschlossenen Pachtvertrag das bisher vom Pächter betriebene Geschäft käuflich übernommen hat. Der Geschäftskauf allein gibt dem Pächter nicht das Recht, bei oder kurz vor Ablauf des Pachtverhältnisses das Geschäft in ein Nachbarhaus zu verlegen, wenn im Laufe der Pachtzeit ergangene gesetzliche Bestimmungen es ausschließen, daß der Verpächter nach Beendigung des Pachtverhältnisses in den früheren Pachträumen ein gleichartiges Geschäft wieder in Betrieb nimmt. Der Kauf (Verkauf) des Geschäfts ist bei Prüfung der Frage, was nach § 242 BGB. Rechtens ist, in angemessener Weise mitzuberücksichtigen. **165,** 35. — 3) Umfaßt ein Pachtvertrag Räume, Grundflächen und einen Gewerbebetrieb, so tritt der Schutz des § 9 der Verordnung vom 5. September 1939 für das gesamte Pachtverhältnis ein, es sei denn, daß die Überlassung der Räume im Vergleich zur Verpachtung der andern Gegenstände völlig nebensächlich und unbeachtlich ist. **168, 44.** — 4) Über den Begriff

eines Pachtvertrags über „gewerbliche Räume" im Sinne des Art. 9 der Verordnung über die außerordentliche Mietkündigung zum 5. Januar 1932 vom 23. Dezember 1931. **168**, 44 (46). — 5) Verpachtung eines Eigenjagdbezirks; Nichtigkeit wegen Verstoßes gegen Preisbildungsvorschriften. **168**, 307. — 6) Miete (Pacht) und Vertragshilfe durch Beseitigung lediglich der Verzugsfolgen. **170**, 221.

§ 125. Leihe. Verwahrung.

I. Leihe.

— — — — — — — — — — — —

II. Verwahrung.

1) a. Der Ersatzanspruch gegen den Staat wegen Verlustes beschlagnahmter Sachen kann nicht nur auf Art. 131 WeimVerf. in Verbindung mit § 839 BGB., sondern auch auf das öffentlich-rechtliche Verwahrungsverhältnis gestützt werden. b. Der auf das öffentlich-rechtliche Verwahrungsverhältnis gestützte Ersatzanspruch kann im ordentlichen Rechtsweg verfolgt werden. c. Der Ersatzanspruch aus dem öffentlich-rechtlichen Verwahrungsverhältnis steht dem Eigentümer der beschlagnahmten Sachen zu, auch wenn sich die Beschlagnahmeverfügung nicht gegen ihn richtete. **166**, 218. — 2) Die Beschlagnahme (§ 94 StPO.) begründet im Falle der Verletzung der Obhut- und Rückgabepflicht einen von den gesetzlichen Voraussetzungen des Art. 131 WeimVerf. unabhängigen Ersatzanspruch aus einem Verwahrungsverhältnis, das nirgends als bürgerlich-rechtlich zu bewerten, sondern allenthalben lediglich nach öffentlichem Recht zu beurteilen ist. **166**, 218 (223). — 3) Für den Ersatzanspruch behält der Begriff der öffentlich-rechtlichen Verwahrung insofern seine Bedeutung, als aus ihm Inhalt und Umfang der mit der Inverwahrnahme entstehenden Amtspflichten durch Anwendung der in §§ 688 flg., 278, 282 BGB. ausgeprägten und in der Rechtsprechung hierzu entwickelten Rechtsgedanken zu bestimmen sind. **166**, 218 (223). — 4) Der Anspruch aus dem öffentlich-rechtlichen Verwahrungsverhältnis ist dem Berechtigten günstiger als der Staatshaftungsanspruch aus Art. 131 WeimVerf.; so besteht der öffentlich-rechtliche Anspruch nicht nur hilfsweise (§ 839 Abs. 1 Satz 2 BGB.), geht bei Versäumung eines Rechtsmittels nicht unbedingt verloren (§ 839 Abs. 3), hängt bei Ausländern nicht von Verbürgung der Gegenseitigkeit ab (§ 7 des Reichshaftungsgesetzes) und unterliegt nicht der Verjährung nach § 852 BGB. **166**, 218 (223).

§ 126. Vertragsverhältnis zwischen Wirten und ihren Gästen. Einbringung von Sachen bei Gastwirten.

1) a. Der Beherbungsvertrag ist im wesentlichen Wohnungsmietvertrag im Sinne der §§ 535 flg. BGB. b. Neben der Haftung aus dem Beherbergungsvertrage kann sich für den Gastwirt unter Umständen eine Haftung auch aus unerlaubter Handlung nach § 823 Abs. 1 BGB. ergeben. Die allgemeine Rechtspflicht, niemanden körperlich zu verletzen, schließt aber für den Gastwirt auch unter Berücksichtigung des Umstandes, daß er sein Grund-

stück dem Verkehr eröffnet hat, nicht die Verpflichtung in sich, die dem Gast überlaßnen Räume und Einrichtungen derart instand zu halten, daß eine Gefahr für ihn aus der Beschaffenheit der Räume und Einrichtungen unter gar keinen Umständen erwachsen kann. Der Pflicht wird genügt, wenn auf die körperliche Unversehrtheit des Gastes die Rücksicht geübt wird, die erfahrungsgemäß dazu ausreicht, den Erfolg zu gewährleisten. **169,** 84. — 2) Für den Beherbergungsvertrag gilt der eine echte Umkehrung der Beweislast enthaltende Rechtsgrundsatz, daß der auf Schadensersatz in Anspruch Genommene sich entlasten muß, wenn die Sachlage zunächst auf eine Verletzung der vertraglich gegebenen Sorgfaltspflicht schließen läßt. **169,** 84 (97). — 3) Grenzen der dem Gastwirt im Rahmen des Gastaufnahmevertrags obliegenden Sorgfalt. Der Gast, der sich an einer in der Gaststätte stattfindenden Vorführung beteiligt, übernimmt dem Gastwirt gegenüber die damit verbundene, ihm bekannte oder erkennbare Gefahr. **169,** 213. — 4) Beim Gastaufnahmevertrag übernimmt der Gastwirt die Verpflichtung, dafür Sorge zu tragen, daß die Einrichtungen seiner Gaststätte die Gäste nicht in Gefahr bringen, an Leben und Gesundheit Schaden zu erleiden. **169,** 213 (215).

§ 127. Darlehen. Kreditvertrag. Sparkasseneinlagen.

1) Darlehnsgeschäfte einer (tschechoslowakischen) Genossenschaft, die satzungsgemäß Bauspargeschäfte betreibt, mit einem Genossen begründen nicht mitgliedschaftsrechtliche, sondern schuldrechtliche Rechtsbeziehungen. Sie sind einem Eingriff durch einen ohne Zustimmung des Genossen zustande gekommenen Beschluß der Mitgliederversammlung entzogen. Die Verpflichtung der Genossenschaft zur Rückzahlung der Spareinlagen besteht ohne Rücksicht auf die Überleitung der Sparguthaben auf eine andere Genossenschaft, welcher der Darlehnsgeber als Mitglied beigetreten ist, sofern diese sich nicht mit einem Beschlusse über die Übertragung und Verrechnung der Sparguthaben einverstanden erklärt hat. **164,** 336. — 2) Ein vertraglicher Aufwertungsanspruch aus einer Goldklausel, der sich inhaltlich mit einem auf dem Gesetz fußenden Anspruch deckt, wird nicht dadurch aufgehoben, daß letzterer durch eine spätere Gesetzesbestimmung ausgeschlossen wird (sudetend. Recht). **165,** 136.

§ 128. Dienstvertrag. Tarifvertrag.

a. Dienstvertrag.

1) Rechtsstellung eines jüdischen Vorstandsmitglieds einer Aktiengesellschaft, das nicht wegen seiner Rassezugehörigkeit im Zuge der politischen Entwicklung, sondern aus andern Gründen aus dem Vorstande ausgeschieden ist; Ruhegehaltsansprüche. **161,** 301. — 2) Der Rechtsanwalt haftet dem Auftraggeber nicht für den Nachteil, der diesem durch die Vollstreckung des Urteils entstanden ist, wenn die von ihm beabsichtigte, aber aus Versehen nicht eingelegte Berufung aussichtslos war. **162,** 65. — 3) Die von einem Angestellten im Dienst bewiesene Vertrauenswürdigkeit und Pflichttreue ist für die freiwillige Gewährung einer Abgangsentschädigung an ihn als

eine verkehrswesentliche Eigenschaft im Sinne des § 119 Abs. 2 BGB. anzusehen; eine Irrtumsanfechtung kann hierauf jedoch nur gestützt werden, wenn sich aus dem tatsächlichen Verhalten des Angestellten das Fehlen der vorausgesetzten Wesenseigenschaft als solcher ergibt. **162,** 73. — 4) a. Der Arzt, welcher einen schwerwiegenden Eingriff in den Körper des Kranken (Abnahme der einen weiblichen Brust) vornimmt, muß zuvor dessen Notwendigkeit durch Benutzung aller Erkenntnisquellen festgestellt haben. Diese Forderung darf jedoch nicht überspannt werden: Hielt der Arzt es bereits für völlig gesichert, daß der Kranke ein Leiden habe (Krebs), dessen lebensgefährdende Folgen nur durch den Eingriff abgewendet werden könnten, und konnte er nach Lage der Sache ohne Verschulden dieser Überzeugung sein, so trifft ihn kein Vorwurf, wenn er nicht noch eine fernere Untersuchungsweise angewandt hat, zumal wenn diese in ihrem Erfolge unsicher oder mit Gefahren für den Kranken verknüpft ist. b) Hat der Arzt bewußtermaßen einen Eingriff ohne die Einwilligung des Kranken vorgenommen, obwohl ihm deren Einholung an sich möglich gewesen wäre, — diese Gestaltung ist von dem Fall zu unterscheiden, daß die Einwilligung erteilt worden war, wenn auch auf Grund unrichtiger oder unvollständiger Belehrung durch den Arzt — und stellt sich dann heraus, daß der Eingriff nicht erforderlich war, so ist der Arzt wegen der nachteiligen Folgen des Eingriffs (Beeinträchtigung der Arbeitsfähigkeit, Entstellung) ersatzpflichtig. Er kann die Schadensersatzpflicht nicht durch den Nachweis von sich abwenden, daß der Kranke, wenn er ihn seiner Überzeugung gemäß über die sachlich nicht (gegebene) Notwendigkeit des Eingriffs belehrt hätte, diesem zugestimmt haben würde. **163,** 129. — 5) Dem einzelnen muß grundsätzlich auch gegenüber dem Arzt die Verfügung über seinen Körper vorbehalten bleiben. **163,** 129 (137 flg.). — 6) Stellt jemand das Arbeitsgerät für eine auszuführende Arbeit, so haftet er für die Beschaffenheit des Gerätes nicht bloß seinem unmittelbaren Vertragspartner, sondern auch den von diesem mit seinem Wissen und Wollen herangezogenen Hilfskräften. **164,** 390. — 7) Nach der frühern Gestaltung des Sozialversicherungsrechts bestand zwischen dem Vertrauensarzt und der Krankenkasse ein Dienstverhältnis, auf das, wenn er von dieser bei der Ermittelung und Feststellung der Voraussetzungen für die Leistungspflicht und den Leistungsumfang in den einzelnen Versicherungsfällen zu Rate gezogen wurde, die im bürgerlichen Recht entwickelten Grundsätze über die Erfüllungsgehilfen (§ 278 BGB.) entsprechend angewendet werden konnten. **165,** 91 (103). — 8) Es ist nicht angängig, aus der bloßen Tatsache, daß der ärztliche Eingriff nicht den erwarteten Verlauf nahm, sondern zu einer Gesundheitsbeschädigung führte, einen Schluß auf ein Verschulden des Arztes zu ziehen und die Unaufklärbarkeit des ursächlichen Zusammenhangs zu Lasten des Arztes gehen zu lassen. **165,** 336 (338 flg.). — 9) Mehrere Rechtsanwälte haften, wenn eine Partei sie nacheinander um Rechtsauskunft oder Betreuung ersucht hat und ihr alle dieselben falschen, ihr schädlichen Ratschläge erteilt haben, ihr als Gesamtschuldner, sofern nicht einer der in RGZ. Bd. 115 S. 185 (188), Bd. 123 S. 222 bezeichneten Ausnahmefälle vorliegt. **167,** 76 (80). — 10) Der Arzt ist auch bei einem Versicherten der Reichssozialversicherung nicht berechtigt, körperliche Eingriffe ohne oder sogar gegen den Willen des Kranken vorzunehmen. Die Einwilligung eines Kranken, die durch Drohungen des Arztes herbeigeführt oder ohne notwendige Belehrung über mögliche schwerwiegende Folgen erteilt worden ist, kann einen körperlichen Eingriff nicht rechtfertigen. **168**, 206. — 11) Ein uneingeschränktes Behandlungsrecht des Arztes und eine entsprechende Duldungspflicht des Kranken anzunehmen, würde dem heutigen gesunden Volksempfinden nicht gerecht werden, zudem das Vertrauensverhältnis zwischen Kranken und Arzt so erschüttern, daß daraus erhebliche Schäden für die Volksgesundheit entstehen müßten. **168**, 206 (210). — 12) Ob ein ärztlicher Eingriff bereits als operative Maßnahme anzusehen ist (z. B. die Entnahme von Rückenmarkflüssigkeit, die Einspritzung einer geringen Menge Alttuberkulin zur Sicherung der Diagnose), ist Tatfrage. **168**, 206 (211). — 13) Ärztlicher Beruf kein Gewerbe, wohl aber der Betrieb einer Privatkrankenanstalt. **168**, 261 (268). — 14) In Anlehnung an einen aus den §§ 626, 723 BGB., §§ 92, 133 HGB. zu entnehmenden allgemeinen Rechtsgedanken ist in der Rechtsprechung des Reichsgerichts bei Rechtsverhältnissen von längerer Dauer, die stark in die Lebensbetätigung der Beteiligten eingreifen oder eine besondere gegenseitige Interessenverflechtung mit sich bringen und ein persönliches Zusammenarbeiten und ein gutes Einvernehmen, ein ungestörtes gegenseitiges Vertrauen der Beteiligten erfordern, die sofortige Kündigung aus wichtigem Grunde zugelassen worden, so u. a. bei gesellschaftsähnlichen Verträgen, vereinsrechtlichen Beziehungen, Sukzessiv-Lieferungsverhältnissen, auch bei langfristigen Miet- und Pachtverträgen. **169**, 203 (207). — 15) Dienstverschaffung. Über die Frage, wem die Fürsorgepflicht obliegt, wenn Arbeiter vom Unternehmer auf Grund eines Dienstverschaffungsvertrags einem Dritten zur Leistung von Diensten zur Verfügung gestellt werden oder im Betrieb eines Dritten zu arbeiten haben und dessen Aufsicht unterstehen. **170**, 216 (218). — 16) Wird ein auf die Lebensdauer des Dienstgebers abgeschlossener Dienstvertrag vorzeitig aufgelöst, so hat der Dienstgeber, wenn er die vorzeitige Auflösung zu vertreten hat, das vertraglich versprochene Entgelt, z. B. die Überlassung von Haus und Geschäft, zu leisten. Hat aber der Dienstnehmer die vorzeitige Auflösung zu vertreten, so hat er zwar keinen Anspruch auf das vertragliche Entgelt, wohl aber aus der Tatsache, daß er Dienste geleistet hat, einen Anspruch auf eine Entschädigung nach den Grundsätzen der Bereicherung. Für die Höhe dieser Entschädigung ist aber nicht der gegenständliche Wert der Dienstleistungen allein entscheidend, sie richtet sich nach den Umständen; für sie ist es von Bedeutung, inwieweit den Dienstnehmer ein Verschulden an der Verwirkung des vertraglichen Entgelts trifft (§ 1162c ABGB.). **170**, 385.

b. Tarifvertrag.

Der Auswirkung von Tarifordnungen auf bestehende Arbeitsverträge steht der sogenannte Günstigkeitsgrundsatz nur insoweit entgegen, als für das Gefolgschaftsmitglied vorteilhaftere Arbeitsbedingungen besonders — sei es ausdrücklich oder durch schlüssiges Verhalten — vereinbart waren. **163**, 112.

§ 129. Werkvertrag.

1) Auf einen gesellschaftsähnlichen Filmherstellungs- und Verwertungsvertrag kann je nach den Umständen der Hersteller dem Verleiher für Beschaffenheitsmängel des Films auch nach den Grundsätzen der Gewährleistung für Sachmängel haften, möglicherweise unter entsprechender Heranziehung der Vorschriften der §§ 581 Abs. 2, 537 BGB. **161,** 321. — 2) Die Personenbeförderung der Deutschen Reichsbahn ist nicht Ausübung hoheitlicher Gewalt, sondern privatrechtlicher Werkvertrag. Die Reichsbahn haftet für Unfälle aus fahrlässigem Verschulden eines Bahnbeamten daher nicht nach den Staatshaftungsgesetzen, sondern auf Grund der privatrechtlichen Organhaftung oder der Haftung für einen zur Verrichtung bestellten Gehilfen. Verfassungsmäßig berufene Vertreter der Reichsbahn sind Beamte, die durch die Geschäftsordnung, jetzt durch die Verwaltungsordnung der Reichsbahn zu ihrer Tätigkeit in ihrem Geschäftsbereich berufen sind. **161,** 341. — 3) Über die Voraussetzungen, unter denen beim Werklieferungsvertrag (über eine nicht vertretbare Sache) eine selbständige Gewährschaft für die versprochenen Leistungen der zu liefernden Maschinen angenommen werden kann, und über den Umfang der Haftung aus solcher Gewährleistung, wenn in den Lieferungsbedingungen, die zum Vertragsinhalt gemacht sind, Schadensersatzansprüche auch für den Fall des Fehlens zugesicherter Eigenschaften des Werkes ausdrücklich ausgeschlossen sind. **165,** 41. — 4) Eine Abnahme des Werkes durch den Besteller ist nicht Voraussetzung des Gewährleistungsanspruchs; es genügt, daß der Unternehmer das von ihm hergestellte Werk dem Besteller erfüllungshalber geliefert hat. **165,** 41 (45). — 5) Eine bei Abschluß eines Werklieferungsvertrags übernommene Gewähr kann eine dreifache Bedeutung haben: a) Es kann sich um die gewöhnliche Zusicherung einer Eigenschaft des Werkes handeln ohne die ausdrückliche Zusage, für seine Vertragsmäßigkeit unbedingt einstehen zu wollen; in diesem Falle steht dem Besteller ein Schadensersatzrecht nur zu, wenn das Fehlen der zugesicherten Eigenschaft auf einem von dem Unternehmer zu vertretenden Umstande beruht (§ 635 in Verbindung mit § 633 Abs. 1 BGB.). b. Der Unternehmer kann die Haftung dafür, daß das Werk die zugesicherte Eigenschaft hat, in der Weise übernehmen, daß er für die Vertragsmäßigkeit seines Werkes unbedingt einzustehen sich verpflichtet. c. Endlich kann er auch die selbständige Gewähr für einen über die Vertragsmäßigkeit des Werkes hinausgehenden Erfolg übernehmen. **165,** 41 (46 flg.). — 6) Gewiß kann darin, daß eine bestimmte Leistungsfähigkeit nicht nur des zu liefernden Werks als solchen, sondern der gesamten Anlage, für die das Werk bestimmt ist, zugesichert ist, die besondere Gewähr für einen über die Vertragsmäßigkeit des Werkes hinausgehenden Erfolg liegen. Dies ist jedoch nur dann der Fall, wenn der zugesicherte Erfolg erkennbar ein anderer und weiterer ist als die bloße Vertragsmäßigkeit des Werkes selbst, mag auch die zugesicherte Eigenschaft in dessen Leistungsfähigkeit im Rahmen einer Anlage bestehen. So ist es hierfür z. B. nicht als genügend angesehen worden, wenn bei einer Kanaltrocknungsanlage „tadelloses Funktionieren und tadelloses Trocknen innerhalb 8 Stunden" gewährleistet wurde, wenn bei einer Kühlanlage für

deren „tadelloses Funktionieren, eine reine trockne Luft, reine trockne Wände und Boden sowie eine Temperatur von ca. plus 4 Grad R." einzustehen war, wenn bei einer Fabrikpumpe zugesichert wurde, daß sie bei den dortigen Wasserverhältnissen in der Minute 800 Liter eisenoxydhaltendes Brunnenwasser ohne Betriebsstörung zu fördern vermöge, wenn bei einem Kalander die Gewähr dafür übernommen wurde, daß die Maschine für einen Kraftbedarf von 70 PS ausreiche, wenn bei einer zu errichtenden Gasreinigungsanlage, die zur Entstäubung von Abgasen eines Schachtofens dienen sollte, die Erreichung eines „durchschnittlichen Reinheitsgrades von 89 v. H. der im Rohgas enthaltenen Schwebeteile" unter bestimmten Voraussetzungen zugesagt wurde oder wenn bei einer fahrbaren Beton-Misch- und Förderanlage neben der sach- und fachgemäßen Ausführung der gesamten Anlage sowie aller ihrer Einzelteile „die Erzielung der gewünschten Dauerleistungen" versprochen wurde. Denn in allen diesen Fällen hängt die Erreichung des versprochenen Leistungserfolgs so gut wie ausschließlich von der Beschaffenheit der zu liefernden Maschine oder Anlage selbst ab und wird, soweit andere Voraussetzungen hinzutreten, deren übliche Beschaffenheit vorausgesetzt, aber kein Gewicht darauf gelegt, daß der Unternehmer (Lieferer) auch hierfür einstehen soll. **165,** 41 (48flg.). — 7) Die Übernahme einer selbständigen Gewähr liegt vor, wenn ein nach Zeichnungen herzustellender Ringofen bestellt wird, der unter Benutzung der vom Unternehmer zu liefernden Maschinen die fabrikmäßige Herstellung von Steinen aus einem bestimmten Schieder ermöglichen soll und der Unternehmer die Gewähr dafür übernimmt, daß „bei ordnungsmäßigem Betriebe jährlich 5 Millionen zu einem Durchschnittspreise von 22 RM. je Tausend verwertbare Steine mit einem jährlichen Verdienst von rund 49000 RM. hergestellt werden können"; denn diese Zusicherung geht wesentlich über die Leistungsfähigkeit des Werks hinaus, weil der zugesagte Erfolg nicht nur von diesem selbst, sondern daneben von besondern, nicht ohne weiteres feststehenden wirtschaftlichen Verhältnissen abhängt. **165,** 41 (49). — 8) Dasselbe (wie im Falle zu 7)) gilt, wenn als besonderer Erfolg des Einbaus des zu liefernden Werkes (8 Generatoren) in die bereits vorhandene Generatorenanlage des Bestellers ein gewisser, gegen früher ermäßigter Kohlenverbrauch versprochen war. **165,** 41 (49). — 9) Ebenso, wenn für eine Verdampfungsanlage des Bestellers, die zur Salzerzeugung durch Verdampfung der Sole dient, zwei Röhrenvorwärmer geliefert werden sollen und der Unternehmer nicht nur die Gewähr „für gute Konstruktion und sachgemäße Ausführung" übernommen hat, sondern außerdem noch eine „besondere Garantie für die verlangte Leistung". **165,** 41 (49). — 10) Für die Verjährung nach § 638 BGB. kommt es darauf an, ob der Besteller das Werk abgenommen hat und, wenn das nicht der Fall ist, ob er die Abnahme des ihm gelieferten Werkes endgültig abgelehnt hat, weil weitere Erprobungsversuche und Nachbesserungen aussichtslos erschienen (§ 639 Abs. 1). **165,** 41 (54). — 11) Die Gefahr des gänzlichen oder teilweisen Unterganges eines Werkes durch Umstände auf seiten des Bestellers trifft den Besteller. Zu den Umständen auf seiten des Bestellers gehört auch die Beschaffenheit des vom Besteller zur Ausführung eines Baues zur Verfügung gestellten Bauplatzes, auch wenn den Besteller ebenso wie den Unternehmer kein Verschulden an der Unkenntnis dieser Beschaffenheit trifft, sofern sie nur sachlich den gänzlichen oder teilweisen Untergang des Werkes verursacht hat. Der Unternehmer kann sich aber auf diese Tragung der Gefahr durch den Besteller nicht berufen, wenn ihn selbst ein Verschulden am Untergang des Werkes trifft. **166,** 167 (öst. Recht). — 12) Über einen Fall unzulässiger Rechtsausübung bei der Geltendmachung der Freizeichnung von der Haftung für Verzögerungsschaden in allgemeinen Lieferungsbedingungen, die einem Werklieferungsvertrag zugrunde liegen, wenn der Einwand daraus hergeleitet wird, daß der Unternehmer einem Dritten gegenüber durch Nichtzahlung eines vereinbarten Vorschusses vertragsuntreu geworden ist und dadurch die Verzögerung der Herstellung des Werks verschuldet hat. **168,** 321.

§ 130. Mäklervertrag.

— — — — — — — — — — — —

§ 131. Auslobung.

— — — — — — — — — — — —

§ 132. Unbenannte Verträge nach dem BGB. Verträge über Handlungen nach früherem preußischen Recht.

— — — — — — — — — — — —

§ 133. Auftrag. Treuhandvertrag. Geschäftsführung ohne Auftrag.

I. Auftrag. Treuhandvertrag. Kreditauftrag. Rat. Empfehlung. Auskunft.

1) Auf einen Dienstvertrag, der eine Geschäftsbesorgung zum Gegenstande hat, findet die Vorschrift des § 664 Abs. 1 Satz 3 BGB. keine Anwendung. **161,** 68; **163,** 377 (378 flg.). — 2) Zur Abgrenzung der Begriffe der Übertragung einer Auftragsausführung (§ 664 Abs. 1) und der Übertragung und Übernahme von Dienstleistungspflichten aus einem Dienstleistungsvertrag auf Geschäftsbesorgung an und durch einen Dritten von dem Begriffe der Erfüllungsgehilfenschaft. **161,** 68. — 3) Führt der Rechtsanwalt den Auftrag der Partei zu einer zweckwidrigen Klage aus, ohne die Partei zu belehren und ihr abzuraten, so ist er für den eingetretenen Schaden verantwortlich. Hingegen kann es einem vielbeschäftigten Anwalt nicht als Verschulden angerechnet werden, wenn er nicht auf alle in der Rechtslehre vertretenen Rechtsanschauungen Bedacht nimmt (öst. Recht). **161,** 280. — **4) a.** Grundsätzliches über das rechtswirksame Zustandekommen von Auskunftsverträgen mit Behörden über die Zuständigkeit von Beamten zur Vornahme privatrechtlicher Geschäfte. b. Die Auskunftsbefugnis darüber, welcher Beamte einer Mittelbehörde zu deren rechtsgeschäftlicher Vertretung berechtigt ist, steht grundsätzlich nur dem Vorstand dieser Behörde zu; dieser kann seine Befugnis jedoch mangels entgegenstehender Bestimmungen auch auf ihm unterstellte Beamte übertragen. c. Stellt der Behördenvorstand einem Beamten einen Ausweis über seine Vertretungsbefugnis aus, so steht nichts im Wege, den Vorstand in allen Fällen, in denen

von dem Ausweis einem Dritten gegenüber Gebrauch gemacht wird, als unmittelbar am Auskunftsvertrage und dessen Erfüllung beteiligt anzusehen. **162**, 129 (152 flg.). — 5) Auskunftshandlungen sind Vorgänge tatsächlicher, nicht rechtsgeschäftlicher Art; sie können erst im Rahmen eines Auskunftsvertrags zu Erfüllungshandlungen werden. Ein Auskunftsvertrag kann indessen schon durch die Rückfrage und die Erteilung der Antwort zustandekommen. Dafür ist entscheidend, ob die obwaltenden Umstände unter Berücksichtigung der Verkehrsübung und des Verkehrsbedürfnisses den Rückschluß erlauben, daß beide Seiten die Auskunft zum Gegenstande vertraglicher Rechte und Pflichten machen wollten. **162**, 129 (154 flg.). — 6) a. Die Prozeßführung durch einen Rechtsanwalt ist die Besorgung der Geschäfte (Rechtshandlungen) eines andern (juristische Stellvertretung); ein Anspruch auf Gewährleistung besteht nicht. b. Verschuldete mangelhafte Besorgung dieser Geschäfte ist verschuldete Vereitelung der Erfüllung des Auftrags, die einem Belohnungsanspruch gegenüber mit Erfolg eingewendet werden kann, wenn der verschuldete Mangel die ganze Geschäftsbesorgung wertlos macht. **162**, 171. — 7) Der Notar haftet gemäß § 1299 ABGB. (§ 5 NotO.; § 9 AdvO.) seinem Auftraggeber bei der Durchführung der für ihn übernommenen Geschäfte für die Wahrung besonderer, fachmännischer Sorgfalt. Diese ist verletzt, wenn er für seinen Auftraggeber eine Zahlung unmittelbar an den Gläubiger (eine Sparkasse) leistet, obwohl die Einzahlung gemäß § 152 EO. (tschech.) beim Gericht vorzunehmen war, ohne sich dagegen zu sichern, daß der Gläubiger wegen nicht ordnungsmäßiger Erfüllung der Versteigerungsbedingungen die Wiederversteigerung der Liegenschaft begehrt, den Betrag anderweit verwendet und die Wiederversteigerung erzielt, wodurch die Liegenschaft für den Auftraggeber verlorengeht. **162**, 360. — 8) Ein Rechtsanwalt haftet seiner Partei für ein Verschulden eines ihm bei zeitweiser Verhinderung amtlich bestellten Vertreters (Generalsubstituten) auf Grund des § 278 BGB. wie für eignes Verschulden. **163**, 377. — 9) Eine Vergütung, die ein für eine Fideikommißverwaltung eingesetzter Pfleger für den von ihm vorgenommenen Abschluß eines Pachtvertrags über das Fideikommißgut vom Vertragsgegner bezieht, ist an das Fideikommiß-Stammvermögen herauszugeben. **164**, 98. — 10) Unter die in § 667 BGB. festgelegte Pflicht des Beauftragten zur Herausgabe des aus der Geschäftsbesorgung Erlangten fällt grundsätzlich jeder Vorteil, der ihm aus irgendeinem mit der Geschäftsbesorgung in innerem Zusammenhange stehenden Grunde zugewendet wird. **164**, 98 (103). — 11) Der Hilferuf einer ertrinkenden Person ist kein rechtsgeschäftlicher Auftrag. **167**, 85 (88). — 12) Zu § 670 BGB.: Opfer an Gesundheit sind Aufwendungen für den Fall, daß sie sich, wie namentlich bei Rettungstätigkeiten, aus der mit dem Auftrage verbundenen Gefahr ergeben. **167**, 85 (89). — 13) Bei einem durch die Bestimmungen des Frachtvertrags ergänzten Konnossement verpflichtet sich der Empfänger durch die Annahme der Güter in dem gleichen Umfange wie der Befrachter zur Zahlung der Auslagen des Verfrachters. In einem solchen Falle kann der Verfrachter Kosten, die durch Lagerung der Güter nach deren Löschung bis zur Ablieferung an den Empfänger erwachsen sind, von dem Empfänger, soweit der Frachtvertrag keine entgegenstehenden

Bestimmungen enthält, nach den ergänzend heranzuziehenden §§ 670, 675 BGB. erstattet verlangen. Die Vorschriften der §§ 670, 683 BGB. kommen im Verhältnis zu dem Konnossementsinhaber für den Anspruch auf Erstattung solcher Kosten in Frage, wenn das Konnossement auf den Frachtvertrag nicht Bezug nimmt. **169,** 171. — 14) Über den Klaggrund der fahrlässigen Verletzung einer in vertraglichem Rahmen bestehenden Auskunftspflicht (§§ 276, 278, 676 BGB.). **169,** 324 (328).

II. Geschäftsführung ohne Auftrag.

1) Über die Haftung des eigenmächtigen Verwalters fremden Gutes. **164,** 86. — 2) Keine Haftung der Gesellschaft mbH. aus Geschäftsführung der Gründer ohne Auftrag, wenn es sich um die Begründung von Sonderrechten handelt, welche die Gesellschaft zugunsten des Berechtigten dauernd belasten. **165,** 129 (133). — 3) Ergeht eine Polizeiverfügung auf Beseitigung eines polizeiwidrigen Zustands ohne die Voraussetzungen des § 21 PrPolVerwG. gegen eine nichtpolizeipflichtige Person, so kann diese, wenn sie die Polizeiverfügung rechtskräftig werden läßt und den Zustand beseitigt, nicht geltend machen, daß sie das als Geschäftsführer für den eigentlich Polizeipflichtigen getan habe. Wohl aber kann sie, wenn jener zugleich Störer im Sinne des § 1004 BGB. war, sich darauf berufen, daß sie in auftragloser Geschäftsführung für den Störer gehandelt habe. **167,** 55. — 4) Über das Verhältnis der Vorschriften in den §§ 683, 670 BGB. zueinander. **167,** 55 (60). — 5) Den Hinterbliebenen eines bei einer Lebensrettung tödlich verunglückten Retters steht gegen den Geretteten nach den §§ 670, 683 BGB. unter entsprechender Ergänzung durch die §§ 844, 845 BGB. ein Entschädigungsanspruch zu. Dieser geht auf die öffentlichen Versicherungsträger über, soweit sie nach der RVO. den Hinterbliebenen Leistungen zu gewähren haben, auf den Träger der Unfallversicherung nach den §§ 553a, 1542 RVO. **167,** 85. — 6) Die Annahme einer stillschweigenden Haftungsvereinbarung, die sich bei einem Auftrag allenfalls rechtfertigen läßt, ist bei einer auftraglosen Geschäftsführung nicht möglich. **167,** 85 (88). — 7) Wer durch rechtskräftiges Urteil als außerehelicher Vater eines Kindes festgestellt ist, erfüllt durch Leistung des Unterhalts an das Kind seine eigne gesetzliche Verpflichtung und kann, solange das Vaterschaftsurteil nicht außer Kraft gesetzt ist, nicht von einem andern Manne Ersatz des auf den Unterhalt des Kindes gemachten Aufwandes verlangen. **167,** 308. — 8) Geschäftsführung ohne Auftrag, Unterhaltsgewährung für ein uneheliches Kind an Stelle seines blutmäßigen Erzeugers; Verjährung der Ersatzansprüche. **170,** 252. — 9) Auftragloser Geschäftsführer. Einzahlung einer Sicherheit an eine Zollfahndungsstelle. Ansprüche des Gläubigers an den Schuldner in dessen Konkurs nach Freiwerden der Sicherheit. **170,** 324.

§ 134. Gesellschaft. Gesellschaftsähnliche Vertragsverhältnisse.

I. Gesellschaft.

1) Ein Gesellschaftsvertrag mit dem Ziel, dem einen Gesellschafter gehörige Grundstücke durch Veräußerung für Rechnung der Gesellschaft zu

verwerten, bedarf auch dann der Form des § 313 BGB., wenn der Eigentümer der Grundstücke zum alleinigen Geschäftsführer der Gesellschaft bestimmt ist. **162,** 78. — 2) Besteht die Gesellschaft nur aus zwei Gesellschaftern, so ist der von der Geschäftsführung ausgeschlossene Gesellschafter für sich allein zur Entziehung der Geschäftsführung befugt. **162,** 78 (83). — 3) Wenn ein Gesellschafter pflichtwidrig entgegen einer aus dem Gesellschaftsvertrage zu entnehmenden Verpflichtung seine Zustimmung verweigert, so kann diese im Klagewege erzwungen werden, falls der gemeinsame Zweck und das Wohl der Gesellschaft die Zustimmung erfordert. **162,** 78 (83). — 4) Die Vorschrift des § 707 BGB. ist nicht zwingend. Im Gesellschaftsvertrag oder durch spätere Vereinbarung kann festgelegt werden, daß die Höhe des Beitrags auf andere Weise bestimmt werden, insbesondere der Entschließung einer Gesellschaftermehrheit unterliegen solle. Dazu genügt nicht, daß der Gesellschaftsvertrag einen mit einer gewissen Mehrheit gefaßten Beschluß ganz allgemein als zur Abänderung des Vertrags ausreichend vorsieht. Vielmehr muß der Gesellschaftsvertrag zum Ausdruck bringen, daß gerade für die Beitragspflicht die Bestimmung des § 707 nicht gelten, sondern ein Mehrheitsbeschluß zulässig sein solle. Auch müssen, um einer solchen Bestimmung Wirksamkeit zu verleihen, gewisse Grenzen festgelegt sein, innerhalb deren sich der Erhöhungsbeschluß zu halten hat, da eine unbeschränkte Unterwerfung der Minderheit unter den Willen der Mehrheit gegen die guten Sitten verstieße. **163,** 385 (391). — 5) Die körperschaftliche Verfassung einer Schutzgemeinschaft, ihre Benennung und ihre Unabhängigkeit vom Wechsel der Mitglieder begründen ihr Wesen als Verein, nicht als Gesellschaft des bürgerlichen Rechts. **165,** 140 (143). — 6) Bei einer bereits in Vollzug gesetzten Gesellschaft kann das Rücktrittsrecht wegen Unmöglichwerdens der Leistung oder wegen Leistungsverzugs aus §§ 325 und 326 BGB. nicht geltend gemacht werden; es wird durch das Recht zur fristlosen Kündigung aus wichtigem Grunde nach § 723 BGB. oder durch das Recht, nach § 133 oder nach § 133 in Verbindung mit § 161 HGB. aus wichtigem Grunde die Auflösung der Gesellschaft durch gerichtliche Entscheidung zu verlangen, ausgeschlossen. Dieselben Rechtsgrundsätze müssen auch auf den Fortfall der Geschäftsgrundlage angewendet werden. **165,** 193 (200 flg.). — 7) Geltendmachung von Nichtigkeitsgründen in Ansehung eines Gesellschaftsvertrags; bisherige Rechtsprechung. **165,** 193 (201 flg.). — 8) Nach Beginn der Tätigkeit der Gesellschaft ist eine Geltendmachung von Willensmängeln gegenüber den Gründungserklärungen im Hinblick auf den Schutz der Gesellschaftsgläubiger nicht mehr möglich; jedenfalls kann ein Gesellschafter sich einem Dritten gegenüber nach der Invollzugsetzung der Gesellschaft nicht mehr auf etwaige Willensmängel berufen. **165,** 193 (201). — 9) Über die bisherige Rechtsprechung über die Anfechtung eines Gesellschaftsvertrags wegen Irrtums und arglistiger Täuschung in Ansehung eines Gesellschaftsvertrags, insbesondere die Rechtsstellung des anfechtenden Gesellschafters einem Dritten gegenüber, und die Notwendigkeit einer Auseinandersetzung unter den Gesellschaftern. **165,** 193 (201 flg.). — 10) Ist eine Gesellschaft mbH. auf Grund rechtsungültiger Vereinbarungen im Innenverhältnis durch besondere gesellschaftliche Einlagen tatsächlich auf eine erweiterte Grundlage gestellt worden und hat sie sich unter Benutzung dieser Einlagen wirtschaftlich betätigt, so können die Gesellschafter nicht schlechthin das von ihnen auf solche Weise Eingebrachte zurückfordern, sondern nur den aus der Auseinandersetzung hierüber für sie sich ergebenden Überschuß verlangen. **166**, 51. — 11) Wird eine aus zwei Gesellschaftern bestehende Innengesellschaft aufgelöst, bei der das dem Gesellschaftszwecke gewidmete Vermögen allein dem einen Gesellschafter gehört, während der andere daran im Innenverhältnis der Gesellschafter dem Werte nach zur Hälfte beteiligt sein soll, so kann dieser andere Gesellschafter von dem Eigentümer des Vermögens nur die Auszahlung des für ihn zu errechnenden Abfindungsguthabens, nicht aber die Versilberung des Vermögens und die Ausfolgung seines Anteils am Erlöse verlangen. Ein solcher Gesellschaftsvertrag bedarf, wenn zu dem der Gesellschaft gewidmeten Vermögen Grundstücke gehören, nicht der Form des § 313 BGB. **166**, 160. — 12) Zum Begriff des inneren oder ideellen Geschäftswerts eines Handelsunternehmens (Firmenwert, good will) und seine Schätzung nach § 738 Abs. 2 BGB. **167**, 260 (262). — 13) Allgemeiner Rechtsgedanke in § 723. Zulässigkeit sofortiger Kündigung aus wichtigem Grund bei Rechtsverhältnissen von längerer Dauer, die stark in die Lebensbetätigung der Beteiligten eingreifen oder eine besondere gegenseitige Interessenverflechtung mit sich bringen und ein persönliches Zusammenarbeiten und ein gutes Einvernehmen, ein ungestörtes gegenseitiges Vertrauen erfordern (s. § 128 Dienstvertrag unter Nr. 14). **169**, 203 (206). — 14) Auch wenn der Gesellschaftsvertrag (die Satzung) keine entsprechende Bestimmung enthält, kann ein Gesellschafter aus der Gesellschaft ausgeschlossen werden, wenn nämlich die Fortdauer der Mitgliedschaft eines Gesellschafters für die Gesellschaft eine unzumutbare Belastung bedeuten würde; doch kann die Ausschließung des Gesellschafters nur den letzten und äußersten Rechtsbehelf bilden, wenn andere gangbare Wege zur Beseitigung des Übelstandes nicht vorhanden sind. **169**, 330 (333); z. B. ist die Ausschließung gegebenenfalls zulässig, wenn der Gesellschafter aus einem in seiner Person liegenden Grund völlig untragbar geworden ist, ebenso wie wegen dauernder Nebenleistungsverpflichtungen ein Kündigungsrecht zugebilligt worden ist. **169**, 330 (333).

II. Gesellschaftsähnliche Vertragsverhältnisse.

1) Es bemißt sich jeweils nach den Umständen des Einzelfalls, ob und in welcher Art beim gesellschaftsähnlichen Filmherstellungs- und Verwertungsvertrag der Hersteller dem Verleiher für Beschaffenheitsmängel des Films auch nach den Grundsätzen der Gewährleistung für Sachmängel haftet. Möglicherweise können dabei die Vorschriften der §§ 581 Abs. 2, 537 flg. BGB. entsprechend herangezogen werden. **161**, 321. — 2) Über gesellschaftsähnliche Verhältnisse bei Kartellabmachungen. Die marktregelnden Vereinbarungen, die nicht etwa nur mit den einzelnen Abnehmern, sondern mit den verschiedenen Abnehmergruppen zustande kommen, sind dann als kartellmäßig anzusprechen, wenn sie den gemeinschaftlichen Zweck verfolgen, den Absatz zwischen den beiderseitigen Verbänden, der Erzeugergruppe einerseits und den einzelnen Abnehmergruppen andererseits, allgemein zu regeln

und dadurch den Markt zu beeinflussen; in diesem Falle haben auch sie zum mindesten gesellschaftsähnliche Wesensart. **162,** 100 (108, 112). — 3) Fristlose Kündigung in Anlehnung an einen aus den §§ 626, 723 BGB., §§ 92, 133 HGB. zu entnehmenden allgemeinen Rechtsgedanken. **169,** 203 (206).

§ 135. Gemeinschaft.

1) Anspruch auf Berichtigung einer Forderung des einen Teilhabers gegen den andern im Falle der Aufhebung der Gemeinschaft. **161,** 19 (22). — 2) Auseinandersetzung hinsichtlich des Vermögens, das Schul- und kirchlichen Zwecken zugleich gewidmet war, bei Trennung dauernd vereinigter Schul- und Kirchenämter, auch wenn keine bürgerlich-rechtliche Gemeinschaft besteht. **161,** 236. — 3) Befinden sich auf einer im Miteigentum stehenden Liegenschaft zwei Häuser, so kann die Teilung in der Weise stattfinden, daß jedem Teilhaber ein Haus zugewiesen wird (sudetend. Recht). **161,** 257. — 4) Über das Wesen der Kartellquote und die Feststellung der ideellen Anteile, mit denen zwei Werke, die früher in einer Hand vereinigt waren, jetzt aber verschiedenen Inhabern gehören, an der so entstandenen gemeinsamen Quote beteiligt sind. Die gemeinsame Quote kann nicht durch rechtsänderndes Urteil aufgehoben werden; vielmehr ist entweder zur Vorbereitung der Aufhebung der Gemeinschaft auf Feststellung der ideellen Anteile (Bruchteile) oder unmittelbar auf Zustimmung zur Aufhebung der Gemeinschaft (§ 749 flg.) zu klagen. Zur Fällung eines Schiedsspruchs ist das ordentliche Gericht nicht befugt, abgesehen vom Schiedsurteil gemäß den §§ 18, 19 EntlVO. Die Auslegungsregel des § 742 bedeutet nur, daß in Ermangelung von Unterlagen für einen andern Maßstab gleiche Teile anzunehmen sind. Falls Unterlagen für einen andern Maßstab gegeben sind, müssen die ideellen Anteile nach diesem nötigenfalls frei geschätzt werden, auch wenn sie sich nicht genau ermitteln lassen. **169,** 232.

§ 136. Gewagte Geschäfte. Spiel. Wette.

— — — — — — — — — —

§ 137. Versicherung.

(Seeversicherung § 254.)

I. Allgemeine Grundsätze. Auslegung von Versicherungsbedingungen.

1) Verletzt der Versicherungsnehmer bei der (Feuer-) Versicherung für fremde Rechnung die in § 6 AVB. (Gefahrerhöhung) vereinbarten Obliegenheiten in einer die Leistungsfreiheit des Versicherers herbeiführenden Weise, so kann sich dieser auch dem Versicherten gegenüber auf die Leistungsbefreiung berufen. **161,** 23. — 2) Zum Begriff der Gefahrerhöhung. **161,** 23 (25 flg.). — 3) Auslegung der Allgemeinen Feuerversicherungsbedingungen. **161,** 23 flg. — 4) Auslegung der Versicherungsbedingungen für die allgemeine Fluggast-Unfallversicherung. **161,** 76 (85 flg.). — 5) Ein vom Pächter eines Landgutes genommener Hagelversicherungsvertrag geht bei Ablauf der Pacht nicht kraft Gesetzes auf den Eigentümer oder auf einen

während der Pachtdauer eingetretenen Nießbraucher des Gutes über. **161,** 86. — 6) Auslegung der Allgemeinen Versicherungsbedingungen für die Kraftfahrzeugversicherung. **161,** 94. — 7) Die Führermitversicherung im Haftpflichtversicherungsvertrag gibt dem mitversicherten Führer keinen unmittelbaren Anspruch auf Versicherungsschutz gegenüber dem Versicherer, wenn die Ausübung der Rechte aus dem Versicherungsvertrag ausschließlich dem Versicherungsnehmer zusteht; es hängt vielmehr von dem Willen des Versicherungsnehmers ab, ob dem Führer Versicherungsschutz zu gewähren ist. **161,** 94. — 8) Auslegung der Allgemeinen Unfallversicherungsbedingungen. **161,** 184. — 9) Wenn der Versicherungsnehmer beim Abschluß einer zweiten Versicherung dem Versicherer die bereits bestehende Versicherung mitteilt und dieser trotzdem die Versicherung zu dem gewöhnlichen Beitragssatz abschließt, so muß der Versicherer für den entstandenen Schaden ungeachtet der ersten Versicherung im Rahmen der Versicherungssumme in voller Höhe einstehen, auch wenn § 54 des tschechoslow. Versicherungsgesetzes noch nicht gilt (sudetend. Recht). **161,** 235. — 10) Bei der Haftpflichtversicherung bildet auch im Rahmen des § 39 VVG. die Inanspruchnahme des Versicherungsnehmers durch den Geschädigten den Versicherungsfall. Bei der Anwendung des § 42 VVG. ist auf das Ergebnis des Einzelfalls zu sehen. **162,** 238. — 11) Die in § 153 Abs. 1 VVG. (Neufassung des Gesetzes vom 7. November 1939) vorgeschriebene sinngemäße Anwendung des § 6 Abs. 3 läßt erkennen, daß der Gesetzgeber die bisherige höchstrichterliche Rechtsprechung zur Frage des Versicherungsfalls in der Haftpflichtversicherung nicht antasten wollte. **162,** 238 (241). — 12) Dem im verschärften Verzuge befindlichen Versicherungsnehmer ist trotz Zahlung des rückständigen Beitrags vor Eintritt des Versicherungsfalls der Versicherungsschutz unter Berücksichtigung des Grundsatzes von Treu und Glauben im Verkehr (§ 242 BGB.) dann zu versagen, wenn er im Zeitpunkte der Zahlung bereits von dem Schadensereignisse Kenntnis hatte und die Geltendmachung von Ersatzansprüchen des Geschädigten erwartete. Jedoch kann ein gegen Treu und Glauben verstoßendes Verhalten des Versicherungsnehmers regelmäßig dann nicht angenommen werden, wenn dieser den rückständigen Versicherungsbeitrag zwar erst nach dem Schadensereignis (Verstoß), aber unbeeinflußt von diesem, insbesondere ohne Kenntnis von dessen Eintreten, entrichtet und das Versicherungsverhältnis danach noch unverändert und ohne einen Vorbehalt von seiten des Versicherers fortgedauert hat. **162,** 238 (243). — 13) Die Vorschrift des § 80 VAG. ist sachlich-rechtlicher Natur; nach den der Vorschrift ihrem klaren Inhalte gemäß beizumessenden Wirkungen ist es so anzusehen, als wäre im § 61 KO. zwischen der Nr. 5 und der Nr. 6 eine neue Nummer eingefügt worden. § 61 KO. gehört aber, wie das ganze erste Buch der Konkursordnung zum sachlich-rechtlichen Gebiete. Die Einordnung einer derartigen sachlich-rechtlichen Rechtsänderung in das im wesentlichen Verfahrensvorschriften enthaltende Aufsichtsgesetz ist außergewöhnlich; der äußere Zusammenhang mit den verfahrensrechtlichen Vorschriften beruht offenbar nur auf gesetzestechnischen Rücksichten. Auf eine erschöpfende Regelung aller mit der sachlich-rechtlichen Änderung verbundenen Rechtsfolgen war es nicht abgesehen. **162,** 244 (256). — 14) Die Vergünstigung des § 356 Abs. 1 HGB. ist auf das Konkursvorrecht des § 80 VAG. in der Fassung des Reichsgesetzes vom 6. Juni 1931 RGBl. I S. 315 entsprechend anzuwenden. **162,** 244. — 15) Von besonderen Vertragsgestaltungen abgesehen, begründet die Rückversicherung ein Versicherungsverhältnis und das Konkursvorrecht des § 80 VAG. gilt auch im Konkurse des Rückversicherers. **162,** 244 (245). — 16) Bereicherungsansprüche des Versicherungsnehmers, die dadurch entstehen, daß der Versicherer für den Versicherungsnehmer Zahlungen an den Verletzten leistet, obwohl diesem keine Ansprüche gegenüber dem Versicherungsnehmer zustehen, gehen gemäß § 67 VVG. auf den Versicherer über; dies gilt in gleicher Weise von solchen Ansprüchen, die dem Versicherungsnehmer gegen den Verletzten wie gegen denjenigen zustehen, der dem Verletzten für den Schaden in Wirklichkeit haftet. **163,** 21 (34). — 17) Kriegsgefahr und Kriegsklausel in der Seeversicherung. **169,** 1, 24. — 18) Treu und Glauben in der Versicherung. Die Parteien haben ihre Erklärungen über den Inhalt des Versicherungsvertrages und über die Gestaltung der gegenseitigen Beziehungen mit größtmöglicher Klarheit und Bestimmtheit abzugeben. **169,** 24 (35); **170,** 397 (402). — 19) Zu § 67 VVG. **170,** 246 (250). — 20) Zu §§ 39, 69 VVG. Über die Anforderungen an eine Fristsetzung nach § 39 VVG. und das Zugehen einer solchen Erklärung. Bei der Veräußerung eines versicherten Grundstücks kommt es für den Übergang des Versicherungsverhältnisses auf den Erwerber nicht darauf an, daß dieser nach dem Kaufvertrage schon vor seiner Eintragung als Eigentümer die Nutzungen und Lasten des Grundstücks übernommen hat. **170,** 285. — 21) Für die Veräußerung im Sinne des Übergangs des Versicherungsverhältnisses nach § 69 VVG. kommt es auf den rein förmlichen Vorgang der Eigentumsübertragung an. **170,** 285 (290).

II. Versicherung auf Gegenseitigkeit.

— — — — — — — — — — — —

III. Versicherungsagenten.

— — — — — — — — — — — —

IV. Feuerversicherung.

1) Zum Begriff der Gefahrerhöhung. **161,** 23. — 2) § 17 AVB., wonach die Gesellschaft, wenn der Versicherungsnehmer den Schaden vorsätzlich oder grobfahrlässig herbeigeführt hat, dem Versicherungsnehmer gegenüber von jeder Entschädigungspflicht aus dem Schadensfall frei ist, ist nicht dahin zu verstehen, daß die Versicherungsgesellschaft bei der Versicherung für fremde Rechnung dem Versicherten gegenüber zur Leistung verpflichtet bliebe. **161,** 23. — 3) Wenn der Versicherungsnehmer beim Abschluß einer zweiten Versicherung dem Versicherer die bereits bestehende Versicherung mitteilt und dieser trotzdem die Versicherung zu dem gewöhnlichen Beitragssatz abschließt, so muß der Versicherer für den entstandenen Schaden ungeachtet der ersten Versicherung im Rahmen der Versicherungssumme in voller Höhe einstehen, auch wenn § 54 des tschechosl. Versicherungsgesetzes noch nicht gilt (sudetend. Recht). **161,** 234. — 4) a. Das Schiedsgericht i. S. des § 11 (2) VVG. ist kein Schiedsgericht im S. der §§ 577 flg. ZPO. Der Schiedsspruch kann aber

infolge der ausdrücklichen Anordnung des § 11 (2) VVG., daß auf das Schiedsgericht die Vorschriften über das schiedsrichterliche Verfahren nach der Zivilprozeßordnung anzuwenden sind, mit einer Klage nach § 595 ZPO. angefochten werden. — b. Ist der Versicherungsfall vor der Versteigerung der Liegenschaften eingetreten, steht das Recht, den Schiedsrichter für das gemäß § 11 (2) VVG. zu bestellende Schiedsgericht zu bestimmen, nicht dem Ersteher, sondern dem ursprünglichen Eigentümer der abgebrannten Liegenschaft als Versicherungsnehmer zu (sudetend. R.). **162,** 269. — 5) Im Falle der Veräußerung des gegen Feuersgefahr versicherten Grundstücks tritt der Erwerber an Stelle des bisherigen Versicherungsnehmers in das Versicherungsvertragsverhältnis ein, aber ohne Rückwirkung. Ihm können daher auch nicht bereits nach dem Versicherungsvertrag erworbene Ansprüche gegen den Versicherer auf Entschädigung für die vor dem Eigentumsübergang entstandenen Schäden zugebilligt werden. Der Versicherungsnehmer kann daher, wenn der Versicherungsfall vor der Versteigerung der Liegenschaft eingetreten ist, bis zur Erteilung des Zuschlags nicht als ein vertragsfremder Dritter angesehen werden. **162,** 269 (272).

V. Lebens- und Unfallversicherung.

1) Über die Bedeutung der Unfallversicherung im Luftverkehr. **161,** 76 (84 flg.). — 2) Eine dauernde Beeinträchtigung der Arbeitsfähigkeit im Sinne der §§ 6, 11 AUnfallVB. ist gegeben, wenn sie nach dem Zustande des Versicherten im ersten Jahre nach dem Unfall vorliegt und anzunehmen ist, daß sie in erheblichem Maße länger als drei Jahre vom Abschlusse der ärztlichen Behandlung an dauern wird, ohne daß sich ihr Ende mit Sicherheit absehen läßt. **161,** 184. — 3) Unter Arbeitsfähigkeit im Sinne der AUnfallVB. ist die jedem Menschen auf der Grundlage seiner körperlichen Unversehrtheit regelmäßig innewohnende Fähigkeit zur Leistung von Arbeit zu verstehen. **161,** 184 (191). — 4) Der Invaliditätsgrad nach der sogenannten Gliedertaxe in § 11 II A AUnfallVB. wird nicht davon berührt, ob der Versicherte durch die Unfallfolge gerade in der Ausübung seines Berufs oder seiner Beschäftigung behindert ist. **161,** 184. — 5) Für neue Körperschäden, welche nach Ablauf des ersten Jahres nach dem Unfalle eintreten, kann eine Invaliditätsentschädigung nicht verlangt werden, auch wenn sie durch den Unfall ursächlich bedingt sind. **161,** 184. — 6) Die Unfallversicherung ist, jedenfalls soweit es sich dabei um eine Entschädigung für Arbeitsunfähigkeit handelt, keine Schadens-, sondern eine Summenversicherung. **161,** 184 (191). — 7) Zum Begriff der „Bewußtseinsstörung" im Sinne des § 3d der Allgemeinen Unfall-Zusatzversicherungsbedingungen. **164,** 49. — 8) Im Lebensversicherungsvertrage findet die Vorschrift des § 332 BGB. Anwendung, sofern deren Geltung in den Allgemeinen Versicherungsbedingungen nicht ausdrücklich ausgeschaltet ist. **168,** 177. — 9) Die Änderung und der Widerruf der Bezeichnung eines Dritten als Bezugsberechtigten im Lebensversicherungsvertrage sind rechtsgestaltende Erklärungen, die zwar von dem Versicherungsnehmer einseitig ausgesprochen werden, aber um wirksam zu sein, dem Versicherten zugehen müssen. **168,** 177 (186). — 10) Ausnahme von der Empfangsbedürftigkeit dieser Erklärungen, wenn

sich der Versprechensempfänger die Befugnis vorbehalten hat, ohne Zustimmung des Versprechenden an die Stelle des im Vertrage bezeichneten Dritten einen andern zu setzen; dann kann dies im Zweifel auch in einer Verfügung von Todeswegen geschehen. **168,** 177 (186).

VI. Haftpflichtversicherung. Kreditversicherung. Sonstige Versicherungen.

1) Über die Bedeutung der Haftpflichtversicherung im Luftverkehr. **161,** 76 (84flg.). — 2) Ein von einem Pächter eines Landgutes genommener Hagelversicherungsvertrag geht bei Ablauf der Pacht nicht kraft Gesetzes auf den Eigentümer oder auf einen während der Pachtdauer eingetretenen Nießbraucher des Gutes über. **161,** 86. — 3) Der Versicherungsnehmer ist nicht verpflichtet, dem Angestellten einer Ausbesserungswerkstatt, der bei einer Probefahrt den versicherten Kraftwagen gefahren und damit Schaden angerichtet hat, aus der Führermitversicherung Versicherungsschutz zu verschaffen; hat jedoch dieser Angestellte Anspruch auf Versicherungsschutz, so ist dieser auch dann zu gewähren, wenn der vom Halter und Versicherungsnehmer aus dem Werkvertrag in Anspruch genommene Inhaber der Ausbesserungswerkstatt gegen ihn (seinen Angestellten) aus dem Dienstvertrag Rückgriff nimmt. **161,** 94. — 4) Gegen den Schadensersatzanspruch des Arbeitnehmers gegen den Arbeitgeber wegen Unterlassung der Anmeldung zur Pensionsversicherung kann der Arbeitgeber eine Prozeßkostenforderung nicht aufrechnen. **162,** 195. — 5) Bei der Haftpflichtversicherung bildet auch im Rahmen des § 39 VVG. die Inanspruchnahme des Versicherungsnehmers durch den Geschädigten den Versicherungsfall. Bei der Anwendung des § 42 VVG. ist auf das Ergebnis des Einzelfalls zu sehen. **162,** 238. — 6) Die in § 153 Abs. 1 VVG. (Neufassung des Gesetzes vom 7. November 1939) vorgeschriebene sinngemäße Anwendung des § 6 Abs. 3 läßt erkennen, daß der Gesetzgeber die bisherige höchstrichterliche Rechtsprechung zur Frage der Versicherungsfalls in der Haftpflichtversicherung nicht antasten wollte. **162,** 238 (241). — 7) Dem im verschärften Verzuge befindlichen Versicherungsnehmer ist trotz Zahlung des rückständigen Beitrags vor Eintritt des Versicherungsfalls der Versicherungsschutz unter Berücksichtigung des Grundsatzes von Treu und Glauben im Verkehr (§ 242 BGB.) dann zu versagen, wenn er im Zeitpunkte der Zahlung bereits von dem Schadensereignisse Kenntnis hatte und die Geltendmachung von Ersatzansprüchen des Geschädigten erwartete. Jedoch kann ein gegen Treu und Glauben verstoßendes Verhalten des Versicherungsnehmers regelmäßig dann nicht angenommen werden, wenn dieser den rückständigen Versicherungsbeitrag zwar erst nach dem Schadensereignis (Verstoß), aber unbeeinflußt von diesem, insbesondere ohne Kenntnis von dessen Eintreten, entrichtet und das Versicherungsverhältnis danach noch unverändert und ohne einen Vorbehalt von seiten des Versicherers fortgedauert hat. **162,** 238 (243). — 8) Von besonderen Vertragsgestaltungen abgesehen, begründet die Rückversicherung ein Versicherungsverhältnis und das Konkursvorrecht des § 80 VAG. gilt auch im Konkurse des Rückversicherers. **162,** 244 (245). — 9) Der Versicherungsnehmer hat das Konkursvorrecht aus § 80 VAG. n.F. auch in

einem zur Zeit des Inkrafttretens dieser Bestimmung (1. April 1931) bereits eröffneten Konkurse. Die Vorrechteigenschaft der festgestellten Konkursforderungen erlischt nicht durch die Aufnahme der Forderungen des Versicherungsnehmers in die laufende Rechnung bei der Gemeinschuldnerin und durch die vierteljährliche Saldoziehung; denn hierdurch ist dem Saldoguthaben nicht die besondere Wesensart des aus dem (Rück) Versicherungsverhältnisse stammenden Anspruchs genommen worden. Ob ein Vergleich über die Höhe der Versicherungsforderung das Erlöschen des ihr haftenden Konkursvorrechts herbeiführt, ist Tatfrage; es kommt darauf an, ob der Vergleich nach dem Willen der Vertragschließenden umschaffend wirken, also einen neuen Verpflichtungsgrund, ein neues Schuldverhältnis an Stelle des bisherigen begründen und demgemäß auf bestehende Sicherungsrechte vernichtend wirken sollte; das läßt sich nur durch Willenserforschung auf Grund der gesamten Tatumstände ermitteln. **164,** 212 flg. — 10) Erst seit dem Jahre 1937 steht fest, daß die Rückversicherung als echte Versicherung zu gelten hat, auf welche die Vorschrift des § 80 AVG. trotz der Bestimmung in § 186 VVG. im Konkurse des Versicherers anwendbar ist. **164,** 212 (215). — 11) Bei der Führerscheinabrede der Kraftfahrzeugversicherung genügt es nach § 3 Nr. 2 AllgKraftfVersBed. nicht, wenn sich der gute Glaube des Versicherungsnehmers nur darauf bezieht, daß der berechtigte Fahrer von der zuständigen Behörde eine außerhalb des vorgeschriebenen Führerscheinverfahrens formlos (ohne förmlichen Führerschein) erteilte Erlaubnis zum Lenken erhalten habe. **165,** 54. — 12) Die in den AllgKraftfVersBed. (§ 3 Nr. 2) enthaltene Führerschein- (mit Entschuldigungs-) abrede (Führerscheinklausel) begründet keine vertragliche, dem Versicherungsnehmer gegenüber dem Versicherer obliegende Vertragspflicht, auch keine Obliegenheit des Versicherungsnehmers, deren Verletzung in der Frage des Verschuldens und in der Frage der Beweisführung nach § 6 VVG. beurteilt werden müßte, sondern sie stellt eine gegenständliche Abgrenzung des Versicherungsbereichs („Risikobeschränkung") dar. Demnach muß die eine oder die andere der beiden in der Führerscheinabrede vorgesehenen Voraussetzungen, d. h. entweder das Vorhandensein des zur Führung des Fahrzeugs vorgeschriebenen Führerscheins für den berechtigten Führer oder auf seiten des Versicherungsnehmers die zwar irrige, aber gutgläubige und entschuldbare Annahme vorliegen, daß der Führerschein im Besitze des berechtigten Führers sei, um die den Anspruch des Versicherungsnehmers auf Versicherungsschutz und auch auf die Versicherungsleistung sachlich zu rechtfertigen. Diese beiden Voraussetzungen, unter denen zum Zwecke der Einschränkung der Versicherungsgefahr die deutschen Kraftfahrzeugversicherer den Versicherungsschutz übernehmen, stehen selbständig und gleichwertig nebeneinander mit der Folge, daß der vereinbarungsmäßige Anspruch auf Versicherungsschutz auch dann besteht, wenn der berechtigte Führer den Versicherungsschein nicht besitzt, weil ihm entweder die Fahrererlaubnis mangels genügender Eignung versagt worden ist oder weil er sich der vorgeschriebenen Prüfung überhaupt nicht unterzogen hat, oder wenn ihm die früher erteilt gewesene Fahrerlaubnis wieder entzogen worden ist — dies selbst dann, wenn ihm jede Eignung zum Fahren mit dem Kraftfahrzeuge fehlen sollte —, sofern nur beim Schadenseintritt der Versicherungsnehmer entschuldbarerweise annehmen konnte, daß der berechtigte Führer den Führerschein besitze. Die Entschuldbarkeit auf seiten des Versicherungsnehmers soll allein genügen, um seinen Anspruch auf Versicherungsschutz zu rechtfertigen. **165**, 54 (58 flg.). — 13) Nicht allgemein bedeutet der „Führerschein" im Sinne der Führerscheinabrede die Fahrerlaubnis. Wenn in dem Urteil vom 16. Dezember 1932 JW. 1933 S. 765 Nr. 4 auf die sachliche Bedeutung des Führerscheins als der gesetzlichen Ausdrucksform der amtlichen Fahrerlaubnis Wert gelegt und dies hervorgehoben ist, so ist damit nicht ausgesprochen, daß in allen Fällen die entschuldbare Annahme einer, wenn auch nur formlos erteilten Erlaubnis genüge; vielmehr besteht die dort betonte Bedeutung des Führerscheins als der eigentlichen Fahrerlaubnis, auf die es ankommt, in der Erteilung der vorgeschriebenen Erlaubnis im Rahmen der gesetzlichen Vorschriften, welche die Straßenverkehrsordnung dafür aufstellt. **165**, 54 (56, 61). — 14) Die Frage, ob der Versicherungsnehmer einem Dritten (Verletzten) haftet, wird in dem Rechtsstreit des Dritten gegen den Versicherungsnehmer gegen den Versicherer auf Gewährung von Versicherungsschutz (Deckungsprozeß) entschieden. Die rechtskräftige Entscheidung im ersteren Rechtsstreit ist im letzteren bindend. Ist im ersten Rechtsstreit zugleich rechtskräftig der Umstand geklärt und entschieden worden, ob der Haftpflichtanspruch des Dritten in den Versicherungsschutzbereich fällt, so ist auch dies für den Deckungsprozeß bindend, und der Versicherer kann sich nicht mehr darauf berufen, das Schadensereignis falle nicht unter den Versicherungsschutzbereich. Doch bleiben ihm rein versicherungsrechtliche Einwendungen, insbesondere die Berufung auf Wegfall seiner Leistungspflicht wegen Obliegenheitsverletzung, unbenommen. Die Behauptung, der im Schadensprozeß als Halter rechtskräftig verurteilte Versicherungsnehmer sei nicht Halter gewesen, ist keine versicherungsrechtliche Einwendung, wohl aber die Behauptung, der Versicherungsnehmer habe durch arglistige Täuschung des Versicherers oder durch vorsätzliche oder grob fahrlässige Verletzung seiner Auskunftspflicht als einer nach dem Versicherungsfall von ihm zu erfüllenden Obliegenheit seine Verurteilung als Halter und damit die Leistungspflicht des Versicherers herbeigeführt, von der der Versicherer wegen der Obliegenheitsverletzung des Versicherungsnehmers diesem gegenüber (wieder) freigeworden sei. Auf solche Einwendung hin kann die Haltereigenschaft des Versicherungsnehmers trotz jener Bindung im Deckungsprozeß nachgeprüft werden. **167**, 243. — 15) Die Grundsätze der Entscheidung des erkennenden Senats vom 8. 4. 41 VII 118/40 (abgedruckt in DJ. 1941 S. 638 = JRfPrV. 1941 S. 95 Nr. 56) — siehe Nr. 16 — finden zugunsten des Versicherungsnehmers auch dann Anwendung, wenn dieser gelegentlich bei einer Betriebsfahrt mit dem versicherten Lastkraftwagen mehrere Personen auf der Pritsche des Wagens hat mitfahren lassen und für diese Personen infolge einer Körperverletzung auf der Fahrt (angeblich) Haftpflichtansprüche gegen den Versicherungsnehmer entstanden sind. **168**, 372. — 16) In dem Urteil vom 8. 4. 1941 (s. Nr. 15) ist dahin entschieden: beim Fehlen einer besondern Verdeutlichung des Begriffs „Personenbeförderung" in der besondern Bedingung eines im Jahre 1937 geschlossenen Kraftfahrzeugversicherungsvertrags, wonach der Haftpflichtversicherungsschutz für einen Lastkraftwagen nur unter der Voraussetzung gewährt wird, daß das Fahrzeug nicht zur Beförderung von Personen oder zum genehmigten Güterfernverkehr Verwendung findet, kann der Versicherungsausschluß (Verwendung zur Beförderung von Personen) nicht dahin verstanden werden, schon jede gelegentliche Mitnahme einer betriebsfahrtzugehörigen oder nichtzugehörigen Person schließe den Versicherungsschutz aus. **168**, 372 (377). — 17) Zur Verordnung über die Versicherung von Kraftfahrzeugen vom 14. Februar 1938. Zur Frage, wie nach dieser Verordnung die Verträge auf die Beitragssätze des Einheitstarifs umzustellen waren. **170**, 397.

VII. Reichsversicherungsgesetze. Allgemeines.

1) Wird bei einer Luftbeförderung auf Grund der Allgemeinen Beförderungsbedingungen der (Deutsche Lufthansa und der) Deruluft ein Fluggast getötet, so bestehen Ansprüche, die nach § 1542 RVO. auf die die Hinterbliebenen des Fluggastes versorgende Berufsgenossenschaft übergehen könnten, nicht. **161**, 76. — 2) Die Tatsache, daß der Ersatzanspruch gemäß § 1542 Satz 1 RVO. ohne weiteres dem Versicherungsträger zuwächst, steht einer Anwendung des § 839 Abs. 1 Satz 2 BGB. ebensowenig entgegen, wie das bei einer vertraglichen Versicherung mit der Vorschrift des § 67 Abs. 1 VVG. der Fall ist. **161**, 199 (202). — 3) Wenn Träger der Sozialversicherung den Schaden des Verletzten ausgeglichen haben, so vermögen sich infolge dieser Bestimmung weder der Verletzte selbst auf Grund des Anspruchs aus Amtspflichtverletzung noch die Träger der Sozialversicherung auf Grund dieses auf sie nach § 1542 RVO. übergegangenen Anspruchs an dem Beamten (oder vielmehr an dessen Stelle der öffentlichen Körperschaft) schadlos zu halten. **164**, 1 (7). — 4) Zum Aufbau der Sozialversicherung; Befugnisse der obersten Dienstbehörde gegenüber den Kassenleitern der Ortskrankenkassen; Vorbescheide. **164**, 72 (74 flg.). — 5) Übergang von Schadensersatzansprüchen des Verletzten auf die Berufsgenossenschaft nach § 1542 RVO. **165**, 236. — 6) Übergang der Ansprüche der Hinterbliebenen des bei einer Lebensrettung tödlich Verunglückten aus §§ 670, 683, 844 flg. BGB. gegen den Geretteten auf öffentliche Versicherungsträger (der Unfallversicherung). **167**, 85. — 7) Über den Forderungsübergang auf den Versicherungsträger bei der gesetzlichen Krankenversicherung. **167**, 207 (209). — 8) Die Versicherung hat dem Dritten gegenüber ihren Anspruch auf den Forderungsübergang nicht auf einen verhältnismäßigen Betrag ihrer Forderung zu beschränken, wenn der Versicherte selbst wegen Mitverschuldens von dem Dritten nur verhältnismäßigen Schadensersatz verlangen kann. **167**, 207 (210).

VIII. Reichskrankenversicherung.

1) Ein Anspruch, den ein Verletzter auf Grund einer gesetzlichen Kranken- (oder Unfall-) Versicherung gegen den Versicherungsträger erwirbt, stellt einen Ersatzanspruch im Sinne des § 839 Abs. 1 Satz 2 BGB. dar. **161**, 199. — 2) Über die Rechtsnatur, welche nach der Neugestaltung des Sozialversicherungsrechts die Obliegenheiten des Leiters einer Krankenkasse gegenüber

den Versicherten haben, und die Haftung der Krankenkasse für eine schuldhafte Handlung oder Unterlassung ihres Leiters zum Nachteil eines Versicherten. **165,** 91. — 3) Der Krankenversicherte erwirbt auf Grund des zwischen der Krankenkasse und dem Kassenarzt bestehenden Vertrags nach den Grundsätzen des Vertrags zugunsten Dritter gegen den ihn behandelnden Kassenarzt einen unmittelbaren Anspruch auf sachgemäße Behandlung wie ein sonstiger Kranker gegen den ihn behandelnden Arzt, damit gegebenenfalls einen Schadensersatzanspruch gegen ihn. **165,** 91. — 4) Die Leistung der gesetzlichen Krankenversicherung ist eine Leistung eines Dritten im Sinne des § 839 Abs. 1 Satz 2 BGB. Der Forderungsübergang auf den Versicherungsträger erstreckt sich aber auch auf den von ihm ungedeckten Schadenteil, jedoch nur insoweit er mit seiner Leistung gleichartig und gleichzeitig entstanden ist. In den Krankenhauskosten ist auch eine Unterhaltsleistung enthalten, die dem Anspruch auf Ersatz eines Verdienstausfalls gleichartig ist. **167,** 207. — 5) Bei dem Ersatzanspruch des Versicherungsträgers für gewährtes Kranken- und Hausgeld ist zu beachten, wie hoch sich für dieselbe Zeit der Erwerbsausfall des Verletzten stellt. Der dem Verletzten zustehende Ersatzanspruch geht auf den Versicherungsträger nur in dem Umfange seiner Fürsorgepflicht und nur insoweit über, als er für diesen Schaden, d. h. für den in einem bestimmten Zeitraum eintretenden Schaden, Ersatz zu leisten hat. **167,** 207 (209). — 6) Die Krankenkassen der Reichssozialversicherung sind nicht berechtigt, ihre Leistungen an Krankenhilfe einzustellen, wenn der Versicherte seine Einwilligung zu einem Eingriff, der als operative Maßnahme anzusprechen ist, verweigert. **168,** 206.

IX. Reichsunfallversicherung.

1) Ein Anspruch, den ein Verletzter auf Grund einer gesetzlichen (Kranken- oder) Unfallversicherung gegen den Versicherungsträger erwirbt, stellt einen Ersatzanspruch im Sinne des § 839 Abs. 1 Satz 2 BGB. dar. **161,** 199. — 2) S. § 137 VII Nr. 5. — 3) Zum Begriff des Betriebsaufsehers im Sinne der Gewerbeunfallversicherung. Mitglieder von Betriebsfeuerwehren sind durch § 899 Abs. 2 RVO. geschützt. **167,** 385. — 4) § 899 Abs. 1 RVO. beschränkt die Haftung der Betriebs- und Arbeiteraufseher. Die Beschränkung gilt nur für Handlungen, für die der Aufseher als solcher, nicht in anderer Eigenschaft einzutreten hat. **167,** 385 (386 flg.). — 5) Der Straßenbahnwagenführer ist als Betriebsaufseher anzusehen, weil seine Tätigkeit den Gang des Betriebes und seine Sicherheit zu gewährleisten hat. **167,** 385 (387). — 6) Das Urteil des Reichsgerichts VI 109/39 vom 16. Dezember 1939 legt nahe, daß auch derjenige Betriebsaufseher im Sinne der Reichsversicherungsordnung sei, der mit der Prüfung von Kraftfahrzeugen, der Prüfung der Fahrer und ähnlichen Aufgaben betraut sei, und kommt zur Ablehnung der Anwendung des § 899 Abs. 1 RVO. nur, weil es sich in jenem Fall um den selbständigen Inhaber eines Kraftwagenüberwachungsdienstes handelte und die Haftungsbeschränkung des § 899 Betriebszugehörigkeit des Schädigers voraussetzt. **167,** 385 (387). — 7) Die rein mechanische Bedienung der Maschine genügt nicht, um den damit betrauten Gefolgsmann zum Betriebsaufseher zu machen, vielmehr muß die Verantwortung für den

reibungslosen Ablauf eines Teils der Betriebsaufgaben eine Aufsichtstätigkeit, wenn nicht über andere Betriebsangehörige, so doch über Betriebseinrichtungen zum bloßen Ingangsetzen der Maschine hinzukommen. **167,** 385 (387). — 8) § 898 RVO. beschränkt auch die Haftung juristischer Personen, die Unternehmer versicherter Betriebe sind, obwohl sie strafrechtlich nicht verfolgt werden können. **167,** 385 (390). — 9) Zu §§ 848, 903 Abs. 4, 1199 RVO. Gegenüber dem Erstattungsanspruch der Berufsgenossenschaft aus § 903 Abs. 4 RVO. kein Einwand daraus, daß sie durch ihre Aufsichtsbeamten den Betrieb des versicherten Unternehmers nicht hinreichend beaufsichtigt habe. **170,** 70. — 10) Die Verpflichtung der Berufsgenossenschaft geht nicht so weit, daß sie durch ihre Aufsichtsbeamten dem Betriebsunternehmer seine eigne Pflicht, seine Betriebseinrichtungen in sicherm Zustande zu erhalten, abnehmen, d. h. an seiner Stelle deren Zustand prüfen und überwachen müßte. **170,** 70 (72). — 11) Der Kraftwagenführer, der nur seinen Wagen zu pflegen, zu bedienen und mit ihm Personen oder Sachen zu befördern hat, ist keine Aufsichtsperson im Sinne des § 899 RVO. **170,** 159. — 12) Die Rückgriffshaftung und die Befreiung von den Ansprüchen der Versicherten stehen zueinander im Verhältnis gegenseitiger Abhängigkeit. **170,** 159 (160). — 13) Als Aufseher im Sinn des § 903 RVO. kann nur ein Betriebsangehöriger angesehen werden, dem entweder die Überwachung anderer Betriebsangehöriger oder wenigstens eines Teiles des Betriebs obliegt. **170,** 159 (161). — 14) Auch der Umstand, daß die Tätigkeit des Kraftwagenführers sich nicht wie bei einer Werkfeuerwehr nur innerhalb des Werkes abspielt, daß er vielmehr seinen Wagen im öffentlichen Verkehr zu führen hat, vermag seine Aufsehertätigkeit nicht zu begründen. **170,** 159 (162). — 15) Bei Betriebsunfällen kommt im Falle der Entlehnung von Arbeitern eines Unternehmers durch einen andern dem Entlehnenden die Haftungsbefreiung nach den §§ 898, 899 RVO. zugute. **170,** 216.

X. Reichs-Invaliditäts- und Altersversicherung.

1) Die Einziehung freiwilliger Beträge für die Invalidenversicherung im Wege eines gesetzlich abgeschafften, aber durch die Ortsbehörde mit Billigung der Landesversicherungsanstalt trotzdem beibehaltenen Einziehungsverfahrens befreit die Versicherten ebenso, wie wenn das Einziehungsverfahren noch gesetzmäßig wäre. **162,** 129 (147). — 2) Über die Rechtsstellung des Vertrauensarztes als Beamter oder Angestellter der Landesversicherungsanstalt und die ihm obliegenden Aufgaben, insbesondere seine Pflicht zur Unterstützung und Beratung der Krankenkasse bei der Durchführung ihrer gesetzlichen und satzungsmäßigen Aufgaben. **165,** 91 (103 flg.).

XI. Angestelltenversicherung.

— — — — — — — — — —

§ 138. Leibrente.

Zum Begriff des Leibrentenvertrags. **166,** 40 (48 flg.).

§ 139. Bürgschaft. Garantieversprechen.

I. Bürgschaft.

(S. auch § 139 II Nr. 3.)

— — — — — — — — — — —

II. Gewährschafts- (Garantie-) Vertrag.

1) Freizeichnungsabreden (-klauseln), die ein Gewährschein der Lieferfirma oder der hinter dieser stehenden Herstellerfirma enthält, sind eng auszulegen. **163,** 21 (31). — 2) Wer, ohne Verkäufer zu sein, wegen seines wirtschaftlichen Interesses am Verkauf der Sache, insbesondere als Hersteller, einen Gewährschein ausstellt, erweckt dadurch in der Regel den Eindruck, daß er grundsätzlich in die gesetzliche Haftung des Verkäufers für Sachmängel, sei es an dessen Stelle, sei es neben diesem, einzutreten gewillt ist, wenn auch mit den sich aus dem Gewährschein selbst ergebenden Einschränkungen und Abänderungen, die aber eng auszulegen sind. **163,** 21. — 3) Wer die selbstschuldnerische Bürgschaft für eine Unterhaltsschuld übernommen hat, bei welcher der Hauptschuldner auf jeden Einwand aus einer künftigen Veränderung der Verhältnisse verzichtet hat, kann sich nicht darauf berufen, daß der Hauptschuldner trotz dieses Verzichts von der Unterhaltspflicht infolge seines späteren Vermögensverfalls nach Treu und Glauben doch frei wird; diese Bürgschaft ist als Garantievertrag zu betrachten. **163,** 91.

§ 140. Vergleich. Schiedsvertrag.

I. Vergleich.

(Prozeßvergleich § 324.)

1) Ein Vertrag, durch den ein unbestrittenes Rechtsverhältnis neu gestaltet werden soll, ist kein Vergleich im Sinne des § 1380 ABGB. (öst. Recht). **161,** 6. — 2) Ein außergerichtlicher Vergleich beendet den Rechtsstreit nicht von selbst, sondern gewährt nur eine dem sachlichen Recht angehörende Einrede gegen die Fortsetzung des Rechtsstreits. **161,** 350 (353). — 3) Die Frage, ob ungeachtet der im Schrifttum erhobenen Widersprüche an der bisherigen Rechtsprechung des Reichsgerichts festzuhalten ist, daß die Nichtigkeit eines außergerichtlichen Vergleichs, der an sich wirksam zustandegekommen, aber wegen Irrtums oder arglistiger Täuschung angefochten ist, in der Regel nicht durch Fortsetzung des bisherigen Rechtsstreits geltend gemacht werden könne, wird nicht grundsätzlich entschieden. Unter den besonderen Umständen des Falles wird es aber aus Gründen der Prozeßwirtschaftlichkeit zugelassen, den Streit über die Anfechtung im selben Rechtsstreit auszutragen, obwohl die Anfechtung (wegen arglistiger Täuschung) möglicherweise eine — wenn auch wenig umfangreiche — Beweisaufnahme erforderlich macht. **162,** 198. — 4) Nach der bisherigen Rechtsprechung ist ein Streit über das wirksame Zustandekommen eines Vergleichs, und zwar auch über die Rechtswirksamkeit eines Widerrufs bei vorbehaltenem Widerrufsrecht, im anhängigen Rechtsstreite, den der Vergleich beenden sollte, zu entscheiden, wogegen in aller Regel der Streit um die Wirksamkeit der Anfechtung eines gerichtlichen Vergleichs — im Gegensatz zum außergericht-

lichen Vergleich — wegen Irrtums oder arglistiger Täuschung ebenso wie der Streit um die aus einem anderen Grunde, z. B. wegen Sittenwidrigkeit oder wegen Geschäftsunfähigkeit eines Vergleichspartners, geltend gemachte Nichtigkeit eines gerichtlichen Vergleichs in einem besondern Rechtsstreite ausgetragen werden müsse. Ausnahmen sind bisher nur zugelassen worden, wenn sich der Streit über die Gültigkeit des Vergleichs in einer Rechtsfrage erschöpft oder wenn die Entscheidung hierüber von unstreitigen oder sonst keiner besondern Beweiserhebung bedürftigen Tatsachen abhängt. **162**, 198 (199 flg.). — 5) Im Streit über die Unwirksamkeit eines Vergleichs ist ein Irrtum über einen Punkt, um den die Parteien in Streit waren, unbeachtlich, weil die Zulassung einer hierauf gestützten Anfechtung dem Wesen und Zwecke des Vergleichs entgegenstehen würde. **162**, 198 (201). — 6) Über die Frage der Erschütterung der Geschäftsgrundlage bei einem Prozeßvergleich im Streit über rückständige Schuldbeträge, über deren Höhe sich der Kläger im Irrtum befunden haben will. **162**, 198 (202). — 7) Auf das Recht, die Feststellung der blutmäßigen Abstammung zu betreiben, kann durch Vergleich wirksam nicht verzichtet werden. **164**, 62. — 8) Über die Frage der umschaffenden (novierenden) Wirkung eines Vergleichs über die Höhe von Versicherungsforderungen, die mit Vorzugsrechten im Konkurse des (Rück-)Versicherers ausgestattet sind. **164**, 212 (216 flg.). — 9) Zur Frage der Einwirkung veränderter Umstände (clausula sic rebus stantibus) bei vergleichsweiser Regelung des Unterhalts unter geschiedenen Eheleuten. **164**, 366. — 10) Der Gläubiger, dem eine Forderung zur Einziehung überwiesen ist, kann diese Forderung mit Wirkung seinem Schuldner gegenüber abtreten oder sich mit dem Drittschuldner darüber vergleichen, sofern er sich in voller Höhe des Überweisungsbetrags seinem Schuldner gegenüber für befriedigt erklärt. **169**, 54.

II. Schiedsvertrag.

(Vgl. § 353.)

---

§ 141. Schuldversprechen. Schuldanerkenntnis.

---

§ 142. Anweisung. Kreditbrief. Schuldverschreibungen auf den Inhaber. Legitimationspapiere.

Ist im Geltungsbereich des Allgemeinen Bürgerlichen Gesetzbuchs eine öffentliche Kasse die Schuldnerin, so ist sie nicht verpflichtet, einer Anweisung des Empfangsberechtigten, für ihn an eine dritte Person zu zahlen, Folge zu leisten. **170**, 113.

§ 143. Vorlegung von Sachen und Urkunden.

In rechtsschöpferischer Erstreckung des Grundsatzes des § 810 BGB. muß jedem Volksgenossen gegen den Besitzer einer Urkunde von sippenkundlichem Einzigkeitswert für ihn zur Ermittelung seiner Vorfahren und ihrer Sippe ein Anspruch auf Vorlegung der Urkunde zur Einsicht zugebilligt werden. **165**, 146.

2. Ungerechtfertigte Bereicherung. Unerlaubte Handlungen. Haftung für andere.

§ 144. Ungerechtfertigte Bereicherung.

1) Bei einem nach § 138 Abs. 2 BGB. nichtigen Darlehen wird dem Darlehnsgeber durch die Vorschrift des § 817 Satz 2 BGB. die Rückforderung der Darlehnssumme nicht schlechthin verwehrt; er kann aber den darlehnsweise hingegebenen Betrag trotz der Nichtigkeit des Darlehns nicht früher zurückverlangen, als es bei dessen Gültigkeit geschehen könnte. Gleiches gilt, wenn ein gegen übermäßiges Entgelt gewährtes Darlehen deswegen nach § 138 Abs. 1 BGB. nichtig ist, weil sich der Darlehnsgeber böswillig der Erkenntnis der mißlichen Lage des Darlehnsnehmers verschlossen hat. **161,** 52. — 2) Der Anspruch aus ungerechtfertigter Bereicherung unterliegt der gewöhnlichen 30jährigen Verjährung. **162,** 218 (222). — 3) Wenn und soweit eine Versicherungsgesellschaft für den Versicherungsnehmer auf Grund einer Haftpflichtversicherung Zahlungen an den Verletzten geleistet hat, kann dies für den Versicherungsnehmer, wenn dieser vom Verletzten zu Unrecht in Anspruch genommen worden ist, in Ermangelung eines Schuldverhältnisses keine schuldbefreiende Wirkung gehabt haben, sondern es hat nur, weil die Zahlungen ohne Rechtsgrund geleistet worden sind, einen Anspruch des Versicherungsnehmers gegen den Verletzten aus ungerechtfertigter Bereicherung ausgelöst. Außerdem hat der Versicherungsnehmer auch einen Anspruch aus ungerechtfertigter Bereicherung unmittelbar gegen den erlangt, der dem Verletzten aus dem Unfall haftete, weil in Höhe der Zahlungen, welche die Versicherungsgesellschaft für den Versicherungsnehmer geleistet hat und die dieser auch nicht zurückerstattet hat, der Unfallverletzte nicht mehr geschädigt ist, sein Anspruch gegen den haftenden Schädiger sich insoweit also gemindert hat. Diese Bereicherungsansprüche des Versicherungsnehmers gehen gemäß § 67 VVG. auf die Versicherungsgesellschaft über. **163,** 21 (34). — 4) Ein wucherisches Geschäft ist nichtig. Auch wenn für die Forderung aus diesem Geschäft ein Exekutionstitel erworben würde, kann die Nichtigkeit geltend gemacht werden. Dies ist auch möglich gegen eine Anfechtungsklage des Wucherers. Der Exekutionstitel kann auch nicht geltend gemacht werden für einen Bereicherungsanspruch, der sich daraus ergibt, daß infolge Nichtigkeit des Geschäfts ohne Rechtsgrund eine Vermögensverschiebung stattfindet. **163,** 189. — 5) a. Der Erzeuger eines im Ehebruch erzeugten Kindes hat die sittliche Verpflichtung, für den Unterhalt des Kindes zu sorgen, auch wenn die Ehelichkeit des Kindes von den anfechtungsberechtigten Personen nicht angefochten worden ist. b. Das Anerkenntnis dieser Unterhaltspflicht durch den Erzeuger geschieht nicht ohne Verpflichtungsgrund und begründet eine klagbare Verpflichtung. **165,** 358. — 6) Der Anspruch aus ungerechtfertigter Bereicherung kommt grundsätzlich erst in Ermangelung eines Erfüllungsansspruchs aus Vertrag in Betracht. **166,** 65 (71). — 7) Gehört bei einem Anspruch aus ungerechtfertigter Bereicherung die Leistung, die rückgängig gemacht werden soll, dem bürgerlichen Recht an oder ist dafür jedenfalls der Rechtsweg eröffnet, so gilt dasselbe auch für die Verfolgung des Anspruchs aus ungerechtfertigter Be-

reicherung. **167**, 225 (229). — 8) Umgekehrt ist es unmöglich, ein dem öffentlichen Bereich angehöriges Rechtsverhältnis dadurch der Prüfung durch den ordentlichen Richter zuzuführen, daß der Betroffene unter dem Gesichtspunkte der ungerechtfertigten Bereicherung auf Rückgängigmachung seiner Leistung Klage erhebt. **167**, 225 (229). — 9) Klage aus § 852 Abs. 2, § 819 BGB.; zur Frage der Anwendbarkeit des § 393 BGB. **167**, 257 (260). — 10) Kein Bereicherungsanspruch steht dem Leistungspflichtigen gegen den Dritten wegen des Gebrauchs der Sache zu, wenn jener auf Verlangen der Bedarfsstelle mit dem Dritten über eine bewegliche Sache gemäß § 3 b Nr. 1 des Reichsleistungsgesetzes einen Mietvertrag abgeschlossen hat, der nicht rechtswirksam zustandegekommen ist. **167**, 281. — 11) Ein mit dem Erstattungsanspruch des § 31 Abs. 1 GmbHG. zusammentreffender Bereicherungsanspruch nach §§ 812 flg. BGB. wird durch den Erstattungsanspruch nicht verdrängt. Die Verjährungsregelung, die für den Anspruch aus § 31 Abs. 1 GmbHG. gilt, ist für die Verjährung des Bereicherungsanspruchs nicht maßgeblich. **168**, 292. — 12) Der Anspruch aus § 31 Abs. 1 GmbHG. ist kein Anspruch aus ungerechtfertigter Bereicherung. **168**, 292 (301). — 13) Doch kann ein Anspruch aus § 30 Abs. 1, § 31 Abs. 1 GmbHG. mit einem Anspruch aus ungerechtfertigter Bereicherung zusammentreffen. **168**, 292 (301). — 14) Wegfall der Geschäftsgrundlage; der hierauf gestützte Anspruch auf Überlassung der den Vertragsgegenstand bildenden Grundstücke kann als Anspruch auf Herausgabe der Bereicherung nicht mehr erhoben werden, wenn die Grundstücke inzwischen durch ihre Bebauung eine wesentliche Veränderung erfahren haben. **169**, 65 (76). — 15) Zu §§ 242, 812 Abs. 1 Satz 2. Über die Frage, welche Ansprüche für einen Ehemann begründet sein können, der sein Handelsgeschäft dem andern Gatten übertragen hat, um das Auskommen seiner Familie durch Abwehr des Zugriffs seiner Gläubiger zu sichern, wenn die Ehe aus Verschulden des andern Gatten geschieden wird. **169**, 249. — 16) **a.** Beim Bemessen der Bereicherung ist grundsätzlich auch eine steuerliche Mehrbelastung, welcher der Bereicherte infolge der ohne Rechtsgrund empfangenen Leistung bei sach- und pflichtgemäßer Steuerhaltung unterworfen war, dann zu berücksichtigen, wenn diese Belastung endgültig ist. b. Der Bereicherte kann sich — unabhängig von seiner Kenntnis des mangelnden Rechtsgrundes und von der Rechtshängigkeit des Bereicherungsanspruchs — auf den Wegfall seiner Bereicherung dann nicht berufen, wenn er den Rechtsgrund für die ihm zugeflossene Leistung durch eine, ausschließlich der Wahrnehmung eigener Belange dienende, von dem Verhalten des Leistenden unabhängige Handlung selbst beseitigt hat. **170**, 65. — 17) Beim Errechnen einer herauszugebenden Bereicherung handelt es sich darum, den Stand des Vermögens des angeblich Bereicherten, wie er sich infolge der ohne Rechtsgrund eingetretenen Vermögensverschiebung darstellt, mit demjenigen Vermögensstande zu vergleichen, der ohne diese Verschiebung bestehen würde; jede Minderung des Gesamtvermögens, die im ursächlichen Zusammenhang mit dem die Bereicherung bewirkenden Vorgange steht, ist in Betracht zu ziehen. **170**, 65 (67).

§ 145. Unerlaubte Handlungen des BGB. (§§ 823—853 BGB.).

(Schadensersatz außerhalb vertraglicher Verhältnisse s. § 95 IV; mitwirkendes Verschulden s. § 95 II.)

I. Allgemeines.

1) Beim Fehlen einer Gewährschaftshaftung des Verkäufers für Sachmangel kann unabhängig hiervon eine Verantwortlichkeit für arglistiges Verhalten gemäß den Vorschriften über unerlaubte Handlungen (§ 823 Abs. 2, § 826 BGB.) in Betracht kommen. **161,** 193 (196). — 2) Neben der Haftung des Reeders aus §§ 485 flg. HGB. kann eine Haftung aus den §§ 823, 831 BGB. geltend gemacht werden. **161,** 209 (215). — 3) Es kann vereinbart werden, daß Haftungsausschließungen und Haftungsminderungen sich im Rahmen des nach § 276 BGB. Zulässigen auch auf außervertragliche Schadensersatzansprüche auswirken sollen. **161,** 209 (215). — 4) Wenn der Unterlassungsanspruch (§ 1004 BGB.) nicht entfällt, sondern zum mindesten teilweise begründet ist, so kann kein Schadensersatz begehrt werden, auch nicht in Gestalt eines Aufopferungsanspruchs. Dann aber kann rechtliche Grundlage für den Ersatz von Schäden außer einer etwa in Betracht kommenden Vertragshaftung nur § 823 BGB. sein. **162,** 349 (360). — 5) § 842 BGB. gilt weder für das Kraftfahrzeuggesetz noch für das Reichshaftpflichtgesetz. Bei der Auslegung des § 842 darf nicht außer acht gelassen werden, daß diese Vorschrift sich nicht auf Körperverletzungen beschränkt. Gedacht war bei ihrem Erlaß zwar auch an Körperverletzungen, aber doch in erster Linie aus Verletzungen der Ehre, besonders auch an Ausschreitungen gegen weibliche Personen außerhalb der von § 847 BGB. erfaßten Fälle. **163,** 40 (43). — 6) Es ist ein Gebot der Gerechtigkeit, daß die fortdauernde widerrechtliche Beeinträchtigung ohne Rücksicht auf die Schuldfrage beseitigt werde. Deshalb muß der Anspruch auf Widerruf auch nur bei gegenständlicher Rechtsverletzung gewährt werden, und zwar in Gestalt des selbständigen „negatorischen" Beseitigungsanspruchs auf der Grundlage des § 1004 BGB. Die Beseitigungsklage auf Grund des § 1004 BGB. hat die Fortdauer der Beeinträchtigung zur Voraussetzung, erfordert also, wie dies für die Widerrufsklage auf Grund der §§ 823 flg. BGB. in ständiger Rechtsprechung festgehalten worden ist, daß die Behauptungen, deren Widerruf begehrt wird, einen dauernden Zustand geschaffen haben, der sich für den Verletzten als eine stetig neu fließende und fortwirkende Quelle der Schädigung und Ehrverletzung darstellt. **163,** 210 (214 flg.). — 7) Eine auch in Wahrnehmung berechtigter Interessen zugefügte Ehrenkränkung darf jedenfalls dann nicht mehr aufrechterhalten und muß auf Verlangen des Gekränkten widerrufen werden, wenn sie sich weiterhin schädigend auswirkt, die einmalige Veröffentlichung also einer fortgesetzt wirkenden Schädigungshandlung gleichkommt und entweder die völlige Unrichtigkeit der behaupteten ehrverletzenden Tatsache sich herausgestellt hat oder wenigstens eine Klärung in dem Maße erfolgt ist, daß bei verständiger Würdigung der gesamten Sachlage die behauptete Beschuldigung nicht mehr aufrechterhalten werden kann. Diese Auffassung gründet sich auf die Erwägung, daß von dem Augenblick an, in dem der Schutz des berechtigten Interesses für die Äußerung entfällt, der auf einer Fortwirkung der beleidigenden Äußerung beruhende Schädigungs-

zustand als auf einem Verschulden des Beleidigenden beruhend angesehen werden müsse. Sie ist rechtlich nicht zweifelsfrei, soweit sie bei weiterer schädlicher Auswirkung der Ehrenkränkung eine Verpflichtung zum Widerruf allgemein für den Fall annimmt, daß die Unrichtigkeit der Behauptung erwiesen oder ihre Richtigkeit in dem angegebenen Umfang erschüttert ist. Denn wenn der Beleidiger nach Wegfall des berechtigten Interesses die Behauptung nicht wiederholt, müßten von diesem Standpunkte Widerrechtlichkeit und das darüber hinaus angenommene Verschulden, die bis dahin gegeben waren, erst nach dem Wegfall des Interesses eintreten und könnten dann nur darin gefunden werden, daß der Täter sich nicht freiwillig zum Widerruf entschließt; ob eine solche rechtliche Folgerung möglich ist, kann zweifelhaft sein. Wenn aber der Beleidiger nach Wegfall seines berechtigten Interesses die Behauptungen wirklich „aufrechterhält", d. h. sich ausdrücklich zu ihnen bekennt und sie weiter für zutreffend erklärt, sie also in Wirklichkeit — nunmehr ohne berechtigtes Interesse — wiederholt, obwohl ihre Unwahrheit dargetan oder doch ihre Wahrheit in jenem weitgehenden Maß erschüttert ist, dann ist ein solches Verhalten allerdings widerrechtlich und unter Umständen schuldhaft, und es rechtfertigt das Widerrufsverlangen. **163,** 210 (215 flg.). — 8) Selbst im Falle einer öffentlich in einer Zeitung ausgesprochenen Beleidigung braucht keine fortwirkende Beeinträchtigung vorzuliegen. Sind die Behauptungen in längst erledigten Akten von Amts- oder Parteistellen niedergelegt, so kann noch nicht darauf geschlossen werden, daß die Beeinträchtigung fortbestehe, jedenfalls nicht, solange kein Anhalt dafür gegeben ist, daß jene Parteistellen (Rechtsberatungsstelle der Deutschen Arbeitsfront, Kreisgericht, Kreisleiter) auf jene Akten, die eine aus besonderem Anlaß eingereichte, lange erledigte Eingabe zur Beurteilung des Gekränkten zurückgreifen könnten. **163,** 210 (216 flg.). — 9) Allein aus der Tatsache, daß der Beleidiger während des Rechtsstreits stets weiter seine Auffassung vertreten hat, seine Behauptungen seien wahr, ist auf eine Wiederholungsgefahr nicht zu schließen, wenn er während des Rechtsstreits zu seiner Rechtsverteidigung bei seinen Behauptungen verblieben ist, also weiter seine berechtigten Interessen wahrgenommen hat. **163,** 210 (219). — 10) Die sogenannte vorbeugende Klage auf Unterlassung von Eingriffen in vom Gesetz geschützte Rechtsgüter, z. B. die Ehre, setzt keine unerlaubte Handlung, also kein Verschulden des Täters voraus; ein sachlich rechtswidriger Eingriff genügt. **166,** 150. — 11) Führen mehrere Handlungen den Schaden durch ihr Zusammenwirken herbei, so hat jede von ihnen den Gesamterfolg verursacht; jeder Täter hat den ganzen von ihm verursachten Schaden zu ersetzen; mehrere nebeneinander Verantwortliche haften als Gesamtschuldner. **167, 14** (38). — 12) Das Aufrechnungsverbot des § 393 BGB. gilt auch gegenüber einem vertraglichen Anspruch, der auf einem den Tatbestand der vorsätzlichen unerlaubten Handlung verwirklichenden Sachverhalt beruht, und zwar unabhängig davon, ob der Anspruch aus unerlaubter Handlung ausdrücklich verfolgt wird oder verjährt ist. **167,** 257. — 13) Zu § 273 Abs. 2 BGB. **167,** 257 (259). — 14) Für Ansprüche nach § 829 BGB. ist eine Feststellungsklage möglich, wenn der Schädiger noch kein Vermögen oder Einkommen hat. **169, 394.**

II. Die einzelnen unerlaubten Handlungen.

A. § 823 BGB.

1) Wer ein Kind tödlich überfährt, ist für die bei dessen Mutter eintretende Schreckwirkung schadensersatzpflichtig. Eine entsprechende Haftung der Eisenbahn besteht nach dem Reichshaftpflichtgesetz nicht, weil eine derartige Schädigung nicht „bei dem Betriebe" einer Eisenbahn entstanden ist. Nach dem Recht der Ostmark ist eine derartige Einschränkung nicht geboten. **162,** 321 (323). — 2) a. Wer ein im Sinne des § 3 KFVO. nicht verkehrssicheres (infolge wesentlichen Konstruktionsfehlers mit unzuverlässiger Bremsvorrichtung ausgestattetes) Kraftfahrzeug in den Verkehr bringt, sei es als Hersteller, sei es als Verkäufer, verletzt dadurch eine allgemeine Verkehrspflicht im Sinne der §§ 823, 826 BGB. b. Wer, wenn auch vielleicht unwissend, eine Gefahr der zu a. erwähnten Art für den allgemeinen Verkehr gesetzt hat, muß, sobald er die Gefahr erkannt hat, alles, was ihm den Umständen nach zugemutet werden kann, tun, um die Gefahr abzuwenden. **163,** 21. — 3) Als Rechtsgut der durch § 823 Abs. 1 BGB. geschützten Art kommt auch ein eingerichteter und ausgeübter Gewerbebetrieb in Betracht. Die Anwendung dieser Vorschrift setzt nicht unbedingt voraus, daß sich der Eingriff unmittelbar gegen den Bestand des Gewerbebetriebs richtet. Zur Begründung eines Schadensersatzanspruchs genügt vielmehr, zum mindesten auf dem Gebiete des Wettbewerbs- und Warenzeichenrechts, jede schuldhafte Beeinträchtigung der gewerblichen Betätigung eines andern. Auf alle Fälle ist aber ein unmittelbarer Eingriff in den Bereich des Gewerbebetriebs erforderlich, eine Voraussetzung, die gerade bei Wettbewerbshandlungen ohne weiteres erfüllt ist. **163,** 21 (32). — 4) Die Vorschrift des § 3 KFVO. ist als Schutzgesetz im Sinne des § 823 Abs. 2 BGB. anzusehen; sie dient aber nur dem Schutze der Personen und Sachen, die von dem in der Verordnung geregelten Verkehr unmittelbar berührt werden. Auch kann einen Ersatzanspruch wegen Verletzung dieser Personen und Sachen nur der unmittelbar Verletzte geltend machen. **163,** 21 (33 flg.). — 5) a. Der Arzt, welcher einen schwerwiegenden Eingriff in den Körper des Kranken (Abnahme der einen weiblichen Brust) vornimmt, muß zuvor dessen Notwendigkeit durch Benutzung aller Erkenntnisquellen festgestellt haben. Diese Forderung darf jedoch nicht überspannt werden: Hielt der Arzt es bereits für völlig gesichert, daß der Kranke ein Leiden habe (Krebs), dessen lebensgefährdende Folgen nur durch den Eingriff abgewendet werden könnten, und konnte er nach Lage der Sache ohne Verschulden dieser Überzeugung sein, so trifft ihn kein Vorwurf, wenn er nicht noch eine fernere Untersuchungsweise angewendet hat, zumal wenn diese in ihrem Erfolge unsicher oder mit Gefahren für den Kranken verknüpft ist. b. Hat der Arzt bewußtermaßen einen Eingriff ohne die Einwilligung des Kranken vorgenommen, obwohl ihm deren Einholung an sich möglich gewesen wäre — diese Gestaltung ist von dem Fall zu unterscheiden, daß die Einwilligung erteilt worden war, wenn auch auf Grund unrichtiger oder unvollständiger Belehrung durch den Arzt — und stellt sich dann heraus, daß der Eingriff nicht erforderlich war, so ist der Arzt wegen der nachteiligen Folgen des Eingriffs

(Beeinträchtigung der Arbeitsfähigkeit, Entstellung) ersatzpflichtig. Er kann die Schadensersatzpflicht nicht durch den Nachweis von sich abwenden, daß der Kranke, wenn er ihn seiner Überzeugung gemäß über die (sachlich nicht gegebene) Notwendigkeit des Eingriffs belehrt hätte, diesem zugestimmt haben würde. **163**, 129. — 6) Der Mieter, welcher die dem Hauseigentümer obliegende Streupflicht vertraglich übernommen, aber bei Glatteis nicht gestreut hat, haftet dem auf dem Glatteise gestürzten Dritten. **163**, 267. — 7) Erteilt eine Stadtgemeinde die Erlaubnis zum Beziehen eines Miethauses, das an einem noch unaufgeräumten Gelände liegt und noch keinen ordnungsmäßigen Zugang zur nächsten Straße hat, so ist in diesem Ausnahmefall sowohl die Gemeinde als auch der Vermieter verpflichtet, für einen vorläufigen, wenigstens einigermaßen verkehrsbrauchbaren Zugang zur nächsten Straße zu sorgen. **165**, 155. — 8) Eine Gemeinde darf sich, nachdem sie die Errichtung von Wohnhäusern an einer noch unfertigen Straße genehmigt und die Ingebrauchnahme der fertiggestellten Häuser zugelassen hat, sich nicht jeder Fürsorge für den Verkehr von und zu den Häusern entschlagen. **165**, 155 (158). — 9) Der Anstifter zur Übertretung des § 367 Nr. 8 StGB. kann aus § 823 Abs. 2 BGB. auch dann haftbar gemacht werden, wenn nach vorsätzlich abgegebenen Schüssen bei Vorbereitung weiteren Schießens ein Schuß sich selbst löst und dadurch ein Mensch getötet wird. **166**, 61. — 10) § 909 BGB. ist ein Schutzgesetz im Sinne von § 823 Abs. 2 BGB. **167**, 14 (25). — 11) Desgleichen § 1 des Gesetzes über die Sicherung der Bauforderungen vom 1. Juni 1909. **167**, 92 (95). — 12) Es liegt keine schuldhafte, zum Schadensersatze verpflichtende Unterlassung vor, wenn ein Mann, der außer dem als Kindesvater in Anspruch genommenen Manne mit der Kindesmutter in der gesetzlichen Empfängniszeit Geschlechtsverkehr gepflogen hat, nichts unternimmt, um die Verurteilung des andern im Vaterschaftsprozeß zu verhindern, solange er nicht bei gewissenhafter Prüfung der Umstände zu der Einsicht kommen mußte, daß das Kind aus dem von der Kindesmutter mit ihm ausgeführten Geschlechtsverkehr stammt. **167**, 308. — 13) Der Arzt ist auch bei einem Versicherten der Reichssozialversicherung nicht berechtigt, körperliche Eingriffe ohne oder sogar gegen den Willen des Kranken vorzunehmen. Die Einwilligung eines Kranken, die durch Drohungen des Arztes herbeigeführt oder ohne notwendige Belehrung über mögliche schwerwiegende Folgen erteilt worden ist, kann einen körperlichen Eingriff nicht rechtfertigen. **168**, 206. — 14) Zur Erfüllung des Tatbestandes der widerrechtlichen Drohung als Voraussetzung der Schadensersatzpflicht ist nicht zu fordern, daß sich der Beklagte der Widerrechtlichkeit der Drohung bewußt war. Er muß aber doch die Vorstellung einer Drohung gehabt haben, zum mindesten sich bewußt gewesen sein, daß seine Äußerung geeignet gewesen sei, den Kläger unzulässigerweise in seiner Willensentschließung zu beeinflussen. **168**, 206 (212). — 15) Schadensersatzpflicht des Gastwirts aus unerlaubter Handlung. Seiner Pflicht, die dem Gast überlassenen Räume und Einrichtungen derart instand zu halten, daß eine Gefahr für ihn aus der Beschaffenheit der Räume und Einrichtungen nicht erwachsen kann, wird genügt, wenn auf die körperliche Unversehrtheit des Gastes die Rücksicht geübt wird, die erfahrungsgemäß dazu ausreicht, den Erfolg zu gewährleisten. **169,** 84. — 16) Die Möglichkeit des Bestehens einer Haftung aus unerlaubter Handlung (§ 823 Abs. 1 BGB.) neben der aus Vertrag ist anerkannt. **169,** 84 (93). — 17) Auch die Krankheitserscheinungen, die durch einen Unfall nur deshalb ausgelöst worden sind, weil die Anlage zu der Krankheit bei dem Verletzten bereits vorhanden war, sind im Rechtssinn in vollem Umfang eine Folge des Unfalls; wer unerlaubt gegen einen gesundheitlich anfälligen Menschen handelt, hat kein Recht darauf, so gestellt zu werden, als ob er einen völlig gesunden Menschen verletzt habe. **169,** 117 (120). — 18) Zur Frage der Haftung einer Gemeinde für eine Maßnahme ihres Bürgermeisters zur Förderung einer amtlich angeordneten Alteisensammlung. **169,** 341. — 19) Die §§ 18, 46 der Eisenbahn-Bau- und Betriebsordnung sind Schutzgesetze im Sinne des § 823 Abs. 2; das Gericht hat nachzuprüfen, ob ein Bahnübergang „verkehrsreich" war. **169,** 376. — 20) Die Rechtsstellung desjenigen, der eine Sache bei Eigentumsvorbehalt gekauft und sie zum Gebrauch oder zur Nutzung im Besitz hat, ist als ein „sonstiges Recht" im Sinne des § 823 Abs. 1 BGB. anzusehen. Eine schuldhafte Verletzung dieses Rechts begründet für den Berechtigten einen Schadensersatzanspruch aus dieser Bestimmung, sowie auch aus § 823 Abs. 2 in Verbindung mit § 868 BGB. **170,** 1. — 21) § 4 Abs. 2 des Lebensmittelgesetzes vom 17. Januar 1936 (RGBl. I S. 17) ist ein Schutzgesetz i. S. des § 823 Abs. 2 BGB. **170,** 155. — 22) Zu §§ 823 flg. Beleidigung; Unterlassung und Widerruf. **170,** 317. — 23) Haftung eines von mehreren Bahnunternehmern für einen gemeinschaftlichen Schrankenwärter. Verschulden wegen Nichtüberwachung der Schrankensicherung. **170,** 321.

B. § 826 BGB.

1) Es ist unzulässige Rechtsausübung, wenn ein auf Schadensersatz belangtes Aufsichtsratsmitglied sich zu seiner Entlastung auf einen in unlauterer Weise zustande gekommenen Beschluß der Gesellschafterversammlung beruft, durch den auf Rückgriffsansprüche gegen Geschäftsführung oder Aufsichtsrat verzichtet wird. **161,** 129 (144 flg.). — 2) Anspruch aus unerlaubter Handlung beim Verkauf eines Baugrundstücks unabhängig von jeder Sachmängelhaftung. **161,** 330 (337). — 3) Schadensersatz- und Unterlassungsanspruch des Verletzten, der durch Verbreitung unrichtiger, insbesondere beleidigender Behauptungen in der Presse geschädigt ist, gegen den Zeitungsverleger. **162,** 7 (14 flg.). — 4) Einwand der unzulässigen Rechtsausübung (§ 826 BGB.) und Einwand der unrichtigen Rechtsausübung, beide vereint, gegenüber der Verjährungseinrede. **163,** 9 (20). — 5) a. Wer ein im Sinne des § 3 KFVO. nicht verkehrssicheres (infolge wesentlichen Konstruktionsfehlers mit unzuverlässiger Bremsvorrichtung ausgestattetes) Kraftfahrzeug in den Verkehr bringt, sei es als Hersteller, sei es als Verkäufer, verletzt dadurch eine allgemeine Verkehrspflicht im Sinne der §§ 823, 826 BGB. b. Wer, wenn auch vielleicht unwissend, eine Gefahr der zu a. erwähnten Art für den allgemeinen Verkehr gesetzt hat, muß, sobald er die Gefahr erkannt hat, alles, was ihm den Umständen nach zugemutet werden kann, tun, um die Gefahr abzuwenden. **163,** 21. — 6) Der Rücktritt vom Verlöbnis kann keine unerlaubte Handlung darstellen. **163,** 280. — 7) Die

Unrichtigkeit eines rechtskräftigen Urteils reicht für sich allein nicht aus, wegen seines Gebrauchs eine Klage aus § 826 BGB. zu begründen. Es muß ein Umstand hinzutreten, der das Gebrauchmachen als sittenwidrig erscheinen läßt. **163**, 287, 292. — 8) Wegen eines rechtskräftigen Urteils kann mit einer Klage aus § 826 BGB. nicht vorgegangen werden, wenn es sachlich richtig oder doch seine sachliche Unrichtigkeit nicht erweislich ist. Ohne diese Voraussetzung kann eine Unrichtigkeit des dem Urteil zugrunde liegenden Verfahrens eine Klage aus § 826 nicht begründen. **163**, 292. — 9) Gegen die Ausnützung der Rechtskraft eines unrichtigen Urteils kann mit § 826 BGB. Abhilfe geschaffen werden, wenn es vom Obsiegenden erschlichen worden ist. Dies ist einer der Fälle, in denen die Rechtskraft in einer gegen die guten Sitten verstoßender Weise ausgenutzt wird, um einem andern Schaden zuzufügen, wenn auch nicht der einzige Fall eines unter § 826 BGB. fallenden Mißbrauchs der Rechtskraft. **163**, 292 (293); **168**, 1 (12). — 10) a. Wer sich gegen den Willen des Verfügungsberechtigten eigenmächtig die Verwaltung einer fremden Sache anmaßt, hat zumindest in dem Ausmaß zu haften, in dem der vertragsmäßige Verwalter nach dem Gesetz zu haften hat. b. Hat jemand für eine fremde Schuld eine Haftung übernommen oder ein Pfand bestellt, so ist eine Vereinbarung des (Haupt-) Schuldners mit dem Gläubiger, daß dieser bloß aus dem Vermögen des Schuldübernehmers (Pfandschuldners) Befriedigung sucht, sowie die Ausnutzung dieser Vereinbarung zur Ersteigerung der Sache des Pfandschuldners unter dem Schätzwert sittenwidrig und verpflichtet zum Schadensersatz. **164**, 86. — 11) Die Ausnutzung eines die Schuldfrage unrichtig lösenden Scheidungsurteils zur Begründung von Unterhaltsansprüchen verstößt nicht ohne weiteres gegen die guten Sitten. **165**, 26; **168**, 1 (12). — 12) Die Anwendbarkeit des § 826 BGB. beschränkt sich nicht auf den Fall, daß die verklagte Partei das Scheidungsurteil durch unlauteres Verhalten herbeigeführt hat, sondern kann auch in andern Fällen zu bejahen sein; dann nämlich, wenn die Ausnützung des rechtskräftig gewordenen Urteils gegen die guten Sitten verstößt. Ein solcher Verstoß liegt nicht schon deshalb vor, weil die Feststellung der Alleinschuld des Klägers nachweisbar unrichtig war. Eine so ausgedehnte Anwendung der Bestimmung müßte zu einer unerträglichen Rechtsunsicherheit führen. Auch für das Sondergebiet der Unterhaltspflicht geschiedener Ehegatten kann nichts Abweichendes gelten. Davon, daß etwa die Unterhaltung des schuldigen oder mitschuldigen Ehegatten durch den andern grundsätzlich als ein unsittlicher Zustand anzusehen wäre, kann um so weniger die Rede sein, als jetzt § 68 EheG. abweichend vom früheren Recht dem mitschuldigen Ehegatten in gewissen Grenzen sogar einen gesetzlichen Unterhaltsanspruch gewährt. Wie allgemein müssen auch hier, damit die Benutzung des Urteils unsittlich erscheine, besondere Umstände hinzukommen. **165**, 26 (28). — 13) Ist eine GmbH. von zwei Gesellschaftern im eignen Namen gegründet, die als Treuhänder oder Strohmänner für Rechnung eines und desselben Dritten gehandelt haben, und ist der Name eines der beiden Gründer in die Firma der GmbH. aufgenommen, worden, so beurteilt sich der Unterlassungsanspruch eines Dritten, der sein Firmenrecht durch den Gebrauch des Namensbestandteils in der Firma der

GmbH. beeinträchtigt hält, solange die Gesellschaft nicht nach § 75 GmbHG. für nichtig erklärt oder nach § 144 RFGG. im Handelsregister gelöscht worden ist, nach den allgemeinen Grundsätzen des Namensrechts (§ 12 BGB.), des Firmenrechts (§§ 18, 30, 37 Abs. 2 HGB.), des Wettbewerbs (§§ 1, 3, 6 UnlWG., §§ 24, 31 WZG.) und der unerlaubten Handlung. **167,** 184. — 14) Die in der Rechtsprechung (RGZ. Bd. 155 S. 55, Bd. 156 S. 269, Bd. 163 S. 287, 292, Bd. 165 S. 26) entwickelten Grundsätze über die Voraussetzungen, unter denen das Gebrauchmachen von einem unrichtigen Urteil gegen die guten Sitten verstößt, sind auch auf das Gebrauchmachen von einem Anschlußurteil anzuwenden. **168,** 1. — 15) Die neuere Rechtsprechung des Reichsgerichts fordert für die Anwendung des § 826 BGB., soweit es sich um das Gebrauchmachen von einem unrichtigen, aber nicht erschlichenen Urteil handelt, folgende Voraussetzungen: 1. Das Urteil muß im Ergebnis sachlich unrichtig sein. Unrichtigkeit des Verfahrens bei sachlich richtigem Ergebnis ist nicht geeignet, die Voraussetzungen des § 826 BGB. zu begründen. 2. Derjenige, der sich auf die Rechtskraft eines solchen Urteils beruft und von ihm Gebrauch macht, muß die Unrichtigkeit kennen. 3. Es müssen besondere Umstände hinzutreten, welche die Ausnutzung eines unrichtigen und als unrichtig erkannten Urteils als sittenwidrig erscheinen lassen. **168,** 1 (12). — 16) Beleidigung; Unterlassung und Widerruf. **170,** 317.

C. § 828 BGB.

— — — — — — — — — — — —

D. § 831 BGB.

1) Die Personenbeförderung der Deutschen Reichsbahn ist nicht Ausübung hoheitlicher Gewalt, sondern privatrechtlicher Werkvertrag. Die Reichsbahn haftet für Unfälle aus fahrlässigem Verschulden eines Bahnbeamten, daher nicht nach den Staatshaftungsgesetzen, sondern auf Grund der privatrechtlichen Organhaftung oder der Haftung für einen zur Verrichtung bestellten Gehilfen. **161,** 341. — 2) Haftung der Reichsbahn für eine schuldhafte Amtspflichtverletzung nur im Rahmen des § 831 BGB. **162,** 364. — 3) Der Rechtsgedanke des § 243 BGB. ist der, daß Schädiger und Geschädigter den Schaden so weit zu tragen haben, als sie die Bedingungen verantworten müssen, die zusammen die Schadensursache gesetzt haben. Aus diesem Rechtsgedanken heraus hat die Rechtsprechung auch den Grundsatz entwickelt, daß sich der Verletzte in entsprechender Anwendung des § 831 BGB. das widerrechtliche Handeln des von ihm zu einer Verrichtung Bestellten bei Entstehung seines Schadens anrechnen lassen muß. Der Entlastungsbeweis, der dem Verletzten aus § 831 BGB. nachgelassen ist, kann aber dem Dienstherrn des Beamten nicht zur Verfügung stehen, weil seine Verantwortung aus andern Rechtsgründen nicht nur in der Beschränkung des § 831 an Stelle derjenigen des Beamten tritt. Daneben kann es dahingestellt bleiben, ob das Reich bei dem Ausgleich des ihm entstandenen Schadens sich das Verschulden seines Beamten auch aus § 278 BGB. anrechnen lassen müßte oder ob es sich in dieser Beziehung darauf berufen könnte, daß nach der Rechtsprechung die Haftung des Geschädigten für den Verrichtungs-

gehilfen im Rahmen des § 254 Abs. 1 BGB. auf die Fälle beschränkt ist, in denen bereits vor dem Eintritt des schädigenden Ereignisses Rechtsbeziehungen zwischen dem Geschädigten und dem Schädiger bestanden, die gewisse Sorgfaltspflichten des durch den Schaden Bedrohten gegenüber dem Schädiger begründeten. **164**, 264 (269). — 4) Hat sich die Stadt vertraglich verpflichtet, das Schlachtvieh im städtischen Viehhofe von der Laderampe zum Stall und danach weiter zur Waage in die Verkaufshalle zu bringen, so erstreckt sich ihre Sorgfaltspflicht über die Verpflichtung zur Beaufsichtigung des geführten Bullen hinaus auch auf die Auswahl des Viehtreibers bei seiner Bestellung und die Überwachung seiner Tätigkeit sowie auf die Beschaffung von Vorrichtungen und Gerätschaften zum Führen des Bullen. Insoweit ist sie nach § 831 BGB. zu beurteilen. **168**, 331 (333). — 5) Haftung nach § 1313 c ABGB. (§ 98 b ÖstStGB.). **168**, 336 (339). — 6) Zu § 831 BGB.: „Zu einer Verrichtung bestellt". Dies erfordert ein Verhältnis des Geschäftsherrn zum Bestellten, wonach dieser in der Ausführung der Obliegenheiten von den Weisungen des Geschäftsherrn abhängig ist, was nicht zutrifft auf Werkverträge selbständiger Unternehmer. **170**, 1 (8).

E. § 833 BGB.

1) Zum Begriff des Tierhalters und zur Aufsichtspflicht nach § 834 BGB. bei Führen eines Bullen auf dem Schlachthof. **168**, 331. — 2) Über die Frage der Tierhalterhaftung, wenn bei Ausübung der Tätigkeit des Haftbargemachten es sich nur um Vermittlung des Viehabsatzes am Schlachthofe handelt (Landwirtschaftskammern) oder jenem das eigene Interesse an den Tieren fehlt, er nicht das Vieh selbst für sich nutzt, wie dies etwa der Metzger tut, der es schlachtet. **168**, 331 (332).

F. § 839 BGB.

1) Haftung des Gerichtsvollziehers für Amtspflichtverletzung, begangen durch Nichtkenntlichmachung des bestehenden Pfandrechts an gepfändeten Trauben auf dem Stock nach deren Aberntung und Vermostung. Umfang des Schadens. Im Falle des § 839 Abs. 1 Satz 2 BGB. muß der geschädigte Pfändungspfandgläubiger dartun, daß er zur Zeit der Klageerhebung anderweit keinen Ersatz hätte erlangen können und daß er auch eine zwar damals schon nicht mehr bestehende, aber früher vorhandene Ersatzmöglichkeit nicht schuldhaft versäumt hat. **161**, 109 (118 flg.). — 2) Im vorbezeichneten Fall braucht sich der geschädigte Gläubiger nicht auf eine für ihn bestehende dingliche Sicherung (Hypothek) verweisen zu lassen, wenn die Zwangsvollstreckung insoweit erheblich erschwert ist; dann hilft der dem Schädiger zustehende Anspruch auf Abtretung. **161**, 109 (120 flg.). — 3) Ein Anspruch, den ein Verletzter auf Grund einer gesetzlichen Kranken- oder Unfallversicherung gegen den Versicherungsträger erwirbt, stellt einen Ersatzanspruch im Sinne des § 839 Abs. 1 Satz 2 BGB. dar. **161**, 199. — 4) Die Amtspflichten städtischer Beamter erstrecken sich auch auf den Bereich der von den Organen der Stadt verwalteten Stiftungen, die eigene Rechtspersönlichkeit besitzen. **161**, 288 (295 flg.). — 5) Wenn über das Vermögen des anderweit Ersatzpflichtigen das Konkursverfahren eröffnet ist und keine

Aussicht besteht, daß es alsbald zur Befriedigung der Gläubiger führen wird, steht der Klage gegen den Beamten aus § 839 Abs. 1 Satz 2 BGB. kein Hindernis entgegen. Dann aber beginnt auch die Verjährungsfrist des § 852 BGB. ohne Rücksicht auf das Konkursverfahren zu laufen. **161,** 375. — 6) Der Notar darf für den Fall seiner Abwesenheit nicht anordnen, daß sein Kanzleivorsteher mit den auf der Amtsstube zur Vornahme einer Beurkundung erscheinenden Beamten verhandelt und die Beurkundung so vorbereitet, daß sie von einem andern Notar vollzogen werden kann; er haftet für den Schaden, der daraus entsteht, daß der Kanzleivorsteher einen unrichtigen Rechtsrat erteilt. **162,** 24. — 7) Besitzt der, welcher anderweit als Ersatzpflichtiger in Betracht kommt, kein greifbares Vermögen, so ist es Sache des Beklagten darzutun, daß dennoch Vollstreckungsmöglichkeiten bestehen; der Verletzte darf aber nicht auf künftige, unsichere Vollstreckungsmöglichkeiten verwiesen werden, z. B. nicht auf die Befriedigung aus einer Hypothek, die bei der gegenwärtigen Gesetzgebung besonderen Schwierigkeiten begegnet. **162,** 24 (31 flg.). — 8) Die Pflicht der Behördenvorstände, im Wege der allgemeinen Dienstaufsicht für die Aufrechterhaltung eines ordnungsmäßigen Dienstbetriebes zu sorgen, liegt ihnen lediglich im öffentlichen Interesse ob und kann sich nur beim Vorliegen besonderer Umstände nach dadurch bestimmter Richtung hin zu einer Dritten gegenüber zu erfüllenden Amtspflicht verdichten. **162,** 129 (160 flg.). — 9) Über das Verhältnis der verschiedenen Haftungsarten aus Art. 131 WeimVerf. (§ 839 BGB.), §§ 30, 31, 89 BGB. und gegebenenfalls §§ 823, 826 BGB. zueinander. **162,** 129 (161). — 10) Bloße Zuständigkeitsüberschreitungen reichen zur Verwirklichung des Tatbestandes einer unerlaubten Handlung nicht aus. **162,** 129 (161). — 11) Der Umstand, daß die im bürgerlich-rechtlichen Geschäftskreise des Staates oder Reichs vorgenommenen Handlungen von Beamten zugleich den öffentlichen Belangen dienen, begründet noch keine Ausübung anvertrauter öffentlicher Gewalt. **162,** 129 (162). — 12) Der Strafbescheid der zuständigen Preisüberwachungsstelle (Festsetzung einer Ordnungsstrafe) ist nicht ein Urteil in einer Rechtssache im Sinne des § 839 Abs. 2 BGB., so daß er dem besondern Schutze dieser Bestimmung unterstehen würde. **162,** 230 (235). — 13) Haftung des Polizeipräsidenten für Verschulden bei Aufstellung von Verkehrszeichen. **162,** 273. — 14) Selbst wenn das Reichshaftungsgesetz mit der Einbeziehung der Personen des Soldatenstandes den dem § 839 BGB. zugrunde liegenden Beamtenbegriff nur hat klarlegen und nicht hat erweitern wollen, so läßt doch die allgemeine Fassung des Gesetzes keinen Zweifel, daß dieser Begriff sämtliche Wehrmachtsangehörigen ausnahmslos mit umfaßt. **162,** 308 (311). — 15) Die Bedienung der Schranken durch den Schrankenwärter ist nicht Ausübung hoheitlicher Gewalt oder Fürsorge, sondern eine Hilfsverrichtung im privatrechtlichen Geschäftskreis der Reichsbahn. Die Reichsbahn haftet daher für eine schuldhafte Amtspflichtverletzung des Schrankenwärters nur im Rahmen des § 831 BGB. **162, 364.** — 16) Der Notar haftet gemäß § 1299 ABGB. (§ 5 NotO.; § 9 AbvO.) seinem Auftraggeber bei der Durchführung der für ihn übernommenen Geschäfte für die Wahrung besonderer, fachmännischer Sorgfalt. Diese ist verletzt, wenn er für seinen Auftraggeber eine Zahlung unmittelbar an den Gläubiger (eine Sparkasse) leistet, obwohl die Einzahlung gemäß § 152 EO. (tschech.) beim Gericht vorzunehmen war, ohne sich dagegen zu sichern, daß der Gläubiger wegen nicht ordnungsmäßiger Erfüllung der Versteigerungsbedingungen die Wiederversteigerung der Liegenschaft begehrt, den Betrag anderweit verwendet und die Wiederversteigerung erzielt, wodurch die Liegenschaft für den Auftraggeber verlorengeht. **162,** 360. — 17) Den Eisenbahnbeamten sind zwar polizeiliche Befugnisse übertragen, diese Befugnisse haben aber mit der allgemeinen bürgerlich-rechtlichen Verkehrssicherheitspflicht eines Eisenbahnunternehmers nichts zu tun. Als solcher hat der Staat wie jeder Beförderungsunternehmer die sich aus § 823 BGB. ergebende bürgerlich-rechtliche Pflicht, dafür zu sorgen, daß durch die Ausführung seiner Beförderungen nicht Personen oder Sachen zu Schaden kommen. Die Beamten handeln dabei nicht kraft öffentlicher Gewalt, sondern lediglich als seine Betriebsgehilfen. **162,** 364 (368). — 18) Wird von dem Reich aus dem Gesichtspunkte der Amtshaftung ein Schmerzensgeld gefordert, so kommen für dessen Bemessung die persönlichen Verhältnisse des schuldigen Beamten nicht in Betracht. **163,** 87. — 19) Die Folge des § 839 Abs. 3 BGB. tritt nicht ein, wenn durch den unterlassenen Rechtsbehelf zwar die Beseitigung der schädigenden Amtshandlung, aber nicht die Abwendung des Schadens erreicht worden, hierfür vielmehr die Einleitung eines neuen Verfahrens erforderlich gewesen wäre. **163,** 121. — 20) In § 839 Abs. 3 BGB. kann es sich nur um ein Rechtsmittel gegen die schädigende Amtshandlung selbst handeln. Ist zum Zwecke der Abwendung des Schadens ein neues selbständiges Verfahren erforderlich, so handelt es sich insoweit nicht mehr um den Gebrauch eines Rechtsmittels. Die Unterlassung eines solchen Schritts kann vielmehr nur unter dem Gesichtspunkte des § 254 BGB. gewürdigt werden. **163,** 121 (125). — 21) Für die Richtung, welche die Prüfung der Frage zu nehmen hat, ob der Verfolgung des Schadensersatzanspruchs gegen eine Körperschaft des öffentlichen Rechts (hier der Kassenärztlichen Vereinigung) aus Amtspflichtverletzung eines Amtsleiters der Rechtsweg offensteht, wie auch für die sachlich-rechtlichen Voraussetzungen des Klagebegehrens aus § 839 Abs. 2 im Gegensatz zum Abs. 1 ist die Entscheidung wesentlich, ob es sich bei den Anordnungen des Amtsleiters um die Ausübung richterlicher Tätigkeit oder um bloße Verwaltungsakte gehandelt hat. **164,** 15 (19). — 22) Gegenüber den Vorschriften der § 823 Abs. 2 BGB. und § 826 BGB. hat § 839 BGB. eine Erweiterung der Haftung geschaffen dergestalt, daß die Beamten (Soldaten) Dritten für diejenigen Schäden haften, die sie ihnen durch die Verletzung einer dem Geschädigten gegenüber bestehenden Amtspflicht schuldhaft zugefügt haben. Die Erweiterung schließt die engeren Tatbestände der bezeichneten Gesetze ein. Sie greift sowohl dann Platz, wenn der Beamte in Ausübung ihm anvertrauter öffentlicher Gewalt tätig geworden ist, als auch dann, wenn das nicht zutrifft, der Beamte also nur eine Amtspflicht verletzt hat, die zwar ebenfalls gegenüber dem Geschädigten bestand, aber nicht auf dem Gebiete der öffentlichen Gewalt lag. Dieselbe Unterscheidung begründet indessen grundlegende Verschiedenheiten, sofern es sich um die Frage handelt, ob und unter welchen Voraussetzungen die öffentliche Körperschaft, welcher der Beamte angehört, für dessen schuldhafte Amtspflichtverletzung einzutreten hat. Hat der Beamte (Soldat) in Ausübung ihm anvertrauter öffentlicher Gewalt gehandelt, so lassen das Gesetz vom 22. Mai 1910 und Art. 131 WeimVerf. sowie landesgesetzliche Vorschriften, abgesehen von gewissen Ausnahmefällen, die Haftung an Stelle des Beamten (Soldaten) die öffentliche Körperschaft treffen. Lag dagegen die von dem Beamten verletzte Amtspflicht auf dem Gebiete bürgerlich-rechtlicher Betätigung der öffentlichen Körperschaft, so greifen andere Normen ein, die unter den in ihnen geregelten verschiedenen Voraussetzungen die öffentliche Körperschaft neben dem Beamten haften lassen. An allgemeinen gesetzlichen Bestimmungen kommen in diesem Sinne die Vorschriften des § 278, des § 831 und §§ 89, 31, 823, 826 BGB. in Betracht. **164,** 1 (5flg.). — 23) Allerdings hat das Reichsgericht mehrfach ein Verschulden des Beamten dann verneint, wenn es zwar selbst die Handlung des Beamten für sachlich pflichtwidrig erachtet, aber das Landgericht und das Oberlandesgericht sie für sachlich berechtigt erklärt haben. Indessen ist bereits in der grundlegenden Entscheidung (RGZ. Bd. 106 S. 406 [410]) hervorgehoben worden, daß dies besonders dann gelte, wenn es sich um die Tätigkeit eines Beamten handle, die eine schnelle Entschließung fordere. Das Reichsgericht hat in der genannten Entscheidung und den ihr folgenden überhaupt nichts weiter aufgestellt als eine allgemeine Richtlinie für die rechtliche Würdigung von notwendigerweise verschiedenartigen Sachverhalten, für deren endgültige Beurteilung daher in jedem Falle die Gesamtheit seiner Umstände ausschlaggebend sein muß. **164,** 32 (41). — 24) Der Fahrzeughalter muß sich als Schädiger die Betriebsgefahr neben dem Verschulden des Fahrers bei der Schadensausgleichung nach § 254 BGB. sowohl wegen der Haftung aus dem Kraftfahrzeuggesetz wie wegen derjenigen aus § 839 BGB. anrechnen zu lassen, da § 254 auf die Abwägung nicht des beiderseitigen Verschuldens, sondern der überwiegenden Ursache abgestellt ist. Dabei spielt es keine Rolle, daß die Haftung aus der Betriebsgefahr zu tragen ist, wenn der Fahrzeughalter nicht die Unabwendbarkeit des Unfalls beweist. Die Betriebsgefahr ist so lange als Unfallbedingung anzusehen, als ihre Einwirkung auf den Unfall nicht widerlegt ist. **164,** 264 (268fl.). — 25) Wenn der auf Grund der Amtshaftung für einen Beamten oder Soldaten aus dessen Verschulden bei einer Dienstfahrt verurteilte Fiskus zugleich auch als Halter des zu der Dienstfahrt benutzten Kraftfahrzeugs verurteilt worden ist, ist beim Fehlen der Revisionssumme die Nachprüfung insoweit, als die Verurteilung auf der Gefährdungshaftung beruht, ausgeschlossen. Wenn das Revisionsgericht im Rahmen der Nachprüfung der Amtshaftung und des Einwandes des mitwirkenden Verschuldens des Verletzten die Verteilung des Schadens beanstandet, dann kann auch die auf Grund der Gefährdungshaftung ausgesprochene Verurteilung des Halters nicht aufrechterhalten werden, sofern aus dem Urteil des Berufungsgerichts nicht zu ersehen ist, ob die Verurteilung in voller Höhe oder zu einem bestimmten Teile auch auf der Gefährdungshaftung allein beruht. **164,** 341. — 26) Als „Beamte" im Sinne des Art. 131 WeimVerf. und des § 839 BGB. gelten nach der Rechtsprechung des Reichsgerichts alle Personen, die der Staat oder eine dazu befugte

Körperschaft mit öffentlicher Gewalt umkleidet. Bei Anwendbarkeit der genannten Vorschriften scheiden als Klaggrundlage die Bestimmungen der §§ 823 flg. mit §§ 30, 31 oder § 831 BGB. aus, die Rechtsverhältnisse des bürgerlich-rechtlichen Verkehrskreises betreffen. Wegen des auf die letzten Bestimmungen gestützten Anspruchs ist das Berufungsurteil beim Fehlen der Revisionssumme im Revisionsverfahren nicht nachprüfbar. **165**, 91 (99 flg.). — 27) Der Geschäftsführer einer Krankenkasse (Leiter der Innungskrankenkasse), der innerhalb des öffentlich-rechtlichen Aufgabenkreises der Krankenkasse tätig wird und also eine der Krankenversicherung eigentümliche Aufgabe erfüllt, handelt in Ausübung obrigkeitlicher Gewalt im Sinne des Art. 131 WeimVerf. Eine schuldhafte Handlung oder Unterlassung in dieser Tätigkeit, durch welche die Belange des Versicherten berührt werden, kann gemäß dieser Bestimmung in Verbindung mit § 839 BGB. eine Schadensersatzpflicht der Krankenkasse gegenüber dem Versicherten begründen. Der Vertrauensarzt, der beratend und begutachtend für eine Krankenkasse tätig wird, übt ebenfalls hoheitliche Gewalt aus; eine schuldhafte Unterlassung hierbei, durch welche die Belange des Versicherten berührt werden, begründet nicht die Schadensersatzpflicht der Krankenkasse, sondern diejenige der Landesversicherungsanstalt, in deren Dienst er steht. **165**, 91. — 28) Die Haftung nach Art. 131 WeimVerf. mit § 839 BGB. trifft denjenigen, in dessen Dienst der Beamte steht. **165**, 91 (104). — 29) Wenn mehrere Beamte die ihnen obliegende Amtspflicht verletzt haben und wenn die Pflichtverletzung eines jeden für den entstandenen Schaden ursächlich gewesen ist, so haften beide Beamte nebeneinander und deshalb nach § 840 Abs. 1 BGB. als Gesamtschuldner. Der eine Haftpflichtige kann sich solchenfalls auf die Möglichkeit des Geschädigten, von dem andern Haftpflichtigen Ersatz des Schadens zu verlangen (§ 839 Abs. 1 Satz 2 BGB.), nicht berufen. **165**, 91 (105). — 30) Das Nichtbestehen einer anderweitigen Ersatzmöglichkeit nach § 839 Abs. 1 Satz 2 BGB. gehört allerdings mit zur Grundlage der Klage aus Art. 131 WeimVerf. mit § 839 BGB. und ist daher vom Kläger darzutun. Die Frage kann aber in dem Rechtsstreit selbst abschließend geprüft werden. **165**, 91 (105). — 31) Listen, die Angaben über das Steuersoll enthalten (sogenannte Steuerrollen) werden im Interesse der Steuergläubiger angelegt; ebenso geschehen Anforderungen an die Steuerpflichtigen, bereits veranlagte Steuern zu zahlen (Steuerzettel), im Belang der Steuergläubiger. Eine Verletzung einer den Steuerschuldnern gegenüber obliegenden Amtspflicht entfällt bei diesen Aufgaben jedenfalls dann, wenn eine zu geringe Steuer angefordert wird. **165**, 257. — 32) Die Bestimmungen des Wehr- und Reichsleistungsgesetzes schließen weder Ansprüche, die dem Wehr- (Reichs-) Leistungspflichtigen aus Anlaß der Inanspruchnahme nach Art. 131 WeimVerf. (§ 839 BGB.) gegen das Reich erwachsen sind, noch den Rechtsweg für solche Ansprüche aus. **165**, 323. — 33) a. Grundsätzliches zur Frage, unter welchen Voraussetzungen Dienstreisen in Kraftfahrzeugen dem Gebiete der Ausübung öffentlicher Gewalt zuzurechnen sind, und zwar insbesondere dann, wenn zu den Dienstreisen eigene Kraftwagen der Behörde oder aber sogenannte „beamteneigene Kraftwagen" verwendet werden. b. Die Haftung einer öffentlichen Körperschaft für einen Kraftwagenunfall, der durch einen

Beamten in Ausübung öffentlicher Gewalt unter schuldhafter Verletzung seiner Amtspflicht verursacht worden ist, wird nicht dadurch beeinträchtigt, daß der Beamte zugleich als Halter des Kraftfahrzeugs gemäß § 7 KFG. schadensersatzpflichtig ist. **165**, 365. — 34) Kein innerer Zusammenhang zwischen der Kraftradbenutzung und dem Dienst eines Soldaten, der dienstlich ein Schriftstück befördert, damit aber mit Erlaubnis den Beginn einer Urlaubsreise verbindet und hierzu ein ihm gehörendes Kraftrad verwendet, während er den Beförderungsweg hätte zu Fuß zurücklegen müssen; deshalb keine Dienstpflicht zur Beachtung der Verkehrsvorschriften Dritten gegenüber auch bis zur Ablieferung des Schriftstücks. **165**, 365 (371). — 35) a. Ausübung öffentlicher Gewalt im Sinne des Art. 131 WeimVerf. sind nicht nur die Handlungen, die unmittelbar der Erfüllung des staatlichen Zwecks dienen, sondern auch diejenigen Betätigungen von „Beamten", die mit solcher Erfüllung in einem lebensmäßigen Zusammenhang stehen. Ob ein derartiger Zusammenhang anzunehmen ist, muß nach den Umständen des einzelnen Falls entschieden werden. Gesichtspunkte für diese Beurteilung, insbesondere für den Fall, daß die Schadensursache in dem verkehrswidrigen Verhalten eines Kraftfahrzeugführers besteht. b. Die Anspruchsvoraussetzung des § 839 Abs. 1 Satz 2 BGB. kann nicht mit der Begründung als erfüllt angenommen werden, daß die Auslegung der gesetzlichen Vorschriften, die für das Bestehen der anderweitigen Ersatzmöglichkeit maßgebend sind, dem Verletzten erhebliche Schwierigkeiten biete. **166**, 1. — 36) Der Ersatzanspruch gegen den Staat wegen Verlustes beschlagnahmter Sachen kann nicht nur auf Art. 131 WeimVerf. in Verbindung mit § 839 BGB., sondern auch auf das öffentlich-rechtliche Verwahrungsverhältnis gestützt werden. Dieser im ordentlichen Rechtsweg verfolgbare Ersatzanspruch steht dem Eigentümer der beschlagnahmten Sachen zu, auch wenn sich die Beschlagnahmeverfügung nicht gegen ihn richtete. **166**, 218. — 37) Durch Unterlassung des Widerspruchs gegen den Teilungsplan im Verteilungstermin wird die Verfolgung eines Schadensersatzanspruchs aus unrichtiger Aufstellung des Teilungsplans nicht ausgeschlossen, sofern nicht zugleich schuldhafter Nichtgebrauch eines Rechtsmittels vorliegt. **166**, 249. — 38) Anspruch aus Amtspflichtverletzung des Zwangsversteigerungsrichters. Wenn der Laie mit seinen Rechtskenntnissen der Lage nicht gewachsen ist — und das ist für Fragen des Zwangsversteigerungsverfahrens in aller Regel der Fall und jedermann geläufig —, liegt sein Verschulden schon darin, daß er nicht rechtzeitig einen rechtskundigen Berater zuzog. Dieser Grundsatz gilt jedenfalls für den Fall der Versäumung rechtzeitiger Beschwerde gegen einen Zuschlagsbescheid, wenn dem Laien zugemutet werden konnte, daß er sich über die Möglichkeiten einer Anfechtung der ihm vorliegenden gerichtlichen Entscheidung rechtzeitig unter Befragung eines Rechtskundigen unterrichte. Dieser Grundsatz darf aber nicht so verallgemeinert werden, daß in einem Verfahren, für das kein Anwaltszwang besteht, jeder daran Beteiligte verpflichtet wäre, sich gegen mögliche Verletzungen der gesetzlichen Vorschriften durch den leitenden Richter mittels Zuziehung rechtskundigen Beistandes im voraus zu sichern. **166**, 249 (256). — 39) Den mit der Neugestaltung der Städte Berlin und München betrauten Behörden liegen Amtspflichten den

Hauseigentümern gegenüber ob, die Ersatzwohnungen für die aus ihren bisherigen Wohnungen verdrängten Mieter zur Verfügung stellen müssen. **166**, 360. — 40) Art. 131 WeimVerf. mit der Beschränkung des § 839 Abs. 1 Satz 2 BGB. hat seit dem Zeitpunkt der Wiedervereinigung Österreichs mit dem Deutschen Reiche durch das entsprechende Gesetz vom 13. März 1938 im Lande Österreich Geltung. **167**, 1. — 41) Die Leistung der gesetzlichen Krankenversicherung ist eine Leistung eines Dritten im Sinne des § 839 Abs. 1 Satz 2 BGB. Der Forderungsübergang auf den Versicherungsträger erstreckt sich aber auch auf den von ihm ungedeckten Schadenteil, jedoch nur insoweit er mit seiner Leistung gleichartig und gleichzeitig entstanden ist. In den Krankenhauskosten ist auch eine Unterhaltsleistung enthalten, die dem Anspruch auf Ersatz eines Verdienstausfalls gleichartig ist. **167**, 207. — 42) Für den Ausschluß der Schadenshaftung aus § 839 BGB. genügt es, daß der Geschädigte aus demselben Tatsachenkreise heraus, aus dem der Schadensersatzanspruch entstanden ist, einen Ersatzanspruch gegen einen Dritten hat. Die Frage, nach welchen Grundsätzen die Anrechnung der Zahlung der Versicherung auf den Schaden, im besondern auf die einzelnen Schadensarten, zu geschehen hat, kann nur aus der Bestimmung des § 839 Abs. 1 Satz 2 selbst gefunden werden. Die Anrechnung in Beschränkung auf die Schadensart ist daher nur zu rechtfertigen, soweit dem Verletzten ein entsprechender Schaden entstanden ist. **167**, 207 (209). — 43) Über Amtspflichtverletzung von Wehrmachtfahrten bei Dienstfahrten mit Wehrmachtwagen und die Frage der Staatshaftung. **167**, 357 (365 flg.); 367. — 44) Die Haftung des Deutschen Reichs für Amtspflichtverletzungen seiner Beamten wird durch § 898 RVO. ausgeschlossen. **167**, 385. — 45) Eine Verrichtung kann nur dann hoheitsrechtlich sein, wenn sie überhaupt noch unter den allgemeinen Begriff der Diensthandlung fällt. Nicht jede Verwendung der zum dienstlichen Gebrauch bestimmten Gegenstände, wie z. B. von Dienstwaffen oder Heereskraftfahrzeugen, ist als dienstlich anzusehen; sie kann vielmehr auch außerhalb des dienstlichen Rahmens liegen. Die mißbräuchliche Verwendung von Heereskraftwagen zu rein persönlichen Zwecken und ohne innere Beziehung zum Dienste fällt — wenn auch bei dessen Gelegenheit und zeitlich gesehen während des Dienstes — nicht in den Rahmen der öffentlichen Gewaltausübung. **167**, 367 (369 flg.). — 46) Die Haftung des Reichs aus § 839 BGB. mit Art. 131 WeimVerf. bei gleichzeitiger Haftung aus § 86 Abs. 1 des Reichsversorgungsgesetzes ist zu verneinen, weil die nach diesem Gesetz versorgungsberechtigten Personen nur die auf ihm beruhenden Ansprüche gegen das Reich haben. Dies liegt grundsätzlich nicht anders als in den Fällen des § 898 RVO. oder des § 124 DBG. Auch diese Vorschriften vernichten den über den Rahmen der sondergesetzlichen Versorgung hinausgehenden sachlich-rechtlichen Schadensersatzanspruch. **167**, 385 (391). — 47) Unter Umständen kann die Reichsärztekammer mit ihren Maßnahmen in die bürgerlich-rechtlichen Belange der Ärzte eingreifen. **168**, 129. — 48) Schadensersatzklage eines frühern katholischen Geistlichen wegen unberechtigter Amtsentsetzung gegen das Bistum (den „Bischöflichen Stuhl", nach § 839 BGB., Art. 131 WeimVerf.). Rekurs an den Heiligen Stuhl. **168**, 143. — 49) Betätigung der öffentlich-rechtlichen

Kirchengesellschaften. Ihre Organe sind öffentliche Beamte, insbesondere auch in dem Sinne, den § 839 BGB. voraussetzt. **168,** 143 (158). — 50) Für die erforderliche Abgrenzung zwischen (für den Rechtsweg) zuzulassenden und unzulässigen Klagen wegen Amtspflichtverletzung ist es entscheidend, ob der Klagevortrag, seine Richtigkeit unterstellt, die schlüssige Darlegung eines Sachverhalts enthält, der die sämtlichen Merkmale des in § 839 BGB. erforderten Tatbestandes ergibt. **168,** 143 (163). — 51) Bei § 839 Abs. 3 BGB. handelt es sich um die Aufstellung eines rechtsvernichtenden Tatbestandes; es ist also Sache des in Anspruch Genommenen, zu behaupten und zu beweisen, daß die Unterlassung für den Schaden ursächlich gewesen ist und daß den Kläger an ihr ein Verschulden trifft. **168,** 143 (172). — 52) Beamtenhaftung aus unberechtigter Auskunftserteilung eines Polizeibeamten über getilgte Strafen. **168,** 193. — 53) Zur Herbeiführung der Amtshaftung des öffentlichen Dienstherrn ist zwischen der Amtspflichtverletzung eines Beamten (Soldaten) und dessen hoheitlichen Aufgaben oder Befugnissen ein innerer Zusammenhang erforderlich. Die Vorgesetzteneigenschaft des Täters genügt für sich allein nicht, wenn er selbst eine Handlung begeht, an der er einen Untergebenen hätte hindern müssen. **168,** 231 (233). — 54) Fügt ein dem Unternehmen „Reichsautobahnen" zur Dienstleistung zugeteilter Beamter, Angestellter oder Arbeiter der Deutschen Reichsbahn in Ausübung der ihm anvertrauten öffentlichen Gewalt einem Dritten schuldhaft Schaden zu, so haftet das Unternehmen „Reichsautobahnen", nicht die Deutsche Reichsbahn für den Ersatz dieses Schadens. **168,** 361. — 55) Für Amtspflichtverletzungen eines Beamten haftet diejenige öffentlich-rechtliche Körperschaft, in deren Dienst der Beamte steht, also regelmäßig diejenige, von der er angestellt worden ist, während es nicht darauf ankommt, von wem sich die von ihm ausgeübte öffentliche Gewalt herleitet. Bei einer in einem bürgerlichen Dienstverhältnis tätigen Person kommt es nur darauf an, von welcher Seite sie mit der Ausübung öffentlicher Gewalt betraut worden ist. **168,** 361 (368 flg.). — 56) Das Reich ist der alleinige Träger der Haftung für die Folgen von Mißgriffen, die von den Ärzten des Reichsarbeitsdienstes, auf welche Weise auch immer sie von diesem zu ihrer Tätigkeit verpflichtet worden sein mögen, bei der Behandlung von Reichsarbeitsdienstangehörigen begangen werden. **168,** 388. — 57) Wird gemäß § 2 Abs. 2 Satz 2 der Verordnung vom 4. Mai 1939 das kolonnenweise Absuchen der Kartoffel- und Tomatenfelder nach dem Kartoffelkäfer für die Nutzungsberechtigten einer Gemeinde angeordnet, so besteht keine Amtspflicht zum Absuchen aller Felder gegenüber den Nutzungsberechtigten als „Dritten" m Sinne der Amtshaftungsvorschriften. **169,** 312. — 58) Vgl. auch oben § 145 F Nr. 51 bis 52. — 59) Bei fahrlässiger Herbeiführung eines Schadens durch mehrere Beamte kann die Vorschrift des § 839 Abs. 1 Satz 2 BGB. nicht dazu führen, die Haftung des einen Beamten auf den andern abzuwälzen. Das gilt auch dann, wenn an Stelle der Haftung des Beamten die des Staates oder einer andern öffentlichen Körperschaft tritt. **169,** 317 (320). — 60) Zur Frage der Haftung einer Gemeinde für eine Maßnahme ihres Bürgermeisters zur Förderung einer amtlich angeordneten Alteisensammlung. **169,** 341. — 61) Amtshaftungsansprüchen kann nicht entgegengehalten werden, die verfahrensmäßig fehlerhaften Handlungen der Behörde hätten rechtsgültig vorgenommen werden können. **169,** 353. — 62) Mit einem auf Amtshaftung gemäß Art. 131 WeimVerf., § 839 BGB. gestützten Anspruch kann keine Wiederherstellung in Natur, vielmehr nur Geldersatz verlangt werden. **169,** 353 (356). — 63) Bahnpolizei. Die Ausübung staatshoheitlicher Fürsorge, die allerdings eine Ausübung öffentlicher Gewalt im Sinne des Art. 131 Weim Verf. in der Regel in sich schließt, gehört nicht zum Inhalte der Bahnpolizeigewalt. **170,** 1 (9). — 64) Gegenüber dem Anspruch auf Schmerzensgeld bietet die Forderung aus einem Versicherungsvertrag auf Entschädigung für die Vermögenseinbuße aus einem Unfall keine anderweitige Ersatzmöglichkeit im Sinne des § 839 Abs. 1 Satz 2 BGB. **170,** 37. — 65) Für die Frage nach dem Vorhandensein eines anderweitigen Ersatzanspruchs im Sinne von § 839 Abs. 1 Satz 2 BGB. ist entscheidend, ob der Geschädigte aus demselben Tatsachenkreise heraus, aus dem die Klageforderung entstanden ist, einen Anspruch auf Ersatz seines Schadens, gleichviel welcher Art, erlangt hat. **170,** 37 (38 flg.). — 66) Der Schmerzensgeldanspruch aus § 847 BGB. bildet, als auf besondern Voraussetzungen beruhend, mit den Schadensersatzansprüchen aus §§ 842, 843 keine rechtliche Einheit; z. B. würde ein Übergang von ihm zu einem Anspruch auf Ersatz eines Vermögensschadens eine Klageänderung bedeuten. Diese Besonderheit des Anspruchs aus § 847 BGB. verbietet es, auf ihn die Anrechnung einer zum Ausgleich eines vermögensrechtlichen Schadens gewährten oder zu gewährenden Entschädigung zuzulassen. **170,** 37 (39). — 67) Schlüssigkeit der Schadensersatzklage aus Amtspflichtverletzung, wenn die Behauptungen des Klägers eine Haftung der verklagten Körperschaft auf Grund des Art. 131 WeimVerf. in Verbindung mit § 839 BGB. nicht von vornherein als außerhalb jeglicher Möglichkeit liegend erscheinen lassen. **170,** 54 (57). — 68) a. Erteilt der Bürgermeister einer Stadtgemeinde dem Jugendamt in einer Amtsvormundschaftssache schuldhaft eine falsche Auskunft, die dazu führt, daß wegen der Unterhaltsforderung eines unehelichen Kindes gegen einen andern als den unterhaltspflichtigen Erzeuger vollstreckt wird, so ist die Stadtgemeinde dem zu Unrecht Betroffenen nach Amtshaftungsgrundsätzen schadensersatzpflichtig. b. Die Stadtgemeinde haftet auch dafür, daß die Ehefrau des Betroffenen durch die Vollstreckung die Vorstellung ehelicher Untreue ihres Mannes gewinnt und dadurch einen Nervenzusammenbruch erleidet. **170,** 129. — 69) Dritter im Sinne des § 839 BGB. sind alle Personen, deren Belange nach der besondern Natur des Amtsgeschäfts durch dieses berührt und in deren Rechtskreis dadurch eingegriffen werden kann, auch wenn sie durch die Amtshandlung nur mittelbar und unbeabsichtigt betroffen werden. **170,** 129 (135). — 70) a. Zur Frage der Amtspflicht eines beamteten Kraftfahrers gegenüber Personen, die auf dem gefahrenen Kraftwagen unberechtigt oder gegen ausdrückliches Verbot mitfahren. b. § 846 BGB. enthält einen allgemeinen Rechtsgrundsatz. Das eigene Verhalten des unmittelbar Verletzten kann auch — über den Rahmen des § 254 BGB. hinaus — für die Entstehung und die Höhe des Schadensersatzanspruches aus §§ 844, 845 BGB. von Bedeutung sein. c. Ein Anspruch des Verletzten gegen die Deutsche Reichsbahn schließt die Inanspruchnahme der allgemeinen

Reichskasse aus fahrlässiger Amtspflichtverletzung aus. Ein solcher Anspruch enthält die Möglichkeit, auf andere Weise Ersatz zu erlangen. **170**, 201. — 71) Für Amtspflichtverletzungen der Mitglieder der Rechtsanwaltsehrengerichte haftet die Reichsrechtsanwaltskammer, nicht das Reich. **170**, 333. — 72) Die Richter der Ehrengerichte (ärztliche, Jägerehrengerichte, Ehrengerichte der Rechtsanwälte) sind Beamte im Sinne des § 839 BGB. Das ihnen als Mitgliedern reichsgesetzlich bestellter Sondergerichte übertragene Amt ist Ausübung hoheitlicher Gewalt. **170**, 333 (336). — 73) Das Gemeinwesen haftet, für das der Beamte angestellt ist, nicht jenes, dessen Hoheitsrecht er ausübt. **170**, 333 (336). — 74) Der Haftbefehl hat nicht die Eigenschaft eines Urteils im Sinne des § 839 Abs. 2 BGB.; der Begriff des Urteils in § 839 Abs. 2 ist in rein verfahrenstechnischem Sinne zu verstehen und auf andre richterliche Entscheidungen nicht zu erstrecken. **170**, 333 (338). — 75) Wird auf Grund eines Vertrags zwischen zwei Eisenbahnunternehmern der Schrankenwärter für eine gemeinschaftliche Anlage, durch welche die Kreuzungen beider Eisenbahnen mit einer Straße gesichert werden, von einem der beiden Unternehmer gestellt, dann ist der jeweilige Schrankenwärter nicht zugleich Verrichtungsgehilfe des andern Unternehmers. Diesen trifft kein eignes Verschulden, wenn er die Schrankensicherung nicht auch selbst überwacht. Er darf sich auf einen gut eingerichteten und überwachten Sicherungsdienst des andern Unternehmers verlassen. **170**, 321.

G. § 843 BGB.

Die Ansprüche aus § 843 und § 844 BGB. können bei gleichzeitiger Verletzung einer Ehefrau und Tötung ihres Ehemanns wahlweise zusammentreffen. **170**, 174.

H. § 844 BGB.

1) Anwendung der §§ 844 flg. BGB. in Verbindung mit §§ 670, 683 im Falle der Lebensrettung einer Ehefrau und der Erhebung von Ansprüchen der Hinterbliebenen des dabei tödlich Verunglückten. **167**, 85. — 2) Die Ansprüche aus § 843 und § 844 BGB. können bei gleichzeitiger Verletzung einer Ehefrau und Tötung ihres Ehemanns wahlweise zusammentreffen. **170**, 174. — 3) Zu §§ 844, 845, 846 BGB. **170**, 311.

J. § 845 BGB.

1) Ob Dienste, die ein dem elterlichen Haushalt angehörendes und von den Eltern erzogenes und unterhaltenes Kind geleistet hat, zu den Diensten gehört, die es kraft Gesetzes den Eltern in deren Hauswesen oder Geschäft zu leisten verpflichtet war, entscheidet sich nicht nach der Art der Dienste an sich, sondern danach, ob die Dienste in den Rahmen des Hauswesens oder des Geschäfts der Eltern fallen. Dabei ist es unerheblich, ob die Stellung des Kindes in dem Hauswesen oder Geschäft mehr oder weniger selbständig, ob sie leitend oder untergeordnet ist und ob sie die Arbeitskraft des Kindes vollständig oder nur teilweise in Anspruch nimmt. Auch sogenannte höhere Dienste können in den Rahmen des Hauswesens oder Geschäfts fallen. **162**, 116. — 2) Anwendung der §§ 844 flg. BGB. in Verbindung mit §§ 670, 683 im Falle der Lebensrettung einer Ehefrau und der Erhebung von An-

sprüchen der Hinterbliebenen des dabei tödlich Verunglückten. **167,** 85. — 3) Zu §§ 844, 845, 846 BGB. **170,** 311.

K. § 846 BGB.

Dem § 846 BGB. liegt der allgemeine Rechtsgedanke zugrunde, daß ebenso wie die eignen Ansprüche des unmittelbar Verletzten in ihrer Entstehung von seinem Verhalten beeinflußt werden können, auch die Ansprüche der mittelbar Beschädigten diesen vom eignen Verhalten des Verletzten ausgehenden Einwirkungen unterliegen. **170,** 311 (315).

L. § 852 BGB.

1) Beginn der Verjährung im Fall der Organhaftung einer Amtssparkasse für Verschulden des Rendanten. **162,** 202 (208). — 2) Keine Anwendung des § 852 BGB. auf den Anspruch des durch den Verlust beschlagnahmter Sachen Geschädigten. **166,** 218 (240). — 3) Der Aufopferungsanspruch unterliegt nicht der kurzen Verjährung des § 852 BGB., sondern regelmäßig der des § 195 BGB. **167,** 14 (27). — 4) Zum Gedanken der Schadenseinheit aus unerlaubter Handlung im besondern im Hinblick auf die Frage der Verjährung. **167,** 207 (211). — 5) Das Aufopferungsverbot des § 393 BGB. gilt auch gegenüber einem vertraglichen Anspruch, der auf einem den Tatbestand der vorsätzlichen unerlaubten Handlung verwirklichenden Sachverhalt beruht, und zwar unabhängig davon, ob der Anspruch aus unerlaubter Handlung ausdrücklich verfolgt wird oder verjährt ist. **167,** 257. — 6) Klage aus § 852 Abs. 2, § 819 BGB. und § 393 BGB. **167,** 257 (260). — 7) a. Die Frist des § 852 BGB. beginnt in dem Zeitpunkt, in dem zuerst der Verletzte vernünftigerweise alle Voraussetzungen des Schadensersatzanspruchs mit Ausnahme des Schadensbetrags für gegeben halten mußte. Dazu gehört auch eine genügend sichere Erkenntnis der Rechtswidrigkeit und der Schuldhaftigkeit der beanstandeten Amtshandlung. b. Der Verletzte, der gegen die Versagung des Armenrechts $2^1/_2$ Monate vor Fristablauf Beschwerde erhoben hat, konnte damit rechnen, durch rechtzeitige Entscheidung darüber zur fristgemäßen Erhebung der Klage instand gesetzt zu werden; die Verzögerung der Beschwerdeentscheidung bewirkt eine Hemmung der Verjährung. **168,** 214. — 8) Die dreijährige Verjährung beginnt in dem Augenblick, in dem der Verletzte von dem Schaden und der Person des Ersatzpflichtigen Kenntnis erlangt; diese Kenntnis ist vorhanden, wenn der Geschädigte auf Grund der ihm bekannten Tatsachen gegen eine bestimmte Person eine Schadensersatzklage, sei es auch nur eine Feststellungsklage, mit einigermaßen sicherer Aussicht auf Erfolg erheben kann. Das läßt sich auch in der Weise ausdrücken, daß die Frist von dem Zeitpunkt an läuft, in dem zuerst der Verletzte vernünftigerweise alle Voraussetzungen des Schadensersatzanspruchs mit Ausnahme des Schadensbetrags für gegeben halten mußte. **168,** 214 (219).

§ 146. Haftung für das Verschulden anderer.

(Haftung aus § 278 BGB. s. § 102; Haftung aus § 831 BGB. s. § 145 II zu § 831; Haftung öffentlich-rechtlicher Körperschaften für das Verschulden ihrer Beamten s. § 147 und § 145 II zu § 839.)

— — — — — — — — — — —

§ 147. Haftung öffentlich-rechtlicher Körperschaften für das Verschulden ihrer Beamten bei Ausübung öffentlicher Gewalt und wegen des bei Unruhen entstandenen Schadens (Tumultschaden).

I. Haftung für Verschulden von Beamten bei Ausübung der öffentlichen Gewalt.

(S. auch § 145 II zu BGB. § 839.)

1) Ein Soldat, der das ihm zu einer hoheitsrechtlichen Dienstfahrt anvertraute Kraftfahrzeug dazu benutzt, um damit zu eigenen Zwecken einen längern, mit dem Dienstbefehle nicht zu vereinbarenden Umweg zu machen, handelt nicht in Ausübung öffentlicher Gewalt. **161,** 145 (150 flg.); **166,** 1 (10). — 2) Ansprüche des Verletzten aus gesetzlicher Kranken- oder Unfallversicherung sind Ersatzansprüche im Sinne des § 839 Abs. 1 Satz 2. **161,** 199. — 3) a. Die Bescheinigung des Vorstandes einer Behörde, wonach ein Sachbearbeiter der Behörde zu deren rechtsgeschäftlicher Vertretung berechtigt ist und die von ihm vollzogenen Unterschriften auf Bürgschaftsurkunden als rechtsverbindlich anerkannt werden, liegt nicht im Umkreise der Ausübung öffentlicher Gewalt, sondern hat privatrechtlichen Charakter. b. Die amtliche Siegelung rechtsgeschäftlicher Erklärungen einer Behörde besagt nichts über deren Rechtswirksamkeit. Die Regelung begründet auch dann keine Haftung nach öffentlich-rechtlichen Grundsätzen, wenn sich erweist, daß die Behörde mit der rechtsgeschäftlichen Erklärung ihre Zuständigkeit überschritten hat. **162,** 129 (132 flg.). — 4) Wenn der Polizeipräsident als die örtlich zuständige Polizeibehörde einen verkehrsgefährdenden Zustand auf öffentlicher Straße pflichtwidrig bestehen läßt, so verletzt er damit die ihm nach dem Preußischen Polizeiverwaltungsgesetz den Verkehrsteilnehmern gegenüber obliegende Amtspflicht. **162,** 273 (275). — 5) Wird von dem Reich aus dem Gesichtspunkte der Amtshaftung ein Schmerzensgeld gefordert, so kommen für dessen Bemessung die persönlichen Verhältnisse des schuldigen Beamten nicht in Betracht. **163,** 87. — 6) Amtshaftung des Grundbuchrichters bei Verstoß gegen § 867 Abs. 2 ZPO. Die Folge des § 839 Abs. 3 BGB. tritt nicht ein, wenn durch den unterlassenen Rechtsbehelf zwar die Beseitigung der schädigenden Amtshandlung, aber nicht die Abwendung des Schadens erreicht worden, hierfür vielmehr die Einleitung eines neuen Verfahrens erforderlich gewesen wäre. **163,** 121. — 7) Dem Geschädigten braucht nach § 839 Abs. 3 BGB. nicht selbst ein Verschulden an der Nichtabwendung des Schadens durch Einlegung eines Rechtsmittels zur Last zu fallen. Es genügt, daß der Rechtsanwalt, den er mit der Rechtshandlung betraut hatte und der in der Verpflichtung der Schadensabwendung sein Erfüllungsgehilfe im Verhältnis gegenüber dem Reiche war, schuldhaft versäumt hat, den Schaden durch den Gebrauch eines Rechtsmittels abzuwenden. **163,** 121 (134). — 8) Amtshaftung der Kassenärztlichen Vereinigung Deutschlands für Schäden aus Maßregelungen von Kassenärzten durch die Amtsleiter der Vereinigung. **164,** 15, 32. — 9) Als Ausübung öffentlicher Gewalt im Sinne der Amtshaftungsvorschriften ist jede Amtsausübung, d. h. jede dienstliche Betätigung eines Beamten des Reichs, eines Landes oder einer sonstigen, mit der Wahrnehmung von Hoheitsrechten betrauten öffentlichen Körperschaft, anzusehen, die sich nicht als

Wahrnehmung bürgerlich-rechtlicher Belange des öffentlich-rechtlichen Dienstherrn darstellt. Für die Anwendbarkeit des Art. 131 WeimVerf. ist es deshalb bedeutungslos, ob die dem Beamten übertragenen Aufgaben als solche gerade die Anwendung hoheitlicher Zwangs- oder Machtmittel erfordern. Entscheidend ist allein, ob die von ihm zu erfüllenden Aufgaben auf hoheitlichem oder ob sie auf bürgerlich-rechtlichem Gebiete liegen. Dabei ist der Begriff des „Beamten" nicht im staatsrechtlichen Sinne zu verstehen, sondern darunter fällt jede mit hoheitsrechtlichen Aufgaben betraute Person. **164,** 273 (276); **165,** 365 (368). — 10) Wenn der auf Grund der Amtshaftung für einen Beamten oder Soldaten aus dessen Verschulden bei einer Dienstfahrt verurteilte Fiskus zugleich auch als Halter des zu der Dienstfahrt benutzten Kraftfahrzeugs verurteilt worden ist, ist beim Fehlen der Revisionssumme die Nachprüfung insoweit, als die Verurteilung aus der Gefährdungshaftung beruht, ausgeschlossen. Wenn das Revisionsgericht im Rahmen der Nachprüfung der Amtshaftung und des Einwandes des mitwirkenden Verschuldens des Verletzten die Verteilung des Schadens beanstandet, dann kann auch die auf Grund der Gefährdungshaftung ausgesprochene Verurteilung des Halters nicht aufrechterhalten werden, sofern aus dem Urteil des Berufungsgerichts nicht zu ersehen ist, ob die Verurteilung in voller Höhe oder zu einem bestimmten Teile auch auf der Gefährdungshaftung allein beruht. **164,** 341. — 11) Unter Ausübung öffentlicher Gewalt im Sinne des Art. 131 WeimVerf. ist nicht nur die Ausübung obrigkeitlicher Zwangsgewalt, sondern auch die Betätigung öffentlichen Schutzes und öffentlicher Fürsorge zu begreifen. **165,** 91 (97 flg.). — 12) Als „Beamte" im Sinne des Art. 131 WeimVerf. und des § 839 BGB. gelten nach der Rechtsprechung des Reichsgerichts alle Personen, die der Staat oder eine dazu befugte Körperschaft mit öffentlicher Gewalt umkleidet. Bei Anwendbarkeit der genannten Vorschriften scheiden als Klaggrundlage die Bestimmungen der §§ 823 flg. mit §§ 30, 31 oder § 831 BGB. aus, die Rechtsverhältnisse des bürgerlich-rechtlichen Verkehrskreises betreffen. **165,** 91 (99 flg.). — 13) Der Geschäftsführer einer Krankenkasse (Leiter der Innungskrankenkasse), der innerhalb des öffentlich-rechtlichen Aufgabenkreises der Krankenkasse tätig wird und also eine der Krankenversicherung eigentümliche Aufgabe erfüllt, handelt in Ausübung obrigkeitlicher Gewalt im Sinne des Art. 131 WeimVerf. Eine schuldhafte Handlung oder Unterlassung in dieser Tätigkeit, durch welche die Belange des Versicherten berührt werden, kann gemäß dieser Bestimmung in Verbindung mit § 839 BGB. eine Schadensersatzpflicht der Krankenkasse gegenüber dem Versicherten begründen. Der Vertrauensarzt, der beratend und begutachtend für eine Krankenkasse tätig wird, übt ebenfalls hoheitliche Gewalt aus; eine schuldhafte Unterlassung hierbei, durch welche die Belange des Versicherten berührt werden, begründet nicht die Schadensersatzpflicht der Krankenkasse, sondern diejenige der Landesversicherungsanstalt, in deren Dienst er steht. **165,** 91. — 14) Die Haftung nach Art. 131 WeimVerf. mit § 839 BGB. trifft denjenigen, in dessen Dienst der Beamte steht. **165,** 91 (104). — 15) Listen, die Angaben über das Steuersoll enthalten (sogenannte Steuerrollen) werden im Interesse der Steuergläubiger angelegt; ebenso geschehen Anforderungen an die Steuerpflichtigen, bereits veranlagte Steuern zu zahlen (Steuerzettel), im Belang der Steuergläubiger. Eine Verletzung einer den Steuerschuldnern gegenüber obliegenden Amtspflicht entfällt bei diesen Aufgaben jedenfalls dann, wenn eine zu geringe Steuer angefordert wird. **165,** 257. — 16) Im Sinne des Art. 131 WeimVerf. ist Beamter eines Staates jede Person, die der Staat mit öffentlicher Gewalt, und zwar mit der Gewalt umkleidet hat, in deren Ausübung sie pflichtwidrig handelt; darunter gehören unter dieser Voraussetzung auch Angestellte. **165,** 257 (259). — 17) Das Grundsteuerkataster dient unmittelbar der Steuerveranlagung. Darüber hinaus bildet es die gesetzliche Grundlage für die dem Rechtsverkehr dienenden Eintragungen in das Grundbuch, und deshalb muß die Verpflichtung ordnungsmäßiger Führung des Katasters als eine Amtspflicht angesehen werden, die dem Katasterbeamten wie gegenüber den Steuerpflichtigen, so auch gegenüber den am Grundstücksverkehr beteiligten Personen obliegt. **165,** 257 (260). — 18) Die Bestimmungen des Wehr- und des Reichsleistungsgesetzes schließen weder Ansprüche, die dem Wehr- (Reichs-) Leistungspflichtigen aus Anlaß der Inanspruchnahme nach Art. 131 WeimVerf. (§ 839 BGB.) gegen das Reich erwachsen sind, noch den Rechtsweg für solche Ansprüche aus. **165,** 323. — 19) a. Grundsätzliches zur Frage, unter welchen Voraussetzungen Dienstreisen in Kraftfahrzeugen dem Gebiete der Ausübung öffentlicher Gewalt zuzurechnen sind, und zwar insbesondere dann, wenn zu den Dienstreisen eigene Kraftwagen der Behörde oder aber sogenannte „beamteneigene Kraftwagen" verwendet werden. b. Die Haftung einer öffentlichen Körperschaft für einen Kraftwagenunfall, der durch einen Beamten in Ausübung öffentlicher Gewalt unter schuldhafter Verletzung seiner Amtspflicht verursacht worden ist, wird nicht dadurch beeinträchtigt, daß der Beamte zugleich als Halter des Kraftfahrzeugs gemäß § 7 KFG. schadensersatzpflichtig ist. **165,** 365. — 20) a. Ausübung öffentlicher Gewalt im Sinne des Art. 131 WeimVerf. sind nicht nur die Handlungen, die unmittelbar der Erfüllung des staatlichen Zwecks dienen, sondern auch diejenigen Betätigungen von „Beamten", die mit solcher Erfüllung in einem lebensmäßigen Zusammenhang stehen. Ob ein derartiger Zusammenhang anzunehmen ist, muß nach den Umständen des einzelnen Falls entschieden werden. Gesichtspunkte für diese Beurteilung, insbesondere für den Fall, daß die Schadensursache in dem verkehrswidrigen Verhalten eines Kraftfahrzeugführers besteht. b. Die Anspruchsvoraussetzung des § 839 Abs. 1 Satz 2 BGB. kann nicht mit der Begründung als erfüllt angenommen werden, daß die Auslegung der gesetzlichen Vorschriften, die für das Bestehen der anderweitigen Ersatzmöglichkeit maßgebend sind, dem Verletzten erhebliche Schwierigkeiten biete. **166,** 1. — 21) Der Gesetzgeber wollte dadurch, daß er den Bestimmungen der §§ 89, 31 und 831 BGB. die Vorschriften über die Haftung der öffentlich-rechtlichen Körperschaften für Handlungen hinzufügte, die in Ausübung öffentlicher Gewalt begangen werden, das Ziel verwirklichen, daß die öffentlich-rechtlichen Körperschaften, wenn auch der Natur der Sache gemäß nach verschiedenen Grundsätzen, so doch für alle Handlungen einzutreten haben, die von ihren Beamten im Rahmen ihrer bestimmungsmäßigen Betätigung begangen werden. **166,** 1 (8). — 22) Wesentlich ist dabei (vgl. Nr. 20), ob ein genügend enger äußerer und innerer Zusammenhang zwischen der schädigenden Handlung und der staatshoheitlichen Betätigung besteht. Der äußere Zusammenhang kann zumal gerade durch die besondere Gestaltung unterbrochen sein, welche die öffentliche Körperschaft dem betreffenden Gebiet ihrer Betätigung allgemein erkennbar gegeben hat. Das ist der Fall, wenn sich die Körperschaft, was ihr freisteht, obschon zum Zweck der Erreichung öffentlich-rechtlicher Ziele, mit einem bestimmten Geschäft oder einem abgegrenzten Geschäftskreis auf den Boden des bürgerlichen Geschäftsverkehrs begeben hat. Unter ähnlichen Gesichtspunkten ist es ferner begründet, wenn die Haftung der öffentlich-rechtlichen Körperschaft für die Verkehrssicherheit in ihren Gebäuden in ständiger Rechtsprechung dem bürgerlichen Verkehrskreise der Körperschaften zugerechnet worden ist. Die innere Beziehung fehlt, wenn die schädigende Handlung nur in einer äußern, zeitlichen oder gelegenheitsmäßigen, Beziehung zu der Ausübung der staatshoheitlichen Handlung steht. **166,** 1 (8flg.). — 23) Von besondern Gestaltungen abgesehen wird jedenfalls in aller Regel bei einer Kraftwagenfahrt, die ein Beamter in einem ihm von der öffentlichen Körperschaft zur Verfügung gestellten Wagen zum Zwecke hoheitlicher Betätigung unternimmt, der erforderliche äußere und innere Zusammenhang mit dieser anzunehmen sein. Nur diese Auffassung wird der Bedeutung der immer mehr gesteigerten Ausstattung der öffentlichen Dienststellen mit Kraftfahrzeugen gerecht, deren Zweck kein anderer ist als die leichtere und bessere Erfüllung der staatshoheitlichen Aufgaben der Körperschaften. **166,** 1 (9flg.). — 24) Über die Haftung der Deutschen Reichspost für den Führer eines Kraftomnibus; Verschuldensfragen. **166,** 74. — 25) Der Ersatzanspruch gegen den Staat wegen Verlustes beschlagnahmter Sachen kann nicht nur auf Art. 131 WeimVerf. in Verbindung mit § 839 BGB., sondern auch auf das öffentlich-rechtliche Verwahrungsverhältnis gestützt werden. Dieser im ordentlichen Rechtsweg verfolgbare Ersatzanspruch steht dem Eigentümer der beschlagnahmten Sachen zu, auch wenn sich die Beschlagnahmeverfügung nicht gegen ihn richtete, **166,** 218. — 26) Durch Art. 131 WeimVerf. ist lediglich die nach § 839 BGB. einen Beamten treffende Verantwortung für eine bei Ausübung öffentlicher Gewalt begangene Amtspflichtverletzung von Reichs wegen dem Staat oder der Körperschaft auferlegt worden, in deren Dienst der Beamte steht. Dagegen ist dort über eine schon anderweit begründete Verantwortlichkeit des Staates nichts bestimmt. **166,** 218 (224flg.). — 27) Den mit der Neugestaltung der Städte Berlin und München betrauten Behörden liegen Amtspflichten den Hauseigentümern gegenüber ob, die Ersatzwohnungen für die aus ihren bisherigen Wohnungen verdrängten Mieter zur Verfügung stellen müssen. **166,** 360. — 28) Art. 131 WeimVerf. mit der Beschränkung des § 839 Abs. 1 Satz 2 BGB. hat seit dem Zeitpunkt der Wiedervereinigung Österreichs mit dem Deutschen Reiche durch das entsprechende Gesetz vom 13. März 1938 im Lande Österreich Geltung. **117,** 1. — 29) Die Rechtsprechung des Reichsgerichts verlangt für die Anwendung des Art. 131 WeimVerf. einen innern Zusammenhang der (polizeilichen) Dienstfahrt, die (für das Deutsche Reich) in Ausübung öffentlicher Gewalt ausgeführt worden sein muß, und dem staatswichtigen Zwecke, dem sie unmittelbar diente. **167,**

1 (4). — 30) Nach der Rechtsprechung des Reichsgerichts gelten als „Beamte“ im Sinne des Art. 131 WeimVerf. nicht nur Beamte im staatsrechtlichen Sinne, sondern alle Personen, die der Staat oder eine dazu befugte Körperschaft mit öffentlicher Gewalt bekleidet. **167,** 1 (5). — 31) Im allgemeinen trifft nach Art. 131 WeimVerf. die Verantwortlichkeit für die Folgen der Verletzung der Amtspflicht das Gemeinwesen (Staat und Körperschaft des öffentlichen Rechts), in dessen Dienste der „Beamte“ steht, nicht dasjenige, von dem die ausgeübte öffentliche Gewalt ausgeht. Steht indessen der Beamte nicht im Dienste eines solchen Gemeinwesens, sondern im Dienste eines gewöhnlichen Unternehmens, so fällt die Verantwortlichkeit auf das Gemeinwesen zurück, das ihn mit öffentlicher Gewalt bekleidet und damit für den Bereich des Haftungsrechts zum „Beamten“ gemacht hat. **167,** 1 (5). — 32) Über das Wesen und die Bedeutung des Art. 131 WeimVerf. **167,** 1 (7flg.). — 33) Die Haftung des Reichs nach Art. 131 WeimVerf. in Verbindung mit § 839 BGB. an Stelle des die Amtspflichtverletzung begehenden Beamten schließt eine Inanspruchnahme des Beamten aus Verschulden auf Grund der allgemeinen Bestimmungen über die unerlaubten Handlungen (§§ 823flg. mit §§ 89, 31 oder 831 BGB.) wie auch auf Grund des § 18 KFG. aus. Für das im übrigen im Land Österreich anwendbare österreichische Recht (§§ 1295flg. ABGB.) hat angesichts der Bestimmung des Art. 131 WeimVerf. dasselbe zu gelten. Der Anspruch aus einer Gefährdungshaftung, so aus § 7 KFG., blieb hingegen für das Altreich unabhängig von der Haftung aus jener Bestimmung bestehen. Auch dieser Grundsatz muß gegenüber jener Bestimmung für das sonst fortgeltende österreichische Recht zur Anwendung kommen. **167,** 1 (9flg.). — 34) Über den Umfang der Prüfungsbefugnis des Gerichts bei der Frage der Zulässigkeit des Rechtswegs der Ansprüche, die auf Staatshaftung gestützt werden. **167,** 312 (315flg.). — 35) Amtspflichtverletzung eines Wehrmachtfahrers und Entlastungsbeweis. **167,** 357 (365flg.). — 36) Über die Frage, unter welchen Voraussetzungen ein Soldat auf der Dienstfahrt mit einem Heereskraftwagen noch in Ausübung öffentlicher Gewalt handelt, wenn er zu persönlichen Zwecken einen Umweg macht. **167,** 367. — 37) Unter Umständen kann die Reichsärztekammer mit ihren Maßnahmen in die bürgerlichrechtlichen Belange der Ärzte eingreifen. **168,** 129. — 38) Klage eines frühern katholischen Geistlichen, der in dem besondern Verfahren contra clericos concubinarios seines Amtes entsetzt worden ist. Er begründet, wenn er Tatsachen darlegt, welche ergeben, daß nicht der Verdacht unkeuschen Wandels, sondern die dem Nationalsozialismus zugewandte Haltung des Geistlichen den wirklichen Grund seiner Amtsentsetzung gebildet hat, den nach § 839 BGB. und Art. 131 WeimVerf. gegebenen Schadensersatzanspruch aus Amtspflichtverletzung. Ihm steht der Rechtsweg gegen das Bistum (den „Bischöflichen Stuhl“) offen. **168,** 143. — 39) Die höchstrichterliche Rechtsprechung hat den Begriff des Beamten im Sinne des Art. 131 WeimVerf. im weitgehenden Maße von dem staatsrechtlichen Beamtenbegriff gelöst und ihn auf jede Person ausgedehnt, die das Reich oder seine Gliederungen mit öffentlicher Gewalt bekleidet haben. **168,** 143 (158). — 40) Nach ständig festgehaltenem Grundsatz hat für die Amtspflichtverletzungen eines Beamten

das Gemeinwesen einzustehen, das ihn angestellt hat, ohne daß es darauf ankommt, ob er im Einzelfall ein eignes Hoheitsrecht dieses Gemeinwesens oder ein übertragenes ausübt. Freilich muß die Ausübung öffentlicher Gewalt in den Bereich der Dienste fallen, die der Beamte auf Grund seiner Anstellung durch die öffentliche Körperschaft leistet. Wird er persönlich von einem andern Gemeinwesen mit der Ausübung öffentlicher Gewalt betraut, so haftet für etwa dabei von ihm begangene Versehen nur dieses letztere. Verhältnis zwischen dem Staat und den Kommunalverbänden. **168,** 143 (162). — 41) Staatshaftung wegen unberechtigter Auskunftserteilung von Polizeibeamten über getilgte Strafen. **168,** 193. — 42) Nach Art. 131 WeimVerf. trifft die Haftung an Stelle des Beamten den Staat oder die öffentliche Körperschaft, in deren Dienst der Beamte steht. Im Sinne dieses Rechtsgrundsatzes befindet sich der Beamte im Dienste desjenigen Gemeinwesens, das ihn angestellt hat, und kommt es nicht darauf an, wessen Hoheitsrechte er bei der beanstandeten Amtshandlung ausgeübt hat. **168,** 214 (218). — 43) An dem Grundsatze, daß zur Herbeiführung der Amtshaftung des öffentlichen Dienstherrn zwischen der Amtspflichtverletzung eines Beamten (Soldaten) und dessen hoheitlichen Aufgaben oder Befugnissen ein innerer Zusammenhang erforderlich ist, wird festgehalten. Die Vorgesetzteneigenschaft des Täters genügt für sich allein nicht, wenn er selbst eine Handlung begeht, an der er einen Untergebenen hätte hindern müssen. **168,** 231. — 44) Fügt ein dem Unternehmen „Reichsautobahnen" zur Dienstleistung zugeteilter Beamter, Angestellter oder Arbeiter der Deutschen Reichsbahn in Ausübung der ihm anvertrauten öffentlichen Gewalt einem Dritten schuldhaft Schaden zu, so haftet das Unternehmen „Reichsautobahnen", nicht die Deutsche Reichsbahn für den Ersatz dieses Schadens. **168,** 361. — 45) Die Unternehmerarbeiter an der Reichsautobahn werden in Ausübung öffentlicher Gewalt im Sinne des Art. 131 WeimVerf. betreut. **168,** 361. — 46) Nach der Rechtsprechung des Reichsgerichts haftet für die Amtspflichtverletzungen eines Beamten diejenige öffentlich-rechtliche Körperschaft, in deren Dienst der Beamte steht, regelmäßig also diejenige, an der er angestellt worden ist, während es nicht darauf ankommt, von wem sich die von ihm ausgeübte öffentliche Gewalt herleitet. **168,** 361 (368). — 47) Bei einer in einem bürgerlichen Dienstverhältnis tätigen Person kommt es nur darauf an, von welcher Seite sie mit der Ausübung der öffentlichen Gewalt betraut worden ist. **168,** 361 (369). — 48) Das öffentliche Gemeinwesen und die öffentlich-rechtliche Körperschaft kann sich zur Erreichung eines hoheitlichen Zwecks auf das Gebiet des bürgerlichen Rechts begeben und der sich dort bietenden Rechtsmöglichkeiten bedienen. **168,** 361 (370). — 49) Das Reich ist der alleinige Träger der Haftung für die Folgen von Mißgriffen, die von den Ärzten des Reichsarbeitsdienstes, auf welche Weise auch immer sie von diesem zu ihrer Tätigkeit verpflichtet worden sein mögen, bei der Behandlung von Reichsarbeitsdienstangehörigen begangen werden. **168,** 388. — 50) Die Rechtsnorm des Art. 131 WeimVerf. hat den Beamtenbegriff im Sinne dieser Norm weitgehend von demjenigen des Staatsrechts gelöst und auf jede Person ausgedehnt, die das Reich oder seine Gliederungen mit öffentlicher Gewalt bekleidet haben. **168,** 388 (391). — 51) Die Haftung nach Art. 131 WeimVerf. trifft die öffentliche Körperschaft, in deren Dienst der „Beamte" stand. Das ist in den Fällen, in denen die Person, für deren Tätigkeit gehaftet werden soll, in keinem staatsrechtlichen Beamtenverhältnis steht, diejenige öffentliche Körperschaft, die den Schädiger zur Ausübung obrigkeitlicher Gewalt berufen und ihn damit für den Bereich des Haftungsrechts zum Beamten gemacht hat. **168**, 388 (392). — 52) Wird gemäß § 2 Abs. 2 Satz 2 der Verordnung vom 4. Mai 1939 das kolonnenweise Absuchen der Kartoffel- und Tomatenfelder nach dem Kartoffelkäfer für die Nutzungsberechtigten einer Gemeinde angeordnet, so besteht keine Amtspflicht zum Absuchen aller Felder gegenüber den Nutzungsberechtigten als „Dritten" im Sinne der Amtshaftungsvorschriften. **169**, 312. — 53) Wenn die Bildung der Suchkolonnen bei der Schädlingsbekämpfung durch die Gemeinde und ihr Einsatz Ausübung hoheitlicher Gewalt war, so sind auch die Führer der Suchkolonnen und der ihren Einsatz leitende Feldhüter der verklagten Gemeinde bei den Schutzmaßnahmen als „Beamte" im Sinne der Amtshaftungsvorschriften tätig gewesen, da sie eben mit hoheitlichen Aufgaben betraut waren. **169**, 312 (314). — 54) Wenn der Gesamtheit der Nutzungsberechtigten die dem Gemeinschaftsgedanken entspringende zusätzliche Verpflichtung auferlegt ist, gemeinsam für die Sicherung der Ernährung des deutschen Volkes tätig zu werden, so kann eine den einzelnen Nutzungsberechtigten als „Dritten" gegenüber bestehende Amtspflicht der Suchkolonnenmitglieder, der Kolonnenführer und des mit dem Einsatze der Kolonnen beauftragten Feldhüters zu einer restlosen Absuche aller Felder nicht angenommen werden; die Tatsache, daß eine ordnungsmäßige Durchführung der Suchmaßnahmen letzten Endes auch den einzelnen Nutzungsberechtigten zugute gekommen wäre, vermag daran nichts zu ändern. **169**, 312 (317). — 55) Zur Frage der Haftung einer Gemeinde für eine Maßnahme ihres Bürgermeisters zur Förderung einer amtlich angeordneten Alteisensammlung. **169**, 341. — 56) § 839 schließt die §§ 823 flg. insofern ein, als eine Amtspflichtverletzung jedenfalls immer dann als vorliegend angesehen werden muß, wenn von dem Beamten bei der Ausübung der ihm anvertrauten öffentlichen Gewalt der Tatbestand der unerlaubten Handlung im Sinne dieser Vorschriften verwirklicht worden ist. **169**, 341 (343). — 57) Mit einem auf Amtshaftung gemäß Art. 131 WeimVerf., § 839 BGB. gestützten Anspruch kann keine Wiederherstellung in Natur, vielmehr nur Geldersatz verlangt werden. **169**, 353 (356). — 58) Amtshaftungsansprüchen kann nicht entgegengehalten werden, die verfahrensmäßig fehlerhaften Handlungen der Behörde hätten rechtsgültig vorgenommen werden können. **169**, 353 (358). — 59) Die Ausübung staatshoheitlicher Fürsorge schließt in der Regel eine Ausübung öffentlicher Gewalt im Sinne des Art. 131 WeimVerf. in sich. **170**, 1 (9). — 60) Zu § 839 Abs. 1 Satz 2, § 847 BGB., Art. 131 WeimVerf. Keine Anrechnung des Entschädigungsanspruchs aus einem Versicherungsvertrag auf den Schmerzensgeldanspruch. **170**, 37. — 61) Schlüssigkeit der Schadensersatzklage aus Amtspflichtverletzung, wenn die Behauptungen des Klägers eine Haftung der verklagten Körperschaft auf Grund des Art. 131 WeimVerf. in Verbindung mit § 839 BGB. nicht von vornherein als außerhalb jeglicher Möglichkeit liegend erscheinen lassen. **170**, 54 (57). — 62) a. Erteilt der Bürgermeister einer Stadtgemeinde dem Jugendamt in einer Amtsvormundschaftssache schuldhaft eine falsche Auskunft, die dazu führt, daß wegen der Unterhaltsforderung eines unehelichen Kindes gegen einen andern als den unterhaltspflichtigen Erzeuger vollstreckt wird, so ist die Stadtgemeinde dem zu Unrecht Betroffenen nach Amtshaftungsgrundsätzen schadensersatzpflichtig. b. Die Stadtgemeinde haftet auch dafür, daß die Ehefrau des Betroffenen durch die Vollstreckung die Vorstellung ehelicher Untreue ihres Mannes gewinnt und dadurch einen Nervenzusammenbruch erleidet. **170,** 129. — 63) Jede Amtshandlung, die sich nicht als Wahrnehmung bürgerlich-rechtlicher Belange des öffentlichen Dienstherrn darstellt, ist als Ausübung öffentlicher Gewalt im Sinne des Art. 131 WeimVerf. anzusehen. **170,** 129 (133). — 64) Die öffentlichen Körperschaften sind nicht von der Amtshaftung frei für das Verschulden solcher Dienststellen, die hoheitsrechtliche Maßnahmen nur vorbereitend im innern Dienstbetriebe zu bearbeiten haben. **170,** 129 (133flg.). — 65) Behördliche Auskünfte als hoheitsrechtliche Verwaltungsakte, und zwar auch in solchen Fällen, in denen die Auskünfte an Privatpersonen zwecks Verwendung für bürgerlich-rechtliche Zwecke erteilt worden sind. **170,** 129 (134). — 66) Die Führung der Amtsvormundschaft ist eine Aufgabe hoheitsrechtlicher Art. **170,** 129 (134). — 67) a. Zur Frage der Amtspflicht eines beamteten Kraftfahrers gegenüber Personen, die auf dem gefahrenen Kraftwagen unberechtigt oder gegen ausdrückliches Verbot mitfahren. b. § 846 BGB. enthält einen allgemeinen Rechtsgrundsatz. Das eigne Verhalten des unmittelbar Verletzten kann auch — über den Rahmen des § 254 BGB. hinaus — für die Entstehung und die Höhe des Schadensersatzanspruchs aus §§ 844, 845 BGB. von Bedeutung sein. c. Ein Anspruch des Verletzten gegen die Deutsche Reichsbahn schließt die Inanspruchnahme der allgemeinen Reichskasse aus fahrlässiger Amtspflichtverletzung aus. Ein solcher Anspruch enthält die Möglichkeit, auf andere Weise Ersatz zu erlangen. **170,** 311. — 68) Für Amtspflichtverletzungen der Mitglieder der Rechtsanwaltsehrengerichte haftet die Reichsrechtsanwaltskammer, nicht das Reich. **170,** 333.

II. Haftung für Tumultschäden.

— — — — — — — — — — — —

III. Haftung für die durch den Krieg verursachten Personenschäden.

— — — — — — — — — — — —

§ 148. Entschädigung der im Wiederaufnahmeverfahren freigesprochenen Personen. Entschädigung für unschuldig erlittene Untersuchungshaft. Entschädigung wegen ungerechtfertigter Arrestausbringung.

1) Regelmäßig ist die Rechtskraft eines Freispruchs Voraussetzung für die Zubilligung einer Entschädigung wegen unschuldig erlittener Untersuchungshaft. — Wird bei Verhaftung und Anklage wegen mehrerer selbständiger Straftaten in einer Reihe von Fällen freigesprochen und vom Strafrichter ein Entschädigungsbeschluß gefaßt, erfolgt aber daneben in

andern Fällen, die mit den Freispruchsfällen zusammen dem Haftbefehl zugrunde gelegt waren, kein Freispruch, so ist regelmäßig zu prüfen, ob die Verhaftung auch dann erfolgt und also der durch sie herbeigeführte Schaden auch dann eingetreten wäre, wenn lediglich die Anschuldigungen in Betracht gekommen wären, wegen deren nicht freigesprochen wurde. Nur wenn das zu verneinen ist, ist die Verhaftung in den Freispruchsfällen für den entstandenen Schaden ursächlich. — In einem Falle, wo bei Verhaftung und Anklage wegen sieben selbständiger Straftaten die Strafkammer als Berufungsinstanz in allen Fällen freigesprochen und Entschädigung zugebilligt hatte, wo dies Urteil in fünf Fällen rechtskräftig wurde, in den beiden andern Fällen aber in der Revisionsinstanz das Verfahren auf Grund des Straffreiheitsgesetzes vom 7. 8. 1934 eingestellt wurde, ist hinsichtlich dieser beiden Fälle das frühere freisprechende Urteil als die für die Anwendung des Gesetzes vom 14. 7. 1904 maßgebende Entscheidung anzusehen. **163,** 297. — 2) Vom endgültigen Ergebnis des Strafverfahrens hängt es ab, ob die Untersuchungshaft unschuldig erlitten war und ob ein Entschädigungsanspruch am Platze ist. **163,** 297 (300). — 3) Durch die Zustellung des die Entschädigung anerkennenden Beschlusses ist die Grundlage des Entschädigungsanspruchs geschaffen und die Entschädigungspflicht des Staates ein für allemal festgelegt. Der Entschädigungsanspruch entsteht, wenn die gesetzlichen Voraussetzungen vorliegen, kraft Gesetzes. Der Entschädigungsbeschluß wirkt nicht rechtsbegründend. Er stellt vielmehr nur einen Teil der Voraussetzungen des Anspruchs fest, nämlich die Ansicht des über die Anklage entscheidenden Gerichts, daß sich die Unschuld oder das Vorhandensein begründenden Verdachts ergeben habe und daß kein Grund zur Ausschließung des Anspruchs nach § 2 des Gesetzes bestehe. **163,** 297 (301). — 4) Die Zustellung des Entschädigungsbeschlusses enthebt nicht der Prüfung, ob ein Freispruch oder etwa eine ihm gleichwertige Gestaltung vorliegt. **163,** 297 (302). — 5) Auch bei einem dem Straffreiheitsgesetz vom 7. August 1934 unterliegenden Falle soll das Verfahren dann nicht eingestellt, sondern der Angeklagte freigesprochen werden, wenn eine Freisprechung klar geboten ist. **163,** 297 (304).

§ 149. Fälschung. Diebstahl. Unterschlagung. Hehlerei. Untreue.

— — — — — — — — — —

§ 150. Wucher.

1) Über die Frage der Anwendung des § 817 Satz 2 BGB. bei wucherischen Darlehen. **161,** 52. — 2) Ein wucherisches Geschäft ist nichtig. Auch wenn für die Forderung aus diesem Geschäft ein Exekutionstitel erworben würde, kann die Nichtigkeit geltend gemacht werden. Dies ist auch möglich gegen eine Anfechtungsklage des Wucherers. Der Exekutionstitel kann auch nicht geltend gemacht werden für einen Bereicherungsanspruch, der sich daraus ergibt, daß infolge Nichtigkeit des Geschäfts ohne Rechtsgrund eine Vermögensverschiebung stattfindet. **163,** 189 (öst. Recht). — 3) Zum Begriff der Zwangslage im Sinne des § 879 Abs. 2 Nr. 4 ABGB. **168,** 108.

§ 151. Übertretung von Baupolizeigesetzen.

— — — — — — — — — — — —

§ 152. Störung in der Benutzung öffentlicher Wege, Gewässer und Anstalten.

(S. §§ 82, 83.)

— — — — — — — — — — — —

§ 153. Benachteiligung der Gläubiger durch Rechtshandlungen des Schuldners. Anfechtung außerhalb des Konkurses.

1) Der Erfolg der Anfechtung kann nicht verschieden sein, ob sie mit selbständiger Klage oder mit Widerspruch im Meistbotsverteilungsverfahren geltend gemacht wird. Für die Zuständigkeit eines auf Anfechtung gestützten Widerspruchs ist die Bestimmung des § 213 öst. EO. ohne Einfluß. Die erfolgreiche Anfechtung eines vorangehenden Pfandrechts durch einen spätern Pfandgläubiger kommt den Zwischenpfandgläubigern nicht zugute (öst. Recht). **161,** 280. — 2) Ein Dritter, der gegen den Gläubiger nach Beendigung der Zwangsvollstreckung in das Vermögen des Schuldners die Bereicherungsklage mit der Behauptung erhebt, die versteigerten Gegenstände seien infolge von (mit dem Schuldner vereinbarten) Sicherungsübereignungen sein Eigentum gewesen, kann der Anfechtungseinrede nach § 3 Nr. 1 AnfG. nicht den Einwand entgegenhalten, daß die Ausschlußfrist des § 12 das. abgelaufen sei. **162,** 218. — 3) Das Anfechtungsrecht begründet keine Gestaltungsbefugnis, deren Vollzug erst Ansprüche auszulösen vermag; es stellt vielmehr einen unmittelbar aus dem gesetzlichen Tatbestand erwachsenden Anspruch auf Wiedererschließung der vereitelten Zugriffsmöglichkeit dar. **162,** 218 (220 flg.). — 4) Im Falle der Anfechtung nach § 2 Abs. 3 AnfO. braucht der Anfechtende nur zu behaupten und zu beweisen: 1. eine vollstreckbare Forderung, für die er durch Zwangsvollstreckung in das Vermögen des Schuldners nicht vollständig befriedigt wurde oder von der anzunehmen ist, daß er keine vollständige Befriedigung erlangen würde; 2. eine Rechtshandlung aus den letzten zwei Jahren gegenüber einem nahen Verwandten des Schuldners, die für sich allein im Zeitpunkte ihrer Vornahme Gläubiger des Schuldners benachteiligt hat. Er braucht aber weder Benachteiligungs*absicht* des Schuldners noch Kenntnis des Anfechtungsgegners hiervon zu behaupten und zu beweisen. Der Anfechtungsgegner kann die Anfechtung durch den Einwand seiner Redlichkeit abwehren, indem er solche Tatsachen behauptet und beweist, die den Schluß rechtfertigen, entweder daß überhaupt keine Benachteiligungsabsicht des Schuldners zur Zeit der Vornahme der Rechtshandlung bestanden hat oder daß dem Anfechtungsgegner eine solche Benachteiligungsabsicht des Schuldners weder bekannt war noch bekannt sein mußte (öst. Recht). **163,** 82. — 5) Eine Benachteiligungsabsicht im Sinne der (öst.) Anfechtungsordnung ist nicht ohne weiteres anzunehmen, wenn eine ältere richtige und fällige Forderung bezahlt oder sichergestellt wird und eine jüngere Forderung ausfällt, sondern erst bei Hinzutreten besonderer Umstände, welche die Absicht des Schuldners, einen alten Gläubiger zu befriedigen, zur Benachteiligungsabsicht stempeln. **163,** 82 (85). — 6) Im Falle des § 2 Nr. 3 (öst.) AnfO. muß der Anfechtungsgegner alle Umstände, die

auf den ersten Blick auch für eine Benachteiligungsabsicht sprechen können, vollkommen entkräften oder beweisen können, daß er hiervon keine Kenntnis hatte und diese Umstände auch nicht kennen mußte; auch im Falle vollkommener Ebenmäßigkeit der Deckung kehren sich Behauptungs- und Beweislast nicht um. **163,** 82 (85 flg.). — 7) Ein wucherisches Geschäft ist nichtig. Auch wenn für die Forderung aus diesem Geschäft ein Exekutionstitel erworben würde, kann die Nichtigkeit geltend gemacht werden. Dies ist auch möglich gegen eine Anfechtungsklage des Wucherers. Der Exekutionstitel kann auch nicht geltend gemacht werden für einen Bereicherungsanspruch, der sich daraus ergibt, daß infolge Nichtigkeit des Geschäfts ohne Rechtsgrund eine Vermögensverschiebung stattfindet. **163,** 189 (öst. Recht). — 8) Der Anfechtungsgegner ist kein unbeteiligter Dritter, an dem sich das wucherische Geschäft bloß wirtschaftlich auswirkt, wie dies vielleicht bei einem nachstehenden Hypothekengläubiger angenommen werden kann. Der Anfechtungsgegner ist vielmehr in die Rechtsbeziehung zwischen Gläubiger und Schuldner insofern einbezogen, als das zwischen diesen bestehende Verhältnis auch rechtliche Wirkungen gegen ihn auslöst. **163,** 189 (192) (öst. Recht). — 9) Dem Gläubiger eines Freihaltungs- (Depurations-) Anspruchs steht die Befugnis, Rechtshandlungen seines Schuldners auf Grund der Anfechtungsordnung anzufechten, nicht zu. **164,** 188 (öst. Recht). — 10) a. Ausführungen zur Frage der Anfechtbarkeit der sogenannten gemischten Schenkung. b. Zur Anfechtung einer Veräußerung wegen Vermögensverschleuderung genügt es, daß der Anfechtungsgegner erkennen mußte, daß das von ihm zu entrichtende Entgelt unangemessen niedrig und deshalb die Weggabe des Vermögensstücks gegen dieses Entgelt geeignet war, etwaige Gläubiger des Veräußerers zu schädigen. Ob er wußte, daß der Veräußerer derzeit Schulden hatte, ist ohne Bedeutung (sudetend. Recht). **165,** 223. — 11) Auch bei Beurteilung der Unentgeltlichkeit kommt nicht schlechthin der wahre Wert von Leistung und Gegenleistung, sondern zugleich deren Wertung durch die Beteiligten in Betracht; insofern hat auch die Schenkungsanfechtung eine persönliche Seite. Ging der Wille der Vertragschließenden auf einen billigen Verkauf, so ist keine Unentgeltlichkeit gegeben. War dagegen der Hauptzweck des Geschäfts Freigebigkeit, so unterliegt das Geschäft der Gläubigeranfechtung wegen Unentgeltlichkeit. **165,** 223 (224). — 12) Soweit es sich um die Unzulässigkeit der Rechtsausübung durch eine Ehefrau aus einem mit Mitteln des schuldenden Ehemanns (Wechselmitschuldners) geschehenen Erwerb von vollstreckbaren Titeln handelt, kann dem Erwerb mit Mitteln des Ehemanns der Erwerb mit solchen Mitteln, die von ihm in anfechtbarer Weise erlangt sind, gleichgeachtet werden. Dann muß aber Anfechtbarkeit in dem Zeitpunkt gegeben oder noch gegeben sein, in dem die Anfechtbarkeit geltend gemacht wird oder der für die Urteilsfällung maßgebend ist. **166,** 113. — 13) Der Nachlaßgläubiger, der sich bei überschuldetem Nachlaß durch Gläubigeranfechtung eine Vollstreckungsmöglichkeit zu schaffen beabsichtigt, muß in seiner Klage gegen den beschränkt haftenden Erben dartun, daß die beabsichtigte Anfechtung Erfolg haben werde. Wenn er auf Erfolg der Anfechtung rechnen kann, ist der Erbe zur Zahlung nach Kräften der Verlassenschaft zu verurteilen, die Zwangsvollstreckung aber im Urteil auf den Gegenstand zu beschränken, auf den sich die Anfechtung bezieht. Zu § 802 ABGB. und § 2 Nr. 3 AnfO. **167,** 296. — 14) Über die Frage, welche Ansprüche für einen Ehegatten begründet sein können, der sein Handelsgeschäft dem andern Gatten übertragen hat, um das Auskommen seiner Familie durch Abwehr des Zugriffs seiner Gläubiger zu sichern, wenn die Ehe aus Verschulden des andern Gatten geschieden wird. Zu §§ 242, 812 Abs. 1 Satz 2. **169,** 249.

§ 154. Außerehelicher Beischlaf.

— — — — — — — — — — — —

3. Schutz des geistigen Eigentums und gewerblicher Rechte.

§ 155. Urheberrecht an Werken der Literatur und Tonkunst, der bildenden Künste und der Photographie.

I. Urheberrecht an Werken der Literatur und Tonkunst. Ges. v. 19. Juni 1901/22. Mai 1910.

— — — — — — — — — — — —

II. Urheberrecht an Werken der bildenden Künste und der Photographie. Ges. v. 9. Januar 1907.

(Lichtspielgesetz v. 16. Februar 1934/13. Dezember 1934.)

1) Es bemißt sich jeweils nach den Umständen des Einzelfalls, ob und in welcher Art beim gesellschaftsähnlichen Filmherstellungs- und Verwertungsvertrag der Hersteller dem Verleiher für Beschaffenheitsmängel des Films auch nach den Grundsätzen der Gewährleistung für Sachmängel haftet. Möglicherweise können dabei die Vorschriften der §§ 581 Abs. 2, 537 flg. BGB. entsprechend herangezogen werden. **161,** 321. — 2) a. Lichtbilder haben im allgemeinen schwächere Eigenart als Werke der bildenden Künste. Daher dürfen, wenn ein Bildnismaler ein Lichtbild für die Anlagezeichnung eines Ölgemäldes benutzt hat, die Anforderungen an den Rechtsbegriff der freien Benutzung nicht überspannt werden. b. Gibt ein Lichtbild (Brustbild) den Aufgenommenen in einer für derartige Aufnahmen mehr oder minder typischen Kopfhaltung und Belichtung wieder, so kann ein Bildnismaler dieses Schema übernehmen und trotzdem innerhalb dieses Vorbildes mit malerischen Mitteln eine selbständige und eigenartige Wesensschau des Dargestellten verwirklichen. **169,** 109. — 3) Die Frage, ob der Maler das Lichtbild im Rechtssinne lediglich nachgebildet oder ob er es frei benutzt und dadurch eine eigentümliche Schöpfung hervorgebracht hat, ist als Rechtsfrage vom Revisionsrichter zu entscheiden. **169,** 109 (111).

§ 156. Verlagsrecht.

(Ges. v. 19. Juni 1901/22. Mai 1902.)

1) Der Verleger einer Zeitschrift darf ungesetzliche Handlungen des von ihm angestellten Schriftleiters, insbesondere die Aufnahme von Artikeln, die offensichtlich gegen § 14 Nr. 4 des Schriftleitergesetzes verstoßen, nicht dulden. Er ist verpflichtet, alsbald nach erhaltener Kenntnis im Benehmen

mit seinem Schriftleiter die nötigen Schritte zur Aufklärung des Sachverhalts und zur Richtigstellung unrichtiger Behauptungen zu tun. Eine Einwirkung des Verlegers auf seinen Schriftleiter im Sinne der Beachtung der gesetzlichen Vorschriften ist kein unzulässiger Eingriff in die Berufsausübung des an sich in erster Linie die Verantwortung tragenden Schriftleiters. **162,** 7. — 2) Rechtliche Stellung des Schriftleiters. **162,** 7 (13 flg.); **170,** 45. — 3) Wie ein Eigentümer dafür zu sorgen hat, daß die ihm gehörigen Sachen nicht Dritte in Gefahr bringen, so hat auch der Verleger einer Zeitschrift oder Zeitung die Verpflichtung, Schädigung Dritter durch Verbreitung unrichtiger, insbesondere ehrenkränkender Behauptungen in der Presse zu unterlassen. **162,** 7 (14). — 4) Der Verleger einer Zeitung kann nicht seinen Schriftleiter zur Veröffentlichung eines Widerrufs ehrenkränkender Ausführungen und zur Unterlassung künftiger Beleidigungen anweisen und seinem Willen durch Zwang Geltung verschaffen. **170,** 45.

§ 157. Erfinderrecht. Patentrecht. Lizenzverträge. Patentanwälte.

1) Der Benutzer einer Erfindung kann dem Vorwurf der Patentverletzung nicht mit dem Einwande begegnen, daß die von ihm hergestellten Gegenstände den vom Deutschen Normenausschuß veröffentlichten Vorschriften entsprächen. **161,** 385. — 2) Die Verjährung des Schadensersatzanspruchs wegen einer vor dem Inkrafttreten des Patentgesetzes vom 5. Mai 1936 begangenen Patentverletzung richtet sich nach den bisherigen Bestimmungen. **161,** 387. — 3) Wenn das Deutsche Reich in Ausübung eines Hoheitsrechts eine Erfindung aus Gründen der öffentlichen Wohlfahrt in Benutzung nimmt, steht dem Patentinhaber nach einem dem § 75 Einl. z. ALR. entsprechenden Rechtsgedanken Anspruch auf Entschädigung zu. **161,** 387. — 4) Die entgeltliche Übertragung der Rechte aus einer Patentanmeldung ist als Kauf zu beurteilen. **163,** 1 (6). — 5) Die Möglichkeit einer entsprechenden Anwendung der Grundsätze über die Sachmängelhaftung auf Mängel einer Erfindung hängt von der besondern Natur des Vertragsgegenstandes ab. **163,** 1 (6 flg.). — 6) Verträge über die Veräußerung eines Geheimverfahrens kommen nach ihrer Gestaltung Lizenzverträgen (Ausübungs-, Nutzungsverträgen) sehr nahe; die Eigenart solcher Verträge, bei denen nur von einem kaufähnlichen Geschäft gesprochen werden kann, läßt grundsätzlich die Anwendung der nachgiebiges Recht enthaltenden Vorschriften nicht zu, die für die Sachmängelhaftung des Verkäufers beweglicher Sachen gegeben sind (§§ 459 flg. BGB.). Vielmehr muß im einzelnen Fall auf Grund der Vereinbarungen der Vertragsbeteiligten unter Heranziehung aller für die Auslegung in Betracht kommenden Umstände ermittelt werden, ob und unter welchen Voraussetzungen der Veräußerer eines Geheimverfahrens für Mängel haftet, die sich auf die Ausführbarkeit und Brauchbarkeit des Verfahrens beziehen. **163,** 1 (5 flg.). — 7) Zum Begriff der Diensterfindung. **163,** 112. — 8) a. Als Erteilungsbehörde ist das Reichspatentamt befugt, nicht nur den Gegenstand, sondern auch den Umfang des Patentschutzes mit bindender Wirkung für den Verletzungsrichter festzulegen. b. Hat das Reichspatentamt in der Absicht, den Schutzumfang zu beschränken, bei der

Erteilung des Patents die von dem Anmelder geltend gemachte selbständige Schutzfähigkeit eines einzelnen Merkmals oder einer Untergruppe von Merkmalen der den Gegenstand des Anspruchs bildenden Kombination verneint, so ist diese Entscheidung für den Verletzungsrichter verbindlich. c. Die Wirksamkeit einer den Patentschutz unzweideutig einschränkenden Entscheidung des Reichspatentamts im Erteilungsverfahren ist nicht davon abhängig, ob es mit Recht das Einverständnis des Anmelders mit der Beschränkung des Patentschutzes als vorhanden angesehen hat. **165**, 209. — 9) Das Reichspatentamt ist nicht nur befugt, sondern auch verpflichtet, das, was als patentfähig unter Schutz gestellt werden soll, so genau, wie es bei Erteilung des Patents möglich ist, klarzustellen und den Schutzumfang, soweit dies tunlich ist, abzugrenzen. Meinungsverschiedenheiten zwischen Anmelder und Erteilungsbehörde über den Umfang dessen, was geschützt werden soll, sind schon im Erteilungsverfahren zu beseitigen. **165**, 209 (216). — 10) Die Befugnis des Reichspatentamts, den Umfang des Patentschutzes im Erteilungsverfahren festzulegen, soweit es dies im Hinblick auf die Unterlagen der Anmeldung oder den Stand der Technik für geboten erachtet, ergibt sich aus seiner Stellung als Erteilungsbehörde. Die Gegenüberstellung der Begriffe „Schutzgegenstand" und „Schutzumfang" bezeichnet keinen Gegensatz, sondern bringt nur zum Ausdruck, daß Umfang und Bedeutung einer Erfindung weiterreichen können als die Fassung des Patentanspruchs. **165**, 209 (216 flg.). — 11) Als Grundlage der Auslegung hat der Verletzungsrichter das Patent so hinzunehmen, wie es erteilt worden ist. Der Anmelder hat im Zweifel grundsätzlich den Schutz und nur den Schutz zu beanspruchen, der ihm nach dem Stande der Technik zur Zeit der Anmeldung gebührt, ohne daß es — abgesehen von unzweideutig erklärten Verzichten und absichtlich verfügten Einschränkungen — wesentlich darauf ankommt, ob ihm selbst oder der patenterteilenden Behörde der Stand der Technik vollständig bekannt gewesen ist. Damit ist nicht nur gesagt, daß die Auslegung der Behebung von Zweifeln über den Umfang des Patentschutzes dient, sondern auch, daß einschränkende Verfügungen des Patentamts für den Verletzungsrichter verbindlich sind. Insbesondere kann danach ein einzelnes Merkmal außerhalb der patentierten Kombination keinen selbständigen Schutz genießen, wenn das Reichspatentamt diese Frage im Erteilungsverfahren geprüft und im ablehnenden Sinne entschieden hat. **165**, 209 (217). — 12) Die den Patentschutz unzweideutig beschränkende Entscheidung des Reichspatentamts kann nicht nachträglich durch die Behauptung ihrer Bedeutung entkleidet werden, daß sie zu Unrecht das Einverständnis des Anmelders angenommen habe. Es bedarf deshalb neben der Feststellung, daß das Reichspatentamt dem Patentschutz eine beschränkende Bedeutung beigemessen habe, nicht noch der Feststellung, daß der Anmelder insoweit auf Patentschutz verzichtet habe. **165**, 209 (218 flg.). — 13) Anwendung des § 5 des Patentgesetzes von 1891 auf das unter der Herrschaft dieses Gesetzes entstandene Vorbenutzungsrecht, nicht des § 7 des Patentgesetzes von 1936. **166**, 326 (338). — 14) Ist ein Patent auf bestimmte Ausführungsformen eines in ihm offenbarten allgemeinen Erfindungsgedankens erteilt, war dieser allgemeine Gedanke jedoch zuvor schon in vorbenutzten Formen verwirklicht und vom Vorbenutzer erkannt, so ergreift das Vorbenutzungsrecht alle Abwandelungen, ja auch eine erfinderische Fortbildung dieses Gedankens, also alle, nicht nur die glatten Gleichwerte, mit Ausnahme derjenigen (nicht notwendig erfinderischen) vorteilhaften Ausführungsformen des allgemeinen Gedankens, die dem Patent eigentümlich sind. **166**, 326. — 15) Ist der Beklagte vor dem Stichtage des Klagepatents im Besitze des im Klagepatent offenbarten allgemeinen Erfindungsgedankens und hatte er ihn benutzt oder doch ausreichende Veranstaltungen zu seiner Benutzung getroffen, so folgt daraus, daß sein Vorbenutzungsrecht nicht auf diejenigen Ausführungsformen beschränkt ist, in denen er vor dem Stichtage des Klagepatents jenen allgemeinen Gedanken verwirklicht hatte. Ihm stehen vielmehr grundsätzlich alle Abwandelungen zur Verfügung, in denen dieser allgemeine Gedanke in Erscheinung tritt. Er darf ihn, ohne dadurch aus dem Vorbenutzungsrecht herauszutreten, ebenso abwandeln, weiterentwickeln, ja selbst erfinderisch fortbilden, wie es auch sonst im Patentrechte dem Inhaber eines geschützten allgemeinen Erfindungsgedankens erlaubt ist. Für diejenige rechtliche Betrachtungsweise, die den Schutzumfang durch die Rechtsbegriffe des Gleichwertes zu bestimmen versucht, ergibt sich daraus, daß das Vorbenutzungsrecht an einem allgemeinen Erfindungsgedanken grundsätzlich nicht nur die glatten, sondern auch die patentrechtlichen Gleichwerte dieses Gedankens, also seine Gleichwerte schlechthin, umfaßt. Gleichwohl sind auch dem Inhaber eines Vorbenutzungsrechts an einem allgemeinen Erfindungsgedanken dann gewisse Schranken in der beliebigen Ausführung dieses Gedankens gesetzt, wenn einem andern auf gewisse Ausführungsformen des allgemeinen Erfindungsgedankens ein Patent erteilt ist, das zugleich jene allgemeine Lehre offenbart. In einem solchen Falle sind alle gerade dem Patent eigentümlichen vorteilhaften Ausführungsformen des allgemeinen Gedankens vom Vorbenutzungsrecht ausgenommen, gleichgültig, ob sie diesem gegenüber erfinderisch sind oder nicht. Darin kommt die Tatsache zum Ausdruck, daß das Patent dem Vorbenutzungsrecht gegenüber ein stärkeres Recht ist. Das Vorbenutzungsrecht wirkt nur gegenüber dem Patentinhaber; seine Lehre ist nicht ausdrücklich offenbart und hat daher die Technik in ihrer Allgemeinheit nicht bereichert. Das Patent wirkt gegenüber jedermann; seine Lehre ist ausdrücklich offenbart und hat dadurch die Technik bereichert. **166**, 326 (331 flg.). — 16) Erfordernis des Vorbenutzungsrechts ist, daß auf seiten des Erfinders die niemals unterbrochene Absicht bestanden hat, die Erfindung sofort, d. h. alsbald auszuführen. **166**, 326 (331). — 17) a. Ist beim Klagepatent der Gegenstand der Erfindung weiter als das beschriebene Ausführungsbeispiel, so ist im Verletzungsstreit der Schutzbereich des Patents im Falle der vollständigen Vorwegnahme der Erfindung nicht auf das Ausführungsbeispiel, sondern auf den Gegenstand der Erfindung einzuschränken, der dann allerdings so eng auszulegen ist, als es die Patentschrift zuläßt, und zwar unter Ausschluß selbst der glatten Gleichwerte. b. An sich offenkundige Vorbenutzungen einer Erfindung hören nicht um deswillen auf, neuheitsschädlich zu sein, weil sie unter Bruch einer Geheimhaltungspflicht oder unter Ausnutzung eines solchen Bruchs begangen sind. **167**, 339. — 18) Über den Fall des vollkommen oder fast vollkommen vorweggenommenen Patents. Bei völliger Vorwegnahme ist der Schutzbereich des erteilten Patents streng auf den mit dem beschriebenen Ausführungsbeispiel zusammenfallenden Gegenstand der Erfindung zu beschränken, und zwar unter Ausschluß selbst der glatten Gleichwerte. **167,** 339 (347). — 19) Für das Verhältnis zwischen Erfinder oder Erfindungsbesitzer und Geheimhaltungspflichtigen geht die Entwicklung der Rechtsprechung dahin, daß eine Vorbenutzungshandlung des Erfinders gegenüber Geheimhaltungspflichtigen nicht dadurch offenkundig wird, daß der (ursprünglich oder fortdauernd) Geheimhaltungspflichtige später die Erfindung auf irgendeine Weise preisgibt. Aus der ältern Rechtsprechung hat man gefolgert, es sei für den Fall eine Ausnahme zu machen, daß der Erfinder den Verpflichteten nachträglich von seiner Schweigepflicht entbinde und dieser nun die Erfindung preisgebe. Ein solcher Grundsatz ist jedoch mit der neuern Rechtsprechung des Reichsgerichts nicht mehr vereinbar. **167,** 339 (348). — 20) Zu § 2 Satz 2 PatG. und § 1 Abs. 2 Satz 2 GebrMG. und ihre Rückwirkung. **167,** 339 (356). — 21) Über die Einrede der unzulässigen Rechtsausübung des Erfinders gegenüber denen, die sich im Verletzungs- oder Nichtigkeitsstreit auf diejenige Vorwegnahme der Erfindung berufen, welche sie selbst unerlaubt herbeigeführt haben. **167,** 339 (357). — 22) a. Wenn über eine Patentverletzungsklage, die auf Grund eines Patents ostmärkischen Ursprungs vor dem 1. Oktober 1940 erhoben ist, erst nach diesem Zeitpunkt entschieden wird, ist der gegen künftige Patentverletzungen gerichtete Unterlassungsanspruch auf Grund des deutschen Patentgesetzes vom 5. Mai 1936 zu beurteilen, während die Entscheidung über andere Ansprüche, die auf vor dem 1. Oktober 1940 geschehene Patentverletzungen gestützt sind, auf Grund des österreichischen Patentgesetzes zu treffen ist. b. Die Auslegung von Patenten ostmärkischen Ursprungs hat für die Zeit nach dem 1. Oktober 1940 auf Grund des Patentgesetzes vom 5. Mai 1936 unter Anwendung der in der Rechtsprechung des Reichsgerichts entwickelten Grundsätze stattzufinden, während der Schutzumfang für die frühere Zeit nach dem österreichischen Patentgesetz zu bestimmen ist. c. Das Reichsgericht ist bei der Auslegung des österreichischen Patentgesetzes an die in der Rechtsprechung des Obersten Gerichtshofes in Wien entwickelten Rechtssätze nicht gebunden. Es hat die mit den Bestimmungen des Patentgesetzes vom 5. Mai 1936 inhaltlich übereinstimmenden Vorschriften des österreichischen Patentgesetzes unter Anwendung seiner eignen Rechtsprechung über den Schutzumfang von Patenten auszulegen und bei der Auslegung abweichender Vorschriften deren Sinn selbständig zu ermitteln. Dabei ist die Rechtsprechung des Obersten Gerichtshofs zu berücksichtigen. Sie kann gegebenenfalls Anlaß zu einer Änderung der deutschen Rechtsprechung geben, aber bindend ist sie für das Reichsgericht nicht. **169,** 161. — 23) Die Verletzung eines Kombinationspatents setzt nicht voraus, daß der Verletzer alle wesentlichen Merkmale des Kombinationspatents benutzt; vielmehr kommt es darauf an, ob die Ausführungsform des Verletzungsbeklagten von dem Kombinationsgedanken Gebrauch macht oder ob sie ein einzelnes Merkmal der Kombination oder eine Unterkombination benutzt, die als solche erfinderisch neu sind, und in diesem Sinne von einem über den im Anspruch ausgedrückten Gegenstand der Erfindung hinausgehenden allgemeinern Erfindungsgedankens Gebrauch macht. **169,** 161 (165). — 24) Dem Inhaber eines Schutzrechts (Patents oder Gebrauchsmusters), der dieses während der Dauer seiner Wirksamkeit gewerblich benutzt oder Veranstaltungen zu seiner Benutzung getroffen hat, kann der Inhaber eines später angemeldeten Schutzrechts auch nach dem Erlöschen des ältern Rechts die Weiterbenutzung der durch das ältere Recht geschützten Erfindung für die Bedürfnisse seines Betriebs nicht untersagen, gleichviel ob die Voraussetzungen des § 7 PatG. gegeben sind oder nicht. **169,** 289. — 25) Die Anmeldung eines Schutzrechts ist allein noch keine Benutzung der Erfindung und auch noch keine Veranstaltung dazu, da aus ihr keineswegs zwingend auf die Absicht der alsbaldigen Benutzung geschlossen werden kann. **169,** 289 (290). — 26) Für den Fall zweier zu verschiedenen Zeiten angemeldeter Patente gilt der Satz, daß der Inhaber und der Lizenznehmer des ältern Patents den in diesem geschützten Gegenstand auch ohne die Erlaubnis des Inhabers des jüngern Patents herstellen darf. **169,** 289 (290). — 27) Über die Frage, welche Rechte dem Inhaber des ältern, nicht veröffentlichten Patents gegenüber dem Inhaber des jüngern Patents zustehen, wenn dieses nicht ausgeführt werden kann, ohne daß zugleich der Erfindungsgedanke jenes ältern benutzt wird. **169,** 289 (291 flg.). — 28) Der Rechtsgedanke des § 7 PatG. (§ 5 Abs. 4 GebrMG.) muß dazu führen, dem Erfinder oder demjenigen, dem dieser seine Rechte übertragen hat, die Benutzungsbefugnis dann zu belassen, wenn er zwar die Erfindung vor der Anmeldung des Schutzrechts nicht benutzt und auch keine Veranstaltungen zu ihrer Benutzung getroffen hat, wenn er aber selbst ein Schutzrecht dafür nachgesucht und erhalten und alsdann im Vertrauen hierauf während des Bestehens des Schutzrechts mit der gewerblichen Benutzung oder wenigstens mit den Veranstaltungen zu ihr begonnen hat. Dabei ist zu berücksichtigen, daß er sich, und zwar womöglich in noch höherm Maß als der Vorbenutzer, um die Förderung der Technik verdient gemacht hat, insofern als er durch die Anmeldung die Erfindung der Allgemeinheit bekanntgab, weil nach der Veröffentlichung jedermann die Unterlagen einsehen konnte und die Fachwelt sie in der Regel auch tatsächlich einsieht. **169,** 289 (292 flg.). — 29) a. Patentstreitsachen im Sinne von § 51 Abs. 1 PatG. sind alle Klagen, mit denen Ansprüche geltendgemacht werden, die mit einer Erfindung in engem Zusammenhang stehen, ohne Rücksicht darauf, ob die Erfindung zum Patent angemeldet oder durch ein Patent geschützt ist. b. War das Gericht erster Instanz nicht vorschriftsmäßig besetzt und außerdem unzuständig, so kann auf einen in der Revisionsinstanz gestellten Antrag des Klägers der Rechtsstreit an das zuständige Gericht erster Instanz verwiesen werden. **170,** 226. — 30) Über Patentstreitsachen, die nur den Gegenstand ausländischer Patente bilden. **170,** 226 (230). — 31) Über die Grundsätze, welche für die Fassung der Unterlassungsansprüche aus Patentrechten aufgestellt worden sind. **170,** 226 (233). — 32) a. Der Patentinhaber ist durch das die Nichtigkeitsklage ohne Änderung der Ansprüche uneingeschränkt abweisende Urteil nicht beschwert, wenn lediglich die Entscheidungsgründe eine einschränkende Auslegung der angegriffenen Ansprüche enthalten (RGZ. Bd. 154 S. 140). b. Ein allgemeiner Grundsatz des Inhalts, daß durch die rechtskräftige Entscheidung im Nichtigkeitsverfahren der Gegenstand der Erfindung ein für alle Mal bindend festgestellt werde, läßt sich nicht aufstellen. c. Für die Bedeutung der im Nichtigkeitsverfahren ergehenden rechtskräftigen Urteile sind folgende Grundsätze maßgebend: 1. Ein das Patent im vollen Umfange für nichtig erklärendes Urteil beseitigt das Schutzrecht mit allgemeiner Wirkung und mit rückwirkender Kraft. Die Rechtslage ist so anzusehen, als ob es nie bestanden hätte. 2. Wird das angegriffene Patent nur teilweise rechtskräftig für nichtig erklärt, so wird es nur hinsichtlich dieses Teils mit allgemeiner Wirkung rückwirkend vernichtet. Das teilweise vernichtete Patent hat für den Rechtsverkehr nur noch in dem Umfange Bestand, in dem es das Urteil hat bestehen lassen. Die Gründe des die Teilvernichtung aussprechenden Urteils nehmen als solche an der Rechtskraft des Urteils nicht teil. Die für die Teilvernichtung maßgebenden und das aufrechterhaltene Recht des Patents erläuternden Erwägungen des Urteils ersetzen oder ergänzen die Beschreibung des Patents insoweit, als sie durch die Teilvernichtung gegenstandslos geworden ist. Der Verletzungsrichter hat sie zusammen mit denjenigen Teilen der Beschreibung und Patentzeichnungen, die auf den aufrechterhaltenen Rest des Patents Bezug haben und dem Sinne der Teilvernichtung nicht widersprechen, als Auslegungsmittel zur Bestimmung des nach dem beschränkten Inhalt der Ansprüche bestehengebliebenen Gegenstandes der Erfindung heranzuziehen. Unzulässig ist eine Abgrenzung des Gegenstands der Erfindung oder eine erweiternde Auslegung des Patents, die sich mit Sinn und Zweck der Teilvernichtung in Widerspruch setzen würde. 3. Ist die Nichtigkeitsklage ohne Änderung der Ansprüche in vollem Umfange abgewiesen worden, so erwächst in Rechtskraft zwischen den Parteien des Verfahrens nur die Entscheidung, daß der Anspruch auf Nichtigkeitserklärung in dem Umfange, in dem er gestellt war, unbegründet ist. Die Entscheidungsgründe nehmen als solche an der Rechtskraft des Urteils nicht teil. Ihre Erwägungen über den Gegenstand der Erfindung sind unabhängig davon, ob sie in einem einschränkenden oder erweiternden Sinne zu verstehen sind, für den Verletzungsrichter lediglich ein Hilfsmittel bei der Auslegung des Patents zur Bestimmung des Gegenstands der Erfindung, wie sie nach den in der Rechtsprechung festgestellten Grundsätzen zu geschehen hat. 4. Ist die Nichtigkeitsklage unter Änderung der Fassung eines oder mehrerer Ansprüche im Sinne der Klarstellung abgewiesen worden, so schließt die der Klarstellung dienende Anspruchsfassung als allgemeinverbindlich eine mit ihr in Widerspruch stehende Bestimmung des Gegenstandes der Erfindung im Verletzungsprozeß aus. Im übrigen gelten hinsichtlich der Wirkung des Urteils die unter c. 3. aufgeführten Grundsätze. **170,** 346. — 33) Patentnichtigkeitsklage. Ihr Ziel ist eine Rechtsänderung durch die Nichtigkeitsbehörde; das der Klage entsprechende Urteil wirkt rechtsgestaltend, indem es das angegriffene Patent mit rückwirkender Kraft und mit Wirkung für und gegen alle vernichtet, so daß nunmehr die Rechtslage so anzusehen ist, als ob es nie bestanden hätte. Bei Vernichtung des Patents in vollem Umfange bleibt vom Schutzrecht und demgemäß auch von seinem „Schutzumfang“ nichts mehr übrig. **170,** 346 (354). — 34) Teilvernichtung des

Patents. Die Entscheidungsgründe sind, soweit sie zur Rechtfertigung der Teilvernichtung dienen und den aufrechterhaltenen Rest des Patents erläutern, als Auslegungsmittel zur Bestimmung des nach dem beschränkten Inhalt der Ansprüche bestehengebliebenen Gegenstands der Erfindung heranzuziehen. **170,** 346 (355 flg.). — 35) Die Rechtskraftwirkung des Patentnichtigkeitsurteils ist auf die Parteien des Nichtigkeitsstreits und ihre Rechtsnachfolger beschränkt. **170,** 346 (355 flg.). — 36) Urteile der Nichtigkeitsbehörden, welche die Patentnichtigkeitsklage in vollem Umfange und ohne Änderung der Ansprüche abweisen, erwachsen in Rechtskraft nur zwischen den Parteien des Verfahrens; der Rechtskraft fähig ist nur die Entscheidung, der Anspruch auf Nichtigerklärung sei in dem Umfang, in dem er gestellt war, unbegründet. **170,** 346 (356 flg.).

§ 158. Musterschutz (Geschmacks- und Gebrauchsmuster).

I. Geschmacksmuster. Ges. v. 11. Januar 1876.

— — — — — — — — — — —

II. Gebrauchsmuster.
Ges. v. 1. Juni 1891/7. Dezember 1923/5. Mai 1936.

1) Dem Inhaber eines Schutzrechts (Patents oder Gebrauchsmusters), der dieses während der Dauer seiner Wirksamkeit gewerblich benutzt oder Veranstaltungen zu seiner Benutzung getroffen hat, kann der Inhaber eines später angemeldeten Schutzrechts auch nach dem Erlöschen des ältern Rechts die Weiterbenutzung der durch das ältere Recht geschützten Erfindung für die Bedürfnisse seines Betriebs nicht untersagen, gleichviel ob die Voraussetzungen des § 7 PatG. gegeben sind oder nicht. **159,** 289. — 2) Wie oben § 157 Nr. 28. — 3) Zur Sonderregelung des § 19 GebrMG. **170,** 228 (230).

§ 159. Warenzeichenrecht (Markenschutz). Markenschutzgesetz vom 30. November 1874. Gesetz zum Schutz der Warenbezeichnungen vom 12. Mai 1894/5. Mai 1936. Internationale Verträge über Zeichen usw.

I. Markenschutzgesetz v. 30. November 1874.

— — — — — — — — — — —

II. Gesetz zum Schutz der Warenbezeichnungen v. 12. Mai 1894/5. Mai 1936.

(Die Paragraphen ohne Zusatz bezeichnen diejenigen des Ges. v. 12. Mai 1894.)

1) Unter welchen Voraussetzungen kann ein Unternehmen, das Stromzähler fremder Herkunft unter Verwendung eigner Ersatzteile aufarbeitet, um sie in den Verkehr zu bringen, die Warenzeichen des Herstellers, dessen Typenzeichen und das Systemzeichen an den aufgearbeiteten Zählern belassen oder diese mit Leistungsschildern versehen, wie sie der Hersteller benutzt? **161,** 29. — 2) Das durch Eintragung eine Auslandszeichens in die Zeichenrolle des Reichspatentamts entstehende Inlandszeichen ist allgemein schon nach dem deutschen Warenzeichengesetz, das den zwischenstaatlichen Verträgen Rechnung trägt, und nicht erst auf Grund des ausdrücklichen Ausspruchs des Pariser Unionsvertrags Londoner Fassung vom 2. Juni 1934 RGBl. 1937 II S. 583 Art. 6 D unabhängig von dem Zeichen im

Ursprungsland geschützt. **162,** 282. — 3) Über Entscheidungsfälle, in denen der Heimatschutz schon zur Zeit der Eintragung in die deutsche Zeichenrolle nicht oder nicht mehr bestanden hat (Vernichtung des Auslandszeichens durch den Obersten Gerichtshof des Heimatstaates vor der inländischen Eintragung, Nichtbestehen eines Geschäftsbetriebs des ausländischen Zeicheninhabers zur Zeit der Eintragung im Ausland und einer spätern Umschreibung im Inlande). **162,** 282 (288). — 4) Ein Vorbenutzungsrecht ist auch der geschützten Ausstattung gegenüber nicht anzuerkennen. **162,** 347. — 5) Gegenüber den eingetragenen Inlandszeichen, denen die in Art. VI D der Londoner Fassung der Pariser Verbandsübereinkunft ausdrücklich als nationale Marke bezeichneten Inlandszeichen der Verbandsausländer gleichzustellen sind, gibt es keine Einrede des Nichtbestehens oder der Nichtberechtigung des Zeichens aus diesem oder jenem Grunde, sondern nur den Löschungsantrag beim Reichspatentamt, soweit er statthaft ist, und die zeichen- oder bürgerlichrechtliche Löschungsklage. Auch die Berufung auf Freizeicheneigenschaft im Inlande ist im gerichtlichen Verfahren ausgeschlossen. **162,** 282 (289 flg.). — 6) Über die Frage, unter welchen Voraussetzungen eine Gattungsbezeichnung die Bedeutung eines Merkmals für die Herkunft so bezeichneter Waren aus einem bestimmten Betrieb erlangen kann. Zur Entstehung eines Ausstattungsbesitzes an einer solchen Bezeichnung genügt es, daß nicht unerhebliche Teile des Verkehrs in ihr einen Hinweis auf die Herkunft erblicken. **167,** 171. — 7) Über die Entwicklung eines eingetragenen Warenzeichens zum freien Warennamen. **167,** 171 (180). — 8) Ausstattungsschutz. Der Berechtigte kann jeder Benutzung durch einen andern entgegentreten, durch die eine Angabe in ihrer ihm allein vorbehaltenen Herkunftskennzeichnungswirkung beeinträchtigt wird. Die damit verbundene Beschränkung des Verkehrs in der Verwendung eines sonst sprachüblichen und gemeingebräuchlichen Ausdrucks macht es erforderlich, daß an den Nachweis der Verkehrsanerkennung strenge Anforderungen gestellt werden. **167,** 171 (176). — 9) Nicht erforderlich ist, daß die in Betracht kommenden Kreise in ihrer Gesamtheit die Auffassung über das Kennzeichen teilen; es genügt, daß die Meinung, es handle sich um ein Herkunftskennzeichen, in den Kreisen der Abnehmer so weit verbreitet ist, daß sie als für die Verkehrsauffassung beachtlich berücksichtigt werden muß. **167,** 171 (176). — 10) **a.** Der aus den §§ 2 und 15 WZG. abgeleitete Grundsatz, daß das Warenverzeichnis nur die Waren enthalten soll, die in dem betreffenden Geschäftsbetriebe geführt werden oder deren Vertrieb innerhalb angemessener Zeit nach der Anmeldung aufgenommen werden soll, und daß in entsprechender Anwendung des § 11 Abs. 1 Nr. 2 WZG. die Teillöschungsklage als Popularklage gegeben ist, wenn jemand sich ein Warenzeichen für Waren hat eintragen lassen, die in seinem Geschäftsbetriebe nicht geführt werden, obwohl seit der Eintragung bereits eine für die Aufnahme des Vertriebs angemessene Zeit verstrichen ist, betrifft die „öffentliche Ordnung" im Sinne des Art. 6 Abs. 2 Nr. 3 des Pariser Unionvertrags. Bei einem international eingetragenen Warenzeichen kann also auf einen solchen Sachverhalt die der Teillöschungsklage entsprechende Klage auf Entziehung des deutschen Schutzes für die im Betriebe nicht eingeführten Waren gestützt werden. b. Der zu **a.**

erwähnten Klage gegenüber kann der Inhaber des Warenzeichens sich nicht darauf berufen, daß er die betreffenden Waren zwar nicht im eignen Geschäftsbetriebe führe, daß sie aber im Betriebe einer GmbH. geführt würden, deren sämtliche Geschäftsanteile ihm gehören. c. Eine Gleichstellung der Einmanngesellschaft mit dem alleinigen Gesellschafter ist in der Rechtsprechung durchweg nur in Fällen geschehen, wo es gegen Treu und Glauben verstoßen und sich als Rechtsmißbrauch darstellen würde, wenn die Einmanngesellschaft oder der alleinige Gesellschafter sich auf die förmliche Verschiedenheit berufen könnte; sie ist aber nicht auch schon dann gerechtfertigt, wenn sie einer der sachlich-rechtlich verschiedenen Persönlichkeiten erwünscht erscheint. **169,** 240. — 11) Das Reichsgericht hat den Grundsatz aufgestellt, daß die Vorschrift des § 9 Abs. 1 Nr. 2 WZG. a. F., der jetzt die des § 11 Abs. 1 Nr. 2 entspricht, die öffentliche Ordnung betrifft. Diese Auffassung ist damit begründet worden, sie wolle dem Grundsatze des § 7 WZG. a. F., jetzt des § 8, „einem der wesentlichsten Pfeiler des deutschen Warenzeichenrechts", Geltung verschaffen. **169,** 240 (243). — 12) Die Löschungsklage, aus § 11 Abs. 1 Nr. 2 WZG. (früher § 9 Abs. 1 Nr. 2) ist, und zwar als Teillöschungsklage, in der Regel auch dann gegeben, wenn jemand sich ein Warenzeichen für Waren hat eintragen lassen, die in seinem Geschäftsbetriebe nicht geführt werden, obwohl seit der Eintragung bereits eine für die Aufnahme des Vertriebs angemessene Zeit verstrichen ist. **169,** 240 (244). — 13) Die Inanspruchnahme des Warenzeichenschutzes für Waren, die im Geschäftsbetriebe weder geführt werden noch geführt werden sollen, stellt sich als „Mißbrauch der Eintragung zur Vereitelung fremder Rechte und der gesetzlichen Ordnung" dar; eine Beschränkung der Eintragung ist „im Interesse der Allgemeinheit" erforderlich. **169,** 240 (244). — 14) In gewissen Fällen ist (bei der Zulassung der Teillöschungsklage) auf die Belange des Warenzeicheninhabers Rücksicht genommen worden, nämlich dann, wenn sich das Warenzeichen als Kennwort des Unternehmens Geltung verschafft hat oder wenn es sich nicht um betriebsfremde Waren handelt, sondern um solche, mit deren späterer Aufnahme nach der Art des Geschäftsbetriebs so gut wie sicher zu rechnen ist. **169,** 240 (246, 248). — 15) Über die Frage der Verwechselungsgefahr zwischen dem bekannten „Bayer-Kreuz" und einem Zeichen, das in seinem in die Augen fallenden Teil zwar ebenfalls aus einem von einem Kreis umgebenen, in Kreuzform geschriebenen Worte besteht, dessen Wortteil aber keine Ähnlichkeit mit dem Namen „Bayer" aufweist. Unter Ablehnung einer Verwechselungsgefahr und damit eines aus §§ 15, 24, 25 WZG. herzuleitenden Unterlassungsanspruchs der Inhaberin des „Bayer-Kreuzes" ist dieser ein solcher jedoch unter dem Gesichtspunkte des unlautern Wettbewerbs zuzuerkennen, wenn nach den besondern Umständen des Falles die Gefahr einer „Verwässerung" des Klagezeichens besteht. **170,** 137. — 16) Zur Frage der Verwechselungsgefahr, wenn in zwei sonst hinreichend unterscheidbaren Firmen der gleiche Familienname vorkommt. Nur die Annahme wirtschaftlicher oder engerer organisatorischer Zusammenhänge fiele wettbewerblich ins Gewicht und wäre geeignet, die Gefahr einer Verwechselung im Sinne des § 31 WZG. zu begründen. **170,** 265 (272). — 17) Zur Frage der Verwechselungsgefahr zwischen einem aus Bild und Wort zusammengesetzten Zeichen und einem Bildzeichen. Ein für den Gesamteindruck eines zusammengesetzten Zeichens nicht wesentlicher Wortbestandteil gewinnt nicht dadurch an Kennzeichnungskraft, daß er den schlagwortartigen Teil der Firma des ausländischen Zeicheninhabers bildet, wenn diese Firma im Inlande nicht verwendet worden und unbekannt ist. Der Eintragung eines mit seinem Zeichen verwechselbaren Zeichens für einen Inländer und der Benutzung des Zeichens durch diesen kann der Ausländer aus Gründen des unlauteren Wettbewerbs oder des Verstoßes gegen die guten Sitten nicht entgegentreten, wenn er mit seinem Zeichen im Inlande in nennenswertem Umfange nicht hervorgetreten und bekannt geworden ist; seine Absicht, das Zeichen künftig auch im Inlande zur Geltung zu bringen, genügt nicht. **170,** 302.

III. Internationale Verträge über Zeichen usw.

1) Gegenüber den eingetragenen Inlandszeichen, denen die in Art. VI D der Londoner Fassung der Pariser Verbandsübereinkunft ausdrücklich als nationale Marke bezeichneten Inlandszeichen der Verbandsausländer gleichzustellen sind, gibt es keine Einrede des Nichtbestehens oder der Nichtberechtigung des Zeichens aus diesem oder jenem Grunde, sondern nur den Löschungsantrag beim Reichspatentamt, soweit er statthaft ist, und die zeichen- oder bürgerlich-rechtliche Löschungsklage. Auch die Berufung auf Freizeicheneigenschaft im Inlande ist im gerichtlichen Verfahren ausgeschlossen. **162,** 282 (289 flg.). — 2) a. Der aus den §§ 2 und 15 WZG. abgeleitete Grundsatz, daß das Warenverzeichnis nur die Waren enthalten soll, die in dem betreffenden Geschäftsbetriebe geführt werden oder deren Vertrieb innerhalb angemessener Zeit nach der Anmeldung aufgenommen werden soll, und daß in entsprechender Anwendung des § 11 Abs. 1 Nr. 2 WZG. die Teillöschungsklage als Popularklage gegeben ist, wenn jemand sich ein Warenzeichen für Waren hat eintragen lassen, die in seinem Geschäftsbetriebe nicht geführt werden, obwohl seit der Eintragung bereits eine für die Aufnahme des Vertriebes angemessene Zeit verstrichen ist, betrifft die „öffentliche Ordnung" im Sinne des Art. 6 Abs. 2 Nr. 2 des Pariser Unionvertrags. Bei einem international eingetragenen Warenzeichen kann also aus einem solchen Sachverhalt die der Teillöschungsklage entsprechende Klage auf Entziehung des deutschen Schutzes für die im Betriebe nicht eingeführten Waren gestützt werden. b. Der zu a. erwähnten Klage gegenüber kann der Inhaber des Warenzeichens sich nicht darauf berufen, daß er die betreffenden Waren zwar nicht im eignen Geschäftsbetriebe führe, daß sie aber im Betriebe einer GmbH. geführt würden, deren sämtliche Geschäftsanteile ihm gehören. **169,** 240. — 3) An die Stelle der Löschung (§ 11 Abs. 4 WZG.) tritt bei international eingetragenen Marken auf Grund der Verordnung vom 9. November 1922 die Entziehung des Schutzes im Gebiete des Deutschen Reiches. **169,** 240 (243). — 4) Zu Art. 6bis der Pariser Verbandsübereinkunft. **170,** 302. — 5) Soweit Art. 8 der Pariser Verbandsübereinkunft dem Handelsnamen in allen Verbandsländern Schutz gewährt, gleichviel ob er den Teil einer Fabrik- oder Handelsmarke bildet oder nicht, hat dies auf jeden Fall zur Voraussetzung, daß der Name durch geschäftliche Betätigung

seines Inhabers so weit in den inländischen Verkehr eingedrungen ist, daß er in den beteiligten Verkehrskreisen schon eine gewisse Anerkennung als Hinweis auf die ausländische Firma gefunden hat, mag sich diese auch noch nicht zu einer völlig abgeschlossenen Verkehrsgeltung entwickelt haben. **170,** 302 (306 flg.). — 6) Madrider Markenabkommen; Übergangszeichen; Zeitrang des Schutzes der internationalen Eintragung. **170,** 302 (309).

§ 160. Schutz gegen unlauteren Wettbewerb. Gesetz vom 7. Juni 1909.
(Die Paragraphen ohne Zusatz bezeichnen die des Ges. v. 7. Juni 1909.)

1) Unterlassungsanspruch bei der Aufarbeitung von Stromzählern fremder Herkunft unter Verwendung eigner Ersatzteile, wenn dabei die Warenzeichen des Herstellers, dessen Typenzeichen und das Systemzeichen an den aufgearbeiteten Zählern belassen oder diese mit Leistungsschildern versehen werden, wie sie der Hersteller benutzt. **161,** 29. — 2) Die Bewerbung eines Bestattungsunternehmers um den Auftrag lebender Personen auf ihre künftige Bestattung im Wege des (nicht verlangten) Hausbesuchs verstößt gegen § 1 UnlWG. Die Sittenwidrigkeit einer solchen Werbung wird nicht dadurch beseitigt, daß die Werbung durch Versicherungsvertreter geschieht, die zugleich Versicherungsgeschäfte wie die Bearbeitung von Versicherungsanträgen oder die Einhebung von Versicherungsbeiträgen erledigen. **162,** 337. — 3) Der nicht erbetene Werbebesuch des Bestattungsunternehmers im Trauerhaus ist als Verstoß gegen § 1 UnlWG. anzusehen. **162,** 337 (343). — 4) Ein wettbewerblicher Hinweis auf die Ausländereigenschaft eines Mitbewerbers oder auf die ausländische Herkunft einer fremden Ware ist in aller Regel unlauter und sittenwidrig im Sinne des § 1 UnlWG. An der hiervon abweichenden Rechtsprechung (RGZ. Bd. 147 S. 1) wird nicht festgehalten. **163,** 164, 176. — 5) Die Freiheit der wissenschaftlichen Forschung kann nicht in der Weise beschränkt werden, daß sie gehindert wäre, ihre Ergebnisse auch dann zu verwerten und mitzuteilen, wenn dies für den Hersteller eines bestimmten Erzeugnisses wettbewerblich von Bedeutung wäre, ihm also für seine geschäftliche Betätigung von Nutzen sein oder zum Schaden gereichen könnte. Die freie, vom Erwerbsleben unabhängige Wissenschaft steht außerhalb des Wettbewerbsbereichs und ist den insoweit geltenden Geboten der Achtung fremder Wirtschaftskreise nicht unterworfen. **163,** 164 (167). — 6) In der Rechtsprechung des Reichsgerichts ist der Hinweis auf die ausländische Kapitalgrundlage eines andern Unternehmens als ein wettbewerbsfremdes und damit unlauteres Mittel im Wettbewerbskampf angesehen worden, weil es in einem solchen Falle an dem Grunde fehle, der allein eine Werbung unter dem Hinweis auf die Ausländereigenschaft eines Mitbewerbers oder auf die ausländische Art seines Unternehmens oder seiner gewerblichen Leistung rechtfertigen könne: der damit im Zusammenhang stehenden Verengung des innern Marktes und der Schwächung der deutschen Volkswirtschaft. **163,** 164 (171). — 7) Aus den gleichen Erwägungen hat das Reichsgericht die Hervorhebung der zwischenstaatlichen Eigenschaft eines im Inlande zugelassenen ausländischen Versicherungsunternehmens als mit den Anforderungen des unlautern Wettbewerbs nicht im Einklang stehend bezeichnet, weil nach der Art des dort geübten Geschäftsbetriebs die Gewähr

bestehe, daß der deutschen Wirtschaft durch die in dem Unternehmen verkörperten ausländischen Einflüsse kein Eintrag geschehe. **163**, 164 (171). — 8) Eine Sachfirma, die aus einem dem allgemeinen Sprachschatz entnommenen, einen Allgemeinbegriff wiedergebenden Worte (z. B. dem Worte „Hydraulik") gebildet ist, ist mangels ausreichender Unterscheidungskraft in der Regel nicht schutzfähig. Sie genießt jedoch namens- und wettbewerbsrechtlichen Schutz, wenn sie im Verkehr als Kennzeichen für ein bestimmtes Unternehmen Geltung erlangt hat. Solchenfalls liegt ein unbefugter Firmengebrauch vor, wenn das Wort von einem andern derart verwendet wird, daß der Verkehr darin nicht den Allgemeinbegriff, sondern einen Hinweis auf das Unternehmen erblickt. **163**, 233. — 9) Der Verzicht des Veräußerers eines Unternehmens auf Eröffnung und Führung eines gleichen Unternehmens im Rahmen des Vertragszwecks ist an sich nicht sittenwidrig, wenn der Verzicht nicht über das wirkliche und mögliche Interesse des Erwerbers hinausgeht. — Wird der „Kundenstock" mitveräußert und erhält der Veräußerer auch hierfür ein Entgelt, ist in der Regel ein stillschweigender Wettbewerbsverzicht anzunehmen, der nicht über das Maß des Selbstverständlichen bei derartigen Vereinbarungen hinausgeht. Eröffnet der Veräußerer trotzdem ein gleichartiges Geschäft, so kann auch ein Verstoß gegen das Gesetz gegen den unlautern Wettbewerb vorliegen (sudetenländisches Recht). **163**, 311. — 10) Bei einem Verstoß gegen den Vertragszweck kann auch ein Verstoß im Sinne eines unlautern Wettbewerbs vorliegen. **163**, 311 (315). — 11) Die Kommanditgesellschaft, deren Firma ordnungsmäßig mit dem Familiennamen des einzigen persönlich haftenden Gesellschafters gebildet ist, kann von einer ältern Firma (GmbH.), die denselben Namen in der Firma führt, nicht der Verwechselungsgefahr halber gezwungen werden, den Namen des persönlich haftenden Gesellschafters aus der Firma zu beseitigen. Nur unterscheidungskräftige Zusätze zu der Firma können gefordert werden. **165**, 271. — 12) Auch Veröffentlichungen in einer Fachzeitschrift, in denen zu einer zwei Gewerbezweige berührenden Streitfrage, hier dem Streite zwischen der Fahrradindustrie und dem Fahrradgroßhandel, über den Begriff „Markenrad" Stellung genommen wird, können einem Wettbewerbszweck unterliegen, wenn sie von einer dem einen Gewerbezweck nahestehenden Person ausgehen und erkennbar für diesen Partei ergreifen. Daraus hergeleiteten Unterlassungsansprüchen ist der ordentliche Rechtsweg nicht schon deshalb verschlossen, weil die Zeitschrift Fachorgan eines Reichsinnungsverbandes ist und dieser die Erörterung der Streitfrage angeregt hat. Eine vergleichende Heranziehung betriebswirtschaftlicher und sozialer Verhältnisse des bekämpften Gewerbszweigs läßt sich weder unter dem Gesichtspunkte des Systemvergleichs noch gebotener Abwehr rechtfertigen, wenn die Heranziehung nicht erforderlich war und sich auf Umstände erstreckte, die mit der zur Erörterung stehenden Frage nichts zu tun hatten. **166**, 14. — 13) Liefervertrag und Kartellvertrag. Der Käufer (Gläubiger) hat auch dann das Leistungsunvermögen des Schuldners im Sinne des § 324 Abs. 1 BGB. zu vertreten, wenn er durch unlautern Wettbewerb die Sperre des Außenseiters hervorgerufen hat. **166**, 134. — 14) Die Beklagten — der geschäftsführende Gesellschafter einer Kommanditgesellschaft, die ein Verlagsgeschäft betreibt, und ein Angestellter der Gesellschaft — haben nach ihrem Ausscheiden bei dieser ein eignes Verlagsunternehmen ins Leben gerufen und für diese Verlagsverträge über Werke geschlossen, mit deren Verfassern sie bereits namens der Kommanditgesellschaft verhandelt hatten. Für die Frage, ob hierin ein Verstoß gegen § 1 UnlWG. zu erblicken ist, ist es von Bedeutung, wenn den Verfassern daran gelegen hat, mit den Beklagten in persönlicher Fühlung zu bleiben und ihre Werke gerade von ihnen verlegerisch betreut zu sehen. Eine Verurteilung der Beklagten, die Herausgabe und den Vertrieb der in Betracht kommenden Werke zu unterlassen, ist in keinem Falle möglich, weil dadurch in das vertragliche Recht der Verfasser auf Vervielfältigung und Verbreitung ihres Werks eingegriffen würde, in dem sie ohne ihre Zustimmung nicht verkürzt werden dürfen. **166**, 193. — 15) Besondere Umstände können ergeben, daß die Ausnutzung auch redlich erworbener Kenntnisse nicht bloß Folge einer ordnungsmäßigen geschäftlichen Betätigung ist, sondern darauf abzielt, außerhalb der Regeln des freien Wettbewerbs den Mitbewerber mit seinen eignen Waffen zu schlagen und dadurch in Nachteil zu setzen. In solchen Fällen eröffnet § 1 UnlWG. dem Verletzten auch über den Rahmen des in § 17 das. gewährten Schutzes gegen Geheimnisverrat hinaus einen Weg, sich bereits eingetretener oder drohender Beeinträchtigung zu erwehren. Dabei bedarf es für die Frage, ob das beanstandete Verhalten dem für seine sittliche Wertung maßgebenden gesunden Volksempfinden entspricht, einer Berücksichtigung des gesamten Sachverhalts. Denn nur nach der Gesamtheit der Umstände und bei genauer Abwägung der sich daraus ergebenden schutzwürdigen Belange der Beteiligten kann beurteilt werden, ob ein an sich zulässiges Vorgehen den Vorwurf wettbewerblicher Unlauterkeit verdient. **166**, 193 (199). — 16) a. Eine Firma „Vereinigte Photokopier-Apparate" G. m. b. H. ruft den Anschein einer Vereinigung von Herstellungsunternehmungen hervor und kann nicht gewählt werden, wenn das Unternehmen nur mit Apparaten verschiedener Erzeugung Handel treibt oder zwar selbst Herstellerfirma ist, aber im übrigen nur mit den Erzeugnissen anderer Firmen Handel treibt. Bei Handelsvereinigungen, welche die Bezeichnung „Vereinigte" annehmen wollen, muß in der übrigen Bezeichnung zum Ausdruck kommen oder sonst nach den Umständen klar sein, daß es sich um eine Vereinigung von Handelsbetrieben handelt. b. Eine Zweigniederlassung kann nicht als (zweite) Zentrale eines Unternehmens bezeichnet werden. **166**, 240. — 17) Hat eine Polizeibehörde, die einem Gewerbetreibenden gemäß § 35 GewO. die Ausübung des Gewerbes eines Darlehnsvermittlers und Immobilienmaklers wegen Unzuverlässigkeit versagt hat, ein strafrechtliches Einschreiten gegen diesen abgelehnt, weil die beanstandeten Geschäfte Eigengeschäfte seien und deshalb nicht unter das Verbot fielen, so fehlt es an einem Sachverhalt, auf Grund dessen von dem Gewerbetreibenden die Unterlassung solcher Geschäfte verlangt werden könnte. Die Behauptung, auch die Eigengeschäfte seien nach der Art ihrer Durchführung wirtschaftlich einer Vermittlertätigkeit gleichzusetzen und verstießen deshalb gegen das polizeiliche Verbot, genügt nicht, um den Vorwurf eines Sittenverstoßes zu begründen. **166**, 315. — 18) Eine Fachgruppe, der nach § 16 Abs. 1 der Ersten Verordnung zur Durchführung des Gesetzes zur Vorbereitung des organischen Aufbaus der deutschen Wirtschaft vom 27. November 1934 die Aufgabe der sachlichen Betreuung ihrer Mitglieder zugewiesen ist und deren Leiter nach Abs. 2 das. die Pflicht obliegt, die Angelegenheiten der Gruppe und ihrer Mitglieder unter Rücksichtnahme auf die Gesamtinteressen der gewerblichen Wirtschaft und unter Wahrung des Staatsinteresses zu fördern, ist ein Verband zur Förderung gewerblicher Interessen im Sinne des § 13 UnlWG. und als solcher in dem dort bestimmten Umfange klageberechtigt. **166,** 315 (316). — 19) Das Zuwiderhandeln gegen ein polizeiliches Verbot muß nicht in jedem Fall auch eine Sittenwidrigkeit im Sinne von § 1 UnlWG. bedeuten. Gesetzliche und behördliche Vorschriften können auf Erwägungen beruhen, die mit dem allgemeinen sittlichen Empfinden nichts zu tun haben und das Gebiet geschäftlichen Anstandes nicht berühren. **166,** 315 (319). — 20) Ist eine GmbH. von zwei Gesellschaftern im eignen Namen gegründet, die als Treuhänder oder Strohmänner für Rechnung eines und desselben Dritten gehandelt haben, und ist der Name eines der beiden Gründer in die Firma der GmbH. aufgenommen worden, so beurteilt sich der Unterlassungsanspruch eines Dritten, der sein Firmenrecht durch den Gebrauch des Namensbestandteils in der Firma der GmbH. für beeinträchtigt hält, solange die Gesellschaft nicht nach § 75 GmbHG. für nichtig erklärt oder nach § 144 RFGG. im Handelsregister gelöscht worden ist, nach den allgemeinen Grundsätzen des Namensrechts (§ 12 BGB.), des Firmenrechts (§§ 18, 30, 37 Abs. 2 HGB.), des Wettbewerbs (§§ 1, 3, 16 UnlWG., §§ 24, 31 WZG.) und der unerlaubten Handlung. **167,** 184. — 21) Über die Wirkung eines einer deutschen Mundart entnommenen Namens für ein Nahrungs- oder Genußmittel (Kroatzbeere für Fruchtbranntwein) als örtliche Herkunftsbezeichnung. **169,** 44. — 22) Der Zusatz „echt" (Voranstellung des Beiworts) macht ebenso wie der Zusatz „Original" die Bezeichnung zu einer Herkunftsangabe. **169,** 44 (46). — 23) Ist dem Inhaber eines Warenzeichens mangels Verwechslungsgefahr ein Unterlassungsanspruch aus §§ 15, 24, 25 WZG. zu versagen, so ist er unter dem Gesichtspunkte des unlautern Wettbewerbs zuzuerkennen, wenn nach den besondern Umständen des Falles die Gefahr einer „Verwässerung" des Klagezeichens besteht. **170,** 137. — 24) Diese Voraussetzung (Nr. 23) liegt dann vor, wenn es sich um eine Annäherung an fremde Kennzeichnungsmittel handelt, die, ohne als eigentliche Verletzung eines Ausschließlichkeitsrechts angesehen werden zu können, die Gefahr einer Schmälerung der Werbekraft jener Mittel in sich birgt. **170,** 137 (153). — 25) Ein gewerbliches Unternehmen, das vorübergehend seine Fabrikation und den Warenumsatz eingestellt hat, kann deswegen allein noch nicht als erloschen betrachtet werden, wenn es sonstige Maßnahmen getroffen hat, um seinen Betrieb jederzeit wieder aufnehmen zu können. Hat es seine Beziehungen zur Kundschaft im Rahmen des Möglichen aufrechterhalten, seine gewerblichen Räume, Maschinen, Geschäftsbücher behalten, seine Warenzeichen erneuert und seine Mitgliedschaft bei den Fachverbänden und Organen der gewerblichen Wirtschaft fortdauern lassen, so stellt eine auf dieser Grundlage bewirkte Wiederaufnahme des Betriebs unter der seitherigen Firma auch wirtschaftlich nur eine Fortsetzung des frühern Unternehmens dar. **170,** 265. — 26) Nur sofern der Gebrauch des eignen Namens zur Verwechslungen führen kann, besteht die Pflicht, dem durch eine Gebrauchsgestaltung vorzubeugen, die diese Gefahr nach Möglichkeit ausschließt. Hat der Namensträger das hiernach Erforderliche und Zumutbare getan, so kann ihm die Benutzung seines Namens lediglich unter dem Gesichtspunkte der Verwechslungsgefahr nicht streitig gemacht werden, selbst wenn ein Rest von Verwechslungsmöglichkeit als unvermeidlich bestehenbleiben sollte. **170,** 265 (270). — 27) Zur Frage der Verwechslungsgefahr zwischen einem aus Bild und Wort zusammengesetzten Zeichen und einem Bildzeichen. Ein für den Gesamteindruck eines zusammengesetzten Zeichens nicht wesentlicher Wortbestandteil gewinnt nicht dadurch an Kennzeichnungskraft, daß er den schlagwortartigen Teil der Firma des ausländischen Zeicheninhabers bildet, wenn diese Firma im Inlande nicht verwendet worden und unbekannt ist. Der Eintragung eines mit seinem Zeichen verwechselbaren Zeichens für einen Inländer und der Benutzung des Zeichens durch diesen kann der Ausländer aus Gründen des unlautern Wettbewerbs oder des Verstoßes gegen die guten Sitten nicht entgegentreten, wenn er mit seinem Zeichen im Inlande in nennenswertem Umfange nicht hervorgetreten und bekanntgeworden ist; seine Absicht, das Zeichen künftig auch im Inlande zur Geltung zu bringen, genügt nicht. **170,** 302.

4. Vertragsverhältnisse und sonstige Rechtsverhältnisse im Zusammenhang mit dem öffentlichen Recht. Recht öffentlicher Unternehmungen und Anstalten.

§ 161. Gewerberecht. Gewerbewesen.

(Die Paragraphen ohne Zusatz bezeichnen die Reichsgewerbeordnung.)

1) Die gewerbebehördliche Genehmigung eines Steinbruchbetriebs hindert die Nachbarn nicht zu verbieten, daß durch Sprengungen Steine auf sein Grundstück geschleudert werden (öst. Recht). **161,** 65. — 2) Nach § 6 GewO. kommt der Rechtsgedanke des § 26 GewO. für das Bergwesen nicht in Betracht. **161,** 203 (209). — 3) Versagung der Abwehrklage gegenüber obrigkeitlich genehmigten gewerblichen Anlagen (§§ 26, 16 GewO.). **162,** 349 (359). — 4) Keine Auslösung eines Ersatzanspruchs durch das Verbot einer an sich nicht genehmigungspflichtigen gewerblichen Anlage, welche die öffentliche Sicherheit gefährdet, auf Grund des § 51 Abs. 1 Satz 2 GewO. wegen der Rechtswidrigkeit des Betriebs. **163,** 228 (230). — 5) Polizeiliche Untersagung der Ausübung des Gewerbes nach § 35 GewO.; Zuwiderhandlung gegen das Verbot und Sittenverstoß. **166,** 315. — 6) „Schadloshaltung" nach § 26 GewO.; Klage wegen übermäßiger „Immissionen"; Gesamthaftung. **167,** 14 (26, 39). — 7) Ärztlicher Beruf kein Gewerbe, wohl aber der Betrieb einer Privatkrankenanstalt; Genehmigungspflicht bei Veräußerung durch einen Juden. **168,** 261 (268).

§ 161a. Gesetz über die Sicherung der Bauforderungen vom 1. Juni 1909.

1) Zur Erklärungspflicht des Beklagten als Baugeldempfänger und über die Frage seiner Haftung auch für fahrlässige Entfremdung von Baugeld. **167,** 92. — 2) § 1 des Gesetzes über die Sicherung der Bauforderungen

vom 1. Juni 1909 ist ein Schutzgesetz im Sinne des § 823 Abs. 2 BGB. zugunsten der Baubeteiligten. Ein ursächlicher Zusammenhang zwischen dem Ausfall des Klägers und einer ordnungswidrigen Verwendung — Entfremdung — von Baugeld ist auch dann gegeben, wenn noch andere Baugläubiger unbefriedigt geblieben sind; es bedarf nicht des Nachweises des Klägers, daß gerade er aus dem Baugeld ohne dessen Entfremdung Befriedigung erzielt haben würde. **167,** 92 (95). — 3) Nur in strafrechtlicher Hinsicht wird in § 5 des Gesetzes Vorsatz des Zuwiderhandelnden gefordert; eine solche Beschränkung der bürgerlich-rechtlichen Verantwortlichkeit würde im Gesetz keine Stütze finden. **167,** 92 (96).

§ 162. Eisenbahnrecht. Kleinbahnen. Straßenbahnen.

(Eisenbahnfrachtgeschäft s. § 248.)

1) Wird ein Kind durch ein Ereignis im Verkehr einer Eisenbahn getötet und erleidet die Mutter dadurch einen Nervenzusammenbruch und damit eine Schädigung ihrer Gesundheit, so hat die Bahn auch hierfür zu haften; es liegt eine unmittelbare Beschädigung vor, für welche die Unternehmung einzutreten hat, wenn ein Verschulden der Person, deren sie sich zum Betriebe bedient, als Ursache anzusehen ist. **162,** 321. — 2) Wer ein Kind tödlich überfährt, ist für die bei der Mutter eintretenden Schreckwirkung schadensersatzpflichtig. Eine entsprechende Haftung der Eisenbahn besteht nach dem Reichshaftpflichtgesetz nicht, weil eine derartige Schädigung nicht „bei dem Betriebe" einer Eisenbahn entstanden ist. Nach dem Recht der Ostmark ist eine derartige Einschränkung nicht geboten. **162,** 321 (323). — 3) Die Bedienung der Schranken durch den Schrankenwärter ist nicht Ausübung hoheitlicher Gewalt oder Fürsorge, sondern eine Hilfsverrichtung im privatrechtlichen Geschäftskreis der Reichsbahn. Die Reichsbahn haftet daher für eine schuldhafte Amtspflichtverletzung des Schrankenwärters nur im Rahmen des § 831 BGB. **162,** 364; **169,** 376 (379). — 4) § 25 des Preußischen Eisenbahn-Gesetzes vom 3. November 1838 gilt im Gebiete des Landes Preußen auch für die Deutsche Reichsbahn. **163,** 65. — 5) Die Haftung der Deutschen Reichsbahn auf Grund des § 25 des Preußischen Eisenbahn-Gesetzes erstreckt sich auch auf den mittelbaren Sachschaden; zu diesem sind die Löschungskosten für einen durch Funkenflug entstandenen Brand zu rechnen. **163,** 65 (67). — 6) Die Einheit der Reichsbahn schließt nicht aus, daß für sie und ihre Rechtsbeziehungen je nach dem Ort ihrer Betätigung verschiedene gesetzliche Vorschriften der einzelnen Landesgesetze Anwendung finden. **166,** 257 (258); **170,** 311 (316). — 7) Fügt ein dem Unternehmen „Reichsautobahnen" zur Dienstleistung zugeteilter Beamter, Angestellter oder Arbeiter der Deutschen Reichsbahn in Ausübung der ihm anvertrauten öffentlichen Gewalt einem Dritten schuldhaft Schaden zu, so haftet das Unternehmen „Reichsautobahnen", nicht die Deutsche Reichsbahn für den Ersatz dieses Schadens. **168,** 361. — 8) Das Unternehmen „Reichsautobahnen" hat auf Grund des Gesetzes vom 27. Juni 1933 mit dem Bau und Betriebe der Kraftfahrbahnen Aufgaben staatshoheitlicher Natur übertragen erhalten. **168,** 361 (369); **170,** 1 (7). — 9) Die §§ 18, 46 der Eisenbahn-Bau- und Betriebsordnung sind Schutzgesetze im Sinne des § 823 Abs. 2; das

Gericht hat nachzuprüfen, ob ein Bahnübergang „verkehrsreich“ war. Zur Abwägung der Ursächlichkeit des beiderseitigen Verschuldens und der beiderseitigen Betriebsgefahr bei einem Zusammenstoß von Kraftwagen und Eisenbahn. **169**, 376. — 10) Die Bestimmungen der Eisenbahn-Bau- und Betriebsordnung sind Rechtsnormen im Sinne der §§ 549, 550 ZPO. und unterliegen der Auslegung durch das Revisionsgericht. **169**, 376 (379). — 11) Reichsbahn. Baustelle. Verkehrsunfall. Eisenbahn-Bau- und Betriebsordnung § 18 Abs. 1 und 3, § 46 Abs. 4 und 5, §§ 75, 76, 77 bis 81. **170**, 1. — 12) Reichsbahn und Reich als Rechtsträger. Über die Frage, ob Ansprüche gegen das Deutsche Reich aus Amtspflichtverletzungen außerhalb des Bereichs der Deutschen Reichsbahn durch die Möglichkeit ausgeschlossen werden, wegen desselben Schadens von der Deutschen Reichsbahn Ersatz zu verlangen. **170**, 311. — 13) Haftung für gemeinschaftliche Anlage; Verschulden wegen Nichtüberwachung der Schrankensicherung. **170**, 321.

§ 162a. Reichsgesetz über den Verkehr mit Kraftfahrzeugen vom 3. Mai 1909. Gesetz über Kraftfahrlinien vom 26. August 1925. Vo. über Kraftfahrzeugverkehr vom 10. Mai 1932. Reichsstraßenverkehrsordnung vom 28. Mai 1934 und Ausführungsanweisung vom 29. September 1934. Gesetz über den Güterfernverkehr mit Kraftfahrzeugen vom 26. Juni 1935.

(Die Paragraphen ohne Zusatz sind die des Gesetzes vom 3. Mai 1909.)

1) Um die Haftung des Halters für die Fälle der unbefugten Benutzung des Fahrzeugs im Anschluß an eine auftragsgemäß ausgeführte Fahrt zu beseitigen, kommt es nach der jetzigen Fassung des § 7 Abs. 3 Satz 1 KFG. darauf an, ob das Fahrzeug ohne, d. h. gegen Wissen und Willen des Fahrzeughalters benutzt wird; es ist zu prüfen, ob die vom Halter gebilligte Benutzung bei verständiger Würdigung seiner Willensmeinung im wesentlichen noch als übereinstimmend mit der tatsächlich ausgeführten Benutzung erachtet werden kann, so wenn ein Soldat, der das ihm zu einer hoheitsrechtlichen Dienstfahrt anvertraute Kraftfahrzeug dazu benutzt, um damit zu eignen Zwecken einen längern, mit dem Dienstbefehle nicht zu vereinbarenden Umweg zu machen (Schwarzfahrt?). **161**, 145. — 2) Gefährdungshaftung ist beim Zusammentreffen mit Amtspflichtverletzungsansprüchen im Revisionsverfahren nicht nachprüfbar, wenn die Revisionssumme fehlt. **161**, 199 (200 flg.). — 3) Der Mieter des Kraftwagens ist Betriebsunternehmer nur dann, wenn er über die Fahrten nach Zeit und Ort zu bestimmen hat. Der Mieter, der den Kraftwagen lenkt, ist nicht Betriebsgehilfe des Vermieters im Sinne des § 8 KraftfHG. (öst. Recht). **161**, 359. — 4) Der Vermieter eines Kraftwagens kann sich zur Abwehr seiner nach § 1 KraftfHG. bestehenden Haftung gegenüber dem Mieter des Wagens auf das Verschulden eines andern Mieters (Mitmieters) berufen, der den Wagen gelenkt hat. **161**, 359 (363 flg.). — 5) Der Haftpflichtige hat auch im Rahmen des § 17 Abs. 1 Satz 2 KFG. diejenigen Tatsachen zu beweisen, die den Einwand, es habe ein Verschulden des Verletzten mitgewirkt, begründen und zur Entlastung des Haftpflichtigen führen sollen. **162**, 1, 5. — 6) Der sorgfältige Fahrer, der nichts versäumen will, muß noch im Augenblick des Abbiegens, ja noch währenddessen die Zeit finden, sich durch den Spiegel oder aber, wenn

dieser infolge der Wendung bereits versagt, unmittelbar zu überzeugen, ob er den Verkehr nicht verhindert. **162,** 5 (7). — 7) Die Bedeutung des § 17 Abs. 1 Satz 2 KFG. liegt darin, daß er die dem § 254 BGB. entsprechende Abwägung auch für den Fall vorschreibt, daß auf seiten des Verletzten kein Verschulden, sondern nur die von seinem Kraftfahrzeug ausgehende Betriebsgefahr mitgewirkt hat. **162,** 1 (4). — 8) Die Vorschriften der Straßenverkehrsordnung tragen die Unterscheidung zwischen der polizeilichen Aufgabe der Regelung und der Sicherung des über die Straße gehenden öffentlichen Verkehrs einerseits und der Anlage und Unterhaltung der Straße selbst anderseits bis in das Verfahren der Kennzeichnung eines polizeilichen Gebots oder Verbots an dem Wege hinein: Die Anordnung der Aufstellung des Zeichens ist als Teil ihres eigentlichen Aufgabenbereichs Sache der Polizei. Hingegen ist die Beschaffung des Zeichens und seine Anbringung Sache des Wegebaupflichtigen; die Vorschriften behandeln diese Verrichtungen wie einen Teil der Herstellung und Unterhaltung des Wegs selbst. **162,** 273 (276flg.). — 9) Auch heute noch ist die Personenbeförderung durch die Reichsbahn nicht Ausübung fürsorglicher Hoheitsgewalt, sondern sie hält sich im bürgerlich-rechtlichen Geschäftskreise. Dasselbe gilt erst recht für die Güterbeförderung, die in noch weitergehendem Maße nach wie vor unmittelbar durch das Handelsgesetzbuch in seinem 7. Abschnitt geregelt ist. Die Ausübung staatshoheitlicher Gewalt oder Fürsorge schließt an sich die Betätigung durch einen bürgerlich-rechtlichen Vertrag aus. Etwas anderes ist es, wenn eine öffentlich-rechtliche Körperschaft sich zum Zwecke der Erfüllung ihrer staatshoheitlichen Aufgaben auf den Boden des bürgerlichen Rechtsverkehrs begibt. In diesem Falle übt sie aber nicht hoheitliche Gewalt oder Fürsorge aus, sondern wird im bürgerlich-rechtlichen Geschäftskreise nur für den ihr obliegenden Staatszweck tätig. Dieselbe Handlung kann jedoch nicht gleichzeitig öffentlich-rechtlicher und bürgerlich-rechtlicher Natur sein. **162,** 364 (365flg.). — 10) Bahnpolizeidienst eines Schrankenwärters bei Bedienung einer Fernschranke ist zu verneinen, weil der Bahnpolizeidienst die Möglichkeit einer unmittelbaren, persönlichen Einwirkung an Ort und Stelle auf Zuwiderhandelnde erfordert. **162,** 364 (366). — 11) Die dem Wegebaupflichtigen obliegende Anbringung und Unterhaltung von Warnungstafeln für den Kraftverkehr sind auch dann als Erfüllung der Verkehrssicherheitspflicht und nicht als Ausübung öffentlicher Gewalt aufzufassen, wenn der Wegebaupflichtige Hoheitsträger ist, obwohl die Warnzeichen, indem sie auf Gefahrstellen vorbereiten, zugleich geeignet sind, dem Fahrer die an solche Gefahrstellen zu beachtenden Polizeiverbote in Erinnerung zu rufen und ihre Beachtung nahezulegen. Ähnlich verhält es sich mit der dem Eisenbahnunternehmer obliegenden Anbringung und Bedienung der Schranken. Daß der dafür verantwortliche Bahnunternehmer zugleich Inhaber der Bahnpolizeigewalt ist, ändert nichts daran, daß die Anbringung und Bedienung der Schranken noch nicht Ausübung der Polizeigewalt ist, sondern daß diese erst einzugreifen hat, wenn das Verbot, das Bahngelände nach Schließung der Schranken zu begehen, übertreten wird. Es ist nicht so, daß der Schrankenwärter durch das Schließen der Schranken den Übergang verbietet und damit eine polizeiliche Verfügung erläßt, sondern der

Schrankenwärter ist nur Polizeivollzugsbeamter, der Zuwiderhandlungen zu verhindern hat. Aber auch die Bahnverwaltung erläßt durch das Schließen der Schranken keine polizeiliche Verfügung, sondern die Verfügung ist in § 79 EBBO. enthalten und dagegen gerichtet, daß der Bahnkörper betreten wird, wenn die Sicherheit des Bahnverkehrs seine Freihaltung erfordert. Deshalb gilt das Verbot auch für den Fall, daß sich ein Zug nähert. Daraus ergibt sich, daß das Schließen der Schranken nur die Annäherung des Zuges anzeigt und ebensowenig wie diese selbst eine polizeiliche Maßnahme ist, sondern nur den Zustand schafft, an den die Rechtsnorm, § 79 EBBO., das Verbot knüpft. **162**, 364 (368 flg.). — 12) § 842 BGB. gilt nicht für das Kraftfahrzeuggesetz. **163**, 40 (45). — 13) Durch den „Betrieb" eines Kraftfahrzeugs ist auch eine Verletzung verursacht, die ein Fahrgast, der selbst schon das Fahrzeug verlassen hat, bei der Rettung anderer Fahrgäste aus dem Wagen infolge der durch einen Vergaserbrand entstandenen allgemeinen Verwirrung erleidet. **164**, 125. — 14) Der Fahrzeughalter muß sich als Schädiger die Betriebsgefahr neben dem Verschulden des Fahrers bei der Schadensausgleichung nach § 254 BGB. sowohl wegen der Haftung aus dem Kraftfahrzeuggesetz wie wegen derjenigen aus § 839 BGB. anrechnen lassen, da § 254 auf die Abwägung nicht des beiderseitigen Verschuldens, sondern der überwiegenden Ursache abgestellt ist. Dabei spielt es keine Rolle, daß die Haftung aus der Betriebsgefahr zu tragen ist, wenn der Fahrzeughalter nicht die Unabwendbarkeit des Unfalls beweist. Die Betriebsgefahr ist so lange als Unfallbedingung anzusehen, als ihre Einwirkung auf den Unfall nicht widerlegt ist. **164**, 264 (268). — 15) Dem wartepflichtigen Verkehrsteilnehmer liegt grundsätzlich eine gesteigerte Sorgfaltspflicht gegenüber dem Vorfahrtberechtigten ob, und die Verletzung dieser gesteigerten Sorgfaltspflicht ist bei der Schadensausgleichung erheblich in Betracht zu ziehen, da die Vorfahrtregelung eine der wesentlichen Grundlagen des Verkehrsrechts darstellt. **164**, **264** (268). — 16) Die schuldlose Verantwortlichkeit des Geschädigten kann nur dann zur Anwendung des § 254 BGB. führen, wenn auch der Schädiger ohne Verschulden haftet. Dieser Rechtsgedanke kann jedenfalls dann nicht mehr maßgebend sein, wenn die Verantwortung des geschädigten Fahrzeughalters nicht allein in der Haftung für die Betriebsgefahr, sondern auch in der für das Verschulden des Fahrers besteht. Ist aus diesem Grunde der Schadensausgleich nach § 254 geboten, so muß er sich wiederum aus dem Rechtsgedanken, daß der Ausgleich in erster Reihe auf die überwiegende Verursachung abgestellt ist und deshalb alle Bedingungen des schädigenden Ereignisses abzuwägen sind, auch auf die schuldlose Verantwortung des Geschädigten erstrecken, wenn auch auf seiten des Schädigers nur schuldhafte Mitverursachung in Frage steht. **164**, 264 (270). — 17) Die Ersatzpflicht ist bei der Gefährdungshaftung nach § 7 Abs. 2 Satz 2 KFG. dann ausgeschlossen, wenn der Unfall durch ein unabwendbares Ereignis verursacht worden ist. Ein solches liegt unter anderem dann vor, wenn der Unfall auf das Verhalten des Verletzten zurückzuführen ist und sowohl der Halter des Kraftfahrzeugs als auch dessen Führer „jede nach den Umständen des Falles gebotene Sorgfalt beobachtet hat". Den Beweis für die Beobachtung solcher Sorgfalt hat der Beklagte zu führen. Ihre Außerachtlassung kommt dabei nach Lage der Sache nur auf seiten des Führers in Frage. **164,** 273 (279). — 18) Die zur Entlastung geforderte Sorgfalt ist nicht die „im Verkehr erforderliche" des § 276 BGB., sondern eine wesentlich gesteigerte. Verlangt wird die Anwendung der „äußersten nach den Umständen des Falles mögliche Sorgfalt". Einem Kraftwagenführer ist im allgemeinen kein Vorwurf daraus zu machen, wenn er Radfahrer, die außerhalb seiner Fahrtrichtung ihren Weg so nehmen, daß eine gegenseitige Behinderung bei verkehrsrichtigem Verhalten ausgeschlossen erscheint, nicht besonders beachtet. Die in § 7 Abs. 2 Satz 2 KFG. gedachte Sorgfaltspflicht verlangt aber die Rücksichtnahme auch auf eine durch die Umstände nahegelegte Möglichkeit eines unrichtigen oder ungeschickten Verhaltens anderer Verkehrsteilnehmer. Etwaige Zweifel an der Beobachtung der den Umständen nach gebotenen äußersten Sorgfalt würden zu Lasten des Fahrzeughalters gehen. **164,** 273 (281). — 19) Zusammentreffen der Haftung des Reichs aus Amtshaftung und aus Gefährdungshaftung. Einwand des mitwirkenden Verschuldens des Verletzten; Schadensverteilung. Umfang der Nachprüfung des Berufungsurteils im Revisionsverfahren. **164,** 341. — 20) Von besondern Gestaltungen abgesehen wird jedenfalls in aller Regel bei einer Kraftwagenfahrt, die ein Beamter in einem ihm von der öffentlichen Körperschaft zur Verfügung gestellten Wagen zum Zwecke hoheitlicher Betätigung unternimmt, der erforderliche äußere und innere Zusammenhang mit dieser anzunehmen sein. Nur diese Auffassung wird der Bedeutung der immer mehr gesteigerten Ausstattung der öffentlichen Dienststellen mit Kraftfahrzeugen gerecht, deren Zweck kein anderer ist als die leichtere und bessere Erfüllung der staatshoheitlichen Aufgaben der Körperschaften. **166,** 1 (9 flg.). — 21) a. Auch in einer bebauten Ortschaft nötigte im Juli 1938 — vor Einführung der Geschwindigkeitshöchstgrenzen durch die Verordnungen vom 3. Mai 1939 und 3. Oktober 1939 — auf einer mehrere hundert Meter weit freien, gerade verlaufenden übersichtlichen Fernverkehrsstraße die bloße Möglichkeit, daß immer einmal ein Hindernis auftreten kann, den Führer eines schweren Kraftomnibusses nicht, seine Geschwindigkeit unter 45 km/Std. zu ermäßigen. b. Wenn ein Kraftwagen in einem flachen, langgestreckten Bogen um einen neben dem rechten Rande der Fahrbahn gehenden Fußgänger herumfährt und sich dabei nicht mehr als 1 m vom Rande der Fahrbahn entfernt, braucht der Führer nicht vorher den Winker zu zeigen oder in den Rückspiegel zu sehen. **166,** 74. — 22) a. Auch nach österreichischem Kraftfahrrecht ist eine Erfolgshaftung des Fahrschülers ausgeschlossen. b. Nach allgemeinen Grundsätzen des Schadensersatzrechts hat der Fahrschüler unrichtiges Verhalten zu vertreten, insofern es nicht auf den Mangel ihm noch nicht zurechenbarer Fähigkeiten (nach § 1297, nicht nach § 1299 ABGB.) zurückzuführen ist. **166,** 81. — 23) a. Wird der erste Haftbefreiungsgrund des § 2 des öst. Krafthaftgesetzes vom 9. August 1908 (KHG.), das Verschulden eines Dritten bewiesen, so muß der dritte Haftbefreiungsgrund (höhere Gewalt) nicht auch nachgewiesen werden. b. Wird als Ursache des Unfalls ein Verschulden des Dritten nachgewiesen, das zur Erklärung der Verursachung ausreicht, so muß nicht noch der Nachweis erbracht werden, daß auch jede Möglichkeit eines mitverursachenden Verhaltens des verklagten Wagenlenkers ausgeschlossen ist. Eine Haftung kann daher auch angenommen werden, wenn die Frage, ob der Beklagte eine Mitursache gesetzt hat, offengelassen wird. **166,** 84. — 24) Wenn der Kläger unentgeltlich befördert worden ist, haftet ihm der Kraftradfahrer nicht nach § 4 KHG., sondern nach den Bestimmungen des Allgemeinen Bürgerlichen Gesetzbuchs; der Kraftradfahrer haftet ihm gegenüber nichtohne Verschulden. Wenn der Unfall des Klägers nicht durch den Zusammenstoß zweier haftpflichtiger Fahrzeuge herbeigeführt worden ist, findet § 3 Abs. 4 keine Anwendung. Der verklagte Kraftwagenfahrer haftet ihm zwar nach § 1 KHG., kann sich aber darauf berufen, daß den Kraftradfahrer das Verschulden an dem Unfall trifft. **166,** 84 (85). — 25) Betriebsunternehmer im Sinne des § 45 des tschechoslowakischen Kraftfahrzeuggesetzes vom 26. März 1935 ist derjenige, der das Kraftfahrzeug für eigne Rechnung in Gebrauch hat und diejenige Verfügungsgewalt darüber besitzt, die ein solcher Gebrauch voraussetzt. **166,** 385. — 26) Zum Begriffe der Betriebsunternehmereigenschaft im Sinne des österreichischen Kraftfahrzeug-Haftpflichtgesetzes. **167,** 1. — 27) Nach § 1 Abs. 3 KraftfHG. ist „Betriebsunternehmer" derjenige, dem das Kraftfahrzeug zur Zeit des schädigenden Ereignisses zum Betrieb auf eigne Rechnung und Gefahr überlassen war. Bei dieser Umgrenzung des Begriffs, der im wesentlichen mit demjenigen des „Halters" im § 7 Abs. 1 KFG. übereinstimmt, bestimmt sich die Eigenschaft als Betriebsunternehmer danach, wer das Kraftfahrzeug wie ein Eigentümer zu seinem, nicht notwendig wirtschaftlichen Nutzen verwendet und entsprechend die damit verbundenen Gefahren und Lasten trägt. Ob diese Voraussetzung gegeben ist, ist nach den Umständen des einzelnen Falles zu beurteilen und vorwiegend eine Frage tatrichterlicher Würdigung. Nach § 1 Abs. 4 KraftfHG. obliegt dem Eigentümer eines Kraftfahrzeugs der Beweis für seine Behauptung, daß ein anderer Betriebsunternehmer sei. **167,** 1 (11 flg.). — 28) Die Verfügungsgewalt über das Fahrzeug ist für die Eigenschaft als Betriebsunternehmer (Halter) stets von besonderer, in der Regel ausschlaggebender Bedeutung. Der Mieter ist Halter nur dann, wenn er während der Dauer der Miete über die Verwendung des Fahrzeugs nach Zeit und Ort zu bestimmen hat, wenn er also anzuordnen hat, wann und wohin gefahren wird. **167,** 1 (13). — 29) Nicht jede Gefälligkeitsfahrt schließt die Haftung des Fahrers für leichte Fahrlässigkeit aus. **167,** 207 (213). — 30) a. Ein Fall der Vorfahrt ist auch beim Einbiegen nach rechts bei der Begegnung mit einem von dort Kommenden gegeben, gleichviel auf welcher Seite der Straße der Betreffende kommt. b. Die Worte „Soweit nicht besondere Umstände entgegenstehen" in dem ersten Halbsatz des § 8 Abs. 2 StrVO. gelten auch für den zweiten Halbsatz („sie dürfen die linke Seite nur zum Überholen benutzen"). Als besondere Umstände, die eine Abweichung von der Regel gestatten, sind in erster Linie Hindernisse auf der rechten Seite der Fahrbahn, insbesondere haltende Fahrzeuge, anzusehen. c. Überholen im Sinne der StrVO. ist ein Vonhintenvorbeifahren an einem in gleicher Richtung sich auf derselben Straße bewegenden Verkehrsteilnehmer. Als in Bewegung befindlich muß allerdings auch ein Fahrzeug angesehen werden, das seine Bewegung kurz unterbrochen hat, ohne die einem sich bewegenden Fahrzeug entsprechende Stellung auf der Fahrbahn aufgegeben zu haben, aber nicht ein Fahrzeug, das rechts heranfährt und dort hält, um Fahrgäste aus- und einsteigen zu lassen. **167,** 257. — 31) Der zur Vorfahrt Berechtigte verliert nach der gefestigten Rechtsprechung des Reichsgerichts sein Vorrecht auch durch Außerachtlassen irgendwelcher Verkehrsvorschriften nicht, auch nicht durch verkehrswidriges Fahren auf der linken Straßenseite; einen Übergang der Vorfahrt von dem Berechtigten auf den Wartepflichtigen gibt es nicht. **167,** 357 (360). — 32) Unter einem Überholen im Sinne des § 26 StrVO. vom 28. Mai 1934 ist ein Vonhintenvorbeifahren an einem in gleicher Richtung sich auf derselben Straße bewegenden Verkehrsteilnehmer zu verstehen. Was hier für die Reichsstraßenverkehrsordnung von 1934 gesagt ist, muß auch für die entsprechenden Vorschriften der jetzigen Straßenverkehrsordnung gelten. **167,** 357 (361 flg.). — 33) Der Vorfahrtberechtigte darf damit rechnen, daß ihm gegenüber wartepflichtige Verkehrsteilnehmer seine Vorfahrt achten werden; er ist erst dann zu erhöhter Vorsicht und zu Abwehrmaßnahmen verpflichtet, wenn das Verhalten eines Wartepflichtigen berechtigten Zweifel hervorrufen muß, ob der Wartepflichtige die Vorfahrt tatsächlich achten werde. **167,** 357 (364). — 34) Über die Frage, unter welchen Voraussetzungen ein Soldat auf der Dienstfahrt mit einem Heereskraftwagen noch in Ausübung öffentlicher Gewalt handelt, wenn er zu persönlichen Zwecken einen Umweg macht. **167,** 367. — 35) Mangelnde Sorgfalt in der Verwahrung eines Kraftwagens stellt ein Verschulden dar, das die Verantwortlichkeit des Schuldigen nach den Vorschriften des allgemeinen bürgerlichen Rechts begründet. b. Wird durch die Mangelhaftigkeit der Verwahrung eines Kraftwagens einem Dritten die unbefugte Benutzung des Kraftwagens zu einer Schwarzfahrt ermöglicht, so besteht zwischen der mangelhaften Verwahrung und einem auf der Schwarzfahrt eingetretenen Unfall regelmäßig ein adäquater Zusammenhang. c. Die NSDAP. trifft auf Grund ihrer Beteiligung am allgemeinen Rechtsleben die Mithaftung aus § 8 des öst. KHG., wenn ein Unterführer der Partei oder ihrer Gliederungen einen Kraftwagen der NSDAP. schuldhaft mangelhaft verwahrt hat; der Unterführer, dem ein Wagen der NSDAP. anvertraut ist, ist im Sinne des § 8 KHG. als eine Person anzusehen, deren sich die NSDAP. beim Betrieb des Kraftwagens bedient. d. Wer in Kenntnis des Umstandes, daß es sich um eine Schwarzfahrt handelt, an der Fahrt teilnimmt und dabei einen Unfall erleidet, kann einen Ersatzanspruch nicht damit begründen, daß der Eigentümer oder Betriebsunternehmer des Kraftwagens durch die mangelhafte Verwahrung des Wagens die Schwarzfahrt ermöglicht habe; der Erhebung eines solchen Ersatzanspruchs gegen den Eigentümer oder Betriebsunternehmer des Kraftwagens steht der Einwand der unzulässigen Rechtsausübung entgegen. **167,** 391. — 36) Das Reichsgericht hat schon wiederholt darauf hingewiesen, daß mit Schwarzfahrten regelmäßig eine erhöhte Betriebsgefahr verbunden zu sein pflegt und daß es daher die Verkehrssicherheit gebietet, Schwarzfahrten unter Anwendung der größten Sorgfalt zu verhüten. **167,** 391 (395). — 37) a. Eine schuldhafte Verletzung der Vorfahrtregel des § 13 Abs. 2 StrVO. seitens des von links Kommenden liegt immer dann vor, wenn er in die Kreuzung einfährt, ohne mit Gewißheit darauf rechnen zu können, daß er die ganze Kreuzung ungefährdet durchfahren werde. b. Wenn es zwischen dem von links kommenden und dem von rechts kommenden Fahrzeug auf der Kreuzung tatsächlich zu einem Zusammenstoß gekommen ist, so ist damit der Beweis des ersten Anscheins erbracht, daß das von links kommende Fahrzeug das Vorfahrtsrecht des von rechts kommenden Fahrzeugs schuldhaft verletzt hat. **186**, 253. — 38) Wenn bei einer Fahrbahn kein Gehweg vorhanden ist, darf und soll ein Kraftwagen nicht an der äußersten rechten Seite seiner (rechten) Fahrbahnseite fahren. **169**, 284. — 39) Die Führer von Fahrzeugen müssen damit rechnen, daß sich auf dem rechten Rande der rechten Fahrbahnhälfte auch Fußgänger bewegen, sofern kein Gehweg vorhanden ist. **169**, 284 (287). — 40) Zum Begriffe des Güterfernverkehrs und des Werkverkehrs nach dem Güterfernverkehrsgesetz vom 26. Juni 1935. **169**, 359. — 41) Zu § 17 KFG. und zur Abwägung der Ursächlichkeit des beiderseitigen Verschuldens und der beiderseitigen Betriebsgefahr bei einem Zusammenstoß von Kraftwagen und Eisenbahn. **169**, 376. — 42) Ist bei dem Betriebe eines Kraftfahrzeugs eine verkehrsgefährdende Lage herbeigeführt worden, so ist ein darauf zurückzuführender Verkehrsunfall als beim Betrieb des Kraftfahrzeugs geschehen anzusehen, wenn auch im Augenblick des Unfalls die Antriebskraft des Fahrzeugs nicht mehr bestand. **170**, 1. — 43) Verkehrsunfall. Zusammenstoß eines Zugs mit Lastkraftwagen. Für die Schadensausgleichung zwischen den Parteien, die für den Schaden verantwortlich sind, ist § 17 KFG. anzuwenden. **170**, 1 (17). — 44) Die Schadensausgleichung nach § 17 KFG. hat sich in erster Linie nach dem Maße der Verursachung zu richten; dabei sind alle Umstände zu berücksichtigen, die zur Entstehung und Vergrößerung des Schadens beigetragen haben; dazu gehört auch das etwaige Verhalten der einen oder andern Partei oder der Personen, die bei der Herbeiführung des Schadensfalles für sie gehandelt haben. **170**, 1 (17 flg.). — 45) Die Abwägung (s. Nr. 44) kann erst nach Klärung aller in Betracht kommenden Umstände stattfinden; dabei sind Unterstellungen hinsichtlich des Verschuldens einer Partei oder ihrer Verrichtungsgehilfen nicht zulässig. **170**, 1 (18). — 46) Wenn die für die Haltereigenschaft wesentlichen Merkmale bei keiner der mehreren Personen, die bei dem Betriebe eines Kraftfahrzeugs beteiligt sind, in vollem Umfange zutreffen, dann muß geprüft werden, auf wen sie im größten Umfang zutreffen. Niemals aber darf die Prüfung dahin führen, daß ein Kraftfahrzeug überhaupt keinen Halter habe. — Die wesentlichen Merkmale können bei mehreren Beteiligten in solchem Umfang zutreffen, daß sie alle als Halter anzusehen sind. **170**, 182. — 47) Für die Haltereigenschaft entscheidet das Eigentum am Kraftwagen nicht unbedingt, es ist aber regelmäßig von wesentlicher Bedeutung. Ein Fahrzeug hat für eigne Rechnung in Gebrauch, wer die Nutzungen zieht und die Kosten bestreitet. Der Eigentümer kann auch in der Weise über den Wagen verfügen, daß er den Gebrauch einem andern überläßt. **170**, 182 (185). — 48) Über die Amtspflicht eines beamteten Kraftfahrers zur ordnungsmäßigen Führung des Kraftwagens auch gegenüber Personen, die unberechtigt oder gegen ausdrückliches Verbot auf dem Wagen mitfahren. **170**, 311.

§ 162b. Luftschiffahrt.

Wird bei einer Luftbeförderung auf Grund der Allgemeinen Beförderungsbedingungen der (Deutschen Lufthansa und der) Deruluft ein Fluggast getötet, so bestehen Ansprüche, die nach § 1542 RVO. auf die die Hinterbliebenen des Fluggastes versorgende Berufsgenossenschaft übergehen könnten, nicht. **161**, 76.

§ 163. Reichshaftpflichtgesetz vom 7. Juni 1871 (nF. nach Art. 42 EG. z. BGB.).

(Die Paragraphen ohne Zusatz sind die des Haftpflichtgesetzes.)

1) Die Personenbeförderung der Deutschen Reichsbahn ist nicht Ausübung hoheitlicher Gewalt, sondern privatrechtlicher Werkvertrag. **161**, 195. — 2) Selbst wenn das Reichshaftungsgesetz mit der Einbeziehung der Personen des Soldatenstandes den dem § 839 BGB. zugrunde liegenden Beamtenbegriff nur hat klarlegen und nicht hat erweitern wollen, so läßt doch die allgemeine Fassung des Gesetzes keinen Zweifel, daß dieser Begriff sämtliche Wehrmachtangehörigen ausnahmslos mit umfaßt. **162**, 308 (311). — 3) Wenn Soldaten auf dienstlichen Befehl Gegenstände (Sägespäne, Stroh) aus dem Magazin zur Kaserne schaffen, die zur Befriedigung notwendiger Bedürfnisse der Wehrmacht dienen und insofern zur Erhaltung oder Förderung der militärischen Verwendungsfähigkeit der Truppe erforderlich sind, so handeln sie in Ausübung anvertrauter öffentlicher Gewalt. **162**, 308 (312). — 4) Personen des Soldatenstandes, für deren Amtspflichtverletzung das Reich haftet, sind ohne Rücksicht auf ihren Dienstgrad nicht nur die Berufssoldaten, sondern auch diejenigen, die nur zur Erfüllung ihrer Wehrpflicht im Heere dienen. Sie werden nicht schon dadurch entschuldigt, daß sie einem dienstlichen Befehle nachkommen, sondern müssen ihn auch mit der im Verkehr erforderlichen Sorgfalt ausführen. **162**, 308. — 5) Ist die Erwerbsfähigkeit auch nur zeitweise gemindert, verliert der Verletzte aber dadurch eine ungekündigte Erwerbsstellung, so endigt der Schadensersatzanspruch nicht ohne weiteres mit der Wiedergewinnung der vollen Erwerbsfähigkeit, sondern erst mit der Erlangung einer gleichwertigen Erwerbsstellung. Dem Haftpflichtigen steht § 254 Abs. 2 BGB. zur Seite, wenn der Verletzte sich nicht bemüht, eine mit der verlorenen gleichwertige Stellung zu erlangen. **163**, 40. — 6) § 842 BGB. gilt nicht für das Reichshaftpflichtgesetz. **163**, 40 (45). — 7) Gegenüber dem Verlust eines Diensteinkommens genügt regelmäßig nicht die Feststellung des Vorhandenseins noch voller oder teilweiser Erwerbsfähigkeit oder der Hinweis auf allgemeine Erwerbsmöglichkeiten; vielmehr muß der Ersatzpflichtige beweisen, daß dem Verletzten mit der ihm verbliebenen Erwerbsfähigkeit nach den gegebenen wirtschaftlichen Zuständen bestimmte Erwerbszweige offenstehen oder von ihm nach seinen persönlichen Verhältnissen ergriffen werden können. **163**, 40 (45). — 8) Hat der Haftpflichtige dem Verletzer die Aussicht eröffnet, durch eine Anstellung bei ihm — dem Haftpflichtigen — eine Erwerbseinbuße zu vermeiden, und beraubt sich der Verletzte dieser Aussicht durch Begehung einer Straftat, so ist abzuwägen, in welchem Maße die Erwerbseinbuße dem Verletzten selbst und in welchem Maße sie dem Haftpflichtigen zur Last fällt. **164**, 79. — 9) Verdunkelung ist keine höhere Gewalt, wirkt

aber nicht einseitig zuungunsten der Straßenbahn. **167,** 325. — 10) Die Haftung der Straßenbahn nach § 1 RHPflG. wird nicht dadurch ausgeschlossen, daß der Unfall durch die Verdunkelungsmaßnahmen mitverursacht ist. Zur Anwendung dieser Bestimmung genügt eine bloße Mitverursachung durch die Straßenbahn, sofern sie, wie bei Unfällen in aller Regel, „adäquat" ist. Die allgemeine Verdunkelung ist keine die Haftung ausschließende höhere Gewalt. Durch die Verdunkelungsmaßnahmen wird die Betriebsgefahr der Straßenbahn erhöht; andererseits ist aber von den übrigen Verkehrsteilnehmern zur Zeit der Verdunkelung ein höheres Maß von Sorgfalt als unter gewöhnlichen Umständen zu verlangen. Dadurch wird vermieden, daß die Verdunkelung zu einer einseitigen Belastung der Straßenbahn führt. **168,** 304. — 11) Es besteht keine Vermutung für eignes Verschulden des Fahrgastes, der von der offenen Plattform eines Straßenbahnwagens fällt. **169,** 382.

§ 164. Postrecht. Postwesen.

1) Das Postscheckverhältnis ist öffentlich-rechtlicher Natur; es wird im Einzelfalle durch öffentlich-rechtlichen Vertrag begründet. **161,** 174 (176 flg.). — 2) Die Postscheckordnung ist eine Rechtsverordnung mit richtunggebendem Inhalt. **161,** 174 (180 flg.). — 3) Die Bestimmung in § 6 II Abs. 1 der Postscheckordnung bürdet dem Postscheckkunden zwar die Gefahr für jeden Mißbrauch der Formblätter durch Dritte auf, schließt aber die auf § 9 des Postscheckgesetzes beruhende Haftung der Reichspost für Fahrlässigkeit bei der Einlösung verfälschter Schecke und bei der Ausführung verfälschter Überweisungen nicht aus. **161,** 174 (180 flg.). — 4) Zuständigkeitsordnung, Rechtsnatur. **162,** 129. — 5) Der — beamtete — Führer eines zur Briefpostbeförderung eingesetzten Kraftwagens der Deutschen Reichspost handelt in Ausübung öffentlicher Gewalt. Verletzt er auf einer Dienstfahrt fahrlässig die Gesundheit eines dritten Straßenbenutzers, so verstößt er schuldhaft gegen eine ihm diesem gegenüber obliegende Amtspflicht. **164,** 273 (275). — 6) Zwar unterliegen die Pakete nicht wie die Briefe dem sogenannten Postzwange, so daß die Paketbeförderung auch andern Unternehmern freisteht. Das schließt jedoch nicht aus, daß die der Reichspost zur Beförderung übergebenen Pakete ebenso wie die Briefe im öffentlichen Dienst, also in Ausübung hoheitlicher Tätigkeit und hoheitlicher Gewalt oder doch wenigstens hoheitlicher Fürsorge befördert werden. Ausschlaggebend ist es nicht. Maßgeblich ist, wie sich der Wille des Hoheitsträgers in dem Aufbau des Unternehmens äußert. Ist dieser Wille bei der Briefbeförderung im Sinne einer Ausübung hoheitlicher Gewalt erkennbar, so kann sich nur fragen, ob ein abweichender Wille bezüglich der Paketbeförderung feststellbar ist. Dies ist nicht der Fall. Die Amtshaftungsvorschriften sind deshalb auch auf Fälle der Paketpostbeförderung grundsätzlich anwendbar. **164,** 273 (276 flg.); **165,** 365 (368); **166,** 1 (6). — 7) Dienstfahrten, welche der Verwaltung, Leitung und Beaufsichtigung des Postwesens dienen, sind ebenfalls dem hoheitsrechtlichen Gebiete zuzurechnen. Die Reichspost ist für den Betrieb ihrer Anstalten nicht mehr wie früher einem bürgerlichrechtlichen Unternehmer gleichzustellen. **165,** 365 (368).

§ 165. Fernmelderecht, Fernmeldewesen. (Telegraph, Fernsprecher, Funk.)

Fernsprechordnung, Rechtsnatur. **162,** 129.

§ 166. Erzwungene Aufopferung von Rechten für das Gemeinwohl (§ 75 Einl. z. PrALR.).

1) Ein Ausbau eines Wasserlaufs liegt nur dann vor, wenn das Unternehmen auf Verbesserung des bisherigen Zustands für die dem Wasserlauf eigenen Zwecke — Schiffahrt und Vorflut — gerichtet ist. Der Anlieger eines Wasserlaufs hat keinen Aufopferungsanspruch, wenn ihm durch Errichtung eines nicht einem Wasserlaufausbau dienenden Deichs der tatsächliche Vorteil der Düngung durch Hochwasser genommen wird; denn er hat keinen Anspruch auf Fortbestand dieses Vorteils. Er hat auch keinen Anspruch, wenn der neuangelegte Deich ihm den Abfluß von Überschwemmungswasser hindert, das unter dem Deich her auf sein Grundstück dringt; denn er kann sich nicht dagegen wehren, daß ein Unterlieger den Abfluß seines Oberflächenwassers hindert. **161,** 364. — 2) Ein Aufopferungsanspruch kommt in unmittelbarer oder in rechtsähnlicher Anwendung des § 75 Einl. z. ALR. nur dann in Betracht, wenn in ein wohlerworbenes Recht des Beschädigten, namentlich das Eigentum, eingegriffen wurde, nicht aber dann, wenn ihm tatsächliche Vorteile, auf deren Fortbestand er kein Anrecht hatte, entzogen worden sind. **161,** 364 (369). — 3) Wenn das Deutsche Reich in Ausübung eines Hoheitsrechts eine Erfindung aus Rücksichten der öffentlichen Wohlfahrt in Benutzung nimmt, steht dem Patentinhaber auf Grund eines dem § 75 Einl. z. ALR. entsprechenden Rechtsgedankens Anspruch auf Entschädigung zu. **161,** 387. — 4) Es besteht kein Aufopferungsanspruch, wenn und soweit der Kläger Unterlassung des Eingriffs in seine Rechte begehren kann. **162,** 349 (360). — 5) Der Pächter eines Grundstücks, der darauf eine Großbaggerei und Kieswäscherei einrichtet und dadurch das Grundstück für die städtische Wasserversorgung unbrauchbar macht, die es als Wassereinzuggebiet benötigt, ist Störer im Sinne des preuß. Polizeiverwaltungsgesetzes, so daß er für die Untersagung seines Betriebs keine Entschädigung verlangen kann. **163,** 228. — 6) Der Aufopferungsanspruch nach § 75 Einl. z. ALR. ist nicht schlechthin durch das Polizeiverwaltungsgesetz beseitigt. **163,** 228 (230). — 7) Ein vom Verschuldensnachweis unabhängiger Ersatzanspruch käme in Betracht, wenn der Kläger durch die Beschlagnahme zur Aufopferung privater Rechte für das allgemeine Wohl genötigt worden wäre (§ 75 Einl. z. ALR.) oder wenn durch die Beschlagnahme rechtswidrig in sein Eigentum eingegriffen worden und er an einer nach den Regeln des bürgerlichen Rechts an sich zu begründenden Abwehrklage durch eine Sonderbestimmung oder aus besondern Rücksichten, namentlich solchen des Gemeinwohls, gehindert gewesen wäre. **166,** 218 (239). — 8) a. Die Vorschrift des § 909 BGB. ist anwendbar auf den Fall, daß infolge von Grundwasserabsenkungen bei Vornahme von Tiefbauten der Pfahlrost, auf dem ein Gebäude errichtet worden ist, in Fäulnis gerät. b. War dem geschädigten Eigentümer wegen Gemeinnützigkeit des Baues, bei dem die Grundwassersenkung geschieht, eine Abwehr

versagt, so hat er einen vom Nachweis schuldhaften Handelns unabhängigen Entschädigungsanspruch. c. Dieser Anspruch hat andern Inhalt als ein Schadensersatzanspruch aus unerlaubter Handlung. Er soll einen der Billigkeit entsprechenden Ausgleich für das zum Nutzen der Allgemeinheit Aufgeopferte bewirken. Klageverpflichtet ist der Bauherr des gemeinnützigen Unternehmens, regelmäßig aber nicht der ausführende Bauunternehmer. Haben mehrere Bauherrn zusammenwirkend zur Schädigung des Nachbargrundstücks beigetragen, so haftet jeder entsprechend dem Anteil seines Mitwirkens. **167,** 14. — 9) Der durch unzulässige Einwirkungen geschädigte Eigentümer kann ohne den Nachweis schuldhaften Handelns des Gegners Entschädigung fordern, wenn ihm eine Gegenwehr wegen der Gemeinnützigkeit des Unternehmens, von dem die Einwirkung ausgeht, versagt war. Ein solcher Anspruch ist der Ausgleich dafür, daß der Eigentümer durch höhere Rücksichten genötigt wurde, seine an sich gesetzliche Rechtsstellung aufzuopfern, indem er die von den gemeinnützigen Arbeiten ausgehenden Einwirkungen auf sein Grundstück ohne die Möglichkeit einer Abwehr hinnehmen mußte. Ein solcher Aufopferungsanspruch wird in der Rechtsprechung und im Schrifttum vielfach als „Schadensersatzanspruch" bezeichnet, was insofern richtig ist, als er auf Ersatz von Schaden, auf Entschädigung geht. Dabei ist aber zu beachten, daß der Aufopferungs-Entschädigungsanspruch einen andern Ursprung hat als ein Schadensersatzanspruch aus unerlaubter Handlung, wie er im Falle des § 909 BGB. auf § 823 Abs. 2 BGB. gestützt werden kann, wenn Verschulden vorliegt. Es handelt sich da um zwei getrennt anzusehende Ansprüche, die verschiedenen Inhalt haben und auch dem Umfange nach verschieden sein können. Der Aufopferungsanspruch soll einen angemessenen Ausgleich für die Beeinträchtigung gewähren, die ohne Abwehrmöglichkeit hingenommen werden muß. Er braucht nicht notwendig auf vollen Ersatz des zugefügten Schadens mit allen seinen Folgen zu gehen. Die Entschädigung ist so zu bemessen, wie sie nach den Umständen des Falles gerecht erscheint. Zur Vermeidung von Mißverständnissen ist zu bemerken, daß sich diese Erörterungen nur auf einen sich an den Rechtsgedanken des § 75 Einl. z. ALR. anlehnenden Aufopferungsanspruch beziehen, nicht dagegen auf einen auf der besondern Vorschrift des § 26 GewO. beruhenden Anspruch auf „Schadloshaltung". **176,** 14. (26). — 10) Zwar kommt die auf einen Schadensersatzanspruch nach §§ 249, 251 BGB. zugeschnittene Bestimmung des § 254 BGB. bei einem Aufopferungsanspruch nicht zur Anwendung, aber ein dem beschädigten Grundstück von vornherein innewohnender Mangel kommt doch bei der nach Billigkeit zu bemessenden Entschädigung, diese mindernd, in Betracht. **167,** 14 (26). — 11) Regelmäßig entspricht es den Grundsätzen von Recht und Billigkeit, daß die zum Nutzen der Allgemeinheit verursachten Schäden auch der Allgemeinheit zur Last fallen. **167,** 14 (27). — 12) Der Aufopferungsanspruch unterliegt nicht der kurzen Verjährung des § 852 BGB., sondern der regelmäßigen des § 195 BGB. **167,** 14 (27). — 13) Wo es sich um einen aus Billigkeitsrücksichten gebotenen Ersatz dafür handelt, daß der Geschädigte aus höhern Rücksichten die Unversehrtheit seines Eigentums, die er sich sonst mit der Abwehrklage (§ 1004 BGB.) hätte erhalten können, aufopfern muß, kann ersatzpflichtig nur der sein, zu dessen Besten die Aufopferung dient. **167,** 14 (28). — 14) Keine gesamtschuldnerische Haftung mehrerer nebeneinander Verantwortlicher beim Aufopferungsanspruch. Dieser tritt an die Stelle der Abwehrklage. Er kann gegen den einzelnen Klageverpflichteten nicht in weiterm Umfange gehen, als dieser mit der Abwehrklage belangt werden könnte, wenn eine solche nicht aus Gründen der Gemeinnützigkeit ausgeschlossen wäre. Jedem einzelnen gegenüber opfert der Entschädigungsberechtigte seine sonst gesetzlich begründete Abwehrstellung nur so weit auf, wie er den Verpflichteten andernfalls auf Unterlassung in Anspruch nehmen könnte. Das wäre nur so weit möglich, wie die schädliche Einwirkung des einzelnen reicht. Jeder Beklagte, der nur einen gewissen Teil der Schadensursache setzt, kann mit dem Aufopferungs-Entschädigungsanspruch auch nur zu diesem Teil in Anspruch genommen werden. **167,** 14 (39). — 15) Soweit dem Kläger die Abwehrklage gegen schädigende Eingriffe des Beklagten in sein Recht mit Rücksicht auf die öffentlichen Belange versagt ist, steht ihm im Rahmen der Billigkeit ein vom Nachweise schuldhaften Handelns unabhängiger Aufopferungsanspruch zu. **170,** 40 (44).

§ 167. Enteignung. Preußisches Enteignungsgesetz vom 11. Juni 1874.

§ 168. Preußisches Fluchtliniengesetz vom 2. Juli 1875 (FlLG.).

§ 169. Reichsrayongesetz vom 21. Dezember 1871.

§ 170. Reichsgesetz vom 30. Juni 1900 über die Bekämpfung gemeingefährlicher Krankheiten. Preußisches Gesetz vom 28. August 1905.

§ 171. Schlachthäuser. Viehseuchen.

§ 171a. Branntweinmonopolgesetz vom 26. Juli 1918/8. April 1922.

Vierter Abschnitt. Familienrecht.

Erstes Kapitel. Ehe.

§ 172. Verlöbnis.

1) Der Rücktritt vom Verlöbnis kann keine unerlaubte Handlung darstellen. **163,** 280. — 2) a. Eine Ausnahme von dem Grundsatze, daß das Eheversprechen nichtig ist, falls einer der Beteiligten in gültiger Ehe lebt, kann keinesfalls dann anerkannt werden, wenn der Entschluß, sich scheiden

zu lassen, erst durch das Verlöbnis und ein daraufhin angeknüpftes ehebrecherisches Verhältnis hervorgerufen worden ist. b. 1. Eine Verlobte kann aus einem von ihr unter der Geltung der §§ 1574, 1578 BGB. gegenüber ihrem frühern Ehemann erklärten Unterhaltsverzicht keine Schadensersatzansprüche gegen den andern Verlobten herleiten, wenn sie selbst Ehebruch begangen hatte; das gilt auch dann, wenn der frühere Ehemann den Ehebruch, weil er keine Kenntnis davon hatte, nicht durch Erhebung einer Widerklage oder Stellung eines Mitschuldantrags im Scheidungsstreit geltend gemacht hatte. Auch der Verzicht auf die Bezugsberechtigung aus einer Lebensversicherung des frühern Ehemanns stellt keine den andern Verlobten zum Schadensersatz verpflichtende Maßnahme dar, da die Bezugsberechtigung mit der Scheidung der Ehe von selbst ein Ende gefunden hätte. 2. Der Rücktritt vom Verlöbnis braucht nicht ausdrücklich, sondern kann auch stillschweigend erklärt werden; es genügt ein Verhalten des Verlobten, aus dem der andere Verlobte zu erkennen vermag, daß jener an dem Willen, mit ihm die Ehe einzugehen, nicht mehr festhält. c. Der Anspruch aus § 1500 steht auch einer unbescholtenen geschiedenen Frau zu. **170**, 72. — 3) Vermögensrechtliche Maßnahmen (in Verträgen der Verlobten mit ihrem frühern Ehemanne), insbesondere auch ein Unterhaltsverzicht, fallen an sich unter § 1298 Abs. 1 Satz 2 BGB. **170**, 72 (75). — 4) Ob der Grundsatz, daß das Eheversprechen einer verheirateten Person in Anbetracht des Wesens der Ehe als einer dauernden Lebensgemeinschaft zwischen den Ehegatten sittenwidrig und daher nach § 138 Abs. 1 BGB. nichtig sei, ausnahmslos gelten oder ob besondere Umstände des Einzelfalls eine andere Auffassung rechtfertigen könnte, war bisher in der Rechtsprechung offengeblieben; die Anerkennung eines Ausnahmefalls würde in erster Linie voraussetzen, daß dem Ehegatten, der während des Bestehens seiner Ehe ein Verlöbnis eingeht, ein Scheidungsgrund zur Seite stand, weiter aber auch, daß er zur Zeit des Verlöbnisses bereits die Scheidung seiner Ehe betrieben hatte. **170**, 72 (76). — 5) Der Anspruch aus § 1300 BGB. steht auch der unbescholtenen geschiedenen Frau zu. **170**, 72 (78). — 6) Der Verlobte darf die von ihm selbst verursachte oder doch mit verursachte Bescholtenheit seiner frühern Braut gegenüber dem Anspruch aus § 1300 BGB. nicht geltend machen. **170**, 72 (79).

§ 173. Eingehung der Ehe.

1) a. Gegen eine Klage auf Feststellung des Bestehens einer Ehe kann mit Erfolg nur eingewendet werden, daß eine Ehe überhaupt nicht besteht, nicht aber, daß die bestehende Ehe nichtig ist. Nichtigkeitsgründe sind nur mit Klage geltend zu machen. b. Wenn auch der Vertreter der Obrigkeit bei der Trauung zur Entgegennahme der Willenserklärungen der Brautleute bereit sein muß, so kann er sich nicht entgegen dem äußern Verhalten auf einen entgegengesetzten innern Vorbehalt berufen. **166**, 341. — 2) Ferntrauung. Die Ehe ist nicht nichtig, wenn der Mann zwar nicht Angehöriger der Wehrmacht, wohl aber des Wehrmachtgefolges war und die Erlaubnis zum Tragen einer Wehrmachtuniform besaß, wenn ferner der militärische Vorgesetzte in der irrigen Annahme, es handle sich um einen Angehörigen

der Wehrmacht, von ihm die Erklärung entgegengenommen hat, die Ehe eingehen zu wollen, ihm auch bescheinigt hat, daß er als Angehöriger der bewaffneten Macht an einem Krieg oder einem kriegsähnlichen Unternehmen teilnehme sowie wenn beide Verlobten die Voraussetzungen für die Zulässigkeit einer Ferntrauung gutgläubig als gegeben angesehen haben. **169**, 345.

§ 174. Anfechtung und Nichtigkeit der Ehe. Aufhebung der Ehe.

1) Der Ehenichtigkeitsgrund der Impotenz nach kanonischem Recht ist dem Eheaufhebungsgrund des Irrtums über Umstände, die die Person des andern Ehegatten betreffen, nicht gleichartig. Die Gleichartigkeit dieses Ehenichtigkeitsgrundes mit dem Eheungültigkeitsgrund des Unvermögens nach österreichischem Recht führt zur Anwendung des österreichischen Rechts über die Befugnis zur Klage auf Anfechtung der Ehe aus diesem Grund. **163**, 73. — 2) Nach dem österreichischen Rechte war nur der am Eheabschluß schuldlose Teil zur Eheungültigkeitsklage befugt. Als schuldloser Teil galt nur, wer vom Ungültigkeitsgrunde vor Eingehung der Ehe keine Kenntnis hatte. Wegen Unvermögens zur Leistung der ehelichen Pflicht kann die Ehe auch von dem unvermögenden Ehegatten nur bestritten werden, wenn ihm sein eignes Unvermögen zur Zeit der Eheschließung unbekannt war. Daran ist durch das großdeutsche Ehegesetz des Jahres 1938 nichts geändert worden, abgesehen davon, daß die Genehmigung des Staatsanwalts zur Klageerhebung und zur Fortsetzung des Ungültigkeitsstreits erforderlich ist. Auch ein begründeter Zweifel des Ehemanns an seinem Unvermögen würde nicht ausreichen, ihm das Klagerecht zu geben; denn Kenntnis wäre sogar dann anzunehmen, wenn er nur begründete Zweifel an seiner Fähigkeit gehabt hätte. **163**, 73 (77). — 3) Der von der Frau arglistig getäuschte Ehemann verwirkt sein Recht auf Aufhebung der Ehe noch nicht, wenn er nach einer Erklärung, er wolle versuchen, über die seelische Erschütterung hinwegzukommen, die Ehe noch durch kurze Zeit fortsetzt. **163**, 130. — 4) Auch der auf Eheaufhebung Verklagte kann, wenn er selbst Ehescheidung aus Verschulden des Klägers begehren könnte oder wenn er das Recht dazu verloren hat, die Nichtberücksichtigung jenes Verschuldens also unbillig wäre, wegen dieser Schuld des Klägers dessen Schuldigerklärung beantragen. **163**, 315. — 5) Der Ehegatte, der die nicht rein deutschblütige Abstammung des andern Teils bei der Eheschließung gekannt hat oder, falls er sie erst später erfahren hat, die Klagefrist hat verstreichen lassen, kann trotzdem die Aufhebung der Ehe verlangen, wenn er sich auf — erst später in Erscheinung getretene — tiefgreifende Folgen dieser Abstammung berufen kann, die ihn erst zur vollen Erkenntnis seines Irrtums brachten. Ebenso können bei der Anfechtung der Ehe wegen Vorhandenseins einer Erbkrankheit oder einer Anlage dazu die Auswirkungen, z. B. das Auftauchen der Krankheit auch bei Kindern aus der Ehe oder das Hervortreten der bisher nur in der Anlage vorhandenen Krankheit bei dem Ehegatten eine entscheidende Rolle spielen. Soweit aus einem verbrecherischen Hange des einen Eheteils das Aufhebungsverlangen hergeleitet wird, können solche spätern Umstände eine neue Grundlage für das Verlangen geben, die den Hang erst in seinem

vollen Umfange erkennen lassen. **164,** 106 (110). — 6) Die Kenntnis des Aufhebungsgrundes erfordert im Falle des § 37 Abs. 1 EheG. die Kenntnis der den äußern und innern Aufhebungstatbestand bildenden Tatsachen, nicht jedoch auch die Kenntnis des an diese Tatsachen geknüpften Aufhebungsrechts. **164,** 111. — 7) Zwar können auch Auswirkungen der nach § 37 EheG. wesentlichen Umstände einen neuen Aufhebungsgrund geben, nicht aber solche, die von vornherein — wenn auch vielleicht nicht in allen Einzelheiten — zu erwarten waren und die Bedeutung der fraglichen Umstände nicht wesentlich verstärken. **164,** 106, 244 (246). — 8) **a.** Der Schuldausspruch im Aufhebungsurteil hängt ebensowenig wie bei Scheidung wegen Verschuldens von einem besondern Antrage ab. b. Die Kenntnis des Aufhebungsgrundes setzt kein Verschulden und folglich auch keine Schuldfähigkeit voraus. **164,** 244. — 9) Nicht zu verlangen ist zur Eheaufhebung die Kenntnis der sich aus dem Urteil des Klägers für diesen ergebenden Aufhebungsrechts. **164,** 244 (246). — 10) Wenn die Ehefrau nach Entdeckung des Irrtums dem Manne den Geschlechtsverkehr, den sie zunächst abgelehnt hatte, auf sein Drängen schließlich doch gestattet, so kann daraus allein noch nicht auf ihren Willen geschlossen werden, daß sie die Ehe fortzusetzen bereit ist. Es kommt auf die Umstände des einzelnen Falls an. **165,** 121. — 11) Die Ehefrau kann nicht die Bestätigung der Ehe daraus ableiten, daß der Mann sie mehrere Wochen lang noch abends und morgens geküßt habe, wenn diese Zärtlichkeiten vom Ehemanne nur mit Rücksicht auf das Kind der Parteien erwiesen worden sind. **164,** 372 (379); **165,** 121 (123). — 12) Der Wille zur Fortsetzung der Ehe im Sinne des § 37 Abs. 3 EheG. ist nicht vorhanden, wenn der Ehegatte nach Entdeckung des Irrtums zwar zu erkennen gibt, daß er von der Herbeiführung einer Lösung des Ehebandes (Aufhebungsklage) absehen, jedoch eine wirkliche eheliche Gemeinschaft nicht fortsetzen will. Ob auf das Aufhebungsrecht durch Vereinbarung verzichtet werden kann, bleibt dahingestellt. — Über die Frage, welche Anforderungen bei der Eheaufhebung wegen Irrtums über die rassische Zugehörigkeit des andern Ehegatten an den Nachweis seiner Abstammung zu stellen sind und ob der Ehegatte, obwohl er bei der Eheschließung die fremdblütige Abstammung des andern kannte, die Eheaufhebung begehren kann, wenn er von den Auswirkungen der Rassenverschiedenheit keine hinreichende Vorstellung hatte. **164,** 372; **165,** 121 (123). — 13) **a.** Gegen eine Klage auf Feststellung des Bestehens einer Ehe kann mit Erfolg nur eingewendet werden, daß eine Ehe überhaupt nicht besteht, nicht aber, daß die bestehende Ehe nichtig ist. Nichtigkeitsgründe sind nur mit Klage geltend zu machen. b. Wenn auch der Vertreter der Obrigkeit bei der Trauung zur Entgegennahme der Willenserklärungen der Brautleute bereit sein muß, so kann er sich nicht entgegen dem äußern Verhalten auf einen entgegengesetzten innern Vorbehalt berufen. **166,** 341. — 14) Zu § 37 EheG. Rechtfertigt allein der Umstand, daß ein Ehegatte Träger einer kranken Erbanlage und damit der Gefahr des Ausbruchs der Erbkrankheit erheblich stärker ausgesetzt ist als der Durchschnitt der Bevölkerung, die Aufhebung der Ehe? **168,** 61. — 15) Es kommt im Falle unter 14) — abgesehen von der Gefährdung der Nachkommenschaft — entscheidend darauf an, ob der bestehende, nicht der möglicherweise später entstehende Zustand des Anlageträgers derartig ist, daß er sich ungünstig auf die Ehe auswirkt. **168,** 61 (63).

§ 175. Wirkungen der Ehe im allgemeinen. Persönliches Verhältnis der Ehegatten. Schlüsselgewalt der Ehefrau.

In Deutschland können ausländische Eheleute beim Vorliegen eines Trennungsgrundes die Herstellung der ehelichen Gemeinschaft selbst dann verweigern, wenn ihr Heimatrecht die Berechtigung hierzu von der Erwirkung eines Trennungsurteils abhängig macht. **167,** 193 (199).

§ 176. Klage auf Herstellung der ehelichen Gemeinschaft. Unterhaltspflicht während der Trennung. Unterhaltsverträge.

1) Der Tatbestand des § 55 Abs. 1 EheG., insbesondere die dort vorausgesetzte unheilbare Ehezerrüttung, gibt dem auf Herstellung der ehelichen Gemeinschaft in Anspruch genommenen Ehegatten nicht das Recht, diese Herstellung zu verweigern. **162,** 32; **163,** 380 (384). — 2) Auch nach dem neuen Eherecht ist eine Klage aus § 1353 BGB. auf Herstellung der ehelichen Gemeinschaft grundsätzlich zulässig, ohne daß etwa besondere Umstände für ein Rechtsschutzbedürfnis dargetan werden müßten; insbesondere kann der auf Scheidung verklagte Ehegatte mit einer Widerklage vom Kläger die Herstellung verlangen; nur unter den Voraussetzungen des § 1353 Abs. 2 BGB. entfällt die Pflicht des andern Teils, diesem Verlangen zu entsprechen. **162,** 32 (33). — 3) Die unheilbare Zerrüttung der ehelichen Gemeinschaft als solche und der sonstige Tatbestand des § 55 Abs. 1 EheG. vermögen allein einen Mißbrauch des Rechts auf Herstellung im Sinne des § 1353 Abs. 2 BGB. nicht zu begründen; nur soweit dieselben Tatsachen, auf denen bereits die Ehezerrüttung beruht, auch bei einer Wiederaufnahme der ehelichen Gemeinschaft wieder vorliegen und das eheliche Zusammenleben von vornherein gefährden würden, könnten sie einen Mißbrauch des Herstellungsverlangens begründen. **162,** 32 (34). — 4) Ein Ehegatte hat an der richterlichen Feststellung, daß der andere sich rechtswidrig fernhalte, auch dann ein rechtliches Interesse, wenn eine Änderung des gegenwärtigen Zustandes trotz der Verurteilung des andern nicht zu erwarten ist, und in dem Verlangen, der andere solle die Gemeinschaft wiederherstellen, ist nicht schon deswegen ein Rechtsmißbrauch zu erblicken, weil dem andern die eheliche Gesinnung verlorengegangen ist. Die Klärung, ob der eine Ehegatte berechtigt ist, getrennt vom andern zu leben, und die Verneinung dieser Frage durch einen Richterspruch kann auch dafür von Bedeutung sein, in welcher Art und Weise der Unterhalt zu gewähren ist. (§§ 1360, 1361 BGB.). Auch sonst ist nichts ersichtlich, was dem Begehren, den andern Teil zur Herstellung der ehelichen Gemeinschaft zu verurteilen, entgegenstehen könnte. **163,** 380 (384). — 5) Gültigkeit der Unterhaltsregelung zwischen (geschiedenen) Ehegatten nach § 80 EheG. **166,** 378 (380).

§ 177. Eheliches Güterrecht vor dem Inkrafttreten des BGB.

1) Um den Anspruch auf den Wert des Schichtteils und des Pflichtteils nach § 110 Abs. 4 des Gesetzes vom 16. April 1860 betr. das eheliche Güter-

recht in der Provinz Westfalen usw. im Falle letztwilliger Verfügung des überlebenden Ehegatten geltend machen zu können, muß das Kind, sofern es Erbe geworden ist, die Erbschaft ausschlagen, und zwar gilt diese Voraussetzung sowohl hinsichtlich des Pflichtteils- wie des Schichtteilsanspruchs. **162**, 377. — 2) Im Bereiche des ALR. galt die Socinische Klausel, wonach der für das Pflichtteilsrecht in § 2306 Abs. 1 Satz 2 BGB. ausgesprochene Rechtsgedanke maßgebend war, daß der Berechtigte nur entweder anteilsberechtigt oder abfindungsberechtigt sein konnte. **162**, 377 (381, 383). — 3) Die Vorschrift des § 10 Abs. 4 des Gesetzes, betreffend das eheliche Güterrecht in der Provinz Westfalen usw., vom 16. April 1860 stellt sich nicht als ein gesetzliches Verbot dar, sondern lediglich als die Zubilligung eines durch abweichende letztwillige Verfügungen nicht zu beseitigenden Anspruchs auf den Wert des Schicht- und des Pflichtteils. **162**, 377 (383).

§ 178. Gesetzliches Güterrecht des BGB.

1) Die Zustimmung der Ehefrau zu einem Rechtsstreit über das eingebrachte Gut, den der Ehemann im eignen Namen führt (§ 1380 BGB.), ist nur bis zur Klageerhebung widerruflich. Die Erstreckung der Rechtskraft auf die Ehefrau erfordert nicht die Feststellung der Zustimmung der Ehefrau in dem Urteil. **164**, 240. — 2) Das Urteil in dem vom Ehemann gemäß § 1380 BGB. geführten Rechtsstreit wirkt nicht nur dann für und gegen die Ehefrau, wenn jener befugt war, über die geltend gemachten Ansprüche ohne Zustimmung der Frau zu verfügen, sondern auch dann, wenn die Frau der Prozeßführung durch den Mann in dessen Namen zugestimmt hatte. Diese Wirkung erstreckt sich dann aber auch auf die Erben der Frau. Sie sind zwar nicht Rechtsnachfolger einer Partei; denn Partei in dem Rechtsstreit des Ehemannes ist nur dieser, § 325 ZPO. findet also keine unmittelbare Anwendung; wenn sich aber die Rechtskraft auf die Erben der Partei erstreckt, so kann sie vor den Erben eines Dritten, gegen den das Urteil wirkt, nicht haltmachen. Auch hier treten die Erben in die Rechtsstellung des Dritten ein. **164**, 240 (242).

§ 178a. Eheverträge.

(Unterhaltsverträge: s. auch § 176.)

— — — — — — — — — — — —

§ 179. Allgemeine Gütergemeinschaft des BGB.

— — — — — — — — — — — —

§ 180. Errungenschaftsgemeinschaft des BGB.

— — — — — — — — — — — —

§ 181. Fahrnisgemeinschaft des BGB.

— — — — — — — — — — — —

§ 182. Gütertrennung. Güterrechtsregister.

— — — — — — — — — — — —

§ 183. Klage auf Aufhebung der ehelichen Gemeinschaft.

— — — — — — — — — — — —

§ 184. Ehescheidung und ihre Folgen. Scheidung von Tisch und Bett.

(S. auch § 335: Verfahren in Ehesachen.)

1) Der Begriff der „geistigen Störung" nach § 50 EheG. beschränkt sich nicht auf Geisteskrankheiten, sei es auch nur solche mindern Grades; auch bloße „nervöse" Störungen fallen darunter. **161,** 106; **169,** 59 (63). — 2) Die Scheidung (Trennung) einer Ehe deutscher Staatsangehöriger im Protektorat Böhmen und Mähren ist seit dem 16. März 1939 nach dem großdeutschen Eherecht zu beurteilen. **161,** 124. — 3) Zur Beachtlichkeit des Widerspruchs nach § 55 Abs. 2 EheG. **161,** 398; **162,** 20, 44, 47, 88; **166,** 166, 209. — 4) Im Rahmen des § 55 Abs. 2 EheG. kommt es rechtsgrundsätzlich nicht darauf an, ob die Verfehlung, durch welche die Zerrüttung verursacht sein soll, verziehen ist. **162,** 47. — 5) Da nach § 55 Abs. 1 EheG. eine unheilbare, die Aussicht auf Wiederherstellung der ehelichen Gemeinschaft ausschließende Zerrüttung der Ehe auch dann vorliegen kann, wenn die Bereitschaft zur Wiederherstellung einer rechten ehelichen Gemeinschaft auch nur auf der einen Seite fehlt, so ergibt die Feststellung, daß die Ehe im Sinne des § 55 Abs. 1 zerrüttet sei, noch nichts in der Richtung, daß auch auf seiten des Scheidungsbeklagten das eheliche Gefühl so weit erloschen sei, daß er Verfehlungen des Scheidungsklägers als ehezerrüttend nicht mehr empfunden hätte oder nicht mehr empfinden könnte. — Abzulehnen ist die Ansicht, daß ein Schuldausspruch aus Billigkeitsgründen nach § 60 Abs. 3 Satz 2 oder nach § 61 Abs. 2 Satz 2 nur dann in Frage komme, wenn sich feststellen lasse, daß der Kläger die Zerrüttung der Ehe allein verschuldet habe. **162,** 88. — 6) Der Widerspruch des Scheidungsbeklagten kann, jedenfalls sobald allgemeine Belange für die Scheidung sprechen, zur Aufrechterhaltung der Ehe nur dann führen, wenn besondere Gründe dies rechtfertigen. **162,** 88 (89). — 7) Das Verschulden des Scheidungsklägers an der Zerrüttung der Ehe kann, auch wenn es noch so schwer ist, für sich allein die Aufrechterhaltung einer völlig zerrütteten Ehe nicht rechtfertigen. **162,** 88 (89). — 8) Das Scheidungsrecht der Scheidungsbeklagten ist ausgeschlossen, wenn auch bei ihr bei Beginn der ehewidrigen Beziehungen des Scheidungsklägers zu andern Frauen jedes eheliche Gefühl zerstört war, so daß sie diese Beziehungen nicht mehr als ehewidrig empfinden konnte; für diesen Ausschluß des Scheidungsrechts ist der Scheidungskläger beweispflichtig. **162,** 88 (91). — 9) Eine unheilbare, die Aussicht auf Wiederherstellung der ehelichen Gemeinschaft ausschließende Zerrüttung der Ehe kann auch dann vorliegen, wenn die Bereitschaft zur Wiederherstellung einer rechten ehelichen Gemeinschaft nur auf der einen Seite fehlt; deshalb kann das einseitige Festhalten des Scheidungsbeklagten an der Ehe und seine Bereitschaft, die eheliche Gemeinschaft wiederherzustellen, nach § 55 Abs. 1 EheG. bedeutungslos sein. **162,** 88 (91). — 10) Zulässigkeit des Mitschuldantrags. **162,** 88 (93). — 11) Das Vorhandensein noch unterhalts- und erziehungsbedürftiger Kinder fällt bei § 55 Abs. 2 EheG. für die Aufrechterhaltung der Ehe erheblich ins Gewicht. Das wird auch nicht ohne weiteres dadurch ausgeschlossen, daß

der auf Scheidung klagende Ehemann eine besondere Verpflichtung hinsichtlich des Unterhalts eingegangen ist. **162,** 124. — 12) Daß die beklagte Ehefrau sich dem Manne gegenüber besonders lieblos und gehässig gezeigt hat, schließt die Beachtlichkeit ihres Widerspruchs nach § 55 Abs. 2 EheG. nicht in jedem Falle aus, sondern ist nur im Rahmen der Gesamtwürdigung zu berücksichtigen und kann insbesondere dahin führen, daß über ungünstige Auswirkungen der Scheidung auf ihre wirtschaftliche Lage hinweggesehen wird. **162,** 193. — 13) Für die Beachtung des Widerspruchs gegen das Scheidungsbegehren aus § 55 EheG. ist nicht das Verhalten des einen oder des andern Ehegatten entscheidend, sondern in erster Reihe der Wert, den die zu scheidende Ehe für die Volksgemeinschaft hat, und das Interesse dieser Volksgemeinschaft an ihrer Aufrechterhaltung und Lösung. Da eine unheilbar zerrüttete Ehe, die auch für die Zukunft keine dem Wesen der Ehe entsprechende Lebensgemeinschaft der Ehegatten mehr erwarten läßt, in der Regel ihren Wert für die Volksgemeinschaft verloren hat, ist der Widerspruch gegen die Scheidung nur beachtlich, wenn im einzelnen Falle besondere Gründe die Aufrechterhaltung der Ehe sittlich gerechtfertigt erscheinen lassen, was wiederum nur auf Grund einer Würdigung der gesamten Verhältnisse, darunter des in § 55 Abs. 2 Satz 2 EheG. besonders hervorgehobenen Verhaltens beider Ehegatten, beurteilt werden kann. Im Rahmen dieser Gesamtwürdigung kann allerdings das Verhalten des der Scheidung widersprechenden Ehefrau während der Trennungszeit von erheblicher Bedeutung sein. Hatte sie sich auch ihrerseits über ihre Pflicht zu ehegemäßem Verhalten hinweggesetzt und dadurch gezeigt, daß sie sich von den durch die Ehe begründeten Bindungen innerlich als gelöst betrachtete, so kann diese Einstellung, selbst wenn sie nach Lage der Verhältnisse nicht als Eheverfehlung zu werten ist, die Beurteilung des von der Beklagten erhobenen Widerspruchs wesentlich beeinflussen, sie kann insbesondere dahin führen, ungünstige Auswirkungen der Scheidung auf ihre wirtschaftliche Lage nach allgemeinen sittlichen Gesichtspunkten als ihr zumutbare erscheinen zu lassen. **162,** 193 (194). — 14) Auch ohne Rücksicht auf die Höhe und die Ertragsfähigkeit des Nachlasses kann dem Unterhaltsberechtigten die Unterhaltsrente in bestimmter Höhe zugesprochen werden, wenn der Betrag jedenfalls nach den Verhältnissen des Erben der Billigkeit entspricht. Vor einer Inanspruchnahme über die Nachlaßmasse hinaus ist der Erbe durch den auf die Einrede der beschränkten Haftung hin auszusprechenden Vorbehalt nach § 780 ZPO. geschützt. Auf die vom beklagten Erben erhobene Einrede der Dürftigkeit des Nachlasses (§ 1990 BGB.) braucht das Gericht in dem Unterhaltsrechtsstreit sachlich nicht einzugehen, sondern kann — auch stillschweigend — mit dem Vorbehalt aus § 780 ZPO. die Entscheidung über die Frage der Dürftigkeit des Nachlasses in das Zwangsvollstreckungsverfahren verweisen. **162,** 298. — 15) § 78 EheG. kann durch vertragliche Vereinbarungen der geschiedenen Ehegatten abgeändert werden; auch kann der Unterhaltsverpflichtete auf jede Herabsetzung der Rente nach seinem Tode verzichten. Dieser Verzicht kann auch dadurch ausgedrückt sein, daß der Unterhaltsverpflichtete seiner geschiedenen Frau zu ihrer dauernden Sicherung eine Rente für die Zeit ihres Lebens zugesagt hat. **162,** 298 (301). — 16) s. Tatsachen, die schon in einem frühern Verfahren wegen Scheidung von Tisch und Bett als Scheidungsgründe vom Gericht nicht angesehen wurden, können auch zu einer Begründung der Scheidung nach dem neuen Eherecht nicht mehr herangezogen werden. b. Die Feststellung des Ehebruchs im Spruch des Scheidungsurteils hat bei einer Scheidung nach § 55 EheG. auch dann zu unterbleiben, wenn der Ehebruch und das Verschulden des Klägers aus diesem Grunde angenommen wurden und der Antrag auf Schuldausspruch gestellt wurde. **163**, 77; vgl. auch **164**, 304. — 17) Die Scheidung von Tisch und Bett und die der Scheidung des neuen Rechts entsprechende Ehetrennung des österreichischen Rechts werden von der herrschenden Auffassung nicht als in einem Verhältnis des Minder oder Mehr zueinander stehend angesehen — mit der Folge, daß mit der Aberkennung des mindern Begehrens auch das weitergehende aberkannt wäre —, sondern als zwei begrifflich voneinander verschiedene Dinge betrachtet. **163**, 77 (79). — 18) Zur Frage der Nichtigkeit von Verträgen, welche die Ehescheidung erleichtern. **163**, 91 (94). — 19) Über die Frage, in welchem Umfang der Verzicht des unterhaltspflichtigen geschiedenen Ehegatten auch Einwendungen aus einer künftigen Veränderung der für die Unterhaltsschuld maßgeblichen Verhältnisse wirksam ist. **163**, 91 flg. — 20) Hat der klagende Teil die eheliche Gemeinschaft aufgehoben, so genügt der beklagte Teil der ihm obliegenden Beweislast für die Zulässigkeit des Widerspruchs zunächst durch den Nachweis dieser Tatsache, da sie den klagenden Teil äußerlich zunächst ins Unrecht setzt und nach der Lebenserfahrung geeignet ist, die Zerrüttung der Ehe zu bewirken. Sache des klagenden Teils ist es dann, die gegen ihn sprechende tatsächliche Vermutung durch den Nachweis zu entkräften, daß er zur Trennung berechtigten Grund gehabt hat und die Ehezerrüttung auf andere Ursachen als die Trennung zurückzuführen ist. **163**, 244. — 21) a. Eheverfehlungen, die der verletzte Ehegatte als ehezerstörend nicht empfunden hat, können den Scheidungsanspruch auch nicht in Verbindung mit Eheverfehlungen, die infolge Fristablaufs als selbständige Scheidungsgründe nicht mehr verwertbar sind, begründen. b. Für eine Schuldigerklärung des Scheidungsbeklagten ist im Falle des § 55 EheG. kein Raum, wenn er mit dem von ihm selbst gegen den Scheidungskläger nach § 61 Abs. 2 gestellten Schuldantrag nicht durchdringt. **163**, 246, 344 (348) — 22) Die Gültigkeit einer zwischen geschiedenen Gatten getroffenen Vereinbarung über die Unterhaltspflicht wird nicht dadurch berührt, daß die Gatten einen nicht (mehr) bestehenden Scheidungsgrund geltend gemacht hatten. Dies gilt auch dann, wenn die Vereinbarung nur die schon während des Scheidungsprozesses verabredete Wiederholung eines bereits damals geschlossenen Abkommens darstellt. Die bisherige Rechtsprechung (RGZ. Bd. 126 S. 323 Nr. 3 zu § 80 EheG.) wird aufgehoben. **163**, 280. — 23) a. Die Aufforderung aus § 57 Abs. 1 Satz 4 EheG. kann auch in einem Prozeßschriftsatz eines bereits anhängigen Rechtsstreits auf Herstellung der häuslichen Gemeinschaft wirksam erklärt werden. b. Für die Entscheidung der Frage, ob der verklagte Ehegatte die Herstellung der häuslichen Gemeinschaft deshalb verweigern könne, weil er seinerseits berechtigt sei, auf Scheidung zu klagen, ist nicht der Zeitpunkt der Erhebung der Herstellungsklage maßgebend, sondern der Zeitpunkt der letzten mündlichen Verhandlung vor dem Tatsachenrichter. c. Die Bestimmung des § 59 Abs. 1 EheG. bezieht sich nicht auf Herstellungsklagen und die Verteidigung gegen solche. d. Das Verlangen auf Herstellung der Gemeinschaft ist ein Rechtsmißbrauch, wenn ernstlich zu besorgen ist, der klagende Teil werde sich künftig in einer Weise benehmen, die dem andern Teil das Zusammenleben mit ihm unerträglich machen müßte. Daß das zu befürchten sei, hat der verklagte Teil zu beweisen. Doch kann er seiner Beweislast dadurch nachkommen, daß er ein Verhalten des klagenden Teils in der Vergangenheit nachweist, welches den Schluß rechtfertigt, der klagende Teil werde sich auch künftig so benehmen, z. B. aus seinen Charakteranlagen und seiner Wesensart heraus. Eine allgemeine Regel des Inhalts, ein Ehegatte, der sich früher ehewidrig verhalten habe, werde es auch künftig tun, kann jedoch nicht aufgestellt werden. **163,** 305. — 24) a. Einem Ehegatten, dem infolge geistiger Erkrankung das Verständnis für das Wesen der Ehe verlorengegangen ist und der infolgedessen auch kein Empfinden für die zur Herbeiführung der Ehezerrüttung an sich geeigneten Tatsachen haben kann, kann ein Scheidungsanspruch auf Grund der §§ 49, 50, 55 EheG. nicht erwachsen. b. Nach § 55 Abs. 2 Satz 1 ist es grundsätzlich ohne Bedeutung, ob das Verhalten des Klägers infolge geminderter Zurechnungsfähigkeit milder zu beurteilen ist. c. Dem Falle, daß der Kläger die Zerrüttung der Ehe verschuldet hat, ist der Fall gleichzustellen, daß ihm sein ehezerrüttendes Verhalten infolge geistiger Störung nicht zum Verschulden angerechnet werden kann, er sich aber auf die von ihm herbeigeführte und von ihm als solche empfundene Ehezerrüttung zur Begründung seines Scheidungsanspruchs beruft. **163,** 338, 344 (347). — 25) a. An der Rechtsprechung wird festgehalten, daß es für die Frage der Beachtlichkeit des Widerspruchs der schuldlosen Ehefrau auch von Bedeutung ist, ob die Entfremdung der Parteien und ihre Trennung schon erfolgt ist, als die Gattin und namentlich die Frau noch auf der Höhe des Lebens standen, oder ob sich die Ehegatten erst später voneinander abgewendet haben. b. An den Urteilen RGZ. Bd. 160 S. 112 und RGZ. Bd. 162 S. 32 (betreffend Klage auf Herstellung der ehelichen Gemeinschaft) wird ebenfalls festgehalten. **163,** 380. — 26) Das Recht stellt an jeden, dessen freie Willensbestimmung durch krankhafte Störung der Geistestätigkeit nicht geradezu ausgeschlossen ist, die Anforderung, sich soweit als möglich zusammenzunehmen und seiner Stimmung Herr zu werden. **163,** 338 (341). — 27) Die Zerrüttung der Ehe (oder, was gleichbedeutend ist, des ehelichen Verhältnisses) besteht darin, daß bei einem der Ehegatten oder bei beiden durch Verfehlungen oder durch ein nicht schuldhaftes, weil auf geistiger Störung beruhendes Verhalten des andern Ehegatten oder durch Ereignisse oder Verhältnisse, die keine Schuld bedeuten und mit der Person des andern Ehegatten nicht einmal zusammenzuhängen brauchen, die eheliche Gesinnung zerstört, also eine völlige innere Entfremdung eingetreten ist, die es dem Ehegatten unmöglich macht, fernerhin dem andern Ehegatten die ihm nach dem Wesen der Ehe geschuldete Liebe und Achtung entgegenzubringen. Das Verhalten oder die sonstigen Ereignisse oder Verhältnisse müssen nicht nur sachlich geeignet sein, dem die Scheidung begehrenden Ehegatten die Fortsetzung der Ehe unerträglich zu machen, sondern sie müssen diese Wirkung auch in der Tat gehabt haben. Erforderlich ist daher, daß der klagende Ehegatte die in Betracht kommenden Tatsachen als ehezerrüttend empfindet. Hierbei handelt es sich nicht um einen rechtsgeschäftlichen, sondern um einen rein innern, dem Seelen- und Empfindungsleben angehörigen Vorgang, der nicht die Geschäftsfähigkeit des betreffenden Ehegatten voraussetzt, wohl aber das geistige Vermögen erfordert, das Wesen der Ehe richtig zu würdigen und das Verhalten des andern Ehegatten oder eine sonstige Tatsache als einen Hinderungsgrund gegen die Fortsetzung der Ehe zu empfinden. Die hierzu erforderlichen geistigen Fähigkeiten können — je nach der Art der geistigen Erkrankung einerseits und der ehezerrüttenden Tatsachen andererseits — auch bei einem Geisteskranken vorhanden sein. Hat aber die geistige Erkrankung einen solchen Grad erreicht, daß dem Ehegatten das Verständnis für das Wesen der Ehe verlorengegangen ist und er infolgedessen auch kein Empfinden für die zur Herbeiführung der Ehezerrüttung geeigneten Tatsachen haben kann, so kann ihm ein Scheidungsgrund auf Grund der §§ 49, 50 und 55 EheG. nicht erwachsen. **163,** 338 (342 flg.). — 28) Eine Aufhebung der häuslichen Gemeinschaft liegt nicht vor, solange der Mann noch die Mahlzeiten, die die Frau mit dem ihr vom Manne zur Verfügung gestellten Wirtschaftsgeld zubereitet hat, regelmäßig in der ehelichen Wohnung einnimmt und auch gelegentlich in einem besondern Raume der Wohnung nächtigt. **163,** 277. — 29) § 55 Abs. 1 EheG. stellt zwei selbständige Tatbestandsmerkmale auf; zunächst muß die häusliche Gemeinschaft des Ehegatten seit drei Jahren aufgehoben sein, und es darf ferner infolge einer tiefgreifenden unheilbaren Zerrüttung des ehelichen Verhältnisses die Wiederherstellung einer dem Wesen der Ehe entsprechenden Lebensgemeinschaft nicht zu erwarten sein. Es genügt, wenn diese beiden Voraussetzungen im Zeitpunkte des Schlusses der mündlichen Verhandlung vor dem Tatrichter erfüllt sind. Die Verpflichtung zur häuslichen Gemeinschaft ergibt sich zwar aus der Verpflichtung zur ehelichen Lebensgemeinschaft. Ob die eheliche Lebensgemeinschaft aufgehoben und ihre Wiederherstellung nicht zu erwarten ist, ist aber nur für das zweite Tatbestandsmerkmal von Bedeutung, während das erste Tatbestandsmerkmal allein darauf abgestellt ist, ob eine solche räumliche Trennung der Ehegatten vorliegt, daß die häusliche Gemeinschaft als aufgehoben anzusehen ist. Der Grund, der zur Aufhebung der häuslichen Gemeinschaft geführt hat, kann nur für das zweite Tatbestandsmerkmal insofern von tatsächlicher Bedeutung sein, als sich aus ihm unter Umständen Schlüsse in der Richtung ziehen lassen, ob eine tiefgreifende unheilbare Zerrüttung des ehelichen Verhältnisses vorliegt und ob Aussicht auf Wiederherstellung einer rechten ehelichen Lebensgemeinschaft besteht. Für den Begriff der Aufhebung der häuslichen Gemeinschaft ist es dagegen ohne Bedeutung, aus welchem Grunde es zur Trennung der Ehegatten gekommen ist und ob im Zeitpunkte dieser Trennung bereits eine Entfremdung bestanden hat. **163,** 277 (279). — 30) § 56 EheG. setzt voraus, daß der verletzte Ehegatte in der Lage ist, die Verfehlung des andern Ehegatten als solche zu werten. Ist ihm infolge geistiger Erkrankung das Verständnis für das Wesen der Ehe verlorengegangen und ist er infolgedessen außerstande, die Verfehlung des andern Ehegatten (Ehebruch) als einen Hinderungsgrund gegen die Fortsetzung der Ehe zu empfinden, so kann er auch nicht durch sein Verhalten zum Ausdruck bringen, daß er die Verfehlung als ehezerstörend nicht empfunden (oder sie verziehen) habe; sein Verhalten ist vielmehr rechtlich bedeutungslos. **163**, 344. — 31) Die Feststellung, die Ehe sei im Sinne von § 55 Abs. 1 EheG. zerrüttet, ergibt noch nichts in der Richtung, daß auch auf seiten des Scheidungsbeklagten das eheliche Gefühl so weit erloschen sei, daß er Verfehlungen des Scheidungsklägers als ehezerstörend nicht mehr empfunden hätte oder nicht mehr empfinden könnte. **163**, 344 (346). — 32) Rassenverschiedenheit der Ehegatten bildet keinen Scheidungsgrund. **164**, 59. — 33) a. Bei der Klage aus § 55 EheG. kann der Kläger eine Schuldfeststellung zu Lasten des Beklagten nur verlangen, wenn dieser gegen ihn einen Schuldantrag gestellt und damit Erfolg hat. b. Ist bei einer Scheidung aus § 55 EheG. der Beklagte für mitschuldig erklärt, so bestimmen sich die Unterhaltsverpflichtungen nach den §§ 66—68; § 69 Abs. 2 ist dann unanwendbar. c. Ob die Ehezerrüttung durch neu hinzutretende Umstände noch vertieft werden kann, hängt nicht bloß von dem Grade der Zerrüttung und davon ab, ob bisher nur der eine Eheteil die eheliche Gesinnung verloren hat oder beide, sondern auch von der Art der hinzutretenden Umstände und der frühern Zerrüttungsursache. d. Hat der Kläger nur eine Scheidung unter Schuldigerklärung des Beklagten angestrebt, eine solche ohne Schuldausspruch aber auch nicht hilfsweise beantragt, so kann auf diese selbst dann nicht erkannt werden, wenn er die Klage rechtsirrtümlich auch auf § 55 EheG. gestützt hat; sondern es ist die Klage abzuweisen, wenn das Begehren nach Scheidung unter Schuldigerklärung des Beklagten sich als unbegründet erweist. **164**, 92. — 34) Zur Unterstützung einer auf andere Eheverfehlungen gegründeten Scheidungsklage können auch verziehene Eheverfehlungen geltend gemacht werden. Dies gilt für § 59 Abs. 2 EheG. wie für § 1573 BGB. § 59 Abs. 2 bezieht sich nicht nur auf die Fälle des Ausschlusses des Scheidungsrechts wegen Fristablaufs. **164**, 152 (153). — 35) Die Vorschrift des § 59 Abs. 2 EheG. ist gerade für den Fall von Bedeutung, daß die nicht ausgeschlossenen Eheverfehlungen weder einzeln noch zusammengenommen zur Scheidung ausreichen, daß sie aber im Zusammenhalt mit den ausgeschlossenen Eheverfehlungen einen ausreichenden Scheidungsgrund ergeben. Erforderlich ist mithin nur, daß eine — nicht ganz bedingungslose oder unerhebliche — Pflichtverletzung nicht durch den Ablauf der Fristen des § 57 von der Geltendmachung ausgeschlossen ist. **164**, 152 (153). — 36) Der Anspruch der Frau auf Unterhalt bei Scheidung wegen Verschuldens ist nicht deshalb zu versagen, weil sie zur Zeit der Scheidung mit einem Mann in eheähnlicher Lebensgemeinschaft steht. **164**, 127. — 37) Eine Aufrechnung der beiderseitigen Verfehlungen liegt nicht im Sinne des § 49 Satz 2 EheG. Auch der Gedanke, daß dem Scheidungskläger wegen seiner eignen Verfehlungen die Fortsetzung der Ehe zuzumuten sei, liegt dieser Vorschrift fern. Bei der Beurteilung, ob bei richtiger, d. h. einer der heutigen völkischen Auffassung entsprechenden Würdigung des Wesens der Ehe das Scheidungsbegehren sittlich gerechtfertigt ist oder nicht, ist auch zu prüfen, ob die Ehe noch einen

Wert für die Volksgemeinschaft darstellt. **164**, 152. — 38) Die Rücksicht auf die kinderreiche Frau, die in treuer Erfüllung ihrer Mutterpflichten alt geworden ist, kann, auch wenn die Kinder erwachsen sind und für die Frage der Aufrechterhaltung der Ehe keine Rolle mehr spielen, die Aufrechterhaltung der Ehe sittlich rechtfertigen. Die Frau darf regelmäßig in solchem Falle nicht durch eine Scheidung wirtschaftlicher Gefährdung ausgesetzt werden, und auch sonst wird ihr vielfach im Alter die Erschütterung der Lebensgrundlage, welche die Scheidung mit sich bringt, nicht zugemutet werden können. **164**, 155. — 39) Das Scheidungsrecht kann nach dem zweiten Falle des § 56 EheG. ausgeschlossen sein, wenn die Zerrüttung der Ehe schon vor der Verfehlung des andern Ehegatten einen solchen Grad erreicht hat, daß sie einer Vertiefung nicht mehr fähig ist. Regelmäßig kann auch eine bereits bestehende Zerrüttung noch eine weitere Grundlage erhalten und sich dadurch noch mehr vertiefen, sei es auch nur in der Weise, daß der Fortbestand der Zerrüttung gesichert ist und die einer Aussöhnung entgegenstehenden Hindernisse vermehrt werden. Daher genügt der bloße Nachweis, daß die Ehe zu der Zeit, als die Verfehlung begangen wurde, bereits zerrüttet gewesen sei, noch nicht zur Begründung der Annahme, daß der verletzte Ehegatte die Verfehlung als ehezerstörend nicht empfunden habe. § 56 ist nur anwendbar, wenn die Verfehlung von dem verletzten Ehegatten schlechterdings nicht mehr als ehezerstörend empfunden werden konnte. **164**, 185, 304 (306 flg.). — 40) Die frühere Rechtsprechung zu § 1568 BGB., die darauf hinausgelaufen ist, eine Ehe könne niemals so weit zerrüttet sein, daß eine weitere Eheverfehlung die Zerrüttung nicht noch vertiefen könne, ist durch § 56 EheG. überholt und kann heute keinen Anspruch auf Beachtung mehr erheben. **164**, 185 (187); **167**, 301 (303). — 41) Im Falle des § 49 EheG. kann durch krankhafte Störung der Geistestätigkeit das Verschulden oder, falls die freie Willensbestimmung erhalten geblieben ist, doch die Bewertung als schwere Eheverfehlung ausgeschlossen werden. **164**, 244 (248). — 42) Hätte der Kläger die Scheidung aus § 55 EheG. schon in einem Vorprozeß durchsetzen können, hat er aber diesen Klagegrund damals nicht geltend gemacht, so äußert § 616 ZPO. die Wirkung, daß die Klage aus § 55 EheG. erst drei Jahre nach der letzten Tatsachenverhandlung des Vorprozesses erhoben werden kann. Voraussetzung ist, daß die Heimtrennung während dieser Zeit fortbestanden hat und auch die übrigen Merkmale des gesetzlichen Tatbestandes weiterhin erfüllt sind. **164**, 249; **165**, 125, **166**, 166 (167). — 43) Der Schuldausspruch gegen den wegen seines Verschuldens geschiedenen Beklagten oder Widerbeklagten hängt nicht von einem besondern Antrag ab. Dies war auch nach dem frühern Rechte (§ 1574 Abs. 1 und 2 BGB.) nicht der Fall. **164**, 244 (245). — 44) In der Rechtsprechung des Reichsgerichts zu § 1568 BGB. war anerkannt, daß das Verschulden durch eine die freie Willensbestimmung ausschließende krankhafte Störung der Geistestätigkeit ausgeschlossen werde. Dabei brauchte nicht jede freie Willensbestimmung zu fehlen, sondern es genügte eine auf das Gebiet der Krankheitserscheinungen beschränkte Willensunfreiheit. Diese Grundsätze sind auch auf das in § 49 EheG. erforderte Verschulden anzuwenden. **164**, 244 (248). — 45) a. Der Ehebruch ist nach wie vor ein unbedingter Scheidungsgrund, der nur unter den Voraussetzungen des § 47 Abs. 2 oder des § 56 versagt; § 49 Satz 2 ist auf den Ehebruch nicht anwendbar. b. Die Prüfung, ob die Schuld eines der Ehegatten überwiegt, hat sich nicht nur auf die Schwere der Verfehlungen an sich, sondern, ebenso wie im Falle des § 55 Abs. 2 (RGZ. **159**, 307), auch darauf zu erstrecken, in welchem Umfange die beiderseitigen Verfehlungen zur Zerrüttung der Ehe beigetragen haben. **164**, 270. — 46) Der Umstand, daß sich die Beklagte zur Versöhnung mit dem Kläger und zur Wiederaufnahme der ehelichen Gemeinschaft bereiterklärt hat, läßt nicht die Schlußfolgerung zu, daß sie durch die Verfehlung des Klägers in ihrem ehelichen Gefühl nicht gekränkt worden wäre. **164**, 270 (272). — 47) Dem Kläger, der einen Scheidungsausspruch auf § 55 EheG. stützt, ist nicht grundsätzlich versagt, für den Fall eines gegen ihn ergehenden Schuldausspruchs eine Schuldigerklärung der verklagten Partei seinerseits zu erreichen. Auch die Feststellung einer überwiegenden Schuld der verklagten Partei kann er gegebenenfalls verlangen. Voraussetzung ist jedoch immer, daß die verklagte Partei den Ausspruch, daß den Kläger eine Schuld trifft, verlangt und erzielt. **164**, 270 (272 flg.). — 48) Bloße Unterstellungen bilden, wenigstens in der Regel, keine geeignete Grundlage für die Abwägung des beiderseitigen Verschuldens. Eine zutreffende Abwägung ist vielmehr erst dann möglich, wenn das Maß des beiderseitigen Verschuldens feststeht. **164**, 270 (273). — 49) Die Ausschließungswirkung des § 616 ZPO. kommt für solche Tatsachen nicht in Betracht, die in einem Rechtsstreit auf Scheidung von Tisch und Bett nach österreichischem Recht geltend gemacht worden sind oder geltend gemacht werden konnten. An der in RGZ. 163 S. 77 vertretenen abweichenden Auffassung wird nicht festgehalten. **164**, 304. — 50) a. Die Scheidung einer vor dem 1. August 1929 geschlossenen Ehe wegen Unfruchtbarkeit ist auch in Österreich möglich, wenn der klagende Ehegatte bis zum 31. Juli 1939 von der Unfruchtbarkeit des andern oder dem Wegfallen eines Ausschließungsgrundes Kenntnis erlangt hat, auch wenn der klagende Gatte das 30. Lebensjahr vollendet hat, bei Kenntnis nach diesem Zeitpunkt aber nur, wenn er das 30. Lebensjahr noch nicht vollendet hat. b. Die Fristen des § 58 EhG. müssen nicht im Zeitpunkt des Scheidungserkenntnisses, sondern der Klageeinbringung noch offen sein. **164**, 290 (zu b. auch **165**, **354** [358]). — 51) Der Widerspruch gegen die Scheidung (§ 55 Abs. 2 EheG.) ist eine dem sachlichen Recht angehörige Befugnis, durch die der Scheidungsbeklagte auf die Gestaltung des Scheidungsanspruchs Einfluß zu nehmen in der Lage ist. Seine Zurücknahme ist auch im Revisionsverfahren zu beachten. **164**, 319. — 52) Ein überwiegendes Verschulden des klagenden Ehegatten an der Zerrüttung kann dadurch ausgeschlossen werden, daß die Zerrüttung ganz oder teilweise auf Ursachen zurückgeht, die von keinem Ehegatten verschuldet sind. **164**, 321. — 53) Die Scheidung von Tisch und Bett ist von der Scheidung im Sinne des reichsdeutschen Rechts, die allein § 616 ZPO im Auge hat, insofern wesensverschieden, als sie den Bestand der Ehe unberührt läßt. **164**, 304 (305). — 54) Da es sich bei dem Anspruch auf Scheidung von Tisch und Bett und bei dem Anspruch auf Trennung der Ehe (Scheidung im Sinne des reichsdeutschen Rechts) nicht um den gleichen Anspruch handelt, kommt dem über den ersten Anspruch entscheidenden Urteil weder nach österreichischem noch nach reichsdeutschem Verfahrensrecht Rechtskraftwirkung in einem spätern Verfahren auf Scheidung dem Bande nach zu. **164,** 304 (305 flg.). — 55) Dem Kläger, der einen Scheidungsanspruch auf § 55 EheG. stützt, ist es nicht grundsätzlich versagt, für den Fall eines gegen ihn ergehenden Schuldausspruchs eine Schuldigerklärung der verklagten Partei seinerseits zu erreichen. Auch die Feststellung einer überwiegenden Schuld der verklagten Partei kann er gegebenenfalls verlangen. Voraussetzung ist jedoch immer, daß die verklagte Partei den Anspruch, daß den Kläger eine Schuld trifft, verlangt und erzielt. **164,** 304 (307). — 56) Für den Begriff der Aufhebung der häuslichen Gemeinschaft ist es ohne Bedeutung, aus welchem Grunde es zur Trennung der Ehegatten gekommen ist und ob bereits in diesem Zeitpunkt eine Entfremdung bestanden hat. Mit der Trennung, die wider den Willen des Ehegatten dadurch herbeigeführt wird, daß der eine von ihnen auf voraussichtlich längere Zeit in Haft genommen wird, ist die Aufhebung der häuslichen Gemeinschaft verbunden. **164,** 321 flg. — 57) Als Ursachen für die bestehende Ehezerrüttung kommen auch andere Umstände als schuldhafte Verfehlungen eines Ehegatten in Betracht, und diese können einen überwiegenden ursächlichen Zusammenhang etwaiger Verfehlungen mit der Zerrüttung in Frage stellen. **164,** 321 (322). — 58) Die äußerliche Trennung der Ehegatten ist, solange sie sich als eine natürliche, aus dem regelmäßigen Verlaufe der Dinge zu erklärende darstellt — z. B. eine vorübergehende Trennung aus geschäftlichen, beruflichen, gesundheitlichen oder ähnlichen Gründen —, noch keine Aufhebung der häuslichen Gemeinschaft. **164,** 332 (335). — 59) In einem von vornherein zeitlich beschränkten Zusammensein, das die Grenzen eines bloß vorübergehenden Besuchs der Klägerin beim Beklagten nicht überschritten hat, kann noch keine Wiederaufnahme der häuslichen Gemeinschaft gefunden werden. Es hat zur Folge, daß die Frist des § 55 Abs. 1 EheG. jeweils mit der Wirkung unterbrochen wird, daß ihr Lauf nach Beendigung des Zusammenlebens von neuem beginnen muß. **164,** 332 (335). — 60) Hat die räumliche Trennung aus beruflichen Gründen stattgefunden, weil der Mann (Schauspieler) für längere Zeit an ein auswärtiges Schauspielhaus verpflichtet worden ist, verbringt er aber alljährlich regelmäßig seine 6 bis 8 Wochen währenden Sommerferien bei der Frau in der bisherigen gemeinsamen Häuslichkeit, so liegt darin eine Wiederherstellung der häuslichen Gemeinschaft, durch die der Lauf der dreijährigen Frist jeweils unterbrochen wird. **164,** 332. — 61) Der Scheidungsausspruch aus § 50 EheG. setzt ein ehezerrüttendes Verhalten des geistig gestörten Ehegatten voraus, das sich sachlich als Eheverfehlnng darstellt. Es genügt nicht, daß die Ehe durch die unmittelbaren Wirkungen der geistigen Störung auf das eheliche Verhältnis, insbesondere eine dadurch bewirkte Beeinträchtigung der geistigen Gemeinschaft der Eheleute, zerrüttet worden ist. **164,** 352. — 62) a. Hat ein Ehegatte seine Familie verlassen und ehebrecherische Beziehungen aufgenommen, also ein Verhalten betätigt, das geeignet ist, auch eine gesunde Ehe zu zerstören, so ist es seine Sache darzutun, daß nicht hierin, sondern in andern Umständen die Ursache der bestehenden Ehezerrüttung zu suchen ist. b. Bei der Prüfung der Zulässigkeit und Beachtlichkeit des Widerspruchs ist es Pflicht des Gerichts, den Urgrund der Ehezerrüttung zu erforschen und allen Anhaltspunkten hierfür, welche die Entwicklung der Ehe bietet, nachzugehen. c. Auch unverschuldete Umstände, die zur Zerrüttung der Ehe beigetragen haben, können für die sittliche Rechtfertigung ihrer Aufrechterhaltung oder Lösung bedeutsam sein und dürfen deshalb nicht unberücksichtigt bleiben. d. Nicht unter allen Umständen sind die Belange minderjähriger Kinder ausschlaggebend für die Beachtlichkeit des Widerspruchs. **164,** 361. — 63) Zur Frage der Einwirkung veränderter Umstände bei Unterhaltsverträgen nach Ehescheidung. **164,** 366. — 64) Für § 50 EheG. darf der Sachverhalt, da diese Vorschrift neben die Scheidung wegen verschuldeter Eheverfehlung nach § 49 die Scheidung ohne Verschulden stellt, nur rein sachlich geprüft werden. Es muß also untersucht werden, ob das Verhalten des andern Ehegatten, sofern er dafür verantwortlich wäre, eine Eheverfehlung darstellen würde. Weder darf das Vorliegen dieses Tatbestandes wegen der geistigen Störung verneint noch ihretwegen das Verhalten milder beurteilt werden. **164,** 352 (354). — 65) Die Abweisung einer Widerklage auf Scheidung der Ehe aus Verschulden des Widerbeklagten schließt den Mitschuldantrag nach § 60 Abs. 3 EheG. selbst dann nicht aus, wenn gegen diesen das Widerklagebegehren abweisenden Teil des Urteils kein Rechtsmittel eingebracht wurde. **165,** 62. — 66) Dadurch, daß die Unfruchtbarkeit in Erfüllung der Frauen- und Mutterschaftspflicht eingetreten ist, wird die Scheidung wegen Unfruchtbarkeit nicht in jedem Falle ausgeschlossen. **164,** 380; **166,** 344 (347). — 67) Zur Frage, ob die geschiedene Frau, die eine eheähnliche Geschlechtsverbindung unterhält, einen unsittlichen Lebenswandel führt. **165,** 26. — 68) Für die Abänderung des Vollstreckungsurteils, der den Unterhalt des geschiedenen Ehegatten zum Gegenstande hat, ist auch bei Änderung der Gesetzgebung der durch — gegebenenfalls ergänzende — Auslegung zu ermittelnde Wille der Vertragsparteien maßgebend. **165,** 26. — 69) Zur Frage der Wiederholung der Klage aus § 55 EheG. **165,** 32, 125. — 70) Die Abweisung der Klage aus § 55 EheG. bedeutet die endgültige Feststellung, daß sich aus der Tatsachenlage, wie sie bei Abschluß der Tatsachenverhandlung des damit beendeten Rechtsstreits bestand, kein Scheidungsrecht ergibt und daß für eine abweichende Beurteilung durch den Richter eines spätern Rechtsstreits kein Raum ist. Andererseits kann die Lage dadurch anders werden, daß in der Folgezeit neue Tatsachen hinzukommen, die unter den nach § 55 EheG. maßgeblichen Gesichtspunkten ein anderes Gesamtbild geben. **165,** 32 (34); 125 (126); **166,** 166 (167). — 71) Der Ehegatte, der die Straftaten des andern Ehegatten und dessen Verurteilung zu Zuchthausstrafe und Sicherungsverwahrung nicht als ehezerstörend empfindet, kann wegen dieser Vorgänge Scheidung nach § 49 EheG. nicht verlangen, und zwar auch dann nicht, wenn er später erkennt, daß die Sicherungsverwahrung von langer Dauer sein wird. **165,** 109. — 72) Die dreijährige Dauer der Aufhebung der häuslichen Gemeinschaft gehört nicht in der Weise zum Scheidungsgrunde des § 55 Abs. 1 EheG., daß Art. 17 Abs. 2 EG. z. BGB. anzuwenden wäre, falls der Ehemann die deutsche Staatsangehörigkeit erst im Laufe der drei Jahre erworben hat. **165,** 149. —

73) Zum Begriff der unheilbaren Zerrüttung der Ehe. **165**, 149. — 74) Zur Beachtlichkeit des Widerspruchs gegen die Ehescheidung. **165**, 149. — 75) Für die Scheidungsklage aus § 55 EheG. kommt es nicht darauf an, aus welchem Grunde die Ehe zerrüttet ist, ob irgendwelche Vorgänge den Verlust der ehelichen Gesinnung bei dem einen oder andern Ehegatten rechtfertigen. Die Scheidung kann also nicht deshalb versagt werden, weil der Verlust der ehelichen Gesinnung, aus dem sich die Zerrüttung ergibt, nur auf der Laune oder Willkür des Klägers beruht und er bei rein sachlicher Würdigung des Sachverhalts zur Beklagten zurückkehren sollte. **165**, 149 (152). — 76) Gegen eine Scheidungsklage kann sich der beklagte Ehegatte mittels eines Antrags auf Ausspruch des Verschuldens des klagenden Gatten an einem Eheaufhebungsgrund (§ 42 Abs. 2 EheG.) verteidigen (siehe RGZ. Bd. 163 S. 319). **165**, 317. — 77) Der körperliche Zustand, der sich daraus ergibt, daß wegen einer Mastdarmgeschwulst der untere Teil des Mastdarms entfernt und ein künstlicher Darmausgang an der einen Bauchseite geschaffen worden ist, stellt sich nach seinem äußern Erscheinungsbilde und infolge der Wirkung auf den Geruchsinn eines normal empfindenden Menschen als eine schwere ekelerregende Krankheit dar. **165**, 352. — 78) Die Vorschrift des § 53 EheG. hat nur die dauernde Unfruchtbarkeit im Auge. Eine solche liegt auch dann vor, wenn zwar ihre Beseitigung durch einen ärztlichen Eingriff möglich und nach den Erfahrungen der ärztlichen Wissenschaft bei ungestörtem Verlauf des Eingriffs auf deren Erfolg zu rechnen, der unfruchtbare Ehegatte auch ernstlich bereit ist, den Eingriff an sich ausführen zu lassen, wenn aber der Scheidungskläger mit Rücksicht auf die von ihm zur Behebung der Unfruchtbarkeit längere Zeit hindurch bereits gebrachten und die von ihm noch zu bringenden Opfer nicht zugemutet werden kann, sich auf weitere Versuche zur Behebung der Unfruchtbarkeit noch einzulassen. **165**, 354. — 79) Bei der Entscheidung der Frage, ob dem Scheidungsbegehren des Klägers die sittliche Rechtfertigung abzusprechen ist (§ 54 EheG.) sind alle Umstände des Falles, insbesondere auch die Belange des Klägers, zu berücksichtigen. **165**, 352 (354). — 80) Fragen des zwischenstaatlichen Rechts betreffend die sogenannten ungarischen Ehen und ihre Rechtswirksamkeit im Protektorat. Unwirksamkeit einer ausländischen Scheidung einer inländischen Ehe, wenn auch nur die Frau Inländerin geblieben ist. **165**, 398. — 81) Bei Unterhaltsvereinbarungen geschiedener Eheleute ist der Einwand einer wesentlichen Änderung der Verhältnisse regelmäßig stillschweigend zugelassen. **166**, 49. — 82) Im allgemeinen kann angenommen werden, daß aus der Ehe stammende Nachkommenschaft erbgesund ist; eines besondern Nachweises der Erbgesundheit bedarf es daher im allgemeinen nicht. Anders liegt es, wenn feststeht, daß ein Eheteil erbkrank ist. Dann muß die Erbgesundheit des Kindes nachgewiesen werden; gelingt der Nachweis nicht, so kann sich der verklagte Eheteil auf die Ausnahmevorschrift des § 53 Abs. 2 EheG. nicht berufen. **166**, 123. — 83) Über die Voraussetzungen für die Zulässigkeit der Wiederholung einer Ehescheidungsklage aus § 55 EheG. **166**, 166. — 84) Die Frage, ob die Aufrechterhaltung oder die Scheidung der Ehe sittlich gerechtfertigt ist, ist nach § 54 und § 55 Abs. 2 Satz 2 EheG. einheitlich zu beantworten. **166**, 188. — 85) a. Ist der Ehemann nur An-

gehöriger des Protektorats, die Ehefrau aber auch deutscher Volkszugehörigkeit, so gilt für die Scheidung und Trennung der Ehe Protektoratsrecht, auch wenn die deutsche Gerichtsbarkeit eintritt. b. Die Lösung der Ehe dem Bande nach kann nicht nach großdeutschem Eherecht und das Verschulden nach Protektoratsrecht beurteilt werden. Der Scheidungsanspruch für sich kann in diesem Fall nicht rechtskräftig oder das Gericht bindend werden. **166,** 215. — 86) Fehlgeburten, die auf von beiden Ehegatten gewollten Abtreibungen beruhen, sind keine Opfer der Frau, welche die Beachtung ihres Widerspruchs gegen die Ehescheidung nach § 55 Abs. 2 EheG. rechtfertigen können. **166,** 209. — 87) Die Bestimmung des § 95 Abs. 2 EheG. bezieht sich nicht auf die Fälle, in denen schon bei Eintritt der Unfruchtbarkeit die Ehe 10 Jahre bestand und der Kläger das 30. Lebensjahr vollendet hatte, da in diesen Fällen eine Scheidung wegen Unfruchtbarkeit auch dann ausgeschlossen gewesen wäre, wenn bei Eintritt der Unfruchtbarkeit das Ehegesetz schon in Kraft gewesen wäre (§ 58 Abs. 2 EheG.). Die in der Entscheidung vom 19. August 1940 IV 42/40 (DR. 1940 S. 1887) vertretene Ansicht, daß sich § 95 Abs. 2 auch auf diese Fälle beziehe und ein Ausgleich nur auf dem Wege über § 54 möglich sei, wird aufgegeben. **166,** 263. — 88) Durch § 96 Satz 1 EheG. wird die Rechtskraft eines früher ergangenen Unterhaltsurteils nicht kraft Gesetzes beseitigt. Die Abänderung des Urteils ist vielmehr im Wege der Klage nach § 323 ZPO. herbeizuführen. **166,** 303. — 89) a. Die Scheidung gemäß § 50 EheG. setzt grundsätzlich nicht voraus, daß mit einer künftigen Wiederholung des ehewidrigen Verhaltens des verklagten Ehegatten zu rechnen ist. b. Zur Anwendung des § 54 EheG. **166, 344.** — 90) Zur Anwendung des § 74 EheG. auf vertraglich geregelte Unterhaltsansprüche geschiedener Ehegatten. **166,** 378. — 91) Das Scheidungsverbot in § 54 EheG. stellt in erster Reihe darauf ab, ob das Scheidungsbegehren sittlich nicht gerechtfertigt ist. Diese Voraussetzung kann unter Umständen auch dann erfüllt sein, wenn eine außergewöhnliche Härte für den andern Teil nicht festzustellen ist. Bei der Frage, ob das Scheidungsbegehren nach § 54 EheG. sittlich nicht gerechtfertigt ist, kommt es immer auf eine Würdigung der gesamten Umstände an. **166,** 344 (347). — 92) Der im Gesetze begründete Unterhaltsanspruch eines geschiedenen Ehegatten verliert nicht schon dadurch das Wesen eines gesetzlichen, daß er an Stelle einer gerichtlichen Festsetzung durch Vereinbarung zwischen den Beteiligten in den Grenzen der gesetzlichen Pflicht näher geregelt wird. Die Parteien können freilich im einzelnen Falle die Absicht verfolgt haben, durch die Vereinbarung den Unterhaltsanspruch völlig auf eine vertragliche Grundlage zu stellen und ihn des Wesens als eines gesetzlichen zu entkleiden. Ein solcher Wille wird aber nur beim Vorliegen besonderer dafür sprechender Anhaltspunkte angenommen werden können. Fehlt es daran, so unterliegt die Unterhaltsverpflichtung den gesetzlichen Bestimmungen, soweit sich nicht aus dem Inhalte der Vereinbarung etwas anderes ergibt. Danach richtet sich insbesondere die Geltung des § 74 EheG über die Verwirkung des Unterhaltsanspruchs. In einem derartigen Falle, in dem es sich nur um die gesetzliche, wenn auch durch Vertrag näher gestaltete Unterhaltspflicht handelt, steht der Anwendung des § 74 gemäß § 96 EheG. auch nicht entgegen, daß Scheidung und Unterhaltsabkommen in die Zeit vor dem Inkrafttreten des Ehegesetzes fallen. **166**, 378 (381 flg.). — 93) Für die Frage, ob die Scheidung nach § 55 EheG. ohne den Tod des Klägers mit Sicherheit zu erwarten gewesen wäre, sind die besondern Umstände des Falles (der Widerspruch der an der Zerrüttung schuldlosen Ehefrau gegen die Scheidung, die weder vom Gesichtspunkte des Volksganzen noch von dem des sittlichen Gehalts der Ehe aus erwünschte Tatsache einer neuen Eheschließung des Klägers, sein zum Wechsel seiner Beziehungen geneigter Sinn und dergleichen) nicht außer Betracht zu lassen. **166**, 395 (400). — 94) Die deutschen Gerichte sind auch für die Scheidung der Ehen niederländischer Staatsangehöriger zuständig, die ihren Wohnsitz in Deutschland haben; deutsche Gerichte dürfen gegenüber Eheleuten ausländischer Staatsangehörigkeit nicht auf beständige Trennung von Tisch und Bett erkennen. **167**, 193. — 95) Der Ausschluß der Scheidung nach § 49 Satz 2 EheG. setzt nicht notwendig voraus, daß die beiderseitigen Verfehlungen in Zusammenhang stehen. **167**, 265. — 96) Bei der nach § 49 Satz 2 EheG. gebotenen Würdigung des Wesens der Ehe ist auch zu prüfen, ob die Ehe noch einen Wert für die Volksgemeinschaft hat. **167**, 265 (268). — 97) Zur Frage des für die Scheidung ehemaliger polnischer Staatsangehöriger maßgebenden Rechts. **167**, 274. — 98) **a.** Für die Beurteilung, ob ein Ehegatte trotz völliger Zerrüttung der Ehe Verfehlungen des andern Ehegatten doch noch als ehezerrüttend empfinden kann, kann die Schwere und vor allem auch die Art der Eheverfehlung eine Rolle spielen. Die Zerrüttung kann sehr wohl schon so tief sein, daß die Ehe durch eine reine Eheverfehlung, also durch ein Verhalten, mit dem der schuldige Ehegatte nur gegen die durch die Ehe geschaffenen Bindungen verstößt, nicht mehr weiter zu zerrütten ist. Anders kann es aber liegen, wenn die Verfehlung oder ein ehrloses oder unsittliches Verhalten den schuldigen Teil nicht nur in seiner Eigenschaft als Gatten, sondern auch als Menschen schwer belastet, oder wenn sein Verhalten nach außen in die Erscheinung tritt und dem Ansehen des andern Ehegatten schadet. b. Von einer vollkommnen tatsächlichen Trennung der Ehegatten innerhalb derselben Wohnung kann so lange nicht die Rede sein, als die Frau noch häusliche Arbeiten für den Mann in nennenswertem Umfange verrichtet. Dagegen stehen Dienste, die die Frau dem Manne in seinem Geschäfts- und Landwirtschaftsbetriebe leistet, der Annahme, daß die häusliche Gemeinschaft aufgehoben sei, nicht entgegen. Dasselbe gilt für Dienste, die nicht dem Manne, sondern ausschließlich den Kindern zugute kommen. **167**, 301. — 99) Der Widerspruch der Frau gegen die Scheidung (§ 55 Abs. 2 EheG.) ist nicht zu beachten, wenn sie unfruchtbar geworden ist, weil der Mann sie mit einer Geschlechtskrankheit angesteckt hat. **168**, 38. — 100) Die für die Frage der Beachtlichkeit des Widerspruchs maßgebenden Grundsätze gelten, wenn das Heimatrecht des Mannes für die Scheidung gemäß Art. 27 EG. z. BGB. auf das deutsche Recht zurückverweist, auch im Falle der Scheidung einer Auslandsehe. Auch bei einer solchen Ehe ist aber für die nach § 55 Abs. 2 Satz 2 vorzunehmende Abwägung von den Belangen der deutschen Volksgemeinschaft auszugehen. Daraus können sich unter Umständen Besonderheiten gegenüber dem Falle ergeben, daß es sich um die

Scheidung einer Ehe zwischen Deutschen handelt. **168**, 50. — 101) Die Geltendmachung eines nicht oder nicht mehr bestehenden Scheidungsgrundes macht eine damit in Zusammenhang stehende Unterhaltsvereinbarung nur dann nichtig, wenn es an einem Scheidungsgrunde überhaupt fehlt, nicht dagegen dann, wenn die Ehegatten die Scheidung einverständlich statt auf Grund des in Wirklichkeit vorliegenden Scheidungsgrundes auf Grund des vorgetäuschten Scheidungsgrundes herbeiführen; dabei macht es keinen Unterschied, ob die Scheidung von dem Teile, dem der vorhandene Scheidungsgrund zur Seite steht, oder von dem andern Teile betrieben wird. **168**, 269. — 102) Wenn die Parteien im Zusammenhang mit einer Unterhaltsvereinbarung dem Scheidungsrichter im gegenseitigen Einvernehmen einen in Wirklichkeit nicht bestehenden Scheidungsgrund vorgetragen haben, so kann dies doch dann nicht zur Nichtigkeit der Unterhaltsvereinbarung führen, wenn die Ehe in jedem Falle scheidungsreif war. **168**, 269 (275). — 103) Schon die frühere Rechtsprechung ging dahin, daß Vereinbarungen, die eine der wirklichen Rechtslage nicht entsprechende Regelung lediglich der Schuldfrage herbeizuführen bestimmt waren, weder gegen ein gesetzliches Verbot noch gegen die guten Sitten verstießen. **168**, 269 (275). — 104) Zur Beachtlichkeit des Widerspruchs nach § 55 Abs. 2 EheG. **169**, 36, 396 (399). — 105) Es sind Grenzfälle denkbar, in denen, obgleich die sachlichen Voraussetzungen einer schweren Eheverfehlung gegeben sind, weder § 49 noch § 50 EheG. anwendbar ist. **169**, 59. — 106) Wenn Belange der Allgemeinheit weder an der Lösung noch an der Aufrechterhaltung der Ehe bestehen, kann ein wesentlich persönliches Interesse des beklagten Eheteils an der Aufrechterhaltung der Ehe ausnahmsweise zur Beachtung seines Widerspruchs nach § 55 EheG. führen. **169**, 126. — 107) Eine rechtswirksame Verzeihung ist trotz Bekundung einer versöhnlichen Gesinnung und der Bereitwilligkeit zur Fortsetzung der Ehe nicht notwendigerweise anzunehmen, wenn der verletzte Ehegatte sich bei Bekundung des Verzeihungswillens in einem Zustand starker Gemütserregung befunden hat. **169**, 196. — 108) Über die Frage, welche Ansprüche für einen Ehegatten begründet sein können, der sein Handelsgeschäft dem andern Gatten übertragen hat, um das Auskommen seiner Familie durch Abwehr des Zugriffs seiner Gläubiger zu sichern, wenn die Ehe aus Verschulden des andern Gatten geschieden wird. Zu §§ 242, 812 Abs. 1 Satz 2. **169**, 249. — 109) Die Unheilbarkeit der Zerrüttung kann nicht deshalb verneint werden, weil es Pflicht des schuldhaft aus der Ehe strebenden Gatten sei, den Weg zu seinem Ehegatten wieder zurückzufinden. Darauf, ob ein weniger empfindsamer Ehegatte die Kränkung als nicht so schwer empfunden hätte und ob es unter den gegebenen besondern Verhältnissen der ehelichen Pflicht mehr entsprochen hätte, an der Ehe festzuhalten, kommt es nicht an. Der Gesichtspunkt der Zumutbarkeit ist auszuschalten. **169**, 278. — 110) Für die Ehescheidung ist das großdeutsche Scheidungsrecht maßgebend, wenn der Mann Angehöriger des Protektorats ist und die Frau die deutsche Staatsangehörigkeit besitzt. **169**, 281. — 111) Zu §§ 55, 66 Abs. 1 EheG. Über die Frage, ob gegenüber dem Erfordernisse wirtschaftlicher Sicherung von Frau und Kindern geltend gemacht werden kann, im Falle der Scheidung sei zu hoffen, daß der klagende Ehemann von seinem bisherigen Bestreben, sich auf jede erdenkliche Weise den Unterhaltspflichten zu entziehen, abstehen werde, und unter welchen Voraussetzungen die beklagte Ehefrau auf eigne Erwerbstätigkeit verwiesen werden kann. **169,** 396. — 112) Für die Frage, ob dem Scheidungsbegehren des Ehemanns aus § 55 EheG. trotz der Notwendigkeit einer Versorgung von Frau und Kindern stattgegeben werden könne, kommt es entscheidend auf die Persönlichkeit des Klägers an; in solchem Falle ist Voraussetzung für die Scheidung, daß sich der Ehemann, der die Lösung der Ehe erstrebt, als arbeitsam, tüchtig und vor allem auch als zuverlässig erwiesen hat, also in seiner Persönlichkeit die Gewähr dafür bietet, daß er immer in der Lage sein und auch den unerschütterlichen Willen haben werde, zu seiner Pflicht und zu seinem Worte zu stehen. Wenn die Frau jetzt 48 Jahre alt und für eine Berufstätigkeit nur insofern vorgebildet ist, als sie die Schreibmaschine beherrscht, auch die beiden jetzt 12- und 9jährigen Kinder zu erziehen hat, ist von ihr eine Erwerbstätigkeit nicht zu erwarten (§ 66 Abs. 1 EheG.). **169,** 396 (399). — 113) a. Hat eine Ehefrau sich ohne triftigen Grund beharrlich geweigert, ein zweites Kind zu empfangen und zu gebären, diese Weigerung aber später aufgegeben, so ist, wenn der Tatbestand des § 48 EheG. nicht voll erfüllt ist, zu prüfen, ob das Scheidungsbegehren nach § 49 EheG. begründet ist. b. Verweigert eine Ehefrau, die eine schwere Entbindung durchgemacht hat, die Empfängnis und die Geburt eines weitern Kindes, weil sie für ihr Leben und ihre Gesundheit fürchtet, so kann sie bei sachlich unberechtigter Weigerung nicht als entschuldigt gelten, wenn sie einen Arzt darüber, ob ihre Besorgnisse begründet sind, nicht zu Rate gezogen hat. Bei der Prüfung der Frage, ob eine sachlich unbegründete und schuldhafte Weigerung der Fortpflanzung durch einen Ehegatten im Einzelfall eine schwere Eheverfehlung darstellt, ist in erster Linie zu beachten, daß hier wichtigste völkische Belange zu schützen sind. Demgegenüber verlieren persönliche Schuldmilderungsgründe an Gewicht. **170,** 193.

Zweites Kapitel. Verwandtschaft.

§ 185. Allgemeine Bestimmungen des BGB. Eheliche Abstammung. Blutsmäßige Abstammung (s. auch § 189 Nr. 1). Personenstand.

1) Solange die Blutgruppenuntersuchung und die erbbiologische Begutachtung als Beweismittel unbekannt waren, sprach der Umstand, daß in der Empfängniszeit außer dem Ehemann auch noch ein Ehebrecher mit der Ehefrau verkehrt hatte, nicht im Sinne des Gesetzes für die Unehelichkeit des Kindes. **162,** 16; **163,** 68 (70). — 2) Ein in der Ehe geborenes Kind kann nach Ablauf der in §§ 158, 159 ABGB. vorgesehenen Fristen seine Ehelichkeit nicht mehr bestreiten, auch wenn es erst nach Ablauf dieser Fristen Kenntnis davon erlangt hat, daß es nicht von dem jüdischen Ehemann erzeugt ist. Das Kind kann jedoch in diesem Fall auf Feststellung klagen, daß es blutmäßig nicht von dem jüdischen Ehemann abstammt (öst. Recht). **161,** 325; **163,** 90 flg. — 3) Auch wenn die Rechtsstellung eines Kindes als

ehelichen Kindes nicht mehr bestritten werden soll, ist eine Klage zur Klarstellung der blutmäßigen Abstammung möglich, jedoch gegen einen Verteidiger der ehelichen Geburt und damit der blutmäßigen Abstammung einzubringen (öst. Recht). **162,** 113; **163,** 90 flg.; **167,** 402 (403). — 4) Für die Unehelichkeit des Kindes sprechen im Sinne des § 1594 Abs. 2 BGB. auch solche Umstände, die nur geeignet sind, begründete Zweifel an der Ehelichkeit zu erwecken. Deshalb setzt schon die Kenntnis des Ehemanns der Kindesmutter davon, daß diese während der Empfängniszeit außer mit ihm auch noch anderweit geschlechtlich verkehrt hat, in der Regel die Anfechtungsfrist in Lauf. Das gilt jedoch nicht für die zurückliegende Zeit, in der weder die Blutgruppenuntersuchung noch die Ähnlichkeitsprüfung als Beweismittel im Abstammungsprozeß anerkannt waren. **163,** 68, 158. — 5) Die Bestreitungsfrist nach § 158 ABGB. beginnt mit der „erhaltenen Nachricht von der Geburt". Eine Klage auf Feststellung der blutmäßigen (natürlichen) Abstammung ist auch nach Ablauf der Bestreitungsfrist des § 158 ABGB. zulässig; sie ist gegen einen Verteidiger der blutmäßigen (natürlichen) Abstammung zu richten. Das Urteil darüber kann aber am Familienstand, Erb- und Pflichtteilsrecht des Kindes nichts ändern. **163,** 90. — 6) Eine die blutmäßige Abstammung betreffende Feststellungsklage kann nicht gegen die Erben des angeblichen (außerehelichen) Erzeugers erhoben oder fortgesetzt werden. **163,** 100. — 7) Auf das die Feststellung der blutmäßigen Abstammung betreffende Verfahren sind die §§ 640 flg. ZPO. entsprechend anzuwenden. **163,** 100 (101). — 8) a. Hat der Ehemann die Ehelichkeit seines Kindes innerhalb eines Jahres seit der Geburt angefochten, so kann der Staatsanwalt sein Anfechtungsrecht zwar nicht während der Rechtshängigkeit dieser Klage, wohl aber nach ihrer rechtskräftigen, wenn auch aus sachlichen Gründen ausgesprochenen Abweisung ausüben. b. Wenn der Staatsanwalt die Anfechtung für geboten erachtet, unterliegt sein Ermessen nicht der gerichtlichen Nachprüfung. **163,** 156. — 9) Ob die eheliche Abstammung eines Kindes nach § 158 ABGB. oder § 1594 BGB. anzufechten ist, richtet sich danach, welchem Rechtsgebiete der Ehemann der Mutter zur Zeit der Geburt des Kindes angehörte. **164,** 193. — 10) Auch für das Recht des Allgemeinen Bürgerlichen Gesetzbuchs hat zu gelten, was in § 1594 Abs. 2 BGB. in seiner ursprünglichen Fassung ausdrücklich bestimmt war, daß nämlich die Frist zur Anfechtung der Ehelichkeit für den Mann mit dem Zeitpunkte beginnt, in dem er von der Geburt des Kindes sichere Kenntnis erlangt. Es ist Sache des Mannes, innerhalb dieser Frist zu prüfen, ob er Anlaß hat, die Ehelichkeit des Kindes zu bestreiten. Für die Anfechtung der Ehelichkeit eines Kindes im Geltungsbereiche des Allgemeinen Bürgerlichen Gesetzbuchs wollte der Gesetzgeber es bis auf weiteres beim alten Rechtszustande belassen. **164,** 193 (194); **167,** 120 (121). — 11) Unrichtige Eintragung eines ehelichen Kindes ist in die Matrik als unehelich kann den Lauf der Ausschlußfrist des § 158 ABGB. hemmen, wenn der Ehemann danach annimmt, daß er die Ehelichkeit des Kindes nicht mehr zu bestreiten brauche. **166,** 401. — 12) Die blutmäßige Abstammung des Kindes von dem Ehemanne der Mutter können im Geltungsbereiche des Allgemeinen Bürgerlichen Gesetzbuchs das Kind und unter Umständen —

wenn er nämlich ausnahmsweise an der Feststellung, daß das Kind blutmäßig nicht von ihm stamme, ein eignes, über dasjenige des Kindes hinausgehendes Interesse hat — der Ehemann der Mutter ohne Beschränkung durch irgendwelche Fristen im Klagewege bestreitet. Dagegen ist die Klage auf Bestreitung der ehelichen Geburt mit ihren familien- und erbrechtlichen Folgen noch an die in § 158 ABGB. bestimmte Frist gebunden. **166**, 401 (402). — 13) a. Die Frist des § 158 ABGB. beginnt mit dem Tage, an dem der Ehemann sichere Kenntnis von der Geburt des Kindes erlangt. Eine entsprechende Anwendung des § 1594 Abs. 2 und 3 in der Fassung des Gesetzes vom 12. April 1938 RGBl. S. 380 ist ausgeschlossen. b. Der Ehemann der Mutter ist zur Bestreitung der blutmäßigen Abstammung des Kindes von ihm nur befugt, wenn er eine über das bloße Abstammungsinteresse des Kindes hinausgehendes Interesse glaubhaft macht. **167**, 120, 402 (403). — 14) Zur Geltung des § 77 des Personenstandsgesetzes. **167**, 193 (195). — 15) Zur Frage der Auswertung eines erbbiologischen Gutachtens im Falle der Anfechtung der Ehelichkeit eines Kindes. **167**, 269. — 16) Nicht zu billigen ist die Ansicht, daß das erbbiologische Gutachten nur dann von ausschlaggebender Bedeutung sei, insbesondere den Beweis der offenbaren Unmöglichkeit erbringen könne, wenn es die Frage nach der Vaterschaft „mit Sicherheit" oder „mit an Sicherheit grenzender Wahrscheinlichkeit" beantworte; vielmehr genügt unter Umständen auch ein geringerer Grad von Wahrscheinlichkeit. **167**, 269 (271). — 17) Die Klage auf Feststellung der blutmäßigen Abstammung von einem Manne kann nach dessen Tode nicht gegen die uneheliche Mutter des Klägers erhoben werden. **167**, 289. — 18) Für Klagen auf Feststellung des Bestehens oder Nichtbestehens der blutmäßigen Abstammung eines (ehelichen oder unehelichen) Kindes ist örtlich das Landgericht des allgemeinen Gerichtsstandes des Klägers im Inlande, notfalls das Landgericht des allgemeinen Gerichtsstandes seiner Mutter zuständig. **167**, 319. — 19) Bei einem nach der gesetzlichen Vermutung ehelichen Kinde kann eine Klage auf Feststellung der blutmäßigen Abstammung von einem andern Manne als dem Ehemann der Mutter erst erhoben werden, wenn rechtskräftig festgestellt worden ist, daß das Kind blutmäßig von dem Ehemann der Mutter nicht abstammt. **167**, 402. — 20) Wegen der Bedeutung der blutmäßigen Abstammung für die Volkszugehörigkeit und die Stellung der Volksgenossen hat die Rechtsprechung in Erweiterung der Klage zur Bestreitung der ehelichen Geburt eine Klage des Kindes, unter Umständen auch des Ehemanns der Mutter, zur Bestreitung der blutmäßigen Abstammung ausgebildet. **167**, 402. — 21) Die Voraussetzungen und die Gestaltung der besondern Klage zur Bestreitung der blutmäßigen Abstammung sind durch ihren Zweck begrenzt. Das Allgemeine Bürgerliche Gesetzbuch stellt für die Ehelichkeit der Geburt rechtliche Vermutungen auf. Überdies wird durch Anerkennung der Ehelichkeit durch den Ehemann der Mutter, durch Versäumung der Klagefrist, durch Unterlassen der Bestreitung die Klage auf Bestreitung der Ehelichkeit der Geburt ausgeschlossen. Die blutmäßige Abstammung beruht nicht auf derartigen Annahmen und Unterlassungen. Die Klage zur Bestreitung der blutmäßigen Abstammung muß daher von der Einhaltung einer Frist und von einer

Anerkennung der Abstammung unabhängig sein. Hingegen ist sie, ebenso wie die Klage zur Bestreitung der ehelichen Geburt, als Standesklage anzusehen, bedarf daher — im Gegensatz zu einer Feststellungsklage nach § 228 öst. ZPO. —, wenn sie von dem Kinde erhoben wird, nicht des Nachweises eines besondern rechtlichen Interesses. **167,** 402 (403). — 22) Die Klage zur Bestreitung der blutmäßigen Abstammung erfordert ebenso wie die Klagen zur Bestreitung der ehelichen Geburt die Einhaltung von Bestimmungen, welche die Ermittelung der Wahrheit sichern sollen. Sie muß daher gegen einen Kurator zur Verteidigung der blutmäßigen Abstammung eingebracht werden, der durch seine amtliche Stellung verpflichtet ist, an der Feststellung der Wahrheit mitzuwirken. Die Aufnahme von Beweisen ist nicht durch die Stellung von Beweisanträgen der Parteien beschränkt. Vergleich, Anerkenntnis oder Versäumnisurteil genügt zur Feststellung der Abstammung ebensowenig wie zur Feststellung der ehelichen Geburt. **167,** 402 (403). — 23) Eine Klage des während der Ehe geborenen Kindes auf Feststellung seiner blutmäßigen Abstammung von einem andern Manne ist nicht zulässig, bevor rechtskräftig festgestellt worden ist, daß es blutmäßig von dem Ehemanne der Mutter nicht abstammt. **167,** 402. — 24) Selbst in dem Falle, daß nur zwei uneheliche Väter in Betracht kommen, kann eine Klage gegen den zweiten erst angestrengt werden, wenn die gegen den ersten ergangene urteilsmäßige Feststellung seiner Vaterschaft aufgehoben worden ist. **167,** 402 (402). — 25) Die familienrechtliche Abstammung schließt bis zur Erbringung des Gegenbeweises auch die Vermutung der blutmäßigen Abstammung in sich. Die der Widerlegung dieser Vermutung dienende Feststellungsklage setzt ebenso wie die Klage nach § 158 ABGB. den Nachweis der Unmöglichkeit der Zeugung durch den Ehemann der Mutter voraus. **169,** 219 (220). — 26) Zur Frage, unter welchen Voraussetzungen in einem Rechtsstreit, der die Anfechtung der Ehelichkeit des beklagten Kindes zum Gegenstand hat, Beweis durch Anordnung der Blutgruppenuntersuchung und durch Einholung eines erbbiologischen Gutachtens zu erheben ist. **169,** 282. — 27) PersonenstandsVO. für die Wehrmacht; Ferntrauung **169,** 345. — 28) Die Klage auf Feststellung, daß der Kläger nicht von der Gattin seines in der Matrik verzeichneten Vaters geboren sei, fällt nicht unter die Bestimmungen der §§ 158, 159 ABGB.; sie ist fristlos zulässig und gegen einen Kurator zu erheben; für den zu erbringenden Beweis gelten keine besondern Vorschriften. **170,** 300.

§ 186. Unterhaltspflicht der Verwandten.

1) War der gesetzlich geschuldete Unterhalt unter den Beteiligten vertraglich festgelegt, so kann er für die Vergangenheit auch ohne die Voraussetzungen des § 1613 BGB. gefordert werden. Entsprechendes gilt, wenn Unterhalt für die Vergangenheit als Schadensersatz aus unerlaubter Handlung verlangt wird. **164,** 65. — 2) Ein im Auslande lebender Unterhaltsberechtigter kann mit Rücksicht auf die Zweckgebundenheit der Unterhaltsleistung nicht die Zahlung der Unterhaltsbeträge auf ein bei einem inländischen Kreditinstitut errichtetes Vorzugssperrguthaben fordern. Die Unterhaltspflicht kann unter der Geltung der Devisengesetzgebung in einem solchen Falle

nur auf dem in Abschnitt IV Nr. 61d der Richtlinien für die Devisenbewirtschaftung vom 22. Dezember 1938 vorgesehenen Wege und in dem hiernach in Betracht kommenden Umfang erfüllt werden. Durch die Aufforderung zur Zahlung auf ein Vorzugssperrguthaben wird der Unterhaltsverpflichtete nicht in Verzug gesetzt. **165,** 219. — 3) Zur Schaffung von Vermögensansammlungen und Geldrücklagen ist der Unterhalt seinem Wesen nach nicht bestimmt. **165,** 219 (221). — 4) Auch wenn eine Unterhaltsrente als unabänderlich vereinbart ist, kann der Verpflichtete ihre Zahlung ablehnen, soweit sein eignes Bestehen dadurch gefährdet werden würde. **166,** 40.

§ 187. Rechtsverhältnis zwischen Eltern und Kindern im allgemeinen. Aussteuer und Ausstattung der Kinder.

1) Ob Dienste, die ein dem elterlichen Haushalt angehörendes und von den Eltern erzogenes und unterhaltenes Kind geleistet hat, zu den Diensten gehört, die es kraft Gesetzes den Eltern in deren Hauswesen oder Geschäft zu leisten verpflichtet war, entscheidet sich nicht nach der Art der Dienste an sich, sondern danach, ob die Dienste in den Rahmen des Hauswesens oder des Geschäfts der Eltern fallen. Dabei ist es unerheblich, ob die Stellung des Kindes in dem Hauswesen oder Geschäft mehr oder weniger selbständig, ob sie leitend oder untergeordnet ist und ob sie die Arbeitskraft des Kindes vollständig oder nur teilweise in Anspruch nimmt. Auch sogenannte höhere Dienste können in den Rahmen des Hauswesens oder Geschäfts fallen. **162,** 116. — 2) In den Fällen des § 1617 BGB. hat das Kind überhaupt keinen Anspruch auf Vergütung für seine Dienste, da diese grundsätzlich unentgeltlich sind; die Unterhaltsgewährung ist nicht die geschuldete Vergütung für geleistete Dienste, so wenig wie diese Dienste die geschuldete Gegenleistung für die Unterhaltsgewährung darstellen. Unter den § 1617 BGB. fallen auch Dienste, welche die Kräfte und die Erwerbsfähigkeit des Kindes voll in Anspruch nehmen, wie das z. B. bei den auf dem Hofe bleibenden Bauernsöhnen und -töchtern der Fall ist. **162,** 116 (118).

§ 188. Elterliche Gewalt.

Erziehungs- und Aufsichtsrecht. Elterliche Verwaltung und Nutznießung des Kindesvermögens.

— — — — — — — — — —

§ 189. Uneheliche Kinder. Legitimation.

1) Eine die blutmäßige Abstammung betreffende Feststellungsklage kann nicht gegen die Erben des angeblichen Erzeugers erhoben oder fortgesetzt werden. **163,** 100. — 2) Zur Frage der Beweislast, des Umfangs der Beweisaufnahme und der Beweiswürdigung in Abstammungsprozessen. **163,** 321. — 3) Die Wichtigkeit, welche der Feststellung der blutmäßigen Abstammung zukommt, gebietet, daß bei der Erforschung, ob eine offenbare Unmöglichkeit der Zeugung durch den verklagten unehelichen Vater vorliegt, also bei der Beurteilung des gegen die gesetzliche Vermutung des § 163 ABGB. geführten Gegenbeweises, jede dem Gerichte zugängliche Er-

kenntnisquelle voll ausgeschöpft wird, wenn sich der Verdacht ergibt, daß der in Anspruch genommene Vater nicht der Erzeuger des klagenden Kindes ist. Eine solche Erkenntnisquelle ist neben der Blutgruppenuntersuchung auch die übrige erbbiologische (morphologische) Untersuchung. **164**, 45. — 4) Bei der Vaterschaftsklage bilden die Ansprüche auf Unterhaltsgewährung mit dem Anspruch auf Vaterschaftsfeststellung eine Einheit. Infolgedessen ist die Revision auch für sie zulässig. **164**, 45 (46). — 5) Die bisherige Rechtsprechung zu § 163 ABGB. im ehemaligen Rechtsgebiete stimmt darin überein, daß die gesetzliche Vaterschaftsvermutung nach § 163 ABGB. durch einen gemäß § 270 ÖstZPO. geführten Beweis entkräftet werden kann. Der Beklagte hat dazu nachzuweisen, daß er das Kind nicht erzeugt habe, und wird den Beweis nach der Natur der Sache nicht anders führen können als durch den Nachweis der Unmöglichkeit der Zeugung durch ihn. Als geeignetes Beweismittel hat die Rechtsprechung auch den durch Blutprobe geführten Sachverständigenbeweis anerkannt. **164**, 45 (47). — 6) Die erbkundlichen Gutachten der dazu berufenen Stellen sind schon jetzt ein ganz unentbehrliches Mittel zur Klärung der Abstammungsfrage geworden; die Untersuchungsmethoden werden, was dem Gerichte bekannt sein muß, ständig vervollkommnet. **164**, 45 (48). — 7) Über die Beweislast, die Rechtskraftwirkung und die Klageanträge in Rechtsstreitigkeiten über die Feststellung der blutmäßigen Abstammung. **164**, 281 flg. — 8) a. Das von einem Mann im außerstreitigen Verfahren abgegebene Vaterschaftsanerkenntnis steht der Erhebung der Vaterschaftsklage gegen einen andern Mann nicht entgegen. b) Der mit der Vaterschaftsklage in Anspruch genommene Beklagte kann nicht mit dem bloßen Hinweis auf die Möglichkeit, daß die Kindesmutter auch noch mit andern Männern geschlechtlichen Verkehr gehabt haben könne, die Anordnung einer erbbiologischen Begutachtung verlangen. Eine solche Begutachtung ist vielmehr in diesem Falle nur dann erforderlich, wenn Anhaltspunkte für das Bestehen einer augenfälligen Unähnlichkeit vorhanden sind. **165**, 186. — 9) Klagen auf Feststellung des Bestehens oder Nichtbestehens der sogenannten Zahlvaterschaft sind vermögensrechtlicher Art. Klagen auf Feststellung des Bestehens oder Nichtbestehens der Vaterschaft zu einem unehelichen Kinde betreffen im Zweifel die blutmäßige Abstammung, nicht die Zahlvaterschaft. **165**, 248. — 10) a. Der Erzeuger eines im Ehebruch erzeugten Kindes hat die sittliche Verpflichtung, für den Unterhalt des Kindes zu sorgen, auch wenn die Ehelichkeit des Kindes von den anfechtungsberechtigten Personen nicht angefochten worden ist. b. Das Anerkenntnis dieser Unterhaltspflicht durch den Erzeuger geschieht nicht ohne Verpflichtungsgrund und begründet eine klagbare Verpflichtung. **165**, 358. — 11) a. Wer durch rechtskräftiges Urteil als außerehelicher Vater eines Kindes festgestellt ist, erfüllt durch Leistung des Unterhalts an das Kind seine eigne gesetzliche Verpflichtung und kann, solange das Vaterschaftsurteil nicht außer Kraft gesetzt ist, nicht von einem andern Manne Ersatz des auf den Unterhalt des Kindes gemachten Aufwandes verlangen. b. Es liegt keine schuldhafte, zum Schadensersatze verpflichtende Unterlassung vor, wenn ein Mann, der außer dem als Kindesvater in Anspruch genommenen Manne mit der Kindesmutter in der gesetzlichen Empfängniszeit Geschlechtsverkehr gepflogen hat, nichts unternimmt, um die Verurteilung des andern im Vaterschaftsprozeß zu verhindern, solange er nicht bei gewissenhafter Prüfung der Umstände zu der Einsicht kommen mußte, daß das Kind aus dem von der Kindesmutter mit ihm ausgeführten Geschlechtsverkehr stammt. **167,** 308. — 12) Selbst in dem Falle, daß nur zwei uneheliche Väter in Betracht kommen, kann eine Klage gegen den zweiten erst angestrengt werden, wenn die gegen den ersten ergangene urteilsmäßige Feststellung seiner Vaterschaft aufgehoben worden ist. **167,** 402 (403). — 13) a. Über die Art der Beweisführung und den Umfang der Beweislast des auf Feststellung des Nichtbestehens der blutmäßigen Abstammung klagenden vermeintlichen Vaters. b. Die erbbiologische Untersuchung kann unter Umständen zur Ausschließung der Vaterschaft eines bestimmten Mannes auch in dem Falle führen, daß sich die Untersuchung außer auf das Kind und die Mutter nur auf ihn, nicht auf einen weitern etwa als Erzeuger in Betracht kommenden Mann erstrecken kann. **168,** 187. — 14) Im Unterhaltsstreit des Kindes steht der Mutter das Recht der Zeugnisverweigerung zu. **169,** 48 (49flg.); 158 (160). — 15) a. Die Rechtskraft des Urteils, das die Unterhaltsklage des unehelichen Kindes gegen den angeblichen Erzeuger abgewiesen hat, steht der Verurteilung des gleichen Beklagten zur Unterhaltszahlung dann nicht entgegen, wenn der Unterhaltsbeklagte inzwischen im Abstammungsrechtsstreit rechtskräftig als Vater des Kindes festgestellt ist. b. Grundsätzlich kann das Kind in solchem Fall den Unterhalt so verlangen, als ob das klageabweisende Urteil im Unterhaltsstreit nicht ergangen wäre, das heißt vom Tage der Geburt an; doch unterliegt dieser Satz — abgesehen von der sich aus den Verjährungsvorschriften ergebenden Begrenzung — der Einschränkung, daß seine Durchführung nicht zu Ergebnissen führen darf, die Treu und Glauben und dem Gebot der Billigkeit widersprechen würden. **169,** 129; **170,** 252 (254), 255 (256). — 16) Im Verfahren nach § 31 des Personenstandsgesetzes darf das ersuchte Gericht die Vernehmung der Mutter des Kindes über die Frage eines Mehrverkehrs in der Empfängniszeit nicht ablehnen. Kein Zeugniszwang gegen die Mutter. **169,** 158. — 17) Der Erzeuger eines unehelichen Kindes ist auch dann unterhaltspflichtig, wenn es vor dem Beginne der gesetzlichen Empfängniszeit empfangen ist; für diesen Fall gelten die Beweiserleichterungen des § 1717 nicht. **169,** 328. — 18) Zu den in vier Jahren verjährenden Ansprüchen auf Rückstände von wiederkehrenden Leistungen im Sinne des § 197 BGB. gehören auch die Ansprüche desjenigen, der als Geschäftsführer ohne Auftrag für den blutmäßigen Vater eines unehelichen Kindes diesem den Unterhalt gewährt hat. **170,** 252. — 19) Klage auf Feststellung der blutmäßigen Abstammung eines unehelichen Kindes; Zuständigkeit im Bereiche des Allgemeinen Bürgerlichen Gesetzbuchs; Wirkung einer unzulässigen Verweisung; Rechtsschutzbedürfnis. **170,** 402.

§ 190. Annahme an Kindesstatt.

— — — — — — — — — — —

Drittes Kapitel. Vormundschaft und Pflegschaft.

§ 191. Gemeinsames. Vormundschaft über Minderjährige.

Hat ein im Altreich lebender Österreicher als gesetzlicher Vertreter seines minderjährigen Kindes ein Grundstück verkauft, so richtet sich das Wirksamwerden der dazu nach österreichischem Recht erforderlichen, von dem zuständigen deutschen Gericht erteilten vormundschaftlichen Genehmigung auch dann nicht nach § 1829 BGB., sondern nach österreichischem Recht, wenn die Genehmigung erst nach der Wiedereingliederung der Ostmark in das Reich, aber vor dem 1. Juli 1939 erteilt worden ist. **170,** 198.

§ 192. Vormundschaft über Volljährige.

— — — — — — — — — — — —

§ 193. Pflegschaft.

1) Über die Pflichten des Abwesenheitspflegers (öst. Recht). **161,** 12. — 2) Bestellung eines Pflegers (Kurators), gegen den die Feststellungsklage eines in der Ehe geborenen Kindes erhoben werden kann, daß es blutmäßig nicht von dem jüdischen Ehemann abstammt. **161,** 325 (329). — 3) Der Verteidiger (Kurator) der ehelichen Geburt (blutmäßigen Abstammung) als der richtige Beklagte im Feststellungsstreit hat über alle Umstände, die für und gegen die Abstammung sprechen, genaue Erkundigungen einzuziehen und sie sorgfältig zu untersuchen. **162,** 113 (115).

Fünfter Abschnitt. Erbrecht.

§ 194. Erbrecht. Erbschaft. Erbe. Gesetzliche Erbfolge.

Eine Klage auf Feststellung, daß der Beklagte nicht der gesetzliche Erbe des Klägers sei, ist zwischen dem Erblasser und seinem nächsten gesetzlichen Erben zulässig. **169,** 98.

§ 195. Anfall, Annahme und Ausschlagung der Erbschaft.

1) Zu § 802 ABGB. Der Nachlaßgläubiger, der sich bei überschuldetem Nachlaß durch Gläubigeranfechtung eine Vollstreckungsmöglichkeit zu schaffen beabsichtigt, muß in seiner Klage gegen den beschränkt haftenden Erben dartun, daß die beabsichtigte Anfechtung Erfolg haben werde. Wenn er auf Erfolg der Anfechtung rechnen kann, ist der Erbe zur Zahlung nach Kräften der Verlassenschaft zu verurteilen, die Zwangsvollstreckung aber im Urteil auf den Gegenstand zu beschränken, auf den sich die Anfechtung bezieht. **167,** 296. — 2) Für Umschreibungen im Grundbuch des Altreichs genügt zur Legitimation des Erben die Einantwortungsurkunde des Verlassenschaftsgerichts (§ 797 ABGB.). § 35 GBO. ist durch § 18 des deutsch-österreichischen Nachlaßabkommens im Verhältnis zwischen dem Deutschen Reich und Österreich außer Kraft gesetzt. **167,** 383.

§ 196. Nachlaß. Nachlaßverbindlichkeiten. Aufgebot der Nachlaßgläubiger.

Abmachungen über den Nachlaß eines noch lebenden Dritten, wenn auch nur schuldrechtlich wirkende, sind unter den gesetzlichen Erben zulässig. **169,** 98 (99).

§ 197. Haftung der Erben für die Nachlaßverbindlichkeiten.

1) Auch ohne Rücksicht auf die Höhe und die Ertragsfähigkeit des Nachlasses kann dem Unterhaltsberechtigten die Unterhaltsrente in bestimmter Höhe zugesprochen werden, wenn der Betrag jedenfalls nach den Verhältnissen des Erben der Billigkeit entspricht. Vor einer Inanspruchnahme über die Nachlaßmasse hinaus ist der Erbe durch den auf die Einrede der beschränkten Haftung hin auszusprechenden Vorbehalt nach § 780 ZPO. geschützt. Auf die vom beklagten Erben erhobene Einrede der Dürftigkeit des Nachlasses (§ 1990 BGB.) braucht das Gericht im Unterhaltsrechtsstreit sachlich nicht einzugehen, sondern kann — auch stillschweigend — mit dem Vorbehalt aus § 780 ZPO. die Entscheidung über die Frage der Dürftigkeit des Nachlasses in das Zwangsvollstreckungsverfahren verweisen. **162,** 298. — 2) Zu § 802 ABGB. S. oben § 195 Nr. 1. **167,** 296. — 3) Grundsätzlich läßt sich die Frage, in welcher Höhe die Forderung des Gläubigers aus der Verlassenschaft zu befriedigen ist, im Rechtsstreit lösen, ausnahmsweise muß sie der Zwangsvollstreckung überlassen bleiben. Die Belange der Erben sind genügend berücksichtigt dadurch, daß der Gegenstand im Urteil bestimmt wird, auf den die Zwangsvollstreckung sich zu beschränken hat. **167,** 296 (298).

§ 198. Nachlaßpflegschaft. Nachlaßverwaltung. Nachlaßgericht.

— — — — — — — — — — —

§ 199. Erbschaftsanspruch.

— — — — — — — — — — —

§ 200. Mehrheit von Erben. Auseinandersetzung von Miterben. Ausgleichung. Verhältnis zu den Nachlaßgläubigern.

1) Der Erbteil eines Miterben bildet im Nachlaß des Miterben einen einzelnen Nachlaßgegenstand, über den beim Vorhandensein mehrerer Erben des Miterben diese nur gemeinsam verfügen können, während der einzelne Erbeserbe über seinen Anteil an dem Erbteil nicht verfügen kann. **162,** 397. — 2) Das gesetzliche Vorkaufsrecht des Miterben (§ 2034 BGB.) ist kein Recht im Sinne von §§ 1249, 1273 BGB. an dem Erbteil des Verpfänders eines Erbteils. **167,** 298. — 3) Kann der vorkaufsberechtigte Miterbe und der Abkäufer seines Erbanteils der Berufung eines Miterben auf die Formungültigkeit des Kaufvertrags über sein Erbanteil mit der Behauptung entgegentreten, den Miterben und den Erbschaftskäufer treffe Arglist? — auch in dem Falle, wenn der Erbteil an den verkaufenden Miterben zurückübertragen ist? **170,** 203.

§ 201. Testamente.

I. Testamentserrichtung. Öffentliches Testament. Eigenhändiges Testament.

1) Die Testamentszeugen für ein außergerichtliches mündliches Testament müssen während der ganzen Zeit der Erklärung des letzten Willens anwesend sein; entfernt sich ein Zeuge während der Abgabe der mündlichen Erklärung, so ist das ganze Testament ungültig (öst. Recht). **161,** 127. — 2) Wird bei der Errichtung eines öffentlichen Testaments durch mündliche Erklärung von der Urkundsperson ein vorher fertiggestellter Testamentsentwurf benutzt, so können die mündliche Erklärung des letzten Willens durch den Erblasser sowie die Verlesung und Genehmigung der Testamentsniederschrift in einen Verhandlungsvorgang zusammengefaßt werden. (Die bisherige abweichende Rechtsprechung wird aufgegeben.) Bei der Errichtung eines öffentlichen Testaments durch mündliche Erklärung braucht in der Niederschrift nicht ausdrücklich festgestellt zu werden, daß die Erklärung des letzten Willens mündlich abgegeben worden sei. Ist nur die „Erklärung" oder „Kundgebung" des letzten Willens beurkundet, so ist darunter eine mündliche Erklärung zu verstehen. **161,** 378. — 3) Zum Vorspruch und § 48 Abs. 2 TestG., nationalsozialistische Rechtsauffassung über die engere Verbundenheit der Mitglieder einer Familie und einer Sippe in Ansehung des Nachlasses eines noch lebenden Erblassers. **169,** 98 (99). — 4) Hat der Erblasser auf einem Fragebogen, den die Erbschaftssteuerbehörde ihm anläßlich des Todes seiner Ehefrau zugesandt hatte, Bestimmungen über seinen eignen Nachlaß niedergeschrieben, so kann darin ein wirksames Testament nur gesehen werden, wenn erwiesen ist, daß er damit eine rechtsgeschäftliche Anordnung treffen wollte. **169,** 264.

II. Testamentseröffnung.

— — — — — — — — — —

III. Unwirksamkeit, Nichtigkeit, Anfechtung, Aufhebung und Widerruf des Testaments.

1) Der Fristablauf beginnt nach §§ 2082, 2283 BGB. mit dem Zeitpunkt, in dem der überlebende Ehegatte vom Anfechtungsgrund Kenntnis erlangt, d. h. alle sein Anfechtungsrecht begründenden Tatsachen zuverlässig erfahren hat. Die Kenntnis von dem Anfechtungsgrund kann dem überlebenden Ehegatten fehlen, wenn er sich in einem Irrtum befindet. Auch ein auf Unkenntnis der gesetzlichen Vorschriften beruhender Rechtsirrtum kann die Kenntnis in diesem Sinne ausschließen. Jedenfalls muß aber der Rechtsirrtum die Unkenntnis einer die Anfechtung begründenden Tatsache zur Folge haben, und es darf sich nicht lediglich um eine rechtsirrtümliche Beurteilung des Anfechtungstatbestandes selbst handeln. Denn schon die Kenntnis dieses Anfechtungstatbestandes setzt die Anfechtungsfrist in Lauf, und es ist nach § 2082 nicht erforderlich, daß der Erblasser von seinem Anfechtungsrecht unterrichtet ist. **164,** 111 (114). — 2) Zur Nichtigkeit letztwilliger Zuwendungen auf Grund von § 48 Abs. 2 TestG., § 138 BGB.

166, 395. — 3) Daß das geschlechtliche Verhältnis des Erblassers für seine Zuwendungen mitbestimmend war, genügt zur Erfüllung des Tatbestandes sowohl des § 48 Abs. 2 TestG. wie des § 138 Abs. 1 BGB., wenn andere triftige Gründe für eine so weitgehende Bedeutung nicht gegeben sind. **166,** 395 (399). — 4) § 48 Abs. 2 TestG. berechtigt den Richter zur teilweisen Aufrechterhaltung einer letztwilligen Verfügung, sofern deren Gegenstand teilbar ist. **168,** 177.

IV. Inhalt des Testaments. Erbeinsetzung. Ausschließung von der Erbfolge. Auslegung der Testamente.

1) Bei der Prüfung des vom Erblasser Gewollten sind die Auslegungsgrundsätze der §§ 133, 157, 2084 BGB. zu beachten. Falls das vermachte Recht einzuräumen ist, bleibt der genaue Inhalt der Dienstbarkeit festzustellen. **164,** 196 (201 flg.). — 2) Um Unvererblichkeit der Nacherbenanwartschaft als vom Erblasser gewollt anzusehen zu können, müssen zu der Ersatzerbeneinsetzung stets noch weitere auf einen solchen Willen weisende Umstände hinzukommen. Diese Umstände brauchen nicht notwendig aus dem Testamente selbst hervorzugehen; es genügt, wenn sie bei ergänzender Auslegung auf einen derartigen Willen des Erblassers schließen lassen. **169,** 38 (42). — 3) Zum Begriff der Teilungsanordnung. **170,** 163. — 4) Der Schenker kann den Widerruf der Schenkung auch in einem (öffentlichen) Testament wirksam erklären. **170,** 380. — 5) Ein Schiedsgericht kann auch durch Testament angeordnet werden. **170,** 380 (383).

V. Ersatzerbe. Vorerbe. Nacherbe.

1) Das mit dem Nacherbfall entstandene schuldrechtliche Verhältnis zwischen dem Vorerben (oder seinem Erben) und dem Nacherben begründet für jenen außer der Pflicht zur Herausgabe der Erbschaftsgegenstände an den Nacherben als Nebenverpflichtung die weitere Pflicht, auch solche körperlichen Gegenstände an den Nacherben herauszugeben, die, ohne selbst ursprüngliche Erbschaftsgegenstände oder Ersatzstücke solcher zu sein, vermöge ihrer Beziehung auf Erbschaftsgegenstände lediglich dazu dienen können, dem Vorerben (oder seinem Erben) eine Rechtsstellung zu verleihen, die nach dem Nacherbfalle nicht ihnen, sondern dem Nacherben zukommt, im übrigen aber wertlos sind. — Dies gilt auch für den Fall der Nacherbfolge auf den Überrest. **163,** 51 flg. — 2) Hat sich der Erbe des Vorerben nach dem Eintritt des Nacherbfalls eine vollstreckbare Ausfertigung der Schuldurkunde über eine von ihm beanspruchte, in Wirklichkeit aber zur Nacherbschaft, nicht zum Nachlasse des Vorerben gehörige Forderung erteilen lassen, so ist er dem Nacherben gegenüber verpflichtet, seine Einwilligung in die Erteilung einer vollstreckbaren Ausfertigung an den Nacherben zu erklären. Das ihn zur Abgabe dieser Willenserklärung verurteilende Erkenntnis bedeutet die Beseitigung der dem nichtberechtigten Forderungsprätendenten erteilten Vollstreckungsklausel. **163,** 51 flg. — 3) Im Falle des § 2137 BGB. ist für den Umfang der den Vorerben nach § 2130 BGB. treffenden Herausgabepflicht der tatsächliche Zustand der Erbschaft, der „Überrest" in der

Hand des Vorerben bei Eintritt der Nacherbfolge maßgebend. Tritt der Nacherbfall mit dem Tode des Vorerben ein, so trifft die Herausgabepflicht seine Erben. **163**, 51 (53). — 4) Zur Bindung des Vorerben (nach österreichischem Recht) durch fideikommissarische Substitution. **163**, 261. — 5) Das nach § 2121 BGB. zu erteilende Nachlaßverzeichnis ist nach der Zeit der Aufstellung und Erteilung, nicht nach der des Erbfalls abzufassen. **164**, 208. — 6) Es besteht keine Rechtsvorschrift, der gemäß bei der Einsetzung eines Abkömmlings als Nacherben entgegen der Regel des § 2108 Abs. 2 Satz 1 BGB. im Zweifel die Vererblichkeit der Nacherbenanwartschaft wegen der nach § 2069 BGB. anzunehmenden ersatzweisen Einsetzung der Abkömmlinge des Nacherben als vom Erblasser nicht gewollt anzusehen wäre. **169**, 38. — 7) Die Anwartschaftsrechte aus einer bedingten Nacherbfolge sind abtretbar. **170**, 163. — 8) Es ist ständige Rechtsprechung des Reichsgerichts, daß das Anwartschaftsrecht aus der Nacherbfolge veräußerlich ist und durch Rechtsgeschäft unter Lebenden übertragen werden kann. **170**, 163 (168).

VI. Gemeinschaftliches Testament. Wechselbezügliches Testament.

1) Über die Frage, welchen Anforderungen die Feststellung der Wechselbezüglichkeit der in einem gemeinschaftlichen Testament enthaltenen Bestimmungen genügen muß. **170**, 163 (172). — 2) Zu §§ 130, 2271 BGB. Der Widerruf eines gemeinschaftlichen Testaments kann von einem Ehegatten in notarischer Verhandlung mit dem Antrag erklärt werden, die zu erteilenden Ausfertigungen einem Gerichtsvollzieher zwecks Zustellung an den andern Ehegatten zu übersenden, auch wenn diese erst nach dem Tode jenes Ehegatten ausgeführt werden kann. **170**, 380 (382).

VII. Testamentsvollstrecker.

1) Der alleinige Erbe kann nicht zum Testamentsvollstrecker berufen werden, weil er begriffsmäßig Herr des Nachlasses und zur schrankenlosen Verfügung darüber berechtigt ist und weil es deshalb sinnlos wäre, ihm in der Eigenschaft eines Testamentsvollstreckers an demselben Nachlasse bloße Verwaltungsrechte einzuräumen, die im übrigen nur als Beschränkung der Erbenrechte gedacht sind. **163**, 57 (58). — 2) Durch die Vorschrift des § 2227 BGB. wird die Klage auf Feststellung der Nichtigkeit einer letztwilligen Anordnung, in der eine bestimmte Person zum Testamentsvollstrecker ernannt ist, nicht ausgeschlossen. **163**, 177. — 3) Der Testamentsvollstrecker ist grundsätzlich nicht befugt, die Mitgliedschaftsrechte des nach dem Gesellschaftsvertrag in die Gesellschafterstellung des Erblassers bei einer offnen Handelsgesellschaft eingetretnen Erben auszuüben. Die Ausübung dieser Rechte steht vielmehr dem Gesellschaftererben allein zu. **170**, 392.

§ 202. Vermächtnisse. Schenkung von Todes wegen.

1) Daß das vermachte Benutzungsrecht an einem Gegenstand, der zur Zeit des Erbfalls nicht mehr zur Erbschaft gehört oder zu dessen Übertragung

der Erblasser sich schon bindend verpflichtet hatte, auch für diesen Fall als sogenanntes Verschaffungsvermächtnis zugewendet werden sollte (§ 2170 BGB.), muß der Bedachte beweisen. **164,** 196 (202). — 2) Für die Willensrichtung des Erblassers (Nr. 1) kommt es auf die Zeit an, zu welcher der Erblasser das Vermächtnis aussetzte. Hat er damals sicherlich nicht an den Fall gedacht, daß der Gegenstand von dem Erbübergang veräußert werden würde, so ist doch durch ergänzende Auslegung zu ermitteln, ob er das Vermächtnis auch dann so bestimmt haben würde, wenn er den spätern Verlauf vorausgesehen hätte (§ 157 BGB.). **164,** 196 (202). — 3) Teilungsanordnung und Vorausvermächtnis. Der später sichtbar werdende wirtschaftliche Erfolg einer Maßnahme (Zuteilung eines bestimmten Nachlaßgegenstandes durch Begründung eines Anspruchs auf die Übertragung des vollen Eigentums gegen die Miterben) kann grundsätzlich nicht dafür entscheidend sein, ob nur eine Teilungsanordnung oder auch ein Vermächtnis gewollt war. **170,** 163 (171). — 4) Für die Annahme eines Vermächtnisses, eines darauf gerichteten Willens bleibt nur dann Raum, wenn und soweit der Erblasser das Übernahmeentgelt für einen bestimmten Nachlaßgegenstand unter dem Wert angesetzt hat, den er sich nach der von ihm vorausgesetzten und gewollten Benutzungsart vorgestellt hat. **170,** 163 (171). — 5) Veräußerung nach § 724 ABGB. ist auch ein Kaufvertrag mit Bewilligung der grundbücherlichen Eintragung des Eigentums des Käufers; die Eintragung ist nicht notwendig. **170,** 220.

§ 203. Erbvertrag. Erbverzicht.

1) Ein Erbvertrag, der die Voraussetzung dafür gewesen ist, daß der eine der beiden Miteigentümer des zu entschuldenden Gutes die persönlichen Schulden des andern für den Fall der Entschuldung auf seinen Eigentumsanteil mitübernommen hat, ist nicht deshalb der Anfechtung nach §§ 2281, 2079 BGB. entzogen, weil darauf in dem bestätigten Entschuldungsplane hingewiesen ist. **161,** 19. — 2) Der Fristablauf beginnt nach §§ 2082, 2283 BGB. mit dem Zeitpunkt, in dem der überlebende Ehegatte vom Anfechtungsgrund Kenntnis erlangt, d. h. alle sein Anfechtungsrecht begründenden Tatsachen zuverlässig erfahren hat. Die Kenntnis von dem Anfechtungsgrund kann dem überlebenden Ehegatten fehlen, wenn er sich in einem Irrtum befindet. Auch ein auf Unkenntnis der gesetzlichen Vorschriften beruhender Rechtsirrtum kann die Kenntnis in diesem Sinne ausschließen. Jedenfalls muß aber der Rechtsirrtum die Unkenntnis einer die Anfechtung begründenden Tatsache zur Folge haben, und es darf sich nicht lediglich um eine rechtsirrtümliche Beurteilung des Anfechtungstatbestands selbst handeln. Denn schon die Kenntnis dieses Anfechtungstatbestands setzt die Anfechtungsfrist in Lauf, und es ist nicht erforderlich, daß der Erblasser von seinem Anfechtungsrecht unterrichtet ist. **164,** 111 (114). — 3) Ein erst nach dem Tode des Erblassers zum Zuge kommendes Erbrecht kann schon zu dessen Lebzeiten Gegenstand eines Verzichts sein, und dieser Verzicht hat unmittelbare Wirkung. **169,** 98 (99).

§ 204. Pflichtteil.

1) Auch der in guter Absicht enterbte Pflichtteilsberechtigte kann seinen Pflichtteilsanspruch gegen sämtliche Erben geltend machen, nicht nur gegen den etwa an seiner Stelle eingesetzten Erben. **165,** 207 (ostm. Recht). — 2) a. Der Vorschrift des § 2336 Abs. 2 Halbsatz 2 BGB. wird genügt, wenn der Erblasser in der letztwilligen Verfügung auf die in einer zur Zeit ihrer Errichtung anhängigen Scheidungsklage von ihm geltend gemachten Scheidungsgründe Bezug nimmt. b. Der Richter, der mit der Frage befaßt ist, ob demjenigen, der die Pflichtteilsentziehung geltend macht, der Beweis des Grundes gelungen ist (§ 2336 Abs. 3), muß sich (unbeschadet der Vorschriften über die Rechtskraftwirkung eines etwa vorliegenden Scheidungsurteils) im Rahmen der Beweislastregelung des § 2336 Abs. 3 und der zeitlichen und sachlichen Beschränkung des Abs. 2 daselbst selbständig und vollständig in die Lage des Scheidungsrichters versetzen. Er darf also z. B. nicht unter dem Geltungsbereich der §§ 1565 bis 1568 BGB. (nach § 2335) auf einen einzelnen Scheidungsgrund allein abstellen, sondern er muß nach den Rechtsgrundsätzen, die für die Scheidung selbst anzuwenden wären, prüfen, ob die in der letztwilligen Verfügung angegebenen (vgl. a.) Scheidungsgründe zur Scheidung der Ehe geführt hätten. Dazu gehört (nach altem Scheidungsrecht) die Zumutungsfrage, in deren Rahmen also die Berücksichtigung der beiderseitigen Verfehlungen, ihrer Wechselwirkung, ihre Abwägung usw. **168,** 34. — 3) Regelmäßig können Handlungen des Abkömmlings, die zeitlich nach der Testamentserrichtung liegen, bei der Pflichtteilsentziehung gemäß § 2333 Nr. 1 bis 5 BGB. nicht berücksichtigt werden. **168,** 39. — 4) Erfordert die Angabe des Pflichtteilsentziehungsgrundes (§ 2336 Abs. 2) auch nicht notwendig eine nähere Darlegung der einzelnen Tatumstände, so muß sich doch mit aller Deutlichkeit erkennen lassen, auf welchen der verschiedenen Entziehungsgründe der Erblasser seine Verfügung, die einen schweren Eingriff in die durch das Familienband begründete Rechtsstellung des Abkömmlings enthält, stützen wollte. **168,** 39 (43). — 5) Das Gesetz erkennt eine schon bei Lebzeiten des Erblassers gegenüber den Pflichtteilsberechtigten bestehende Rechtspflicht und eine entsprechende Berechtigung der letztern an. Deshalb Zulässigkeit einer Feststellungsklage bei Lebzeiten des Erblassers. **169,** 98 (99).

§ 205. Erbunwürdigkeit.

— — — — — — — — — — —

§ 206. Erbschein.

1) Die Bauernführer sind nicht befugt, nach dem Ableben eines Bauern beim Nachlaßgericht die Ausstellung eines Erbscheins „für den Anerben" zu beantragen. **164,** 235. — 2) Zur Umschreibung im Grundbuch auf die Erben eines in der Ostmark wohnhaft gewesenen Reichsdeutschen genügt auch im Gebiet des Altreichs die Einantwortungsurkunde des ostmärkischen Verlassenschaftsgerichts, ein Erbschein ist nicht erforderlich. **167,** 383.

§ 207. Erbschaftskauf.

Verkauf des Erbanteils eines Miterben. Berufung des vorkaufsberechtigten Miterben und seines Abkäufers auf die Formungültigkeit des Kaufvertrags. Einwand der Arglist. **170,** 203.

Sechster Abschnitt. Handelsrecht.

Erstes Kapitel. Der Handelsstand.

§ 208. Kaufleute. Handelsgewerbe. Handelsgeschäft. Zweigniederlassung.

— — — — — — — — — —

§ 209. Handelsregister.

1) Eintragung eines nichtigen Umwandlungsbeschlusses bei der Aktiengesellschaft in das Handelsregister; zur Frage der Heilung der Unwirksamkeit. **164,** 220. — 2) Sparkassen von preußischen Gemeinden oder Gemeindeverbänden, die gemäß der Dritten Verordnung des Reichspräsidenten zur Sicherung von Wirtschaft und Finanzen vom 6. Oktober 1931 V. Teil Kap. 1 § 2 (RGBl. I S. 537, 554) zu Anstalten mit eigner Rechtspersönlichkeit umgestaltet worden sind, brauchen nach § 36 HGB. nicht in das Handelsregister eingetragen zu werden. **166,** 334.

§ 210. Handelsfirma. Fortführung eines Handelsgeschäfts.

1) Im Falle der Veräußerung eines Handelsgeschäfts ist die Weiterführung der Firma eines Einzelkaufmanns, in der ein Doktortitel enthalten ist, durch den Erwerber, dem dieser Titel nicht zusteht, nur unter Beifügung eines hinreichend deutlichen Nachfolgezusatzes zulässig. **162,** 121. — 2) Das Verbot des § 18 Abs. 2 Satz 1 HGB. bezieht sich nicht nur auf die Bildung neuer Firmen, sondern auch auf die Fälle, in denen eine zunächst den Anforderungen des Firmenrechts entsprechende Firma durch eine Veränderung der Umstände, die anfänglich die gewählten Firmenzusätze als gerechtfertigt erscheinen ließen, unzulässig geworden ist. **162,** 121 (123). — 3) Bei der Anwendung des Verbots des § 22 Abs. 1 Satz 1 HGB. kommt es nicht auf die wort- und buchstabengetreue Angleichung an, und ein die Verkehrsauffassung außer acht lassender Formalismus ist zu vermeiden. **162,** 121 (123). — 4) Eine Sachfirma, die aus einem dem allgemeinen Sprachschatz entnommenen, einen Allgemeinbegriff wiedergebenden Worte (z. B. Hydraulik) gebildet ist, ist mangels ausreichender Unterscheidungskraft in der Regel nicht schutzfähig. Sie genießt jedoch namens- und wettbewerbsrechtlichen Schutz, wenn sie im Verkehr als Kennzeichen für ein bestimmtes Unternehmen Geltung erlangt hat. Solchenfalls liegt ein unbefugter Firmengebrauch vor, wenn das Wort von einem andern derart verwendet wird, daß der Verkehr darin nicht den Allgemeinbegriff, sondern einen Hinweis

auf das Unternehmen erblickt. **163,** 233. — 5) Wird bei der Veräußerung eines Unternehmens der „Kundenstock“ mitveräußert und erhält der Veräußerer auch hierfür ein Entgelt, ist in der Regel ein stillschweigender Wettbewerbsverzicht anzunehmen, der nicht über das Maß des Selbstverständlichen bei derartigen Vereinbarungen hinausgeht. Eröffnet der Veräußerer trotzdem ein gleichartiges Geschäft, so kann auch ein Verstoß gegen das Gesetz gegen den unlautern Wettbewerb vorliegen. **163,** 311. — 6) Die offene Handelsgesellschaft (Kommanditgesellschaft) haftet im Falle des § 28 HGB. auch dann, wenn jemand als persönlich haftender Gesellschafter (Kommanditist) in das Geschäft eines Minderkaufmanns im Sinne des § 4 Abs. 1 HGB. eingetreten ist. b. Im Falle des § 28 HGB. wird die Haftung der Gesellschaft und des persönlich haftenden Gesellschafters nicht schon dadurch beseitigt, daß der Gläubiger des Einzelkaufmanns eine bei Abschluß des Gesellschaftsvertrags oder bei Abgabe der Haftungsübernahmeerklärung geschehene arglistige Täuschung gekannt hat oder hätte kennen müssen, sondern es bedarf dazu außer der Anfechtung des Gesellschaftsvertrags gegenüber dem Vertragsgegner auch einer Anfechtung der öffentlichen oder besondern Erklärung der Haftungsübernahme gegenüber dem Gläubiger der Gesellschaft. **164,** 115. — 7) Die Haftung aus § 28 HGB. erstreckt sich auch auf Verbindlichkeiten des frühern Geschäftsinhabers, wenn dieser ein Minderkaufmann ist. Sie setzt die Fortführung der frühern Firma nicht voraus. Es ist also unerheblich, ob der ursprüngliche Geschäftsinhaber mit Rücksicht auf § 4 Abs. 1 HGB. keine Firma hat führen dürfen. § 4 Abs. 2 sagt nichts weiter, als daß durch eine Vereinigung zum Betrieb eines Kleinhandelsgewerbes keine offene Handelsgesellschaft begründet werden kann. Auf eine offene Handelsgesellschaft finden andererseits nach § 6 Abs. 1 die für Kaufleute gegebenen Vorschriften Anwendung. Daraus folgt, daß für die Anwendung des § 28 Abs. 1 HGB. lediglich erforderlich ist, daß die durch den Eintritt des Dritten gebildete Gesellschaft ein Vollhandelsgewerbe betreibt. Dann ist sie eine offene Handelsgesellschaft, und es bleibt kein Raum für die hinsichtlich der Minderkaufleute gegebenen Sondervorschriften. **164,** 115 (119). — 8) § 28 HGB. regelt einen Sonderfall des § 25 HGB., und beide Bestimmungen entsprechen dem Gedanken, der ebenso in § 419 BGB. zum Ausdruck kommt: Derjenige, der das Vermögen erhält, soll auch für die Schulden aufkommen. **164,** 115 (120). — 9) Der in das Geschäft eines Einzelkaufmanns als persönlich haftender Gesellschafter Eintretende kann sich dann auf die durch die Anfechtung eingetretene Nichtigkeit des Gesellschaftsvertrags nicht berufen, wenn er eine öffentliche Erklärung, haften zu wollen, auch falls die Gesellschaft nicht besteht, in handelsüblicher Weise abgegeben hat, an der ihn der Gläubiger festhalten kann, oder wenn er allgemein oder dem einzelnen Gläubiger gegenüber in einer Weise als Gesellschafter aufgetreten ist, daß der Berufung auf die Nichtigkeit des Vertrags die Einrede der Arglist entgegensteht. **164,** 115 (121). — 10) Die Haftung der Gesellschaft und des persönlich haftenden Gesellschafters für die Geschäftsschulden des frühern Einzelkaufmanns nach § 28 HGB. beruht nicht auf dem Abschluß des Gesellschaftsvertrags, sondern auf der mit ihrem Willen geschehenen Eintragung und Bekanntmachung des vollzogenen Geschäftsüberganges. **164,** 115 (122). — 11) Die Kommanditgesellschaft, deren Firma ordnungsmäßig mit dem Familiennamen des einzigen persönlich haftenden Gesellschafters gebildet ist, kann von einer ältern Firma (GmbH.), die denselben Namen in der Firma führt, nicht der Verwechselungsgefahr halber gezwungen werden, den Namen des persönlich haftenden Gesellschafters aus der Firma zu beseitigen. Nur unterscheidungskräftige Zusätze zu der Firma können gefordert werden. **165,** 271. — 12) Die Aufsicht darüber und die Sorge dafür, daß ein dem Wortlaute der Firma und der Bedeutung der Zusätze entsprechender Gebrauch der richtig eingetragenen Firma stattfindet, ist Sache des Registergerichts (§ 37 Abs. 1 HGB.). **165,** 271 (287). — 13) a. Eine Firma „Vereinigte Photokopier-Apparate" G. m. b. H. ruft den Anschein einer Vereinigung von Herstellungsunternehmungen hervor und kann nicht gewählt werden, wenn das Unternehmen nur mit Apparaten verschiedener Erzeugung Handel treibt oder zwar selbst Herstellerfirma ist, aber im übrigen nur mit den Erzeugnissen anderer Firmen Handel treibt. Bei Handelsvereinigungen, welche die Bezeichnung „Vereinigte" annehmen wollen, muß in der übrigen Bezeichnung zum Ausdruck kommen oder sonst nach den Umständen klar sein, daß es sich um eine Vereinigung von Handelsbetrieben handelt. b. Eine Zweigniederlassung kann nicht als (zweite) Zentrale eines Unternehmens bezeichnet werden. **166,** 240. — 14) Ist eine GmbH. von zwei Gesellschaftern im eignen Namen gegründet, die als Treuhänder oder Strohmänner für Rechnung eines und desselben Dritten gehandelt haben, und ist der Name eines der beiden Gründer in die Firma der GmbH. aufgenommen worden, so beurteilt sich der Unterlassungsanspruch eines Dritten, der sein Firmenrecht durch den Gebrauch des Namensbestandteils in der Firma der GmbH. für beeinträchtigt hält, solange die Gesellschaft nicht nach § 75 GmbHG. für nichtig erklärt oder nach § 144 RFGG. im Handelsregister gelöscht worden ist, nach den allgemeinen Grundsätzen des Namensrechts (§ 12 BGB.), des Firmenrechts (§§ 18, 30, 37 Abs. 2 HGB.), des Wettbewerbs (§§ 1, 3, 16 UnlWG., §§ 24, 31 WZG.) und der unerlaubten Handlung. **167,** 184. — 15) Zum Begriff des innern oder „ideellen" Geschäftswerts eines Handelsunternehmens (Firmenwert good will). **167,** 260. — 16) Die Voraussetzungen des § 25 HGB. sind gegeben, wenn die Umstände, unter denen das Handelsgeschäft vom Erwerber fortgeführt wird, den äußern Anschein begründen, als handele es sich um das alte unter derselben Firma weiterbetriebene Unternehmen. Das ist der Fall, wenn ein Geschäft, das sich mit der Herstellung und dem Vertrieb von Schallplatten befaßt, in der Weise veräußert wird, daß nach Stillegen der Fabrikation und Abstoßung der ihr dienenden Unternehmensteile nur die dem Vertrieb gewidmeten Unternehmensteile übertragen werden und der Erwerber das Vertriebsgeschäft unter der bisherigen Firma und in der bisherigen Aufmachung fortsetzt. **169,** 133. — 17) Die Rechtsfolgen des § 25 HGB. treten nur ein, wenn das Unternehmen in seiner Gesamtheit, also als Träger derjenigen tatsächlichen und rechtlichen Gegebenheiten und Beziehungen übertragen wird, die es im Verkehr als handelsgewerblichen Betrieb bestimmten Gepräges erscheinen lassen und dem Erwerber die Möglichkeit bieten, es als solchen fortzuführen. Dazu ist indessen nicht erforderlich, daß alle Unternehmensbestandteile übernommen werden. Es genügt, daß diejenigen Teile übergehen, die den Kern des Unternehmens ausmachen, also den Tätigkeitsbereich bestimmen, mit dem es nach außen in die Erscheinung tritt. **169,** 133 (136). — 18) § 25 HGB. dient dem Schutze der Geschäftsgläubiger und Geschäftsschuldner und läßt insoweit für den Eintritt des Erwerbers in die Rechtsstellung des Veräußerers den äußern Schein einer Geschäftsfortführung unter der bisherigen Firma genügen. **169,** 133 (137). — 19) Vom Erwerb eines Handelsgeschäfts auch im Sinne des nur auf den äußern Eindruck abstellenden § 25 HGB. wird in der Regel nicht gesprochen werden können, wenn von zwei oder mehreren gleichwertigen selbständigen Geschäftszweigen eines Unternehmens nur ein Geschäftszweig veräußert wird. Ist in solchem Falle schon die Fortführung der Firma für den allein übernommenen Teil nach §§ 22, 23 HGB. unzulässig, so werden regelmäßig auch die äußern Umstände nicht genügen, um den Rechtsschein eines Übergangs des ganzen Unternehmens zu begründen. Eine abweichende Beurteilung mag möglich sein, wenn der beim Veräußerer verbleibende Geschäftszweig nur von untergeordneter Bedeutung ist. **169,** 133 (139). — 20) Für die Anwendung des § 25 HGB. genügt es, daß beim Bestehen von Haupt- und Zweigniederlassung nur die eine oder die andere übertragen wird, dann freilich auch mit der Folge, daß der Erwerber nur in diejenigen Forderungen und Verbindlichkeiten des frühern Inhabers eintritt, die in dem Betriebe der übernommenen Haupt- oder Zweigniederlassung begründet worden sind. **169,** 133 (139). — 21) Für die Anwendung des § 25 HGB. genügt es nicht, wenn der Erwerb nur zum Zweck der Einbringung des Geschäfts in eine Gesellschaft mit beschränkter Haftung geschieht, also die Weiterführung des Unternehmens durch den Erwerber als Einzelkaufmann nicht zum Ziele hat. **169,** 133 (140). — 22) a. Das Verbot täuschender Firmenzusätze gilt auch dann, wenn der Träger des in der abgeleiteten Firma einer Kommanditgesellschaft enthaltenen Familiennamens, dem der Doktortitel beigefügt ist, des Rechtes zur Führung dieses Titels durch strafgerichtliche Verurteilung verlustig gegangen ist. b. Das Amtslöschungsverfahren nach § 142 FGG. ist anwendbar, wenn eine Eintragung in das Handelsregister durch eine Veränderung der Umstände, die sie ursprünglich gerechtfertigt erscheinen ließen, nachträglich unzulässig geworden ist. **169,** 147. — 23) Zu § 24 HGB. Auch bei abgeleiteten Firmen ist der Grundsatz der Firmenwahrheit nur durchbrochen, nicht außer Kraft gesetzt; das Gesetz will mit der Zulassung der Fortführung bestehender Firmen trotz Wechsels des Inhabers (§ 22 HGB.) der Erhaltung der bisherigen Firma und der in ihr verkörperten Werte dienen, nicht darüber hinaus einer Firma zur Fortdauer verhelfen, die sonst innerlich unwahr ist. **169,** 147 (150). — 24) Über die Frage, welche Ansprüche für einen Ehegatten begründet sein können, der sein Handelsgeschäft dem andern Ehegatten übertragen hat, um das Auskommen seiner Familie durch Abwehr des Zugriffs seiner Gläubiger zu sichern, wenn die Ehe aus Verschulden des andern Gatten geschieden wird. Zu §§ 242, 812 Abs. 1 Satz 2. **169,** 249.

§ 211. Handelsbücher. Bilanz.

— — — — — — — — — — —

§ 212. Prokura. Handlungsvollmacht.

1) § 52 Abs. 1 HGB. enthält eine Ausnahme von § 168 BGB.; die Bestimmung gibt einen Ausgleich für die in § 50 Abs. 1 HGB. vorgesehene Unbeschränkbarkeit der Machtfülle der Prokura nach außen. § 52 Abs. 1 HGB. ist durch § 116 Abs. 3 oder vielmehr durch die Abdingbarkeit dieser Bestimmung im Gesellschaftsvertrag nicht aufgehoben. Durch eine Bestimmung des Gesellschaftsvertrags, die für den Widerruf der Prokura die Zustimmung von nicht geschäftsführenden Gesellschaftern erfordert, wird § 52 Abs. 1 HGB. weder umgangen noch gegenstandslos gemacht. Der Widerruf der Prokura fällt unter den allgemeinen Begriff der Geschäftsführung. **163,** 35 (36 flg.). — 2) Eine Klage auf Bestellung eines bestimmten Prokuristen ist grundsätzlich zulässig. An das Rechtsschutzbedürfnis für eine solche Klage sind allerdings strenge Anforderungen zu stellen. Eine weitere Voraussetzung der Klage ist, daß der zu bestellende Prokurist bereit ist, die Prokura wieder zu übernehmen. **163,** 35 (39).

§ 213. Handlungsgehilfen. Handlungslehrlinge. Wettbewerbsverbot (Konkurrenzklausel).

— — — — — — — — — — — —

§ 214. Handlungsagenten.

Zu § 92 HGB. In Anlehnung an den darin enthaltenen allgemeinen Rechtsgedanken gilt bei Rechtsverhältnissen von längerer Dauer, die stark in die Lebensbetätigung der Beteiligten eingreifen oder eine besondere gegenseitige Interessenverflechtung mit sich bringen und ein persönliches Zusammenarbeiten und ein gutes Einvernehmen, ein ungestörtes gegenseitiges Vertrauen der Beteiligten erfordern, die Zulässigkeit der Kündigung aus wichtigem Grunde. **169,** 203 (206).

§ 215. Handelsmäkler.

— — — — — — — — — — — —

Zweites Kapitel. Handelsgesellschaften. (Gesellschaften m. b. H. Genossenschaften.)

§ 216. Die offene Handelsgesellschaft.

I. Errichtung.

1) **a.** Bei Vereinbarung des USA.-Dollars als Wertmesser zur Sicherung einer in einer andern ausländischen Währung (tschechoslowakischen Kronen) geschuldeten Zahlung gegen Schwankungen nach unten und oben ist der Gläubiger, mangels Vereinbarung einer Goldklausel, gegen die Entwertung des Dollars durch dessen Loslösung vom Goldwert grundsätzlich ebensowenig gesichert wie bei der Wahl dieses Wertmessers zur Sicherung der Entwertung der deutschen Reichsmark (vgl. RGZ. Bd. 154 S. 187, Bd. 155 S. 133).

b. Ist im Gesellschaftsvertrage einer offenen Handelsgesellschaft oder Kommanditgesellschaft die Abfindung eines (durch Tod) ausscheidenden Gesellschafters durch langfristige Abzahlungsraten vereinbart und hierbei die Wertbeständigkeit der in ausländischer (tschechoslowakischer) Währung zu leistenden Zahlungen in der zu a. angegebenen Weise gesichert, so kommt im Falle der unerwarteten Entwertung des Dollars ein Ausgleichsanspruch in Betracht. **163**, 324. — 2) a. Eine offene Handelsgesellschaft kann nicht als Innengesellschaft errichtet werden. Freilich ist eine Innengesellschaft in der Weise möglich, daß vereinbart wird, es solle im Innenverhältnis so gehalten werden, als ob eine offene Handelsgesellschaft bestünde; eine solche Vereinbarung begründet aber nur eine schuldrechtliche Verpflichtung der Gesellschafter gegeneinander und ermöglicht noch nicht den Erlaß eines Gestaltungsurteils gemäß den §§ 133, 140, 142 HGB. b. Bietet ein Einzelkaufmann jemandem den Beitritt als Gesellschafter in sein Geschäft in der Weise an, daß dieser wählen darf, ob das Unternehmen in eine offene Handelsgesellschaft oder eine Kommanditgesellschaft umgewandelt wird, und, in letztem Falle, ob er oder der andere persönlich haftender Gesellschafter wird, so kann mit der Annahme des Angebots und der Ausübung des Wahlrechts, falls das Gesellschaftsverhältnis damit ausreichend bestimmt ist, entweder ein Vorvertrag oder unmittelbar, je nach dem Ausfall der Wahl, eine offene Handelsgesellschaft oder eine Kommanditgesellschaft zustande kommen. **165**, 260. — 3) Eine offene Handelsgesellschaft als Innengesellschaft würde ein Widerspruch in sich sein. **165**, 260 (265).

II. Rechtsverhältnisse der Gesellschafter untereinander und zur Gesellschaft.

1) Aus den Stimmenthaltungsvorschriften in § 34 BGB., § 252 Abs. 3 HGB., § 47 GmbHG., § 43 Abs. 3 GenG., die den Widerstreit der Belange bei der Entlastung von Mitgliedern juristischer Personen oder bei der Vornahme eines Rechtsgeschäfts mit ihnen betreffen, ergibt sich ein Grundsatz, der auf die insoweit völlig gleichgearteten Verhältnisse der bürgerlich-rechtlichen Gesellschaft auszudehnen ist, obwohl für diese eine entsprechende Gesetzesvorschrift fehlt. **162**, 370 (372). — 2) Bei der offenen Handelsgesellschaft findet nicht nur die Geschäftsführungsbefugnis, sondern auch die Vertretungsmacht des Gesellschafters da eine Grenze, wo die Grundlagen des Gesellschaftsverhältnisses in Frage stehen. Sie erstreckt sich nicht auf solche Geschäfte, die das innere Verhältnis der Gesellschafter zueinander betreffen. Aus diesem Grunde ist die Vertretungsmacht des Gesellschafters ausgeschlossen, wo es sich darum handelt, den Gesellschaftsvertrag zu ändern, dem Gesellschafter die Befugnis zur Geschäftsführung und Vertretung zu entziehen, einen neuen Gesellschafter aufzunehmen, einen Gesellschafter auszuschließen oder die Gesellschaft aufzulösen. **162**, 370 (374). — 3) a. Der Gesellschafter einer offenen Handelsgesellschaft ist jedenfalls dann von der Mitwirkung bei der Beschlußfassung ausgeschlossen, wenn es sich darum handelt, ob die Gesellschaft gegen ihn Ansprüche geltend machen soll, und zwar auch dann, wenn diese Ansprüche auf seiner Haftung als Erbe beruhen

sollen. b. Der alleinvertretungsberechtigte Gesellschafter ist weder im Innenverhältnis ermächtigt noch nach außen vertretungsberechtigt, das gesamte Vermögen der offenen Handelsgesellschaft auf einen Dritten in der Absicht zu übertragen, so die gesetzlich vorgesehene Form der Abwicklung zu beseitigen. c. Wenn im Abwicklungsverfahren einer offenen Handelsgesellschaft nach §§ 146, 150 HGB. Gesamtvertretungsbefugnis der Gesellschafter-Abwickler besteht, so sind, wenn die Abwicklungsgesellschaft eine ihr gegen einen Gesellschafter zustehende Forderung an einen Dritten abtreten oder gerichtlich geltend machen soll, die andern Gesellschafter-Liquidatoren weder jeder für sich noch zusammen vertretungsberechtigt. Wenn nicht durch einstimmigen Beschluß eine andere Regelung getroffen wird, bedarf es der Ernennung eines besondern Abwicklers durch das Gericht nach § 146 Abs. 2 HGB. **162,** 370. — 4) a. Es ist zulässig, im Gesellschaftsvertrage zu bestimmen, daß auch im Fall einer Kündigung aus wichtigem Grunde durch einen (oder mehrere) Gesellschafter die Gesellschaft unter den übrigen Gesellschaftern fortbestehen soll; jedoch ist es mit § 723 Abs. 3 BGB. unvereinbar, wenn auch für diesen Fall die Abfindung des Ausscheidenden so geregelt ist, daß darin für ihn ein erheblicher Nachteil wirtschaftlicher Art liegt. b. Wenn ein Gesellschafter sich deshalb genötigt sieht, das Gesellschaftsverhältnis fristlos zu kündigen, weil die Mitgesellschafter unter Verletzung ihrer gesellschaftlichen Treupflicht ihre Mitwirkung bei einer den Umständen nach gebotenen Ausschließung eines Mitgesellschafters (§ 737 BGB.) oder bei der Entziehung der Geschäftsführung gegenüber diesem (§ 712 BGB.) verweigern, so kann die Ausübung des den Mitgesellschaftern nach dem Vertrage gemäß § 736 BGB. an sich zustehenden Übernahmerechts sich unter Umständen als unzulässige Rechtsausübung darstellen. c. In solchem Falle kann der kündigende Gesellschafter die Mitgesellschafter, die ihre Mitwirkung zu einer Maßnahme der erwähnten Art verweigert haben, unter Umständen auch auf Schadensersatz in Anspruch nehmen. Jedoch setzt die Zubilligung eines solchen Schadensersatzanspruchs eine sorgfältige Abwägung der berechtigten Belange der beteiligten Gesellschafter voraus. **162,** 388. — 5) Ist im Gesellschaftsvertrage gemäß § 736 BGB. das Fortbestehen der Gesellschaft unter den übrigen Gesellschaftern für den Fall bestimmt, daß das Gesellschaftsverhältnis von einem Gesellschafter oder von einzelnen Gesellschaftern aus wichtigem Grunde (§ 723 Abs. 1 Satz 2) gekündigt wird, so begründet dies für jeden Gesellschafter die Möglichkeit, seine persönliche Bindung gegenüber den Mitgesellschaftern zu lösen. Das kann nicht nur durch Auflösung der Gesellschaft geschehen, wenn diese auch nach dem Gesetze der Regelfall ist, sondern auch im Falle einer dem § 736 entsprechenden Bestimmung des Gesellschaftsvertrags durch Ausscheiden des kündigenden Gesellschafters aus der Gesellschaft. **162,** 388 (392 flg.). — 6) Das Gesellschaftsrecht ist im besondern Maße dem Grundsatze von Treu und Glauben unterworfen. Mit diesem Grundsatze ist es in der Regel unvereinbar, wenn ein Gesellschafter aus seinem treuwidrigen Verhalten Vorteile für sich zieht. **162,** 388 (394). — 7) Der Gesellschafter, der durch sein schuldhaftes vertragswidriges Verhalten zur Kündigung Anlaß gegeben hat, muß nach allgemeinen Rechtsgrundsätzen dem kündigenden Gesellschafter den Schaden ersetzen, der diesem durch die erst infolge seiner Kündigung herbeigeführte vorzeitige Endigung des Gesellschaftsverhältnisses entsteht. 162, 388 (395 flg.). — 8) a. Die Gesellschafter einer offenen Handelsgesellschaft können im Innenverhältnis zueinander den Widerruf einer Prokura von der Zustimmung aller, auch der sonst von der Geschäftsführung ausgeschlossenen Gesellschafter abhängig machen. b. Widerruft ein geschäftsführender vertretungsberechtigter Gesellschafter die Prokura, ohne die im Gesellschaftsvertrage vorgeschriebene Zustimmung der andern Gesellschafter eingeholt zu haben, so können diese auf Wiedererteilung der Prokura an den bisherigen Prokuristen klagen. 163, 35. — 9) Eine auf Widerruf gelöschte Prokura einer offenen Handelsgesellschaft kann auf Wiederanmeldung durch einen vertretungsberechtigten Gesellschafter nicht wieder eingetragen werden, weil sie auf Widerruf sofort wieder gelöscht werden müßte. Das kann aber nicht gelten, wenn es sich um zwei Einzelvertreter einer Gesellschaft handelt und eine Bindung durch den Gesellschaftsvertrag fehlt. 163, 35 (39). — 10) Gegen einen willkürlichen, den Belangen der Gesellschaft zuwiderlaufenden Widerspruch gegen die Entziehung der Prokura liegt ein hinreichender Schutz in dem anerkannten Rechtsgrundsatz, daß ein offensichtlich gegen die Gesellschaftstreue verstoßender willkürlicher Widerspruch von dem handelnden Gesellschafter nicht beachtet zu werden braucht. 163, 35 (39). — 11) a. Bietet ein Einzelkaufmann jemandem den Beitritt als Gesellschafter in sein Geschäft in der Weise an, daß dieser wählen darf, ob das Unternehmen in eine offene Handelsgesellschaft oder eine Kommanditgesellschaft umgewandelt wird, und, in letztem Falle, ob er oder der andere persönlich haftender Gesellschafter wird, so kann mit der Annahme des Angebots und der Ausübung des Wahlrechts, falls das Gesellschaftsverhältnis damit ausreichend bestimmt ist, entweder ein Vorvertrag oder unmittelbar, je nach dem Ausfall der Wahl, eine offene Handelsgesellschaft oder eine Kommanditgesellschaft zustande kommen. b. Ist in dem zu a. bezeichneten Falle nur ein Vorvertrag zustande gekommen und gerät der Geschäftsinhaber mit der Erfüllung dieses Vorvertrags, d. h. mit der Aufnahme des andern als Gesellschafter in Verzug, tritt demnächst aber ein Ereignis ein, das den andern berechtigen würde, falls er bereits Gesellschafter der offenen Handelsgesellschaft oder Kommanditgesellschaft geworden wäre, ein Übernahmerecht nach § 142 HGB. geltend zu machen, so kann dieser zwar nicht unmittelbar den Erlaß eines Gestaltungsurteils gemäß § 142 HGB., aber doch auf Grund des Verzugs Erfüllung in der Weise verlangen, daß der Geschäftsinhaber ihm das Geschäft mit gleicher Wirkung überläßt. 165, 260. — 12) a. Der Testamentsvollstrecker ist grundsätzlich nicht befugt, die Mitgliedschaftsrechte des nach dem Gesellschaftsvertrage in die Gesellschafterstellung des Erblassers bei einer offenen Handelsgesellschaft eingetretenen Erben auszuüben. Die Ausübung dieser Rechte steht vielmehr dem Gesellschaftererben allein zu. b. Der Gesellschafter einer offenen Handelsgesellschaft kann einen andern Gesellschafter auf Zahlung von Geschäftsgewinn aus der Gesellschaftskasse in Anspruch nehmen, wenn dieser der einzige Geschäftsführer der Gesellschaft ist und als solcher die Auszahlung verweigert. c. Zum Anspruch des geschäftsführenden Gesellschafters auf Vergütung für seine Tätigkeit. 170, 392. — 13) Der Anspruch des Gesellschafters auf Auszahlung des Geschäftsgewinns kann während der Dauer der Gesellschaft grundsätzlich nur dieser gegenüber, nicht auch gegenüber den Mitgesellschaftern verfolgt werden. **170,** 392 (395). — 14) In aller Regel genügt der Umstand, daß nur einem oder einzelnen Gesellschaftern die Geschäftsführung übertragen worden ist, zur Annahme der (stillschweigenden) Vereinbarung eines Vergütungsanspruchs nicht; hierzu berechtigen vielmehr nur außergewöhnliche Leistungen, die eine besondere Fähigkeit erfordern. **170,** 392 (396).

III. Rechtsverhältnis der Gesellschaft und der Gesellschafter zu Dritten.

1) Der alleinvertretungsberechtigte Gesellschafter ist weder im Innenverhältnis ermächtigt noch nach außen vertretungsberechtigt, das gesamte Vermögen der offenen Handelsgesellschaft auf einen Dritten in der Absicht zu übertragen, so die gesetzlich vorgesehene Form der Abwicklung zu beseitigen. **162,** 370. — 2) **a.** Die offene Handelsgesellschaft oder Kommanditgesellschaft haftet im Falle des § 28 HGB. auch dann, wenn jemand als persönlich haftender Gesellschafter oder als Kommanditist in das Geschäft eines Minderkaufmanns im Sinne des § 4 Abs. 1 HGB. eingetreten ist. b. Im Falle des § 28 HGB. wird die Haftung der Gesellschaft und des persönlich haftenden Gesellschafters nicht schon dadurch beseitigt, daß der Gläubiger des Einzelkaufmanns eine bei Abschluß des Gesellschaftsvertrags oder bei Abgabe der Haftungsübernahmeerklärung geschehene arglistige Täuschung gekannt hat oder hätte kennen müssen, sondern es bedarf dazu außer der Anfechtung des Gesellschaftsvertrags gegenüber dem Vertragsgegner auch einer Anfechtung der öffentlichen oder besondern Erklärung der Haftungsübernahme gegenüber dem Gläubiger der Gesellschaft. **164,** 115. — 3) Die offene Handelsgesellschaft (und die Kommanditgesellschaft) besitzen nach herrschender Rechtsprechung und Rechtslehre keine eigne Rechtspersönlichkeit. Davon abzugehen ist kein Anlaß. Insofern besteht also unverkennbar ein wesentlicher Unterschied zwischen den Kapitalgesellschaften (Aktiengesellschaft, GmbH.) sowie den eingetragenen Genossenschaften und den Personalgesellschaften des Handelsrechts. Andererseits darf aber nicht verkannt werden, daß die Verselbständigung des Gesellschaftsvermögens, deren ausgeprägteste Form die eigne Rechtspersönlichkeit bedeutet, immerhin auch bei der offenen Handelsgesellschaft (Kommanditgesellschaft) anerkannt ist und z. B. in § 124 Abs. 1, 2, § 125 HGB., der gesamthänderischen Bindung der Anteile der einzelnen Gesellschafter, der Notwendigkeit der allgemeinen Rechtsvorgänge der Übertragung für den Übergang von Gesellschaftsvermögen in das Privatvermögen des einzelnen Gesellschafters und umgekehrt sowie des Sonderkonkurses usw. ihren besondern gesetzlichen Niederschlag gefunden hat. So gesehen, nehmen die offene Handelsgesellschaft und die Kommanditgesellschaft zwischen den juristischen Personen des Handelsrechts einerseits und den Einzelpersonen andererseits eine Mittelstellung ein. **165,** 193 (204).

IV. Ausscheiden einzelner Gesellschaften aus der Gesellschaft. Auflösung und Liquidation der Gesellschaft.

1) Wenn im Abwicklungsverfahren einer offenen Handelsgesellschaft nach §§ 146, 150 HGB. Gesamtvertretungsbefugnis der Gesellschafter-Abwickler besteht, so sind, wenn die Abwicklungsgesellschaft eine ihr gegen einen Gesellschafter zustehende Forderung an einen Dritten abtreten oder gerichtlich geltend machen soll, die andern Gesellschafter-Liquidatoren weder jeder für sich noch zusammen vertretungsberechtigt. Wenn nicht durch einstimmigen Beschluß eine andere Regelung getroffen wird, bedarf es der Ernennung eines besondern Abwicklers durch das Gericht nach § 146 Abs. 2 HGB. **162,** 370. — 2) Wenn es in § 61 GmbHG. heißt, in den dort bezeichneten Fällen „könne" die Gesellschaft aufgelöst werden, so hat dies wie in den ähnlichen Vorschriften zur offenen Handelsgesellschaft (§§ 133, 140 HGB.) zu bedeuten, daß das Gericht diese Verfügung treffen muß, wenn nach seinem pflichtmäßigen Ermessen die Voraussetzungen für das Eingreifen der Bestimmung vorliegen. **164,** 129 (132). — 3) Bei einer in das Leben getretenen offenen Handelsgesellschaft oder Kommanditgesellschaft ist eine Anfechtung des Gesellschaftsvertrags auf Grund von Willensmängeln oder ein Rücktritt vom Gesellschaftsvertrage wegen Fortfalls der Geschäftsgrundlage nicht zulässig; der betreffende Gesellschafter kann nur aus wichtigem Grunde gemäß § 133 HGB. auf Auflösung klagen. **165,** 193. — 4) Bei einer bereits in Vollzug gesetzten Gesellschaft kann das Rücktrittsrecht wegen Unmöglichwerdens der Leistung oder wegen Leistungsverzugs aus §§ 325 und 326 BGB. nicht geltend gemacht werden; es wird durch das Recht zur fristlosen Kündigung aus wichtigem Grunde nach § 723 BGB. oder durch das Recht, nach § 133 in Verbindung mit § 161 HGB. aus wichtigem Grunde die Auflösung der Gesellschaft durch gerichtliche Entscheidung zu verlangen, ausgeschlossen. Dieselben Rechtsgrundsätze müssen auch auf den Fortfall der Geschäftsgrundlage angewendet werden. **165,** 193 (200flg.). — 5) Nach der erfolgreichen Anfechtung einer einmal in das Leben getretenen Gesellschaft war auch nach bisheriger Auffassung eine Auseinandersetzung zwischen den Gesellschaftern notwendig, und zwar bei einer offenen Handelsgesellschaft (Kommanditgesellschaft) jedenfalls in dem förmlichen Abwicklungsverfahren nach §§ 145flg. HGB. **165,** 193 (202). — 6) Ist in dem zu § 216 **II** Nr. 11 **b** bezeichneten Falle nur ein Vorvertrag zustande gekommen und gerät der Geschäftsinhaber mit der Erfüllung dieses Vorvertrags, d. h. mit der Aufnahme des andern als Gesellschafter in Verzug, tritt demnächst aber ein Ereignis ein, das den andern berechtigen würde, falls er bereits Gesellschafter der offenen Handelsgesellschaft oder Kommanditgesellschaft geworden wäre, ein Übernahmerecht nach § 142 HGB. geltend zu machen, so kann dieser zwar nicht unmittelbar den Erlaß eines Gestaltungsurteils gemäß § 142 HGB., aber doch auf Grund des Verzugs Erfüllung in der Weise verlangen, daß der Geschäftsinhaber ihm das Geschäft mit gleicher Wirkung überläßt. **165,** 260. — 7) Ein Gläubigerrecht der Gesellschafter einer GmbH. auf den bilanzmäßig ausgewiesenen und satzungsgemäß in bestimmter Weise zu verteilenden Reingewinn eines Ge-

schäftsjahres entsteht nicht schon mit der Genehmigung der Bilanz, sondern erst mit dem Beschlusse der Gesellschafter, den bilanzmäßigen Reingewinn in bestimmter Weise zu verteilen. Das ergibt sich ohne weiteres aus §§ 29, 46 Nr. 1 GmbHG. **167**, 65 (68). — 8) Wenn ein Sittenverstoß nicht schon aus dem Inhalt des Gesellschafterbeschlusses zu ersehen ist, sondern sich nur aus den Begleitumständen ergibt, ist der Beschluß, von gewissen Ausnahmefällen abgesehen, noch nicht nichtig, sondern nur anfechtbar. **167**, 65 (76).

§ 217. Kommanditgesellschaft.
(S. auch offene Handelsgesellschaft.)

1) Zur Übertragung der Stellung eines Kommanditisten an eine andere Person ist die Zustimmung der Gesellschaft, nicht aber die Zustimmung der Gesellschaftsgläubiger erforderlich. Wird aber die Übertragung als Ausscheiden des Kommanditisten und als Neueintritt des Erwerbers im Handelsregister eingetagen und erhält der übertragende Kommanditist seine Einlage von der Gesellschaft zurück, so haftet er den Gesellschaftsgläubigern bis zur Höhe des zurückerhaltenen Betrages (öst. Recht). **162**, 264. — 2) Ein Kommanditist kann zwar seine Rechtsstellung mit Zustimmung der Gesellschaft einem Dritten übertragen, dieser Personenwechsel bedeutet aber „rechtlich ein vertragliches Ausscheiden des einen Gesellschafters unter gleichzeitigem Neueintritt des Nachfolgers", kann somit nur in der Form des Ausscheidens des alten Kommanditisten und des Neueintritts des Erwerbers geschehen. **162**, 264 (266). — 3) a. Der Anspruch eines Kommanditisten auf Feststellung, daß ihm für den Fall einer Kapitalerhöhung zufolge vertraglicher Vereinbarung ein Recht auf Vorwegerhöhung seiner Kommanditeinlage zustehe, kann nur gegenüber den Mitgesellschaftern, nicht auch gegenüber der Gesellschaft geltend gemacht werden. b. Hat ein Teil der Gesellschafter eine allgemeine Erhöhung der Kapitaleinlagen beschlossen, ohne daß im Gesellschaftsvertrag hierfür eine Ausnahme von der Vorschrift des § 707 BGB. vorgesehen ist, so erlangt der Beschluß auch gegenüber den Gesellschaftern Wirksamkeit, die an der Beschlußfassung nicht teilgenommen haben, wenn sie dem Beschlusse nachträglich beitreten, vorausgesetzt, daß der Beitritt den übrigen Gesellschaftern gegenüber und zu einer Zeit erklärt wird, wo diese selbst an der unter ihnen getroffenen Einigung noch festhalten. **163**, 385. — 4) Der Gesellschafter einer Kommanditgesellschaft, der einen von dem Gesellschaftsverhältnis rechtlich unabhängigen Anspruch gegen die Gesellschaft erworben hat, kann den Anspruch während des Bestehens der Gesellschaft nicht nur gegen diese, sondern auch gegen die andern Gesellschafter geltend machen. **163**, 385 (388). — 5) § 707 BGB. gilt nach § 105 Abs. 2 HGB. in Verbindung mit § 161 Abs. 2 HGB. auch für die Kommanditgesellschaft. **163**, 385 (391). — 6) a. Die offene Handelsgesellschaft oder Kommanditgesellschaft haftet im Falle des § 28 HGB. auch dann wenn jemand als persönlich haftender Gesellschafter oder als Kommanditist in das Geschäft eines Minderkaufmanns im Sinne des § 4 Abs. 1 HGB. eingetreten ist. b. Im Falle des § 28 HGB. wird die Haftung der Gesellschaft und des persönlich haftenden Gesellschafters nicht schon dadurch beseitigt, daß der Gläubiger des Einzelkaufmanns eine bei Abschluß des Ge-

sellschaftsvertrags oder bei Abgabe der Haftungsübernahmeerklärung geschehene arglistige Täuschung gekannt hat oder hätte kennen müssen, sondern es bedarf dazu außer der Anfechtung des Gesellschaftsvertrags gegenüber dem Vertragsgegner auch einer Anfechtung der öffentlichen oder besondern Erklärung der Haftungsübernahme gegenüber dem Gläubiger der Gesellschaft. **164,** 115. — 7) Bei einer in das Leben getretenen offenen Handelsgesellschaft oder Kommanditgesellschaft ist eine Anfechtung des Gesellschaftsvertrags auf Grund von Willensmängeln oder ein Rücktritt vom Gesellschaftsvertrage wegen Fortfalls der Geschäftsgrundlage nicht zulässig; der betreffende Gesellschafter kann nur aus wichtigem Grunde gemäß § 133 HGB. auf Auflösung klagen. **165,** 193. — 8) Bei einer bereits in Vollzug gesetzten Gesellschaft kann das Rücktrittsrecht wegen Unmöglichwerdens der Leistung oder wegen Leistungsverzugs aus §§ 325 und 326 BGB. nicht geltend gemacht werden; es wird durch das Recht zur fristlosen Kündigung aus wichtigem Grunde nach § 723 BGB. oder durch das Recht, nach § 133 oder nach § 133 in Verbindung mit § 161 HGB. aus wichtigem Grunde die Auflösung der Gesellschaft durch gerichtliche Entscheidung zu verlangen, ausgeschlossen. Dieselben Rechtsgrundsätze müssen auch auf den Fortfall der Geschäftsgrundlage angewendet werden. **165,** 193 (200flg.). — 9) Über die Rechtsnatur der Kommanditgesellschaft im Vergleich mit den juristischen Personen des Handelsrechts. **165,** 193 (204). — 10) Vgl. § 216 Nr. 2 und § 217 Nr. 9. **165,** 260. — 11) Firmenrechtliche Fragen. **165,** 271. — 12) Kapitalistische Kommanditgesellschaft, bei der die Kommanditisten in Wirklichkeit in der Geschäftsführung die Herren des Unternehmens sind, während der persönlich haftende Gesellschafter, dessen Einlage nur in der Leistung von Diensten besteht, im Grund die Stellung eines Angestellten hat. Die Kommanditisten sind nach dem Gesellschaftsvertrage befugt, die von der Kommanditgesellschaft herzustellende Ware zu einem von der Gesellschafterversammlung zu beschließenden Preise abzunehmen. Bei dieser Preisfestsetzung haben die Kommanditisten sich Sondervergütungen („Rabatte") bewilligt, die zu einem erheblichen Verlustabschluß geführt haben. Der Klage der Kommanditgesellschaft gegen einen Kommanditisten auf Deckung dieses Verlustes (zu Unrecht vorweggenommenen Gewinns) ist stattgegeben worden. **166,** 65. — 13) Der Gesellschaftsvertrag einer kapitalistisch aufgebauten Kommanditgesellschaft kann dahin ausgelegt werden, daß der einzige persönlich haftende Gesellschafter im Innenverhältnis am Verluste nicht beteiligt ist, wenn seine gesetzlichen Befugnisse derart eingeschränkt sind, daß er seinen Mitgesellschaftern gegenüber tatsächlich nur die Stellung eines Angestellten hat. **169,** 105.

§ 218. Aktiengesellschaft.

I. Allgemeine Bestimmungen. Aktien.

1) Über die Frage, unter welchen Voraussetzungen ein Abhängigkeitsverhältnis im Sinne des § 15 Abs. 2 AktG. besteht. **167,** 40. — 2) Über die Frage, in welcher Weise die Unwirksamkeit einer unter der Geltung der aktienrechtlichen Vorschriften des Handelsgesetzbuchs zustande gekommenen verschleierten Sachgründung nach dem Inkrafttreten des Aktiengesetzes ge-

heilt werden kann. **167,** 99. — 3) Eine vor dem 1. Oktober 1937, dem Tage des Inkrafttretens des Aktiengesetzes, beschlossene Satzungsänderung ist zufolge der Bestimmung in § 20 Abs. 3 AktG. hierzu (Nr. 2) geeignet, wenn die nach § 192 Abs. 2 HGB. (§ 25 Abs. 2 Nr. 4 AktG.) erforderliche Prüfung durch besondere Prüfer erst nach jenem Tage stattgefunden hat. Wohl aber kommt nach § 4 EG. z. AktG. einer vor dem 1. Oktober 1937 vereinbarten Sachgründung gemäß § 207 HGB. heilende Wirkung im Rahmen des § 45 Abs. 9 AktG. zu. **167,** 99. — 4) Anwendbarkeit des deutschen Rechts auf Aktiengesellschaften, die ihren Sitz in Deutschland haben und in ein deutsches Handelsregister eingetragen sind; ebenso auf die rechtlichen Beziehungen zwischen ihr und ihren deutschen Aktionären. **167,** 99 (106). — 5) Eine Sacheinlage oder Sachübernahme im Sinne des § 186 Abs. 2 HGB. hat nicht zur Voraussetzung, daß bereits formgerechte und rechtsverbindliche Vereinbarungen getroffen worden sind. Es genügt, daß eine von den Beteiligten beabsichtigte Einbringung oder Übernahme von nicht in Geld bestehenden Vermögenswerten auf die zu gründende Aktiengesellschaft bereits dermaßen feste Gestalt angenommen hat, daß mit ihrer Verwirklichung bestimmt gerechnet werden kann. **167,** 99 (108). — 6) Die Unwirksamkeit eines Übernahmevertrags nach § 186 Abs. 2 HGB. erfaßte, wie nunmehr im § 20 Abs. 2 AktG. ausdrücklich bestimmt ist, auch das dingliche Erfüllungsgeschäft. **167,** 99 (109). — 7) Eine Behebung des Gründungsmangels eines nach § 186 Abs. 2 HGB. unwirksamen Übernahmevertrags ist in der Weise möglich, daß durch Nachholung des Versäumten ein Zustand hergestellt wird, wie er bei ordnungsmäßiger Sachgründung von vornherein hätte geschaffen werden müssen. **167,** 99 (109). — 8) Im Falle einer verschleierten Sachgründung ist eine Heilung des Gründungsmangels durch Satzungsänderung nur dann möglich, wenn die Satzungsänderung unter Wahrung der weitern Erfordernisse vor sich gegangen ist, mit denen das Handelsgesetzbuch in den §§ 191 flg., 195 den in einer Sachgründung liegenden Gefahren zu begegnen suchte. **167,** 99 (112).

II. Rechtsverhältnisse der Gesellschaft und der Gesellschafter.

1) Nach deutschem Rechte werden Abstimmungsverträge unter Aktionären nicht grundsätzlich und ohne weiteres als rechts- oder sittenwidrig angesehen. **161,** 296 (300). — 2) Über die Frage, ob die Abgabe vertraglich gebundener Stimmen in der Hauptversammlung gegenüber der Gesellschaft nach dänischem Recht zulässig ist. **161,** 296 (300 flg.). — 3) Über die Entsendung von Mitgliedern in den Aufsichtsrat durch bestimmte Aktionäre oder den jeweiligen Inhaber bestimmter Aktien; unterschiedliche Regelung gegenüber der GmbH. **165,** 68 (74 flg.). — 4) a. Die bisherige Rechtsprechung in Gesellschafts- und Genossenschaftssachen, wonach für Nichtigkeitsklagen gegen Beschlüsse der Hauptversammlungen und im GmbHRecht auch für die Anfechtungsklage zur Ergreifung der Rechtsmittel der Berufung und Revision die vorgeschriebene Beschwerdesumme erforderlich ist, muß angesichts der §§ 200 Abs. 1, § 198 Abs. 3 Satz 1 des neuen AktG., die auch für die Nichtigkeitsklagen wegen solcher Beschlüsse, die gegen die

Gesellschaft gerichtet werden, die ausschließliche Zuständigkeit der Landgerichte eingeführt haben, einer Nachprüfung unterzogen werden. — Der vorwürfige Fall gebat jedoch die Entscheidung nicht. b. Die in der Klage von der Beschwerdesumme freigestellte Zulässigkeit der Revision erstreckt sich auf eine zulässige Zwischenfeststellungswiderklage. c. § 43a GenG. bestimmt für die Vertreterversammlung nur, daß die Vertreter Genossen sein müssen, und gibt im übrigen der genossenschaftlichen Selbstverwaltung hinsichtlich der Gestaltung des Wahlverfahrens und der Wahlanfechtung weitgehende Freiheit. Der Kreis der unheilbaren Nichtigkeitsgründe ist im Einklang mit dem neuen AktG. §§ 195, 196 und der bisherigen Rechtsprechung des Senats tunlichst zurückzudrängen. d. Zur Anfechtung ablehnender Beschlüsse ist ein gewisses schutzwürdiges Interesse erforderlich. **166,** 175. — 5) a. Die Vorschrift des § 65 Abs. 3 Satz 2 AktG., daß ein schuldrechtliches Geschäft über den Erwerb eigner Aktien nichtig ist, soweit der Erwerb gegen Abs. 1 und 2 das. verstößt, gilt auch für noch nicht abgewickelte Rechtsgeschäfte dieser Art aus der Zeit vor dem Inkrafttreten des Aktiengesetzes. b. Die Anwendbarkeit des § 65 AktG. hängt nicht davon ab, ob der Erwerb eigner Aktien im einzelnen Falle wirklich eine Gefährdung der Gesellschaft, ihrer Gläubiger oder der nicht veräußernden Aktionäre befürchten läßt. **167,** 40. — 6) Zur Rechtsprechung in der Anwendung des § 213 HGB.: Unterschied, je nachdem, ob es sich bei Rechtsgeschäften der Gesellschaft über den Erwerb eigner Aktien um solche mit dem Ersterwerber der Aktien oder um solche mit einem spätern Erwerber handelte. **167,** 40 (46). — 7) Die Bestimmung in § 65 Abs. 3 Satz 2 AktG. bringt nur zum Ausdruck, was unter dem Gesichtspunkte des § 52 das. ohnehin Rechtens ist und auch schon nach § 213 HGB. Rechtens war. **167,** 40 (47). — 8) Die im Aktiengesetz §§ 199 bis 201 getroffene Regelung der Anfechtungs- und Nichtigkeitsfeststellungsklage findet im Genossenschaftsrecht entsprechende Anwendung. **170,** 83. — 9) Im Aktienrecht und entsprechend im Genossenschaftsrecht kann zwar die Nichtigkeit von Hauptversammlungsbeschlüssen und deren Anfechtbarkeit grundsätzlich von jedem und auch in anderer Weise als durch Erhebung der Klage geltend gemacht werden. Die darauf bezüglichen Grundsätze gelten jedoch nur, wenn die Klage von einem Genossen (Vertretergenossen) oder einem Mitgliede des Vorstandes oder Aufsichtsrats (oder einem Abwickler) erhoben wird. **170,** 83 (89). — 10) Bei der Anfechtungsklage müssen die sämtlichen Anfechtungsgründe innerhalb der Anfechtungsfrist wenigstens ihrem wesentlichen tatsächlichen Kerne nach in den Rechtsstreit eingeführt werden. **170,** 83 (95).

III. Verfassung und Geschäftsführung. Organe.

1) Rechtsstellung eines jüdischen Vorstandsmitglieds einer Aktiengesellschaft, das nicht wegen seiner Rassezugehörigkeit im Zuge der politischen Entwicklung, sondern aus andern Gründen aus dem Vorstande ausgeschieden ist. Ruhegehaltsansprüche. **161,** 301. — 2) Zur Stimmenthaltungsvorschrift des § 252 Abs. 3 HGB. **162,** 370 (372). — 3) Gesamtvertretung. Ermächtigung des Aufsichtsrats durch den Gesellschaftsvertrag, einzelnen Mitgliedern des Vorstandes die Befugnis zu erteilen, die Gesellschaft allein oder in

Gemeinschaft mit einem Prokuristen zu vertreten. Mag auch, besonders unter der Herrschaft des Aktiengesetzes, zweifelhaft sein, ob bei der Aktiengesellschaft der Gesellschaftsvertrag außer dem Aufsichtsrat auch die Hauptversammlung hierzu ermächtigen kann, so beruhen doch diese Zweifel lediglich darauf, daß hier allein der Aufsichtsrat besonders genannt ist als das Organ, dem diese Befugnis übertragen werden kann. Bei dem Aktiengesetz kommt noch hinzu, daß es eine scharfe Trennung der Zuständigkeiten des Aufsichtsrats und der Hauptversammlung durchgeführt hat. **164,** 177 (184). — 4) Über die Entsendung von Mitgliedern in den Aufsichtsrat durch bestimmte Aktionäre oder den jeweiligen Inhaber bestimmter Aktien; unterschiedliche Regelung gegenüber der GmbH. **165,** 68 (74 flg.). — 5) Anfechtungsklagen gegen ablehnende Beschlüsse nach § 271 HGB.; Erfordernis eines gewissen schutzwürdigen Interesses. **166,** 170 (188). — 6) a. Die in der Hauptversammlung verlangten Auskünfte sind grundsätzlich nicht vom Vorsitzenden der Versammlung, sondern vom Vorstande, jedenfalls unter dessen Verantwortung zu erteilen; insbesondere hat auch über die Geltendmachung eines Auskunftsverweigerungsrechts nach § 112 Abs. 3 AktG. allein der Vorstand zu entscheiden. b. Die an die Hauptversammlung gerichtete Frage, ob sie einer Auskunftsverweigerung zustimmt oder sich mit der erteilten Auskunft zufrieden gibt, ist (im Gegensatz zum früheren Recht) nach § 112 AktG. belanglos. c. Auf mißbräuchlich gestellte Fragen, insbesondere auf solche, die ausschließlich darauf abzielen, der Verwaltung Schwierigkeiten zu machen, ist der Vorstand zur Erteilung einer Auskunft nicht verpflichtet; im Streitfall hat aber die Aktiengesellschaft einen solchen Mißbrauch des Fragerechts zu beweisen. d. Ein Beschluß der Hauptversammlung kann wegen verweigerter oder unzureichender Auskunftserteilung nur angefochten werden, wenn er bei pflichtgemäßer Auskunftserteilung möglicherweise nicht zustande gekommen wäre; die etwaige Unmöglichkeit des ursächlichen Zusammenhangs hat die verklagte Aktiengesellschaft zu beweisen. e. Dem im Anschluß an die Jahresabrechnung ergangenen Entlastungsbeschluß kommt nach § 84 Abs. 4 AktG. die Bedeutung eines Verzichts auf Regreßansprüche gegen den Vorstand und den Aufsichtsrat nicht mehr zu. f. Wenn auch die Aktiengesellschaft im Jahresabschluß ihre Aufwendungen, soweit nicht deren gesonderte Angabe im § 132 AktG. ausdrücklich verlangt ist, unmittelbar von den Erträgen abziehen darf (§ 132 zu **II,** 1), so berechtigt sie das nicht ohne weiteres, die Auskunft über Art und Höhe dieser sonstigen Aufwendungen zu verweigern; ein Verweigerungsrecht kann sie in dieser Hinsicht nur auf § 112 Abs. 3 AktG. stützen. g. Der Vorstand ist zur Auskunftserteilung auch auf vorher nicht angekündigte Fragen in dem Umfange verpflichtet, wie sie ihm den Umständen nach möglich und zumutbar ist. **167,** 151. — 7) Aktienrechtliche Anfechtungsklage; die Gesellschaft ist zum Beweise dafür zuzulassen, daß die Gesetzwidrigkeit nicht ursächlich für das Zustandekommen des Beschlusses gewesen ist. **167,** 151 (165). — 8) Die Entlastung, die nach § 84 Abs. 4 Satz 3 AktG. nicht mehr die Bedeutung eines Verzichts auf Ersatzansprüche haben kann, bringt nichts weiter zum Ausdruck als die Billigung der Geschäftsführung und das Vertrauen in sie. **167,** 151 (166). — 9) Vorstandsmitglied einer Aktiengesellschaft. Kann er einen Ruhegehaltsanspruch auf die Fürsorgepflicht des Unternehmers und einen innerhalb des Betriebs bestehenden Brauch stützen und ob hierfür ein Brauch gegenüber den leitenden Angestellten des Betriebs genügt. **169,** 300.

IV. Abänderungen des Gesellschaftsvertrages. Erhöhung des Stammkapitals.

Ein von der Hauptversammlung einer Aktiengesellschaft gefaßter Beschluß auf Umwandlung der Aktiengesellschaft durch Übertragung ihres Vermögens auf einen Gesellschafter, in dessen Hand sich nur die Hälfte des Grundkapitals der Gesellschaft befindet, ist dergestalt nichtig, daß er nicht durch die Eintragung ins Handelsregister Rechtswirksamkeit erlangen kann. **164,** 220.

V. Auflösung, Liquidation, Nichtigkeit und Konkurs der Gesellschaft.

1) Verschmelzung zweier Aktiengesellschaften, über deren Vermögen Konkurs (Sonderkonkurs) eröffnet ist; Behandlung einer Saldoforderung. **162,** 244 (250). — 2) Über die Frage der Zulässigkeit der Bekämpfung eines Verschmelzungsbeschlusses mit der Nichtigkeitsklage (§ 308 HGB.). **164,** 220 (225).

§ 219. Kommanditgesellschaft auf Aktien.

— — — — — — — — — — —

§ 220. Gesellschaft mit beschränkter Haftung (GmbH.).

(Die Paragraphen ohne Zusatz sind die des Gesetzes vom 20. April 1892 über die Gesellschaften mbH. in der Fassung des Art. 11 EG. z. HGB.).

I. Errichtung.

1) Die Gründungsverträge einer GmbH. sind an sich der Auslegung unter Anwendung der §§ 133, 157 BGB. in gleicher Weise fähig wie andere gerichtliche oder notarische Urkunden. Dieser Auslegung sind hier insofern engere Grenzen gezogen, als die Satzung der GmbH. für die Allgemeinheit, also auch für Gläubiger und künftige Gesellschafter, bestimmt ist, daß deshalb die wesentlichen Bestandteile der formbedürftigen Erklärung in der Urkunde selbst niedergelegt sein müssen, weil sonst der Inhalt durch die urkundliche Form nicht gedeckt wird. Von diesen Grundsätzen aus sind Nebenabreden und Sinndeutungen einer Satzungsvorschrift nicht zugelassen worden, die für Außenstehende nicht erkennbar sein konnten. Bei der Auslegung der Bestimmungen, soweit sie nicht für die Allgemeinheit, Gläubiger und künftige Gesellschafter von Bedeutung sind, können auch Umstände, die nicht gerade im Gesellschaftsvertrage selbst oder im Handelsregister und den zugehörigen Akten niedergelegt sind, mitberücksichtigt werden, also gerade im innern Verhältnis der Gesellschaft, die mit diesen Umständen bekannt ist. **164,** 129 (140). — 2) Die notwendige Auslegung des Gesellschaftsvertrags (der „Satzung")

kommt bei der GmbH., also einer juristischen Person, nicht dem Tatsachenrichter allein zu; vielmehr ist das Revisionsgericht frei in dieser Auslegung, jedenfalls soweit es sich um eine körperschaftsrechtliche Frage, wie den Gesellschaftszweck, handelt. **164,** 129 (140). — 3) Gesellschaftsverträge einer GmbH. sind der Auslegung unter Anwendung der §§ 133, 157 BGB. ebenso zugänglich wie andere gerichtliche oder notarische Urkunden. Einer solchen Auslegung sind zwar insofern engere Grenzen gezogen, als sich die Satzung einer GmbH. an einen unbestimmten Personenkreis — Gläubiger, künftige Gesellschafter — wendet, der über die aus ihr nicht erkennbaren Gedanken und Absichten der Vertragschließenden nicht unterrichtet ist, und deshalb haben Nebenabreden, die in der Satzung keinen Ausdruck gefunden haben, unberücksichtigt zu bleiben. Das hindert jedoch nicht, daß zur Behebung von Unklarheiten und Mehrdeutigkeiten alle Auslegungsbehelfe herangezogen werden, die sich aus den der Öffentlichkeit zugänglichen Handelsregisterakten ergeben und deshalb besonders auch den über den Sinn einer Satzungsbestimmung streitenden Gesellschaftern selbst bekannt sein müssen. Das Revisionsgericht ist auch in der Lage, die Auslegung des Berufungsgerichts frei nachzuprüfen. **165,** 68 (73 flg.). — 4) Abreden über die Ausübung des Stimmrechts sind grundsätzlich zulässig; doch ist ihnen nur schuldrechtliche Bedeutung beizumessen in dem Sinne, daß zwar eine Zuwiderhandlung Ansprüche des Berechtigten auf Schadensersatz oder Zahlung einer vereinbarten Vertragsstrafe auslösen, niemals aber unmittelbarer Zwang zur Erfüllung der Verpflichtung ausgeübt werden kann. Auch die Satzung kann dem Gesellschafter, wenn sie ihn im Genusse seines Stimmrechts läßt, nicht bindend vorschreiben, in welcher Weise er von seinem Rechte Gebrauch zu machen habe. **165,** 68 (78). — 5) Nachträglich kann bei der GmbH. ein Gründer-Sonderrecht nicht durch einen zwischen der Gesellschaft und dem (frühern) Gründer geschlossenen Vertrag, sondern nur durch eine Satzungsänderung nach § 53 Abs. 1 und 2 GmbHG. begründet werden. **165,** 129. — 6) Eine einen Gründer-Sondervorteil gewährende Vereinbarung bedarf, soweit sie für die Gesellschaft bindend sein soll, ebenso der Aufnahme in den formbedürftigen Gesellschaftsvertrag wie ein mit dem Geschäftsanteil verknüpftes Sonderrecht. **165,** 129 (131 flg.), 135. — 7) Aus dem Gesellschaftsvertrag muß auch eine Vereinbarung ersichtlich sein, welche schon bei der Gründung einer GmbH. einem Gründer mit Wirkung gegen die Gesellschaft Sonderrechte, welche die Gesellschaft dauernd zugunsten des Berechtigten belasten, nicht als gesellschaftsrechtliche, sondern als persönliche zuspricht; sonst würde auf dem Umweg über die Begründung eines persönlichen Rechts die Gesellschaft schon bei der Gründung mit einer Verpflichtung belastet werden, die nach Sinn und Zweck der Satzung aus dieser ersichtlich sein soll. **165,** 129 (133). — 8) Über das Entsendungsrecht von Gesellschaftern der GmbH. in den Aufsichtsrat; Regelung bei der Aktiengesellschaft. **165,** 68 (74 flg.). — 9) Ist eine GmbH. auf Grund rechtsungültiger Vereinbarungen im Innenverhältnis durch besondere gesellschaftliche Einlagen tatsächlich auf eine erweiterte Grundlage gestellt worden und hat sie sich unter Benutzung dieser Einlagen wirtschaftlich betätigt, so können die Gesellschafter nicht schlechthin das von ihnen auf solche Weise Eingebrachte zurückfordern, sondern nur den aus der Auseinandersetzung hierüber für sie sich ergebenden Überschuß verlangen. **166,** 51. — 10) Mißbrauch der Rechtsform einer GmbH., wenn die eigene Kapitalgrundlage der GmbH. für deren Aufgabe von vornherein unzureichend gewesen wäre. **166,** 51 (57). — 11) Zu § 4 GmbHG. Unterlassungsklage gegen GmbH. aus §§ 12, 826 BGB., §§ 18, 30, 37 HGB., §§ 1, 3, 16 UnlWG. **167,** 184.

II. Rechtsverhältnisse der Gesellschaft und der Gesellschafter.

1) Ein Gesellschafterbeschluß der GmbH., durch den die Gesellschaft auf einen Rückgriffsanspruch gegen ihre Geschäftsführer oder Aufsichtsratsmitglieder verzichtet, ist wegen Verstoßes gegen die guten Sitten nichtig, wenn sämtliche Gesellschafter oder auch nur ein für das Abstimmungsergebnis wesentlicher Teil der Gesellschafter sich des Bestehens des Anspruchs und zugleich auch der naheliegenden Gefahr des Zusammenbruchs der Gesellschaft bewußt sind; jedenfalls ist es eine unzulässige Rechtsausübung, wenn das auf Schadensersatzanspruch haftbar gemachte Verwaltungsorgan sich im Konkurs der GmbH. auf einen so zustande gekommenen Verzicht beruft. **161,** 129 (144); **166,** 129; **167,** 65 (76). — 2) Zur Stimmenthaltungsvorschrift des § 47 GmbHG. **162,** 370 (372). — 3) Bei der besonderer gesetzlicher Regelung ermangelnden Anfechtung eines Gesellschafterbeschlusses in der GmbH. ist der der Gesellschaft beitretende Streitgehilfe als selbständiger (streitgenössischer) Streitgehilfe im Sinne der §§ 69, 61 ZPO. anzusehen; dies gilt ebenso von einem dem klagenden Gesellschafter beitretenden weitern Gesellschafter. **164,** 129 (131 flg.). — 4) Einer Bestimmung des Gesellschaftsvertrags der GmbH., wonach beim Vorhandensein von mehreren Geschäftsführern durch Beschluß der Gesellschafterversammlung einem einzelnen Geschäftsführer die Befugnis zur alleinigen Vertretung der Gesellschaft beigelegt werden kann, steht die Vorschrift des § 35 Abs. 2 GmbHG. nicht entgegen; sie ist jedenfalls dann zulässig, wenn die Gesellschafterversammlung zur Bestellung der Geschäftsführer berufen ist. **164,** 177. — 5) Der GmbH. sind die Grenzen der Befugnis zur allgemeinen Regelung ihrer Verhältnisse grundsätzlich weniger eng gezogen als der Aktiengesellschaft. **164,** 177 (183). — 6) Der Gesellschafter einer GmbH. ist befugt, selbst in den Aufsichtsrat der Gesellschaft einzutreten oder einen andern dorthin zu entsenden, wenn in der Satzung Gesellschaftern, die einen bestimmten Teil des Gesellschaftskapitals besitzen, das Recht eingeräumt ist, eine Stelle im Aufsichtsrat zu beanspruchen und der Gesellschafter diese Voraussetzung erfüllt. Der Ausübung des Entsendungsrechts steht es nicht entgegen, wenn der Gesellschafter Wettbewerber der Gesellschaft ist; dazu müßte ein wichtiger Grund vorliegen; ob dies der Fall ist, ist nach Treu und Glauben zu beurteilen. **165,** 68. — 7) Zur Frage der Notwendigkeit der Beschwerdesumme bei Nichtigkeitsfeststellungsklagen gegen Hauptversammlungsbeschlüsse der Gesellschaften und Genossenschaften und bei einer Zwischenfeststellungswiderklage zu einer vom Erfordernis der Beschwerdesumme befreiten Anfechtungsklage. Zur Anfechtung ablehnender Beschlüsse einer Haupt- oder Vertreterversammlung ist ein schutzwürdiges Interesse erforderlich. **166,** 175. — 8) a. Schwere

Bedenken bestehen gegen die Gültigkeit einer Satzungsbestimmung der GmbH., durch welche ein Teil der Gesellschafter nicht nur vom Stimmrecht, sondern auch vom Recht der Teilnahme an den Gesellschafterversammlungen ausgeschlossen wird; jedoch wird die Frage nicht abschließend entschieden. b. Beruht der Anspruch eines Gesellschafters der GmbH. auf einem unter Machtmißbrauch zustande gekommenen Gesellschafterbeschluß, so kann ihm, auch wenn der Beschluß weder nichtig noch angefochten worden ist, der Einwand unzulässiger Rechtsausübung entgegenstehen. **167**, 65. — 9) Ein Gläubigerrecht der Gesellschafter einer GmbH. auf den bilanzmäßig ausgewiesenen und satzungsmäßig in bestimmter Weise zu verteilenden Reingewinn eines Geschäftsjahres entsteht nicht schon mit der Genehmigung der Bilanz, sondern erst mit dem Beschlusse der Gesellschafter, den bilanzmäßigen Reingewinn in bestimmter Weise zu verteilen (§§ 29, 46 Nr. 1 GmbHG.). **167**, 65 (68). — 10) a. Eine Auszahlung im Sinne des § 30 Abs. 1 GmbHG. durch „Bestellung einer Hypothek" wird nicht dadurch ausgeschlossen, daß der Gesellschafter die Hypothek am Grundstück der GmbH. (z. B. bei Nichtigkeit der Bestellung) nicht erworben hat. b. Führt die gegen § 30 Abs. 1 GmbHG. verstoßende — wirksame oder nichtige — Hypothekenbestellung im Zuge einer nicht außergewöhnlichen Entwicklung zu weiteren Verkürzungen des Vermögens der GmbH. zugunsten des Gesellschafters oder seines Hypothekennachfolgers, so beginnt die Verjährung der darauf gegründeten Erstattungsansprüche des § 31 GmbHG. nicht mit jeder neuen Verkürzung gesondert. Vielmehr läuft die in § 31 vorgesehene Verjährung einheitlich von der ersten „Auszahlung", der „Hypothekenbestellung", an. c. Eine gegen § 30 Abs. 1 GmbHG. verstoßende „Hypothekenbestellung" ist nicht unter allen Umständen wegen dieses Verstoßes nichtig (§ 134 BGB.). Jedoch liegt Nichtigkeit jedenfalls dann vor, wenn die Bestellung gegen die guten Sitten verstößt. d. Ein mit dem Erstattungsanspruch des § 31 Abs. 1 GmbHG. zusammentreffender Bereicherungsanspruch nach §§ 812 flg. BGB. wird durch den Erstattungsanspruch nicht verdrängt. Die Verjährungsregelung, die für den Anspruch aus § 31 Abs. 1 GmbHG. gilt, ist für die Verjährung des Bereicherungsanspruchs nicht maßgeblich. **168**, 292. — 11) Vollwertige Gegenleistung, durch die etwa die Anwendung der §§ 30, 31 GmbHG. nach den in der Rechtsprechung entwickelten Grundsätzen ausgeschlossen werden könnte. **168**, 292 (295). — 12) Zu § 15 Abs. 4 GmbHG. Formbedürftigkeit des auf die Abtretung gerichteten Verpflichtungsvertrags. Heilung des ohne Beobachtung der Form geschlossenen Verpflichtungsvertrags durch das formgültig geschlossene Erfüllungsgeschäft (Abtretungsvertrag). **168**, 292 (297). — 13) § 30 GmbHG. ist der „Grundpfeiler der Haftungsbeschränkung" im Rechte der GmbH. **168**, 292 (297 flg.). — 14) Verjährung nach § 31 GmbHG. Zum Begriff der böslichen Handlungsweise. **168**, 292 (301). — 15) Der Anspruch aus § 31 Abs. 1 GmbHG. ist kein Anspruch aus ungerechtfertigter Bereicherung. **168**, 292 (301). — 16) Doch kann ein Anspruch aus § 30 Abs. 1, § 31 Abs. 1 GmbHG. mit einem Anspruch aus ungerechtfertigter Bereicherung zusammentreffen. **168**, 292 (301). — 17) Wenn das Leistungsversprechen so zu verstehen ist, daß die Verpflichtung nur gelten soll, falls zu der Zeit, zu der die Leistung zu bewirken sein wird, durch sie keine Verkürzung des zur Erhaltung des Stammkapitals erforderlichen Vermögens eintritt, dann bestehen gegen die Gültigkeit des Leistungsversprechens nach dem Grundgedanken der §§ 308, 399 BGB. keine Bedenken. **168**, 292 (303). — 18) Der Gesellschaftsvertrag einer GmbH. kann eine Satzungsänderung nicht von der Zustimmung eines Nichtgesellschafters abhängig machen; von diesem Grundsatze gilt auch keine Ausnahme zugunsten der öffentlichen Hand. **169**, 65. — 19) Über die Bedeutung der satzungsmäßig vorgesehenen Gemeinnützigkeit einer WohnungsGmbH., der später die Gemeinnützigkeit aberkannt worden ist. **169**, 65. — 20) Bei dem eingetragenen Verein ebenso wie bei der GmbH. kann ein satzungsmäßig für den Fall der Auflösung vorgesehenes Anfallrecht eines Dritten jederzeit durch Satzungsrecht aufgehoben werden. Eine vertragliche Bindung des Vereins oder der Gesellschaft in dieser Beziehung durch den Gründungsvertrag, etwa in der Gestalt eines Vertrags zugunsten Dritter, ist ausgeschlossen. Dem steht, soweit es sich um den Anfall des künftigen Vermögens handelt, auch die Vorschrift des § 310 BGB. entgegen. **169**, 65. — 21) a. Der Gesellschaftsvertrag einer GmbH. kann eine Satzungsänderung nicht von der Zustimmung eines Nichtgesellschafters abhängig machen; von diesem Grundsatze gilt auch keine Ausnahme zugunsten der öffentlichen Hand. b. Bei dem eingetragenen Verein ebenso wie bei der GmbH. kann ein satzungsmäßig für den Fall der Auflösung vorgesehenes Anfallrecht eines Dritten jederzeit durch Satzungsrecht aufgehoben werden. Eine vertragliche Bindung des Vereins oder der Gesellschaft in dieser Beziehung durch den Gründungsvertrag, etwa in der Gestalt eines Vertrags zugunsten Dritter, ist ausgeschlossen. Dem steht, soweit es sich um den Anfall des künftigen Vermögens handelt, auch die Vorschrift des § 310 BGB. entgegen. **169**, 65. — 22) Eine Gleichstellung der Einmanngesellschaft mit dem alleinigen Gesellschafter ist in der Rechtsprechung durchweg nur in Fällen geschehen, wo es gegen Treu und Glauben verstoßen und sich als Rechtsmißbrauch darstellen würde, wenn die Einmanngesellschaft oder der alleinige Gesellschafter sich auf die förmliche Verschiedenheit berufen könnte; sie ist aber nicht auch schon dann gerechtfertigt, wenn sie einer der sachlich-rechtlich verschiedenen Persönlichkeiten erwünscht erscheint. **169**, 240 (248). — 23) Die Rechtsprechung des Reichsgerichts hat in einem gewissen Umfange die Möglichkeit der Ausschließung eines Gesellschafters aus der GmbH. auch ohne eine dahingehende ausdrückliche Bestimmung der Satzung anerkannt, so die Möglichkeit, den Geschäftsanteil eines Gesellschafters, der von dem Kündigungsrecht nach § 8 der KartellVO. vom 2. November 1923 Gebrauch gemacht hat, einzuziehen, selbst wenn die Einziehung in der Satzung nicht vorgesehen ist. **169**, 330 (333). — 24) a. In der Satzung einer GmbH. kann Söhnen von Gesellschafter-Geschäftsführern die Befugnis, unter gewissen Voraussetzungen Nachfolger ihres Vaters im Geschäftsführeramte zu werden, falls sie selbst Gesellschafter sind, in der Weise als mitgliedschaftliches Sonderrecht eingeräumt werden, daß die Gesellschafterversammlung über das Vorliegen jener Voraussetzungen zu entscheiden, den Berechtigten als Geschäftsführer zu bestellen und über den mit ihm abzuschließenden Anstellungsvertrag zu befinden hat. In solchem Falle hat der Berechtigte zwar keinen erzwingbaren Anspruch darauf, von der Gesellschafterversammlung zum Geschäftsführer bestellt zu werden, ist vielmehr auf die Geltendmachung von Schadensersatzansprüchen beschränkt, wenn diese seine Bestellung satzungswidrig ablehnt. Er braucht aber, wenn er die Stellung eines Geschäftsführers bereits erlangt hat, eine von der Gesellschafterversammlung beschlossene Abberufung aus diesem Amte nicht gegen sich gelten zu lassen, wenn sie mit den hierfür in der Satzung vorgesehenen Voraussetzungen nicht im Einklang steht. Er kann derartige Beschlüsse auch anfechten, ebenso wie solche, die sein Sonderrecht auch nur mittelbar verletzen. b. Der aus einem derartigen Sonderrechte erwachsende Anspruch des Gesellschafters auf Bestellung zum Geschäftsführer und auf die damit verbundene Vergütung gehört nicht zu den Nutzungen des Geschäftsanteils, die dessen Nießbraucher zustehen. **170**, 358.

III. Vertretung und Geschäftsführung.

1) Der Kläger, der ein Aufsichtsratsmitglied wegen Verletzung von Überwachungspflichten in Anspruch nimmt, hat nicht den ursächlichen Zusammenhang zwischen dem dem Beklagten zur Last gelegten schuldhaften Verhalten und dem Schaden, sondern nur den zwischen der Pflichtverletzung des Beklagten und dem Schaden darzulegen und zu beweisen. Die Pflichtverletzung besteht nicht nur subjektiv in einem schuldhaften Verhalten, sondern objektiv in der Nichtherbeiführung des geschuldeten Erfolgs; als schädigendes Ereignis in diesem Sinne kommt entweder die Nichtverhinderung pflichtwidriger Handlungen (z. B. leichtfertiger Kreditgewährung der Geschäftsführer) oder die Nichtherbeiführung bestimmter pflichtmäßiger Handlungen derselben (z. B. die Nichtherbeiführung eines rechtzeitigen Antrags auf Konkurseröffnung) in Betracht; die etwaige Unmöglichkeit der hiernach geschuldeten Leistung hat gemäß § 282 BGB. grundsätzlich der Verpflichtete zu beweisen. **161**, 129 (134 flg.). — 2) Wird ein Mitglied eines nicht satzungsgemäß besetzten und daher beschlußunfähigen Aufsichtsrats wegen Nichtherbeiführung des Antrags auf Konkurseröffnung in Anspruch genommen, so bedarf die Frage, ob der Beklagte überhaupt von sich aus in der Lage war, die Überschuldung zu erkennen und die Stellung des Antrags auf Konkurseröffnung herbeizuführen, besonders sorgfältiger Prüfung. **161**, 129. — 3) Der Aufsichtsrat einer GmbH. hat im allgemeinen nur die Aufgabe, die Belange der Gesellschaft, nicht auch öffentliche Belange wahrzunehmen; er ist daher, wenn die Geschäftsführer unter Verstoß gegen § 84 GmbHG. nicht den erforderlichen Konkursantrag stellen, nicht zur Androhung einer Strafanzeige, sondern nur zur unverzüglichen Benachrichtigung der Gesellschafterversammlung verpflichtet. **161**, 129 (138 flg.). — 4) Hat das verklagte Aufsichtsratsmitglied in nachweisbarer Kenntnis oder auch nur in nachweisbarer schuldhafter Unkenntnis geschäftswidrige Handlungen der Geschäftsführer geduldet, ohne die den Umständen nach erforderlichen Maßnahmen zu ergreifen, oder hat er gar das unsolide Geschäftsgebaren der Geschäftsführer gutgeheißen oder gefördert, so ist er der Gesellschaft für die Schäden, die ihr durch solche Mißwirtschaft erwachsen sind, unmittelbar mitverant-

wortlich, ohne daß es noch darauf ankommt, inwieweit er bei gleichmäßigem Eingreifen in der Lage gewesen wäre, die Geschäftsführer von dem unsoliden Geschäftsgebaren abzuhalten. **161,** 129 (140 flg.). — 5) Eine GmbH. ist trotz bereits bestehender Überschuldung durch die Nichtherbeiführung des Konkursantrags insoweit geschädigt, als ihre Verbindlichkeiten sich seit dem Zeitpunkt, von dem ab das Aufsichtsratsmitglied für die Nichtherbeiführung des Konkurses haftet, im ganzen genommen erhöht haben. **161,** 129 (142). — 6) Unzulässige Rechtsausübung kann vorliegen, wenn das in Anspruch genommene Aufsichtsratsmitglied sich zu seiner Entlastung auf einen Beschluß der Gesellschafter beruft, durch den auf den Rückgriffsanspruch der Gesellschaft verzichtet wird. **161,** 129 (144); **166,** 129. — 7) Die Gesellschaft wäre nicht genötigt, eine mißbräuchliche, mit ihren Zwecken unvereinbare Stimmrechtsausübung des Geschäftsführer-Gesellschafters in der Gesellschafterversammlung wehrlos hinzunehmen. Wenn ihr vielleicht auch mangels entsprechender Bestimmungen im Gesellschaftsvertrage die Möglichkeit versagt wäre, den Kläger gegen seinen Willen dem Rechte nach als Gesellschafter auszuschließen, so könnte ihr doch nicht verwehrt werden, sonstige Schritte zu tun, um sich vor einem für sie untragbaren Verhalten eines Gesellschafters zu schützen. Notfalls müßte ihr die Befugnis zugebilligt werden, darauf hinzuwirken, daß einem solchen Gesellschafter die ihm zustehenden Mitverwaltungsrechte wenigstens der Ausübung nach entzogen und auf einen von seinem Willen unabhängigen Treuhänder übertragen werden. Die Zulässigkeit einer derartigen, aus dem Wesen der Gesellschaft und der Treupflicht ihrer Mitglieder abzuleitenden Maßnahme kann schon um deswillen nicht bezweifelt werden, weil ohne sie die Gesellschaft einem ihr abträglichen Verhalten eines Gesellschafters dann schutzlos preisgegeben wäre, wenn dieser mit dem Versuche, wegen eines von ihm selbst heraufbeschworenen wichtigen Grundes die Auflösung der Gesellschaft zu erzwingen, ohne Erfolg geblieben, seine Auflösungsklage als rechtsmißbräuchlich abgewiesen worden wäre. **164,** 257 (262 flg.). — 8) a. Ein gegen das Gesetz verstoßender Beschluß einer Gesellschafterversammlung der GmbH. kann je nach Art und Bedeutung des Verstoßes unbedingt nichtig oder lediglich durch Klage anfechtbar sein. Eine unbedingte Nichtigkeit nach § 138 BGB. liegt grundsätzlich nur vor, wenn der Beschluß durch seinen Inhalt gegen die guten Sitten verstößt. Die Interessenlage ist insofern im wesentlichen die gleiche wie bei der Aktiengesellschaft. b. Wer die Gesellschafterversammlung nach § 51 GmbHG. berufen hat, kann die Einberufung zurücknehmen. Die Zurücknahme (Abbestellung) braucht nicht unbedingt in der Form zu geschehen, die gesetzlich oder durch die Satzung für die Einberufung vorgeschrieben ist. Aus Gründen der Rechtssicherheit ist jedoch eine ausdrückliche, jedenfalls aber eindeutige Erklärung für die Abbestellung erforderlich. Eine trotz solcher Rücknahme stattfindende Gesellschafterversammlung wäre einer überhaupt nicht berufenen gleichzustellen. **166,** 129; **167,** 65 (76). — 9) Im GmbHGesetz ist die Frage nicht geregelt, welche Rechtsfolge es hat, wenn Beschlüsse der Gesellschafterversammlung gegen gesetzliche oder satzungsmäßige Bestimmungen verstoßen. Insbesondere erwähnt dieses Gesetz im Gegensatze zum Aktienrecht und Genossenschaftsrecht die Möglichkeit einer Anfechtungsklage überhaupt nicht. Dadurch ergab sich eine Lücke im Rechte der GmbH. Diese ist von der Rechtsprechung in Anlehnung an die Rechtsregeln ausgefüllt worden, die bei fehlerhaften Beschlüssen der Generalversammlung (Hauptversammlung) der Aktiengesellschaft gesetzlich festgelegt waren oder sich herausgebildet hatten. Das bedeutet vor allem die Einführung einer rechtsgestaltenden Anfechtungsklage auch gegenüber Beschlüssen der GmbH.-Gesellschafterversammlung, weiter aber auch eine durch die Bedürfnisse des Rechtsverkehrs gebotene Einschränkung der Fälle der unbedingten Nichtigkeit von solchen Gesellschafterbeschlüssen. **166,** 129 (131). — 10) In dem in RGZ. Bd. 161 S. 129 flg., insbesondere S. 143 flg., behandelten Falle hat das RG. die Auffassung vertreten, daß der Beschluß einer GmbH.-Gesellschafterversammlung, dessen Inhalt (Verzicht auf Schadensersatzansprüche gegen ein Aufsichtsratsmitglied) nicht sittenwidrig war, gleichwohl nach § 138 BGB. dann nichtig sei, wenn ein für das Abstimmungsverhältnis wesentlicher Teil der Gesellschafter mit dem sittenwidrigen und durch den Beschluß bestätigten Vorsatze der Schädigung der Gläubiger der GmbH. gehandelt habe. Die Besonderheit dieses Falles lag darin, daß durch den Beschluß Dritte geschädigt wurden, denen es nicht möglich war, eine Beseitigung des fehlerhaften Beschlusses durch Anfechtungsklage herbeizuführen. Deshalb ist dort auch ausdrücklich die Frage offengelassen worden, ob die gleiche Auffassung in Fällen gelten könne, wo die Grundsätze des Aktienrechts über die Nichtigkeit von Gesellschafterbeschlüssen anzuwenden seien. **166,** 129 (132). — 11) **a.** Schwere Bedenken bestehen gegen die Gültigkeit einer Satzungsbestimmung der GmbH., durch welche ein Teil der Gesellschafter nicht nur vom Stimmrecht, sondern auch vom Recht der Teilnahme an den Gesellschafterversammlungen ausgeschlossen wird; jedoch ist die Frage nicht abschließend entschieden. b. Beruht der Anspruch eines Gesellschafters der GmbH. auf einem unter Machtmißbrauch zustande gekommenen Gesellschafterbeschluß, so kann ihm, auch wenn der Beschluß weder nichtig noch angefochten worden ist, der Einwand unzulässiger Rechtsausübung entgegenstehen, **167,** 65. — 12) Begründung eines satzungsmäßigen Rechts eines Gesellschafters der GmbH. auf Geschäftsführung. Dem Selbstbestimmungsrecht der Gesellschaft sind Grenzen gezogen (§ 38 Abs. 2 GmbHG.). Sie kann nicht darauf verzichten, das ihr zustehende Recht, einen Geschäftsführer zu jeder Zeit abzuberufen, auch beim Vorliegen wichtiger Gründe auszuüben. **170,** 358 (368). — 13) Zu § 46 Nr. 5 GmbHG. Über die Bestellung zum Geschäftsführer ist durch Mehrheitsbeschluß zu entscheiden. Eine Klage auf Erfüllung eines insoweit bestehenden Sonderrechts ist dem Berechtigten bei der Unzulässigkeit eines Eingriffs in die freie Willensbildung der Gesellschafterversammlung versagt. Der Berechtigte ist darauf beschränkt, Schadensersatzansprüche geltend zu machen, wenn diese seine Bestellung ablehnte. **170,** 358 (371 flg.). — 14) Über die Zulässigkeit eines Feststellungsbegehrens auf Feststellung des (bedingten) Nachfolgerechts in das Amt als Geschäftsführer beim Eintritte der erforderlichen Voraussetzungen. **170,** 358 (374). — 15) Neben dem Schadensersatzanspruch (Nr. 13) hat der seines Amtes ohne wichtigen Grund enthobene Geschäftsführer auch Anspruch auf Belassung in der ihm übertragenen Stellung. **170,** 358 (374 flg.).

IV. Abänderungen des Gesellschaftsvertrags. Erhöhung des Stammkapitals.

Nachträglich kann bei der GmbH. ein Gründersonderrecht nicht durch einen zwischen der Gesellschaft und dem (frühern) Gründer geschlossenen Vertrag, sondern nur durch eine Satzungsänderung nach § 53 Abs. 1 und 2 GmbHG. begründet werden. **165,** 129.

I. Auflösung, Liquidation, Nichtigkeit und Konkurs der Gesellschaft.

1) Berufung des auf Schadensersatz in Anspruch genommenen Aufsichtsratsmitglieds im Konkurs der Gesellschaft; unzulässige Rechtsausübung, wenn der Beklagte sich zu seiner Entlastung auf einen unlauter zustande gekommenen Gesellschafterbeschluß (Verzicht auf Rückgriffsrechte) beruft. **161,** 129 (144flg.). — 2) Wegen Unmöglichkeit der Erreichung des Gesellschaftszwecks deshalb, weil infolge der kriegswirtschaftlichen Maßnahmen der satzungsmäßige Gegenstand der Erzeugung nicht hergestellt werden kann, kann auf Auflösung der Gesellschaft dann nicht geklagt werden, wenn keine dauernde Unmöglichkeit anzunehmen ist. **164,** 129. — 3) Wenn es in § 61 GmbHG. heißt, in den dort bezeichneten Fällen „könne" die Gesellschaft aufgelöst werden, so hat das wie in den ähnlichen Vorschriften zur offenen Handelsgesellschaft (§§ 133, 140 HGB.) zu bedeuten, daß das Gericht diese Verfügung treffen muß, wenn nach seinem pflichtmäßigen Ermessen die Voraussetzungen für das Eingreifen der Bestimmung vorliegen. **164,** 129 (132). — 4) § 68 Abs. 1 GmbHG. erklärt die „bei der Bestellung" der Abwickler bestimmte „Form" der Willenserklärungen für maßgebend für die Kundgabe der Willenserklärungen der Abwickler. Es besteht also kein Bedenken, die Bestimmung unmittelbar dem die Abwickler bestellenden Organ zu überlassen, als welches in erster Reihe die Gesellschafterversammlung in Betracht kommt (§ 66 Abs. 1 GmbHG.) und neben dem unter bestimmten Voraussetzungen auch das Gericht zur Bestellung der Abwickler berufen ist (§ 66 Abs. 2 GmbHG.), so daß auch hier die Regelung der Art der Vertretungsmacht ohne Rücksicht auf die Eintragung wirksam wird. **164,** 177 (184). — 5) Ein wichtiger Grund zur Auflösung der GmbH. kann auch in den persönlichen Verhältnissen der Gesellschafter liegen, wenn dadurch das Bestehen der Gesellschaft selbst gefährdet wird. Indessen erfordert die endgültige und unwiderrufliche Zerstörung des gemeinsamen Werks, die mit der dem Auflösungsbegehren stattgebenden richterlichen Entscheidung eintritt, daß persönliche Zerwürfnisse der Gesellschafter erst dann als Grund für eine Auflösung der Gesellschaft beachtet werden können, wenn sie deren Gedeihen unmittelbar und für einen bereits absehbaren Zeitpunkt in Frage stellen können. Es kann nicht genügen, daß persönliche Spannungen zwischen den Gesellschaftern ihr Zusammenarbeiten erschweren, solange dies nicht schon zu fühlbaren, daß Dasein der Gesellschaft ernstlich bedrohenden Beeinträchtigungen geführt hat. **164,** 257. — 6) Daß ein tiefgehendes, unheilbares Zerwürfnis zwischen den Gesellschaftern eine Auflösung der Gesellschaft rechtfertigen kann, wenn dadurch deren Zweck gefährdet und eine gedeihliche

Fortführung des Unternehmens in Frage gestellt wird, gilt namentlich für Gesellschaften mit geringerer Mitgliederzahl, bei denen persönliche Zwistigkeiten zufolge der nahen Beziehungen der Gesellschafter zueinander und zur Gesellschaft in besonderm Maße zu Störungen des Gesellschaftsverhältnisses führen können. In solchen Fällen kann einem Gesellschafter das Recht, Auflösung der Gesellschaft zu verlangen, selbst dann nicht versagt werden, wenn er an der Entstehung des Zerwürfnisses mitschuldig ist. Denn es vermag, wenn die Spannung zwischen den Gesellschaftern unerträglich geworden ist und deshalb keine Aussicht mehr auf ein ersprießliches Zusammenarbeiten besteht, an der damit begründeten Notwendigkeit einer Lösung des unhaltbar gewordenen Zustandes grundsätzlich nichts zu ändern, daß der eine oder der andere Gesellschafter Anlaß zu der Entfremdung gegeben hat. Dem Auflösungsbegehren eines Gesellschafters wäre nur dann nicht stattzugeben, wenn er allein oder hauptsächlich die Schuld an den Zerwürfnissen trüge. Mußte er sich solchenfalls bei pflichtmäßiger Überlegung sagen, daß sein Verhalten die Gesellschaft gefährde und in ihrem Bestand erschüttern werde, so liefe es Treu und Glauben und der gesellschaftlichen Treupflicht gröblich zuwider, wenn ihm gleichwohl gestattet sein sollte, aus einem durch ihn schuldhaft heraufbeschworenen Zustande Rechte herzuleiten und das Gesellschaftsverhältnis gegen den Willen seiner Mitgesellschafter zum Erlöschen zu bringen. Einer so begründeten Auflösungsklage stünde der Einwand der unzulässigen Rechtsausübung entgegen. **164,** 257 (258). — 7) Die Gesellschaft kann sich auf die Versäumung einer nachträglich beschlossenen Ausschlußfrist für die Erhebung der Anfechtungsklage durch den Anfechtungsberechtigten nicht berufen, wenn die beschließenden Gesellschafter wußten, daß sich dieser als Wehrmachtangehöriger im Felde befindet und sie damit rechnen mußten, daß er infolge seines Wehrdienstes an der Einhaltung der Frist gehindert sei. **170,** 358.

§ 221. Eingetragene Genossenschaften.

(Die Paragraphen ohne Zusatz sind die des Genossenschaftsgesetzes vom 1. Mai 1889 in der Fassung vom 20. Mai 1898.)

I. Errichtung.

— — — — — — — — — — —

II. Rechtsverhältnisse der Genossenschaft und der Genossen.

1) Zur Stimmenthaltungsvorschrift des § 43 Abs. 3. **162,** 370 (372). — 2) a. Der Anspruch auf Feststellung, daß die Ausschließung aus einer Genossenschaft rechtsunwirksam sei, ist jedenfalls dann ein nichtvermögensrechtlicher, wenn die Ausschließung damit begründet ist, daß der Genosse durch ehrenrühriges Verhalten die Genossenschaft geschädigt habe. b. Wenn in der Satzung einer Genossenschaft als Ausschließungsgrund bestimmt ist, daß der Genosse durch sein Verhalten die Genossenschaft schädige oder zu schädigen versucht habe, so genügt grundsätzlich ein leicht fahrlässiges Handeln. **163,** 200. — 3) Über die Auslegung von Satzungsbestimmungen über die Ausschließung von Genossen und ihre freie Nachprüfung durch das Revisions-

gericht. **163**, 200 (205). — 4) Im Streitverfahren hat die Genossenschaft die Berechtigung des Ausschließungsbeschlusses und damit in aller Regel auch die persönlichen Tatbestandsmerkmale zu beweisen. Sind die Voraussetzungen der Ausschließung gegeben und stellt sich eine Ausschließung auch nicht als Rechtsmißbrauch dar, so liegt es im Ermessen der zuständigen Organe der Genossenschaft, ob sie die Ausschließung wirklich vornehmen wollen. Insoweit findet keine richterliche Nachprüfung statt, die ein unzulässiger Eingriff in das genossenschaftliche Recht der Selbstbestimmung sein würde. **163**, 200 (208). — 5) Zur Rechtfertigung der Ausschließung eines Genossen genügt es, wenn im Rechtsstreit solche nicht geheim gebliebenen Umstände dargetan werden, die zeitlich vor der Beschlußfassung der Gesellschaftsorgane liegen und einen nach der Satzung begründeten Ausschließungstatbestand ergeben, weil dann bis zum Beweise des Gegenteils davon auszugehen ist, daß die Ausschließung wegen dieser Tatsachen ausgesprochen worden ist. Dagegen kann die Berechtigung der Ausschließung nicht etwa auf solche Umstände gestützt werden, die dem zuständigen Genossenschaftsorgan bei seinem Ausschließungsbeschluß noch nicht bekannt waren, weil es auf solche seine nach pflichtmäßigem Ermessen zu treffende Entscheidung nicht gegründet haben kann. Wegen solcher Umstände könnte nur ein neues Ausschließungsverfahren eingeleitet werden. **163**, 200 (210). —6) Hat eine tschechoslowakische Genossenschaft, die satzungsgemäß Bauspargeschäfte betreibt, einen Darlehnsvertrag mit einem Genossen abgeschlossen, so sind die sich daraus ergebenden Rechtsbeziehungen nicht mitgliedschaftsrechtlicher, sondern schuldrechtlicher Art. Sie sind deshalb einem Eingriff durch einen ohne Zustimmung des Genossen zustande gekommenen Beschluß der Generalversammlung entzogen. Die Genossenschaft kann sich ihrer Verpflichtung zur Rückzahlung der Spareinlagen nicht mit der Behauptung entziehen, die Generalversammlung habe die Überleitung der Sparkonten gewisser Mitglieder, zu denen auch der Kläger gehöre, auf eine andre Genossenschaft, der dieser als Mitglied beigetreten sei, beschlossen, und die Übertragung und Verrechnung der Konten sei beschlußgemäß geschehen, sofern sie nicht nachweist, daß sich der Kläger hiermit einverstanden erklärt hat. **164**, 336. — 7) a. Die bisherige Rechtsprechung in Gesellschafts- und Genossenschaftssachen, wonach für Nichtigkeitsklagen gegen Beschlüsse der Hauptversammlungen und im GmbH-Recht auch für die Anfechtungsklage zur Ergreifung der Rechtsmittel der Berufung und Revision die vorgeschriebene Beschwerdesumme erforderlich ist, muß angesichts der §§ 200 Abs. 1, 198 Abs. 3 Satz 1 des neuen AktG., die auch für die Nichtigkeitsklagen wegen solcher Beschlüsse, die gegen die Gesellschaft gerichtet werden, die ausschließliche Zuständigkeit der Landgerichte eingeführt haben, einer Nachprüfung unterzogen werden. — Der vorwürfige Fall gebot jedoch die Entscheidung nicht. b. Die in der Klage von der Beschwerdesumme freigestellte Zulässigkeit der Revision erstreckt sich auf eine zulässige Zwischenfeststellungswiderklage. c. § 43a GenG. bestimmt für die Vertreterversammlung nur, daß die Vertreter Genossen sein müssen, und gibt im übrigen der genossenschaftlichen Selbstverwaltung hinsichtlich der Gestaltung des Wahlverfahrens und der Wahlanfechtung weitgehende Freiheit. Der Kreis der unheilbaren

Nichtigkeitsgründe ist im Einklang mit dem neuen AktG. §§ 195, 196 und der bisherigen Rechtsprechung des Senats tunlichst zurückzudrängen. d. Zur Anfechtung ablehnender Beschlüsse ist ein gewisses schutzwürdiges Interesse erforderlich. 8) Gerade auch in Genossenschaftssachen hat der Senat erkannt, daß in Hauptversammlungen vom Vorsitzer verkündete Beschlußergebnisse, sollten sie auch den Abstimmungsinhalt nicht richtig wiedergeben, als Versammlungsbeschluß hinzunehmen und nur mit der Anfechtungs- oder Nichtigkeitsklage zu beseitigen sind. **166**, 175 (185). — 9) Eine Anfechtungsklage zum Zwecke bloßer Hervorhebung, daß etwas nicht hätte geschehen oder einem Betroffenen nicht hätte widerfahren sollen, kann nicht als berechtigt angesehen werden. Ein ernster Zweck der Nichtigkeitserklärung muß ersichtlich sein. Für Anfechtungsklagen gegen ablehnende Beschlüsse nach § 271 HGB. ist, wenn auch nicht der Nachweis eines eignen rechtlichen Interesses des Klägers an der Beseitigung, so doch immerhin ein gewisses schutzwürdiges Interesse erforderlich. Daran ist festzuhalten, um zu verhindern, daß das Gericht in den Anfechtungsklagen mit allen möglichen Beschlüssen beschäftigt wird, denen sachliche Bedeutung nicht oder nicht mehr zukommt. Ein solches Interesse geht einem Kläger ab, wenn er selbst nicht in dem Antrage genannt ist und wenn aus seiner Person allein die Frage zu beurteilen ist. **166**, 175 (188). — 10) a. Die im Aktiengesetz §§ 199 bis 201 getroffene Regelung der Anfechtungs- und Nichtigkeitsfeststellungsklage findet im Genossenschaftsrecht entsprechende Anwendung. b. Die gerichtliche Ermächtigung zur Einberufung einer Generalversammlung (Vertreterversammlung) der Genossenschaft gemäß § 45 Abs. 3 GenG. ist den sämtlichen Antragstellern in der Weise zu erteilen, daß die durch die Vollmachten zu ihrem Vorgehen ermächtigten Genossen zugleich im Namen aller Vollmachtgeber die Versammlung einzuberufen befugt sind. c. Die gemäß § 45 Abs. 3 GenG. erteilte gerichtliche Ermächtigung wird gemäß § 16 Abs. 1 FGG. mit der Bekanntmachung des Ermächtigungsbeschlusses an die Antragsteller wirksam. Die Aussetzung der „Vollziehung" eines solchen Ermächtigungsbeschlusses gemäß § 24 Abs. 2 FGG. ist gegenstandslos, weil die Ermächtigung, um wirksam zu werden, keiner Vollziehung bedarf. d. Ist die Ermächtigung rechtskräftig erteilt, so kann das Vorliegen der Voraussetzungen für die Erteilung der Ermächtigung mit einer Anfechtungsklage grundsätzlich nicht mehr in Zweifel gezogen werden. Jedoch muß die zum Verlangen der Einberufung gemäß § 45 Abs. 1 GenG. erforderliche Minderheit zur Zeit der Einberufung der Versammlung noch fortbestehen. Ein Zurückgehen der Minderheit unter die vorgeschriebene Mindestzahl macht aber die auf Grund der gerichtlichen Ermächtigung geschehene Einberufung und daher auch die in der so einberufenen Versammlung gefaßten Beschlüsse nicht ohne weiteres ungültig; vielmehr unterliegen derartige Beschlüsse zum mindesten in der Regel nur der Anfechtung. e. Der in § 45 Abs. 3 Satz 2 GenG. vorgeschriebene Hinweis auf die gerichtliche Ermächtigung bei der Einberufung erfordert nicht die Angabe des Tages des Ermächtigungsbeschlusses. f. Schreibt die Satzung der Genossenschaft neben der öffentlichen Bekanntmachung der Einberufung einer Generalversammlung die schriftliche Einladung der Genossen vor, so sind im Falle der Einberufung auf Grund gerichtlicher Ermächtigung (§ 45 Abs. 3 GenG.) auch der Vorstand (die Abwickler) und die Aufsichtsratsmitglieder schriftlich einzuladen. Die Unterlassung dieser besondern Einladung macht die in der Versammlung gefaßten Beschlüsse anfechtbar, es sei denn, daß das Zustandekommen der Beschlüsse nicht auf dem Mangel beruht. **170**, 83. — 11) Im Aktienrecht und entsprechend im Genossenschaftsrecht kann zwar die Nichtigkeit von Hauptversammlungsbeschlüssen und deren Anfechtbarkeit grundsätzlich von jedem und auch in anderer Weise als durch Erhebung der Klage geltend gemacht werden. Die darauf bezüglichen Grundsätze gelten jedoch nur, wenn die Klage von einem Genossen (Vertretergenossen) oder einem Mitgliede des Vorstandes oder Aufsichtsrats (oder einem Abwickler) erhoben wird. **170**, 83 (89). — 12) Bei der Anfechtungsklage müssen die sämtlichen Anfechtungsgründe innerhalb der Anfechtungsfrist wenigstens ihrem wesentlichen tatsächlichen Kerne nach in den Rechtsstreit eingeführt werden. **170**, 83 (95).

III. Vertretung und Geschäftsführung. Revision.

1) § 27 Abs. 3 BGB. findet keine Anwendung, soweit eine Genossenschaft ihren Genossen vertraglich verpflichtet ist. **161**, 68 (74). — 2) Die Vorstands- und Aufsichtsratsmitglieder einer Genossenschaft haben für das Maß der Sorgfalt einzustehen, die nach der Lebenserfahrung ein ordentlicher Geschäftsmann regelmäßig anwendet, um seine eignen oder fremde Geschäfte, deren Besorgung ihm obliegt, zu führen. **163**, 200. — 3) Die Verwaltungsträger müssen die Fähigkeit haben und für deren Vorhandensein einstehen, die für eine Genossenschaft von der Art, die gerade in Frage kommt, nach deren Bedürfnissen und insofern nach einem gegenständlichen Maßstab erforderlich ist. Der einzelne, der eine Vorstands- oder Aufsichtsratsstelle annimmt, kann also nicht geltend machen, daß er die für die Genossenschaften dieser Art erforderlichen Durchschnittskenntnisse und Fähigkeiten nicht besitze. Dagegen kann zu der Frage, was für die einzelnen Genossenschaftsarten nach der Erfahrung des Lebens erforderlich ist und welche Personen für die Verwaltung dieser Genossenschaften geeignet sind, der Bildungsgrad der in Betracht kommenden Genossen berücksichtigt werden. **163**, 200 (208 flg.). — 4) Eine vorzeitige Neuwahl eines Aufsichtsrats wäre satzungs- und gesetzwidrig und daher unbeachtlich. **166**, 175 (187).

IV. Ausscheiden einzelner Genossen. Auflösung, Liquidation, Nichtigkeit der Genossenschaft.

— — — — — — — — — — — —

V. Konkursverfahren und Haftpflicht.

— — — — — — — — — — — —

VI. Besondere Bestimmungen für Genossenschaften mit unbeschränkter Haftpflicht, mit unbeschränkter Nachschußpflicht und mit beschränkter Haftpflicht. Umwandlung von Genossenschaften.

— — — — — — — — — — — —

Drittes Kapitel. Handelsrechtliche Vereinigungen.

§ 222. Stille Gesellschaft.

1) a. Eine offene Handelsgesellschaft kann nicht als Innengesellschaft errichtet werden. Freilich ist eine Innengesellschaft in der Weise möglich, daß vereinbart wird, es solle im Innenverhältnis so gehalten werden, als ob eine offene Handelsgesellschaft bestünde; eine solche Vereinbarung begründet aber nur eine schuldrechtliche Verpflichtung der Gesellschafter gegeneinander und ermöglicht noch nicht den Erlaß eines Gestaltungsurteils gemäß den §§ 133, 140, 142 HGB. **165,** 260. — 2) Eine offene Handelsgesellschaft als Innengesellschaft würde ein Widerspruch in sich sein. **165,** 260 (265). — 3) Der Inhaber eines Handelsgeschäfts kann einem stillen Gesellschafter nach § 247 HGB. nicht kündigen, wenn dessen Vermögenseinlage mit mehr als 6 v. H. jährlich verzinst werden und der stille Gesellschafter am Gewinn und Verlust des Handelsgeschäfts beteiligt sein soll. **168,** 284. — 4) Mit dem Wesen der stillen Gesellschaft ist es vereinbar, daß dem stillen Gesellschafter neben einer Gewinnbeteiligung noch feste Bezüge in Gestalt von Zinsen seiner Einlage gewährleistet werden. **168,** 284 (286). — 5) Die Beteiligung an einer offenen Handelsgesellschaft als persönlich haftender Gesellschafter kann nicht ohne Auseinandersetzung gemäß § 738 BGB. in eine stille Beteiligung (der Erben oder eines Teiles der Erben des persönlich haftenden Gesellschafters) übergeleitet werden. **170,** 98. — 6) Unterschied zwischen der offenen Handelsgesellschaft und der stillen Gesellschaft. **170,** 98 (104 flg.).

§ 223. Vereinigung zu einzelnen Handelsgesellschaften.

— — — — — — — — — —

Viertes Kapitel. Die Handelsgeschäfte.

1. Die Handelsgeschäfte im allgemeinen.

§ 224. Begriff und Abschluß der Handelsgeschäfte.

— — — — — — — — — —

§ 225. Auslegung der Handelsgeschäfte.

(S. § 35.)

— — — — — — — — — —

§ 226. Handelsgewohnheiten und Handelsgebräuche.

— — — — — — — — — —

§ 227. Zeit und Ort der Leistung.

— — — — — — — — — —

§ 228. Beschaffenheit der Ware. Maß. Gewicht. Währung.

(Währung s. a. § 94 I.)

— — — — — — — — — —

§ 229. Zinsen. Provision. Lagergeld.

(Zinsen s. § 94 II.)

Kreditkommission. Das Klagebegehren, daß der Kommissionär nach Beendigung des Auftrags seine Forderung an Zinsen in gesetzlicher Höhe abtrete, ist bestimmt und vollstreckbar. **168,** 277.

§ 230. Pflicht zur Sorgfalt. Schadensersatz.

— — — — — — — — — —

§ 231. Kontokurrent (laufende Rechnung).

1) Die Vereinbarung eines Laufrechnungsverhältnisses (Kontokorrents) hat gemäß dem darin ausgedrückten Vertragswillen der Beteiligten zur Folge, daß die einzelnen Leistungen mit der Eintragung in das Kontokorrent und mit der Saldofeststellung durch Verrechnung im Gesamtergebnis als Einzelforderungen untergehen. Mit der Eröffnung des Konkurses über das Vermögen des Kontokorrentschuldners erlischt die laufende Rechnung, wenn sie nicht schon vorher aufgehoben worden ist. Damit ist der Rechnungszeitraum abgelaufen, der Schuldsaldo des Gemeinschuldners Konkursforderung geworden; die bisherigen Einzelforderungen sind erloschen, an ihre Stelle ist das anerkannte oder durch den Ablauf der Rechnungsperiode entstandene (Saldo-)Guthaben, somit eine neue, auf einem selbständigen Verpflichtungsgrunde beruhende, vom frühern Schuldgrunde losgelöste (abstrakte) Forderung getreten. **162,** 244 (246). — 2) Bei der Verschmelzung zweier Aktiengesellschaften nach § 306 HGB. (alte Fassung) gehört in einem Falle, in dem über beide Gesellschaften Konkurs (Sonderkonkurs) eröffnet ist, die Saldoforderung aus einem über den Zeitpunkt der Verschmelzung hinauslaufenden Kontokorrent nicht deshalb zur Konkursmasse der aufnehmenden Gesellschaft, weil die Saldofeststellung in die Zeit nach der Verschmelzung fällt. Durch die Saldofeststellung werden — mag sie immerhin auch eine selbständige Forderung begründen — die ehemals selbständigen Forderungen nicht restlos, unbedingt und für immer ihres rechtlichen Daseins beraubt, sondern diese führen auch nach der Saldierung noch ein „potenzielles" Dasein weiter. **162,** 244 (250). — 3) Der Umschaffungsgedanke ist nur ein Hilfsmittel, um gewisse rechtliche Eigentümlichkeiten des Kontokorrents begrifflich festzulegen; die Annahme des Untergangs der Forderungen beruht nicht sowohl auf sachlichen Erwägungen als auf „juristischer Abstraktion". **162,** 244 (249). — 4) Über die Frage, ob die Aufnahme von (Rück-)Versicherungsforderungen in die laufende Rechnung des Versicherers und die vierteljährliche Saldofeststellung umschaffend (novierend) wirkt mit der Folge, daß die den Forderungen anhaftenden Vorzugsrechte im Konkurse des Versicherers wegfallen. **162,** 244; **164,** 212 (215 flg.).

§ 232. Giroverkehr. Scheck.

— — — — — — — — — —

§ 233. Kaufmännische Anweisungen und Verpflichtungsscheine. Orderpapiere. Inhaberpapiere. Indossament. Karten, Marken und ähnliche Urkunden.

(S. § 142.)

— — — — — — — — — —

§ 234. Handelsrechtliche Besonderheiten bei der Vertragsstrafe, der Bürgschaft, dem Schuldversprechen, dem Schuldanerkenntnis, dem Pfandverkauf.

— — — — — — — — — —

§ 235. Guter Glaube bei dem Erwerb von Eigentum und Pfandrechten an beweglichen Sachen und Inhaberpapieren im Handelsverkehr.

Über die Anforderungen, die im Falle des § 12 Abs. 3 des neuen Depotgesetzes und des § 366 HGB. an die Sorgfaltspflicht des Pfandnehmers zu stellen sind, der sich auf gutgläubigen Pfandrechtserwerb vom Nichtverfügungsberechtigten berufen will. **164**, 292 (299flg.).

§ 236. Kaufmännisches Zurückbehaltungsrecht.

— — — — — — — — — —

2. Handelskauf.

§ 237. Annahmeverzug des Käufers. Selbsthilfeverkauf des Verkäufers.

— — — — — — — — — —

§ 238. Spezifikationskauf. Pflichten des Käufers.

— — — — — — — — — —

§ 239. Untersuchung der Ware. Mängelanzeige (§ 377 HGB.).

a) §§ 30, 31 der Vertragshilfeverordnung vom 30. November 1939 (RGBl. I S. 2329) sind auf die Rechtzeitigkeit der Mängelrüge nach § 377 HGB. weder unmittelbar noch entsprechend anzuwenden. b. Der Käufer kann der Berufung des Verkäufers auf die verspätete Mängelrüge unter Umständen den Einwand des Rechtsmißbrauchs entgegensetzen, wenn er infolge seiner Einberufung zum Wehrdienst seine geschäftlichen Angelegenheiten nicht selbst erledigen konnte und infolge der Kriegsverhältnisse mit einer unzureichenden oder unzuverlässigen Vertretung vorlieb nehmen mußte. **170,** 155.

§ 240. Distanzgeschäft. Sorge für die beanstandete Ware. Notverkauf.

— — — — — — — — — —

§ 241. Fixgeschäfte.

— — — — — — — — — —

§ 242. Börsentermingeschäfte. Börsengesetz v. 8./27. Mai 1908.

(Die Paragraphen ohne Zusatz sind die des Börsengesetzes.)

— — — — — — — — — —

3. Bank-, Kommissions-, Speditions-, Lager- und Frachtgeschäft.

§ 243. Bank- und Bankiergeschäfte. Altes und neues Bankdepotgesetz.

(Die Paragraphen ohne Zusatz sind die des neuen Bankdepotgesetzes.)

1) a. Eine den Bestimmungen des § 2 des alten Depotgesetzes vom $\frac{\text{5. Juli 1896}}{\text{21. November 1923}}$ angepaßte allgemeine und unbeschränkte Verfügungs-

ermächtigung des Hinterlegers für den Verwahrer über Wertpapiere des erstern vermag keinesfalls die besondern Voraussetzungen des § 12 Abs. 3 des neuen Depotgesetzes zu erfüllen und kann nicht in eine beschränkte Ermächtigung nach Maßgabe letzterer Bestimmung umgedeutet werden. Sie ist daher unfähig, zur Grundlage einer Verpfändung durch den Verwahrer nach § 12 Abs. 3 des neuen Depotgesetzes zu dienen. b. Über die Anforderungen, die im Falle des § 12 Abs. 3 DepG., § 366 HGB. an die Sorgfaltspflicht des Pfandnehmers zu stellen sind, der sich auf gutgläubigen Pfandrechtserwerb vom Nichtverfügungsberechtigten berufen will. * **164**, 292. — 2) Die Voraussetzungen des § 12 Abs. 3 sind nicht erfüllt, wenn der Verwahrer die Wertpapiere, die er nach Maßgabe dieser Gesetzesstelle vom Hinterleger erhalten und bei einer Großbank verpfändet, von dieser aber nach Erledigung des darauf gewährten Kredits zurückerhalten hat, nunmehr eigenmächtig zu seinen Gunsten in gleicher Höhe bei einer andern Großbank verpfändet. **164**, 292. — 3) Ob Fahrlässigkeit einer Bank bei Eröffnung eines neuen Kundenkontos und beim Erwerb der vom Kunden eingereichten Schecks als grobe anzusehen sei, bleibt, wenn alle wesentlichen Umstände beachtet worden sind, dem Tatrichter überlassen. Mindestens als leichte Fahrlässigkeit muß es aber angesehen werden, wenn der Kunde, der in seinem Ausweis als kaufmännischer Angestellter bezeichnet ist, bei der Bank als Kaufmann geführt wird. **166**, 98.

§ 244. Kommissionsgeschäft.

a. Endet ein Kreditkommissionsverhältnis durch Widerruf seitens des Kommittenten, so hat ihm der Kommissionär die Forderung samt Nebengebühren gegen den (dritten) Darlehnsnehmer nach dem Stande zur Zeit des Widerrufs, nicht nach dem Stande zur Zeit der Beendigung des hierüber geführten Rechtsstreits abzutreten. b. Das Klagebegehren auf Abgabe der Erklärung, daß der Kommissionär seine Forderung an Zinsen „in gesetzlicher Höhe" abtrete, ist bestimmt und vollstreckbar. Der Kommittent kann verlangen, daß diese Erklärung dem Darlehnsnehmer gegenüber abgegeben werde. **168**, 277.

§ 245. Speditionsgeschäft.

Stillschweigende Vereinbarung einer Beschränkung der Haftung entsprechend den in Fachkreisen als allgemein maßgeblich aufgestellten „Allgemeinen Deutschen Spediteurbedingungen" beim Durchkonnossement (Trough bill of lading). **161**, 209 (214 flg.).

§ 246. Lagergeschäft.

— — — — — — — — — — — —

§ 247. Frachtgeschäft.

(Frachtgeschäft der Binnenschiffahrt § 249 II, im Seeverkehr § 251.)

— — — — — — — — — — — —

§ 248. Frachtgeschäft der Eisenbahnen.

— — — — — — — — — — — —

Fünftes Kapitel. Binnenschiffahrt.

§ 249. Binnenschiffahrtsgesetz vom 15. Juni 1895/20. Mai 1898 (BinnSchG.).

I. Schiffseigner. Schiffer. Schiffsmannschaft.

Über die Befugnis des Schiffers Dritten gegenüber, für den Reeder alle Geschäfte und Rechtshandlungen vorzunehmen, welche die Erhaltung des Schiffes mit sich bringt, und seine Verpflichtung, im Interesse der Ladungsbeteiligten während der Reise zugleich für das Beste der Ladung nach Möglichkeit Sorge zu tragen. **165**, 166.

II. Frachtgeschäft.

1) a. § 21 Ziffer 2 der Allgemeinen Verfrachtungsbedingungen für die Stromgebiete der Elbe und Havel (AVB.) betrifft nur den Fall der mehrern Absender. Die Vorschrift ist aus § 38 Nr. 2 Binnenschiffahrtsgesetzes herübergenommen, enthält jedoch insofern ein Fassungsversehen, als die AVB. schon für den Regelfall die Hälfte (nicht ein Drittel) der bedungenen Fracht als Fautfracht festsetzen. Für den Ausnahmefall gilt dann nichts anderes. b. Der Absender hat — von ganz besonders gelagerten Ausnahmefällen etwa abgesehen — neben dem Kündigungsrecht gegen Fautfracht kein besonderes Recht zur fristlosen Kündigung aus wichtigem Grunde mehr. c. Ein vorbehaltlos geschlossener, gegen die Erlangung der Fautfracht frei kündbarer Frachtvertrag (Stückgütervertrag), der eine gewisse begrenzte Zeit zur Abwicklung benötigt, kann nicht schon deswegen aus wichtigem Grunde fristlos gekündigt werden, weil sich dem Absender während der Vertragsabwicklung die Möglichkeit eröffnet, sich anderweit zu günstigern, teilweise auch zu volkswirtschaftlich erwünschtern Bedingungen einzudecken. d. Ist dem Frachtführer durch die Kündigung des Absenders einmal keinerlei Schaden entstanden, so hindert das das Entstehen des Fautfrachtanspruchs, der auf eine gesetzliche Abstandssumme pocht, nicht. Doch kann hier unter Umständen die Frage aufgeworfen werden, ob sich der Frachtführer, wenn er die volle Fautfracht fordert, der unzulässigen Rechtsausübung schuldig macht. Die Beweislast für das Nichtentstehen eines Schadens hat der Absender. e. Wenn während des Krieges kraft Rechtsetzung der Frachtenausschüsse und ihrer Aufsichtsbehörden die auf jahrzehntelange Übung der beteiligten Kreise zurückgehende Erhöhung der Fautfracht auf $^2/_3$, wie es dem BinnSchG. entspricht, auf $^1/_2$ der bedungenen Fracht bestätigt wurde, so bietet die entsprechende Anwendung des § 22 KWVO. in einem typisch gelagerten Einzelfall keine Handhabe, die Fautfracht durch Richterspruch auf $^1/_3$ herabzusetzen. Gegenüber einer entsprechenden bloßen Parteivereinbarung mag die Sache anders liegen. **169**, 203. — 2) a. Der vom Absender mit dem Frachtführer abgeschlossene Frachtvertrag ist ein Vertrag zugunsten des Empfängers. Dieser wird durch Annahme des Frachtgutes und des Ladescheines verpflichtet, nach Maßgabe des Ladescheins Zahlung zu leisten. Für Schäden, die durch das beförderte Gut verursacht sind, haftet er auch nur nach Maßgabe des Ladescheins. b. § 16 Abs. 2 BinnSchG.,

wonach der Schiffer zur Zeichnung des Ladescheins berechtigt ist, kann im Vertragswege abgeändert werden. Daher ist § 2 Abs. 2 der Allgemeinen Verfrachtungsbedingungen für die Stromgebiete der Elbe und Havel (AVB.) rechtswirksam, wonach der Schiffer nicht zur Zeichnung befugt ist. Doch kann die Zeichnung durch den Schiffer nachträglich vom Frachtführer genehmigt werden (§ 177 Abs. 2, § 184 Abs. 1 BGB.). c. 1. Der Empfänger haftet nach § 85 Abs. 2 AVB. als Gesamtschuldner nur für die Schäden, die dem Schiff durch die Beförderung von gefährlichen Gütern zugefügt werden. 2. Die Haftung des Empfängers wird nicht dadurch ausgeschlossen, daß die Gefährlichkeit des beförderten Gutes nicht aus dem Ladeschein ersichtlich ist. 3. Der Empfänger haftet nach § 34 Abs. 2, § 85 Abs. 2 AVB. nur für die unmittelbar dem Schiff zugefügten Schäden, nicht für Nutzungsverlust, der dem Schiffseigentümer während der Ausbesserungszeit erwachsen ist. d. Allgemeine typische Geschäftsbedingungen wie die AVB. sind ähnlich wie Rechtsnormen auszulegen. Die Belange der beteiligten Wirtschaftskreise sind gegeneinander abzuwägen. **170,** 233. — 3) Im Falle der Zeichnung des Ladescheins durch den Steuermann als Vertreter des Schiffers (als gesetzlichen Vertreters des Frachtführers) ohne Vertretungsmacht kann eine nachträgliche Genehmigung des Rechtsgeschäfts durch schlüssige Handlung des Frachtführers darin erblickt werden, daß er das Gut auf Grund des mangelhaft gezeichneten Ladescheins an den Empfänger ausgeliefert und diesen damit als vollwirksam behandelt hat. Dies setzt voraus, daß der Frachtführer sich dessen bewußt war oder wenigstens damit rechnete, daß der Ladeschein von jemandem gezeichnet war, der hierzu keine Befugnis hatte, daß er gleichwohl den Ladeschein als gegen sich wirksam anerkennen wollte. **170,** 233 (237). — 4) Kannte jedoch der Empfänger den Mangel und hatte er trotz Kenntnis der fehlerhaften Zeichnung des Ladescheins die Auslieferung des Gutes auf Grund des Ladescheins verlangt, so würde er gegen Treu und Glauben verstoßen, wenn er sich auf diesen Mangel berufen wollte; damit würde er sich in unzulässiger Weise mit seinen frühern Handlungen in Widerspruch setzen. **170,** 233 (237). — 5) Die Gefährlichkeit der verfrachteten Güter kann auch in der Art ihrer Verpackung liegen; Braunkohlenbriketts sind ihrer Gattung nach keine gefährlichen Güter. **170,** 233 (243).

III. Zusammenstoß von Schiffen, Bergung und Hilfeleistung. Schiffsgläubiger.

1) Die Befugnis des Schiffers, bei dem Abschluß von Bergungs- und Hilfeleistungsverträgen sowohl den Reeder als auch die Ladungsbeteiligten zu vertreten, besteht bei dem Untergang des Schiffes fort, wenn Aussicht zur Hebung von Schiff und Ladung besteht und der Schiffer kraft seiner Fürsorgepflicht zu diesem Zwecke tätig wird. **165,** 166 (168 flg.). — 2) Nach den besondern Umständen des einzelnen Falles ist zu entscheiden, ob eine die sofortige Anwendung von Rettungsmaßregeln rechtfertigende Gefahr verständigerweise von dem Schiffer als vorhanden angenommen werden darf. **165,** 166 (173 flg.). — 3) Auch in den Fällen, in denen die getrennte

Rettung von Schiff und Ladung mit ungleichen Kosten möglich ist, ist eine die Verteilung der Opfer nach Havareigrundsätzen rechtfertigende Gleichheit der Gefahr und der Interessen zu verneinen. Solche Betrachtungsweise ist besonders bei Strandungen in Flüssen und Kanälen angebracht, wenn die besondere Rettung der Ladung mit verhältnismäßig geringern Kosten als die Abbringung des Schiffes ausführbar ist. **165,** 166 (177flg.). — 4) Handelt es sich um eine Bergung von Schiff und Ladung unter den Voraussetzungen des § 740 HGB., so kommt in Frage, ob der Bergelohn auch ohne Erfüllung der besonderen Voraussetzungen des § 700 HGB. kraft Gewohnheitsrechts nach den Grundsätzen der großen Havarei über Schiff, Fracht und Ladung zu verteilen ist. **165,** 166 (185).

Sechstes Kapitel. Seerecht. Seehandel.

§ 250. Allgemeine Bestimmungen. Reeder. Reederei. Schiff. Schiffer. Schiffsmannschaft. Schiffsgläubiger. Schiffsmakler. Verjährung.

1) Neben der Haftung des Reeders aus §§ 485flg. HGB. kann eine Haftung aus den §§ 823, 831 BGB. geltend gemacht werden. **161,** 209 (215). — 2) Über die Befugnis des Schiffers, Dritten gegenüber, für den Reeder alle Geschäfte und Rechtshandlungen vorzunehmen, welche die Erhaltung des außerhalb des Heimathafens befindlichen Schiffes mit sich bringt, und seine Verpflichtung, im Interesse der Ladungsbeteiligten während der Reise zugleich für das Beste der Ladung nach Möglichkeit Sorge zu tragen. **165,** 166. — 3) Die Befugnis des Schiffers, bei dem Abschluß von Bergungs- und Hilfeleistungsverträgen sowohl den Reeder als auch die Ladungsbeteiligten zu vertreten, ergeben §§ 527, 535 HGB. Diese Vertretungsbefugnis besteht bei dem Untergang des Schiffes fort, wenn Aussicht zur Hebung von Schiff und Ladung besteht und der Schiffer kraft seiner Fürsorgepflicht zu diesem Zwecke tätig wird. **165,** 166 (168flg.). — 4) Zur Annahme des Fortbestehens der Vertretungsbefugnis des Schiffers genügt es, daß er durch seine Anwesenheit an Ort und Stelle in der Lage war, das Rettungswerk einzuleiten und seine Ausführung zu überwachen; unerheblich ist es hierbei, ob er im Sinne von § 740 HGB. noch die tatsächliche Gewalt über das Schiff hatte und demzufolge das Rettungswerk nicht Bergung, sondern Hilfeleistung war. **165,** 166 (169). — 5) a. Hat ein deutsches Schiff den englischen Bestimmungshafen wegen drohender Kriegsgefahr vor Löschung seiner in Schweden abgeladenen Holzladung verlassen und den deutschen Heimathafen aufgesucht, und hat der Verfrachter die Ladung im Heimathafen, dem durch einen Abwesenheitspfleger vertretenen englischen Empfänger ausgeliefert, so ist der Anspruch des Verfrachters gegen den Empfänger auf Ersatz der im Heimathafen nach Löschung der Ladung erwachsenen Lagerkosten nach dem dort geltenden deutschen Recht zu beurteilen. b. Im Sinne von § 535 HGB. ist die Reise nicht schon mit der Ankunft des Schiffes im Bestimmungshafen, sondern erst mit der Ablieferung der Güter beendet. Der Schiffer ist deshalb grundsätzlich auch im Bestimmungshafen noch ge-

setzlicher Vertreter der Ladungsbeteiligten, solange er die Ladung nicht ausgeliefert hat. c. Bei der Entscheidung darüber, ob Maßregeln zum Schutz von Schiff oder Ladung erforderlich sind, hat der Schiffer die in Gegensatz tretenden Belange von Reeder und Ladungsbeteiligten möglichst im Sinne eines Ausgleichs gegeneinander abzuwägen. Bei Gleichartigkeit der beteiligten Belange hat der Schiffer das Interesse des Reeders in erster Linie wahrzunehmen. Unverhältnismäßigen Schaden hat der Schiffer in jedem Falle von dem Reeder fernzuhalten. **169**, 257. — 6) Für das Verhalten des Schiffers beim Verlassen des Bestimmungshafens wegen drohender Gefahr eines Krieges gelten die Grundsätze, die allgemein zu beachten sind, wenn sich bei einem Widerstreite zwischen den Belangen des Reeders und der Ladungsbeteiligten die Frage ergibt, ob die dem Schiffer obliegende Fürsorge für Schiff und Ladung Maßregeln erforderlich macht. Der Schiffer hat die in Gegensatz tretenden Belange von Reeder und Ladungsbeteiligten gegeneinander abzuwägen, und zwar möglichst im Sinn eines Ausgleichs. Hierbei hat er gemäß §§ 511, 512, 661 HGB. nach vernünftigem Ermessen unter Anwendung der Sorgfalt eines ordentlichen Schiffers zu verfahren, ohne an Weisungen der Beteiligten gebunden zu sein. Stehen etwa gleichwertige Belange auf dem Spiele, so hat der Schiffer die des Reeders in erster Reihe wahrzunehmen. **169**, 257 (261).

§ 251. Seefrachtvertrag. Konnossement.

1) Ist eine Trough bill of lading (Durchkonossement) nicht vom Reeder oder dessen Vertreter gezeichnet und ergibt sein Inhalt, daß der Aussteller nur die Aufgabe eines Spediteurs wahrnehmen will, so ist sie nicht geeignet, die dingliche Wirkung des § 647 HGB. hervorzurufen. Trotzdem kann eine solche Trough bill of lading eine Auslieferungsverpflichtung des Ausstellers der Urkunde gegenüber dem ausgewiesenen Inhaber begründen. Auch der in der Urkunde genannte Empfangsspediteur kann in die Auslieferungsverpflichtung gegenüber dem ausgewiesenen Inhaber der Urkunde dadurch eintreten, daß er die an das Endziel beförderten Güter entgegennimmt. Stillschweigend kann in einem solchen Fall eine Beschränkung der Haftung entsprechend den in Fachkreisen als allgemein maßgeblich aufgestellten „Allgemeinen Deutschen Spediteurbedingungen" vereinbart sein. **161**, 209. — 2) a. Ein Ausschlußurteil, durch das ein mit Blankoindossament versehenes Konnossement für kraftlos erklärt wird, verschafft dem Erwirkenden keine weitergehende Rechtsstellung, als sie der letzte Inhaber gegenüber dem Verpflichteten hatte. Insbesondere bleiben die Rechte Dritter unberührt. Ein von einem Nichtantragsberechtigten erwirktes Ausschlußurteil verliert nicht die ihm in § 1018 ZPO. beigelegte Rechtskraftwirkung. Jedoch bleiben etwaige Rechte der Geschädigten unberührt. b. Eine ausländische Tochtergesellschaft mit selbständiger Rechtspersönlichkeit ist hinsichtlich von Konnossementen, die ihr von der inländischen Muttergesellschaft zur Weiterleitung übersandt worden sind, nicht Besitzdienerin der Muttergesellschaft. c. Die Verordnung vom 4. Oktober 1939 zum Zwecke der Kraftloserklärung von Konnossementen hat lediglich verfahrensrechtliche Bedeutung und soll dem Inhaber eines noch vorhandenen Konnossements seine Rechte nicht nehmen.

Insbesondere hebt die Bestimmung des § 1 Abs. 1 das. die Voraussetzung des § 1004 ZPO., daß Kraftloserklärung nur hinsichtlich abhandengekommener oder vernichteter Papiere stattfinden kann, nicht auf. Die Nichtmeldung eines legitimierten Inhabers gemäß § 1 Abs. 1 Satz 1 begründet lediglich die widerlegbare Vermutung, daß das Konnossement vernichtet oder abhanden gekommen ist. Die Unterlassung der Meldung gemäß § 1 Abs. 1 Satz 2 gibt dem Kapitän lediglich die Befugnis, den Konnossementsinhaber an das Aufgebotsgericht zu verweisen. **168**, 1. — 3) Bei einem durch die Bestimmungen des Frachtvertrags ergänzten Konnossement verpflichtet sich der Empfänger durch die Annahme der Güter in dem gleichen Umfange wie der Befrachter zur Zahlung der Auslagen des Verfrachters. In einem solchen Falle kann der Verfrachter Kosten, die durch Lagerung der Güter nach deren Löschung bis zur Ablieferung an den Empfänger erwachsen sind, von dem Empfänger, soweit der Frachtvertrag keine entgegenstehenden Bestimmungen enthält, nach den ergänzend heranzuziehenden §§ 670, 675 BGB. erstattet verlangen. Die Vorschriften der §§ 670, 683 BGB. kommen im Verhältnis zu dem Konnossementsinhaber für den Anspruch auf Erstattung solcher Kosten in Frage, wenn das Konnossement auf den Frachtvertrag nicht Bezug nimmt. **169**, 257. — 4) Für das Rechtsverhältnis zwischen dem Verfrachter und dem Empfänger der Ware sind nach § 651 HGB. die Konnossemente maßgebend. Für Ansprüche und Verpflichtungen aus dem Konnossement gilt das Recht des Bestimmungshafens. Abweichend hiervon können die Beteiligten die Rechtsbeziehungen zwischen Verfrachter und Empfänger durch eine Klausel der Konnossemente oder durch eine darin enthaltene Verweisung auf eine entsprechende Willenskundgebung des Frachtvertrags einem andern Recht unterwerfen. RGZ. **169**, 257 (259). — 5) Wenn der Empfänger der Ware gegenüber dem Verfrachter die Rechte aus den Konnossementen unter Berufung auf deren Vorlegung im Bestimmungshafen geltend gemacht hat, die Ladung dann ausgeliefert erhalten und inzwischen veräußert, auch den Erlös in Empfang genommen hat, so ist er im Verhältnis zum Verfrachter als der konnossementsmäßige Empfänger der Ladung im Sinne von § 614 HGB. anzusehen. **169**, 257 (263). — 6) Bei einem auf die Charterpartie bezugnehmenden, durch die Bestimmungen des Frachtvertrags ergänzten Konnossemente verpflichtet sich der Empfänger durch die Annahme der Güter im gleichen Umfange wie der Befrachter zur Zahlung der Auslagen des Verfrachters. **169**, 257 (265). — 7) Die Seereise ist hinsichtlich der Güter erst mit deren Ablieferung beendet, deshalb bleibt der Schiffer auch noch im Bestimmungshafen gesetzlicher Vertreter der Ladungsbeteiligten, solange er die Ware nicht ausgeliefert hat. **169**, 257 (261). — 8) Seefrachtvertrag, Konnossement, Chartepartie. **Verpflichtung des Empfängers durch die Annahme der Güter, in gleichem Umfange wie der Befrachter die Auslagen des Verfrachters zu zahlen.** **169**, 257 (265).

§ 252. Haverei. Seestraßenordnung.

1) § 700 HGB. ist unmittelbar anwendbar, wenn der Schiffer eines mit der Ladung in einem Binnengewässer (Kaiser-Wilhelm-Kanal) ge-

sunkenen Seeschiffs den vom Reeder ergriffenen Rettungsmaßregeln namens der Ladungsbeteiligten zustimmt. Zum Begriff der gemeinsamen Gefahr im Sinne der Vorschriften über die große Haverei und zur Frage, inwieweit Bergungs- und Hilfeleistungskosten große Haverei sind. Zum Begriff der Seenot und über die Frage, unter welchen Voraussetzungen Rettungskosten große Havarei sind, wenn Ladung und Schiff nach dem Untergang durch aufeinanderfolgende Handlungen gerettet werden. **165,** 166. — 2) Der Anwendung der seerechtlichen Vorschriften des Handelsgesetzbuchs steht die Tatsache nicht entgegen, daß sich der Unfall im Kaiser-Wilhelm-Kanal ereignet hat; entscheidend ist, daß der streitige Havereifall ein Seeschiff betrifft, das sich auf einer Seefahrt in dem zwei Meere verbindenden, als Seeschiffahrtsweg dienenden Kanal befunden hat. **165,** 166 (168). — 3) Wenn auch eine allgemeine Weisung des Schiffers nicht ausreicht, so ist doch nicht erforderlich, daß jede einzelne Rettungsmaßnahme von ihm angeordnet oder geleitet werden muß. Es genügt vielmehr, wenn er für den einzelnen Havereifall einer bestimmten Rettungstätigkeit zustimmt, wenn er also die Hebung von Schiff und Ladung nach einem bestimmten Bergungsplan billigt und nur die Ausführung von Einzelheiten Sachverständigen überläßt. **165,** 166 (169flg.). — 4) Das Gesetz beruht auf dem Gedanken, daß mit Rücksicht auf die zwischen Schiff und Ladung bestehende Interessengemeinschaft die zur Rettung beider aus gemeinsamer Gefahr gebrachten außerordentlichen Opfer von allen Beteiligten gleichmäßig getragen werden sollen. Daraus ergibt sich das Erfordernis, daß die Gefahr für das Schiff und die ganze Ladung, also nicht nur für einen Teil bestehen muß. Auch muß es sich für das Schiff und alle Teile der Ladung um eine gegenwärtige Gefahr handeln, die bereits eingetreten ist und nicht erst droht. Gefahr ist also eine Sachlage, die notwendigerweise oder doch regelmäßig Schaden verursacht. Die Gegenwart der Gefahr schließt die Möglichkeit nicht aus, daß ihre Verwirklichung erst nach Verlauf einer gewissen Zeit oder nach dem Eintritt eines im gewöhnlichen Verlaufe der Dinge liegenden Ereignisses (z. B. Ebbe und Flut) zu erwarten ist. Der Unterschied zwischen einer gegenwärtigen und einer erst in Zukunft zu befürchtenden Gefahr ist hiernach darin zu finden, daß Maßregeln, die dem von einem noch ungewissen Ereignis (z. B. schlechtem Wetter) abhängigen Eintritt einer Gefahr vorbeugen sollen, nicht zur großen Haverei gehören. Das Vorhandensein einer gegenwärtigen Gefahr in dem dargelegten Sinn ist nicht lediglich nach einem sachlichen Maßstabe zu beurteilen. Es genügt vielmehr, wenn eine die sofortige Anwendung von Rettungsmaßregeln rechtfertigende Gefahr verständigerweise von dem Schiffer als vorhanden angenommen werden durfte. **165,** 166 (171). — 5) Die Kosten der Rettungsmaßregeln sind nicht große Haverei, wenn die Ladung nur der Gefahr der Beschädigung, das Schiff dagegen der Gefahr des Untergangs ausgesetzt ist. **165,** 166 (177). — 6) Mit dem gänzlichen Verlust wäre es wirtschaftlich gleichbedeutend, wenn die Unkosten die geretteten Werte im wesentlichen erreichen würden. **165,** 166 (177). — 7) Die der großen Haverei zugrunde liegende Interessengemeinschaft beruht nicht darauf, daß die Güter verschiedener Ladungsinteressenten sich auf einem Schiffe befinden, sondern darauf, daß sämtliche Güter mit dem Schiff von einer und derselben Gefahr bedroht sind. Aus der hiermit betonten Gemeinsamkeit der Gefahr ist nicht herzuleiten, daß sie sich auf Schiff und Ladung in der gleichen Weise auswirken müssen. Vielmehr ist dem in Rede stehenden Erfordernis schon dann genügt, wenn die Gefährdung beider auf die gleiche Ursache zurückgeht, mag auch für die Ladung nur eine Beschädigung, für das Schiff dagegen der gänzliche Verlust zu befürchten sein. **165,** 166 (178). — 8) Handelt es sich um eine Bergung von Schiff und Ladung unter den Voraussetzungen des § 740 HGB., so kommt in Frage, ob der Bergelohn auch ohne Erfüllung der besonderen Voraussetzungen des § 700 HGB. kraft Gewohnheitsrechts nach den Grundsätzen der großen Haverei über Schiff, Fracht und Ladung zu verteilen ist. **165,** 166 (185).

§ 523. Berge- und Hilfeleistung in Seenot. Strandungsordnung vom 17. Mai 1874/30. Dezember 1901.

1) Zum Begriff der Seenot und zur Frage, inwieweit Bergungs- und Hilfeleistungskosten große Haverei sind. **165,** 166. — 2) Über die Fürsorgepflicht des Schiffers und seine Vertretungsbefugnis bei dem Abschluß von Bergungs- und Hilfeleistungsverträgen gegenüber dem Reeder sowohl wie auch den Ladungsbeteiligten. **165,** 166 (168 flg.). — 3) Unerheblich ist es hierbei, ob der Schiffer im Sinne von § 740 HGB. noch die tatsächliche Gewalt über das Schiff hatte und demzufolge das Rettungswerk nicht Bergung, sondern Hilfeleistung war. **165,** 166 (169). — 4) Verträge, die sich auf die Festsetzung des Berge- oder Hilfslohns beziehen („Kein Erfolg, keine Zahlung", „Entscheidung des deutschen Seeschiedsgerichts Hamburg"), lassen einen Schiff und Ladung dem gesetzlichen Pfandrecht (§ 751 HGB.) unterwerfenden Anspruch auf Berge- oder Hilfslohn nur entstehen, wenn eine Rettung beider aus Seenot vorliegt und der Vertrag durch die Verfügungsberechtigten oder den Schiffer als ihren gesetzlichen Vertreter abgeschlossen wird. **165,** 166 (174 flg.). — 5) Unter Seenot im Sinne des § 740 HGB., die das Schiff oder die Ladung oder auch beide zusammen treffen kann, ist ganz allgemein eine der Seeschiffahrt eigentümliche Gefahr zu verstehen, die von der Schiffsmannschaft nicht mit eignen Mitteln überwunden werden kann. Unter den Verhältnissen auf See genügt es, daß bei vernünftiger Beurteilung der gegebenen Verhältnisse die Beteiligten eine Entwicklung der Sache annehmen konnten, die ohne Dazwischentreten der Rettungsmaßregeln zur Beschädigung oder zum Untergange des Schiffs oder der Ladung führen würde. Eine gegenwärtige oder unmittelbar drohende Gefahr wird hierbei nicht verlangt. **165,** 166 (175). — 6) Die bloße Tatsache, daß ein Seeschiff mit der Ladung in einem von Seeschiffen befahrenen Binnengewässer gesunken ist und aus dieser Lage nur durch sachverständige Hilfe befreit werden kann, erfüllt nicht den Begriff der Seenot. **165,** 166 (176).

§ 254. Seeversicherung.

(Allgemeine Deutsche Seeversicherungsbedingungen [ADS.].)

1) a. Ist im Seeversicherungsrecht ein einheitlicher Schaden durch mehrere nur zum Teil durch den Versicherungsvertrag gedeckte Gefahr-

umstände verursacht, so ist der durch Auslegung des Vertrags zu ermittelnde Wille der Parteien für die Frage der Haftung des Versicherers in erster Linie maßgebend. Einer ergänzenden Heranziehung der Regel **causa proxima non remota spectatur** bedarf es nur, wenn die Vertragsauslegung zu keinem eindeutigen Ergebnis führt. b. In solchen Fällen ist die Frage, ob mehrere Gefahrumstände den Schaden verursacht haben, nach der „adäquaten" Verursachung zu beurteilen. Nach den gleichen Grundsätzen ist die Frage ursächlicher Beziehungen zwischen den Gefahrumständen zu würdigen. Lediglich die Frage, welcher der „adäquat" ursächlichen Gefahrumstände für die Haftungsfrage maßgebend ist, ist nach der causa proxima-Regel zu entscheiden. c. Einem wenn auch nicht schuldhaften nautischen Verhalten des Kapitäns kann ausschlaggebende Bedeutung für die Frage nach der nächsten Ursache beigemessen werden, wenn es den Unfall des Schiffes unvermeidlich gemacht hat. d. Die deutsche Kriegsklausel 1938 enthält eine erschöpfende Bestimmung des Begriffs „Kriegsereignis". **169,** 1. — 2) Der Grundsatz, daß die Parteien ihre Erklärungen über den Inhalt des Versicherungsvertrags und über die Gestaltung der gegenseitigen Beziehungen mit größtmöglicher Klarheit und Bestimmtheit abzugeben haben, gilt auch im Seeversicherungsrecht. **169,** 24. — 3) Im Seeversicherungsrecht gilt die Regel „causa proxima, non remota spectatur"; sie ist dazu bestimmt, in Zweifelsfällen bei dem Zusammentreffen vertragsmäßiger und nichtvertragsmäßiger Ursachen eines einheitlichen Schadens die Frage der Haftung des Versicherers zu entscheiden. **169,** 1 (5). — 4) In jedem Fall ist zunächst zu prüfen, welche Tragweite dem Versicherungsinhalt, namentlich besondern Bedingungen, für die Haftung des Versicherers beizumessen ist. Diese Prüfung kann z. B. ergeben, daß mittelbare Ursachen ausscheiden sollen. Soweit sich nicht schon aus dem Vertragsinhalt eine eindeutige Entscheidung der Frage ergibt, ob im Sinne des Vertrags bei Verursachung des Schadens durch mehrere nur zum Teil durch den Vertrag gedeckte Gefahrereignisse der Versicherungsfall eingetreten ist, muß sie durch Ermittelung der „nächsten Ursache" in dem Sinne gefunden werden, der diesem Begriffe nach der Verkehrsanschauung und mit Rücksicht auf den das Vertragsverhältnis in besonderem Maße beherrschenden Grundsatz von Treu und Glauben (§ 13 ADS.) beizumessen ist. **169,** 1 (5 flg.). — 5) Bei der gewöhnlichen laufenden Versicherung sind im Seeversicherungsrecht die Güter schon versichert, wenn der Versicherungsnehmer nach kaufmännischen Grundsätzen für sie Versicherung zu nehmen hätte, falls er nicht laufend versichert wäre (§ 97 ADS.). Die Anmeldung des Versicherungsinteresses hat regelmäßig nur die Bedeutung einer tatsächlichen Mitteilung darüber, daß eine unter die laufende Police fallende Güterbeförderung ausgeführt wird und die Reisegefahr zu laufen begonnen hat. Somit kommt es für die Frage, ob die vom Versicherer übernommene Gefahr erhöht worden oder eine wesentliche Umgestaltung des als versichert zu betrachtenden Unternehmens eingetreten ist. an sich auf die Verhältnisse bei Eingang der laufenden Versicherung an. **169,** 1 (6). — 6) Auch eine Versicherung frei von Kriegsgefahr (§ 35 ADS.) schließt grundsätzlich die Haftung für die durch Krieg verursachte Erhöhung der Seegefahr, den sogenannten Kriegsmolest, ein, sofern nicht durch die

Gefahrerhöhung der Gegenstand der Versicherung wesentlich geändert wird. **169,** 1 (8 flg.). — 7) Soweit nach dem Inhalt des Versicherungsvertrags der Begriff der Kriegsgefahr gemäß der deutschen Kriegsklausel gegenüber §§ 35, 121 ADS. eingeschränkt ist, erweitert sich das der Versicherung für Seegefahr zufallende Gebiet. **169,** 1 (15). — 8) Bei den Schwierigkeiten, zu deren Lösung der Satz „causa proxima spectatur, non remota" dient, kommt es nicht bloß auf eine Mehrheit von Schadensursachen, sondern weiter darauf an, daß nur ein Teil dieser Ursachen des einheitlichen Schadens zur Verantwortung des Versicherers steht. **169,** 1 (17 flg.). — 9) Auch der Inhalt der causa proxima-Regel wird durch die Verkehrsauffassung und den im besondern Maß im Seeversicherungsrecht zu beachtenden Grundsatz von Treu und Glauben bestimmt. **169,** 1 (19). — 10) Mit der Vorschrift in § 13 ADS. stellen die Seeversicherungsbedingungen einen Satz auf, der für das gesamte Versicherungsrecht gilt. Die Parteien haben ihre Erklärungen über den Inhalt des Versicherungsvertrags und über die Gestaltung der gegenseitigen Beziehungen mit größtmöglicher Klarheit und Bestimmtheit abzugeben. **169,** 24 (35). — 11) Es kommt darauf an, ob der Versicherungsnehmer die Erklärungen des Versicherers so verstehen konnte und auch verstanden hat, daß die den Parteien bekannten und in Zukunft zu erwartenden Heimfahrten und Blockadebruchreisen in die Versicherung zur Bedingung „Haftung status quo", also unter Übernahme der Haftung nur für Seegefahr gegen eine nach Billigkeit zu berechnende Prämie einbezogen werden sollten. **169,** 24 (36). — 12) Der deutsche Einfuhrkaufmann kann den sogenannten Mehrwert des Gutes auch dann gegen Seegefahr versichern, wenn er die Ware in Deutschland auf der Grundlage seines Einkaufspreises und damit auf die Grundlage des Versicherungswertes der Hauptversicherung veräußern muß. **169,** 368.

Siebenter Abschnitt. Wechselrecht.

§ 255. Örtliches Recht.

---

§ 256. Der Wechsel im allgemeinen. Rechtliche Natur des Wechsels. Wechselfähigkeit. Wechselunterschriften.

a. Der Einwand, daß die Begebung eines Wechsels an eigne Order durch den Aussteller und Remittenten wegen Wuchers nichtig sei, kann dem Wucherer und Wechselinhaber auch von dem Annehmer des Wechsels entgegengehalten werden, der dem Aussteller sein Akzept vor der Weiterbegebung des Wechsels begeben hat. b. Ist ein Wechsel zugleich in Erfüllung eines wucherischen und eines rechtswirksamen Geschäfts gegeben, so greift der Wuchereinwand gegenüber dem Wechselanspruch durch, wenn der Wechsel ohne das Wuchergeschäft nicht begeben sein würde. **162,** 302.

§ 257. Gezogener Wechsel. Aussteller. Bezogener. Remittent.

1) Wird ein auf einem Formblatt niedergeschriebener Wechsel begeben, in dem die Wechselsumme zwar in Ziffern angegeben, der für deren Angabe

in Buchstaben vorgesehene Raum aber völlig offengelassen ist, und setzt der Nehmer des Wechsels in diesen Raum unberechtigt eine höhere Wechselsumme ein, so haftet der erste Geber des Wechsels einem gutgläubigen dritten Erwerber auch dann auf den höhern Betrag, wenn die Zifferangabe in dem zusammenhängenden Wortlaut (Kontext) des Wechsels steht. **164**, 10. — 2) Ist bei der Verwendung von Wechselvordrucken, bei denen in dem zusammenhängenden Wortlaute der Wechselerklärung nur die Angabe der Wechselsumme in Buchstaben vorgesehen war, während sich darüber außerhalb des Wortlauts rechts noch einmal ein Raum für die Angabe der Wechselsumme in Ziffern befand, bei der ersten Begebung der Wechsel die Wechselsumme lediglich in dem rechts über der zusammenhängenden Wechselerklärung stehenden Vermerk in Ziffern angegeben, der für die Angabe der Wechselsumme in Buchstaben innerhalb der zusammenhängenden Wechselerklärung vorgesehene Raum dagegen offengelassen, so ist eine Auslegung dahin möglich, daß die Urkunden bei ihrer ersten Begebung noch nicht alle Erfordernisse eines Wechsels erfüllten und unvollständig waren, weil die in Art. 4 Nr. 2 WO. erforderte Angabe der Wechselsumme in der Wechselerklärung nicht enthalten war. **164**, 10 (11 flg.).

§ 258. Indossament.

— — — — — — — — — — —

§ 259. Präsentation zur Annahme. Akzeptant. Blankoakzept.

— — — — — — — — — — —

§ 260. Domizilwechsel.

— — — — — — — — — — —

§ 261. Wechselbürge. Aval. Regreß auf Sicherstellung.

— — — — — — — — — — —

§ 262. Erfüllung der Wechselverbindlichkeit. Zahlung. Hinterlegung.

— — — — — — — — — — —

§ 263. Intervention. Ehrenannahme. Ehrenzahlung.

— — — — — — — — — — —

§ 264. Wechselprotest.

— — — — — — — — — — —

§ 265. Regreß mangels Zahlung. Wechselklage. Einreden des Wechselschuldners. Zugrundeliegendes Verhältnis.

1) **a.** Der Einwand daß die Begebung eines Wechsels an eigne Order durch den Aussteller und Remittenten wegen Wuchers nichtig sei, kann dem Wucherer und Wechselinhaber auch von dem Annehmer des Wechsels entgegengehalten werden, der dem Aussteller sein Akzept vor der Weiterbegebung des Wechsels begeben hat. **b.** Ist ein Wechsel zugleich in Erfüllung eines wucherischen und eines rechtswirksamen Geschäfts gegeben, so greift der Wuchereinwand gegenüber dem Wechselanspruch durch, wenn der Wechsel ohne das Wuchergeschäft nicht begeben sein würde. **162**, 302. —

2) Wird ein auf einem Formblatt niedergeschriebener Wechsel begeben, in dem die Wechselsumme zwar in Ziffern angegeben, der für deren Angabe in Buchstaben vorgesehene Raum aber völlig offengelassen ist, und setzt der Nehmer des Wechsels in diesen Raum unberechtigt eine höhere Wechselsumme ein, so haftet der erste Geber des Wechsels einem gutgläubigen dritter Erwerber auch dann auf den höheren Betrag, wenn die Zifferangabe in dem zusammenhängenden Wortlaut (Kontext) des Wechsels steht. **164,** 10. — 3) Der Begebung eines gänzlich unausgefüllten Wechsels oder eines Wechsels, in dem ein wesentliches Erfordernis fehlt, steht grundsätzlich gleich, wenn von zwei verschiedenen, gesetzlich statthaften Beurkundungsweisen eines wesentlichen Wechselerfordernisses, von denen im Falle der Verschiedenheit eine allein maßgebend ist, nur die eine im Falle der Verschiedenheit nicht maßgebende beurkundet, die andere, gegebenenfalls maßgebende, aber offengelassen ist, so daß offensichtlich durch die Ausfüllung dieser Stelle in jener maßgebenden Bezeichnungsweise das im Wechselrecht geltende wesentliche Erfordernis geschaffen werden kann und geschaffen worden ist. Dies gilt auch für den Fall, daß die Ziffernbezeichnung oben rechts über den Wechseltext für sich als Wechselsummenbezeichnung gelten konnte, d. h. daß das wesentliche Erfordernis der Angabe der zu zahlenden Geldsumme nach Art. 2 Nr. 2 WO. erfüllt gewesen ist. **164,** 10 (14). — 4) Der Wechselschuldner kann dem Indossatar eines Wechsels Einwendungen aus der Person des Indossanten nicht schon deshalb wirksam entgegenhalten, weil der Indossatar vor oder zugleich mit dem Erwerbe des Wechsels auch die Forderung aus dem Wechselgrundgeschäft durch Abtretung erworben hat (in Abweichung von RGZ. Bd. 83 S. 97 und RG. in JW. 1934 S. 2551 Nr. 9). **166,** 306. — 5) Bei nachträglicher Abtretung der Ansprüche aus dem Grundgeschäft hat das Reichsgericht die diesen Ansprüchen entgegenstehenden Einwendungen gegenüber der vor der Abtretung durch Indossament erworbenen Wechselforderung nicht zugelassen. **166,** 306 (312).

§ 266. Eigener Wechsel.

— — — — — — — — — —

§ 267. Wechselduplikate. Wechselkopien.

— — — — — — — — — —

§ 267a. Abhanden gekommene Wechsel.

— — — — — — — — — —

§ 268. Wechselfälschung. Wechselzeichnung für andere ohne Vertretungsmacht.

— — — — — — — — — —

§ 269. Wechselverjährung.

— — — — — — — — — —

Zweiter Teil.

Zivilprozeß.

Erstes Kapitel. Allgemeine Grundsätze.

§ 270. Rechtspflege (Justizsachen). Rechtsweg.

I. Allgemeines. Begriff der bürgerlichen Rechtsstreitigkeit. Verhältnis der Gerichte zu den Verwaltungsbehörden.

1) Die Entscheidung der obersten Landesbehörde über die Entlassung eines Beamten als Ehrenbeamten bindet die Gerichte. **161,** 163. — 2) Ob eine nach § 380 pr. WasserG. wirksame Anmeldung zum Wasserbuch vorliegt, ist vom Prozeßgericht zu prüfen; die Anforderungen an den Inhalt der Anmeldung sind milde zu stellen. **161,** 243 (251flg.). — 3) Für einen auf Unterlassung gerichteten Anspruch wäre der Rechtsweg nur dann gegeben, wenn die beanstandete Maßnahme, obwohl in die Form einer öffentlich-rechtlichen Funktion gekleidet, völlig außerhalb des dem Handelnden zugewiesenen öffentlich-rechtlichen Aufgabenkreises läge und einen Akt reiner mit dem übertragenen Machtbereich nicht in Einklang zu bringender Willkür darstellte. Solchenfalls läge eine hoheitliche oder verwaltungsmäßige Tätigkeit, deren pflichtgemäße Ausübung unangetastet zu bleiben hätte, überhaupt nicht vor, und es bestünde kein Grund, die Zulässigkeit solchen Verhaltens einer Entscheidung durch die ordentlichen Gerichte zu entziehen. **162,** 181 (191). — 4) Was für die Zulässigkeit des Rechtswegs beim Unterlassungsanspruch gilt, gilt in gleicher Weise mit Bezug auf einen Widerruf und einen Auskunftsanspruch sowie mit Bezug auf einen Anspruch auf Wiedergutmachung (Schadensersatz). **162,** 181 (192). — 5) Zur Frage der Umgehung des unzulässigen Rechtswegs durch Schadensersatzklage wegen Amtspflichtverletzung. **162,** 230. — 6) Der dem Rechtsweg entzogene Verwaltungsakt kann nicht dadurch vor den ordentlichen Richter gebracht werden, daß seine Bemängelung nur äußerlich in das Gewand einer Schadensersatzklage gekleidet wird. Ob es sich um einen solchen Versuch handelt, ist nach der Klagebegründung zu beurteilen, die ein pflichtwidriges Verhalten eines Beamten erkennen lassen muß. Nur das tatsächliche Vorbringen der Klage ist dabei als richtig zu unterstellen; die vom Kläger geäußerte Rechtsansicht ist unmaßgeblich. **162,** 230 (233). — 7) Eine gerichtliche Stellungnahme zu der Frage, ob die Prüfung der Entlassung eines Beamten am 30. Juni 1937 schon bei der obersten Reichs- oder Landesbehörde in Bearbeitung oder noch nicht abgeschlossen war, ist nicht zulässig. **163,** 181 (185). — 8) Auch Verwaltungsakte sind grundsätzlich der richterlichen Nachprüfung entzogen. **164,** 15 (25). — 9) Die Gerichte sind grundsätzlich zu einer inhaltlichen Nachprüfung der von den Verwaltungsbehörden im Rahmen ihrer Zuständigkeit

erlassenen Entscheidungen nicht in der Lage. Diese Beschränkung findet ihre Grenze, sofern das Vorgehen des „Beamten" offenbare Willkür ist oder sich jedenfalls so weit von den an ordnungsmäßige Ausübung der Verwaltung zu stellenden Anforderungen entfernt, daß es als solche nicht mehr angesehen werden kann. **164**, 15 (31flg.), 32 (44); **168**, 129 (134). — 10) Die Gerichte sind, sofern es sich nicht um einen dem Bereiche hoheitlicher Betätigung unzweifelhaft fremden, gesetzlich überhaupt nicht zu rechtfertigenden Akt reiner Willkür handelt, nicht befugt, Hoheitsmaßnahmen auf ihre Rechtmäßigkeit hin nachzuprüfen und ihnen Verbindlichkeit und Wirksamkeit abzusprechen, weil sie sittlich zu beanstanden und deshalb unbeachtlich seien. **164**, 162 (176). — 11) Gebunden sind die Gerichte an Entscheidungen der Verwaltungsbehörden im Einspruchs- und Beschwerdeverfahren nur unter der Voraussetzung, daß für die getroffene Entscheidung das bezeichnete Verfahren gesetzlich zugelassen war. **164**, 226. — 12) Auch bei öffentlich-rechtlicher Natur des Klageanspruchs ist der Rechtsweg zulässig, wenn das Gesetz den Anspruch den Gerichten zur Behandlung im ordentlichen Prozeßverfahren zuweist. **164**, 226 (228). — 13) Läßt ein Gesetz auf einem an sich dem öffentlichen Rechte zugehörenden Gebiete eine bürgerlich-rechtliche Ordnung der zu regelnden Rechtsbeziehungen zu, so weist es damit mangels einer entgegenstehenden ausdrücklichen Anordnung die Verfolgung der sich ergebenden Rechtsansprüche stillschweigend den ordentlichen Gerichten zu. **164**, 226 (233). — 14) a. Als Erteilungsbehörde ist das Reichspatentamt befugt, nicht nur den Gegenstand, sondern auch den Umfang des Patentschutzes mit bindender Wirkung für den Verletzungsrichter festzulegen. b. Hat das Reichspatentamt in der Absicht, den Schutzumfang zu beschränken, bei der Erteilung des Patents die von dem Anmelder geltend gemachte selbständige Schutzfähigkeit eines einzelnen Merkmals oder einer Untergruppe von Merkmalen der den Gegenstand des Anspruchs bildenden Kombination verneint, so ist diese Entscheidung für den Verletzungsrichter verbindlich. c. Die Wirksamkeit einer den Patentschutz unzweideutig einschränkenden Entscheidung des Reichspatentamts im Erteilungsverfahren ist nicht davon abhängig, ob es mit Recht das Einverständnis des Anmelders mit der Beschränkung des Patentschutzes als vorhanden angesehen hat. **165**, 209. — 15) Über die Bindung des Gerichts an Ordnungen des Preisbildungskommissars hinsichtlich streitiger und unabgewickelter Rechtsverhältnisse, auch soweit sie über den Zeitpunkt des Inkrafttretens des Gesetzes zur Durchführung des Vierjahresplanes zurückreichen, und die Unmöglichkeit der Aufrechnung (von Schadensersatzansprüchen) gegenüber dem vom Preisbildungskommissar festgesetzten Preise. **165**, 226. — 16) Der gerichtlichen Nachprüfung ist auch die rückwirkende Herabsetzung des Ruhegehalts eines leitenden Angestellten auf Grund der Verordnung zur Belebung der Wirtschaft vom 4. September 1932 4. Teil Kap. V entzogen, ebenso eine rückwirkende, über die Erlassung des Gesetzes zurückwirkende Angestelltenentlassung nach dem Berufsbeamtengesetz vom 7. April 1933. **165**, 226 (230flg.). — 17) Für die Frage der Zulässigkeit des Rechtswegs ist die Natur des Rechtsverhältnisses entscheidend, aus dem der Klageanspruch hergeleitet wird. Darauf, wie der Kläger seinen Anspruch rechtlich beurteilt, kommt es ebensowenig an wie auf die Verteidigung des Beklagten. **165,** 300 (304). — 18) Abweichend von der bisherigen Rechtsprechung des Reichsgerichts ist allgemein im Sinne der Prozeßgesetze die Trennungslinie nicht zwischen Verwaltungsbehörden und Verwaltungsgerichten einerseits und ordentlichen und besondern Gerichten andererseits zu ziehen, sondern zwischen den ordentlichen Gerichten auf der einen Seite und allen andern öffentlichen Stellen auf der andern Seite und demgemäß auch für den § 547 Nr. 1 ZPO. die „Unzulässigkeit des Rechtswegs" als gleichbedeutend zu betrachten mit der „Unzulässigkeit des Rechtswegs vor den ordentlichen Gerichten" oder der „Unzulässigkeit des ordentlichen Rechtswegs", also auch mit dem „Ausschluß des ordentlichen Rechtswegs" im Sinne des § 3 Abs. 1 der Verordnung über die Bildung von Schiedsgerichten für die landwirtschaftliche Marktregelung vom 26. Februar 1935. Wären für eine Streitigkeit die Marktschiedsgerichte als besondere Gerichte bestellt, so wäre der Rechtsweg unzulässig. **165,** 300 (306). — 19) Die Tatsache, daß gewisse Gesetze dem Leistungspflichtigen einen von ihnen geschaffenen Anspruch auf Entschädigung geben, für diesen aber den Rechtsweg ausschließen, lassen dessen Zulässigkeit für Ansprüche anderer Art unberührt. **165,** 323 (329). — 20) Die Zulässigkeit des Rechtswegs muß nach dem zeitlich geltenden Recht beurteilt werden. **165,** 323 (329). — 21) Bei der Frage der Zulässigkeit des Rechtswegs kommt es auf die Abgrenzung wirklicher Schadensersatzansprüche aus dem rechtlichen Gesichtspunkte der Amtspflichtverletzung von den Fällen an, in denen ihn der Kläger nur anführt, um unzulässigerweise die Entscheidung über das bloße Begehren der Vornahme eines Verwaltungsaktes oder seiner Rückgängigmachung dem ordentlichen Gerichte zu unterbreiten. Das Merkmal dieser Unterscheidung besteht grundsätzlich darin, ob von dem Kläger ein Tatbestand behauptet wird, der in bestimmter Weise ein schuldhaftes, pflichtwidriges und daher zum Schadensersatz verpflichtendes Verhalten eines an der Anordnung oder Unterlassung beteiligten Beamten bei der Ausübung der öffentlichen Gewalt erkennen läßt. **165,** 323 (329). — 22) Bei der Entscheidung über die Frage der Zulässigkeit des Rechtswegs ist in jedem Falle die Rechtslage zur Zeit des Schlusses der mündlichen Verhandlung maßgebend, auf die das Urteil ergeht. **166,** 218 (117). — 23) Nach ständiger Rechtsprechung des Reichsgerichts gehören zu den bürgerlichen Rechtsstreitigkeiten im förmlichen Sinne diejenigen Streitsachen, die — ohne Rücksicht auf die nach heutiger Rechtsanschauung öffentlich-rechtliche Natur des anspruchbegründenden Rechtsverhältnisses — nach dem bei Verkündung des Gerichtsverfassungsgesetzes geltenden Rechtszustande von den ordentlichen Gerichten entschieden werden sollten. Hiervon ist es nur abgegangen, wenn einem im Einzelfall eingreifenden jüngern Reichs- oder Landesgesetz der Ausschluß des Rechtswegs zu entnehmen war. Geschichtlich zu verstehen ist nur der Begriff der bürgerlichen Rechtsstreitigkeit im förmlichen Sinne; dieser umfaßt außer den nach der gegenwärtigen Rechtsanschauung zu bestimmenden bürgerlichen Rechtsstreitigkeiten im sachlichen Sinne auch solche Streitsachen, die unabhängig von der rechtlichen Natur des anspruchbegründenden Rechtsverhältnisses nach der gegenwärtigen Rechtslage vor die ordentlichen Gerichte gehören, und diese Rechtslage ist, wenn sie sich seitdem nicht geändert hat, noch diejenige des Jahres 1877. **166**, 218 (229 flg.). — 24) Erwägungen wie die: daß vermögensrechtliche Ansprüche auf dem Gebiete des Privatrechts lägen, daß auch bei Verletzung öffentlich-rechtlicher Pflichten grundsätzlich die ordentlichen Gerichte zur Entscheidung berufen seien oder daß gegen eine Verwaltungsmaßnahme stets ein geordnetes Rechtsschutzverfahren gegeben sein müsse, können nicht zur Begründung des Rechtswegs dienen. Nur darauf kann es ankommen, daß ein bislang des Rechtsschutzes durch die ordentlichen Gerichte teilhaftiger Anspruch nicht ohne Änderung der Gesetzgebung dem Rechtsschutz entzogen sein kann. **166**, 218 (231). — 25) Die Nachprüfung der Rechtmäßigkeit einer nur aus wichtigem Grunde statthaften Kündigung, d. h. eines rechtsgestaltenden Verwaltungsaktes, durch den mit einem vermögensrechtlichen Anspruch des betroffenen Beamten befaßten ordentlichen Richter kann landes- oder ortsgesetzlich ausgeschlossen werden. **166**, 218 (232). — 26) Die stillschweigende Zuweisung von Rechtsstreitigkeiten (als bürgerlicher) an die ordentlichen Gerichte ist möglich. Es kann sich hierbei um Gewohnheitsrecht handeln. **166**, 218 (233 flg.). — 27) Daß dem Kläger nur eine Dienstaufsichtsbeschwerde und kein verwaltungsgerichtliches oder gleichartiges Verfahren bliebe, kann für sich allein nicht dazu führen, die Zulässigkeit des Rechtswegs zu bejahen. **166**, 218 (223). — 28) Ein Rechtsuchender pflegt auf eine Dienstaufsichtsbeschwerde nur da beschränkt zu sein, wo es sich um reine Billigkeits- oder Ermessensentscheidungen handelt. **166**, 218 (234). — 29) Für die Frage der Zulässigkeit des Rechtswegs kommt es darauf an, daß die Streitigkeit der Parteien einen dem bürgerlichen Recht angehörenden vermögensrechtlichen Anspruch betrifft, der nicht nur seiner förmlichen Begründung nach, sondern gemäß seiner tatsächlichen Rechtsgrundlage dem bürgerlichen Rechte angehört. **167**, 129 (131). — 30) Es besteht kein Hindernis, daß sich Körperschaften des öffentlichen Rechts, und zwar auch zum Zwecke der Erreichung öffentlich-rechtlicher Ziele, mit einem bestimmten Geschäft oder mit einem umschriebenen Geschäftskreis auf den Boden des bürgerlichen Rechtsverkehrs begeben. Ob das in einem bestimmten Falle geschehen ist und ob demnach der Verfolgung des Anspruchs aus der Betätigung der öffentlichen Körperschaft der Rechtsweg eröffnet ist, kann allein aus der Natur des einzelnen Rechtsverhältnisses entnommen werden, aus dem der Anspruch hergeleitet wird. Stellt sich dieser nach seiner tatsächlichen Begründung als Folge eines Sachverhalts dar, der nach Grundsätzen des bürgerlichen Rechts für die Entstehung eines solchen Anspruchs Raum läßt, so kann ihm der Rechtsschutz durch die ordentlichen Gerichte nach § 13 GVG. nicht versagt werden. Dagegen ist ihm der Rechtsweg in der Regel verschlossen, wenn er nach dem vom Kläger vorgetragenen Tatbestande nur als öffentlich-rechtlicher Anspruch bestehen und auch nur insofern Gegenstand des Streits sein kann. **167**, 225 (231). — 31) Es ist im allgemeinen nicht Aufgabe der Gerichte, Entscheidungen von Verwaltungsbehörden nachzuprüfen. Nur in Fällen, in denen Verwaltungsentscheidungen in bürgerlich-rechtliche Verhältnisse eingreifen, die als solche zur Entscheidung der ordentlichen Gerichte stehen, können diese dahin kommen, die Rechtswirksamkeit von Verwaltungsentscheidungen nachzuprüfen und solche, die sie für gesetzwidrig erachten, für unbeachtlich zu erklären. **167**, 237 (241). — 32) Für die Beurteilung der Zulässigkeit des Rechtswegs ist grundsätzlich das tatsächliche Vorbringen des Klägers maßgebend. Dabei kommt es nicht darauf an, ob der Rechtsweg nach der vom Kläger aufgestellten Rechtsansicht und nach den von ihm herangezogenen Gesetzesvorschriften zulässig ist, sondern darauf, wie er aus der Klagebegründung entnommen werden muß, wenn die vom Kläger vorgebrachten tatsächlichen Behauptungen als richtig unterstellt werden. Ob die aufgestellten tatsächlichen Behauptungen den erhobenen Anspruch zu rechtfertigen vermögen oder doch wenigstens eine Möglichkeit hierfür ersehen lassen, ist im allgemeinen unwesentlich. Vielmehr kommt es darauf grundsätzlich erst bei der später einsetzenden sachlichen Prüfung des Klageanspruchs an. Nur für das Gebiet der Staatshaftung hat die Rechtsprechung das Erfordernis aufgestellt, daß die tatsächlichen Behauptungen wenigstens die Möglichkeit einer Verantwortlichkeit des Staates erkennen lassen müßten, so daß da schon für die Entscheidung über die Zulässigkeit des Rechtswegs eine gewisse Nachprüfung des tatsächlichen Vorbringens des Klägers auf seine rechtliche Schlüssigkeit geboten ist. Diese Abweichung von dem Grundsatz, daß es für die Zulässigkeit des Rechtswegs nicht darauf ankommt, ob die tatsächlichen Behauptungen — ihre Wahrheit unterstellt — den aufgestellten Anspruch rechtfertigen k ö n n e n, sondern nur darauf, ob ein so aufgebauter Anspruch eine bürgerliche Rechtsstreitigkeit im Sinne des § 13 GVG. ergibt, war geboten, nun Versuchen entgegenzutreten, die Frage der Rechtmäßigkeit von Verwaltungshandlungen unter dem Deckmantel schuldhafter Amtspflichtverletzung zur Entscheidung der ordentlichen Gerichte zu bringen. Abgesehen von diesen Ausnahmen ist aber daran festzuhalten, daß sich die Zulässigkeit des Rechtswegs danach richtet, ob der Streit über den erhobenen Anspruch nach der vom Kläger gegebenen tatsächlichen Begründung gemäß § 13 GVG. vor die ordentlichen Gerichte gehört oder nicht. **167**, 312 (314flg.). — 33) Es ist nicht Aufgabe der ordentlichen Gerichte, über die Rechtsbeständigkeit von Verwaltungsmaßnahmen zu entscheiden, die von obrigkeitlichen Stellen im Rahmen ihrer öffentlich-rechtlichen Betätigung getroffen worden sind. Das gilt auch in dem Falle, daß der Betroffene das Verlangen solcher Nachprüfung in das Gewand der Geltendmachung eines Schadensersatzanspruchs aus Amtspflichtverletzung kleidet. Die Abgrenzung derartiger Fälle von der Verfolgung eines wirklichen Schadensersatzanspruchs aus Amtspflichtverletzung, welchem der Rechtsweg nach dem Gesetz offensteht, ist darauf abzustellen, ob das Klagevorbringen die schlüssige Behauptung eines Sachverhalts enthält, der die sämtlichen Tatbestandsmerkmale eines solchen Anspruchs ergibt. **168**, 129 (134). — 34) Nur wo es sich um Entscheidungen handelt, welche die Verwaltungsbehörden innerhalb ihrer gesetzlichen Befugnisse erlassen und in den dadurch bestimmten Schranken nach pflichtmäßigem Ermessen getroffen haben, trifft die Erwägung zu: nur dann seien die Gerichte in der Lage, einer Hoheitsmaßnahme Verbindlichkeit und Wirksamkeit abzusprechen, wenn sie sich so weit von den an eine ordnungsmäßige Verwaltung zu stellenden Anforderungen entfernen, daß sie als Akt der Verwaltung überhaupt nicht mehr angesehen werden könne, vielmehr außerhalb aller verwaltungsmäßigen Erwägungen liege, wenn es sich also um einen dem Bereich hoheitsrechtlicher Betätigung unzweifelhaft fremden, gesetzlich überhaupt nicht zu rechtfertigenden Akt reiner Willkür handele. **164**, 162 (176); **168**, 129 (137). — 35) Ermessensentscheidungen (Entlassungsdekrete), grundsätzlich richterlicher Nachprüfung entzogen, diese jedoch dann geboten, wenn es sich darum handelt, daß der Beamte nicht nach pflichtmäßigem Ermessen, sondern willkürlich, etwa offensichtlich schikanös, feindselig oder unwahrhaftig, verfahren oder in so hohem Maße fehlerhaft vorgegangen ist, daß die Entscheidung sich schlechterdings nicht erklären oder rechtfertigen läßt. **168**, 143 (164, 168). — 36) Eine in Ausübung öffentlicher Gewalt und Fürsorge vorgenommene Handlung bleibt auch dann Amtshandlung, wenn sie im Einzelfall ohne Recht in fremdes Eigentum eingreift. Es ist nicht Aufgabe der Gerichte, sondern der Verwaltungsstellen, in solchen Fällen dem rechtswidrigen Eingriff entgegenzutreten, falls nicht etwa höhere Rücksichten ihn gebieten sollten. Dabei ist der Umstand unwesentlich, ob die Maßnahme, der entgegengetreten werden soll, polizeilich genehmigt worden ist oder nicht. Entscheidend ist vielmehr, ob es sich um ein Werk handelt, das ein öffentlich-rechtlicher Hoheitsträger in Erfüllung seiner dem Allgemeinwohl dienenden Fürsorgepflicht so angelegt hat, wie es jetzt dasteht. Wenn in ältern Entscheidungen Gewicht auf die Frage polizeilicher Genehmigung gelegt wurde, so kann die dem zugrunde liegende Auffassung nach der jetzt durchgedrungenen Anschauung über die Bedeutung öffentlich-rechtlicher Hoheitsträger im Verhältnis zu den Belangen des einzelnen Volksgenossen nicht gebilligt werden. **170**, 28 (43).

II. Rechtsweg in bezug auf polizeiliche Verfügungen.

— — — — — — — — — —

III. Rechtsweg für Ansprüche gegen den Staat und gegen Beamte.

1) Der auf das öffentlich-rechtliche Verwahrungsverhältnis gestützte Ersatzanspruch kann im ordentlichen Rechtsweg verfolgt werden. **166**, 218. — 2) Unzulässigkeit des Rechtswegs für Ansprüche eines Arztes gegen die Reichsärztekammer aus Maßnahmen und Eingriffen in die bürgerlich-rechtlichen Belange. **168**, 129. — 3) Schadensersatzklage eines zu Unrecht entlassenen katholischen Geistlichen gegen das Bistum (den „Bischöflichen Stuhl") nach § 839 BGB., Art. 131 WeimVerf. **168**, 143. — 4) Für die erforderliche Abgrenzung zwischen (für den Rechtsweg) zuzulassenden und unzulässigen Klagen aus Amtspflichtverletzung ist entscheidend, ob der Klagevortrag, seine Richtigkeit unterstellt, die schlüssige Darstellung eines Sachverhalts enthält, der die sämtlichen Merkmale des in § 839 BGB. erforderten Tatbestands in sich schließt. **168**, 143 (163).

IV. Rechtsweg gegenüber Gemeinden.

1) Im bürgerlichen Rechtsstreit kann nicht darüber gestritten werden, ob das Beamtenverhältnis des Klägers zufolge der Anfechtung der Zurruhe-

setzung wieder aufgelebt ist oder ob der Kläger noch jetzt Ruhestandsbeamter ist. Wenngleich die Gerichte in den Rechtsstreitigkeiten über vermögensrechtliche Ansprüche der Beamten auch über die Vorfrage entscheiden können, ob ein Beamtenverhältnis noch besteht oder ob es erloschen ist, kann doch das Bestehen selbst nicht zum Gegenstand eines bürgerlichen Rechtsstreits gemacht werden. Wenn der Klageanspruch die Rechtsnatur der Zahlungen betrifft, die der Kläger erhält, und die Parteien darüber streiten, auf welchen Rechtsgrund die Zahlungen zurückzuführen sind, so handelt es sich um einen vermögensrechtlichen Anspruch, für den der Rechtsweg eröffnet ist. **166,** 353 (357). — 2) Der Rechtsweg ist unzulässig für eine Klage, die einen Eingriff in Privateigentum untersagen will, der von einer Gemeinde in Erfüllung öffentlich-rechtlicher Aufgaben vorgenommen wird. Daher ist die Klage auf Untersagung der Einleitung ungereinigter Abwässer aus einer städtischen Sielanlage in einem Bach (Wasserlauf dritter Ordnung) abzuweisen. **170,** 40. — 3) Im Falle zu 2) dürfen die Gerichte nicht in das insoweit waltende Ermessen der öffentlich-rechtlichen Stelle bestimmend eingreifen. **170,** 40 (42). — 4) Eine in Ausübung öffentlicher Gewalt und Fürsorge vorgenommene Handlung bleibt auch dann Amtshandlung, wenn sie im Einzelfall ohne Recht in fremdes Eigentum eingreift. **170,** 40 (42flg.).

V. Rechtsweg in bezug auf Kirche und Schule.

1) Kein Rechtsweg für eine Feststellungsklage bei Trennung dauernd vereinigter Schul- und Kirchenämter hinsichtlich desjenigen Vermögens, das Schul- und kirchlichen Zwecken zugleich gewidmet war. **161,** 238 (238 flg.). — 2) Für Ansprüche auf vermögensrechtliche Leistungen zu kirchlichen Zwecken ist, sofern nicht besondre Bestimmungen entgegenstehen, der Rechtsweg selbst dann zugelassen, wenn diese Ansprüche — nach heutiger Auffassung — im öffentlichen Recht ihren Ursprung haben. **165,** 242 (245). — 3) Den vermögensrechtlichen Ansprüchen (auf Gehalt) der Geistlichen derjenigen Religionsgesellschaften, die Körperschaften des öffentlichen Rechts sind, steht der Rechtsweg gemäß §§ 174, 142, 182 des Deutschen Beamtengesetzes jedenfalls seit der Bestimmung der Art. 129 Abs. 1 Satz 4 WeimVerf. offen. **168,** 143 (151).

VI. Rechtsweg in agrarrechtlichen Auseinandersetzungen.

— — — — — — — — — —

VII. Rechtsweg in reichsrechtlichen Verhältnissen.

1) Für die Entscheidung eines Streits zwischen zwei Mitgliedern eines Milchwirtschaftsverbandes über die Ordnungsmäßigkeit und Verbindlichkeit einer von dem Verband vorgenommenen Festsetzung des Milchpreises sind die Marktschiedsgerichte unter Ausschluß des ordentlichen Rechtswegs zuständig. **162,** 37. — 2) Der Aufgabenbereich eines Reichsinnungsverbandes ist öffentlich-rechtlicher Art. Der Anspruch, daß ein Reichsinnungsverband eine in sein Aufgabengebiet fallende Maßnahme widerrufe, kann im ordentlichen Rechtswege nicht geltend gemacht werden. **162,** 181. — 3) Zulässigkeit

der Rechtsverfolgung im Ruhestand befindlicher Geschäftsführer von Ortskrankenkassen für Ansprüche aus ihrem Dienstverhältnis als Regulativbeamte. **164**, 72 (74flg.). — 4) Der mit der Vertragshilfe befaßte Richter hat einen Streit über Grund oder Betrag einer gegen den Handwerker geltend gemachten Forderung nicht zu entscheiden. Hierfür ist vielmehr der ordentliche Rechtsweg zulässig. **164**, 254. — 5) Auch Veröffentlichungen in einer Fachzeitschrift, in denen zu einer zwei Gewerbezweige berührenden Streitfrage, hier dem Streite zwischen der Fahrradindustrie und dem Fahrradgroßhandel, über den Begriff „Markenrad" Stellung genommen wird, können einem Wettbewerbszweck unterliegen, wenn sie von einer dem einen Gewerbszweck nahestehenden Person ausgehen und erkennbar für diesen Partei ergreifen. Daraus hergeleiteten Unterlassungsansprüchen ist der ordentliche Rechtsweg nicht schon deshalb verschlossen, weil die Zeitschrift Fachorgan eines Reichsinnungsverbandes ist und dieser die Erörterung der Streitfrage angeregt hat. **166**, 14. — 6) Die Frage, ob eine Rechtsstreitigkeit der Parteien vor die ordentlichen Gerichte oder vor die als öffentliche Sondergerichte anzusehenden Marktschiedsgerichte gehört, liegt auf dem Gebiete der Zulässigkeit des Rechtswegs (§ 274 Abs. 2 Nr. 2 ZPO.) und nicht auf dem der sachlichen Zuständigkeit. **167**, 129 (130flg.); **167**, 138 (142).— 7) Der Rechtsweg ist zulässig, wenn eine mit Wirtschaftslenkung befaßte Körperschaft (die Geschäftsabteilung der Reichsstelle für Getreide, Futtermittel und sonstige landwirtschaftliche Erzeugnisse) in „Richtlinien" den Verarbeitern bestimmter inländischer, zu Verlustpreisen einzukaufender Rohstoffe (Ölsaaten) die Zahlung von „Auslandsvergütungen" in Aussicht gestellt hat. **167**, 225. — 8) Für die Geltendmachung von Ansprüchen aus einem Mietvertrag, den der Leistungspflichtige auf Verlangen der Bedarfsstelle mit einem Dritten über eine bewegliche Sache gemäß § 3b Nr. 1 des Reichsleistungsgesetzes abgeschlossen hat, ist der ordentliche Rechtsweg zulässig. Ist aber der Mietvertrag nicht rechtswirksam zustande gekommen, so steht dem Leistungspflichtigen gegen den Dritten wegen des Gebrauchs der Sache kein im ordentlichen Rechtsweg verfolgbarer Bereicherungsanspruch zu. Vielmehr ist dann der Leistungspflichtige auf die Ansprüche aus § 26 des Reichsleistungsgesetzes angewiesen, für die nach § 27 der Rechtsweg ausgeschlossen ist. **167**, 281. — 9) Unter Umständen kann die Reichsärztekammer mit ihren Maßnahmen in die bürgerlich-rechtlichen Belange der Ärzte eingreifen. Zur Frage der Zulässigkeit des Rechtswegs. **168**, 129. — 10) Angleichungsmaßnahmen auf Grund des Gesetzes zur Änderung von Vorschriften auf dem Gebiete des allgemeinen Beamten-, des Besoldungs- und des Versorgungsrechts vom 30. Juni 1933 unterliegen nicht der Nachprüfung im ordentlichen Rechtswege. **168**, 129 (135).

VIII. Rechtsweg in sonstigen Fällen.

1) Im ordentlichen Rechtsweg kann nicht nachgeprüft werden, ob eine im Zwangsvollstreckungs- (Verwaltungszwangs-)Verfahren getroffene Maßnahme der Vollstreckungsbehörde gegen die guten Sitten verstößt. **164**, 162. — 2) Für den Anspruch auf Freigabe einer Sicherheit (Löschung einer

Sicherungshypothek), die für den Anspruch auf Ersatz von Kosten der öffentlichen Fürsorge bestellt war, steht in Preußen der ordentliche Rechtsweg offen. **164,** 226. — 3) Der Rechtsweg ist ausgeschlossen für einen Anspruch, den ein Wasserverbandsmitglied gegen den Wasserverband wegen Eingriffs in eine dem Verbande angehöriges Grundstück aus dem Verbandsunternehmen erhebt. **167,** 312. — 4) Hat in einem Einbürgerungsverfahren ein Dritter zur Erfüllung der Voraussetzungen des § 8 des Reichs- und StaatsangehG. der Einbürgerungsbehörde die schriftliche Erklärung abgegeben, daß er für die Antragstellerin stets sorgen werde, und findet darauf die beantragte Einbürgerung statt, so kann hierin der Abschluß eines Vertrags zwischen dem Dritten und dem Staate gefunden werden, durch den der Dritte denjenigen öffentlichen Körperschaften, die in der Folge auf Grund ihrer öffentlich-rechtlichen Fürsorgeaufgaben für die Eingebürgerte aufzukommen haben, zum Ersatz ihrer Aufwendungen verpflichtet ist. — Dieser Vertrag ist bürgerlich-rechtlicher Art. **169,** 122.

§ 271. Auslegung der Prozeßgesetze.

I. Allgemeines. Entsprechende Anwendung. Auslegung einzelner Gesetze. Verhältnis reichsrechtlicher Prozeßgesetze zu österreichischen (sudetendeutschen, tschechoslowakischen) Verfahrensvorschriften.

a) Allgemeines.

1) Festsetzung der Vergütung des Konkursverwalters durch das Konkursgericht nach Aufhebung des Eröffnungsbeschlusses. **161,** 196. — 2) Grundsatz der amtlichen Untersuchung in Ehestreitigkeiten im Altreich und in der Ostmark. **161,** 261. — 3) Grundsatz der freien Beweiswürdigung. **161,** 261. — 4) Parteivernehmung im reichsdeutschen und im österreichischen Scheidungsverfahren. **161,** 261 flg. — 5) Keine Verweisung einer Scheidungsklage von einem Gericht des Altreichs an ein solches der Ostmark wegen Verlegung des Wohnsitzes des Ehemannes; keine Bindung des Gerichts der Ostmark an einen derartigen Verweisungsbeschluß. **161,** 266. — 6) Inland im Sinne des § 606 ZPO. und des § 100 JN. **162,** 128. — 7) Im Verfahren über die Feststellung der blutmäßigen Abstammung sind die §§ 640 flg. und auch § 618 ZPO. entsprechend anzuwenden. **163,** 100 flg. — 8) Abs. 4 des § 606 ZPO. findet auch dann weder unmittelbare noch entsprechende Anwendung, wenn ein tschechischer, aus dem Protektoratsgebiet stammender Volkszugehöriger, der im Altreich wohnt und dort von seiner Ehefrau auf Scheidung verklagt wird, Protektoratsangehöriger sein sollte. **163,** 127. — 9) Rechtsähnliche Anwendung des § 295 ZPO. im Falle von Zustellungsmängeln im Beamtenrecht? **163,** 181 (188). — 10) Zu § 36 Nr. 3 ZPO. (in Verbindung mit § 486 Abs. 2 ZPO.). **164,** 307. — 11) Desgleichen für den Fall der Zwangsvollstreckung in eine Forderung, die mehreren Vollstreckungsschuldnern gemeinschaftlich zusteht. **164,** 307 (308 flg.). — 12) Grundsätzliches über ungerechtfertigte Überspannung von Formvorschriften (bloßen starren Formzwang, Formalismus) im Verfahrensrecht. **164,** 390 (396 flg.). — 13) Ohne sachlichen Anlaß, etwa lediglich aus einem

von einem Streit oder einer Meinungsverschiedenheit losgelösten („theoretischen") Grunde, ist die Stellung eines Antrags (nach § 1045 ZPO.) beim ordentlichen Richter unstatthaft. **164,** 400 (404). — 14) Zu § 304 ZPO. und § 393 tschlow. ZPO. **161,** 276. — 15) Ordnungsstrafe wegen Ungebühr. **161,** 286. — 16) Prozeßkostenentscheidung in Ehesachen nach dem Tode eines Ehegatten. **161,** 396. — 17) Überleitung der Rechtspflege in Österreich und den sudetendeutschen Gebieten; Vaterschaftsprozesse. **164,** 45. — 18) Zu § 614 ZPO. und § 483 ÖstZPO. **164,** 59 (61). — 19) Berechnung der Revisionssumme bei der echten Streitgenossenschaft. **164,** 90. — 20) Verbindung vermögensrechtlicher Ansprüche mit der Scheidungs- (Aufhebungs)-klage. **164,** 287 (289). — 21) Keine Rechtskraftwirkung eines über den Anspruch auf Scheidung von Tisch und Bett entscheidenden Urteils in einem spätern Verfahren auf Scheidung dem Bande nach nach österreichischem und nach reichsdeutschem Verfahrensrecht. **164,** 304 (306). — 22) Über das Neuerungsverbot des § 482 Abs. 2 sudetend. ZPO. und §§ 280, 614 ZPO. **165,** 24 (26). — 23) Der Grundsatz der Einheitlichkeit der Entscheidung in Ehesachen gilt im Geltungsbereich der österreichischen und sudetendeutschen Prozeßordnungen gleichmäßig wie in dem der Reichszivilprozeßordnung. **165,** 62 (64); **166,** 87 (88). — 24) Revisionssumme bei Mehrheit der Ansprüche; zu § 502 ÖstZPO. und §§ 546, 5 RZPO. **165,** 255 flg. — 25) Zulässigkeit einer bedingten Widerklage im Eheverfahren. **165,** 317 (319 flg.). — 26) Ausschließliche Zuständigkeit der Landgerichte. **165,** 383 (396 flg.). — 27) Abstammung als ein Rechtsverhältnis; Feststellungsklage. **166,** 157 (158). — 28) Zu § 234 ÖstZPO. und §§ 265, 266 RZPO. **168,** 115 (120). — 29) Zu § 419 ÖstZPO., § 319 ZPO. **170,** 186.

b) **Besonderes.**

1. Zivilprozeßordnung.

1a. Österreichische (sudetendeutsche) Zivilprozeßordnung.

1b. Öst. EG. ZPO.

2. Gerichtsverfassungsgesetz.

2a. Öst. Jurisdiktionsnorm.

2b. EG. z. JN.

2c. Öst. Exekutionsordnung.

3. Deutsches Gerichtskostengesetz.

4a. Reichskonkursordnung.

4b. Öst. Konkursordnung.

II. Entscheidungen des Großen Senats für Zivilsachen.

A. Erfordernisse.

1) Der Große Senat für Zivilsachen braucht nach § 136 GVG. nicht angerufen zu werden, wenn der erkennende Senat im gegebenen Falle aus einem besonderen Grunde zu demselben Ergebnis gelangt, zu dem er auch bei Billigung der Rechtsansicht der frühern Entscheidung kommen würde. **164**, 341 (347). — 2) Der Anrufung des Großen Senats für Zivilsachen bedarf es nicht gegenüber Entscheidungen, die vor dem 1. September 1935 ergangen sind, oder wenn der Senat, von dessen Entscheidung abgewichen werden soll, an der von ihm vertretenen Rechtsauffassung nicht festhalten zu wollen erklärt hat. **164**, 359 (360 flg.).

B. Einzelne Entscheidungen des Großen Senats für Zivilsachen.

1) a. Bei einem nach § 138 Abs. 2 BGB. nichtigen Darlehen wird dem Darlehnsgeber durch die Vorschrift des § 817 Satz 2 BGB. die Rückforderung der Darlehnssumme nicht schlechthin verwehrt; er kann aber den darlehnsweise hingegebenen Betrag trotz der Nichtigkeit des Darlehns nicht früher zurückverlangen, als es bei dessen Gültigkeit geschehen könnte. b. Gleiches gilt, wenn ein gegen übermäßiges Entgelt gewährtes Darlehen deswegen nach § 138 Abs. 1 BGB. nichtig ist, weil sich der Darlehnsgeber böswillig der Erkenntnis der mißlichen Lage des Darlehnsnehmers verschlossen hat. **161**, 52. — 2) Ein Grundstückskäufer, dem der Verkäufer das Grundstück übergeben hat, hat den Besitz daran im Sinne des § 988 BGB. unentgeltlich erlangt, wenn der Kaufvertrag nichtig ist. **163**, 348. — 3) Über die Fragen: Welcher Zeitpunkt ist für die Zulässigkeit eines Rechtsmittels maßgebend?

Welchen Einfluß hat eine spätere Verminderung des Beschwerdegegenstandes auf die Zulässigkeit des Rechtsmittels? Zu § 4 Abs. 1, § 511a Abs. 2, § 546 Abs. 2. **168,** 355. — 4) a. Die Rechtskraft des Urteils, das die Unterhaltsklage des unehelichen Kindes gegen den angeblichen Erzeuger abgewiesen hat, steht der Verurteilung des gleichen Beklagten zur Unterhaltszahlung dann nicht entgegen, wenn der Unterhaltsbeklagte inzwischen im Abstammungsrechtsstreit rechtskräftig als Vater des Kindes festgestellt worden ist. b. Grundsätzlich kann das Kind in solchem Fall den Unterhalt so verlangen, als ob das klageabweisende Urteil im Unterhaltsstreit nicht ergangen wäre, das heißt vom Tage der Geburt an; doch unterliegt dieser Satz — abgesehen von der sich aus den Verjährungsvorschriften ergebenden Begrenzung — der Einschränkung, daß seine Durchführung nicht zu Ergebnissen führen darf, die Treu und Glauben und dem Gebot der Billigkeit widersprechen würden. **169,** 129; **170,** 252 (254); 255 (256). — 5) a. Das Verlangen des Verkäufers auf Herausgabe eines unter Eigentumsvorbehalt verkauften gebrauchten Kraftwagens wegen Nichteinhaltung der nachgelassenen Teilzahlungen ist unbegründet, wenn sich bei Beachtung des gesetzlichen Preiserhöhungsverbots ergibt, daß der bereits bezahlte Betrag entweder den danach zulässigen Preis erreicht oder nur so unerheblich hinter ihm zurückbleibt, daß eine Ausübung des Rücktrittsrechts gegen Treu und Glauben verstieße. b. Im Falle des Rücktritts kann bei Sachen, die üblicherweise zu entgeltlichem Gebrauch überlassen werden, vom Verkäufer neben einer nach dem verkehrsüblichen Mietzins berechneten Vergütung für die Nutzungsüberlassung in der Regel nicht noch eine Entschädigung für Wertminderung verlangt werden. **169,** 140. — 6) Der außerordentlichen Wiederaufnahme des Verfahrens steht nicht der Umstand entgegen, daß die Unrichtigkeit der vom Oberreichsanwalt beanstandeten Entscheidung auf eignes Verschulden der benachteiligten Partei oder ihres Vertreters zurückzuführen ist. **169,** 145. — 7) Der Große Senat für Zivilsachen kann im Wiederaufnahmeverfahren nach dem Gesetze vom 15. Juli 1941 in der Sache selbst entscheiden. **169,** 341. — 8) Die sogenannte unselbständige Anschlußberufung kann rechtswirksam so lange begründet werden, als eine Anschlußberufung überhaupt noch würde eingelegt werden können, daß heißt grundsätzlich bis zur letzten mündlichen Verhandlung vor dem Berufungsgericht. **170,** 18. — 9) Über die Rechtsnatur des sogenannten Altenteils mecklenburgischer Landarbeiter und zur Frage, ob der Anspruch auf Altenteil durch den Wegzug des Berechtigten vom Gute verlorengeht. — Zur Beweislage in Streitfällen darüber, ob der sogenannte Altenteilsbrauch auf einem bestimmten Gute fortbesteht. **170,** 28. — 1) Über die Frage, unter welchen Voraussetzungen dem Mieter (Pächter) Vertragshilfe durch Beseitigung lediglich der Verzugsfolgen gewährt werden kann. **170,** 221.

§ 272. Zeitliche Wirksamkeit der Prozeßgesetze. Einführungs- und Ausführungsbestimmungen zum Gerichtsverfassungsgesetz, zur Zivilprozeßordnung und zu sonstigen Prozeßgesetzen.

1) Für das Verfahren wegen der Ungültig- oder Nichtigerklärung einer Ehe in Österreich gelten nicht mehr die früheren Bestimmungen des öster-

reichischen Rechts. **161,** 121 (123). — 2) Wenn vor dem Inkrafttreten des neuen Ehegesetzes, dem 1. August 1938, die Nichtigkeit einer Ehe, die schon durch Tod oder Scheidung aufgelöst war, geltend gemacht war, so finden auf ein hierüber anhängiges Verfahren die bisherigen Vorschriften Anwendung. **162,** 223 (224).

§ 273. Örtliche Wirksamkeit der Prozeßgesetze.

(S. § 8 VIII.)

In aller Regel sind Ausländer in der Lage, die Trennung von Tisch und Bett in ihrem Heimatstaate herbeizuführen. Ist dies ausnahmsweise nicht der Fall, weil ihr Heimatrecht den im Auslande wohnhaften Staatsangehörigen hierfür keinen inländischen Gerichtsstand zur Verfügung stellt (wie dies in den Niederlanden der Fall ist) oder weil nach der Gestaltung des heimatlichen Verfahrensrechts die Anrufung eines Heimatgerichts aus tatsächlichen Gründen unmöglich ist, so geht diese Rechtlosigkeit ausschließlich zu Lasten des Heimatrechts der Ehegatten. **167,** 193 (198 flg.).

§ 274. Zwingende und nachgiebige Prozeßvorschriften.

— — — — — — — — — —

Zweites Kapitel. Die Zivilprozeßordnung.

1. Gerichte.

§ 275. Die ordentlichen Gerichte. Sondergerichte. Gerichtsferien. Rechtshilfe. Gerichtsverfassung. Überleitung der Rechtspflege.

I. Führung des Vorsitzes.

— — — — — — — — — —

II. Besetzung der Gerichte.

— — — — — — — — — —

III. Sondergerichte.

1) Die Marktschiedsgerichte sind als öffentliche Sondergerichte anzusehen. **167,** 129 (131). — 2) Die „Schiffahrtsgerichte" sind keine besonderen Gerichte, sondern die ordentlichen Gerichte, eben die Amtsgerichte, die auch für die Verhandlung und Entscheidung sonstiger Rechtsstreitigkeiten zuständig sind. **167,** 305 (307).

IV. Gerichtsferien.

— — — — — — — — — —

V. Rechtshilfe.

1) Die Rechtshilfe zu einer Beweisaufnahme (Vernehmung einer Kindsmutter als Zeugin über Mehrverkehr in der Empfängniszeit) kann verweigert werden, wenn es sich offensichtlich um eine dem Prozeßgericht verbotene Ausforschung handelt. Dazu ist aber der Hinweis darauf geboten,

daß der Feststellung der Offensichtlichkeit bei einer auf Grund der mündlichen Verhandlung ergangenen Beweisanordnung die Schwierigkeit begegnet, daß das ersuchte Gericht den Inhalt der mündlichen Verhandlung nicht kennt. Vorbereitende Schriftsätze, wenn überhaupt vorhanden, vermitteln diesen Inhalt nicht zuverlässig und nicht erschöpfend. **162,** 316. — 2) Das nach § 36 Nr. 3 ZPO. im Beweissicherungsverfahren für zuständig erklärte Gericht kann gemäß § 362 ZPO. das Gericht des Aufenthaltsorts einzelner Zeugen um deren Vernehmung ersuchen. **164,** 307 (309). — 3) Im Verfahren nach § 31 des Personenstandsgesetzes darf das ersuchte Gericht die Vernehmung der Mutter des Kindes über die Frage eines Mehrverkehrs in der Empfängniszeit nicht ablehnen. **169,** 158.

VI. Gerichtsverfassung.

1) Ein Gerichtsassessor (Assessor) kann nicht vertretungsweise als Vorsitzender einer Zivilkammer tätig sein. **161,** 145. — 2) Keine Verweisung einer Ehescheidungsklage von einem Gericht des Altreichs an ein Gericht der Ostmark wegen Wegzugs des Ehemannes; keine Bindung des Gerichts der Ostmark an einen derartigen Verweisungsbeschluß. **161,** 266. — 3) Das Gericht ist befugt, die als Beweismittel vorgebrachten Urkunden in fremder Sprache unmittelbar, ohne Übersetzung, zu benutzen; dies folgt ohne weiteres aus § 142 Abs. 3 ZPO., der es ins Ermessen des Gerichts stellt, ob es anordnen will, daß von der fremdsprachlichen Urkunde eine durch einen vereidigten Dolmetscher angefertigte Übersetzung beigebracht werde. § 184 GVG. bezieht sich nach seinem Wortsinne und Zweck nur auf die Verhandlung und die Schriftsätze der Parteien bei Gericht sowie auf das Verhandeln des Gerichts, seine Beschlüsse, Urteile und Verfügungen; er läßt aber für den prozeßordnungsmäßigen Gebrauch von Urkunden, die in fremder Sprache abgefaßt sind, Raum und trägt damit der sachlichen Notwendigkeit Rechnung. **162,** 282 (287 flg.) — 4) **a.** Die mit der Entscheidung von Binnenschiffahrtssachen betrauten Gerichte sind keine besondern, sondern die ordentlichen Gerichte, nämlich die Amtsgerichte mit einer erweiterten sachlichen und örtlichen Zuständigkeit. b. Wird derselbe Anspruch sowohl auf die Verletzung eines Vertrags als auch auf eine unerlaubte Handlung bei der Benutzung eines Binnengewässers gestützt, so ist das Schiffahrtsgericht auch zur Entscheidung über die Vertragsverletzung zuständig. **167,** 305. — 5) Sondervorschriften über die Inanspruchnahme der Revisionsinstanz im öffentlichen Interesse (§ 547 Nr. 2 ZPO., § 71 Abs. 2 und 3 GVG.). Ausschließliche Zuständigkeit des Landgerichts. **168,** 129 (133). — 6) Zu § 547 Nr. 2 ZPO. in Verbindung mit § 71 Abs. 2 Nr. 2 und Abs. 3 GVG. **166,** 360 (362 flg.); **168,** 129 (133 flg.).

VII. Überleitung der Rechtspflege.

1) Gegen einen eine Ordnungsstrafe nach § 86 öst. ZPO. verhängenden Beschluß eines Oberlandesgerichts ist der Rechtszug an das Reichsgericht versagt. **161,** 286. — 2) Zu §§ 1, 2 der Verordnung zur weiteren Überleitung der Rechtspflege im Lande Österreich und in den sudetendeutschen Gebieten

vom 28. Februar 1939. **161,** 18 (19). — 3) Abweichung eines Oberlandesgerichts von einer vom Obersten Gerichtshof in Wien vertretenen Rechtsansicht im außerstreitigen Verfahren. **161,** 220. — 4) Keine Verweisung eines Rechtsstreits von einem Gerichte des Altreichs an ein Gericht der Ostmark. **161,** 266. — 5) Die Bestimmung des § 4 Abs. 1 der Überleitungsverordnung vom 28. Februar 1938 bezieht sich nicht auf Entscheidungen der Landgerichte als Arbeitsberufungsgerichte im Sudetenland. **161,** 373. — 6) Das Konkursverfahren gehört nicht zum Verfahren außer Streitsachen im Sinne der Überleitungsverordnung. **161,** 383. — 7) Die Revision gegen ein Urteil, daß ein Obergericht im Protektorat Böhmen und Mähren nach dem 1. April 1939 in einer Ehesache gefällt hat, ist, wenn die Rechtssache nachträglich an die deutsche Gerichtsbarkeit übergeleitet wurde, zulässig, auch wenn die Zulässigkeit der Revision im Urteil nicht ausgesprochen worden ist. **162,** 63. — 8) Zulässigkeit des Rekurses an das Reichsgericht, wenn das Berufungsgericht eine Revision als unzulässig zurückgewiesen hat. **165,** 107. — 9) Zur Zulässigkeit der Revision im Lande Österreich. **168,** 336. — 10) Zu § 9 der Verordnung zur weiteren Überleitung der Rechtspflege im Lande Österreich und in den sudetendeutschen Gebieten vom 28. Februar 1939. **170,** 385.

§ 276. Sachliche Zuständigkeit der Gerichte.

1) Wenn der Wehrleistungspflichtige in Ausführung der Inanspruchnahme nach dem Wehr- (Reichs-) Leistungsgesetz dem Reiche schuldhaft unmittelbaren oder mittelbaren Schaden verursacht hat, so ist für einen daraus hergeleiteten Anspruch des Reichs die ausschließliche Zuständigkeit der Landgerichte nicht vorgeschrieben und somit die Revision nur zulässig, wenn er die Revisionssumme übersteigt. **165,** 323. — 2) Die ausschließliche Zuständigkeit der Landgerichte auch für vermögensrechtliche Ansprüche der Geistlichen öffentlich-rechtlicher Religionsgesellschaften aus ihrem Dienstverhältnis ist geltendes Verfahrensrecht. Diese Ansprüche sind daher auch ohne Rücksicht auf den Beschwerdewert revisionsfähig. **165,** 343. — 3) § 71 Abs. 2 GVG. gilt auch für die Klage einer öffentlichen Körperschaft gegen ihren Beamten auf Ersatz des Schadens, den ihr dieser durch Verletzung seiner Dienstpflicht zugefügt hat. **165,** 323 (334). — 4) Mit Bezug auf die gerichtliche Geltendmachung der vermögensrechtlichen Ansprüche (ausschließliche Zuständigkeit der Landgerichte) sind die Gemeindebeamten und die Staatsbeamten gleich zu behandeln. Dieser Grundsatz ist auf alle öffentlichen Beamten zu erstrecken. **165,** 343 (345, 347). — 5) Gehört eine Rechtsstreitigkeit zwar ohne Rücksicht auf den Wert des Streitgegenstandes zur ausschließlichen Zuständigkeit des Landgerichts, ist aber diese Zuständigkeit im Gesetz nicht ausdrücklich als ausschließliche bezeichnet — wie dies bei Klagen auf Ersatzleistung nach dem österreichischen Eisenbahnhaftpflichtgesetz zutrifft —, so ist die Zulässigkeit der Revision von der Erreichung der Revisionssumme abhängig. **165,** 393. — 6) Die Frage, ob eine Rechtsstreitigkeit der Parteien vor die ordentlichen Gerichte oder vor die als öffentliche Sondergerichte anzusehenden Marktschiedsgerichte gehört, liegt auf dem Gebiete der Zulässigkeit des Rechtswegs (§ 274 Abs. 2 Nr. 2 ZPO.) und nicht auf

dem der sachlichen Zuständigkeit. **167,** 129 (130 flg.). — 7) a. Die mit der Entscheidung von Binnenschiffahrtssachen betrauten Gerichte sind keine besondern, sondern die ordentlichen Gerichte, nämlich die Amtsgerichte mit einer erweiterten sachlichen und örtlichen Zuständigkeit. b. Wird derselbe Anspruch sowohl auf die Verletzung eines Vertrags als auch auf eine unerlaubte Handlung bei der Benutzung eines Binnengewässers gestützt, so ist das Schiffahrtsgericht auch zur Entscheidung über die Vertragsverletzung zuständig. **167,** 305. — 8) Für Klagen auf Feststellung des Bestehens oder Nichtbestehens der blutmäßigen Abstammung eines (ehelichen oder unehelichen) Kindes ist örtlich das Landgericht des allgemeinen Gerichtsstandes des Klägers im Inlande, notfalls das Landgericht des allgemeinen Gerichtsstandes seiner Mutter zuständig. **167,** 319.

§ 277. Wert des Streitgegenstandes.

(Zuständigkeit ohne Rücksicht auf den Wert des Streitgegenstandes: § 276.)

1) § 5 ZPO. ordnet klar an, daß mehrere in einer Klage geltend gemachte Ansprüche zusammengerechnet werden. Dasselbe gilt hinsichtlich des Wertes des Beschwerdegegenstandes nach § 546 Abs. 2. **164,** 90 (91). — 2) Über die Art der Berechnung des Wertes des Streitgegenstandes in Mietaufhebungsklagen zur Bestimmung der Beschwer der unterlegenen Partei. **164,** 325. — 3) Wertberechnung bei Verbindung mehrerer Ansprüche (echter Klagenhäufung). **164,** 325 (326 flg.). — 4) Den Streitgegenstand bildet das Begehren, der Anspruch des Klägers, und es kommt sonach auf die Ermittelung des Wertes des Klageanspruchs an. Der Wert kann sich vom Standpunkte des Beklagten aus höher stellen, als wenn er vom Standpunkte des Klägers aus betrachtet wird. Der Natur der Sache entspricht nur die letztere Betrachtungsweise. Entscheidend ist nur, was vom Kläger begehrt wird, nicht, was vom Beklagten eingebüßt wird. Auch bei der Bemessung der Beschwer des Beklagten, da ein etwa bei diesem vorhandenes stärkeres Interesse nicht über das den Streitwert bildende Interesse des Klägers hinaus berücksichtigt werden kann. **164,** 325 (328). — 5) Ist das behauptete Untermietverhältnis von unbestimmter Dauer, so wird die streitige Zeit durch die Frist bis zu dem Tage gebildet, zu dem unstreitig frühestens gekündigt werden kann. Wird durch die bestehende Mieterschutzgesetzgebung der Untermieter in der Ausübung des Kündigungsrechts beschränkt und wählt er infolgedessen an der Stelle der Kündigung die Aufhebungsklage, so bleibt nichts übrig, als den Streitwert nach § 3 in Verbindung mit § 8 ZPO. frei zu schätzen. **164,** 325 (329). — 6) Wenn es sich bei einem Anspruch auf Feststellung der Verpflichtung zum Schadensersatz im wesentlichen um die Verpflichtung zur Zahlung einer unter die §§ 843, 844 BGB. fallenden Geldrente handelt, ist es gerechtfertigt, den Wert des Feststellungsanspruchs nicht wie im Falle eines Zahlungsantrags nach § 9 ZPO. auf den 12½fachen, sondern in Ausübung freien Ermessens nach § 3 ZPO. nur auf den 10fachen Jahresbetrag der zu schätzenden Geldrente festzusetzen. Da der Streitwert für einen dauernden Zahlungsanspruch nach § 10 Abs. 3 GKG. für die Gebührenberechnung nur auf den 5fachen Betrag des einjährigen Bezugs zu berechnen wäre, würde es dem Sinne des Gesetzes widersprechen, wenn

bei dem bloßen Feststellungsanspruch der Gebührenberechnung mehr als der 5fache Jahresbetrag der zu schätzenden Geldrente zugrunde gelegt würde. **166,** 74. — 7) Gesetzliche Unterhaltspflicht. Wenn die gesetzliche Unterhaltspflicht lediglich ihrer Höhe nach durch Abfindungsvertrag festgelegt worden ist und der Vertrag auch keine Bestimmung enthält, welche die Verpflichtung des Beklagten über das Maß des von ihm nach dem Gesetze Geschuldeten hinaus erweitert hätte, so ist für die Gebührenberechnung nicht § 9 ZPO., sondern § 10 Abs. 2 GKG. maßgebend. **166,** 246 (248). — 8) Rechtsprechung über die Tragweite des § 4 Abs. 1 Halbsatz 1 ZPO. **168,** 355 (356ff.).

§ 278. Gesetzlicher Gerichtsstand.

I. Allgemeines.

1) Über die Frage, unter welchen Voraussetzungen im Revisionsverfahren der Rechtsstreit an das zuständige Landgericht (Patentstreitsachen) verwiesen werden kann. **170,** 226. — 2) Klage auf Feststellung der blutmäßigen Abstammung eines unehelichen Kindes. Dem Falle, daß der Beklagte im Inlande keinen allgemeinen Gerichtsstand hat, ist der Fall gleichzustellen, daß am Orte seines allgemeinen Gerichtsstands die Klage gegen ihn wegen des geltenden Rechts nicht zulässig ist. Der Abgabebeschluß ist dann nicht bindend; das verweisende Gericht hätte seine Zuständigkeit selbständig prüfen und, wenn sie nicht gegeben war, die Klage zurückweisen müssen, damit die „Abweisung" der Klage nicht die Bedeutung der entschiedenen Rechtssache erhalte und nicht einer Klageführung im Altreich gegen den angeblichen blutmäßigen Vater entgegenstehe. **161,** 267; **169,** 367 (368).

II. Der allgemeine Gerichtsstand.

Für Klagen auf Feststellung des Bestehens oder Nichtbestehens der blutmäßigen Abstammung eines (ehelichen oder unehelichen) Kindes ist örtlich das Landgericht des allgemeinen Gerichtsstandes des Klägers im Inlande, notfalls das Landgericht des allgemeinen Gerichtsstandes seiner Mutter zuständig. **167,** 319.

III. Die besondern Gerichtsstände.

---

§ 279. Vereinbarter Gerichtsstand.

Zu §§ 38, 39, 40 Abs. 2 ZPO. bei Anrufung des Amtsgerichts als Schiffahrtsgericht. **167,** 305 (308).

§ 280. Oberrichterlich bestimmter Gerichtsstand.

1) Die Vorschrift des § 36 Nr. 3 ZPO. ist auf das Beweissicherungsverfahren gemäß § 486 Abs. 2 ZPO. entsprechend anwendbar, wenn mehrere in verschiedenen Gerichtsbezirken sich aufhaltende Zeugen in einem einheitlichen Beweissicherungsverfahren vernommen werden sollen. **164,** 307. — 2) Desgleichen für den Fall der Zwangsvollstreckung in eine Forderung,

die mehreren Vollstreckungsschuldnern gemeinschaftlich, sei es nach Bruchteilen oder in einem Gesamthandverhältnis, zusteht. **164,** 307 (308flg.). — 3) Bestimmung des zuständigen Gerichts durch das Reichsgericht bei Streit zwischen Gerichten des Altreichs und der Ostmark in einer Angelegenheit der freiwilligen Gerichtsbarkeit. **161,** 18; **166,** 377; **169,** 57. — 4) In einem Falle, in dem die beiden Gerichte, die sich für unzuständig erklärt haben, je nach dem für sie gültigen — altreichsdeutschen und tschechoslowakischen — Zivilprozeßrecht unzuständig sind, ist der § 36 Nr. 6 ZPO. sinngemäß anzuwenden. **167,** 222.

§ 281. Ausschließung und Ablehnung von Richtern.

— — — — — — — — — —

§ 282. Urkundsbeamte der Geschäftsstelle.

— — — — — — — — — —

§ 282a. Mitwirkung des Staatsanwalts in bürgerlichen Rechtssachen.

1) Gemäß §§ 2flg. des Gesetzes vom 15. Juli 1941 (RGBl. I S. 383). **169,** 129, 140flg., 145, 341. — 2) Rechtsmitteleinlegung in Abstammungsfeststellungssachen. **169,** 401.

§ 283. Gerichtsvollzieher. Verteilungsstellen.

1) Über Gerichtsvollzieherhaftung bei Aberntung und Vermostung auf dem Stock gepfändeter Trauben. **161,** 109. — 2) Pfändet ein Gerichtsvollzieher einem Bauern gehöriges Vieh, das auf dem Erbhof für die Bewirtschaftung vorhanden ist, so ist er dem Vorwurf groben Verschuldens ausgesetzt. **163,** 104.

2. Die Parteien.

§ 284. Parteifähigkeit. Prozeßfähigkeit. Gesetzliche Vertreter.

I. Parteifähigkeit.

1) Im Gebiete des preußischen Rechts, und zwar auch für die erst nach dem Abschluß der Befreiungskriege von Preußen hinzuerworbenen Landesteile, war die Rechtsfähigkeit der Bistümer von jeher anerkannt. **168,** 143 (149flg.). — 2) Solange es ungewiß ist, ob eine Stiftung entstanden ist, kommt der behaupteten Stiftung bis zur Klarstellung, daß sie nicht besteht, die bedingte Parteifähigkeit zu. Über die Frage, ob sie besteht, ist durch Urteil zu entscheiden (öst. Recht). **170,** 22.

II. Prozeßfähigkeit.

— — — — — — — — — —

III. Gesetzliche Vertreter.

Die allgemeine Vertretungsmacht eines Generalvikars beruht, sofern der Bischof einen solchen eingesetzt hat, unmittelbar auf dem Gesetze und macht daher den Eingesetzten zum gesetzlichen Vertreter im Sinne der Vorschriften des bürgerlichen und des Verfahrensrechts. **168,** 143 (150).

§ 285. Streitgenossenschaft.

1) Die durch Klagenverbindung begründete (nicht notwendige) Streitgenossenschaft beläßt jedem Streitgenossen die Befugnis, über den Streitgegenstand, soweit er ihn allein betrifft, selbständig zu verfügen. Die Handlungen des einen Streitgenossen gereichen dem andern weder zum Vorteil noch zum Nachteil. **161,** 350 (352). — 2) Mit der Restitutionsklage des mit der Anfechtungsklage rechtskräftig abgewiesenen Mannes kann die Anfechtungsklage des Staatsanwalts verbunden werden. **163,** 256 flg. — 3) Die Zulässigkeit der Revision (Höhe des Beschwerdegegenstandes) ist bei echten Streitgenossen nach der Summe der von diesen Streitgenossen oder gegen sie geltend gemachten, im Revisionsverfahren noch strittigen Ansprüche zu beurteilen. **164,** 90. — 4) Der Gesellschafter, welcher der auf Auflösung verklagten Gesellschaft als Streitgehilfe beitritt, ist streitgenössischer (selbständiger) Streitgehilfe. **164,** 129. — 5) Der selbständige Streitgehilfe — im Sinne einer notwendigen Streitgenossenschaft (§ 62 ZPO.) — kann Prozeßhandlungen und Erklärungen auch gegen den Widerspruch der unterstützten Partei vornehmen. **164,** 129 (132).

§ 286. Beteiligung Dritter am Rechtsstreit.

I. Hauptintervention.

— — — — — — — — — —

II. Nebenintervention.

1) Die Parteien können wirksam auf die Befolgung der Vorschriften der § 66 ZPO. verzichten, und zwar nicht nur der Vorschrift, daß der als Streitgehilfe Beitretende ein rechtliches Interesse an dem Obsiegen der zu unterstützenden Partei haben muß, sondern auch der Vorschrift, daß der Rechtsstreit zwischen „andern Personen" abhängig sein muß. Ob ein Beklagter der klagenden Partei zu ihrer Unterstützung gegen einen andern Beklagten, seinen Streitgenossen, beitreten kann, ist deshalb nicht von Amts wegen zu prüfen. **163,** 361. — 2) Die Unzulässigkeit des Beitritts braucht nicht erst durch ein Zwischenurteil nach § 71 ZPO. ausgesprochen zu werden, wenn die Revision nur von dem Streitgehilfen eingelegt worden ist; in diesem Fall kann das Rechtsmittel gleich nach § 554a ZPO. als unzulässig verworfen werden. **163,** 361 (364 flg.). — 3) Nach allgemein anerkannter Auffassung ist ein Verzicht der Parteien auf die Befolgung der Vorschriften der §§ 66, 70 ZPO. zulässig. **163,** 361 (365). — 4) Sein Kostenerstattungsanspruch gibt dem Prozeßbevollmächtigten kein rechtliches Interesse, seiner bisherigen Partei in der höhern Instanz als Streitgehilfe beizutreten. **169,** 50.

§ 287. Prozeßbevollmächtigte. Beistände. Anwaltszwang. Rechtsanwalt. Rechtsanwaltsordnung.

1) Über die Erfordernisse und die Wirkung einer Unterbevollmächtigung zur Wahrnehmung eines Verhandlungstermins in Ehesachen. **161,** 92. — 2) Eine Untervollmacht braucht auch im Eheprozeß nicht schriftlich erteilt

zu werden. **161,** 92. — 3) Auch eine Terminsvollmacht berechtigt grundsätzlich zum Rechtsmittelverzicht. **161,** 92. — 4) Der Beruf des Anwalts ist kein Erwerb, sondern Dienst am Recht; der Anwalt darf seine Praxis nicht zum Gegenstand eines Handelsgeschäfts machen. **161,** 153 (155 flg.). — 5) Haftung des Rechtsanwalts gegenüber seinem Auftraggeber; Maßstab für sein Verschulden (öst. Recht). **161,** 280. — 6) Der Probeassessor ist zur Vertretung des Rechtsanwalts, dem er überwiesen ist, nur befugt, wenn ihm gemäß § 29 Abs. 1 der Reichsrechtsanwaltsordnung die Stellvertretung übertragen worden ist oder wenn ihn der Anwalt im einzelnen Falle gemäß § 6 mit seiner Vertretung beauftragt. Ein solcher Auftrag ist aber nicht zulässig für Prozeßhandlungen, die dem Anwaltszwang gemäß § 78 ZPO. unterliegen. **162,** 84. — 7) Der Nachteil, der einem Schuldner dadurch erwachsen ist, daß eine von ihm beabsichtigte, aber sachlich aussichtslose Berufung durch ein Versehen seines Anwalts nicht ordnungsmäßig eingelegt worden ist und infolgedessen das gegen den Schuldner ergangene erstgerichtliche Urteil alsbald vollstreckt werden konnte, ist kein „Schaden" im Rechtssinne. **162,** 65. — 8) a. Die Prozeßführung durch einen Rechtsanwalt ist die Besorgung der Geschäfte (Rechtshandlungen) eines andern (juristische Stellvertretung); ein Anspruch auf Gewährleistung besteht nicht. b. Verschuldete mangelhafte Besorgung dieser Geschäfte ist verschuldete Vereitelung der Erfüllung des Auftrags, die einem Belohnungsanspruch gegenüber mit Erfolg eingewendet werden kann, wenn der verschuldete Mangel die ganze Geschäftsbesorgung wertlos macht. **162,** 171. — 9) Die fünfjährige Verjährungsfrist aus § 32a (§ 37 nF.) RAO. beginnt selbständig mit der Entstehung des Rückgriffsanspruchs; der Anspruch ist entstanden, wenn infolge des schädigenden Ereignisses ein Schaden eingetreten ist, das heißt wenn die Vermögenslage des Geschädigten infolge des schädigenden Ereignisses im Vergleich mit dem frühern Vermögensstand schlechter geworden ist. Die Kenntnis des Schadens ist keine Voraussetzung für den Beginn der Verjährung. **163,** 9 (13). — 10) Der Rechtsanwalt als Erfüllungsgehilfe des Geschädigten, für dessen Verschulden dieser im Rahmen des § 839 Abs. 3 BGB. (schuldhafter Nichtgebrauch eines Rechtsmittels zur Abwendung des Schadens bei Vollstreckung eines Arrestbefehls) einzutreten hat. **163,** 121 (124). — 11) Ein Rechtsanwalt haftet seiner Partei für ein Verschulden eines ihm bei zeitweiser Verhinderung amtlich bestellten Gesamtvertreters (Generalsubstituenten) auf Grund des § 278 BGB. wie für eignes Verschulden. **163,** 377. — 12) Der zur Erhebung und Durchführung der Herstellungsklage bestellte Prozeßbevollmächtigte ist berechtigt, eine Aufforderung gemäß § 57 Abs. 1 Satz 4 EheG. (früher § 1571 Abs. 2 Satz 2 BGB.) zu erlassen. **163,** 305 (307). — 13) Der zustellende Rechtsanwalt kann einen andern Anwalt bevollmächtigen, die zuzustellende Abschrift zu beglaubigen, auch wenn dieser Anwalt nicht Prozeßbevollmächtigter ist. **164,** 52. — 14) Im Anwaltsprozeß kann auch ein anderer Anwalt als der Prozeßbevollmächtigte mit der Urteilszustellung betraut werden, und der Vertreter ist zugleich zur Beglaubigung der zuzustellenden Urteilsabschrift befugt. **164,** 52 (55). — 15) Über die Aufgabe des Anwalts im Berufungsverfahren, das nicht einen bloßen Versuchsabschnitt vor dem höhern Gericht darstellt, sondern zur sachlichen Bekämpfung des ersten Urteils zu dienen bestimmt ist. **164,** 390 (393flg.). — 16) Daß die verklagte Partei im ersten Rechtsgange durch einen Rechtsanwalt vertreten war, spricht noch nicht dafür, daß sie den Antrag auf Schuldspruch im Ehestreit absichtlich unterlassen hat. **165,** 24 (25). — 17) Bei der Frage, inwieweit der Prozeßbevollmächtigte der Partei für in seiner Kanzlei vorgekommene Versehen verantwortlich ist, ist den Kriegsverhältnissen weitgehend Rechnung zu tragen. **166,** 207. — 18) Die Partei ist durch unabwendbaren Zufall am Erscheinen im Termine verhindert, wenn im Anwaltsprozeß ihr Prozeßbevollmächtigter, ohne daß sie ihm hierzu Veranlassung gegeben hätte, wenige Tage vor dem Termin die Vertretung niedergelegt hat und es der Partei infolge ungerechtfertigt hoher Festsetzung des Streitwerts seitens des Gerichts sowie bei der Kürze der Zeit unmöglich war, den Kostenvorschuß für einen neuen Prozeßbevollmächtigten aufzubringen oder einen Anwalt zu finden, der ihre Vertretung ohne Vorschuß übernahm. Die Vorschrift des § 232 Abs. 2 ZPO. steht der Partei nicht entgegen, da ihr bisheriger Prozeßbevollmächtigter nach der Niederlegung der Vertretung nicht mehr als ihr Vertreter im Sinne dieser Vorschrift angesehen werden konnte. **166,** 246. — 19) Zur Anwendung des § 254 BGB. bei der Haftung mehrerer Rechtsanwälte gegenüber ihrem Auftraggeber und zur Frage, inwieweit der neue Anwalt dessen Erfüllungsgehilfe bei der Abwendung des Schadens ist. **167,** 76. — 20) Gesamtschuldnerische Haftung mehrerer Anwälte nebeneinander, die von der Partei nacheinander um Rechtsauskunft oder Betreuung ersucht worden sind und alle dieselben falschen, ihr schädlichen Ratschläge erteilt haben. **167,** 76 (80). — 21) Anwalt als Erfüllungsgehilfe der Partei, wenn diese kraft Vertrags oder nach § 254 Abs. 2 BGB. zur Schadensabwendung verpflichtet ist. **167,** 76 (82). — 22) Verspätete Einlegung der Berufung durch einen Rechtsanwalt vor Bescheidung eines rechtzeitig eingereichten Armenrechtsgesuchs. Welche Bedeutung hat sie für die Wiedereinsetzung in den vorigen Stand? **167,** 203. — 23) Der Wehrmachtangehörige ist auch dann nicht mehr als „durch einen Prozeßbevollmächtigten vertreten" anzusehen, wenn der Prozeßbevollmächtigte in einer Ehesache auf die Nachricht vom Soldatentode seiner Partei hin seine Tätigkeit für die Partei einstellt, insbesondere von einem Antrag auf Verlängerung der Nachweisfrist absieht. Das Verfahren wird dann unterbrochen. **168,** 396. — 24) Sein Kostenerstattungsanspruch gibt dem Prozeßbevollmächtigten kein rechtliches Interesse, seiner bisherigen Partei in der höhern Instanz als Streitgehilfe beizutreten. **169,** 50. — 25) a. Für Amtspflichtverletzungen der Mitglieder der Rechtsanwaltsehrengerichte haftet die Reichsrechtsanwaltskammer, nicht das Reich. b. Der Beschluß des Rechtsanwaltsehrengerichts über das Vertretungsverbot ist kein Urteil im Sinne des § 839 Abs. 2 BGB. Das an ein Ausschlußurteil anschließende Verfahren über das Vertretungsverbot hat nicht noch einmal den die Ausschließung begründenden Tatbestand nachzuprüfen, sondern nur zu untersuchen und zu begründen, ob die festgestellten Umstände ein Vertretungsverbot erfordern. Insofern beruht der Beschluß über das Vertretungsverbot auf dem vorausgehenden Ausschlußurteil. Dasselbe gilt für die Verhandlung über die Beschwerde gegen das Vertretungsverbot. **170,** 333.

§ 288. Prozeßkosten im allgemeinen.

1) Die Kosten des Ehebandsverteidigers in einem Verfahren wegen Ungültigkeit der Ehe haben beide Ehegatten in allen drei Rechtsgängen ungeteilt zu tragen. **161,** 121 (124). — 2) Nach dem Tode eines Ehegatten während des Scheidungsstreites hat auch in Österreich das Gericht auf Antrag die Kostenersatzpflicht nach dem Ausgang des Rechtsstreits in der Hauptsache als Vorfrage zu lösen, wenn auch in der Hauptsache nicht mehr zu erkennen ist. **161,** 396. — 3) Ist über die Hauptsache zunächst ein berufungsfähiges Teilurteil unter Vorbehalt der Kostenentscheidung ergangen und sind in dem Schlußurteil, das zugleich über einen die Berufungssumme nicht erreichenden Rest der Hauptsache entscheidet, die Kosten des Rechtsstreits nach Quoten verteilt worden, so kann das — in der Hauptsache nicht berufungsfähige — Schlußurteil zusammen mit dem Teilurteil hinsichtlich der Kosten unbeschränkt, das heißt auch insoweit mit Berufung angefochten werden, als der Berufungskläger — im Umfang des Schlußurteils — zur Hauptsache endgültig unterlegen ist. **163,** 252. — 4) Im Kostenpunkte kann das Schlußurteil, auch wenn insoweit die Entscheidung in der Hauptsache keiner Anfechtung zugänglich ist, nach ständiger Rechtsprechung mit Berufung angefochten werden, sofern die Kosten zu der im vorausgegangenen Teilurteil entschiedenen Hauptsache gehören und gegen dieses Urteil von derselben Partei ebenfalls Berufung eingelegt wird. **163,** 252 (254). — 5) Über die Frage, wie sich der Beklagte gegenüber einer Feststellungsklage zu verhalten hat, soweit er nicht den Anspruch, sondern nur das Feststellungsinteresse bestreitet (zu § 93 ZPO.). **164,** 79 (82). — 6) Ein Kläger, der in der Hauptsache dadurch obgesiegt hat, daß der Beklagte sich im Versäumniswege hat verurteilen lassen, dem aber nach § 93 ZPO. die Kosten des Rechtsstreits, mit Ausnahme der durch die Säumnis entstandenen Kosten, auferlegt wurden, kann die Entscheidung im Kostenpunkt nicht selbständig anfechten. **165,** 65. — 7) Das Gesetz ist der Anfechtbarkeit eines Urteils im Kostenpunkt abgeneigt. **165,** 65 (67). — 8) **a.** Der Aufhebungsklage nach § 1041 ZPO. steht nicht entgegen, daß der Schiedsspruch den Kläger nur im Kostenpunkte belastet. Die Vorschrift des § 99 Abs. 1 ZPO. ist nicht anwendbar. **165,** 140. — 9) Soweit es sich bei den zugesprochenen „Kosten der Vorbereitung des Prozesses" um Kosten des Rechtsstreits im Sinne des § 91 ZPO. handelt, können sie nicht als besonderer Schadensposten in Rechnung gestellt werden. **167,** 14 (18). — 10) Die Zwangsvollstreckung zur Sicherstellung einer Prozeßkostenforderung ist nach § 371 Nr. 1 ÖstEO. wegen Aufhebung des diese Kosten zusprechenden Urteils nicht aufzuheben. **168,** 115.

§ 289. Gerichtskosten. Gebühren der Gerichtsvollzieher.

1) Über die Berechnung des Wertes des Feststellungsanspruchs bei einem Anspruch auf Feststellung der Verpflichtung zum Schadensersatz, wenn es sich im wesentlichen um die Verpflichtung zur Zahlung einer unter die §§ 843, 844 BGB. fallenden Geldrente handelt. Da der Streitwert für einen dauernden Zahlungsanspruch nach § 10 Abs. 3 GKG. für die Gebührenberechnung nur auf den 5fachen Betrag des einjährigen Bezugs zu berechnen wäre, würde es dem Sinne des Gesetzes widersprechen, wenn

bei dem bloßen Feststellungsanspruch der Gebührenberechnung mehr als der 5fache Jahresbetrag der zu schätzenden Geldrente zugrunde gelegt würde. **166,** 74. — 2) Gesetzliche Unterhaltspflicht. Wenn die gesetzliche Unterhaltspflicht lediglich ihrer Höhe nach durch Abfindungsvertrag festgelegt worden ist und der Vertrag auch keine Bestimmung enthält, welche die Verpflichtung des Beklagten über das Maß des von ihm nach dem Gesetze Geschuldeten hinaus erweitert hätte, so ist die für die Gebührenberechnung nicht § 9 ZPO., sondern § 10 Abs. 2 ZPO. maßgebend. **166,** 246 (248). — 3) Soweit in Rechtssachen aus den sudetendeutschen Gebieten oder aus dem Lande Österreich in der Verhandlung vor dem Reichsgericht eine Vertetung durch beim Reichsgericht zugelassene Rechtsanwälte stattfindet, finden nicht nur die Gebührensätze der deutschen Rechtsanwaltsgebührenordnung Anwendung, sondern ist auch der Wert nach den im Altreich geltenden Bestimmungen zu berechnen. **166,** 385.

§ 290. Anwaltskosten.

Soweit in Rechtssachen aus den sudetendeutschen Gebieten oder aus dem Lande Österreich in der Verhandlung vor dem Reichsgericht eine Vertretung durch beim Reichsgericht zugelassene Rechtsanwälte stattfindet, finden nicht nur die Gebührensätze der deutschen Rechtsanwaltsgebührenordnung Anwendung, sondern ist auch der Wert nach den im Altreich geltenden Bestimmungen zu berechnen. **166,** 385.

§ 291. Zeugen- und Sachverständigengebühren.

— — — — — — — — — —

§ 292. Sicherheitsleistung im Prozeß.

— — — — — — — — — —

§ 293. Armenrecht.

(Vgl. auch § 299 — Wiedereinsetzung in den vorigen Stand —.)

1) Einfluß des Armenrechtsgesuchs auf die Nachweisfrist. **161,** 125. — 2) Über die Rechtslage, die im Falle des § 114 Abs. 1 Satz 2 ZPO. bei teilweiser Versagung des Armenrechts hinsichtlich der Hemmung des Laufs der Verjährung (§ 203 Abs. 2 BGB.) entsteht. Der Kläger ist auf die Möglichkeit der Unterbrechung der Verjährung des Rechtsanspruchs durch Zustellung eines Zahlungsbefehls oder Anbringung eines Güteantrags (§ 209 Abs. 2 Nr. 1 und Nr. 1a BGB.) bei der im Entscheidungsfall gegebenen besondern Rechtslage nicht zu verweisen. Denn damit sind die Belange des Klägers nicht gewahrt, weil die Unterbrechung der Verjährung durch diese Rechtsbehelfe nach § 212a Satz 2, § 213 BGB. in Verbindung mit § 211 Abs. 2 BGB., § 701 ZPO. nicht von Dauer ist, wenn dem Kläger im Falle des Widerspruchs des Beklagten gegen den Zahlungsbefehl oder bei Erfolglosigkeit des Güteversuchs die Mittel zur Fortsetzung des Rechtsstreits fehlen. **163,** 9 flg. — 3) Die Versagung des Armenrechts kann sich als höhere Gewalt im Sinne des § 203 Abs. 2 BGB. darstellen, vorausgesetzt, daß die arme Partei alle Mittel zur Beseitigung des Hindernisses angewendet, insbesondere grundsätzlich auch von dem zulässigen Rechtsmittel Gebrauch gemacht hat.

163, 9 (14 flg.). — 4) Eine (jüdische) Partei deutscher Staatsangehörigkeit, die im Auslande lebt, kann, auch wenn ihr eigenes Unvermögen unterstellt wird, das Armenrecht nicht beanspruchen, wenn sie die streitige Forderung an eine ausländische Handelsgesellschaft abgetreten, den Gegenwert dafür empfangen hat und kein eignes Interesse an der Forderung mehr darzutun vermag. Daß die Abtretung von der deutschen Devisenbehörde genehmigt ist, ändert daran nichts. **166,** 348. — 5) Verspätete Einlegung der Berufung durch einen von der armen Partei beauftragten Rechtsanwalt vor Bescheidung eines rechtzeitig eingereichten Armenrechtsgesuchs. Welche Bedeutung hat sie für die Wiedereinsetzung in den vorigen Stand gegen Versäumung der Berufungsfrist? **167,** 203. — 6) Hemmung der Verjährung; Einlegung der Beschwerde gegen die Versagung des Armenrechts $2^1/_2$ Monate vor Ablauf der Verjährungsfrist. **168,** 214.

3. Allgemeine Grundsätze des Verfahrens.

§ 294. Mündlichkeit. Öffentlichkeit. Vorbereitende Schriftsätze. Prozeßerklärungen. Prozeßhandlungen. Wahrheitspflicht.

1) Im Anwaltsprozeß müssen bestimmende Schriftsätze von einem bei dem Prozeßgericht zugelassenen Rechtsanwalt eigenhändig unterschrieben sein, soweit nicht ihre Einreichung durch Telegramm geschieht. **164,** 390 (395). — 2) Bei Unterlassungs- und Löschungsansprüchen (Firmenrecht) wird sich häufig ergeben, zumal wenn es sich dabei im einzelnen um das Fehlen von Tatumständen — eine Negative — handelt, daß dem Kläger, der außerhalb des Geschehensablaufs steht, eine genaue Kenntnis der Tatsachen fehlt, daß sie aber der Beklagte hat, der, wenn er will, leicht die erforderliche Aufklärung beibringen kann, wie er sie auch im registerrichterlichen Verfahren wird beibringen müssen, damit der Richter seine Firmenwahl als berechtigt anerkennt und die Firma einträgt. In diesen Fällen ist dem Beklagten auch unter dem Gesichtspunkt der jetzt durch § 138 Abs. 1 ZPO. vorgeschriebenen Mitwirkung zur richtigen Rechtsfindung durch vollständige und wahrheitsgemäße Erklärung über tatsächliche Umstände, die Beibringung der wesentlichen Unterlagen zur Rechtfertigung seiner Firmenwahl anzusinnen und hat das Gericht das Recht, nach der Lebenserfahrung ihm ungünstige Schlüsse auf das Fehlen des erforderlichen Sachverhalts zu ziehen, wenn er nicht das ihm Mögliche tut, um die Sache aufzuklären. **166,** 240 (242). — 3) In Anwaltsprozessen müssen bestimmende Schriftsätze von einem bei dem Prozeßgericht zugelassenen Rechtsanwalt eigenhändig unterschrieben sein, soweit nicht ihre Einreichung durch Telegramm geschieht. **166,** 276 (281). — 4) Zur hilfsweise erklärten Aufrechnung. **167,** 257. — 5) Die in der Rechtslehre umstrittene Frage, ob, wenn einer streitigen Klageforderung eine begründete Gegenforderung entgegengestellt wird, die erste auf Grund der hilfsweise erklärten Aufrechnung ohne weiteres abzuweisen sei oder ob ihr Bestehen oder Nichtbestehen festgestellt werden müsse, ist in der reichsgerichtlichen Rechtsprechung ständig in letzterm Sinn entschieden worden. **167,** 257 (258). — 6) Bedingtes Anerkenntnis. **167,** 257 (258).

Es ist ein allgemeiner Grundsatz des Verfahrensrechts, daß eine Partei, die eine Tatsache als wahr behauptet, sich gefallen lassen muß, daß diese Tatsache auch zu ihren Ungunsten verwertet wird. **165,** 260 (267).

§ 295. Verhandlungsgrundsatz. Richterliche Aufklärungs- und Fragepflicht.

1) Über Verhandlungsgrundsatz, Aufklärungspflicht von Amts wegen, Erforschungsbeweis in Statusklagen. **165,** 248 (254). — 2) Über den Grundsatz des Verfahrensrechts, daß der Kläger sein eignes Vorbringen unter allen Umständen auch gegen sich gelten lassen muß. **165,** 260 (267). — 3) § 139 ZPO. bestimmt die Aufgabe des Gerichts dahin, daß es die Parteien zur vollständigen Erklärung über die erheblichen Tatsachen, auch zur Ergänzung ungenügender Angaben der geltend gemachten Tatsachen und zur Bezeichnung der Beweismittel, sowie zu sachdienlichen Anträgen veranlassen soll. Daraus folgt nicht, daß das Gericht von sich aus der Partei neue Klagegründe, Einreden oder Gegeneinreden eingeben solle oder dürfe. Namentlich bei einer durch Anwälte vertretenen Partei wäre ein derartiges Eingreifen in den Prozeßverlauf ein Überschreiten der Pflichten und Befugnisse des § 139 ZPO. **165,** 226 (233 flg.). — 4) Zu § 293 ZPO. Zu mehr ist der Richter im Rahmen des § 293 ZPO. nicht verpflichtet, als daß er bei der Auslegung des fremden Rechts von den ihm zugänglichen Erkenntnisquellen Gebrauch macht. **167,** 373 (380). — 5) Zum Umfange der richterlichen Fragepflicht. **169,** 353. — 6) Es widerspricht den Erfordernissen einer volksnahen Rechtspflege, den Kläger im Urteil mit entscheidenden Erwägungen zu überraschen, denen er bei früherer Offenlegung leicht durch eine andre Fassung seines Antrags hätte begegnen können. **169,** 353 (356).

§ 296. Mündliche Verhandlung. Rechtliches Gehör. Prozeßleitung.

1) Zur Verwendung fremdsprachlicher Urkunden. **162,** 282. — 2) Bei einem Widerspruch zwischen Sitzungsniederschrift und Tatbestand ist der Inhalt der Sitzungsniederschrift maßgebend. **162,** 337 (340). — 3) a. Einer wirksamen Berichtigung der Sitzungsniederschrift steht eine auf die ursprüngliche Fassung gegründete und bereits erhobene Verfahrensrüge nicht entgegen. b. Bei Behinderung des Urkundsbeamten der Geschäftsstelle kann der Vorsitzende allein die Niederschrift berichtigen. **164,** 359.

§ 297. Zustellungen.

1) Nach § 187 ZPO. tritt eine Heilung von Mängeln nur bei der Ersatzzustellung (§§ 181 bis 186 ZPO.), nicht bei Verletzung anderer Zustellungsvorschriften ein. **163,** 181 (187). — 2) Die Aufnahme einer Zustellungsurkunde über die Übergabe des zuzustellenden Schriftstücks ist ein wesentlicher Teil des Zustellungsvorgangs. Wird keine Zustellungsurkunde aufgenommen, so fehlt der Zustellung ein wesentliches Erfordernis. Diese ist unwirksam. **163,** 181 (187). — 3) a. Auf der beglaubigten Abschrift eines Urteils braucht der Beglaubigungsvermerk nicht *unter* der Abschrift zu stehen, wenn nur klar erkennbar ist, daß der Vermerk sich auf den ganzen Inhalt der Abschrift erstreckt. b. Der zustellende Rechtsanwalt kann einen

andern Anwalt bevollmächtigen, die zuzustellende Abschrift zu beglaubigen, auch wenn dieser Anwalt nicht Prozeßbevollmächtigter ist. c. Eine Urteilsausfertigung genügt den Anforderungen des § 317 Abs. 3 ZPO., wenn der Ausfertigungsvermerk von dem Urkundsbeamten zwar nicht leserlich unterschrieben, die Unterschrift aber so charakteristisch ist, daß sie die Feststellung des Unterzeichneten ohne weiteres ermöglicht, und wenn das Gerichtssiegel beigefügt ist. d. Für die Zustellung eines Urteils genügt es, wenn die beglaubigte Abschrift den Ausfertigungsvermerk enthält und durch die Worte der Geschäftsstelle unterzeichnet ist, auch wenn der Name des Beamten nicht angegeben ist. **164,** 52. — 4) Erst der Ausfertigungsvermerk verleiht der Ausfertigung die Eigenschaft einer öffentlichen Urkunde und bezeugt die Übereinstimmung der Ausfertigung mit der Urschrift des Urteils. Die Auslassung des Ausfertigungsvermerks in der beglaubigten Abschrift kann daher nicht als nebensächliche Unrichtigkeit angesehen werden und macht die Zustellung ungültig. **164,** 49 (56).

§ 298. Ladungen, Termine, Fristen.

(Nachweisfrist nach § 519 Abs. 6, § 554 Abs. 7 ZPO.: syst. Reg. § 326 I, § 329.)

Zum Lauf der Notfrist nach § 586 Abs. 1 ZPO. **169,** 100.

§ 299. Folgen der Versäumung. Wiedereinsetzung in den vorigen Stand.

1) Ein unabwendbarer Zufall im Sinne des § 233 Abs. 1 ZPO. liegt nur dann vor, wenn es sich um ein Ereignis handelt, das nach den Umständen des Falles auch nicht durch die äußerste verständigerweise aufzuwendende Sorgfalt vermieden werden kann. Die Anforderungen an die Sorgfaltpflicht des Anwalts (in der Anleitung und Überwachung eines Probeassessors) dürfen nicht überspannt werden. **162,** 84. — 2) Ein unabwendbarer Zufall ist nach ständiger Rechtsprechung ein Ereignis, das nach den Umständen des Falles die äußerste, verständigerweise aufzuwendende Sorgfalt weder abwehren noch in seinen schädlichen Folgen verhindern konnte. **164,** 52 (57). — 3) Da nach RGZ. Band 165 S. 307 in Abstammungsrechtsstreitigkeiten die Urteilszustellung von Amts wegen vorzunehmen ist, ist die Berufungsfrist versäumt, wenn die Berufung nicht binnen eines Monats nach der Amtszustellung eingelegt ist. Bei verspäteter Berufungseinlegung kann sich die Partei nicht darauf berufen, daß sie vor Erlaß der vorgenannten Entscheidung nicht damit habe zu rechnen brauchen, daß hier die Zustellung von Amts wegen die Berufungsfrist in Lauf setze. **166,** 126. — 4) Bei der Frage, inwieweit der Prozeßbevollmächtigte der Partei für in seiner Kanzlei vorgekommene Versehen verantwortlich ist, ist den Kriegsverhältnissen weitgehend Rechnung zu tragen. **166,** 207. — 5) Die Partei ist durch unabwendbaren Zufall am Erscheinen im Termine verhindert, wenn im Anwaltsprozeß ihr Prozeßbevollmächtigter, ohne daß sie ihm hierzu Veranlassung gegeben hätte, wenige Tage vor dem Termin ihre Vertretung niedergelegt hat und es der Partei infolge ungerechtfertigt hoher Festsetzung des Streitwerts seitens des Gerichts sowie bei der Kürze der Zeit unmöglich war, den Kostenvorschuß für einen neuen Prozeßbevoll-

mächtigten aufzubringen oder einen Anwalt zu finden, der ihre Vertretung ohne Vorschuß übernahm. Die Vorschrift des § 232 Abs. 2 ZPO. steht der Partei nicht entgegen, da ihr bisheriger Prozeßbevollmächtigter nach der Niederlegung der Vertretung nicht mehr als ihr Vertreter im Sinne dieser Vorschrift angesehen werden konnte. **166,** 246. — 6) Die Wiedereinsetzung in den vorigen Stand gegen Versäumung der Berufungsfrist wird nicht allein deswegen ausgeschlossen, weil die arme Partei abgesehen von einem rechtzeitig eingereichten, aber bis zum Ablauf der Berufungsfrist nicht beschiedenen Armenrechtsgesuch noch durch einen von ihr selbst ausgewählten Rechtsanwalt, wenn auch verspätet, dies Rechtsmittel hat einlegen lassen. **167,** 203. — 7) Über die Frage, welche Bedeutung für die Wiedereinsetzung in den vorigen Stand gegen Versäumung der Berufungsfrist es hat, wenn die die Berufung betreibende Partei, abgesehen von einem rechtzeitig eingereichten, aber bis zum Ablauf der Berufungsfrist nicht beschiedenen Armenrechtsgesuch selbst noch durch einen Rechtsanwalt, wenn auch verspätet, das Rechtsmittel hat einlegen lassen. **167,** 203 (205). — 8) Der in dem nicht selbständig anfechtbaren Beschluß enthaltene Ausspruch der Zulässigkeit der Berufung — insbesondere auch der die Wiedereinsetzung gewährende Beschluß — kann mit der Revision gegen das Berufungsurteil zur Nachprüfung des Revisionsgerichts gebracht werden. **167,** 213. — 9) Über die Anforderungen an die Sorgfaltspflicht eines durch die Räumung der Gebiete an der Westfront Betroffenen, der die Berufungsfrist versäumt hat und gegen die Folgen der Versäumung die Wiedereinsetzung in den vorigen Stand nachsucht. **167,** 215. — 10) Eine Verpflichtung des Anwalts, der einmal die Vertretung der Partei übernommen hat, kann zur Wahrnehmung des Parteirechts nur so lange angenommen werden, als er die Vertretung tatsächlich ausübt, so daß die Partei also auch nur eine Versäumnis des Anwalts nach § 232 ZPO. gegen sich gelten lassen muß. **168,** 396 (397). — 11) Ist die versäumte Prozeßhandlung rechtzeitig nachgeholt und waren bei Ablauf der Wiedereinsetzungsfrist die die Wiedereinsetzung rechtfertigenden Umstände bereits aktenkundig, so bedarf es eines besondern Gesuches um Wiedereinsetzung nicht. **169,** 196. — 12) Bei unverschuldeter Unkenntnis ist in der Rechtsprechung verschiedentlich angenommen worden, daß der Fristbeginn der Wiedereinsetzungsfrist (§ 234 Abs. 2 ZPO.) wegen Unkenntnis von der Versäumung der Rechtsmittelfrist hinausgeschoben sei. **169,** 196 (199). — 13) Über die Frage, ob in der Berufungsschrift zugleich der stillschweigend gestellte Antrag auf Wiedereinsetzung in den vorigen Stand gegen die Versäumung der Berufungsfrist zu erblicken sei. **169,** 196 (199). — 14) Die Glaubhaftmachung erübrigt sich, wenn die versäumte Rechtshandlung ohne Zweifel in der Frist des § 234 ZPO. „nachgeholt" worden ist und auch damals schon die sachlichen Voraussetzungen für die Wiedereinsetzung aktenkundig waren. **169,** 196 (199).

§ 300. Unterbrechung, Aussetzung. Ruhen und Aufnahme des Verfahrens.

1) Über die Gültigkeit (Nichtigkeit) einer Ehe kann nicht als Vorfrage in einem andern Rechtsstreit, sondern nur in dem besondern Eheverfahren entschieden werden. Da ein Ungültigkeitsverfahren nicht mehr von Amts

wegen eingeleitet werden kann, ist eine Unterbrechung des Rechtsstreits zum Zwecke der Entscheidung über die Gültigkeit der Ehe nicht mehr zulässig, wenn ein diesbezügliches Verfahren bereits anhängig ist (öst. Recht). **161,** 10. — 2) Ist der Rechtsstreit auf Grund des Art. 1 Abs. 3 der Schutzverordnung vom 1. September 1939 (RGBl.I S. 1656) ausgesetzt worden, so kann wegen Beendigung des die Aussetzung veranlassenden Verhältnisses der andere Teil die Aufnahme nur in der Weise betreiben, daß er den, zu dessen Schutz die Aussetzung angeordnet worden ist, zur Aufnahme und, soweit im Anschluß an die Aufnahme des Verfahrens unmittelbar Verhandlung zur Hauptsache möglich ist und es hierfür einer Ladung im Parteibetrieb bedarf, zugleich zur mündlichen Verhandlung der Hauptsache lädt. Ist der Termin zur Verhandlung der Hauptsache von Amts wegen zu bestimmen und den Parteien bekanntzumachen, wie in den Fällen der §§ 520, 555 ZPO., kann im Parteibetriebe nur zur Aufnahme geladen und daraufhin nur über diese verhandelt werden. Ein Beschluß, der den Aufhebungsbeschluß ohne mündliche Verhandlung über die Aufnahme aufhebt, ist in solchen Fällen schlechthin unzulässig und unwirksam. **167,** 123. — 3) Selbst eine Vereinbarung der Prozeßparteien über die Aufnahme wäre in dem vorerwähnten Falle (Nr. 2) wirkungslos, weil das Gesetz zur Festlegung des die Aussetzung beendenden Zeitpunkts im § 250 ZPO. die förmliche Zustellung eines Aufnahmeschriftsatzes vorschreibt. **167,** 123 (128). — 4) a. Erörterungen darüber, ob bei den an der Westfront gelegenen Gerichten infolge ihrer Zurückverlegung im September 1939 Stillstand der Rechtspflege eingetreten ist. b. Zum Begriff des Betroffenseins im Sinne der Verordnung über Maßnahmen auf dem Gebiete des bürgerlichen Streitverfahrens usw. vom 1. September 1939. c. Erörterungen über die Anforderungen an die Sorgfaltspflicht eines durch die Räumung der Gebiete an der Westfront Betroffenen, der die Berufungsfrist versäumt hat und gegen die Folgen der Versäumung die Wiedereinsetzung in den vorigen Stand nachsucht. **167,** 215. — 5) Die Anfechtbarkeit einer die Berufung als unzulässig verwerfenden Entscheidung des Oberlandesgerichts in einem Ehescheidungsverfahren unterliegt nicht der einschränkenden Vorschrift der Rechtspflege-Notverordnung vom 14. Juni 1932 (RGBl. 1932 I S. 285, 287), wenn die Entscheidung, z. B. wegen Unterbrechung des Verfahrens, überhaupt nicht erlassen werden durfte. **168,** 396 (397). — 6) Der Wehrmachtangehörige ist auch dann nicht mehr als „durch einen Prozeßbevollmächtigten vertreten" anzusehen, wenn der Prozeßbevollmächtigte in einer Ehesache auf die Nachricht vom Soldatentode seiner Partei hin seine Tätigkeit für die Partei einstellt, insbesondere von einem Antrag auf Verlängerung der Frist zur Zahlung der Prozeßgebühr absieht. Das Verfahren wird dann unterbrochen. **168,** 396; **169,** 298 (299). — 7) Das Verfahren wird auch dadurch unterbrochen, daß der Prozeßbevollmächtigte eines Wehrmachtangehörigen auf die unrichtige Nachricht vom Soldatentode seiner Partei hin unverschuldet seine Tätigkeit für sie einstellt. **169,** 298. — 8) Liegt bei einer Partei die Voraussetzung des Art. 1 Abs. 1 der Verordnung vom 1. September 1939 an sich vor, ist aber das Verfahren nach Abs. 3 das. in einer Instanz deshalb nicht unterbrochen, weil sie durch einen Prozeßbevollmächtigten vertreten ist, so tritt Unterbrechung des Verfahrens ein, wenn von der Gegenpartei gegen ein sie betreffendes Urteil ein Rechtsmittel eingelegt wird und die erste Partei nicht einen zur Wahrnehmung ihrer Rechte berufenen Vertreter hat (Abs. 3 das.). Als ein Vertreter im Sinne dieser Bestimmung ist der Prozeßbevollmächtigte der Vorinstanz nicht schon anzusehen, wenn er sich noch bemüht, mit der Partei die Stellungnahme zum Rechtsmittel, so die Frage einer etwaigen Anschließung an das Rechtsmittel zu klären. Es bedarf einer erkennbaren Willensäußerung der Partei, daß der Prozeßbevollmächtigte als ihr Vertreter weiter ihre Rechte wahrnehmen soll. **170,** 1.

4. Verfahren in erster Instanz vor den Landgerichten und Verfahren vor den Amtsgerichten.

§ 301. Klageweg. Klage. Klagerhebung. Rechtsschutzbedürfnis. Klagantrag. Klagebegründung. Klagenverbindung.

1) Wer einen Anspruch geltend macht, hat die diesen begründenden Tatsachen zu behaupten und zu beweisen; dabei ist die Parteirolle im Rechtsstreit ohne Bedeutung. Daraus folgt, daß, wenn die Klage auf die Feststellung des Nichtbestehens eines vom Beklagten in Anspruch genommenen Rechtsverhältnisses gerichtet ist, der Beklagte, sofern er überhaupt bei dessen Geltendmachung beharren will, seine Begründung zu beweisen hat. **164,** 281 (283). — 2) Häufung einer vorentscheidenden Klage auf Scheidung oder Aufhebung einer Ehe mit einer vermögensrechtlichen Klage aus der Ehe, insbesondere mit Unterhaltsansprüchen. Zulässigkeit der Revision. **164,** 287. — 3) Ausführungen über die Frage, ob eine echte Klagenhäufung vorliegt, wenn einem einheitlichen Klageantrag zwei Begründungen gegeben werden, die rechtlich und tatsächlich selbständig nebeneinander stehen, und wenn für die eine dieser „Begründungen" das Amtsgericht ausschließlich, für die andere aber das Landgericht zuständig ist. **165,** 374 (378flg.). — 4) Bei der Kreditkommission kann der Kommittent nach Beendigung des Auftrags auf Abgabe der Erklärung klagen, daß der Kommissionär seine Forderung an Zinsen „in gesetzlicher Höhe" abtrete, und zwar daß diese Erklärung dem Darlehnsnehmer gegenüber abgegeben werde. Dieses Begehren ist bestimmt und vollstreckbar. **168,** 277. — 5) Ist mit dem (abgewiesenen) Hauptantrag (Anspruch auf Übertragung des Eigentums an Grundstücken), der den Gegenstand der Anschlußrevision der Klägerin bildet, ein Hilfsantrag (Zahlungsanspruch, Gegenstand der Revision des Beklagten) verbunden, so kann über den Zahlungsanspruch erst dann entschieden werden, wenn sich der Hauptantrag als unbegründet herausgestellt hat. **169,** 65 (69).

§ 302. Erweiterung, Änderung, Zurücknahme der Klage. Einschränkung des Antrags.

I. Erweiterung und Änderung der Klage.

1) Zum Begriff der Klageänderung. **165,** 289. — 2) Klageänderung ist der Übergang vom Schmerzensgeldanspruch aus § 847 BGB. zu einem Anspruch auf Ersatz eines Vermögensschadens. **170,** 28 (39).

II. Klagezurücknahme.

1) Im österreichischen Eheverfahren ist die Zurückziehung der Klage im zweiten Rechtsgang zulässig. **166,** 87. — 2) Ist neben einer auf Leistung gerichteten Schadensersatzklage eine allgemeine Klage auf Feststellung der Schadensersatzpflicht erhoben und wird demnächst bei Erhöhung des Leistungsantrags der Feststellungsantrag nicht wiederholt, so ist im Zweifel nicht anzunehmen, daß die Feststellungsklage zurückgenommen, sondern nur, daß sie nicht weiterbetrieben worden sei. **168,** 56. — 3) Im Unterlassen der Wiederholung eines früher gestellten Antrags ist nicht notwendig dessen Zurücknahme zu finden, sondern dies kann auch dahin gedeutet werden, der Antrag solle vorläufig nicht weiterbetrieben werden. Im Zweifel ist diese Deutung vorzuziehen. Nur ausnahmsweise kann die Deutung gebilligt werden, der Kläger wolle für den schwebenden Rechtsstreit auf die Verfolgung des weitergehenden Anspruchs verzichten, sich aber dessen Wiederaufnahme in einem andern Verfahren offenhalten. **168,** 58 (58). — 4) Bei der Abtretung einer Forderung zur Einziehung (Einziehungsauftrag) wirkt die Zurücknahme der Klage unter Anspruchsverzicht auch gegenüber dem Gläubiger als Anspruchsverlust, der die Forderung übertragen hat. Er kann keine neue Klage erheben. **170,** 191.

III. Einschränkung des Klageantrages.

— — — — — — — — — —

§ 303. Feststellungsklage (Inzidentfeststellungsklage).

1) Zulässigkeit eines Feststellungsantrags, der nicht die blutmäßige Abstammung, sondern die Zahlvaterschaft betrifft. **161,** 277. — 2) Die blutmäßige Abstammung eines Kindes ist als ein Rechtsverhältnis im Sinne des § 256 ZPO. (§ 228 ÖstZPO.) anzusehen und ein Interesse des Kindes an der Feststellung seiner wirklichen Abstammung jedenfalls in den Fällen gegeben, in denen sich die Frage darauf zuspitzt, ob das Kind einen deutschen (artverwandten) oder einen jüdischen Erzeuger hat. **161,** 325; **162,** 113 (114). — 3) Eine derartige Feststellungsklage kann jedoch nicht gegen die Person erhoben werden, die nach dem Taufbuch als ehelicher Vater erscheint; sie ist gegen den Verteidiger (Kurator) der ehelichen Geburt zu richten, der verpflichtet ist, über alle Umstände, die für und gegen die Abstammung sprechen, genaue Erkundigungen einzuziehen und sie sorgfältig zu untersuchen. **162,** 113 (115). — 4) Nach § 1329 Satz 1 BGB. konnte die Nichtigkeit einer nach §§ 1325 bis 1328 nichtigen Ehe, solange die Ehe nicht für nichtig erklärt oder aufgelöst war, nur im Wege der Nichtigkeitsklage geltend gemacht werden. Nach der Auflösung der Ehe bestanden — anders als nach §§ 27, 28, 87 Abs. 1 EheG. — keine gesetzlichen Einschränkungen für die Geltendmachung der Nichtigkeit. Diese konnte daher von jedem Beteiligten, insbesondere durch Feststellungsklage nach § 256 ZPO., geltend gemacht werden. **162,** 223 (224). — 5) Das heutige Recht läßt die Feststellung der blutmäßigen Abstammung des unehelichen Kindes von einem bestimmten Vater zu. **162,** 316 (319). — 6) Über die Frage, wie sich der Beklagte gegen-

über einer Feststellungsklage zu verhalten hat, soweit er nicht den Anspruch, sondern nur das Feststellungsinteresse bestreitet. **164,** 79. — 7) Unter Rechtsverhältnis im Sinne des § 256 ZPO. sind die Beziehungen einer Person zu einer andern zu verstehen, die als Rechtsfolge aus einem bestimmten Tatbestand erfließen. Es darf sich nicht um die Feststellung einer allgemeinen Verpflichtung handeln, die nur die Grundlage zu künftigen Rechtsverhältnissen bildet und rein abstrakter Natur ist, nicht um die Entscheidung einer reinen Rechtsfrage handeln. **164,** 198 (199). — 8) Ob die Feststellungsklage verfahrensrechtlich statthaft ist, hat das nach § 547 Nr. 1 ZPO. nur mit dem Streit um die Zulässigkeit des Rechtswegs befaßte Revisionsgericht nicht zu untersuchen, sondern es hat sich auf die Prüfung zu beschränken, ob das tatsächliche Klagevorbringen den Tatbestand einer bürgerlichen Rechtsstreitigkeit ergibt. **164,** 226 (229). — 9) Wer einen Anspruch geltend macht, hat die diesen begründenden Tatsachen zu behaupten und zu beweisen; dabei ist die Parteirolle im Rechtsstreit ohne Bedeutung; hieraus folgt, daß, wenn die Klage auf die Feststellung des Nichtbestehens eines vom Beklagten in Anspruch genommenen Rechtsverhältnisses gerichtet ist, der Beklagte, sofern er überhaupt bei dessen Geltendmachung beharren will, seine Begründung zu beweisen hat; sonst könnte der Fall eintreten, daß bei Beweisfälligkeit beider Parteien nicht nur die verneinende Feststellungsklage, sondern auch die entsprechende bejahende Klage des Gegners abzuweisen wäre und sonach ein die Frage des Bestehens oder Nichtbestehens des Rechtsverhältnisses nach beiden Seiten hin erledigendes Urteil überhaupt nicht herbeigeführt werden könnte. **164,** 281 (283). — 10) Die verneinende Feststellungsklage ist sachlich ein Abwehr-, nicht Angriffsmittel; bei ihr bleibt der Beklagte der angreifende Teil; es handelt sich um einen Anspruch, den der Beklagte für sich geltend macht und dessen tatsächliche Voraussetzungen der Kläger leugnet; daraus folgt nach allgemeinen Grundsätzen, daß der Beklagte diese Voraussetzungen zu beweisen hat. Die einschlägige Rechtsprechung ist also auf die Fälle zugeschnitten, in denen der Beklagte sich eines vermögensrechtlichen Anspruchs berühmt; sie paßt nicht auf die verneinenden Feststellungsklagen, mit denen die blutmäßige Abstammung der klagenden Partei geklärt werden soll, auch schon deshalb nicht, weil der Erzeuger eines unehelichen Kindes diesem gegenüber gar keine Rechte, sondern nur Pflichten haben kann. Der jeweils klagenden Partei kommt es nicht darauf an, einen Anspruch des Beklagten abzuwehren, sondern ihre eigne rassische und blutmäßige Einordnung klarstellen zu lassen. **164,** 281 (283 flg.). — 11) § 256 ZPO. läßt Klagen auf Feststellung des Bestehens oder Nichtbestehens eines Rechtsverhältnisses zu. Zu den Rechtsverhältnissen gehören auch das in § 640 ZPO. besonders behandelte Eltern- und Kindesverhältnis und das Verhältnis der blutmäßigen Abstammung eines unehelichen Kindes von seinem Erzeuger. Bei allen diesen Rechtsverhältnissen kann entweder die Feststellung begehrt werden, daß das Verhältnis bestehe oder aber die, daß es nicht bestehe. Nicht vorgesehen ist dagegen ein Antrag auf Feststellung, daß es ungewiß sei, ob das Verhältnis bestehe oder nicht bestehe. Bei dem behaupteten Mehrverkehr der Kindesmutter handelt es sich nicht um ein Rechtsverhältnis zwischen den Parteien, sondern nur um einen tatsächlichen

Vorgang, welcher der urteilsmäßigen Feststellung nicht zugänglich gemacht werden kann. **164,** 281 (286 flg.). — 12) a. Das von einem Mann im außerstreitigen Verfahren abgegebene Vaterschaftsanerkenntnis steht der Erhebung der Vaterschaftsklage gegen einen andern Mann nicht entgegen. b. Der mit der Vaterschaftsklage in Anspruch genommene Beklagte kann nicht mit dem bloßen Hinweis auf die Möglichkeit, daß die Kindesmutter auch noch mit andern Männern geschlechtlichen Verkehr gehabt haben könne, die Anordnung einer erbbiologischen Begutachtung verlangen. Eine solche Begutachtung ist vielmehr in diesem Falle nur dann erforderlich, wenn Anhaltspunkte für das Bestehen einer augenfälligen Unähnlichkeit vorhanden sind. **165,** 186. — 13) Zur Frage des rechtlichen Interesses an alsbaldiger Feststellung einer an sich nicht bestrittenen Schadensersatzpflicht. **165,** 236. — 14) a. Klagen auf Feststellung des Bestehens oder Nichtbestehens der sogenannten Zahlvaterschaft des § 1717 BGB. sind vermögensrechtlicher Art. — b. Klagen auf Feststellung des Bestehens oder Nichtbestehens der Vaterschaft zu einem unehelichen Kinde betreffen im Zweifel die blutmäßige Abstammung, nicht die Zahlvaterschaft. — c. Verfahrensgrundsätze im Abstammungsstreit. **165,** 248. — 15) Ist über eine Abstammungsfeststellungsklage nach § 256 ZPO. im gewöhnlichen Verfahren und vom Landgericht als Berufungsgericht rechtskräftig sachlich entschieden worden, so entbehrt die Entscheidung trotz der vorliegenden Verfahrensmängel (nach RGZ. Bd. 160 S. 293 findet das Statusverfahren Anwendung und ist die Zuständigkeit des Landgerichts als erste Instanz gegeben) der Wirkung der sachlichen Rechtskraft mit der Folge, daß zwischen den gleichen Parteien eine abweichende Feststellung der Abstammung ausgeschlossen ist, jedenfalls dann nicht, wenn sich die Entscheidungsgründe des früheren Urteils im Rahmen einer auch bei Anwendung des Statusverfahrens möglichen und zulässigen Urteilsbegründung halten. **165,** 315. — 16) Für Klagen der Kinder (im weitern Sinne) auf Feststellung der blutmäßigen Abstammung bedarf es keines Nachweises eines besondern Interesses an der alsbaldigen Feststellung (§ 228 ZPO.). Sie stehen einer Standesklage (nach § 158 ABGB.) gleich. **166,** 157 (Öst. Recht). — 17) Das Reichsgericht hat im Gegensatz zur Rechtslehre die Abstammung als ein Rechtsverhältnis angesehen und daran festhaltend die Feststellungsklage für zulässig erklärt. **166,** 157 (158) (Öst. Recht). — 18) Zwischenfeststellungswiderklage zu einer vom Erfordernis der Beschwerdesumme befreiten Anfechtungsklage im Gesellschafts- (Genossenschafts)recht. Zur Frage der Notwendigkeit der Beschwerdesumme. **166,** 175. — 19) Verneinende Feststellungsklage zu einem strittigen Punkt, der, wenn seine bejahende Feststellung vom Kläger mittels eines Feststellungsantrags betrieben worden wäre, im Verhältnis zu seinen Anfechtungsanträgen verfahrensrechtlich den Inhalt einer Zwischenfeststellungsklage im Sinne des § 280 ZPO. gebildet hätte. Demgemäß hat auch die verneinende Feststellungswiderklage der Beklagten die verfahrensrechtliche Natur einer Zwischenfeststellungsklage im Sinne des § 280 ZPO. Deshalb ist die Widerklage auch zulässig, während dies nicht der Fall gewesen wäre, wenn sie nur das Gegenteil eines vom Kläger bejahend verfolgten Anspruchs enthielte. **166,** 175 (181 flg.). — 20) Zulässigkeit der Feststellungsklage bei Warenzeichenverletzung. **167,** 171 (173). — 21) Nach rechtskräftiger Ablehnung der Verhängung von Zwangsmaßregeln zur Erzwingung einer vollständigeren Rechnung, als sie schon gelegt sei, ist für eine Feststellungsklage, daß der Rechnungslegungspflicht genügt sei, kein Raum mehr. **167,** 328. — 22) Eine der Vollstreckungsklage zuvorkommende Klage auf Feststellung des Nichtbestehens der in dem Urteil eines ausländischen Gerichts ausgesprochenen Verpflichtung ist zulässig. Im Rahmen dieser Feststellungsklage kann aber auf das ursprüngliche Schuldverhältnis nur zurückgegangen werden, wenn dem ausländischen Urteil die Anerkennung nach § 328 ZPO. versagt werden muß. **167,** 373. — 23) Über die Notwendigkeit eines besonderen rechtlichen Interesses bei einer Feststellung nach § 228 ÖstZPO. **167,** 402 (403). — 24) Zulässigkeit einer Feststellungsklage auf Feststellung einer Fremdwährungsschuld, wenn der Kläger wissen will, welchen Betrag er bei der Rückzahlung eines Darlehns zu leisten hat. **168,** 240 (243). — 25) Anwendung deutschen Rechts im Falle 24. **168,** 240 (243). — 26) Ist das auf Feststellung seiner blutmäßigen Abstammung vom Beklagten klagende Kind wegen Geistesschwäche unfruchtbar gemacht, so wird das im allgemeinen zur Verneinung des rechtlichen Interesses an der Feststellung führen. **168,** 316. — 27) Bei den Abstammungsklagen kann in der Regel ohne weiteres davon ausgegangen werden, daß das Feststellungsinteresse gegeben ist; es müssen also besondere Umstände vorliegen, um dieses ausnahmsweise auszuschließen. **168,** 316. — 28) Im Abstammungsstreit kann ausnahmsweise von Einholung eines Ähnlichkeitsgutachtens trotz des Einwandes des Mehrverkehrs abgesehen werden, wenn der Mehrverkehr durch das sonstige Beweisergebnis völlig ausgeschlossen erscheint. **168,** 385. — 29) Eine Klage auf Feststellung, daß der Beklagte nicht der gesetzliche Erbe des Klägers sei, ist zwischen dem Erblasser und seinen nächsten gesetzlichen Erben zulässig. **169,** 98. — 30) Eine Klage auf Feststellung eines erbrechtlichen Rechtsverhältnisses bezüglich des Nachlasses eines noch Lebenden ist im allgemeinen ausgeschlossen. Anders für den Pflichtteil; denn das Gesetz erkennt eine schon bei Lebzeiten des Erblassers gegenüber den Pflichtberechtigten bestehende Rechtspflicht und eine entsprechende Berechtigung der letzteren an. **169,** 98 (99). — 31) Für Ansprüche nach § 829 BGB. ist eine Feststellungsklage möglich, wenn der Schädiger noch kein Vermögen oder Einkommen hat. **169,** 394. — 32) Für einen Feststellungsanspruch aus § 829 BGB. ist auch die spätere Entwicklung zu berücksichtigen. **169,** 394 (395). — 33) Über die Anfechtungs- und die Nichtigkeitsfeststellungsklage im Aktien- und im Genossenschaftsrecht. **170,** 83. — 34) Zwischenfeststellungsklage. Zulässigkeit, wenn neben dem Hauptanspruch aus dem streitigen Rechtsverhältnis noch ein anderer Anspruch auf Auskunft oder Rechnungslegung möglich ist. **170,** 328.

§ 304. Klage auf Rechnungslegung und Herausgabe des Geschuldeten. Klage auf künftige Leistung. Änderungs- (Umwandlungs-) Klage (§ 323 ZPO.).

1) § 323 ZPO. ist auch in Fällen anwendbar, in denen das Rentenverlangen zwar durch Urteil abgewiesen ist, die Haftpflicht als solche aber außer Streit oder ausdrücklich bejaht und die Abweisung nur wegen Fehlens eines Schadens ausgesprochen worden ist. **162,** 279. — 2) § 323 Ab. 4 ZPO.

sieht nicht schlechthin die Möglichkeit einer Abänderung vollstreckbarer Verpflichtungserklärungen vor, wenn die Verhältnisse, die bei künftig fällig werdenden wiederkehrenden Leistungen für die Bestimmung ihrer Höhe maßgebend waren, sich wesentlich geändert haben, sondern besagt nur, daß, wenn die Abrede die Klausel der gleichbleibenden Verhältnisse enthält, die Unterwerfung unter die Zwangsvollstreckung einer Abänderung nicht im Wege steht. Wenn auch nach dem maßgebenden sachlichen Recht Unterhaltsverträgen ... die Klausel regelmäßig innewohnt, so entscheidet doch der durch Auslegung zu ermittelnde Vertragswille der Parteien darüber, in welchem Umfange eine Änderung der Verhältnisse die übernommene Verpflichtung berühren sollte, insbesondere auch darüber, ob es sich um Verhältnisse im Sinne der Klausel handelt. **165,** 26 (31). — 3) § 323 bezieht sich auch auf den Fall einer Gesetzesänderung. Jedoch liegt in einem solchen Falle eine die Abänderung des früheren Urteils rechtfertigende wesentliche Änderung der Verhältnisse nur vor, wenn die Anwendung des neuen Gesetzes auf den jetzt vorliegenden Sachverhalt eine wesentliche — d. h. nicht gar zu geringfügige — Abweichung von der früheren Bemessung der Leistungen nach Höhe und Dauer ergibt. **166,** 303. — 4) Wenn eine geschuldete Leistung infolge eines allgemeinen Verarbeitungsverbots des Werkstoffs zur Zeit unmöglich ist, kann der Gläubiger, sofern es sich nicht um die Ausführung von Auslandsaufträgen handelt, nicht eine Klage auf künftige Leistung in der Weise erheben, daß er Lieferung „nach Vorlage entsprechender Bescheinigungen der zuständigen Stellen für Auslandsaufträge" verlangt; dies gilt namentlich dann, wenn die Erlangung eines Ausfuhrauftrags noch völlig ungewiß ist. **168,** 321. — 5) Abgesehen von einer in das Urteil aufzunehmenden Bedingung muß im Falle des § 259 ZPO. die Verpflichtung zur künftigen Leistung in ihrem Bestand gewiß sein. Abweichend von den §§ 257, 258 ZPO. ist die Klage auf künftige Leistung auf Grund des § 259 ZPO. auch dann zulässig, wenn der Anspruch von einer Gegenleistung (z. B. bei Verpflichtung zur Leistung Zug um Zug oder nach Empfang einer Vorleistung in den Fällen des § 322 Abs. 1 und 2 BGB.) abhängig ist. Jedoch muß in diesen Fällen die Gegenleistung einwandfrei bestimmbar sein und außerdem im voraus feststehen, daß, sofern nichts Unerwartetes dazwischen kommt, die verlangte Leistung alsdann unmittelbar geschuldet wird. **168,** 321 (325f.). — 6) § 538 Nr. 3 ZPO. ist auf den Fall der sogenannten Stufenklage (auf Auskunft bzw. Rechnungslegung und Zahlung des Schuldbetrages) entgegen RGZ. Bd. 56 S. 119 entsprechend anwendbar. **169,** 127.

§ 305. Widerklage.

(Widerklage in Ehesachen s. § 335.)

— — — — — — — — — —

§ 306. Rechtshängigkeit. Veräußerung der Streitsache. Abtretung des Klaganspruchs. Sonstige Änderung der Prozeßparteien.

I. Rechtshängigkeit.

— — — — — — — — — —

II. Veräußerung der Streitsache.

(Vgl. III Nr. 3 und 4.)

— — — — — — — — — —

III. Abtretung des Klaganspruchs.

1) Die Abtretung hat nach § 265 Abs. 2 ZPO. auf den Rechtsstreit keinen Einfluß. Der Kläger kann ihn als Prozeßpartei zu Ende führen. Nach § 265 Abs. 3 ZPO. kann ihm, da das demnächst rechtskräftige Urteil gemäß § 325 ZPO. auch gegenüber dem neuen Gläubiger wirkt, nicht der Einwand entgegengesetzt werden, daß er zur Geltendmachung des Anspruchs nicht mehr befugt sei. Dennoch bleibt die sachlich-rechtliche Wirkung der Abtretung — Wechsel des Inhabers der Forderung — zu beachten. Der alte Gläubiger hat kein Recht mehr darauf, daß an ihn geleistet werde; er kann nur noch Leistung an den neuen Gläubiger fordern. **166,** 218 (237). — 2) Der Kläger, der die streitbefangene Forderung während des ersten Rechtsgangs an einen Dritten abgetreten hat, muß, um die Abweisung der Klage zu vermeiden, das Klagbegehren auf Leistung an den Dritten umstellen. Dies gilt auch im Bereiche des österreichischen Streitverfahrens. **167,** 321. — 3) Zu § 265 Abs. 2 RZPO. Weil die Veräußerung oder Abtretung sachlich-rechtlich wirkt, ist es notwendig, daß der Kläger nicht nur dann, wenn der Beklagte Einwendungen erhebt und die Abweisung des Begehrens wegen fehlender Sachbefugnis begehrt, sondern auch ohne eine solche Einwendung seinen Klageantrag umstellen und in Berücksichtigung des sachlich-rechtlichen Rechtsüberganges die Leistung nicht mehr an sich, sondern an den Einzelrechtsnachfolger begehren, damit das Urteil der wahren Sachlage gerecht werde. Kommt der Kläger dem nicht nach, so ist, soweit der Gegner den Sachantrag auf Abweisung des Klagbegehrens gestellt hat, das Begehren abzuweisen; denn ihm fehlt nun die Schlüssigkeit. Der Kläger führt zwar den Rechtsstreit als Partei weiter, handelt aber nach der Veräußerung oder Abtretung im Rechtsstreit als Geschäftsführer des Einzelrechtsnachfolgers, der allein der Träger des geltendgemachten sachlichrechtlichen Anspruchs ist. **167,** 321 (322 flg.). — 4) § 234 ÖstZPO. ist im Exekutionsverfahren nicht anwendbar. **168,** 115. — 5) Abtretung einer streitbefangenen Forderung. Restitutionsklage. **168,** 225. — 6) Ist ein Klaganspruch — hier eine Grundschuld — nach Erhebung der Klage an einen andern abgetreten, so ist die Wiederaufnahmeklage gegen das vom abtretenden Gläubiger erwirkte Urteil nur gegen diesen zu richten. nicht gegen denjenigen, der bei Erhebung der Wiederaufnahmeklage der Gläubiger ist. Dem Urteil RGZ. Bd. 57 S. 285 wird insoweit widersprochen. **168,** 257.

IV. Sonstige Änderungen der Prozeßparteien.

— — — — — — — — — —

§ 307. Prozeßhindernde Einreden.

(P. E. der Unzulässigkeit des Rechtswegs: § 270. P. E. des Schiedsvertrags: § 353.)

1) Im Falle der Verlegung des Wohnsitzes des Ehemannes kann eine Ehescheidungsklage nicht nach § 276 ZPO. von einem Gericht des Altreichs

an ein Gericht der Ostmark verwiesen werden. **161,** 266. — 2) Prozeßhindernde Einreden und Unzulässigkeit des Rechtswegs; Zulässigkeit der Revision ohne Rücksicht auf den Wert des Beschwerdegegenstandes. **162,** 37 (39 flg.). — 3) Ob und wieweit das beanspruchte Recht besteht, und ob die Feststellungsklage verfahrensrechtlich statthaft ist, hat das nach § 547 Nr. 1 ZPO. nur mit dem Streit um die Zulässigkeit des Rechtswegs befaßte Revisionsgericht nicht zu untersuchen, sondern es hat sich auf die Prüfung zu beschränken, ob das tatsächliche Klagevorbringen den Tatbestand einer bürgerlichen Rechtsstreitigkeit ergibt. **164,** 226 (229). — 4) Die Verweisung an das zuständige Gericht (unter Aufhebung der Urteile der Vorinstanzen) kann jedenfalls dann noch in der Revisionsinstanz beantragt und durch Urteil ausgesprochen werden, wenn schon die Vorinstanzen ihre Unzuständigkeit angenommen hatten und bisher bloß kein Verweisungsantrag gestellt war. Ob in anderen Fällen dem Urteil des erkennenden Senats RGZ. 130, 53 noch beizutreten wäre, bleibt offen. **165,** 374. — 5) Verweisung des Rechtsstreits an das zuständige Gericht durch Urteil. **165,** 374 (380). — 6) Bei der Frage, ob eine Rechtsstreitigkeit der Parteien vor die ordentlichen Gerichte oder vor die als öffentliche Sondergerichte anzusehenden Marktschiedsgerichte gehört, handelt es sich nicht um die Einrede des Schiedsvertrags gemäß § 274 Abs. 2 Nr. 3 ZPO., da die auf Grund der Verordnung vom 26. Februar 1935 nebst den Änderungen vom 8. Juli 1939 gebildeten Schiedsgerichte auf Gesetzesbefehl und nicht auf rechtsgeschäftlicher Vereinbarung oder auf einer sonstigen Handlung des bürgerlichen Rechts beruhen, wie es der Fall sein müßte, wenn sie als Schiedsgerichte im Sinne des §§ 1025 flg. oder des § 1048 ZPO. anzusehen sein sollten. **167,** 120 (131).

§ 308. Rechtzeitigkeit des Parteivorbringens. Angriffs- und Verteidigungsmittel.

§ 309. Verlust des Rügerechts der Parteien wegen Verletzung von Verfahrensvorschriften (§ 295 ZPO.).

§ 310. Anerkenntnis. Geständnis. Gerichtskundigkeit.

1) Die Prozeßerklärung des Beklagten, daß dem Kläger Rechte aus der von ihm käuflich erworbenen Gerechtsame zuständen, ist kein Geständnis im Sinne des § 288 ZPO. und bewirkt auch keine Umkehrung der Darlegungs- und Beweislast für den Inhalt der Gerechtsame. **161,** 243 (247). — 2) Bedingtes Anerkenntnis. Erklärung des Beklagten, er wolle, um die sofortige Abweisung der Klage zu erreichen, die klagebegründenden Behauptungen — wenn und soweit es zu diesem Zwecke nötig sei — zugestehen und sich auf die Aufrechnungseinrede beschränken. Ein solches — an sich zulässiges und wirksames — bedingtes Anerkenntnis berechtigt den Richter, die Klageforderung für den Fall, daß die Gegenforderung begründet ist, in ihrem Umfang als unstreitig und durch die Aufrechnung erloschen zu handeln. **167,** 257 (258).

§ 311. Glaubhaftmachung.

§ 312. Allgemeine Bestimmungen über die Beweisaufnahme. Beweisbeschluß. Beweis durch Augenschein. Sühneverfahren.

1) Eine unter dem Vorsitz eines Assessors ausgeführte Beweiserhebung einer Zivilkammer ist verfahrensrechtlich nicht ordnungsmäßig. **161,** 145. — 2) Über die an die Führung des Beweises im Rechtsstreite zu stellenden Anforderungen. **162,** 223. — 3) Beweiserhebung durch ersuchten Richter im Beweissicherungsverfahren nach § 362 ZPO. **164,** 307 (309). — 4) Erforschungsbeweis. Daß es sich bei der eidlichen Vernehmung der Kindesmutter über weiteren Geschlechtsverkehr in der Empfängniszeit um einen Erforschungsbeweis handelt, kann im Statusverfahren der §§ 640 flg., in dem das Gericht zur Ermittlung des richtigen Sachverhalts von Amts wegen befugt ist (§ 640 und § 622 ZPO.), kein Grund zur Ablehnung des dahingehenden Beweisantrags sein. **165,** 248 (254). — 5) Über die Beweisanforderungen bei der verneinenden Feststellungsklage (ZPO. §§ 640 flg.). **169,** 216. — 6) Zu Art. 3 § 9 FamRÄndG. **169,** 223. — 7) Die Ablehnung eines Antrags auf Ortsbesichtigung, wodurch nicht bestimmte Tatsachen festgestellt, sondern dem Gericht nur ein Überblick über die örtlichen Verhältnisse gegeben werden soll, unterliegt nicht den Grundsätzen über die Ablehnung von Beweisanträgen. **170,** 264.

313. Zeugenbeweis.

1) Die Vernehmung der Kindesmutter als Zeugin über ihren Geschlechtsverkehr mit andern Männern in der Empfängniszeit ist schlechthin an sich nicht verboten. **162,** 316 (319). — 2) Eine ausdehnende Anwendung der Vorschrift des § 385 Abs. 1 Nr. 2 ZPO. auf den Fall der Zeugung von Familienmitgliedern ist nicht angängig. **169,** 48. — 3) Ein im Altreich wohnender Zeuge ist zur Duldung der erb- und rassenkundlichen Untersuchung und der Entnahme der Blutprobe in familienrechtlichen Streitigkeiten, soweit es zur Feststellung der Abstammung eines Kindes erforderlich ist, auch dann verpflichtet, wenn der Rechtsstreit vor einem Prozeßgericht in einem anderen Teile des Großdeutschen Reiches (z. B. in der Ostmark oder im Sudetenland) geführt wird. **169,** 219. — 4) Der Umstand, daß durch ein dem Kind ungünstiges Ergebnis der Blutgruppenuntersuchung die Kindesmutter der Gefahr strafrechtlicher Verfolgung wegen Verletzung der Eidespflicht ausgesetzt wäre, bildet keinen triftigen Grund für eine Weigerung des Kindes, die Blutentnahme zum Zwecke der Untersuchung zu dulden. **169,** 223.

§ 314. Beweis durch Sachverständige.

1) Die Ausführungen des Richters müssen erkennen lassen, daß er die Gutachten der Sachverständigen einer selbständigen, eigenverantwortlichen Prüfung unterzogen hat, sowie auf Grund welcher von ihm angestellter Erwägungen er dazu gelangt ist, die Gutachten bestimmter Sachverständiger allein entscheidend sein zu lassen. **162,** 223 (227). — 2) Ob jemand geschäftsunfähig ist, hat lediglich der Richter nach den Erfahrungen des Lebens und der Wissenschaft in freier Würdigung des gesamten Tatsachenstoffs zu befinden, wobei ihm Gutachten Sachverständiger eine wesentliche Stütze sein

werden, ohne daß er aber an das Ergebnis dieser Gutachten gebunden wäre; der Richter ist auch nicht gehindert, nach Maßgabe seiner richterlichen Überzeugung zu den ärztlichen Gutachten in Gegensatz zu treten. **162,** 223 (228 flg.). — 3) Die Frage des ursächlichen Zusammenhangs hat das Gericht nicht allein nach der Auffassung der ärztlichen Sachverständigen, sondern selbständig unter Beachtung der dafür in Betracht kommenden rechtlichen Voraussetzungen zu beantworten, wobei es zu Abweichungen von der ärztlichen Auffassung kommen kann. **169,** 117 (119).

§ 315. Beweis durch Urkunden.

1) Zur Verwendung fremdsprachlicher Urkunden. **162,** 282. — 2) Das Gericht ist befugt, die als Beweismittel vorgebrachten Urkunden in fremder Sprache unmittelbar, ohne Übersetzung, zu benutzen; dies folgt ohne weiteres aus § 142 Abs. 3 ZPO., der es ins Ermessen des Gerichts stellt, ob es anordnen will, daß von der fremdsprachlichen Urkunde eine durch einen vereidigten Dolmetscher angefertigte Übersetzung beigebracht werde. § 184 GVG. bezieht sich nach seinem Wortsinne und Zweck nur auf die Verhandlung und die Schriftsätze der Parteien bei Gericht, sowie auf das Verhandeln des Gerichts, seine Beschlüsse, Urteile und Verfügungen; er läßt aber für den prozeßordnungsmäßigen Gebrauch von Urkunden, die in fremder Sprache abgefaßt sind, Raum und trägt damit der sachlichen Notwendigkeit Rechnung. **162,** 282 (287 flg.).

§ 316. Parteivernehmung.

Über den Umfang der Beweislast des auf Feststellung des Nichtbestehens der blutmäßigen Abstammung klagenden vermeintlichen Vaters. **168,** 187.

§ 317. Sicherung des Beweises.

1) Auf das Beweissicherungsverfahren gemäß § 486 Abs. 2 ZPO. ist § 36 Nr. 3 ZPO. entsprechend anwendbar, wenn mehrere in verschiedenen Gerichtsbezirken sich aufhaltende Zeugen in einem einheitlichen Beweissicherungsverfahren vernommen werden sollen. **164,** 307. — 2) Nach Anordnung des Beweissicherungsverfahrens kann — auch im Fall der Gerichtsbestimmung nach § 36 Nr. 3 ZPO. — das (für zuständig erklärte) Gericht das Gericht des Aufenthaltsortes einzelner Zeugen um deren Vernehmung ersuchen. **164,** 307 (309).

§ 318. Richterliche Beweiswürdigung und Schadensschätzung.

1) An die Führung des Beweises im Rechtsstreit sind keine zu hohen Anforderungen zu stellen. Einen jeden Zweifel oder jede Möglichkeit des Gegenteils ausschließende Gewißheit ist auf diesem Wege niemals zu erlangen. Der Richter muß sich vielmehr mit einem so hohen Grad von Wahrscheinlichkeit begnügen, wie er bei möglichst erschöpfender und gewissenhafter Anwendung der vorhandenen Mittel der Entkenntnis entsteht. Ein solcher für das praktische Leben allein brauchbarer Grad von Wahrscheinlichkeit gilt als Wahrheit, und daß Bewußtsein des Richters von dem Vorliegen einer so

ermittelten hohen Wahrscheinlichkeit als die Überzeugung von der Wahrheit. **162,** 223 (229 flg.); **163,** 321 (324). — 2) Wenn um den Zeitpunkt einer bestimmten Rechtshandlung (Rechtsmittelverzichts) herum im allgemeinen oder wenigstens für den in Betracht kommenden Lebensbereich eine krankhafte Willensunfreiheit vorgelegen hat, so bedarf es nicht noch des Nachweises der Geschäftsunfähigkeit für die Abgabe der Rechtshandlung. **162,** 223 (230). — 3) Die Ausführungen des Richters müssen erkennen lassen, daß er die Gutachten der Sachverständigen einer selbständigen, eigenverantwortlichen Prüfung unterzogen hat, sowie auf Grund welcher von ihm angestellter Erwägungen er dazu gelangt ist, die Gutachten bestimmter Sachverständiger allein entscheidend sein zu lassen. **162,** 223 (227). — 4) Ob jemand geschäftsunfähig ist, hat lediglich der Richter nach den Erfahrungen des Lebens und der Wissenschaft in freier Würdigung des gesamten Tatsachenstoffs zu befinden, wobei ihm Gutachten Sachverständiger eine wesentliche Stütze sein werden, ohne daß er aber an das Ergebnis dieser Gutachten gebunden wäre; der Richter ist auch nicht gehindert, nach Maßgabe seiner richterlichen Überzeugung zu den ärztlichen Gutachten in Gegensatz zu treten. **162,** 223 (228 flg.). — 5) Über die Anwendung der Grundsätze des Beweises des ersten Anscheins bei Erkrankungen, namentlich Infektionskrankheiten, hinsichtlich der Entstehungsursache. **165,** 336. — 6) Anscheinsbeweis; ein anderer Ablauf muß in dem Bereich einer ernstlich in Betracht zu ziehenden Möglichkeit liegen. **165,** 336 (340). — 7) Zu §§ 286, 287 ZPO.: Ein Schaden der Klägerin steht fest; andererseits sind die Vertiefungen mit Grundwassersenkungen seitens der Beklagten unstreitig. Streitig ist die Wirkung dieser für jenen, also der ursächliche Zusammenhang. Dessen Beurteilung steht unter der dem richterlichen Ermessen erhöhte Freiheit gewährenden Regel des § 287 ZPO. Diese Regel ist unbedenklich auf den Aufopferungs-Entschädigungsanspruch anzuwenden. So ist die Entscheidung über den ursächlichen Zusammenhang unter Würdigung aller Umstände nach freier Überzeugung des Richters zu treffen. Die Urteilsgründe müssen aber erkennen lassen, daß das wirklich geschehen ist, daß also der Richter selbst die wesentlichen Umstände gewürdigt und daß er sich — unter Beachtung des Vorbringens der Parteien und des in der Beweisaufnahme zutage getretenen Sachverhalts — eine eigene Überzeugung gebildet hat. **167,** 14 (32). — 8) Die Frage des ursächlichen Zusammenhangs zwischen Unfall und Schaden fällt unter die Vorschrift des § 287 ZPO. **168,** 47. — 9) Die Vorschrift des § 287 ZPO. ist dazu gegeben, dem Geschädigten den Nachweis seines Schadens zu erleichtern, indem sie an die Stelle der sonst erforderlichen Einzelbegründung das freie Ermessen des Gerichts setzt; wenn es für das freie Ermessen nicht an allen Unterlagen fehlt, muß das Gericht nötigenfalls zu einer Schätzung greifen. **168,** 47 (48). — 10) Die Entscheidung nach § 287 ZPO. ist auch nicht von einer Beweislast abhängig. **168,** 47 (48). — 11) Auf welche Weise der Beweis zur Feststellung der blutmäßigen Abstammung im Falle des § 158 ABGB. zu erbringen ist, ist durch keine gesetzliche Beweisregel vorgeschrieben, und dem Gericht steht auch hier das Recht der freien Beweiswürdigung unter sorgfältiger Berücksichtigung der Ergebnisse der gesamten Verhandlung und Beweisführung zu. **169,** 219 (220).

§ 319. Unterordnung von Tatsachen unter das Gesetz. Gesetzesanwendung durch den Richter von Amts wegen. Richterliches Ermessen.

— — — — — — — — — —

§ 320. Entscheidungen. Urteile im allgemeinen. Beschlüsse. Verfügungen.

1) Die Verkündung eines von der Kammer des Landgerichts beschlossenen Urteils durch den Einzelrichter ist unzulässig. Ein durch Verstoß hiergegen begründeter Mangel ist jedoch verzichtbar, wenn es sich um eine Streitigkeit handelt, bei der der Einzelrichter im Einverständnis der Parteien an Stelle des Prozeßgerichts hätte entscheiden können. **161,** 61. — 2) Einer Verkündung des in den Urteilsgründen enthaltenen Ausspruchs über die Zulässigkeit der Revision bedarf es nicht. Die Entscheidung RAG. Bd. 21 S. 221 beruht auf den besonderen Bestimmungen des Arbeitsgerichtsgesetzes. **162,** 124. — 3) a. Eine Urteilsausfertigung genügt den Anforderungen des § 317 Abs. 3 ZPO., wenn der Ausfertigungsvermerk von dem Urkundsbeamten zwar nicht leserlich unterschrieben, die Unterschrift aber so charakteristisch ist, daß sie die Feststellung des Unterzeichnenden ohne weiteres ermöglicht, und wenn das Gerichtssiegel beigefügt ist. b. Für die Zustellung eines Urteils genügt es, wenn die beglaubigte Abschrift den Ausfertigungsvermerk enthält und durch die Worte „gez. Unterschrift" erkennen läßt, daß er von einem Urkundsbeamten der Geschäftsstelle unterzeichnet ist, auch wenn der Name des Beamten nicht angegeben ist. **164,** 52. — 4) a. Einer wirksamen Berichtigung der Sitzungsniederschrift steht eine auf die ursprüngliche Fassung gegründete und bereits erhobene Verfahrensrüge nicht entgegen. b. Bei Behinderung des Urkundsbeamten der Geschäftsstelle kann der Vorsitzende allein die Niederschrift berichtigen. **164,** 359. — 5) Durch die Berichtigung eines Urteils nach § 419 ÖstPO. wird eine neue Rechtsmittelfrist nicht in Lauf gesetzt. Diese läuft vielmehr von der ursprünglichen Zustellung des Urteils ab. **170,** 186. — 6) Für die Rechtsmittel gegen ein nach § 319 ZPO. berichtigten Urteils ist es so anzusehen, als ob das Urteil von vornherein in die Fassung des Berichtigungsbeschlusses erlassen worden wäre. **170,** 186 (189). — 7) Sowohl nach der deutschen wie nach der öst. Zivilprozeßordnung kommt es (für § 319 ZPO. und für § 419 ÖstZPO.) darauf an, ob die Abweichung derart ist, daß eine Zustellung der getroffenen Entscheidung nicht mehr als geschehen angesehen werden kann, oder ob dies nicht der Fall ist, weil die Ausfertigung oder die beglaubigte Abschrift nur im Nebensächlichen ungenau oder unrichtig war. **170,** 186 (190).

§ 321. Endurteil. Teilurteil. Zwischenurteil. Urteil nach Lage der Akten. Vorbehaltsurteil. Ausländisches Urteil. Schiedsurteil.

I. Endurteil.

Der Strafbescheid (Festsetzung einer Ordnungsstrafe) der zuständigen Preisüberwachungsstelle kann nicht als ein Urteil in einer Rechtssache im Sinne des § 839 Abs. 2 BGB. angesehen werden, so daß er dem besonderen Schutze dieser Bestimmung unterstehen würde, also als eine Sachentscheidung, die in der äußeren Form eines Urteils ergangen wäre und in prozeßtechnischem

Sinne den Begriff des Urteils erfüllen würde; denn es fehlt an einem den beiden Prozeßordnungen angenäherten, in aller Regel auf mündlicher Verhandlung beruhenden, urteilsmäßig abzuschließenden Verfahren. **162** 230 (235).

II. Teilurteil.

— — — — — — — — — —

III. Zwischenurteil nach § 303 ZPO.

— — — — — — — — — —

IV. Zwischenurteil nach § 304 ZPO.

1) Durch das Grundurteil kann auch über die Art des eingetretenen Schadens entschieden werden; jedoch muß diese Absicht deutlich zum Ausdruck kommen. **161**, 276. — 2) Keine Vorabentscheidung über den Grund des Anspruchs, gerichtet auf Ausschließung eines Gesellschafters aus der offenen Handelsgesellschaft, im Schiedsgerichtsverfahren, keine Vollstreckbarerklärung eines solchen Schiedsspruchs. **169**, 52. — 3) Über die Frage, ob über den Klageanspruch ein Grundurteil ergehen kann, ohne daß über die Aufrechnung des Beklagten und seine Behauptung, der Kläger habe die Klageforderung abgetreten, entschieden wird. **170**, 281.

V. Urteil nach Lage der Akten.

— — — — — — — — — —

VI. Vorbehaltsurteil.

— — — — — — — — — —

VII. Ausländisches Urteil.

1) a. Die Gegenseitigkeit war mit Spanien für die Anerkennung von Scheidungsurteilen während der Geltungsdauer des spanischen Ehescheidungsgesetzes vom 2. März 1932 verbürgt. Seit der durch das spanische Gesetz vom 23. September 1939 verfügten Aufhebung des Ehescheidungsgesetzes ist sie nicht mehr verbürgt. b. Für die Anerkennung von Gestaltungsurteilen genügt es, daß die Gegenseitigkeit zur Zeit des Eintritts ihrer Rechtskraft verbürgt war. **166**, 367. — 2) Bei der Prüfung der Frage, ob das Urteil gegen die guten Sitten oder gegen den Zweck eines deutschen Gesetzes verstieße, ist von dem im Urteil festgestellten Sachverhalt auszugehen. **166**, 367 (373). — 3) Die Vorschriften des § 328 ZPO. lassen die grundsätzliche Auffassung des Gesetzgebers erkennen, daß ausländische Urteile, falls keiner der im Gesetz aufgezählten Versagungsgründe vorliegt, auch in Deutschland ihre Wirkung äußern, ohne daß es eines besonderen Ausspruchs der Anerkennung bedarf. Nur die Zwangsvollstreckung aus einem ausländischen Urteil setzt voraus, daß ihre Zulässigkeit durch ein Vollstreckungsurteil ausgesprochen worden ist (§ 722 ZPO.). Dies gilt auch nur für die Zwangsvollstreckung im engeren Sinne. **166**, 367 (376). — 4) Eine der Vollstreckungsklage zuvorkommende Klage auf Feststellung des Nichtbestehens der im

Urteil eines ausländischen Gerichts ausgesprochenen Verpflichtung ist zulässig. Im Rahmen dieser Feststellungsklage kann aber auf das ursprüngliche Schuldverhältnis nur zurückgegangen werden, wenn dem ausländischen Urteil die Anerkennung nach § 328 ZPO. versagt werden muß. **167,** 373. — 5) Einem ausländischen Urteil ist die Anerkennung zu versagen, wenn sie dem Zweck eines deutschen Gesetzes zuwiderlaufen würde, mit welchem die deutsche Gesetzgebung ein bestimmtes Ziel in einer die Grundlagen des staatlichen und wirtschaftlichen Lebens berührenden Frage aus bestimmten staatspolitischen, sozialen oder wirtschaftlichen Anschauungen, nicht jedoch nur aus Zweckmäßigkeitserwägungen verfolgt. Mit der Begründung, daß die Anerkennung des Urteils gegen die guten Sitte verstieße, kann die Anerkennung eines Urteils nur versagt werden, wenn es nach deutscher Auffassung auf unsittlicher Grundlage beruht, also die Forderung in sittlich verwerflicher Weise begründet. **167,** 373 (382).

VIII. Schiedsurteil.

Aufhebung einer Gemeinschaft (Kartellquote). Zur Fällung eines Schiedsspruchs ist das ordentliche Gericht nicht befugt, abgesehen vom Schiedsurteil gemäß §§ 18, 19 EntlVO. **169,** 232.

§ 322. Anerkenntnisurteil. Versäumnisurteil. Einspruch. Verlustigkeitsurteil.

1) Im Falle des § 337 ZPO. bedeutet das Wort „kann" nach dem Grundgedanken der Vorschrift nicht, daß es im freien, durch Rechtsmittel nicht anfechtbaren Ermessen des Gerichts stände, ob es unter Ablehnung der Vertagung das Versäumnisurteil auch dann erläßt, wenn das Nichterscheinen der Partei auf einem unabwendbaren Zufall beruht. Das Gericht ist vielmehr verpflichtet, die Verhandlung zu vertagen, wenn eine der Voraussetzungen des § 337 ZPO. vorliegt. Ist gleichwohl dem Antrag auf das Versäumnisurteil stattgegeben worden, so ist das Urteil nicht „in gesetzlicher Weise" (§ 344 ZPO.), sondern verfahrenswidrig ergangen, und zwar auch dann, wenn dem Gericht die Tatsachen, die zur Vertagung hätten Anlaß geben müssen, nicht erkennbar waren. **166,** 246 (248). — 2) Durch den zulässigen Einspruch des Klägers gegen das seine Berufung zurückweisende und auf die Anschlußberufung der Beklagten die Klage in vollem Umfange abweisende Versäumnisurteil wird der Rechtsstreit in die Lage zurückversetzt, in welcher er sich vor Eintritt der Versäumnis befand. Daraus folgt, daß der Kläger so gestellt werden muß, wie er gestanden hätte, wenn er in dem versäumten Termin erschienen wäre. Die Tatsache, daß die Beklagten, indem sie Versäumnisurteil beantragten, mündlich verhandelt haben, ist dabei nicht zu beachten. Die Wirkung dieser erst nach Eintritt der Säumnis geschehenen Verhandlung ist durch den Einspruch wieder beseitigt worden. Der Kläger kann daher seine Berufung ohne Einwilligung des Beklagten wieder zurücknehmen und damit die Anschlußberufung der Beklagten unwirksam machen. Die Beseitigung der Versäumnisfolgen tritt ohne Rücksicht darauf ein, ob der Säumige im Einspruchsschriftsatz beschränkte Sachanträge angekündigt hat. **167,** 293.

§ 323. Tatbestand und Entscheidungsgründe des Urteils. Urteilsformel. Berichtigung und Ergänzung des Urteils. Förmliche Rechtskraft.

I. Tatbestand. Berichtigung und Ergänzung des Urteils.

Bei einem Widerspruch zwischen Sitzungsniederschrift und Tatbestand ist der Inhalt der Sitzungsniederschrift maßgebend. **162,** 337 (340).

II. Urteilsformel.

— — — — — — — — — — —

III. Entscheidungsgründe.

— — — — — — — — — — —

IV. Förmliche Rechtskraft. (Sachliche Rechtskraft s. § 19.)

1) Hat der Beklagte die Aufrechnung einer Gegenforderung geltend gemacht, so ist auch die Entscheidung, daß die Gegenforderung nicht mehr bestehe, bis zur Höhe des Betrags, für den die Aufrechnung erklärt worden ist, der Rechtskraft fähig. **161,** 167. — 2) Die Rechtskraft eines die Ehe scheidenden Urteils wird durch die auf die Schuldfrage beschränkte Berufung im ganzen Umfange gehemmt (öst. Recht). **161,** 222. — 3) Über die Frage, inwieweit im Patentnichtigkeitsverfahren ergehende Urteile der Rechtskraft fähig sind, und die damit im Zusammenhang stehende Frage, ob die unterliegende Partei durch das Urteil beschwert und daher zur Einlegung der Berufung befugt ist, gelten die allgemeinen Verfahrensgrundsätze. **170,** 346 (349).

§ 324. Prozeßvergleich.

1) Ist in einem Prozeßvergleich über die Form eines vorbehaltenen Widerrufs nichts vereinbart worden, so muß der Widerruf als sachlich-rechtliche, empfangsbedürftige Willenserklärung gegenüber dem Vergleichsgegner ausgesprochen werden. Die Erklärung des Widerrufs gegenüber dem Prozeßgericht ist in diesem Falle wirkungslos. **161,** 253. — 2) Ein außergerichtlicher Vergleich beendet den Rechtsstreit nicht von selbst, sondern gewährt nur eine dem sachlichen Recht angehörende Einrede gegen die Fortsetzung des Rechtsstreits. **161,** 350 (353). — 3) Die Frage, ob ungeachtet der im Schrifttum erhobenen Widersprüche an der bisherigen Rechtsprechung des Reichsgerichts festzuhalten ist, daß die Nichtigkeit eines außergerichtlichen Vergleichs, der an sich wirksam zustande gekommen, aber wegen Irrtums oder arglistiger Täuschung angefochten ist, in der Regel nicht durch Fortsetzung des bisherigen Rechtsstreits geltend gemacht werden könne, wird nicht grundsätzlich entschieden. Unter den besonderen Umständen des Falles wird es aber aus Gründen der Prozeßwirtschaftlichkeit zugelassen, den Streit über die Anfechtung im selben Rechtsstreit auszutragen, obwohl die Anfechtung (wegen arglistiger Täuschung) möglicherweise eine — wenn auch wenig umfangreiche — Beweisaufnahme erforderlich macht. **162,** 198. — 4) Die unter 3) behandelte Frage ist von Amts wegen zu beachten. **162,** 198 (199). — 5) Kein wirksamer Verzicht auf das Recht, die Feststellung

der blutmäßigen Abstammung zu betreiben. **164**, 62. — 6) Die gerichtliche Beurkundung eines Prozeßvergleichs genügt zur Wahrung der Form des § 313 BGB.; dies gilt auch von der Beurkundung im Beschwerdeverfahren einer Zwangsversteigerung. **165**, 161. — 7) Daß ein im Erkenntnisverfahren abgeschlossener, in der vorgeschriebenen Form (§§ 159, 160 Abs. 2 Nr. 1 und Abs. 3, §§ 162, 163 ZPO.) niedergeschriebener Vergleich einem gerichtlich oder notarisch beurkundeten Vertrag in der Form gleichsteht, ist anerkannten Rechtes. **165**, 161 (162).

§ 324a. Verfahren vor den Amtsgerichten.

— — — — — — — — — —

§ 324b. Verfahren vor dem Einzelrichter.

Die Verkündung eines vor der Kammer des Landgerichts beschlossenen Urteils durch den Einzelrichter ist unzulässig. Ein durch Verstoß hiergegen begründeter Mangel ist jedoch verzichtbar, wenn es sich um eine Streitigkeit handelt, bei der der Einzelrichter im Einverständnis der Parteien an Stelle des Prozeßgerichts hätte entscheiden können. **161**, 61.

5. Rechtsmittel.

§ 325. Gemeinsame Bestimmungen für Berufung und Revision. Verzicht auf das Rechtsmittel. Zurücknahme. Verbot der reformatio in pejus.

1) Die Wirkungen eines nach Einlegung des Rechtsmittels erklärten Verzichts auf das Recht der Revision und einer Zurücknahme des eingelegten Rechtsmittels sind zu unterscheiden. **161**, 350 (356 flg.). — 2) Die Zulässigkeit eines Rechtsmittels kann nicht mit dem Einwand bekämpft werden, daß es aus Schikane eingelegt sei. **162**, 65. — 3) Nach § 511a ZPO. sind mehrere Klaganspruche zusammenzurechnen. Für das Rechtsmittel einer und derselben Partei sind Klage- und Widerklageanspruch als mehrere Ansprüche im Sinne des § 5 Halbsatz 1 ZPO. anzusehen. Wenn Klage und Widerklage nicht denselben Streitgegenstand betreffen, sind auch die Gegenstände der Klage und Widerklage zusammenzurechnen. Hängt bei echter Häufung mehrerer Ansprüche die Anfechtbarkeit des ergangenen Urteils, soweit es auch über beschränkt rechtsmittelfähige Ansprüche entscheidet, nach § 5 ZPO. vom Gesamtwert aller Ansprüche ab, so muß erforderlichenfalls auch bei dem unbeschränkt rechtsmittelfähigen Anspruch der Wert des Beschwerdegegenstandes festgestellt werden und für diesen Fall gelten auch gegenüber der Vorschrift im § 2 die Bestimmungen in §§ 3 bis 9 ZPO. **164**, 325 (327). — 4) Auch bei Bemessung der Beschwer des Beklagten kann ein etwa bei diesem vorhandenes stärkeres Interesse nicht über das den Streitwert bildende Interesse des Klägers hinaus berücksichtigt werden. **164**, 325 (328). — 5) Zulässigkeit der Berichtigung der Sitzungsniederschrift des Berufungsgerichts durch den Vorsitzenden allein bei Behinderung des Urkundsbeamten der Geschäftsstelle, und zwar auch, nachdem eine Verfahrensrüge schon erhoben ist. **164**, 359. — 6) Die Rechtsprechung hat den Wegfall der sachlichen Beschwer nach Erlaß des angefochtenen Urteils als Grund für die Unzulässigkeit

des Rechtsmittels der Berufung wie der Revision angesehen und ist in eine Prüfung des Nochvorhandenseins des erforderlichen Umfangs der Beschwer als Voraussetzung für die Zulässigkeit beider Rechtsmittel eingetreten. Sie hat überhaupt das der wahren Sachlage, nämlich der wirklich (noch) gegebenen Beschwer widersprechende, bloß förmliche Vorhandensein der Revisionssumme für unbeachtlich erklärt. **165,** 85 (88). — 7) Durch den zulässigen Einspruch des Klägers gegen das seine Berufung zurückweisende und auf die Anschlußberufung der Beklagten die Klage im vollen Umfange abweisende Versäumnisurteil wird der Rechtsstreit in die Lage zurückversetzt, in welcher er sich vor Eintritt der Versäumnis befand. Daraus folgt, daß der Kläger so gestellt werden muß, wie er gestanden hätte, wenn er in dem versäumten Termin erschienen wäre. Die Tatsache, daß die Beklagten, indem sie Versäumnisurteil beantragten, mündlich verhandelt haben, ist dabei nicht zu beachten. Die Wirkung dieser erst nach Eintritt der Säumnis geschehenen Verhandlung ist durch den Einspruch wieder beseitigt worden. Der Kläger kann daher seine Berufung ohne Einwilligung der Beklagten wieder zurücknehmen und damit die Anschlußberufung der Beklagten unwirksam machen. Die Beseitigung der Versäumnisfolgen tritt ohne Rücksicht darauf ein, ob der Säumige im Einspruchsschriftsatz beschränkte Sachanträge angekündigt hat. **167,** 293. — 8) Maßgebend für die Zulässigkeit eines Rechtsmittels ist der Zeitpunkt seiner Einlegung. Spätere Verminderungen des Beschwerdegegenstandes bleiben außer Betracht, es sei denn, daß sie auf willkürlicher Beschränkung des Rechtsmittels beruhen. — Die bisherige, hiervon abweichende Rechtsprechung des Reichsgerichts wird aufgegeben. **168,** 355. — 9) Durch die Berichtigung eines Urteils nach § 419 ÖstZPO. wird eine neue Rechtsmittelfrist nicht in Lauf gesetzt. Diese läuft vielmehr von der ursprünglichen Zustellung des Urteils ab. **170,** 186. — 10) Für die Rechtsmittel gegen ein nach § 319 ZPO. berichtigtes Urteil ist es so anzusehen, als ob das Urteil von vornherein in der Fassung des Berichtigungsbeschlusses erlassen worden wäre. **170,** 186 (189).

§ 326. Zulässigkeit der Berufung. Anschließung.

I. Zulässigkeit der Berufung.

1) Wird das Armenrechtsgesuch im Laufe des letzten Tages einer nach vollen Tagen (Wochen, Monaten) bestimmten Nachweisefrist eingereicht, so wird dieser Tag nach Beendigung der Hemmung voll der Frist zugerechnet, so daß eine am Tage nach Beendigung der Hemmung nachgewiesene Zahlung rechtzeitig geschehen ist. **161,** 125. — 2) Selbst wenn über beide Rechtsmittel gleichzeitig verhandelt und entschieden wird, muß für jedes die Berufungssumme vorhanden sein. **163,** 252 (253). — 3) Eine Berufung kann innerhalb der Berufungsfrist wiederholt werden, wenn die erste Berufung aus irgendeinem Grunde unzulässig war oder geworden ist. **164,** 52 (53). — 4) Eine rein förmliche Berufungsbegründung, die lediglich ausführt, die An- und Ausführungen des ersten Rechtsgangs würden wiederholt und Beweismittel blieben vorbehalten, wird dem § 519 Abs. 3 Nr. 2 ZPO. nicht gerecht, der

die bestimmte Bezeichnung der im einzelnen anzuführenden Berufungsgründe sowie der neuen Tatsachen, Beweismittel und Beweiseinreden verlangt, welche die Partei zur Rechtfertigung ihrer Berufung vorzubringen hat. **164,** 52 (57). — 5) Bei teilweiser Bewilligung des Armenrechts ist eine Aufforderung zur Zahlung der danach noch geschuldeten Prozeßgebühr und eine Fristsetzung zum Nachweis der Zahlung dieser notwendig. Eine vor der teilweisen Armenrechtsbewilligung ergangene Fristbestimmung ist bedeutungslos geworden. **164,** 316. — 6) An der Rechtsprechung wird festgehalten, wonach Anlagen zur Berufungsbegründung, die nicht vom Berufungsanwalt unterzeichnet sind, auch dann nicht als Bestandteile dieser Begründung im Sinne der vorbezeichneten Verfahrensvorschrift angesehen werden können, wenn der Berufungsanwalt in der von ihm unterzeichneten Begründungsschrift auf sie Bezug nimmt und erklärt, daß er sich ihren Inhalt zu eigen mache. Deshalb kommt es nicht darauf an, ob eine solche Anlage etwa für sich betrachtet, selbst die Anforderungen erfüllen würde, die an eine Begründungsschrift zu stellen sind. **164,** 390. — 7) Es kann dahingestellt bleiben, ob der Meinung beizutreten ist, daß, sofern bei unstreitigem oder sonst völlig geklärtem Sachverhalt nur die rechtliche Beurteilung zweifelhaft ist, der unterlegene Streitteil den Anforderungen des § 519 Abs. 3 Nr. 2 ZPO. genügt, wenn er zur Begründung der Berufung auf sein im landgerichtlichen Urteil wiedergegebenes Vorbringen im ersten Rechtszuge Bezug nimmt. Der Gesetzgeber hat die einschlägigen Formvorschriften mit voller Absicht u. a. auch zu dem Zwecke verschärft, den Berufungsführer zu zwingen, daß er sein Vorbringen aus dem ersten Rechtszuge selbst straff zusammenfasse, daß er diesen Rechtszug nicht nur als einen Versuchsabschnitt behandle und daß er das, was er (auch) in rechtlicher Hinsicht gegen das angefochtene Urteil vorzubringen hat, nicht etwa nur zusammenträgt (wie das durch die bloße Bezugnahme auf das Vorbringen im ersten Rechtszuge noch nicht einmal geschieht), sondern in der Berufungsbegründung unter eigner neuer Überprüfung nach Maßgabe der abweichenden rechtlichen Auffassung des Erstrichters zusammengefaßt dem Berufungsrichter so unterbreitet, daß sich dieser, wie auch der Gegner, möglichst schnell und sicher über die Art unterrichten kann, wie der Berufungsführer den Streitfall beurteilt wissen will. Der Rechtsstreit soll dabei nicht mehr etwa bloß vor einem höheren Gericht fortgeführt, sondern es soll ein Urteil als unrichtig bekämpft und die hierzu maßgebende Marschrichtung durch die Berufungsbegründung festgelegt werden. Diese danach zu gestalten, ist zur Aufgabe des Berufungsanwalts gemacht worden. **164,** 390 (392 flg.). — 8) Unklarheiten, wie sie sich darüber ergeben, ob alles, was das Gericht in tatsächlicher Beziehung festgestellt hat, vom Berufungskläger hingenommen wird oder was davon er nicht gelten lassen, sondern bestreiten, anders darstellen und erforderlichenfalls beweisen will und mit welchen Beweismitteln, sollen gerade durch die Anforderungen, die das Gesetz an die Berufungsbegründung stellt, vermieden werden. **164,** 390 (395). — 9) Beilagen der Begründungsschrift müssen vom Berufungsanwalt unterschrieben sein, wenn sie als seine eigenen Erklärungen und damit als Bestandteile der Begründungsschrift gelten sollen. **164,** 390 (395). — 10) Die bloße Bezugnahme auf ein nicht vom Berufungsanwalt selbst unterzeichnetes Schriftstück (Anlage) genügt auch dann nicht zur Berufungsbegründung, wenn gleichzeitig erklärt wird, der Inhalt dieses Schriftstücks werde vorgetragen oder in Bezug genommen oder der Unterzeichner mache ihn sich zu eigen; denn darin liegt kein sachlicher Unterschied von einer bloßen Bezugnahme. **164,** 390, 395 flg. — 11) Dadurch, daß der Kläger im Laufe des Berufungsverfahrens auf einen Teil seines Anspruchs verzichtet, wird die zulässigerweise eingelegte Berufung des Beklagten nicht unzulässig, auch wenn der im Streit bleibende Rest des Anspruchs die Berufungssumme nicht mehr erreicht. **165,** 85. — 12) Der Kläger kann nicht dadurch, daß er im Laufe des Berufungsverfahrens auf einen Teil seines Anspruchs verzichtet, die zulässigerweise eingelegte Berufung des Beklagten unzulässig machen. Ebensowenig, wie bei einem berufungsfähigen Urteil dadurch, daß das Berufungsgericht zunächst nur über einen Teil des in die Berufung gelangten Anspruchs entscheidet, der verbleibende Restanspruch die Berufungsfähigkeit verliert, kann infolge eines vom Berufungsbeklagten erklärten Teilverzichts oder Teilanerkenntnisses die Zulässigkeit der Berufung für den Rest wegfallen. **165,** 85 (87 flg.). — 13) Im Abstammungsrechtsstreit beginnt der Lauf der Berufungsfrist mit der Amtszustellung. **166,** 126. — 14) Die spätestens mit dem Ablauf von fünf Monaten nach der Verkündung des Urteils beginnende Frist des § 516 ZPO. ist selbst keine Frist, deren Lauf durch die Folge von Ereignissen für den Rechtsstreit (§ 249 ZPO.) beeinflußt würde, sondern dieser Zeitraum stellt nur diejenige kalendermäßige Größe dar, deren Ende den Zeitpunkt bezeichnet, an dem die wirklich in Betracht kommende Frist, die Berufungsfrist, — spätestens — beginnt. **167,** 215 (217). — 15) a. Eine nach Einreichung eines Armenrechtsgesuchs für die Berufungsinstanz, aber vor Entscheidung über dieses gesetzte Endtagsfrist zum Nachweis der Zahlung der Prozeßgebühr gemäß § 519 Abs. 6 ZPO. ist nur dann wirksam, wenn der Endtermin so weit über die Zustellung des das Armenrecht ablehnenden Beschlusses hinausreicht, daß auch nach Ablauf der weiteren 2 Wochen des § 519 Abs. 6 Satz 4 genügender Zeitraum für die Zahlung verbleibt. Keinesfalls ist eine solche Frist in eine Zeitraumsfrist umzurechnen. — b. Wird der Geschäftsstelle des Berufungsgerichts ein Verrechnungsscheck über den Betrag der nach § 519 Abs. 6 ZPO. angeforderten Prozeßgebühr so rechtzeitig eingereicht, daß bei ordnungsmäßigem Geschäftsgang mit der Einlösung (Gutschrift) des Schecks vor Fristablauf zu rechnen ist, und findet die Gutschrift dann auch tatsächlich noch rechtzeitig statt, dann ist, falls der Scheck seinem Inhalte nach in Ordnung ist und auch sonst keinen Anlaß zu erheblichen Bedenken gibt, der Zahlungsnachweis bereits mit der Einreichung des Schecks als erbracht anzusehen. **168,** 236. — 16) Grundsätzlich kann nur ein einziges Armenrechtsgesuch, sofern es wenigstens sachlich beschieden ist, fristhemmende Wirkung haben. **168,** 236 (238). — 17) Einer Fristsetzung nach § 519 Abs. 6 ZPO. mit Endtagsfrist kann eine Bedeutung nur zukommen, wenn der Endtermin so weit über die Zustellung des das Armenrecht ablehnenden Beschlusses hinausreicht, daß auch nach Ablauf von weiteren 2 Wochen genügender Zeitraum für die Zahlung bleibt. **168,** 236 (239). — 18) Die glaubhafte Mitteilung einer bewirkten Posteinzahlung genügt als Zahlungsnachweis, sofern sich aus ihr der Betrag, der Tag der Überweisung und die genaue Bezeichnung des Empfängers ergeben. **168,** 236 (239 flg.). — 19) Der Beschluß, durch den nach § 6 der 3. VereinfachungsVO. vom 16. Mai 1942 die Berufung als offensichtlich unbegründet verworfen wird, kann — die Statthaftigkeit und Zulässigkeit des Rechtsmittels im übrigen vorausgesetzt — unerwartet des Ablaufs der Nachweisfrist des § 519 Abs. 6 ZPO., vor Ablauf der Begründungsfrist des § 519 Abs. 2 ZPO. hingegen nur dann erlassen werden, wenn eine den gesetzlichen Anforderungen entsprechende Begründung eingegangen ist. **169,** 295.

II. Anschließung.

1) Zur Anschließung an die Berufung genügt jede schriftliche, jedoch nicht nur mündliche, Erklärung, die dem Sinne nach die Abänderung des Urteils zugunsten der in Frage kommenden Partei erstrebt, so z. B. die Stellung eines Antrags auf Abänderung des Urteils. **161,** 167 (169). — 2) Die Anschlußberufung kann auch bedingt eingelegt werden, d. h. für den Fall, daß dem Hauptantrag auf Zurückweisung der Berufung nicht entsprochen werden sollte; denn sie ist kein selbständiger, den Berufungsrechtszug eröffnender Antrag. **168,** 284 (285). — 3) Der Beklagte, der sich der Berufung des Klägers mit dem Antrag auf Klagabweisung angeschlossen, diesen Antrag aber in mündlicher Verhandlung vor dem Berufungsgericht, nicht verlesen hat, weil ihm insoweit das Armenrecht versagt worden war, ist nicht gehindert, im weiteren Verfahren vor dem Berufungsgericht auf den Antrag seiner Anschlußberufung zurückzugreifen. **169,** 140 (143). — 4) Die sogenannte unselbständige Anschlußberufung kann rechtswirksam so lange begründet werden, als eine Anschlußberufung überhaupt noch würde eingelegt werden können, d. h. grundsätzlich bis zur letzten mündlichen Verhandlung vor dem Berufungsgericht. **170,** 18.

§ 327. Verfahren in der Berufungsinstanz.

1) Ist die Ehe vom Landgericht auf Grund des § 49 EheG. geschieden worden und hat hiergegen der Beklagte Berufung eingelegt, so braucht der Kläger, wenn er die Klage im zweiten Rechtszuge hilfsweise auf § 50 EheG. stützen will, zu diesem Zwecke nicht Berufung oder Anschlußberufung einzulegen; denn mit der Scheidung aus § 50 sind für den Beklagten keine Wirkungen verbunden, die zu seinen Ungunsten über die Wirkungen des bisherigen Urteils hinausgingen. Wohl aber muß der Kläger Berufung oder Anschlußberufung einlegen, wenn er dem im ersten Urteile gegen ihn auf Grund der § 60 Abs. 3 EheG. ergangenen Schuldausspruch beseitigt wissen will. **161,** 216. — 2) Verzicht auf das Recht der Berufung. **161,** 350. — 3) Das Berufungsgericht kann nicht gleichzeitig einen Einwand, z. B. Verwirkung, als verspätet vorgebracht nach § 529 Abs. 2 Satz 1 ZPO. zurückweisen und sachlich über den Einwand entscheiden. War die sofortige Sachentscheidung möglich, so konnte die Berücksichtigung des Einwandes die Erledigung des Rechtsstreits nicht verzögern, und es fehlt an einer wesentlichen Voraussetzung für die Nichtzulassung. **162,** 282 (291). — 4) Das Neuerungsverbot des österreichischen Zivilprozeßrechts besteht nicht im

Berufungsverfahren für den Antrag der beklagten Partei auf Mitschulderklärung der klagenden Partei an der Ehescheidung. **162,** 402. — 5) Grundsätzliches über die Bedeutung des Berufungsverfahrens, das nicht einen bloßen Versuchsabschnitt darstellt. Der Rechtsstreit soll nicht mehr etwa bloß vor einem höheren Gericht fortgeführt, sondern es soll ein Urteil als unrichtig bekämpft und die hierzu maßgebende Marschrichtung durch die Berufungsbegründung festgelegt werden. **164,** 390 (393). — 6) Der in dem nicht selbständig anfechtbaren Beschluß enthaltene Ausspruch der Zulässigkeit der Berufung — insbesondere auch der die Wiedereinsetzung gewährende Beschluß — kann mit der Revision gegen das Berufungsurteil zur Nachprüfung des Revisionsgerichts gebracht werden. Die entgegengesetzte frühere Rechtsprechung wird aufgegeben. **167,** 213. — 7) Durch den zulässigen Einspruch des Klägers gegen das seine Berufung zurückweisende und auf die Anschlußberufung des Beklagten die Klage in vollem Umfange abweisende Versäumnisurteil wird der Rechtsstreit in die Lage zurückversetzt, in welcher er sich vor Eintritt der Versäumnis befand. Daraus folgt, daß der Kläger so gestellt werden muß, wie er gestanden hätte, wenn er in dem versäumten Termin erschienen wäre. Die Tatsache, daß die Beklagten, indem sie Versäumnisurteil beantragten, mündlich verhandelt haben, ist dabei nicht zu beachten. Die Wirkung dieser erst nach Eintritt der Säumnis geschehenen Verhandlung ist durch den Einspruch wieder beseitigt worden. Der Kläger kann daher seine Berufung ohne Einwilligung der Beklagten wieder zurücknehmen und damit die Anschlußberufung der Beklagten unwirksam machen. Die Beseitigung der Versäumnisfolgen tritt ohne Rücksicht darauf ein, ob der Säumige im Einspruchsschriftsatz beschränkte Sachanträge angekündigt hat. **167,** 293. — 8) § 538 Nr. 3 ZPO. ist auf den Fall der sogenannten Stufenklage (auf Auskunft bzw. Rechnungslegung und Zahlung des Schuldbetrages) entgegen RGZ. Bd. 56 S. 119 für entsprechend anwendbar. **169,** 127. — 9) Der Beklagte, der sich der Berufung des Klägers mit dem Antrag auf Klagabweisung angeschlossen, diesen Antrag aber in der mündlichen Verhandlung vor dem Berufungsgericht nicht verlesen hat, weil ihm insoweit das Armenrecht versagt worden war, ist nicht gehindert, im weiteren Verfahren vor dem Berufungsgericht auf den Antrag seiner Anschlußberufung zurückzugreifen. **169,** 140 (143).

§ 328. Urteil des Berufungsgerichts.

— — — — — — — — — — — —

§ 329. Zulässigkeit der Revision. Wert des Beschwerdegegenstandes. Revisionssumme. Einlegung und Begründung. Frist. Anschließung. Zurücknahme.

1) Im Fall des Zusammentreffens von Ansprüchen aus Amtspflichtverletzung und aus Gefährdungshaftung des Beklagten aus dem Kraftfahrzeuggesetz ist die Revision zulässig, soweit es sich um die Frage handelt, ob der Beklagte aus der Amtspflichtverletzung in Anspruch genommen werden kann. **161,** 199 (200 flg.). — 2) Hat in erster Instanz ein Arbeitsgericht oder die arbeitsgerichtliche Abteilung eines Amtsgerichts im Sudetenland und in zweiter Instanz das Landgericht als Arbeitsberufungsgericht,

wenn auch stillschweigend, seine sachliche Zuständigkeit angenommen, so ist das Revisionsgericht daran gebunden und die Zulässigkeit der Revision nach § 34 des tschechoslowakischen Arbeitsgerichtsgesetzes vom 4. Juli 1931 zu beurteilen. **161,** 373. — 3) Wird geltend gemacht, daß ein besonderer Rechtszug unter Ausschluß des ordentlichen Rechtswegs geschaffen sei, so handelt es sich weder um die prozeßhindernde Einrede aus § 274 Abs. 2 Nr. 3 ZPO. noch um die Einrede der sachlichen Unzuständigkeit nach § 274 Abs. 2 Nr. 1 das., sondern um die Frage der Unzulässigkeit des Rechtswegs; dann ist die Revision ohne Rücksicht auf den Wert des Beschwerdegegenstandes zulässig. **162,** 37 (39). — 4) Einer Verkündung des in den Urteilsgründen enthaltenen Ausspruchs über die Zulässigkeit der Revision bedarf es nicht. Die Entscheidung RAG. Bd. 21 S. 221 beruht auf den besonderen Bestimmungen des Arbeitsgerichtsgesetzes. **162,** 124. — 5) Forderungen von Streitgenossen sind bei der Berechnung der Revisionssumme zusammenzurechnen. **161,** 350 (351). — 6) Die Beschwerdesumme muß auch noch bei Schluß der Verhandlung vorhanden sein; ist in der Zwischenzeit der Umfang des Beschwerdegegenstandes zufolge von Handlungen der Parteien oder zufolge zufälliger, von ihrem Willen unabhängiger Ereignisse unter die Revisionssumme gesunken, so ist die Revision unzulässig geworden. **161,** 350 (351). — 7) Über die Zulässigkeit der Revision, auch ohne Revisionssumme, beim Beamtenverhältnis eines Gemeindebeamten. **163,** 193 (195). — 8) Der Anspruch auf Feststellung, daß die Ausschließung aus einer Genossenschaft rechtsunwirksam sei, ist jedenfalls dann ein vermögensrechtlicher, wenn die Ausschließung damit begründet ist, daß der Genosse durch ehrenrühriges Verhalten die Genossenschaft geschädigt habe. **163,** 200 (202). — 9) Die Unzulässigkeit des Beitritts braucht nicht erst durch ein Zwischenurteil nach § 71 ZPO. ausgesprochen zu werden, wenn die Revision nur von dem Streitgehilfen eingelegt worden ist; in diesem Fall kann das Rechtsmittel gleich nach § 554a ZPO. als unzulässig verworfen werden. **163,** 361 (364 flg.). — 10) Gegen Urteile in Vaterschaftsprozessen ist die Revision stets zulässig. **164,** 45. — 11) Die Zulässigkeit der Revision (Höhe des Beschwerdegegenstandes) ist bei echten Streitgenossen nach der Summe der von diesen Streitgenossen oder gegen sie geltend gemachten, im Revisionsverfahren noch strittigen Ansprüche zu beurteilen. **164,** 90; 255 (256). — 12) Zulässigkeit der Revision beim Zusammentreffen von Ansprüchen aus § 7 KFG. und aus Art. 131 WeimVerf. mit § 839 BGB. nach § 547 Nr. 2 ZPO., § 71 Abs. 2 Nr. 2 GVG. **164,** 264 (266). — 13) Bei Häufung einer vorentscheidenden Klage auf Scheidung oder Aufhebung einer Ehe mit einer vermögensrechtlichen Klage aus der Ehe erstreckt sich die Zulassung der Revision auch auf den Teil des Urteils über das vermögensrechtliche Begehren, bei Unterhaltsbegehren aus dem Gesetz jedoch nicht, wenn nur die Bemessung angefochten wird. **164,** 287. — 14) Bei Verbindung nichtvermögensrechtlicher Ansprüche mit vermögensrechtlichen gibt, wenn die Revision sich gegen das ganze Urteil richtet, für ihre Zulässigkeit der nichtvermögensrechtliche Teil, soweit er für den andern Teil des Urteils vorentscheidend ist, den Ausschlag, ohne daß es für die Anfechtbarkeit des vermögensrechtlichen Teils des Vorhandenseins der Revisionssumme bedarf. **164,** 287 (289). — 15) Ist eine

Berufung in einer an sich nicht revisionsfähigen Sache teils als unzulässig verworfen, teils als unbegründet zurückgewiesen worden, so ist der gemäß § 547 Nr. 1 ZPO. zulässigen Revision auch der nach sachlicher Prüfung ergangene, auf Zurückweisung lautende Teil des Berufungsurteils zugänglich, wenn zu diesem Teil das Urteil ausweislich der Gründe wesentlich mit auf dem Ausspruch ruht, daß zufolge der Teilverwerfung über einen Grundbestandteil des sachlich geprüften Anspruchs bereits rechtskräftig entschieden sei. **164,** 325. — 16) Für die Zulässigkeit der Revision im Bereiche des § 547 Nr. 1 ZPO. genügt es, daß die Beklagten geltend machen, sie seien durch die Behandlung ihrer Berufung als teilweise unzulässig beschwert. Die Frage, ob ihnen damit Unrecht geschehen ist, betrifft die Begründetheit ihrer Revision, nicht deren Zulässigkeit. **164,** 325 (332). — 17) Wenn der auf Grund der Amtshaftung für einen Beamten oder Soldaten aus dessen Verschulden bei einer Dienstfahrt verurteilte Fiskus zugleich auch als Halter des zu der Dienstfahrt benutzten Kraftfahrzeugs verurteilt worden ist, ist beim Fehlen der Revisionssumme die Nachprüfung insoweit, als die Verurteilung auf der Gefährdungshaftung beruht, ausgeschlossen. Wenn das Revisionsgericht im Rahmen der Nachprüfung der Amtshaftung und des Einwandes des mitwirkenden Verschuldens des Verletzten die Verteilung des Schadens beanstandet, dann kann auch die auf Grund der Gefährdungshaftung ausgesprochene Verurteilung des Halters nicht aufrechterhalten werden, sofern aus dem Urteil des Berufungsgerichts nicht zu ersehen ist, ob die Verurteilung in voller Höhe oder zu einem bestimmten Teile auch auf der Gefährdungshaftung allein beruht. **164,** 341. — 18) Nur soweit ein Anspruch (s. Nr. 17) bevorrechtigt ist und für ihn die Voraussetzungen des § 547 Nr. 2 ZPO. gegeben sind, ist seine Nachprüfung im Revisionsverfahren möglich; alle damit in Zusammenhang stehenden sonstigen Klagebegründungen, für die es an der Revisionssumme fehlt, scheiden aus. **164,** 341 (345). — 19) Weist ein Oberlandesgericht eine Revision mit Beschluß als unzulässig zurück, so ist dagegen der Rekurs an das Reichsgericht zulässig. Der Beschluß vom 25. April 1940 VIII B 10/40 wird nicht aufrechterhalten. **165,** 107. — 20) Die Revision ist unzulässig geworden und muß verworfen werden, wenn nach der Einlegung des Rechtsmittels der Umfang des Beschwerdegegenstandes zufolge von Handlungen der Parteien oder zufolge zufälliger, von ihrem Willen unabhängiger Ereignisse unter die Revisionssumme gesunken ist. Dieser Grundsatz bezieht sich aber nicht auf den Fall, daß der Umfang des Beschwerdegegenstandes durch Teilverzicht oder Teilanerkenntnis des Rechtsmittelgegners unter die Revisionssumme gesunken ist. **165,** 85 (89 flg.). — 21) Nach ostmärkischem Prozeßrecht sind unzählige Revisionen schon vom Prozeßgericht erster Instanz zurückzuweisen. Gegen den Zurückweisungsbeschluß des Prozeßgerichts ist der Rekurs zulässig. Gegen die Annahme der Revision durch das Prozeßgericht des ersten Rechtsgangs ist ein abgesondertes Rechtsmittel nicht zulässig; vielmehr können Einwendungen gegen die Zulässigkeit der Revision nach deren Annahme vom Gegner nur in der Revisionsbeantwortung erhoben werden. Das Berufungsgericht kann aber trotzdem die ihm vom Prozeßgericht des ersten Rechtsgangs vorgelegte Revision als unzulässig zurückweisen. **165,** 107 (108). — 22) Ob ein Schadensersatzanspruch gegen die verklagte Kasse als Träger der Krankenversicherung auch nach der neuen Gestaltung des Krankenversicherungsrechts noch auf ein zwischen dem Versicherten und der Krankenkasse bestehendes öffentlich-rechtliches Verhältnis zu stützen ist, aus dem die Kasse nicht nur für Handlungen und Unterlassungen ihrer Angestellten, sondern gemäß dem in § 278 BGB. ausgedrückten Rechtsgedanken auch für solche des Vertrauensarztes als ihres Erfüllungsgehilfen einzustehen hat, ist im dritten Rechtszug beim Fehlen der Revisionssumme nicht nachprüfbar, weil ein in solcher Weise begründeter Ausspruch in bezug auf die Zulässigkeit der Revision auch in Verbindung mit dem auf § 839 BGB. und Art. 131 WeimVerf. gestützten Anspruch keinen Vorzug genießt. **165,** 91 (97). — 23) Soweit ein Schadensersatzanspruch auf die — die Rechtsverhältnisse des bürgerlich-rechtlichen Verkehrskreises betreffenden — Bestimmungen der §§ 823 flg. mit §§ 30, 31 oder § 831 BGB. gestützt ist, ist das Berufungsurteil beim Fehlen der Revisionssumme im Revisionsverfahren nicht nachprüfbar. **165,** 91 (100). — 24) Klagen auf Feststellung des Bestehens oder Nichtbestehens der sogenannten Zahlvaterschaft des § 1717 BGB. sind vermögensrechtlicher Art. **165,** 248. — 25) Bei Berechnung des Wertes des Beschwerdegegenstandes sind auch in Sachen der Ostmark und des Sudetengaues mehrere Ansprüche zusammenzurechnen, ob sie in rechtlichem und tatsächlichem Zusammenhang miteinander stehen oder nicht. **165,** 255. — 26) Als Wert des Beschwerdegegenstandes im Revisionsverfahren ist in Erweiterung des in RGZ. Bd. 164 S. 90 eingenommenen Standpunkts allgemein der Wert anzusehen, um den das Urteil des Berufungsgerichts hinter dem Begehren der Revision zurückbleibt. **164,** 255 (256). — 27) Wenn der Wehrleistungspflichtige in Ausführung der Inanspruchnahme nach dem Wehr- (Reichs-) Leistungsgesetz dem Reiche schuldhaft unmittelbaren oder mittelbaren Schaden verursacht hat, so ist für einen daraus hergeleiteten Anspruch des Reichs die ausschließliche Zuständigkeit der Landgerichte nicht vorgeschrieben und somit die Revision nur zulässig, wenn er die Revisionssumme übersteigt. **165,** 323. — 28) Eine selbständige Revision, die als solche vor der (selbständigen) Revision des Gegners eingelegt worden, infolge zu geringer Höhe der Beschwerdesumme aber unzulässig ist, kann nicht als Anschlußrevision gehalten werden. **165,** 323. — 29) Die ausschließliche Zuständigkeit der Landgerichte auch für vermögensrechtliche Ansprüche der Geistlichen öffentlich-rechtlicher Religionsgesellschaften aus ihrem Dienstverhältnis ist geltendes Verfahrensrecht. Diese Ansprüche sind daher auch ohne Rücksicht auf den Beschwerdewert revisionsfähig. **165,** 343. — 30) Soweit das angefochtene Urteil wegen der Klagebegründung aus den Bestimmungen des Kraftfahrzeuggesetzes zu seinem Ergebnis gelangt ist, ist dieses der Nachprüfung im Rechtsweg entzogen, da insoweit keine der Sonderbestimmungen des § 547 Nr. 1 und 2 ZPO. vorliegt. **165,** 323 (326). — 31) a. Bei der Berechnung des Beschwerdegegenstandes für das Revisionsverfahren darf eine Klagerweiterung, die erst nach Fällung des Berufungsurteils durch Klagerweiterung vorgenommen wird, nicht berücksichtigt werden. b. Gehört eine Rechtsstreitigkeit zwar ohne Rücksicht auf den Wert des Streitgegenstandes zur ausschließlichen Zuständigkeit des Landgerichts, ist aber diese Zuständigkeit im Gesetz nicht ausdrücklich als ausschließliche bezeichnet — wie dies bei Klagen auf Ersatzleistung nach dem österreichischen Eisenbahnhaftpflichtgesetz zutrifft —, so ist die Zulässigkeit der Revision von der Erreichung der Revisionssumme abhängig. **165,** 393. — 32) Zwischenfeststellungswiderklage zu einer vom Erfordernis der Beschwerdesumme befreiten Anfechtungsklage im Gesellschafts- und Genossenschaftsrecht. Zur Frage der Notwendigkeit der Beschwerdesumme. **166,** 175. — 33) Seit langem ist die ständige Rechtsprechung des Senats dahin gegangen, daß für die Nichtigkeitsklage im Gebiete des Aktienrechts wie des GmbH.- und Genossenschaftsrechts wegen der Beschlüsse von Hauptversammlungen die jeweils gültige Revisionssumme zu fordern sei. Die Klagenhäufung durch Verbindung der beiden Klagen änderte an den für jede geltenden Erfordernissen nichts. **166,** 175 (180). — 34) Bei den regelmäßig auch als vermögensrechtliche Streitigkeiten geltenden Feststellungsklagen über den Ausschluß von Genossen der Klage kann ausnahmsweise dann, wenn die persönliche Ehre des Ausgeschlossenen beteiligt ist, neben dem vermögensrechtlichen auch ein personenrechtlicher Gehalt innewohnen, der gestattet, von dem Erfordernis der Revisionssumme abzusehen. **166,** 175 (180). — 35) Über die Erstreckung der Zulässigkeit der Revision bei zur Einheit verbundenen Klagen verwandter Art — Vaterschafts- und Unterhaltsklage. **166,** 175 (182). — 36) Die Revision ist zulässig, wenn im ersten Rechtszuge trotz ausschließlicher Zuständigkeit des Landgerichts ein Amtsgericht, im zweiten Rechtszuge ein Oberlandesgericht entschieden hat. **166,** 360. — 37) Die Zulässigkeit der Revision ist für die Zeit, in der für Berufungen gegen die Urteile der Amtsgerichte auf Grund des § 9 der Verordnung über Maßnahmen auf dem Gebiete der Gerichtsverfassung und der Rechtspflege vom 1. September 1939 (RGBl. I S. 1658) die Oberlandesgerichte zuständig waren, zunächst nicht deswegen ausgeschlossen, weil im ersten Rechtszug ein Amtsgericht entschieden hatte. **166,** 360 (363). — 38) Der in dem nicht selbständig anfechtbaren Beschluß enthaltene Ausspruch der Zulässigkeit der Berufung — insbesondere auch der die Wiedereinsetzung gewährende Beschluß — kann mit der Revision gegen das Berufungsurteil zur Nachprüfung des Revisionsgerichts gebracht werden. Die entgegeegesetzte frühere Rechtsprechung wird aufgegeben. **167,** 213. — 39) Bei Anfechtungsklagen gegen Erstattungsbeschlüsse ist die Revision bei fehlender Revisionssumme unzulässig, wenn der Erstattungsbeschluß nicht gegen einen Beamten, sondern gegen einen Angestellten oder Arbeiter gerichtet ist. **167,** 254. — 40) Revision ohne Revisionssumme. Zu § 547 Nr. 2 GVG. in Verbindung mit § 71 Abs. 2 Nr. 2 und Abs. 3 GVG. **168,** 129 (133 flg.). — 41) Zur Zulässigkeit der Revision im Lande Österreich. **168,** 336. — 42) Maßgebend für die Zulässigkeit eines Rechtsmittels ist der Zeitpunkt seiner Einlegung. Spätere Verminderungen des Beschwerdegegenstandes bleiben außer Betracht, es sei denn, daß sie auf willkürlicher Beschränkung des Rechtsmittels beruhen. Die bisherige, hiervon abweichende Rechtsprechung des Reichsgerichts wird aufgegeben. **168,** 355. — 43) Das Urteil über die zur Aufrechnung eingewendete Gegenforderung wird nur bis zur Höhe der durch das Urteil zugesprochenen Forderung rechtskräftig. Nur bis zu diesem Betrag ist der

Ausspruch über die Gegenforderung für den Wert des Beschwerdegegenstandes maßgebend, außer die Gegenforderung war Gegenstand einer Widerklage oder eines Feststellungsantrags. **169,** 340. — 4) Bei mangelnder Revisionssumme Beschränkung der Nachprüfung im dritten Rechtszuge auf die Amtshaftung bei Schadensersatzansprüchen aus verschiedenen Klagegründen. **170,** 129 (137). — 45) Enthält die Entscheidung des Berufungsgerichts über einen Teil des Klaganspruchs ein Urteil und daneben über den Rest einen Aufhebungsbeschluß unter Rechtskraftvorbehalt, so richtet sich die Zulässigkeit von Revision und Rekurs, welche dieselbe Partei gegen beides eingelegt hat, danach, ob die zusammengerechneten Streitwerte von Revision und Rekurs die Revisionssumme erreichen. **170,** 385.

§ 330. Revisibles und nichtrevisibles Recht. Revisionsgründe. Verletzung des Gesetzes. Verfahren in der Revisionsinstanz.

I. Revisibles und nichtrevisibles Recht.

1) Auslegung typischer Abreden durch das Revisionsgericht: a. Allgemeine Versicherungsbedingungen. **161,** 23, 76 (85), 94, 184 (187 flg.); **164,** 49; **168,** 372 (376). b. Grundsätze einer gemeinnützigen Siedlungsgenossenschaft über die Vermittlung von Bauland für Heimstätten und die Einleitung von Bauvorhaben usw. **161,** 68. c. Die sozialpolitischen Bedingungen, die den Verträgen der Reichsautobahnen mit den Unternehmern zugrunde gelegt werden. **165,** 309 (314). — 2) Nichtnachprüfbarkeit des sächsischen Beamtenrechts in der Revisionsinstanz. **161,** 166, 169. — 3) Auslegung von Satzungsbestimmungen im Genossenschaftsrecht: freie Nachprüfung durch das Revisionsgericht. **163,** 200 (205). — 4) Die notwendige Auslegung des Gesellschaftsvertrags (der „Satzung") einer GmbH., also einer juristischen Person, kommt nicht dem Tatsachenrichter allein zu; vielmehr ist das Revisionsgericht frei in dieser Auslegung, jedenfalls soweit es sich um eine körperschaftsrechtliche Frage, wie den Gesellschaftszweck, handelt. **164,** 129 (140). — 5) Auslegung von Satzungsbestimmungen einer GmbH. im Revisionsverfahren. **164,** 129 (140); **165,** 68 (73). — 6) Die Verweisung an das zuständige Gericht (unter Aufhebung der Urteile der Vorinstanzen) kann jedenfalls dann noch in der Revisionsinstanz beantragt und durch Urteil ausgesprochen werden, wenn schon die Vorinstanzen ihre Unzuständigkeit angenommen hatten und bisher bloß kein Verweisungsantrag gestellt war. Ob in anderen Fällen dem Urteil des erkennenden Senats RGZ. 130, 53 noch beizutreten wäre, bleibt offen. **165,** 374. — 7) Das im Protektorat Böhmen und Mähren durch den Führererlaß vom 16. März 1939 aufrechterhaltene Recht der ehemaligen tschechoslowakischen Republik ist im Bereich der Reichszivilprozeßordnung nicht revisibel. **167,** 373. — 8) Eine bei der Rückgliederung des Saargebiets reichsgesetzlich in Kraft gelassene Bestimmung der saarländischen Aufwertungsverordnung vom 22. April 1929 ist im Revisionsverfahren nicht nachprüfbar. **167,** 373 (377). — 9) Memelländische Verfahrensvorschriften, die bei Einführung des gesamten Reichsrechts im Memellande gemäß dem Gesetz über die Wiedervereinigung des

Memellandes mit dem Deutschen Reich vom 23. März 1939 in gewissem Umfang aufrechterhalten waren, sind als Landesrecht der Nachprüfung im Revisionsverfahren entzogen. **167,** 373 (378). — 10) Gesetze, die nach dem Übergange der Hoheitsrechte der Länder auf das Reich — gemäß dem Gesetz über den Neuaufbau des Reichs vom 30. Januar 1934 — von den Landesregierungen mit Zustimmung der Reichsregierung erlassen werden, sind zwar staatsrechtlich Reichsgesetze, bleiben aber wegen ihrer örtlich begrenzten Geltung Landesgesetze im Sinne des § 549 ZPO. und sind deshalb im Revisionsverfahren nicht nachprüfbar, sofern sie nicht über den Bezirk des Berufungsgerichts hinaus gelten. **167,** 373 (378). — 11) Einem preußischen Gesetz (über die vorläufige Regelung verschiedener Punkte des Gemeindeverfassungsrechts für die Hauptstadt Berlin vom 30. März 1931) ist die Nachprüfbarkeit im Revisionsverfahren abzusprechen, weil sein auf Berlin beschränkter örtlicher Geltungsbereich nicht über den Bezirk des Kammergerichts hinausgeht. **167,** 373 (378). — 12) Der nach dem Kriege 1870/71 im Wege der Reichsgesetzgebung getroffenen Regelung der innern Verhältnisse in Elsaß-Lothringen wurde in der Rechtsprechung die Natur von Landesgesetzen im Sinne des § 549 ZPO. zugesprochen **167,** 373 (379). — 13) Die Bestimmungen der Eisenbahn-Bau- und Betriebsordnung sind Rechtsnormen im Sinne der §§ 549, 550 ZPO. und unterliegen der Auslegung durch das Revisionsgericht. **169,** 376 (379). — 14) Das Reichsgericht ist bei der Anwendung von Bestimmungen eines österreichischen Gesetzes an die darauf bezügliche Rechtsprechung des Obersten Gerichtshofs in Wien nicht gebunden. Sie wird zwar auch heute noch bei der Auslegung von Bestimmungen österreichischer Gesetze in jedem Fall zu beachten sein und Anlaß bieten, die in der Rechtsprechung des Altreichs entwickelten Grundsätze auf ihre Berechtigung nachzuprüfen. Unzulässig ist es aber, eine Bestimmung, die sich sowohl in einem österreichischen Gesetz wie in dem entsprechenden Gesetze des Altreichs findet in ihrer Tragweite verschieden zu beurteilen, je nachdem es sich um einen Fall nach deutschem Recht oder nach österreichischem Recht handelt. **169,** 161; **170,** 186 (190).

II. Revisionsgründe.

1) Beim Fehlen der Revisionssumme kann im Revisionsverfahren, wenn der Klaganspruch sowohl auf eine Amtspflichtverletzung wie auf die Gefährdungshaftung des Beklagten aus dem Kraftfahrzeuggesetz gestützt wird, die aus dem Kraftfahrzeuggesetz hergeleitete Haftpflicht nicht nachgeprüft werden. **161,** 199 (200 flg.). — 2) Ein unbedingter Revisionsgrund im Sinne von § 551 Nr. 7 ZPO. liegt dann vor, wenn die Entscheidungsgründe zu einem selbständigen Angriffs- oder Verteidigungsmittel fehlen. **163,** 292 (295). — 3) Ist das Berufungsurteil für einen ganzen Rechtsbehelf — Einrede der Aufrechnung — nicht mit Gründen versehen, so liegt darin ein unbedingter Revisionsgrund nach § 551 Nr. 7 ZPO. **166,** 306 (307). — 4) Unbedingter Revisionsgrund, wenn die Begründung für die Zurückweisung des Einwandes der Sittenwidrigkeit eines Auftrags, aus dem der Klaganspruch hergeleitet wird, fehlt. **170,** 328.

III. Verfahren in der Revisionsinstanz.

1) Hat das Berufungsgericht in seinem dem Scheidungsbegehren auf Grund des § 50 EheG. stattgebenden Urteile ohne ein Rechtsmittel des Klägers den — nunmehr nach § 61 Abs. 2 EheG. gerechtfertigten — Schuldausspruch beseitigt, so ist der hierin zu erblickende Verfahrensmangel, da er auch im Revisionsverfahren fortwirkt, auch ohne Revisionsrüge vom Revisionsgericht von Amts wegen zu berücksichtigen. **161,** 216 (219). — 2) Auf das Recht der Revision kann (ebenso wie auf das Recht der Berufung) auch noch nach Erlangung des Rechtsmittels durch formlose, wenn nur unzweideutige, Erklärung von Partei zu Partei außergerichtlich wirksam verzichtet werden. Zu berücksichtigen ist in der Revisionsinstanz die nach Erlaß des Berufungsurteils abgegebene Erklärung aber nur, wenn sie sich als Ausspruch des Verzichts im Sinne einer unmittelbar zur Einwirkung auf den Prozeß bestimmten Erklärung darstellt; das außergerichtliche Versprechen, eine Verzichterklärung demnächst erst abzugeben, muß unbeachtet bleiben. Ein wirksamer Verzicht gibt dem Begünstigten eine prozeßrechtliche Einrede und führt zur Verwerfung des Rechtsmittels als unzulässig. Die Wirkungen eines nach Einlegung des Rechtsmittels erklärten Verzichts auf des Recht der Revision (der Berufung) und einer Zurücknahme des eingelegten Rechtsmittels sind zu unterscheiden. **161,** 350. — 3) Ein nach Erlaß des Berufungsurteils vertraglich vereinbarter, aber noch nicht gemäß §§ 514, 566 ZPO. erklärter Verzicht auf das Recht der Revision ist vom Revisionsgericht nicht zu beachten; dasselbe gilt für die Vereinbarung der Klagerücknahme. **161,** 350 (353). — 4) Die Feststellungen des Berufungsgerichts über den Inhalt des ausländischen Rechts, die zur Anwendung des deutschen Ehegüterrechts geführt haben, unterliegen der Nachprüfung des Revisionsgerichts. Für den Fall des Art. 37 EG. z. BGB. steht dies in der Rechtsprechung des Reichsgerichts fest. **163,** 367 (370 flg.). — 5) Ob und wieweit das beanspruchte Recht besteht und ob die Feststellungsklage verfahrensrechtlich statthaft ist, hat das nach § 547 Nr. 1 ZPO. nur mit dem Streit um die Zulässigkeit des Rechtswegs befaßte Revisionsgericht nicht zu untersuchen, sondern es hat sich auf die Prüfung zu beschränken, ob das tatsächliche Klagevorbringen den Tatbestand einer bürgerlichen Rechtsstreitigkeit ergibt. **164,** 226 (229). — 6) Der Grad einer an sich rechtsirrtumsfrei festgestellten Verletzung der im Verkehr erforderlichen Sorgfalt bleibt nach ständiger Rechtsprechung des Reichsgerichts im wesentlichen Sache tatrichterlicher Würdigung, sofern dabei alle einschlägigen Umstände berücksichtigt sind. **164,** 292 (300); **166,** 98 (101 flg.). — 7) Ob eine Fahrlässigkeit als leichte oder grobe zu beurteilen ist, ob also die im Verkehr erforderliche Sorgfalt nach den gesamten Umständen in ungewöhnlich großem Maße verletzt worden und dasjenige unbeachtet geblieben ist, was im gegebenen Falle jedem hätte einleuchten müssen, ist im wesentlichen eine Frage tatrichterlicher Würdigung. **166,** 98 (101 flg.). — 8) Das Vorliegen der — die Voraussetzung der vorbeugenden Unterlassungsklage bildenden — Wiederholungsgefahr ist festgestellt. Dabei handelt es sich um eine Frage tatsächlicher Natur, die im Revisionsverfahren nur dann nachzuprüfen ist,

wenn das Berufungsgericht von unrichtigen rechtlichen Gesichtspunkten ausgegangen ist. **166,** 150 (156 flg.). — 9) Nachprüfung eines vom Kläger angefochtenen Zwischenurteils aus § 304 ZPO., welches einen nach verschiedenen Richtungen geltend gemachten Schadensersatzanspruch nur in bestimmter Richtung dem Grunde nach für gerechtfertigt, im übrigen aber für unbegründet erklärt. **167,** 14 (18). — 10) Eine Frage von vorwiegend tatrichterlicher Würdigung ist die, ob jemand „Betriebsunternehmer" („Halter") eines Kraftfahrzeugs ist. **167,** 1 (11 flg.). — 11) Ist der Rechtsstreit auf Grund des Art. 1 Abs. 3 der Schutzverordnung vom 1. September 1939 (RGBl. I S. 1656) ausgesetzt worden, so kann wegen Beendigung des die Aussetzung veranlassenden Verhältnisses der andere Teil die Aufnahme nur in der Weise betreiben, daß er den, zu dessen Schutz die Aussetzung angeordnet worden ist, zur Aufnahme und, soweit im Anschluß an die Aufnahme des Verfahrens unmittelbar Verhandlung zur Hauptsache möglich ist und es hierfür einer Ladung im Parteibetrieb bedarf, zugleich zur mündlichen Verhandlung der Hauptsache lädt. Ist der Termin zur Verhandlung der Hauptsache von Amts wegen zu bestimmen und den Parteien bekanntzumachen wie in den Fällen der §§ 520, 555 ZPO., kann im Parteibetriebe nur zur Aufnahme geladen und daraufhin nur über diese verhandelt werden. Ein Beschluß, der den Aufhebungsbeschluß ohne mündliche Verhandlung über die Aufnahme aufhebt, ist in solchen Fällen schlechthin unzulässig und unwirksam. **167,** 123. — 12) Zu § 561 Abs. 2 ZPO. Wenn der Tatrichter zum Hilfsgrunde sachlich Stellung genommen hat, obwohl er der Klage schon aus dem Hauptgrunde stattgegeben hat, so sind damit nicht ohne weiteres die zum Hilfsgrunde getroffenen Feststellungen fehlerhaft. **166,** 263 (267); **169,** 185 (191). — 13) Zurückverweisung der Sache im Revisionsverfahren, wenn das Berufungsgericht einen Teil des Klageanspruchs noch nicht unter den gebotenen Gesichtspunkten geprüft hatte. **170,** 129 (137). — 14) Über die Zulässigkeit der Verweisung einer Streitsache (Patentstreitsache) an das zuständige Landgericht im Revisionsverfahren. **170,** 226.

§ 331. Urteil des Revisionsgerichts.
(Vgl. auch §§ 328, 330.)

1) Entscheidung des Revisionsgerichts über die Frage der Beachtlichkeit des Widerspruchs nach § 55 Abs. 2 Satz 2 EheG. auch abweichend vom Berufungsgericht. **161,** 398. — 2) Die Frage, ob im Vorprozeß bei rechtzeitiger Vorlage einer Urkunde ein Beweis als erbracht angesehen worden wäre, ist eine Rechtsfrage, die der Beurteilung des Revisionsgerichts unterliegt. **162,** 171. — 3) Entscheidung in der Sache selbst nach § 565 Abs. 3 Nr. 1 ZPO., wenn das Revisionsgericht im Gegensatz zum Berufungsgericht den Rechtsweg für zulässig erklärt; im übrigen Zurückverweisung der Sache an das Berufungsgericht. **164,** 226 (234). — 4) Der Grad einer an sich rechtsirrtumsfrei festgestellten Verletzung der im Verkehr erforderlichen Sorgfalt bleibt nach ständiger Rechtsprechung des Reichsgerichts im wesentlichen Sache tatrichterlicher Würdigung, sofern dabei alle einschlägigen Umstände berücksichtigt sind. **164,** 292 (300). — 5) Entscheidung in der Sache selbst: in Ehescheidungssachen. **165,** 109 (116); 121, (124); 125 (128). — 6) Hat der

Tatrichter, obwohl er der Klage schon aus dem Hauptklagegrund stattgab, trotzdem — überflüssigerweise — auch noch zu einem Hilfsgrund sachlich Stellung genommen (etwa deshalb, weil er die den Klagegründen vom Kläger gegebene Rangfolge verkannte), so sind deshalb noch nicht die zum Hilfsgrund getroffenen Feststellungen fehlerhaft. Erklärt das Revisionsgericht den Hauptgrund für nicht gegeben und kommt es damit dann für die Entscheidung auf den Hilfsgrund an, so sind bei der Nachprüfung durch das Revisionsgericht die vom Berufungsrichter zum Hilfsgrund getroffenen Feststellungen zugrunde zu legen (§ 561 Abs. 2 ZPO.). **166,** 263. — 7) Entscheidung in der Sache selbst in einer Kraftwagenunfallsache (Öst. Recht). **167,** 1 (10 flg.); desgleichen in einer Warenzeichensache. **167,** 171 (183). — 8) Auslegung ausländischen Rechts (Art. 264 Nr. 4 des niederländischen Bürgerlichen Gesetzbuchs) unterliegt nicht der Nachprüfung des Revisionsgerichts. **167,** 193 (194). — 9) Das Revisionsgericht kann die Frage, ob für die Scheidung deutsches und ausländisches Recht maßgebend ist, dahingestellt lassen, wenn sich die vom Berufungsgericht ausgesprochene Scheidung auf Grund der von ihm getroffenen tatsächlichen Feststellungen sowohl nach deutschem als auch nach dem möglicherweise in Betracht kommenden ausländischen Recht als gerechtfertigt erweist. **167,** 274. — 10) Selbst wenn eine Gesetzesverletzung feststeht, ist die Revision zurückzuweisen, falls die Partei durch das Urteil nicht beschwert ist, weil die Entscheidung trotz der Gesetzesverletzung im Ergebnis zutrifft (§ 563 ZPO.). **167,** 274 (180). — 11) Wenn es sich um die Auslegung des Verhaltens einer Partei im Verfahren handelt, so ist hierin das Reichsgericht an die Auffassung der Tatsacheninstanzen nicht gebunden. **168,** 56 (57), — 12) Das Revisionsgericht hat das neue internationale Ehescheidungsrecht der Reichsgaue der Ostmark auch dann anzuwenden, wenn das Urteil des Berufungsgerichts vor dem 1. November 1941 ergangen ist. **168,** 175. — 13) Ist mit dem (abgewiesenen) Hauptantrag (Anspruch auf Übertragung des Eigentums an Grundstücken), der den Gegenstand der Anschlußrevision der Klägerin bildet, ein Hilfsantrag (Zahlungsanspruch, Gegenstand der Revision des Beklagten) verbunden, so kann über den Zahlungsanspruch erst dann entschieden werden, wenn sich der Hauptantrag als unbegründet herausgestellt hat. **169,** 65 (69). — 14) Nach österreichischem Recht unterliegt die Abwägung des beiderseitigen Verschuldens der Nachprüfung durch das Revisionsgericht. **169,** 284.

§ 332. Beschwerde und Rekurs.

(Beschwerden in Sachen der freiwilligen Gerichtsbarkeit s. § 367.)

1) Der Rekurs an das Reichsgericht ist zulässig, wenn das Berufungsgericht eine Revision als unzulässig zurückweist. **165,** 107. — 2) Auf Rekurs gegen einen Aufhebungsbeschluß des Berufungsgerichts kann das Urteil des Erstgerichts nicht sofort wiederhergestellt werden. **165,** 117. — 3) Gegen Beschlüsse, die ein Oberlandesgericht als Rekursgericht erlassen hat, gibt es keinen Rekurs an das Reichsgericht, ebensowenig gegen Beschlüsse, durch die das Oberlandesgericht einen solchen Rekurs als unzulässig zurückgewiesen hat. **165,** 107; **167,** 183. — 4) Die einschränkende Vorschrift in der Verordnung des Reichspräsidenten über Maßnahmen auf dem Gebiete der

Rechtspflege und Verwaltung vom 14. Juni 1932 (RGBl. I S. 285, 287) Erster Teil Kap. II Art. 1 ist im Falle der Verwerfung der Berufung als unzulässig in einem Ehescheidungsverfahren nicht anwendbar, wenn die Entscheidung des Oberlandesgerichts, z. B. wegen Unterbrechung des Verfahrens, überhaupt nicht erlassen werden durfte. **168,** 396 (397). — 5) Enthält die Entscheidung des Berufungsgerichts über einen Teil des Klageanspruchs ein Urteil und daneben über den Rest einen Aufhebungsbeschluß unter Rechtskraftvorbehalt, so richtet sich die Zulässigkeit von Revision und Rekurs, welche dieselbe Partei gegen beides eingelegt hat, danach, ob die zusammengerechneten Streitwerte von Revision und Rekurs die Revisionssumme erreichen. **170,** 385.

6. Wiederaufnahme des Verfahrens.

§ 333. Allgemeine Bestimmungen. Nichtigkeits- und Restitutionsklage.

I. Allgemeine Bestimmungen.

1) Die Erhebung neuer bürgerlich-rechtlicher Ansprüche mit der Nichtigkeits- oder der Restitutionsklage ist nur insoweit zulässig, als es zur Wiederaufnahme des frühern Verfahrens kommt und darin nach dessen Stande, wie er sich bei Aufhebung des rechtskräftigen Urteils ergibt, die Geltendmachung neuer Ansprüche nach den allgemeinen prozeßrechtlichen Vorschriften möglich ist. **163,** 151 (164). — 2) Bei der Wiederaufnahmeklage handelt es sich nicht um eine gewöhnliche Klage, sondern um einen außerordentlichen, rechtsmittelähnlichen Rechtsbehelf. **168,** 257 (260).

II. Nichtigkeitsklage.

— — — — — — — — — —

III. Restitutionsklage.

1) Die Urkunden, auf deren Auffindung oder nachträglich eingetretene Benutzbarkeit die Restitutionsklage gestützt werden soll, müssen grundsätzlich solche sein, die schon zur Zeit des Vorprozesses vorhanden, aber damals dem Beweisführer unbekannt oder für ihn unbenutzbar gewesen waren. Handelt es sich bei der Urkunde um ein Gutachten, das nach dem Stande der Wissenschaft während des Vorprozesses noch nicht erstattet werden konnte, so kommen die gleichen rechtlichen Gesichtspunkte in Betracht wie bei einer Geburtsurkunde, die ihrer Natur nach nicht früher hat errichtet werden können. Offen bleibt die Frage, ob bei der Blutgruppenuntersuchung das Gutachten im Sinne des § 580 Nr. 7b ZPO. als nachträgliches Urkundenbeweismittel oder nicht vielmehr als Mittel zur Einführung eines neuen Beweises durch Augenschein (Sachverständigen) zu werten ist. **163,** 156 (158 flg.). — 2) Mit der Restitutionsklage des mit der Anfechtungsklage rechtskräftig abgewiesenen Mannes kann die Anfechtungsklage des Staatsanwalts verbunden werden. **163,** 156 flg. — 3) a. Wird eine streitbefangene Forderung während der Rechtshängigkeit abgetreten, so ist in einem etwaigen

Wiederaufnahmeverfahren gegen das in dem Rechtsstreit ergangene rechtskräftige Urteil der Abtretende und nicht der Abtretungsempfänger der richtige Beklagte. b. Nach der Erhebung der Restitutionsklage entstandene Anfechtungsgründe können in dem anhängigen Wiederaufnahmeverfahren geltend gemacht werden; einer neuen Wiederaufnahmeklage bedarf es nicht. c. Ein erst nach der Erhebung der Restitutionsklage entstandener Anfechtungsgrund braucht nicht innerhalb der Notfrist von einem Monat seit dem Tage, an dem die Partei von dem Anfechtungsgrunde Kenntnis erlangt hat, gemäß § 586 ZPO. geltend gemacht zu werden. **168,** 225. — 4) Die frühere Rechtsprechung zu Nr. 3c ist aufgegeben worden. **168,** 225 (230). — 5) Wegen Versäumung der Notfrist von einem Monat (§ 586 ZPO.) scheiden nur solche Anfechtungsgründe aus, für die diese Frist bei der Erhebung der Restitutionsklage schon abgelaufen war. Die weitere Frage, ob ein Restitutionsgrund ungeachtet der in § 586 Abs. 2 ZPO. bestimmten Frist auch dann noch angebracht werden kann, wenn er erst fünf Jahre nach der Rechtskraft des im Wiederaufnahmeverfahren angefochtenen Urteils entstanden ist — verneinend RGZ. Bd. 64 S. 224 (227) —, bleibt unentschieden. **168,** 225 (230). — 6) Ist ein Klageanspruch — hier eine Grundschuld — nach Erhebung der Klage an einen andern abgetreten worden, dieser aber nicht in den Rechtsstreit eingetreten, so ist die Wiederaufnahmeklage gegen das vom abtretenden Gläubiger erwirkte Urteil nur gegen diesen zu richten, nicht gegen denjenigen, der bei Erhebung der Wiederaufnahmeklage der Gläubiger ist. Dem Urteil RGZ. Bd. 57 S. 285 wird insoweit widersprochen. **168,** 257. — 7) Die Notfrist aus § 586 Abs. 1 und 2 ZPO. beginnt nicht erst von dem Zeitpunkte an zu laufen, in dem der Restitutionskläger die Überzeugung erlangt, daß die aufgefundene oder benutzbar gewordene Urkunde rechtlich erheblich ist. **169,** 100. — 8) Die Erheblichkeit von Urkunden für einen Rechtsstreit kann so fern liegen, daß sich von ihnen sagen läßt, sie seien erst neuerdings „aufgefunden" worden und auch ohne Verschulden der Parteien nicht auffindbar gewesen. **169,** 100 (102). — 9) Die Sacherheblichkeit einer Urkunde kann so fern liegen, so wenig wahrscheinlich sein, daß mit ihr überhaupt nicht zu rechnen ist; solchenfalls kann davon ausgegangen werden, daß die Urkunde neu aufgefunden worden ist. **169,** 100 (102). — 10) Der Beginn der Notfrist aus § 586 Abs. 1 ZPO. kann nicht von der Erlangung einer sichern Kenntnis von der rechtlichen Bedeutung der aufgefundenen oder benutzbar gewordenen Urkunde abhängig gemacht werden. **169,** 100 (104). — 11) Gegen Berufungsurteile des Reichsgerichts auf Vernichtung eines Patents wird die Restitutionsklage grundsätzlich zugelassen. **170,** 51.

IV. Wiederaufnahme des Verfahrens auf Grund des Gesetzes vom 15. Juli 1941 (RGBl. 1941 I S. 383).

(S. § 271 II B S. 340 Nr. 4flg.)

7. Besondere Prozeßarten.

§ 334. Urkunden- und Wechselprozeß.

§ 335. Ehesachen.

1) Gerichtsstand des § 606 ZPO. für die Scheidungsklage eines in Österreich wohnenden Mannes altreichsdeutscher Staatsangehörigkeit. **161,** 18. — 2) Ein Verfahren wegen Ungültigkeit einer Ehe nach § 64 des österreichischen ABGB. (Religionsverschiedenheit, Verbot der Ehe zwischen Christen und Nichtchristen) bedarf auch zu seiner Fortführung der Genehmigung des Staatsanwalts; dieser kann die zur Fortführung des Verfahrens einmal erteilte Genehmigung widerrufen. **161,** 121. — 3) Prozeßkostenverteilung in einem solchen Verfahren. **161,** 121 (124). — 4) Eine Untervollmacht braucht auch in Ehesachen nicht schriftlich erteilt zu werden. **161,** 92. — 5) Daß die Scheidungsklage ohne die ernstliche Absicht ihrer Durchführung erhoben worden war, kann die Aufrechterhaltung eines wider den Willen des Klägers unter Verstoß gegen zwingende Verfahrensvorschriften ergangenen Scheidungsurteils nicht rechtfertigen. **161,** 92. — 6) Ist die Ehe vom Landgerichte auf Grund des § 49 EheG. geschieden worden und hat hiergegen der Beklagte Berufung eingelegt, so braucht der Kläger, wenn er die Klage im zweiten Rechtszug hilfsweise auf § 50 EheG. stützen will, zu diesem Zwecke nicht Berufung oder Anschlußberufung einzulegen; denn mit der Scheidung aus § 50 sind für den Beklagten keine Wirkungen verbunden, die zu seinen Ungunsten über die Wirkungen des bisherigen Urteils hinausgingen. Wohl aber muß der Kläger Berufung oder Anschlußberufung einlegen, wenn er den im ersten Urteil gegen ihn auf Grund des § 60 Abs. 3 EheG. ergangenen Schuldausspruch beseitigt wissen will. Hat das Berufungsgericht in seinem dem Scheidungsbegehren auf Grund des § 50 EheG. stattgebenden Urteile ohne ein Rechtsmittel des Klägers den — nunmehr nach § 61 Abs. 2 EheG. gerechtfertigten — Schuldausspruch beseitigt, so ist der hierin zu erblickende Verfahrensmangel, da er auch im Revisionsverfahren fortwirkt, auch ohne Revisionsrüge vom Revisionsgericht von Amts wegen zu berücksichtigen. **161,** 216. — 7) In dem Antrage aus § 60 Abs. 3 EheG. ist stets auch der Antrag aus § 61 Abs. 2 mit enthalten, sowie umgekehrt. **161,** 216 (219). — 8) Zur Anwendung des § 59 Abs. 2 EheG. **161,** 216 (220). — 9) Wird gegen ein die Ehe scheidendes Urteil nur hinsichtlich der Schuldfrage Berufung eingelegt, so wird die Rechtskraft des Urteils im vollen Umfange gehemmt; die Trennung der Frage der Scheidung von der des Verschuldens ist ausgeschlossen. **161,** 222; **166,** 87 (88). — 10) Im Scheidungsverfahren kann nach österreichischem Recht der Ehescheidungsgrund nicht durch Vernehmung der Ehegatten als Partei zu Beweiszwecken erwiesen werden (öst. Recht). **161,** 259; **164,** 158 (160). — 11) Keine Verweisung einer Scheidungsklage von einem Gericht des Altreichs an ein Gericht der Ostmark wegen Wegzugs des Ehemanns; keine Bindung des Gerichts der Ostmark an einen derartigen Verweisungsbeschluß. **161,** 266. — 12) Nach dem Tode eines Ehegatten während des Scheidungsstreits hat auch in Österreich das Gericht auf Antrag die Kostenersatzpflicht nach dem Ausgang des Rechtsstreits in der Hauptsache als Vorfrage zu lösen, wenn auch in der Hauptsache nicht mehr zu erkennen ist. **161,** 396. — 13) Unter Inland im Sinne der § 606 ZPO. und des § 100 JN. ist nicht das

Gebiet des Großdeutschen Reichs, sondern der Geltungsbereich der Zivilprozeßordnung (der Jurisdiktionsnorm) zu verstehen. **162,** 128. — 14) Wenn vor dem Inkrafttreten des neuen Ehegesetzes, dem 1. August 1938, die Nichtigkeit einer Ehe, die schon durch Tod oder Scheidung gelöst war, geltend gemacht war, so finden auf ein hierüber anhängiges Verfahren die bisherigen Vorschriften Anwendung. **162,** 223 (224). — 15) Das Neuerungsverbot des österreichischen Zivilprozeßrechts besteht nicht im Berufungsverfahren für den Antrag der beklagten Partei auf Mitschulderklärung der klagenden Partei an der Ehescheidung. **162,** 402. — 16) In Österreich galten auf Grund des Konkordats mit dem Heiligen Stuhl für die Voraussetzungen der Einleitung des Verfahrens wegen Aberkennung der bürgerlichen Rechtswirkungen einer kirchlichen Ehe vor den staatlichen Gerichten sinngemäß die staatlichen Vorschriften über die Untersuchung der Gültigkeit der Ehe. Die Verfahrensvorschriften des kanonischen Rechts wurden grundsätzlich nicht übernommen. Nur soweit die Anwendung eines im staatlichen Rechte gar nicht oder wesentlich abweichend geregelten Ehehindernisses auch die Anwendung der Vorschriften über das Klagerecht nicht ohne weiteres gestattete, weil die Vorschriften nicht in Übereinstimmung mit den übrigen Bestimmungen des staatlichen Rechts über das Verfahren standen, war die sinngemäße Anwendung dieser verfahrensrechtlichen Vorschriften vorgesehen. **163,** 73 (76). — 17) § 628 ZPO. ist im Verfahren über die Feststellung der blutmäßigen Abstammung entsprechend anzuwenden. **163,** 100 (104). — 18) Abs. 4 des § 606 ZPO. findet auch dann weder unmittelbare noch entsprechende Anwendung, wenn ein tschechischer, aus dem Protektoratsgebiet stammender Volkszugehöriger, der im Altreich wohnt und dort von seiner Ehefrau auf Scheidung verklagt wird, Protektoratsangehöriger sein sollte. **163,** 127. — 19) Im Verfahren wegen Scheidung der Ehe nach dem großdeutschen Eherecht ist auch im Bereich des österreichischen Rechts die Verschuldensfrage nicht von Amts wegen aufzurollen. Das Berufungsgericht ist auch in der Verschuldensfrage an die Grenzen des Berufungsantrags gebunden. **163,** 335. — 20) Der zur Erhebung und Durchführung der Herstellungsklage bestellte Prozeßbevollmächtigte ist berechtigt, eine Aufforderung gemäß § 57 Abs. 1 Satz 4 EheG. (früher § 1571 Abs. 2 Satz 2 BGB.) zu erlassen. Wesentlich ist nur, daß die Aufforderung wirklich dem Willen des Klägers entspricht. Es ist auch nicht nötig, daß die Aufforderung dem andern Ehegatten persönlich und unmittelbar zugesandt werde. Es genügt, wenn sie ihm dadurch bekannt wird, daß der Empfänger sie an ihn entsprechend dem Willen des Auffordernden weiterleitet. Offen bleibt, ob eine in einem Prozeßschriftsatz enthaltene Aufforderung nach § 57 Abs. 1 Satz 4 EheG. auch dann geeignet wäre, die Frist zur Erhebung der Scheidungsklage in Lauf zu setzen, wenn der Aufgeforderte von ihr nichts erfahren hat, weil sein Stellvertreter es unterlassen hat, sie ihm mitzuteilen, und ob unter Umständen schon in der Klage auf Herstellung der ehelichen Gemeinschaft eine Aufforderung nach § 57 Abs. 1 Satz 4 EheG. erblickt werden könnte. **163,** 305 (307 flg.) — 21) Der Grundsatz des Verfahrens von Amts wegen, der gemäß §§ 617, 622 ZPO. auch das Scheidungsverfahren im Altreich beherrscht, ergibt nicht denkfolgerichtig den in den Entscheidungen des

Obersten Gerichtshofs betonten Grundsatz der Einheitlichkeit des Scheidungsurteils in Scheidung und Schuldausspruch. Den Grundsatz sprechen vielmehr § 6 Abs. 2 JMVO. für das — übrigens gar nicht dem amtlichen Betrieb unterliegende — Verfahren wegen Scheidung der Ehe von Tisch und Bett und § 11 das. für das amtliche Verfahren wegen Trennung aus. Diese Vorschriften wurzeln aber im sachlichen österreichischen Scheidungs- und Trennungsrecht. **163,** 335 (336 flg.). — 22) Die Änderung der Scheidungsklage in die Eheaufhebungsklage ist im Rechtsmittelverfahren zulässig. Im Revisionsverfahren ist diese Klageänderung nicht mehr zulässig. **164,** 59, 158 (162). — 23) Die Beschränkung des Beweismittels der Parteivernehmung im Eheverfahren ist inhaltlich aufgehoben. Nach den österreichischen und sudetendeutschen Prozeßgesetzen können Scheidungs-, Aufhebungs- und Nichtigkeitsgründe des großdeutschen Eherechts durch Parteivernehmung bewiesen werden. Insoweit wird an der Entscheidung vom 28. 9. 1939 IV B 29/39, Band 161 Nr. 46, nicht festgehalten. **164,** 158. — 24) Nach ständiger Rechtsprechung des Reichsgerichts ergreift der in § 616 ZPO. verfügte Ausschluß neben den dort bezeichneten Tatsachen als solchen auch die daraus herzuleitenden Ansprüche (Begehren, Klagegründe). Die Vorschrift des § 616 ZPO. ist auch nach dem Inkrafttreten des Ehegesetzes unverändert bestehen geblieben. **164,** 249 (250). — 25) Auch auf das Scheidungsbegehren aus § 55 EheG. ist die Vorschrift des § 616 ZPO. anwendbar, wie sie schon früher auf den Scheidungsanspruch aus § 1569 BGB. angewandt wurde. **164,** 249 (251). — 26) Voraussetzung für die Anwendung des § 616 ZPO. ist, daß der Klageanspruch schon im frühern Rechtsstreite mit Aussicht auf Erfolg geltend gemacht werden konnte und demnach, wenn dies nur geschehen wäre, auch zugesprochen worden sein würde. **164,** 249 (253); **165,** 125 (126). — 27) Bei Häufung einer vorentscheidenden Klage auf Scheidung oder Aufhebung einer Ehe mit einer vermögensrechtlichen Klage aus der Ehe erstreckt sich die Zulassung der Revision auch auf den Teil des Urteils über das vermögensrechtliche Begehren, bei Unterhaltsbegehren aus dem Gesetz jedoch nicht, wenn nur die Bemessung angefochten wird. **164,** 287, (öst. Recht). — 28) Die Scheidung von Tisch und Bett ist von der Scheidung im Sinne des reichsdeutschen Rechts, die allein § 616 ZPO. im Auge hat, insofern wesensverschieden, als sie den Bestand der Ehe unberührt läßt. **164,** 304 (305). — 29) Dem über den Anspruch auf Scheidung von Tisch und Bett entscheidenden Urteil kommt weder nach österreichischem noch nach reichsdeutschem Verfahrensrecht Rechtskraftwirkung in einem späteren Verfahren auf Scheidung dem Bande nach zu. **164,** 304 (306). — 30) Das österreichische Verfahrensrecht kennt keine dem § 616 ZPO. entsprechende Vorschrift. **164,** 304 (306). — 31) Im Antrag auf Abweisung des Scheidungsbegehrens im Zusammenhang mit dem auf das Verschulden der klagenden Partei gestützten Widerspruch nach § 55 Abs. 2 EheG. ist der Antrag auf Schuldspruch gemäß § 61 Abs. 2 EheG. immer zu erblicken, wenn sich nicht etwa aus dem Verhalten der verklagten Partei im Rechtsstreit ergibt, daß sie einen solchen Antrag gar nicht stellen wollte, ihn also absichtlich unterlassen hat. Daß die verklagte Partei im ersten Rechtszuge durch einen Rechtsanwalt vertreten war, spricht noch nicht dafür, daß sie den Antrag absichtlich unterlassen hat. **165,** 24 (25). — 32) Der Gedanke der Einheit des Ehescheidungsverfahrens ist auch im sachlichen Recht dadurch zum Ausdruck gebracht, daß die verklagte Partei neben der Widerklage und statt ihrer den bloßen Antrag auf Mitschulderklärung nach § 60 Abs. 3 EheG. stellen kann, so daß er jederzeit im Ehescheidungsverfahren wie die Widerklage nach § 280 ZPO. zu berücksichtigen ist. **165,** 24 (25 flg.). — 33) Das Neuerungsverbot des österreichischen Zivilprozeßrechts besteht nicht im Berufungsverfahren für den Antrag auf Ausspruch des Verschuldens der verklagten Partei bei Scheidung aus anderen Gründen als wegen Verschuldens. **165,** 24. — 34) Der Beklagte kann im Ehescheidungsstreit auch noch im Berufungsverfahren den Mitschuldantrag stellen. **165,** 62 (63). — 35) Wenn auch die Vorschriften der Reichszivilprozeßordnung, aus denen die Rechtsprechung im Altreiche die Notwendigkeit der einheitlichen Entscheidung unmittelbar hergeleitet hat, im Bereiche der österreichischen oder der sudetendeutschen Zivilprozeßordnung nicht gelten, so ist doch für den Geltungsbereich dieser Prozeßordnungen die Rechtslage insofern dieselbe, als der Grundsatz der Einheitlichkeit der Entscheidung in Ehesachen letzten Endes nicht auf der verfahrensrechtlichen Gestaltung, sondern auf der nunmehr gleichen sachlichen Regelung des Ehescheidungsrechts beruht. **165,** 62 (64); **166,** 87 (88). — 36) Die Widerklage auf Aufhebung der Ehe seitens des auf Aufhebung oder Scheidung verklagten Ehegatten ist auf Grund des § 615 ZPO. von jeher auch in der bedingten Form zugelassen worden, daß der Anspruch nur für den Fall geltend gemacht werde, daß die Klage begründet sei. Dann ist das Gericht, wenn es nicht zur Abweisung der Klage gelangt, genötigt, sich außer mit dem Klagevorbringen auch mit der Widerklage zu befassen und über sie zu erkennen. **165,** 317 (319). — 37) Im Streitverfahren in Ehesachen nach österreichischem Verfahrensrecht kann die Klage im zweiten Rechtsgange zurückgezogen werden. **166,** 87. — 38) Aus dem auch für den Bereich des österreichischen Rechts anzuwendenden Grundsatze der Einheitlichkeit des Erkenntnisses in Ehesachen ist zu folgern, daß über Klage und Widerklage auf Scheidung oder Aufhebung einerseits und über die Frage des Verschuldens, also auch des überwiegenden Verschuldens, andererseits einheitlich, d. h. auf Grund eines Verfahrens und in einem Urteil erkannt werden muß. Das sachliche Ergebnis des Rechtsstreits läßt darüber nur ein einheitliches Urteil zu, das nur im ganzen der Rechtskraft fähig ist. Ein Teilurteil über die Scheidung, losgelöst von der Verschuldensfrage, ist nicht zulässig. Wenn also ein Rechtsmittel auch nur einen Teil des den Rechtsstreit in einem Rechtsgang erledigenden Urteils ergreift, so wird damit die Rechtskraft des ganzen Urteils gehemmt. Die vom Rechtsmittel nicht erfaßten Teile des Urteils bleiben ebenfalls nicht bestehen, wenn sie auch insofern Bedeutung behalten, als sie für die höhern Gerichte und im Falle der Aufhebung des Urteils auch für das untere Gericht eine Bindung ergeben, so daß das später ergehende Urteil die Partei, welche kein Rechtsmittel eingelegt hatte, nicht besserstellen darf als das ursprüngliche Urteil. **166,** 87 (88). — 39) Ist der Ehemann nur Angehöriger des Protektorats, die Ehefrau aber auch deutscher Volkszugehörigkeit, so gilt für die Scheidung und Trennung der Ehe Protektoratsrecht, auch wenn die deutsche Gerichtsbarkeit eintritt. — Die Lösung der Ehe dem Bande nach kann nicht nach großdeutschem Eherecht und das Verschulden nach Protektoratsrecht beurteilt werden. Der Scheidungsausspruch für sich kann in diesem Falle nicht rechtskräftig oder das Gericht bindend werden. **166,** 215. — 40) Die deutschen Gerichte sind für die Scheidung der Ehen niederländischer Staatsangehöriger, die ihren Wohnsitz in Deutschland haben, auch nach der Kündigung des Haager Ehescheidungsabkommens zuständig. **167,** 193. — 41) Das Revisionsgericht kann die Frage, ob für die Scheidung deutsches oder ausländisches Recht maßgebend ist, dahingestellt lassen, wenn sich die vom Berufungsgericht ausgesprochene Scheidung auf Grund der von ihm getroffenen tatsächlichen Feststellungen sowohl nach deutschem als auch nach dem möglicherweise in Betracht kommenden ausländischen Recht als gerechtfertigt erweist. **167,** 274. — 42) Die deutschen Gerichte sind zuständig für die Scheidung norwegischer Staatsangehöriger, die ihren Wohnsitz in Deutschland haben. **168,** 50. — 43) Anfechtbarkeit einer die Berufung als unzulässig verwerfenden Entscheidung des Oberlandesgerichts in einem Ehescheidungsverfahren, wenn die Entscheidung, z. B. wegen Unterbrechung des Verfahrens, überhaupt nicht erlassen werden durfte. **168,** 396 (397). — 44) Auch ein ausländisches Erkenntnis über eine Scheidung von Tisch und Bett kann zu einer Umwandlung dieser Scheidung in eine solche dem Bande nach im Verfahren außer Streitsachen führen. Zu § 115 EheG. **169,** 57.

§ 336. Rechtsstreitigkeiten über Feststellung des Rechtsverhältnisses zwischen Eltern und Kindern.

1) Wenn jemand, der die Vaterschaft bei einem unehelichen Kinde anerkannt hat, wegen Unmöglichkeit seiner Vaterschaft auf Rückgabe des Anerkenntnisses und zugleich auf Feststellung klagt, daß er nicht der Vater sei, so betrifft der Feststellungsantrag nicht die blutmäßige Abstammung, sondern die Zahlvaterschaft; seine Zulässigkeit ergibt sich aus § 280 ZPO. **161,** 277; **165,** 248 (251); **167,** 289 flg. — 2) Ein in der Ehe geborenes Kind kann nach Ablauf der in §§ 158, 159 ABGB. vorgesehenen Fristen seine Ehelichkeit nicht mehr bestreiten, auch wenn es erst nach Ablauf dieser Fristen Kenntnis davon erlangt hat, daß es nicht von dem jüdischen Ehemann erzeugt ist. Das Kind kann jedoch in diesem Fall auf Feststellung klagen, daß es blutmäßig nicht von dem jüdischen Ehemann abstammt. **161,** 325; **162,** 113; **163,** 90, 399 (401); **167,** 120 (122); **170,** 61 (62), 402 (403). — 3) Auf das die Feststellung der blutmäßigen Abstammung betreffende Verfahren sind die §§ 640 flg. ZPO. entsprechend anzuwenden. **163,** 100 (101), 321; **165,** 248 (252); **169,** 401 (404). — 4) a. Hat der Ehemann die Ehelichkeit seines Kindes innerhalb eines Jahres seit der Geburt angefochten, so kann der Staatsanwalt sein Anfechtungsrecht zwar nicht während der Rechtshängigkeit dieser Klage, wohl aber nach ihrer rechtskräftigen, wenn auch aus sachlichen Gründen ausgesprochenen Abweisung ausüben. b. Wenn der Staatsanwalt die Anfechtung für geboten erachtet, unterliegt sein Ermessen nicht der gerichtlichen Nachprüfung. **163,** 156. — 5) Das Anfechtungsrecht des Ehemanns und das des Staatsanwalts sind grundsätzlich verschiedene Gestaltungsrechte. **163,** 156 (160). — 6) Zu § 643 ZPO. Die im Anfechtungs-

prozeß rechtskräftig getroffene Feststellung der Unehelichkeit eines während der bestehenden Ehe geborenen Kindes erbringt nicht auch für den nachfolgenden Ehescheidungsprozeß den Beweis, daß die Mutter sich des Ehebruchs schuldig gemacht habe. **163,** 156 (161). — 7) Mit der Restitutionsklage des mit der Anfechtungsklage rechtskräftig abgewiesenen Mannes kann die Anfechtungsklage des Staatsanwalts verbunden werden. **163,** 156 flg. — 8) Zur Frage der Beweislast, des Umfangs der Beweisaufnahme und der Beweiswürdigung in Abstammungsprozessen. **163,** 321; **165,** 248 (254). — 9) Zur Bestreitung der blutmäßigen Abstammung des Kindes vom Ehemann der Mutter ist der angebliche außereheliche Erzeuger des Kindes nicht befugt. **163,** 399; **167,** 402. — 10) Bei der großen Bedeutung, die der Abstammungsfrage nach heutiger Anschauung nicht nur für den einzelnen Betroffenen, sondern auch für die Volksgemeinschaft zukommt, müssen in einem die blutmäßige Abstammung betreffenden Rechtsstreit alle zur Klärung dieser Frage verfügbaren Erkenntnisquellen ausgenützt werden, wobei das Gericht gemäß § 640 Abs. 1, § 622 Abs. 1 ZPO. nicht an das Vorbringen und die Beweisanträge der Parteien gebunden, vielmehr auch zur selbständigen Ermittelung von Amts wegen befugt ist. **163,** 321 (322). — 11) Die blutmäßige Abstammung muß wegen ihrer Rechtswirkungen als Rechtsverhältnis bezeichnet werden. **163,** 399 (401). — 12) Auf die Klage, welche die Feststellung der blutmäßigen Abstammung bezweckt, sind die Bestimmungen der §§ 640 bis 643 ZPO. anzuwenden, um verfahrensrechtliche Sicherungen für die Richtigkeit des Urteils zu gewinnen. Aus demselben Grund ist für das Recht der Ostmark die Anlehnung an die §§ 158 flg. ABGB. geboten, die durch ihre Bestimmung über die zu verklagende Person Vorsorge für die Richtigkeit des Urteils treffen. **163,** 399 (402); **164,** 193 (195); **166,** 157 (159); **167,** 120 (122). — 13) a. Gegen Urteile in Vaterschaftsprozessen ist die Revision stets zulässig. b. Die Wichtigkeit, welche der Feststellung der blutmäßigen Abstammung zukommt, gebietet, daß bei der Erforschung, ob eine offenbare Unmöglichkeit der Zeugung durch den verklagten unehelichen Vater vorliegt, also bei der Beurteilung des gegen die gesetzliche Vermutung des § 163 ABGB. geführten Gegenbeweises, jede dem Gerichte zugängliche Erkenntnisquelle voll ausgeschöpft wird, wenn sich der Verdacht ergibt, daß der in Anspruch genommene Vater nicht der Erzeuger des klagenden Kindes ist. Eine solche Erkenntnisquelle ist neben der Blutgruppenuntersuchung auch die übrige erbbiologische (morphologische) Untersuchung. **164,** 45. — 14) Bei der Vaterschaftsklage bilden die Ansprüche auf Unterhaltsgewährung mit dem Anspruch auf Feststellung der Vaterschaft eine Einheit. **164,** 45 (46). — 15) Über das Erfordernis des Feststellungsinteresses bei Feststellungsklagen, die das Bestehen oder Nichtbestehen der blutmäßigen Abstammung betreffen. **164,** 62. — 16) Nicht stets muß das Berufungsurteil auf die Revision hin aufgehoben werden, wenn der Staatsanwalt am Verfahren nicht beteiligt worden ist. **164,** 62, 248 (252). — 17) In Rechtsstreitigkeiten über die Feststellung der blutmäßigen Abstammung a. trifft die Beweisfälligkeit die klagende Partei, auch wenn es sich um eine verneinende Feststellungsklage handelt; b. wird bei Abweisung der Klage wegen Unklarheit des Beweisergebnisses die Abstammung nicht festgestellt, sondern bleibt ungewiß; c. ist ein Antrag auf Feststellung der Ungewißheit der Abstammung unzulässig. **164,** 281; **165,** 248 (253); **168,** 187 (189). — 18) a. Das von einem Mann im außerstreitigen Verfahren abgegebene Vaterschaftsanerkenntnis steht der Erhebung der Vaterschaftsklage gegen einen andern Mann nicht entgegen. b. Der mit der Vaterschaftsklage in Anspruch genommene Beklagte kann nicht mit dem bloßen Hinweis auf die Möglichkeit, daß die Kindesmutter auch noch mit andern Männern geschlechtlichen Verkehr gehabt haben könne, die Anordnung einer erbbiologischen Begutachtung verlangen. Eine solche Begutachtung ist vielmehr in diesem Falle nur dann erforderlich, wenn Anhaltspunkte für das Bestehen einer augenfälligen Unähnlichkeit vorhanden sind. **165,** 186; **168,** 187 (191); **169,** 223 (224). — 19) a. Klagen auf Feststellung des Bestehens oder Nichtbestehens der sogenannten Zahlvaterschaft des § 1717 BGB. sind vermögensrechtlicher Art. b. Klagen auf Feststellung des Bestehens oder Nichtbestehens der Vaterschaft zu einem unehelichen Kinde betreffen im Zweifel die blutmäßige Abstammung, nicht die Zahlvaterschaft. c. Verfahrensgrundsätze im Abstammungsstreit. **165,** 248. — 20) In Abstammungsstreitigkeiten besteht für den Richter die Pflicht zur Ausnützung aller verfügbaren Beweisquellen; mit der Ablehnung einer eidlichen Vernehmung der Kindesmutter kann er gegen diese Pflicht verstoßen. **165,** 248 (254). — 21) Daß es sich bei der eidlichen Vernehmung der Kindesmutter über weitern Geschlechtsverkehr in der Empfängniszeit um einen Erforschungsbeweis handelt, kann im Statusverfahren der §§ 640 flg. ZPO., in dem das Gericht zur Ermittlung des richtigen Sachverhalts von Amts wegen befugt ist (§ 640 mit § 622 ZPO.), kein Grund zur Ablehnung des dahin gehenden Beweisantrags sein. **165,** 248 (254). — 22) Die entsprechende Anwendung des § 625 ZPO. führt bei den Abstammungsfeststellungsklagen dazu, daß die Urteile allgemein — ohne Rücksicht darauf, ob die Vaterschaft bejaht oder verneint oder als nicht feststellbar erklärt wird — von Amts wegen zuzustellen sind. **165,** 307; **166,** 126 (128), 207; **169,** 282. — 23) Ist über eine Abstammnungsfeststellungsklage nach § 256 ZPO. im gewöhnlichen Verfahren und vom Landgericht als Berufungsinstanz rechtskräftig sachlich entschieden worden, so entbehrt diese Entscheidung trotz der vorliegenden Verfahrensmängel (nach der Entscheidung RGZ. 160, 293 findet das Statusverfahren Anwendung und ist die Zuständigkeit des Landgerichts als erste Instanz gegeben) der Wirkung der sachlichen Rechtskraft mit der Folge, daß zwischen den gleichen Parteien eine abweichende Feststellung der Abstammung ausgeschlossen ist, jedenfalls dann nicht, wenn sich die Entscheidungsgründe des frühern Urteils im Rahmen einer auch bei Anwendung des Statusverfahrens möglichen und zulässigen Urteilsbegründung halten. **165,** 315. — 24) Da nach RGZ. 165, 307 in Abstammungsrechtsstreitigkeiten die Urteilszustellung von Amts wegen vorzunehmen ist, ist die Berufungsfrist versäumt, wenn die Berufung nicht binnen eines Monats nach der Amtszustellung eingelegt ist. Bei verspäteter Berufungseinlegung kann sich die Partei nicht darauf berufen, daß sie vor Erlaß der vorgenannten Entscheidung nicht damit habe zu rechnen brauchen, daß hier die Zustellung von Amts wegen die Berufungsfrist in Lauf setze. **166,** 126. — 25) Für Klagen der

Kinder (im weiteren Sinne) auf Feststellung der blutmäßigen Abstammung bedarf es keines Nachweises eines besonderen rechtlichen Interesses an der alsbaldigen Feststellung (§ 228 ZPO.). Sie stehen einer Standesklage (nach § 158 ABGB.) gleich. **166,** 157; **167,** 402 (403); **170,** 62 (öst. Recht). — 26) Wenn es sich um den Nachweis der arischen Abstammung handelt, bedarf es des Nachweises keines andern als des für das Kind schon durch den Rassegesichtspunkt gegebenen Interesses. Daraus kann nicht abgeleitet werden, daß zur Feststellungsklage des Kindes (im weitern Sinne) der nach dem jetzigen Stande der Gesetzgebung großen Bedeutung der möglichst baldigen Klar- und Feststellung der blutmäßigen Abstammung überhaupt noch ein besonderes rechtliches Interesse erforderlich ist, ganz abgesehen davon, daß jede Verzögerung diese Klarstellung erschweren oder sogar unmöglich machen kann. Diese Ansicht ist um so mehr für das österreichische Recht anzunehmen, weil das Urteil mit den für diese Klagen verlangten verfahrensrechtlichen Sicherheiten für seine Richtigkeit ausgestattet ist. **166,** 157 (159); **169,** 219 (221). — 27) Die blutmäßige Abstammung ist als ein Rechtsverhältnis anzusehen, die Klage auf Feststellung, daß das Kind blutmäßig nicht vom Kläger stamme, an sich zulässig. Aber die Klage ist keine gewöhnliche Feststellungsklage, sondern sie steht mit Rücksicht darauf, daß das Urteil mit den für diese Klage in Anlehnung an § 158 ABGB. verlangten verfahrensrechtlichen Sicherheiten für die Richtigkeit des Urteils ausgestattet ist, einer Standesklage gleich. Das Klagerecht steht außer den Kindern auch dem Ehemann der Mutter zu, wenn er ausnahmsweise an der Feststellung, daß das Kind blutmäßig nicht von ihm stammt, ein eigenes, über das Interesse des Kindes hinausgehendes Interesse glaubhaft zu machen vermag. In dem bloßen Hinweis auf das Blutschutzgesetz und das Gesetz zur Verhütung erbkranken Nachwuchses kann das Interesse nicht gefunden werden. **167,** 120 (122), 402 (403); **169,** 219 (221); **170,** 63. — 28) Die Klage auf Feststellung der blutmäßigen Abstammung von einem Manne kann nach dessen Tode nicht gegen die uneheliche Mutter des Klägers erhoben werden. **167,** 289. — 29) Die Klage auf Feststellung der blutmäßigen Abstammung kann nicht mehr erhoben, ein anhängiges Verfahren nicht mehr fortgeführt werden, sobald der als Erzeuger in Anspruch genommene Mann, der Beklagte, verstorben ist. **167,** 289 flg.; **169,** 401 (404). — 30) Bei einem nach der gesetzlichen Vermutung ehelichen Kinde kann eine Klage auf Feststellung der blutmäßigen Abstammung von einem andern Manne als dem Ehemann der Mutter erst erhoben werden, wenn rechtskräftig festgestellt worden ist, daß das Kind blutmäßig von dem Ehemann der Mutter nicht abstammt. **167,** 402; **169,** 219 (222). — 31) Klage zur Bestreitung der blutmäßigen Abstammung und Klage auf Bestreitung der Ehelichkeit der Geburt; Bestimmungen, welche die Ermittlung der Wahrheit sichern sollen. Die Klage zur Bestreitung der blutmäßigen Abstammung ist gegen den Kurator zur Verteidigung der blutmäßigen Abstammung zu richten, der durch seine amtliche Stellung verpflichtet ist, an der Feststellung der Wahrheit mitzuwirken. **167,** 402 (403); **169,** 219 (221). — 32) a. Über den Umfang der Beweislast des auf Feststellung des Nichtbestehens der blutmäßigen Abstammung klagenden vermeintlichen Vaters. b. Die erbbiologische Untersuchung kann unter Umständen zur Ausschließung der Vaterschaft eines bestimmten Mannes auch in dem Falle führen, daß sich die Untersuchung außer auf das Kind und die Mutter nur auf ihn, nicht auf einen weiteren etwa als Erzeuger in Betracht kommenden Mann erstrecken kann. **168**, 187. — 33) Die Feststellung, daß die blutmäßige Abstammung besteht oder — im Falle der verneinenden Klage — nicht besteht, kann das Gericht nur treffen, wenn es sich von der Richtigkeit überzeugt hat; vermag es sich diese Überzeugung auch nach Ausschöpfung der von Amts wegen gebotenen Ermittelungen nicht zu verschaffen, so muß es die Klage abweisen. **168**, 187 (189). —34) Daß es nur in verhältnismäßig seltenen Fällen möglich ist, einen Mann durch erbbiologisches Gutachten als Erzeuger auszuschließen, ist kein Grund, den Versuch einer solchen Ausschließung zu unterlassen und damit auf eine Möglichkeit, die gebotene Aufklärung herbeizuführen, zu verzichten. **168**, 187 (191). — 35) Ist das auf Feststellung seiner blutmäßigen Abstammung vom Beklagten klagende Kind wegen Geistesschwäche unfruchtbar gemacht, so wird das im allgemeinen zur Verneinung des rechtlichen Interesses an der Feststellung führen. **168**, 316. — 36) Bei den Abstammungsklagen kann in der Regel ohne weiteres davon ausgegangen werden, daß das Feststellungsinteresse gegeben ist; es müssen also besondere Umstände vorliegen, um dieses ausnahmsweise auszuschließen. **168**, 316. — 37) Das rechtliche Interesse an der klageweisen Feststellung der blutsmäßigen Abstammung ist zu verneinen, wenn der Erzeuger seine Vaterschaft anerkannt hat, sie auch jetzt nicht bestreitet und seine Vaterschaft von keiner Seite in Zweifel gezogen wird. **168**, 339. — 38) Grundsätzlich ist das rechtliche Interesse an einer derartigen Feststellungsklage (Nr. 37) zu bejahen; es kann nur dann verneint werden, wenn besondere Umstände des Einzelfalls dagegen sprechen. **168**, 339 (340 flg.). — 39) Im Abstammungsstreit kann ausnahmsweise von Einholung eines Ähnlichkeitsgutachtens trotz des Einwandes des Mehrverkehrs abgesehen werden, wenn der Mehrverkehr durch das sonstige Beweisergebnis völlig ausgeschlossen erscheint. **168**, 385. — 40) Im Streit über die Feststellung der blutmäßigen Abstammung eines unehelichen Kindes steht der Mutter des Kindes ein Zeugnis- und Eidesverweigerungsrecht zu. **169**, 48. — 41) Die Rechtskraft des Urteils, durch das die Unterhaltsklage des Kindes gegen den angeblichen Erzeuger abgewiesen worden ist, steht einer entgegengesetzten Entscheidung in einem neuen Unterhaltsrechtsstreit dann nicht entgegen, wenn inzwischen im Abstammungsrechtsstreit der auf Unterhalt Verklagte als Vater des Kindes festgestellt worden ist. Rückwirkung und Treu und Glauben. **169**, 129, 252 (254), 255 (256). — 42) Der Richter kann die Erkenntnisse des erbbiologischen Gutachtens nicht ohne weiteres durch entgegengesetzte eigne ersetzen. **169**, 193. — 43) Über die Beweis anforderungen bei der verneinenden Abstammungsfeststellungsklage. **169**, 216. — 44) a. Über die Frage, was im Lande Österreich der Vater eines gesetzlich als ehelich anerkannten Kindes beweisen muß, um dessen blutmäßige Abstammung von ihm zu widerlegen. b. Ein im Altreich wohnender Zeuge ist zur Duldung der erb- und rassenkundlichen Untersuchung und der Entnahme der Blutprobe in familienrechtlichen Streitigkeiten, soweit es zur Feststellung der Abstammung eines Kindes erforderlich ist, auch dann verpflichtet, wenn der Rechtsstreit vor einem Prozeßgericht in einem andern Teile des Großdeutschen Reichs (z. B. in der Ostmark oder im Sudetenland) geführt wird. **169,** 219. — 45) Die familienrechtliche Abstammung schließt bis zur Erbringung des Gegenbeweises auch die Vermutung der blutmäßigen Abstammung in sich. Die der Widerlegung dieser Vermutung dienende Feststellungsklage setzt ebenso wie die Klage nach § 158 ABGB. den Nachweis der Unmöglichkeit der Zeugung durch den Ehemann der Mutter voraus. **169,** 219 (220). — 46) Die Klage auf bejahende oder verneinende Feststellung der blutmäßigen Abstammung gehört als Standesklage zu jenen Klagen, bei denen das Gericht in ganz besonderm Maß auf die Ermittlung der Wahrheit hinzuwirken hat; die Klage ist gegen den Kurator zur Verteidigung der blutmäßigen Abstammung zu richten, der durch seine amtliche Stellung verpflichtet ist, an der Feststellung der Wahrheit mitzuwirken; die Aufnahme von Beweisen ist nicht durch Anträge der Partei beschränkt, und Vergleich, Anerkenntnis- oder Versäumnisurteil genügen nicht zur Feststellung der blutmäßigen Abstammung. Das Prozeßgericht hat daher auch ohne Parteiantrag über die gesetzmäßige Durchführung des Sachverständigenbeweises zu wachen. **169,** 219 (221). — 47) Der Staatsanwalt ist berechtigt, in Abstammungsfeststellungssachen Rechtsmittel einzulegen. An der Auffassung ist festzuhalten, daß das Bestehen oder Nichtbestehen der Vaterschaft nach dem Tode des als Vater in Betracht kommenden Mannes nicht durch Feststellungsklage gegen die Kindesmutter geltend gemacht werden kann. **169,** 401. — 48) a. Die verneinende Abstammungsklage ist nicht deshalb mutwillig und deshalb mangels eines Rechtsschutzbedürfnisses abzuweisen, weil der Kläger für seine Behauptung, nicht der Vater des Beklagten zu sein, keine bestimmten Beweise anzutreten vermag. b. Auch wenn ein Anhalt für einen Mehrverkehr der Kindesmutter innerhalb der Empfängniszeit fehlt, ist dem Antrag auf Anordnung der Blutgruppenuntersuchung — nicht dagegen dem auf Einholung des erbbiologischen Gutachtens — zu entsprechen. c. Der Umstand, daß durch ein dem Kind ungünstiges Ergebnis der Blutgruppenuntersuchung die Kindesmutter der Gefahr strafrechtlicher Verfolgung wegen Verletzung der Eidespflicht ausgesetzt wäre, gibt keinen „triftigen Grund" für eine Weigerung des Kindes, die Blutentnahme zum Zwecke der Untersuchung zu dulden. **169,** 223, 283. — 49) Im Sonderverfahren nach den §§ 640 flg. ZPO. kann ein Beweisangebot oder eine Beweisanordnung nicht mit der Begründung abgelehnt werden, es handle sich um einen Erforschungsbeweis. **169,** 223 (224). — 50) Im Verfahren nach §§ 640 flg. ZPO. kommt es darauf an, ob die Beweiserhebung zur Ermittlung der Wahrheit dienlich sein kann. Ist das der Fall, so erübrigen sich Behauptungen der Partei über Ähnlichkeit oder Unähnlichkeit zwischen dem Kind und dem angeblichen Erzeuger, zumal da auf diesem Gebiet von Laien aufgestellten Behauptungen keine erhebliche Bedeutung beizumessen ist. **169,** 223 (224). — 51) Zur Frage, unter welchen Voraussetzungen in einem Rechtsstreit, der die Anfechtung der Ehelichkeit des verklagten Kindes zum Gegenstand hat, Beweis durch Anordnung der Blutgruppenuntersuchung und durch Einholung eines erbbiologischen Gutachtens zu erheben ist. **169,** 282. — 52) Ein erbbiologisches

Gutachten ist nur einzuholen, wenn immerhin ein gewisser Anhalt für einen Mehrverkehr der Kindesmutter besteht. **169,** 282 (284). — 53) a. Der Abstammungsstreit ist im Gebiet des ABGB. gegen den Abstammungskurator zu führen. Eine Klage gegen den angeblichen Vater, die für das Gebiet des Altreiches zulässig ist, ist vor dem Gericht des österreichischen Rechts nicht fortzusetzen. b. Die örtliche Zuständigkeit ist durch § 100 öst. JN. und § 642 DZPO., beide in der Fassung der 4. DurchfVO. EheG., gegeben (allgemeiner Gerichtsstand des Klägers), da der Fall, daß jemand an seinem allgemeinen Gerichtsstand wegen des dort geltenden Rechts nicht verklagt werden kann, dem Falle gleichzuhalten ist, daß er im Inlande keinen allgemeinen Gerichtsstand hat. **169,** 365; **170,** 402 (403). — 54) a. Im Geltungsbereich des ABGB. ist auch für die bejahende Klage des während der Ehe geborenen Kindes auf Feststellung der blutmäßigen Abstammung von einem andern Manne der Nachweis eines besondern Interesses nicht zu fordern. b. Die bejahende Klage ist nur gegen den zu bestellenden Kurator zu richten, nicht auch gegen den angeblichen blutmäßigen Erzeuger. Dieser ist aber zu hören und vom Gericht und Kurator darauf hinzuweisen, daß er sich am Rechtsstreit als Streitgehilfe beteiligen kann. **170,** 61. — 55) a. Bei dem während der Ehe geborenen Kinde kann im Geltungsbereich der ABGB. die bejahende mit der verneinenden Abstimmungsklage verbunden werden (blutmäßige Abstammung). b. Bei der bejahenden Abstimmungsklage muß der angebliche blutmäßige Vater, wenn er noch lebt, als Zeuge vernommen, auch die Blutgruppenuntersuchung durchgeführt werden. **170,** 63. — 56) Das Verbot der Neuerungen gemäß § 482 Abs. 2 ÖstZPO. findet im Verfahren über Abstammungsklagen, das vom Grundsatze der Amtsuntersuchung beherrscht wird, keine Anwendung. **170,** 162. — 57) Nach rechtskräftiger Feststellung der blutmäßigen Abstammung im sogenannten Statusverfahren kann das früher mit der Unterhaltsklage abgewiesene Kind grundsätzlich, soweit nicht Treu und Glauben oder Billigkeitsgründe entgegenstehen, den Unterhalt so verlangen, als ob das klageabweisende Urteil im Unterhaltsrechtsstreit nicht ergangen wäre; dies gilt jedoch nur unter der sich aus den Verjährungsvorschriften ergebenden Beschränkung. **170,** 252 (254). — 58) a. Der im Unterhaltsprozeß verurteilte uneheliche Vater hat ein berechtigtes Interesse („Rechtsschutzinteresse") an der Erhebung der verneinenden Abstammungsklage. b. Liegen Anhaltspunkte für einen Mehrverkehr der Kindesmutter vor, so kann die erbbiologische Begutachtung nicht von vornherein als aussichtslos bezeichnet werden. **170,** 255. — 59) Die Klage auf Feststellung, daß der Kläger nicht von der Gattin seines in der Matrik verzeichneten Vaters geboren sei, fällt nicht unter die Bestimmungen der §§ 158, 159 ABGB.; sie ist fristlos zulässig und gegen einen Kurator zu erheben; für den zu erbringenden Beweis gelten keine besondern Vorschriften. **170,** 300. — 60) Klage auf Feststellung der blutmäßigen Abstammung eines unehelichen Kindes; zu §§ 5, 6 Abs. 2, § 11 Abs. 1 der Verordnung über die Angleichung familienrechtlicher Vorschriften vom 6. Februar 1943; Zuständigkeit nach dem 1. März 1943 im Geltungsbereich des Allgemeinen Bürgerlichen Gesetzbuchs; zur Frage des Rechtsschutzbedürfnisses. **170,** 402. — 61) Nach ständiger Rechtsprechung ist bei Standesklagen allerdings das rechtliche Interesse an der erstrebten Feststellung regelmäßig zu bejahen, aber nur soweit nicht besondere Umstände des Einzelfalles dagegen sprechen. **170,** 402 (404).

§ 337. Entmündigungsverfahren.

1) Entmündigung wegen Geisteskrankheit (Geistesschwäche). Muß der Entmündigte im Verfahren über die Anfechtungsklage gegen den Entmündigungsbeschluß auch im Berufungsverfahren unter Zuziehung eines oder mehrerer Sachverständiger persönlich vernommen werden? — Über die im Falle des § 6 Abs. 1 Nr. 1 BGB. an die Urteilsbegründung zu stellenden Anforderungen. — Zu §§ 654, 655, 671 ZPO., § 171 Abs. 1 GVG. **162,** 35. — 2) Nach ständiger Rechtsprechung des Reichsgerichts muß der Entmündigte in jedem Rechtsgange des Aufhebungsverfahrens, also auch vom Berufungsgericht, persönlich unter Zuziehung eines Sachverständigen vernommen werden (ZPO. §§ 654, 671). Ein Verstoß hiergegen zwingt indessen nur dann zur Aufhebung des Berufungsurteils, wenn die Vernehmung des Klägers unter Zuziehung eines Sachverständigen auf die Entscheidung hätte von Einfluß sein können. **170,** 341.

§ 338. Mahnverfahren.

Hemmung der Verjährung durch Zustellung eines Zahlungsbefehls. Zu § 209 Abs. 2 Nr. 1 BGB., § 701 ZPO. **163,** 9 (20).

§ 339. Konsularsachen.

— — — — — — — — — —

8. Zwangsvollstreckung.

§ 340. Allgemeine Bestimmungen. Rechtskraft der Urteile. Vorläufige Vollstreckbarkeit. Vollstreckungen ausländischer Urteile. Vollstreckungsurteil. Vollstreckungsklausel. Einwendungen aus § 766 ZPO. Vollstreckbare Urkunden.

1) Ist das Gesetz zur Verhütung mißbräuchlicher Ausnutzung von Vollstreckungsmöglichkeiten bei schon festgestellten Forderungen im Konkurs anwendbar? **161,** 262. — 2) Zur Anwendbarkeit des § 719 ZPO. **161,** 350 (356). — 3) Zu § 794 Nr. 1 ZPO. Unter welchen Voraussetzungen kann die Nichtigkeit eines Prozeßvergleichs, der wirksam zustande gekommen, aber wegen Irrtums oder arglistiger Täuschung angefochten worden ist, durch Fortsetzung des bisherigen Rechtsstreits geltend gemacht werden, obwohl die Entscheidung über die Wirksamkeit der Anfechtung eine Beweisaufnahme erforderlich macht? **162,** 198. — 4) Wie anerkannt ist, kann sich das Prozeßgericht mit dem Vorbehalt gemäß § 780 ZPO., nämlich dem Vorbehalt der Beschränkung der Haftung auf den Nachlaß, begnügen und die Entscheidung, ob und in welchem Umfang der Beschränkung der sie geltend machenden Partei tatsächlich zur Seite steht, in das Zwangsvollstreckungsverfahren verweisen. Das kann auch stillschweigend in der Weise geschehen, daß das Gericht sachlich auf die Einrede der Bedürftigkeit des Nachlasses nicht eingeht. **162,** 298 (300). — 5) Zu § 797 Abs. 4 ZPO. Vollstreckbare Urkunde über Unterhaltszahlung, Wirkungsverlust. **161,** 277 (279). — 6) Zu §§ 727, 728 ZPO. Welche Ansprüche stehen dem Nacherben gegen die Erben des (befreiten) Vorerben zu, wenn sie sich nach dem Eintritt des Nacherbfalls eine vollstreckbare Aus-

fertigung einer notarischen Schuldurkunde über eine zur Nacherbschaft gehörige Forderung haben erteilen lassen? Über die Eigentumsverhältnisse an Ausfertigungen notarischer Schuldurkunden. Zum Streit von zwei dieselbe Forderung Beanspruchenden („Prätendenten") über eine Vollstreckungsklausel. **163,** 51. — 7) Zu §§ 731, 795, 797. **163,** 51 (54, 56). — 8) Zu § 811 Nr. 4 ZPO. Unterschied zwischen einem Bauern und einem Landwirt. **163,** 104 (110). — 9) Zu §§ 722, 723, 767 ZPO. Vollstreckungsklage. Welches Gericht ist zuständig für die Vollstreckungsgegenklage gegen das Urteil eines ausländischen Gerichts, das im Inlande für vollstreckbar erklärt worden ist, insbesondere gegen das Urteil eines Schweizer Gerichts? — Kann der Antrag, den Rechtsstreit an das zuständige Gericht zu verweisen, auch noch im Revisionsverfahren gestellt werden? **165,** 374. — 10) Zu §§ 722, 723 Abs. 2, 767 Abs. 2 ZPO., § 482 tsch. ZPO. **167,** 373 (376). — 11) Ob für oder gegen den Rechtsnachfolger nach § 727 (730) RZPO. die Vollstreckungsklausel zu erteilen oder nach § 731 vom Gläubiger der Rechtsweg zu beschreiten ist, hängt nicht davon ab, ob die Rechtsnachfolge während der Rechtshängigkeit oder nach Beendigung des Rechtsstreites eingetreten und ob im ersten Falle das Urteil auf Leistung an den Rechtsnachfolger ergangen oder die Rechtsnachfolge unberücksichtigt geblieben ist. **167,** 321 (323). — 12) Kann bei der Abtretung einer Forderung zur Sicherung auch der Abtretende Exekution zur Sicherstellung der Forderung führen? — Ist die Zwangsvollstreckung zur Sicherstellung einer Prozeßkostenforderung nach § 371 Nr. 1 ÖstEO. wegen Aufhebung des diese Kosten zusprechenden Urteils aufzuheben? — Ist § 234 ÖstZPO. im Exekutionsverfahren anwendbar? Zu ÖstEO. §§ 9, 35, 371, 376; ÖstZPO. § 234; RZPO. §§ 265, 266. **168,** 115 flg.

§ 341. Vollstreckungsgegenklage (§§ 767, 768 ZPO.).

1) Die Vollstreckungsgegenklage ist eine prozeßrechtliche Klage auf ein rechtsgestaltendes Urteil dahin, daß die (einem sachlich-rechtlichen Anspruch gewährte) Vollstreckbarkeit nach Wegfall ihrer Voraussetzung entfalle. Das ist ihr Streitgegenstand. Hat nun der Gesetzgeber keinesfalls ein ausländisches Gericht um deswillen für zuständig erklären wollen und können, weil es über den sachlichrechtlichen Anspruch selbst befunden hat, so kann nur der Streit über die Vollstreckbarkeit derjenige Rechtsstreit sein, nach dem sich das Prozeßgericht im Sinne des § 767 Abs. 1 ZPO. bestimmt. Bildet sonst den Gegenstand der Vollstreckungsklage die Frage, ob die vom Prozeßgericht selbst ausgesprochene Vollstreckbarkeit eines Urteils wegen Wegfalls ihrer Voraussetzung entfallen soll, so wandelt sich dieser Klagegegenstand (im vorliegenden Falle) lediglich dahin ab, daß es sich darum handelt, ob die einem ausländischen Urteile durch besonderes Urteil eines inländischen Gerichts zuerkannte Vollstreckbarkeit aus ebensolchem Grunde wieder entfallen soll. Dafür kann als Prozeßgericht nur das Gericht in Frage kommen, bei dem der Streit ausgetragen worden ist, ob dem ausländischen Gericht die Vollstreckbarkeit zu gewähren war. Daran kann sich nichts um deswillen ändern, weil die Vollstreckungsgegenklage gegen Schiedssprüche schon vor dem Widerspruchsverfahren möglich ist. **165,** 374 (380). — 2) Ob der für Schiedssprüche aufgestellte Rechtssatz auch für Vollstreckungsgegenklage gegen Urteile von schweizerischen Ge-

richten gilt, kann mit Rücksicht darauf zweifelhaft sein, weil in Art. 2 AusfVO. vom 23. August 1930 § 1042 Abs. 2 ZPO. nicht angeführt ist (vgl. RGZ. Bd. 148, S. 274). **165,** 374 (380 flg.). — 3) Zu §§ 722, 723, 732, 764, 767, 768, 797, 802 ZPO. **165,** 374 (375, 380, 382, 383). — 4) Zu § 767 ZPO. Unzulässigkeit der Rechtsausübung. **166,** 113 (115). — 5) Zu § 708 Nr. 7, § 713 Abs. 2, § 719 ZPO. Vorläufige Vollstreckbarkeit des Urteils. **167,** 76 (77, 78). — 6) Nach der neueren Rechtsprechung ist der Antrag aus § 719 ZPO. auch dann zulässig, wenn die Vollstreckung schon durch Stellung des Antrages aus § 713 ZPO. im Berufungsverfahren hätte verhindert werden können. Die frühere gegenteilige Ansicht ist aufgegeben worden. **167,** 76 (79). — 7) Zu § 767 Abs. 2 ZPO. **167,** 373 (382). — 8) Zu § 767 Abs. 1, § 769 Abs. 1, § 802 ZPO. **167,** 222 (223). — 9) Zu § 767 ZPO. Keine Vollstreckungsgegenklage bei Klageabweisung. **169,** 129 (130).

§ 342. Widerspruchsklage Dritter (§ 771 ZPO.).

1) Welchen Einfluß hat nach tschechoslowakischem Recht die erfolgreiche Anfechtung eines Pfandrechts durch einen im Range nachstehenden Pfandgläubiger auf die Rechte der Zwischenpfandgläubiger, wenn die Anfechtung nicht mit selbständiger Anfechtungsklage, sondern mit Widerspruchsklage im Zuge des Meistbotsverteilungsverfahrens erfolgt? **161,** 280. — 2) Beseitigung der Vollstreckungshandlung selbst; der ordentliche Rechtsbehelf dafür **ist** die Widerspruchsklage des § 771 ZPO. **162,** 218 (219).

§ 343. Pfändung. Pfändungspfandrecht.

1) Über die Rechtslage bei Aberntung und Vermostung von Trauben, die auf dem Stock gepfändet wurden, insbesondere über die damit zusammenhängenden Pflichten des Gerichtsvollziehers und die Folgen ihrer Verletzung; zu §§ 808, 810, 824 ZPO. **161,** 109. — 2) Durch die Aberntung der auf dem Stock gepfändeten Trauben wird das Pfandrecht des Gläubigers, das schon mit der Pfändung entstanden war, nicht notwendigerweise berührt. Es setzt sich auch, wenn es nicht aus anderem Grund erlosch, an den durch Verarbeitung der Trauben gewonnenem Moste fort. **161,** 109 (113). — 3) Eine nach § 808 Abs. 2 Satz 2 ZPO. vollzogene Pfändung, wird, wenn sie einmal gehörig ersichtlich gemacht worden ist, in ihrem Bestande nicht dadurch berührt, daß ihre Erkennbarkeit vom Schuldner oder von einem Dritten eigenmächtig beseitigt oder sonst ohne Zustimmung des Gläubigers und des Gerichtsvollziehers aufgehoben wird. Dagegen verliert die Pfändung ihre Kraft, wenn der nach § 808 Abs. 2 Satz 2 ZPO. hergestellte Zustand der Erkennbarkeit mit Wissen und Willen des Gläubigers oder des Gerichtsvollziehers in sein Gegenteil verkehrt wird, und zwar ohne Rücksicht darauf, ob der Gerichtsvollzieher die Aufhebung der Verstrickung und der Gläubiger den Untergang des Pfandrechts will, ja selbst wenn die Einwilligung in den Fortfall der Erkennbarkeit der Pfändung mit dem Vorbehalt der Fortdauer des bisherigen Rechtszustandes verbunden wird. **161,** 109 (114). — 4) Zu §§ 824, 825 ZPO. Aberntung als Vorbereitung der Versteigerung. **161,** 109 (113, 116). — 5) Amtspflicht des Gerichtsvollziehers, der gehörig begründeten Vollstreckungsaufträgen des Gläubigers ungesäumt zu entsprechen hat (§ 753 ZPO.). **161,** 109 (114).

§ 344. Zwangsvollstreckung wegen Geldforderungen in bewegliche Sachen.
(S. unter § 343. Pfändung. Pfändungspfandrecht.)

— — — — — — — — — — —

§ 345. Zwangsvollstreckung wegen Geldforderungen in Forderungen, Hypotheken, Grundschulden und andere Vermögensrechte.

1) Über die Unpfändbarkeit der Versorgungsansprüche der Hinterbliebenen nach § 850g ZPO. und ihre Nichtabtretbarkeit. **162,** 93 (94). — 2) Pfändung eines Geschäftsanteils an einer Gesellschaft mit beschränkter Haftung im Verwaltungszwangsverfahren. Ist die Vollstreckungsbehörde, die den gepfändeten Geschäftsanteil durch freihändige Veräußerung verwerten will, verpflichtet, vor Erlaß der dahingehenden Anordnung den Pfandschuldner zu hören? — Ist die Vollstreckungsbehörde durch vorhergehende Pfändungspfandrechte an der Verwertung eines von ihr gepfändeten GmbH.-Anteils gehindert? — Bedarf der auf freihändige Veräußerung eines gepfändeten GmbH.-Anteils gerichtete Vertrag der gerichtlichen oder notarischen Beurkundung? — Kann im ordentlichen Rechtswege nachgeprüft werden, ob eine im Zwangsvollstreckungsverfahren getroffene Maßnahme der Vollstreckungsbehörde gegen die guten Sitten verstößt? Zur Preuß. Verordnung, betreffend das Verwaltungszwangsverfahren wegen Beitreibung von Geldbeträgen, vom 15. November 1899 (GS. S. 545) — VZV. — § 49. **164,** 162. — 3) Soweit nach § 49 Abs. 5 VZV. die Veräußerung des Rechts als zulässige Form der Verwertung von der Vollstreckungsbehörde angeordnet werden kann, steht es in ihrem Ermessen, ob sie den Schuldner hören will und inwieweit sie sich dabei des Einverständnisses des Schuldners versichern will. Eine Verpflichtung dazu liegt ihr schon um deswillen nicht ob, weil es, soweit es sich um die Beitreibung von Geldbeträgen im Verwaltungszwangsverfahren handelt, in erster Linie die Belange des Gläubigers sind, auf die sie bei ihrer Entschließung Rücksicht zu nehmen hat. Das Unterbleiben einer vorherigen Anordnung des Schuldners könnte dabei nur insofern von Bedeutung sein, als es möglicherweise geeignet wäre, diesem den Beweis schuldhaften Verhaltens der Vollstreckungsbehörde zu erleichtern, falls er Grund hätte, diese wegen eines ungenügenden, ihm nachteiligen Ergebnisses der Pfandverwertung in Anspruch zu nehmen. Das Erfordernis eines vorherigen Gehörs des Schuldners kann auch nicht aus § 844 ZPO. hergeleitet werden. Denn nach § 1 VZV. richtet sich die Zwangsvollstreckung wegen öffentlichrechtlicher Verpflichtungen, die der Beitreibung im Verwaltungszwangsverfahren unterliegen, ausschließlich nach den Vorschriften der genannten Verordnung. Für eine Anwendung der für die gerichtliche Zwangsvollstreckung geltenden Bestimmungen der Zivilprozeßordnung bleibt nur Raum, soweit eine solche in der Verordnung ausdrücklich vorgesehen ist. Das ist bei den Vorschriften des § 844 Abs. 2 ZPO. nicht der Fall. **164,** 162 (167 flg.). — 4) Der dem § 827 ZPO. nachgebildete § 35 VZV. gilt, wie auch § 33 VZV., nur für die Zwangsvollstreckung in körperliche Sachen. Er soll, wie jene Vorschrift, beim Vorliegen mehrerer zeitlich auseinanderfallender Pfändungen das weitere Verfahren vereinfachen und Unzuträglichkeiten verhüten, die sich ergeben könnten, wenn mehrere Vollstreckungsorgane in die Lage kämen, die Versteigerung vorzunehmen. Für

die Zwangsvollstreckung in Forderungen und andere Vermögensrechte fehlt es an einer entsprechenden Vorschrift. Sie wäre auch mit dem Zwecke des Vollstreckungsverfahrens nicht vereinbar, da es solchenfalls der Schuldner in der Hand hätte, im Einvernehmen mit einem ihm wohlgesinnten Gläubiger, der sich bereit fände, ein von ihm erlangtes Pfändungspfandrecht nicht weiter zu verfolgen, anderen Gläubigern eine Befriedigung aus dem Pfand möglich zu machen. Wie deshalb die Zivilprozeßordnung nach §§ 835, 856, 857 bei mehrfacher Pfändung einer Forderung oder eines Rechts eine Überweisung zur Einziehung an jeden Gläubiger, auch den nachpfändenden, zuläßt und ihm die Geltendmachung der ihm hieraus erwachsenden Rechte unerachtet eines nach § 804 Abs. 3 ZPO. durch eine frühere Pfändung begründeten Vorzugsrechts eines früheren Gläubigers gestattet, steht auch nichts im Wege, daß in Fällen, in denen eine Überweisung zur Einziehung nicht in Frage kommt, gemäß §§ 844, 857 ZPO. eine andere Art der Verwertung angeordnet wird. § 1290 BGB. findet insoweit keine Anwendung. **164,** 162 (169). — 5) Im Falle der von der Vollstreckungsbehörde angeordneten Verwertung eines gepfändeten Rechts durch freihändigen Verkauf mittels eines gewöhnlichen Umsatzgeschäfts handelt es sich um einen bürgerlichrechtlichen Vorgang. Soweit sie sich hierzu der Hilfe eines andern bedient, der nicht kraft einer ihm zustehenden Amtsbefugnis, sondern auf Grund eines ihm von der Vollstreckungsbehörde erteilten Auftrags tätig wird, vollzieht sich die Veräußerung nach bürgerlichem Recht. Der Erwerber erlangt das Eigentum an dem Gegenstande der Veräußerung auf Grund eines mit dem Beauftragten geschlossenen Vertrags, für dessen Zustandekommen und Wirksamkeit die Grundsätze des bürgerlichen Rechts gelten und dessen Inhalt nicht durch die von der Vollstreckungsbehörde erlassene Anordnung, sondern durch die mit ihrem Beauftragten getroffenen Abmachungen bestimmt wird. Hieraus ergibt sich, daß auch bei einer von der Vollstreckungsbehörde angeordneten freihändigen Veräußerung eines gepfändeten Geschäftsanteils von der Einhaltung der in § 15 Abs. 3 GmbH. vorgeschriebenen Form der gerichtlichen oder notarischen Beurkundung nicht abgesehen werden kann. Zwar ist hierbei weder der Gesellschafter Veräußerer, noch handelt die Vollstreckungsbehörde oder ihr Beauftragter in seinem Namen. Der Rechtsvorgang hat aber einen Eintritt des Erwerbers in die Rechtsstellung des früheren Gesellschafters und damit die Herbeiführung eines Rechtszustandes zur Folge, wie er auch im Falle eines unmittelbaren Erwerbs von diesem nicht anders sein könnte. **164,** 162 (172). — 6) Zu § 804 Abs. 3, §§ 827, 835, 856, 857 ZPO. **164,** 162 (169). — 7) Zu § 844 Abs. 2 ZPO. **164,** 162 (164, 167 bis 169). — 8) Dem gesetzlichen Unterhaltsanspruch kommt im Zweifel das Vorrecht der gesetzlichen Unterhaltsforderungen in der Zwangsvollstreckung gemäß § 850 Abs. 3 ZPO. zu. **164,** 65 (68). — 9) Zu § 850 ZPO., monatliche Einbehaltung eines Pfarrerruhegehalts wegen einer früheren angeblichen Zuvielzahlung **165,** 343 (344). — 10) Vorpfändung gemäß § 845 ZPO. **167,** 76 (77). — 11) Zu § 835 ZPO. Kann der Gläubiger, dem eine Forderung zur Einziehung überwiesen ist, mit Wirkung seinem Schuldner gegenüber diese Forderung abtreten oder sich darüber mit dem Drittschuldner vergleichen? **169,** 54.

§ 346. Zwangsvollstreckung wegen Geldforderungen in das unbewegliche Vermögen. Zwangsversteigerung. Zwangsverwaltung. Zwangshypothek.

I. Zwangsversteigerung.

1) Zur Auslegung des § 128 Abs. 3 Satz 2, Abs. 4 ZVG. **162,** 24. — 2) Daß die Sicherungshypothek erlöschen solle, wenn sie sich mit dem Eigentum an demselben Grundstück in derselben Person vereinige, soweit geht das Gesetz nicht. Es erreicht denselben Zweck durch die Vorschrift, daß die Hypothek, wenn sie sich mit dem Eigentum in einer Person vereinigt, nicht zum Nachteil eines Rechts, das bestehen geblieben ist, oder einer nach § 128 Abs. 1, 2 ZVG. eingetragenen Sicherungshypothek geltend gemacht werden kann. Die Vorschrift bedeutet, daß die Eigentümergrundschuld im Range hinter die im § 128 Abs. 2 Satz 2 genannten Rechte zurücktritt. Es handelt sich um eine Bestimmung, wie sie für ähnliche Fälle in den §§ 1164, 1176, 1182 BGB. getroffen ist. Auch in diesen Fällen tritt eine Rangverschiebung zugunsten der Rechte ein, zu deren Nachteil das andere Recht nicht geltend gemacht werden kann. **162,** 24 (27). — 3) Zu § 44 ZVG. Geringstes Gebot. **162,** 24 (27). — 4) Zu § 128 Abs. 4 und zu § 49 Abs. 1, § 52 Abs. 1 ZVG. **162,** 24 (27). — 5) Zu § 91 ZVG. Zuschlag. **162,** 52 (54, 58). — 6) Zu § 73 VVG. Vertragsübergang für den Fall der Zwangsversteigerung; Regelung ähnlich wie beim Mietvertrag, § 57 ZVG. **162,** 86 (87). — 6) Zu § 20 Abs. 2, §§ 146, 148, 152 ZVG. Feuerversicherung, Übergang bei Veräußerung. **170,** 285 (289 flg.).

II. Zwangsverwaltung.

III. Zwangshypothek.

Zu §§ 867, 932 ZPO. Welche Rechtsfolgen ergeben sich, wenn eine Arresthypothek entgegen der Vorschrift des § 932 Abs. 2 ZPO. in Verbindung mit § 867 Abs. 2 ZPO. auf mehreren Grundstücken als Gesamthypothek eingetragen worden ist? **163,** 121.

§ 347. Verteilungsverfahren.

1) Zu §§ 213, 232 des Gesetzes über das Exekutions- und Sicherungsverfahren (Exekutionsordnung) vom 27. Mai 1896 öst. RGBl. Nr. 79. Widerspruchsklage im Zuge des Meistbotverteilungsverfahrens. **161,** 280. — 2) Zu § 878 Abs. 2 ZPO., § 115 ZVG. Wann kommen Rechte des Schuldners am Versteigerungserlös im Zwangsversteigerungsverfahren in Frage? Welche Ziele kann sein Widerspruch gegen den Verteilungsplan haben? **166,** 113. 3) Zu § 10 Nr. 1 ZVG. Ansprüche auf die hinterlegten, der Ersteherin zugewiesenen Zwangsverwaltungskosten. **166,** 113 (119, 121, 122). — 4) Zu § 115 ZVG., §§ 875 bis 878 ZPO. Wenn dem Kläger als Schuldner oder früheren Grundeigentümer ein Recht zum Widerspruch gegen den Verteilungsplan zukam, so folgt daraus nicht die sachlichrechtliche Befugnis, als Schuldner denjenigen Teil der Hinterlegungsmasse für sich in Anspruch zu nehmen, der nicht seiner Ehefrau, der Beklagten, als der ersten völlig ausgefallenen Gläu-

bigerin zuzuteilen war. Ein Recht des Schuldners zum Widerspruch gegen den Teilungsplan, das aus seinem Interesse daran abzuleiten ist, daß der Erlös nur an wirklich Berechtigte gezahlt werde, kann und darf nur zum Ziele haben, den Erlös der Berechtigten in der gehörigen Ordnung zufließen zu lassen. Der in § 115 Abs. 1 ZVG. als entsprechend anwendbar erklärte § 878 Abs. 2 ZPO. bestimmt, daß die Befugnis des widersprechenden Gläubigers, im Wege der Klage ein besseres Recht gegen den Gläubiger geltend zu machen, welcher nach dem Plan einen Geldbetrag erhalten hat, durch die Versäumung der Frist zur Widerspruchsklage und durch die Ausführung des Planes nicht ausgeschlossen wird. Die Verfolgung eines besseren Rechts gegenüber dem planmäßig bedachten Gläubiger, der eben dann ihm gegenüber im Teilungsverfahren ungerechtfertigt bereichert worden ist, ist auch demjenigen Gläubiger unbenommen, der schon den Widerspruch im Teilungsverfahren versäumt hat. Die sachlich Berechtigten sind also nach Maßgabe ihres Ranges die weiteren Gläubiger, und erst hinter ihnen, wenn sie alle befriedigt sind, kann der Schuldner mit dem etwa freibleibenden Reste noch zum Zuge kommen. Was gegenüber dem im Teilungsverfahren ungerechtfertigt bedachten Gläubiger gilt, muß natürlich erst recht gegenüber dem Schuldner gelten, dem in der Zwangsversteigerung nur dann etwas verbleiben kann, wenn seine beigetretenen Gläubiger befriedigt sind. **166,** 113 (122 flg). — 5) Zu § 115 ZVG., §§ 876 flg. ZPO. Wird durch Unterlassung von Widerspruch gegen den Teilungsplan im Verteilungstermin die Verfolgung eines Schadensersatzanspruchs aus unrichtiger Aufstellung des Teilungsplanes ausgeschlossen? **166,** 249. — 6) Nach § 877 Abs. 1 ZPO., der, wie die Vorschriften der §§ 876 bis 882 das. überhaupt, auf das Verfahren der Teilungsversteigerung eines Grundstücks gemäß §§ 180, 105 flg., § 115 Abs. 1 ZVG. entsprechende Anwendung findet, wird gegenüber einem Gläubiger, der im Verteilungstermine weder erschienen ist noch vor dem Termine beim Gericht Widerspruch erhoben hat, angenommen, daß er mit der Ausführung des Planes einverstanden sei, und diese Folgerung gilt auch gegen einen Gläubiger, der im Verteilungstermin zwar erschienen war, aber weder dem Teilungsplan ausdrücklich widersprochen, noch sich ausdrücklich dem von einem andern erhobenen Widerspruch angeschlossen hat. **166,** 249 (252). — 7) Das anzunehmende Einverständnis mit der Ausführung des Teilungsplans ist dahin zu begrenzen, daß der Gläubiger der Durchführung der Verteilung gemäß dem Teilungsplane sich nicht widersetzen, das Verteilungsverfahren nicht hemmen wolle. Es darf aber nicht ausdehnend dahin ausgelegt werden, daß sich der Gläubiger damit kraft sachlichrechtlichen Verzichts der Ansprüche begeben wolle, die ihm etwa aus einer zur Zeit der Widerspruchsmöglichkeit noch nicht erkennbaren und übersehbaren, geschweige denn erkannten und übersehenen Amtspflichtverletzung bei Aufstellung des Teilungsplanes erwachsen könnten. Eine Folge von solcher sachlichrechtlichen Tragweite aus der auf bloßes Schweigen im Verteilungstermin begründeten Unterstellung des Einverständnisses mit der Ausführung des Planes herzuleiten, kann nicht als Wille des Gesetzes angesehen werden. Es sei auf § 878 Abs. 2 ZPO. verwiesen, wonach die Befugnis des widersprechenden Gläubigers, sein besseres sachliches Recht gegen einen befriedigten Gläubiger im Wege der Klage geltend zu machen, durch die Versäumung der Frist des Abs. 1 und durch die Ausführung des Planes nicht ausgeschlossen wird. Wenn diese Vorschrift zwar nur vom widersprechenden Gläubiger handelt, so ist doch in der Rechtsprechung anerkannt, daß aus ihr kein Schluß auf das Gegenteil zuungunsten des Nichtwidersprechenden entnommen werden darf. Auch diesem bleibt daher die Befugnis der Durchsetzung seines besseren Rechts außerhalb des Verteilungsverfahrens gewahrt. **166,** 249 (253 flg.).

§ 348. Zwangsvollstreckung zur Erwirkung der Herausgabe von Sachen und zur Erwirkung von Handlungen und Unterlassungen.

1) Zu § 888 ZPO. Kann der Gläubiger, dessen Antrag auf Verhängung von Zwangsmaßnahmen zur Erzwingung einer Rechnungslegung vom Vollstreckungsgericht abgewiesen worden ist, auf Feststellung klagen, der Schuldner habe seine Pflicht zur Rechnungslegung bisher nicht erfüllt, oder steht dem die Rechtskraft der Entscheidung des Vollstreckungsgerichts entgegen? **167,** 328. — 2) Zu § 891 Satz 2 ZPO. Gehör des Schuldners. **167,** 328 (333).

§ 349. Offenbarungseid.

---

9. Arrest. Einstweilige Verfügung.

§ 350. Gemeinsames. Arrest. Schadensklage aus § 945 ZPO.

1) Zu §§ 867, 932 ZPO. Welche Rechtsfolgen ergeben sich, wenn eine Arresthypothek entgegen der Vorschrift des § 932 Abs. 2 in Verbindung mit § 867 Abs. 2 ZPO. auf mehreren Grundstücken als Gesamthypothek eingetragen worden ist? **163,** 121. — 2) Zu § 944 ZPO. Zuständigkeit des Vorsitzenden des Gerichts der Hauptsache anstatt der Kammer oder des Senats bei dringenden Gesuchen auf Arreste und einstweilige Verfügungen. **166,** 268 (270).

§ 351. Einstweilige Verfügungen.

---

10. Aufgebotsverfahren.

§ 352.

1) Verordnung über das Verfahren zum Zwecke der Kraftloserklärung von Konossementen vom 4. Oktober 1939 RGBl. I S. 1991. Zu § 1018 ZPO. Welche Wirkung hat ein Ausschlußurteil, durch das ein mit Blankoindossament versehenes Konnossement gemäß der Verordnung vom 4. Oktober 1939 für kraftlos erklärt wird, für und gegen den Antragsteller und andere Personen? Ist darauf von Einfluß, daß das Ausschlußurteil von einem Nichtantragsberechtigten erwirkt worden ist? — Hat die Verordnung vom 4. Oktober 1939 mehr als eine nur verfahrensrechtliche Bedeutung? — Sind die in der Rechtsprechung entwickelten Grundsätze über die Voraussetzungen, unter denen es gegen die guten Sitten verstößt, sich eines unrichtigen Urteils zu bedienen, auch auf das Gebrauchmachen von einem Ausschlußurteil anzuwenden? **168,** 1. — 2) Zu § 1004 ZPO. Letzte Inhaberin des in blanko indossierten Indossa-

ments. **168,** 1 (14). — 3) Das Ausschlußurteil kann aus Gründen der Rechtssicherheit nicht dadurch, daß es von einem Nichtantragsberechtigten erwirkt war, die ihm in § 1018 ZPO. im Falle seiner Rechtskraft beigelegte Wirkung verlieren. Etwaige Rechte des dadurch Geschädigten werden freilich nicht betroffen. **168,** 1 (14). — 4) Zu § 957 ZPO. Beschränkung der Anfechtung. **168,** 1 (16). — 5) Welches Gericht ist für das Aufgebotsverfahren zuständig, wenn der seit einem Fluge Vermißte seinen letzten Wohnsitz im Reichsgau Sudetenland hatte? **169,** 339.

11. Schiedsvertrag. Schiedsrichterliches Verfahren.

§ 353.

1) Zur rechtlichen Natur des Schiedsgerichts im Sinne des § 11 Abs. 2 des Tschechoslowakischen Gesetzes über den Versicherungsvertrag und zur Anfechtbarkeit des Schiedsspruchs mittels Klage. — Steht das Recht, den Schiedsrichter für das gemäß jenem § 11 Abs. 2 zu bestellende Schiedsgericht zu bestimmen, wenn der Versicherungsfall vor der Versteigerung der Liegenschaft eingetreten ist, dem Ersteher oder dem ursprünglichen Eigentümer der abgebrannten Liegenschaft zu? **162,** 269. — 2) Zur Verordnung über die Bildung von Schiedsgerichten für die landwirtschaftliche Marktregelung vom 26. Februar 1935 RGBl. I S. 293. **162,** 37. — 2a) Welches ist „der Anspruch", dessen gerichtliche Geltendmachung die zuständigen Gerichte für die in §§ 1045, 1046 ZPO. bezeichneten Entscheidungen bestimmt? **164,** 400. — 3) Für die Zuständigkeit nach § 1045 ZPO. ist mangels einer vertraglichen Bestimmung des zuständigen Gerichts nur abzustellen auf die tatsächliche Sachlage, d. h. auf den in Wirklichkeit vom Schiedskläger dem Schiedsgericht unterbreiteten Anspruch, nicht etwa auf Sachanträge, die sonst möglich gewesen wären. Zuständig ist unter der bezeichneten Voraussetzung das Gericht, „welches für die gerichtliche Geltendmachung des Anspruchs zuständig sein würde", wenn nämlich der Schiedskläger statt beim Schiedsgericht mit dem gleichen Ziele beim ordentlichen Gericht des bürgerlichen Streitverfahrens hätte klagen wollen. Der in § 1045 ZPO. gemeinte Anspruch kann nur derjenige sein, der dem Schiedsrichter zur Entscheidung unterbreitet werden soll oder unterbreitet worden ist, mag auch der Schiedsvertrag sich auf weitere Ansprüche beziehen. **164,** 400 (401). — 4) Zu § 1027 Abs. 1, § 1041 ZPO. Ist eine Aufhebungsklage nach § 1046 ZPO. zulässig, wenn der Schiedsspruch den Kläger nur im Kostenpunkte belastet? — Gilt das Formerfordernis des § 1027 Abs. 1 ZPO. auch für Schiedsverfügungen in Satzungen nichtrechtsfähiger Vereine? — Zur Frage der Sittenwidrigkeit einer Vereinssatzung. **165,** 140. — 5) Wo eine schriftliche Satzung mit allen wesentlichen Bestandteilen vorhanden ist, besteht in dem in Betracht kommenden Punkte zwischen rechtsfähigem und nicht rechtsfähigem Verein keine grundlegende Verschiedenheit. Auch beim rechtsfähigen Verein hat der Inhalt der Satzung vor seiner die Rechtspersönlichkeit des Vereins begründenden Eintragung nicht die Eigenschaft eines Willensaktes des Vereins, sondern wie beim nicht rechtsfähigen Verein vertragliche Wesensart. In beiden Fällen aber gilt die Satzung, sobald der Verein ins Leben getreten ist, als die von der Persönlichkeit seiner Mitglieder losgelöste

Verfassung seines Eigenlebens und damit als eine nicht auf Vereinbarung beruhende Verfügung im Sinne von § 1048 ZPO. Dann spricht aber die innere Folgerichtigkeit gegen die Anwendbarkeit des § 1027 Abs. 1 ZPO., da die urkundliche Einsetzung eines — die Streitigkeiten der Vereinsmitglieder mit dem Verein auf Grund der Satzung betreffenden — Schiedsgerichts in der Vereinssatzung eine besondere, von anderen Abmachungen losgelöste schriftliche Niederlegung der Schiedsabrede entbehrlich macht und die Ernstlichkeit des Willens der Vereinsmitglieder, die den Verein ins Leben gerufen haben, hinreichend verbürgt. **165,** 140 (143 flg.). — 6) Zu §§ 1027, 1048. Zur Formfrage bei Schiedsabreden in Vereinssatzungen. **165,** 140 (143). — 7) Zu § 1042 ZPO. in Art. 2 VO. z. Ausf. des Abkommens über die gegenseitige Anerkennung und Vollstreckung von gerichtlichen Entscheidungen und Schiedssprüchen [mit der Schweiz] vom 23. August 1930 RGBl. II S. 1209 nicht angeführt. **165,** 374 (380 flg.). — 8) Einrede des Schiedsvertrags gemäß § 274 Abs. 2 Nr. 3 ZPO. Die auf Grund der Verordnung über die Bildung von Schiedsgerichten für die landwirtschaftliche Marktregelung vom 26. Februar 1935 RGBl. I S. 293 nebst den Änderungen vom 8. Juli 1939 RGBl. I S. 1201 gebildeten Schiedsgerichte beruhen auf Gesetzesbefehl und nicht auf rechtsgeschäftlicher Vereinbarung oder auf einer sonstigen Handlung des bürgerlichen Rechts, wie es der Fall sein müßte, wenn sie als Schiedsgerichte im Sinne der §§ 1025 flg. oder des § 1048 ZPO. anzusehen sein sollten. **167,** 129 (131). — 9) Zur Zulässigkeit einer Klage auf Vollstreckbarerklärung eines Schiedsspruchs. ZPO. § 1042. **169,** 52. — 10) Betrachtet das Schiedsgericht sein Verfahren selbst (für den Ausschluß des Beklagten aus der Gesellschaft) als noch nicht abgeschlossen, so läuft der sog. Teilspruch lediglich auf die Klarstellung einer Grundlage für die künftige Entscheidung der Ausschlußfrage, nämlich des Vorhandenseins ausreichender Gründe für den Ausschluß hinaus. Das könnte allein sehr wohl Gegenstand eines Feststellungsbegehrens und im Anschluß an einen entsprechenden Schiedsspruch Gegenstand eines Verfahrens nach § 1042 ZPO. sein, das einen vollstreckbaren Anspruch nach ständiger Rechtsprechung nicht voraussetzt. Wo aber die Klage auf Durchführung des Ausschlusses gerichtet ist und das Schiedsgericht in Erkenntnis dieses Umstandes selbst dazu die Festsetzung des Ausschlußtermins für geboten erachtet, hat eine Vorabentscheidung über das Vorhandensein von Ausschlußgründen keine selbständige Bedeutung. An eine solche Entscheidung würde das Schiedsgericht selbst für sein weiteres Verfahren nicht gebunden sein, und sie kann dann um so weniger den Gegenstand eines Verfahrens nach § 1042 ZPO. bilden, das, wenn schon ein Teilschiedsspruch gefällt wird, jedenfalls einen abschließend erledigten Teil des Rechtsstreits voraussetzt. Es kann nicht der Zweck des über die Vollstreckbarerklärung eines Schiedsgerichts vorgesehenen gerichtlichen Verfahrens sein, die Tätigkeit des ordentlichen Richters für die Nachprüfung einer weder inhaltlich vom sonstigen Gegenstande des Schiedsverfahrens ablösbaren noch förmlich für das Schiedsgericht selbst endgültigen schiedsrichterlichen Entscheidung in Anspruch zu nehmen. **169,** 52 (53). — 11) Zu ZPO. § 1025. Kann das ordentliche Gericht einen Schiedsspruch fällen? **169,** 232. — 12) Zu §§ 1041, 1044 ZPO. Der Begriff der „öffentlichen Ordnung", der auch in § 1041 Abs. 1 Nr. 2 und § 1044 Abs. 1 Nr. 2 ZPO.

vorkommt, wo die Voraussetzungen für die Anerkennung von in- und ausländischen Schiedssprüchen geregelt werden, deckt sich im wesentlichen mit dem in Art. 30 EG. z. BGB. und in § 328 Abs. 1 Nr. 4 ZPO. gebrauchten Ausdruck „Zweck eines deutschen Gesetzes", wobei es sich um die Anwendung ausländischer Gesetze und die Anerkennung ausländischer Urteile handelt. Als Vorschriften, welche die öffentliche Ordnung oder den Zweck eines deutschen Gesetzes betreffen, sind nur solche Normen anzusehen, die der Gesetzgeber in einer die Grundlagen des staatlichen oder wirtschaftlichen Lebens berührenden Frage auf Grund bestimmter staatspolitischer, sozialer oder wirtschaftlicher Anschauungen, nicht nur aus bloßen Zweckmäßigkeitserwägungen gegeben hat. **169,** 240 (244 flg.).

Dritter Teil.

Konkursordnung.

---

1. Konkursrecht.

§ 354. Allgemeine Bestimmungen. Konkursmasse.

1) Zu ÖstKO. §§ 14, 61, 109. Ist das Gesetz zur Verhütung mißbräuchlicher Ausnutzung von Vollstreckungsmöglichkeiten bei schon festgestellten Forderungen im Konkurs anwendbar? Bedarf es hierbei nach österreichischem Recht einer Feststellungstagsatzung und einer neuen Feststellung der Forderung. **161,** 262. — 2) Versteht die Überleitungsverordnung vom 28. Februar 1939 RGBl. I S. 358 unter dem Verfahren außer Streitsachen auch das Konkursverfahren? **161,** 383. — 3) Zu § 3 Abs. 1 KO. Das Gesetz regelt selbst in zwingender Weise, wie die zur gemeinschaftlichen Befriedigung aller persönlichen Gläubiger (welche einen zur Zeit der Eröffnung des Verfahrens begründeten Vermögensanspruch an den Gemeinschuldner haben) dienende Konkursmasse zu verwenden ist. Der Konkursverwalter ist nicht befugt, die Reihenfolge vorzuschreiben, in der er die Konkursgläubiger befriedigen will. **164,** 212 (219). — 4) Zu § 6 KO. Auch der Gemeinschuldner kann nach Eröffnung des Konkursverfahrens über sein zur Konkursmasse gehöriges Vermögen nicht mehr verfügen. **164,** 254 (256). — 5) Für alle erst nach der Konkurseröffnung fällig werdenden wiederkehrenden Leistungen, deren Dauer davon abhängt, daß der Gläubiger den Fälligkeitstag erlebt, ist und bleibt der einmal gemäß § 69 KO. festgesetzte, nicht um den Zwischenzins geminderte Schätzungswert maßgebend, und zwar — dem Grundsatze des § 3 KO. entsprechend — der Schätzungswert für die Zeit der Konkurseröffnung. Danach hat das Gericht nicht die einzelnen wiederkehrenden Leistungen, zu denen ohne ein Konkursverfahren der Gemeinschuldner dem Kläger gegenüber verpflichtet gewesen wäre, zu ermitteln und nach Abrechnung von Zwischenzinsen festzustellen, sondern es ist zu prüfen, welches Abfindungskapital zur Zeit der Konkurs-

eröffnung dem Schätzungswerte der wiederkehrenden Leistungen entsprach. **170,** 276 (280). — 6) Zu § 14 KO. Kann der Gläubiger eines im Konkurse befindlichen Schuldners verlangen, daß dieser in die Auszahlung einer freigewordenen Sicherheit einwillige, die der Gläubiger als auftragloser Geschäftsführer für ihn an eine Zollfahndungsstelle geleistet hat? **170,** 324.

§ 355. Erfüllung der Rechtsgeschäfte.

Mit der Eröffnung des Konkurses über das Vermögen des Kontokorrentschuldners erlischt die laufende Rechnung, wenn sie nicht schon vorher aufgehoben worden ist. **162,** 244 (245 flg.); **164,** 212.

§ 356. Anfechtung.

1) Zu § 31 Nr. 1, §§ 37, 38 KO. Kann beim Konkursgrunde der Überschuldung die Annahme der Gläubigerbenachteiligung mit der Begründung bekämpft werden, die Masse sei zulänglich, weil bestrittene Konkursforderungen nicht zu Recht beständen? — Hat im Falle des § 31 Nr. 1 KO. der Anfechtungsgegner den Beweis, daß die Masse zulänglich ist, zu führen, falls das Konkursverfahren wegen Überschuldung eröffnet ist. — Nach welchen Gesichtspunkten sind die Fragen zu beantworten, ob durch die einem Abwickler vor der Konkurseröffnung aus der Masse gewährte Vergütung die Gläubiger benachteiligt sind, ob sich eine Gegenleistung in der Masse befindet und was zurückzugewähren ist? **162,** 292. — 2) Den Beweis der Massezulänglichkeit hat angesichts der Tatsache der Konkurseröffnung aus dem Konkursgrunde der Überschuldung, also der Masseunzulänglichkeit, grundsätzlich der Anfechtungsgegner zu führen. **162,** 292 (293). — 3) Bei sogenannter kongruenter (ebenmäßiger) Deckung sind an eine lediglich auf § 31 Nr. 1 KO., also nicht auf § 30 das. gestützte Anfechtung, die ein Benachteiligenwollen, nicht bloß das Bewußtsein nachteiligen Erfolgs, voraussetzt, strengere Anforderungen an den Absichtsnachweis zu stellen. Wie der Senat zu § 3 Nr. 1 des Anfechtungsgesetzes in Bd. 162 S. 218 neuerdings betont, liegt der Schwerpunkt im Falle der sogenannten Absichtsanfechtung in der Beurteilung des innern Tatbestandes; das Bewußtsein des Schuldners von einem notwendig oder nach dem gewöhnlichen Verlaufe der Dinge zu erwartenden Benachteiligungserfolge genügt nicht; die „Absicht" setzt vielmehr ein Wollen, nicht bloß ein Wissen voraus. Dies muß auch für die inneren Voraussetzungen gelten, die bei der (nachmaligen) Gemeinschuldnerin vorhanden gewesen sind. **162,** 292 (297). — 4) Zu § 31 Nr. 2 und § 32 Nr. 2 KO. Begriff der Unentgeltlichkeit in § 988 BGB. Nichts zwingt dazu, anzunehmen, daß der Ausdruck „Unentgeltlichkeit" überall in dem gleichen Sinn angewandt worden sei. Es bedarf vielmehr für jede Vorschrift einer besonderen Prüfung, welche Bedeutung diesem Worte bei ihr zukommt. **162,** 348 (359).

§ 357. Aussonderung.

— — — — — — — — — —

§ 358. Absonderung.

1) Zu § 80 VAG. Ist die Vergünstigung des § 356 Abs. 1 HGB. auch auf das Konkursvorrecht des § 80 VAG. (entsprechend) anzuwenden? **162, 244** — 2) In der Rechtsprechung des Senats steht fest, daß von besonderen

Vertragsgestaltungen abgesehen, die Rückversicherung ein Versicherungsverhältnis begründet und daß das Konkursvorrecht des § 80 VAG. auch im Konkurse des Rückversicherers gilt. **162**, 244 (245). — 3) Zwar ist das Konkursvorrecht keine dingliche Sicherung im eigentlichen Sinne, es kommt aber wirtschaftlich betrachtet einer solchen nahezu gleich; denn es bietet — auch ohne die Begründung eines förmlichen Absonderungsrechts im Sinne der §§ 49 flg. KO. — dem bevorrechtigten Gläubiger die Sicherheit, jedenfalls vor den nicht bevorrechtigten Gläubigern aus der verfügbaren Masse befriedigt zu werden. Er hat die Gewähr, daß die nach Abdeckung der Massekosten und der Masseschulden sowie der Absonderungsrechte und etwaiger ihm im Range vorgehender Vorrechtsforderungen verbleibende Konkursmasse in erster Reihe ihm zufallen muß, soweit seine Forderung reicht, ebenso, als bestände insoweit für ihn ein Pfandrecht. Abgesehen von der gesetzlichen Reihenfolge der Befriedigung besteht also wirtschaftlich kein wesentlicher Unterschied, und es läßt sich insoweit auch unbedenklich von einer „Sicherung" sprechen, die ihm für seine Forderung zustehe. Bezweckt aber die Sondervorschrift des § 356 HGB., dem Gläubiger die ihm für seine Forderung zustehende Sicherung trotz der Aufnahme der Forderung in das Kontokorrent und trotz der Saldierung unbeschadet der damit sonst verbundenen Rechtswirkung zu erhalten, soweit seine vom Gesetzgeber anerkannten und wirtschaftlich zu billigenden Belange reichen, so ist kein zwingender Grund zu erkennen, weshalb dies beim Konkursvorrecht, insbesondere dem des § 80 VAG., anders gehalten werden sollte. Kein vernünftiger Gläubiger wird ohne besonderen Anlaß sich auf ein Kontokorrentverhältnis und die damit verbundene Saldierung einlassen, wenn er gewärtigen müßte, im Falle des Konkurses seines Schuldners lediglich deshalb seine ihm von Rechts wegen zustehende Vorzugsstellung einzubüßen, und umgekehrt läßt sich auch beim Schuldner nicht etwa der Wille unterstellen, daß eine Schlechterstellung seines Gläubigers hinsichtlich der ihm zustehenden, im Konkursfalle bevorrechtigten Forderungen allein durch die Saldierung eintreten solle. Ganz besonders gilt dies im Verhältnis zwischen kaufmännisch geleiteten Versicherungsgesellschaften, die zudem nicht bloß ihre eigenen Belange, sondern vermöge des ihnen entgegengebrachten Vertrauens in eine geordnete und redliche Geschäftsführung auch die der von ihnen betreuten Versichertengemeinschaften weitgehend zu wahren haben, wenn auch bei ihnen die Rechtslage grundsätzlich nicht anders zu beurteilen sein wird als im Verhältnis des Kontokorrentschuldners zu anderen Beteiligten. Demnach spricht kein verständiger Grund gegen die entsprechende Anwendung des § 356 HGB. ausgesprochenen Rechtsgedankens auf solche Forderungen der Kontokorrentgläubiger, denen ein Konkursvorrecht, sei es nach § 61 KO., sei es nach § 80 VAG. zusteht. Sie können wegen der offenbar vorliegenden Rechtsähnlichkeit unbedenklich als „anderweit gesicherte" Forderungen im Sinne des § 356 HGB. angesehen und behandelt werden. Diese Annahme ist mit der grundsätzlich rechtumschaffenden Bedeutung des Saldos durchaus vereinbar. Auch der Auswechselungsgedanke würde die sinngemäße Anwendung des Grundsatzes des § 356 Abs. 1 HGB. auf die Konkursvorrechte nicht ausschließen. Allgemeine Rücksichten stehen dem ebensowenig entgegen wie berechtigte Belange Dritter. Insbesondere werden hierdurch die nichtbevorrechtigten Konkursgläubiger nicht unbillig beschwert. Denn sie müssen von vornherein mit dem Bestehen derartiger Vorrechte rechnen; für sie ist es eine reine Zufälligkeit, wenn im Einzelfall am Konkurse des Schuldners beteiligte Vorrechtsforderungen in eine laufende Rechnung aufgenommen wurden, und es wäre — nicht weniger als am Falle von Pfand- und anderen Sicherungsrechten — unbillig, daraus für sie einen Vorteil entstehen zu lassen. Auch insoweit besteht zwischen Pfand- (Sicherungs-)rechten und den Konkursvorrechten kein wesentlicher Unterschied. Die Frage der Erkennbarkeit des Pfandrechts kann hierbei keine ausschlaggebende Rolle spielen. Übrigens besteht die „auf der Eigenart ihres Grundes beruhende" besondere Kraft, mit der die einzelnen Forderungen im Konkurse des Schuldners ausgestattet sind, unmittelbar gemäß ausdrücklicher gesetzlicher Anordnung. Sie sind für Dritte leichter erkennbar als die auf besonderen Vereinbarungen beruhenden Pfandrechte und sonstigen Sicherungen, und jeder, der insbesondere mit Versicherungsgesellschaften in Geschäftsverbindungen eintritt, aus denen für ihn Forderungen erwachsen können, muß von vornherein gewärtigen, in einem etwaigen Konkurse des Schuldners (der Schuldnergesellschaft) mit solchen bevorrechtigten Forderungen anderer zusammentreffen, deren Bestehen seine Aussichten auf Befriedigung zu beeinträchtigen vermag. **162,** 244 (251 flg.). — 4) Zu § 61 KO. Vorrechte. **162,** 244 (255 flg.). — 5) Keine von der in RGZ. 162, 244 vertretenen Meinung abweichende Auffassung. **164,** 212 (215). — 6) Über den zeitlichen Anwendungsbereich des § 80 VAG. im Fall eines nach dessen Inkrafttreten (1. April 1931) eröffneten Konkurses über das Vermögen des Rückversicherers. — Über den Einfluß der Aufnahme der mit dem Konkursrecht ausgestatteten Versicherungsforderungen in die laufende Rechnung des Rückversicherers und der Saldofeststellung auf den Bestand der Konkursvorrechte. — Unter welchen Voraussetzungen hat der Abschluß eines Vergleichs zwischen dem Konkursverwalter und der versicherten Versicherungsgesellschaft über die Höhe der von ihr zum Konkurse des Rückversicherers angemeldeten Versicherungsansprüche umschaffende Wirkung mit der Folge, daß das Recht auf vorzugsweise Befriedigung für diese Ansprüche verloren geht? — Wie sind bei Teilausschüttungen die vom Konkursverwalter geleisteten Auszahlungen auf die Konkursforderungen eines Gläubigers zu verrechnen, wenn diese Forderungen teilweise bevorrechtigt, aber zur Konkurstabelle ohne Vorrecht festgestellt sind? **164,** 212.

§ 359. Aufrechnung.

§ 360. Massegläubiger.

1) Zu § 58 KO. Hat das Konkursgericht nach tschechoslowakischem Recht die Entlohnung des Verwalters festzusetzen, wenn der Eröffnungsbeschluß auf Rekurs aufgehoben worden ist? **161,** 196 (197). — 2) Zu Tschechoslow. KO. § 76, ÖstKO. § 78, Deutsche KO. §§ 58, 116. Durch die Eröffnung und einstweilige Fortführung des Verfahrens entstehen Kosten, ebenso wie mit der Erhaltung, Verwaltung und Bewirtschaftung der Masse Auslagen verbunden sind, die als Forderungen gegen die Masse (§ 49 tschslow. KO.) — Masseforderungen (§ 46 östKO.), Massekosten (dtsch. KO.) — anzusehen sind. **161,** 196 (197).

§ 361. Konkursgläubiger.

1) Zu §§ 69, 70, 139 KO. Hindert die Verjährung des Schadensersatzanspruchs, der über den im Konkurse des Schuldners angemeldeten Anspruch hinausgeht, den Gläubiger, wenn ihm im Feststellungsstreit nur ein Teilschaden zugebilligt wird, seine Behauptung dahin zu erweitern, daß sein Schaden ein Mehrfaches des angemeldeten Anspruchs betrage, und den angemeldeten Anspruch in voller Höhe aufrechtzuerhalten? — Wie ist eine gesetzliche Haftpflichtrente, deren Dauer davon abhängt, daß der Verletzte die Fälligkeit der Hebungen erlebt, im Konkurse des Schuldners geltend zu machen? **170**, 276. — 2) Ansprüche auf wiederkehrende Leistungen, deren Betrag und Zeitdauer bestimmt sind, werden nach § 70 KO. unter Abrechnung der Zwischenzinsen (§ 65 KO.) durch Zusammenzählen der einzelnen Hebungen kapitalisiert. Soweit aber der Betrag der Ansprüche unbestimmt und ungewiß ist, sind sie nach § 69 KO. nach ihrem Schätzungswert geltend zu machen. Bei den auf Ersatz von einem Drittel des Schadens gehenden Ansprüchen des Klägers, die schon zur Zeit der Konkurseröffnung fällig waren, kann die Abrechnung von Zwischenzinsen, die in § 65 KO. nur für betagte, d. h. bei der Eröffnung des Verfahrens noch nicht fällige Ansprüche vorgesehen ist, nicht in Frage kommen. Diese Beträge waren also lediglich zusammenzuzählen. Soweit es sich um Ansprüche handelt, die zur Zeit der Konkurseröffnung noch nicht fällig waren, war eine Umwandlung in Stammvermögen notwendig. Dem hat der Kläger dadurch Rechnung getragen, daß er keine Ansprüche auf wiederkehrende Hebungen, sondern nur eine kapitalisierte Forderung angemeldet hat. Von dieser entfällt ein — bisher nicht berechneter — Teil auf die Summe der zur Zeit der Konkurseröffnung bereits fällig gewesenen Ansprüche. Der Rest stellt den gemäß § 69 KO. vom Kläger geltend gemachten Schätzungswert aller später fälligen Ansprüche dar. Es fragt sich, ob diese inzwischen fällig gewordenen Ansprüche ganz oder zum Teil, weil sie mit dem Eintritt ihrer Fälligkeit aufgehört haben, unbestimmt oder ungewiß zu sein, jetzt nicht mehr unter § 69, sondern unter § 70 KO. fallen. Diese Frage muß nach Sinn und Zweck des Gesetzes verneint werden. Bei Rechten auf wiederkehrende Leistungen besteht die Konkursforderung aus dem Gesamtwert aller künftigen Leistungen zur Zeit der Eröffnung des Verfahrens. Diese Konkursforderung ist ein einheitlicher, unbedingter Abfindungsanspruch und wird dementsprechend durch Auszahlung des Anteils (der Dividende) für den ganzen Abfindungsbetrag bereinigt. Danach kommt es besonders für die konkursmäßige Berücksichtigung eines nach der wahrscheinlichen Lebensdauer des Gläubigers kapitalisierten Rentenanspruchs auf die tatsächliche Lebensdauer des Gläubigers nicht mehr an. Ist der Schätzungswert einmal zur Tabelle festgestellt, so gilt die Eintragung nach § 145 Abs. 2 KO. wie ein rechtskräftiges Urteil gegenüber allen Konkursgläubigern. Es liegt im Wesen der Abschätzung, daß für den Vorteil alsbaldigen Rechts gewiß die Gefahr einer Über- oder Unterschätzung in Kauf genommen werden muß, und nach der Feststellung steht den Beteiligten bei Veränderung der tatsächlichen Schätzungsunterlagen keine Umwandlungsklage nach § 323 ZPO. mehr offen. **170**, 276 (279 flg.). — 3) Vgl. Nr. 1 zu § 354. — 4) Bei der Ermittlung des Schätzungswertes (s. Nr. 2) sind allerdings die Erkenntnisse zu verwerfen, die inzwischen im Laufe der langen Dauer des Rechtsstreits über die vermeintliche Dauer

des Rechtsstreits, über die vermutliche Lebensdauer und Erwerbsfähigkeit des Klägers, über die Entwicklung seines durch Unfall entstandenen Leidens und über die Entwicklung der wirtschaftlichen Verhältnisse auf dem Gebiete des Vieh- und Pferdehandels gewonnen worden ist. Aber die zu beantwortende Frage bleibt: Wie hoch war — bei Beachtung der inzwischen gewonnenen Erkenntnisse — zur Zeit der Konkurseröffnung der Wert der damals unbestimmten Ansprüche des Klägers zu schätzen? **170,** 276 (281).

2. Konkursverfahren.

§ 362. Allgemeine Bestimmungen. Konkursverwalter. Gläubigerausschuß.

— — — — — — — — — — —

§ 363. Verfahren. Teilungsmasse. Schuldenmasse. Verteilung.

1) Zu § 116 KO. Hat das Konkursgericht nach tschechoslowakischem Recht die Entlohnung des Verwalters festzusetzen, wenn der Eröffnungsbeschluß auf Rekurs aufgehoben ist? **161,** 196. — 2) Die Frage, ob auch nach Aufhebung des Konkurseröffnungsbeschlusses das Konkursgericht im Rahmen seiner Abwicklungstätigkeit zur Festsetzung der Auslagen und zur Entlohnung des Masseverwalters berufen ist, ist in dem Sinne zu entscheiden, wie es § 116 der deutschen KO. ausdrücklich erklärt. Die Ansicht des Rekursgerichts, daß das Erstgericht zu derartigen Verfügungen nicht mehr zuständig und daß daher sein Beschluß als nichtig anzusehen sei, kann deshalb nicht geteilt werden. **161,** 196 (199). — 3) Zu ÖstKO. §§ 14, 61, 109. Ist das Gesetz zur Verhütung mißbräuchlicher Ausnutzung von Vollstreckungsmöglichkeiten bei schon festgestellten Forderungen im Konkurs anwendbar? Bedarf es hierbei nach österreichischem Recht einer Feststellungstagsatzung und einer neuen Feststellung der Forderung? — Wie ist eine Reichsmarkforderung zu behandeln, die nach § 14 öst. KO. vor der Verordnung über die Einführung der Reichsmarkwährung im Land Österreich in Schilling umgerechnet und festgestellt wurde? Wie sind Forderungen zu behandeln, die auf eine fremde Währung (Lire, holl. Gulden) lauten? **161,** 262. — 4) Zu § 146 Abs. 2 KO. Obwohl der Gemeinschuldner nach Eröffnung des Konkursverfahrens über sein zur Konkursmasse gehöriges Vermögen nicht mehr verfügen kann, ist die Feststellung streitiger Forderungen im ordentlichen Prozeßverfahren zu betreiben. **164,** 254 (256). — 5) Zu §§ 149 flg., 155 KO. Die nachträgliche Vorrechtsinanspruchnahme kann selbstverständlich nur „unbeschadet der Schranken des Verteilungsverfahrens" wirken. **164,** 212 (220). — 6) Zu §§ 158 flg. KO. Über den zeitlichen Anwendungsbereich des § 80 VAG. im Fall eines nach dessen Inkrafttreten (1. April 1931) eröffneten Konkurses über das Vermögen des Rückversicherers. — Über den Einfluß der Aufnahme der mit dem Konkursvorrecht ausgestatteten Versicherungsforderungen in die laufende Rechnung des Rückversicherers und der Saldofeststellung auf den Bestand der Konkursvorrechte. — Unter welchen Voraussetzungen hat der Abschluß eines Vergleichs zwischen dem Konkursverwalter und der versicherten Versicherungsgesellschaft über die Höhe der von ihr zum Konkurse des Rückversicherers angemeldeten Versicherungsansprüche umschaffende Wirkung mit der Folge, daß das Recht auf vorzugs-

weise Befriedigung für diese Ansprüche verloren geht? — Wie sind bei Teilausschüttungen die vom Konkursverwalter geleisteten Auszahlungen auf die Konkursforderungen eines Gläubigers zu verrechnen, wenn diese Forderungen teilweise bevorrechtigt, aber zur Konkurstabelle ohne Vorrecht festgestellt sind? **164**, 212.

§ 364. Zwangsvergleich.

1) Zu § 191 KO. In der deutschen KO. ist durch die Neufassung vom Jahre 1898 in § 116 ausdrücklich angeordnet, daß die Vorschrift des § 191, die sich auf die Beendigung des Konkurses durch Zwangsvergleich bezieht, entsprechend anzuwenden ist. Das Verfahren, das auf einen später aufgehobenen Eröffnungsbeschluß eingeleitet wurde, ist sinngemäß so zu behandeln, als ob ein Konkursverfahren durch Zwangsvergleich beendet worden wäre. Der Verwalter hat trotz der Aufhebung des Eröffnungsbeschlusses die Massekosten zu begleichen oder sicherzustellen. **161**, 196 (198). — 2) Zu § 193 KO. Bestehenbleiben der Rechte des Gläubigers gegenüber Mitverpflichteten. **163**, 46 (49).

§ 365. Konkurs von Handelsgesellschaften, juristischen Personen und Vereinen.

— — — — — — — — — — —

§ 366. Nachlaßkonkurs. Gesamtkonkurs. Wirkungen des Auslandskonkurses.

— — — — — — — — — — —

§ 366a. Vergleichsordnung vom 5. Juli 1927/26. Februar 1935.

— — — — — — — — — — —

Vierter Teil.

Freiwillige Gerichtsbarkeit.

§ 367. Allgemeine Bestimmungen.

1) Versteht die Überleitungsverordnung vom 28. Februar 1939 unter dem Verfahren außer Streitsachen auch das Konkursverfahren? **161**, 383. — 2) Sind die Akten dem Reichsgericht zur Entscheidung vorzulegen, wenn das Oberlandesgericht von einer vom Obersten Gerichtshof in Wien vertretenen Rechtsansicht abweichen will? **161**, 220. — 3) Darf der Notar für den Fall seiner Abwesenheit anordnen, daß sein Kanzleivorsteher mit den auf der Amtsstube zur Vornahme eines notarischen Aktes erscheinenden Personen verhandelt und den Akt so vorbereitet, daß er von einem anderen Notar vollzogen werden kann? **162**, 24. — 4) Zu § 2 FGG. Auch im vormundschaftsgerichtlichen Verfahren zur Ermittlung des Vaters kann zum Besten des Kindes auf die Erforschung der beiderlei Arten von Vaterschaft Bedacht genommen werden.

In diesem Verfahren wird für beide Fälle, um das Kind vor Schaden durch vergebliche Prozeßführung zu bewahren, die allgemeine Frage sachgemäß sein, ob die Kindesmutter nicht während der Empfängniszeit auch mit einem anderen Mann, als dem von ihr zunächst und etwa außergerichtlich angegebenen, Geschlechtsverkehr gehabt habe. Auch in diesem Verfahren kann sich das Bedürfnis einer Rechtshilfe durch auswärtige Vernehmung der Kindesmutter ergeben. **162,** 316 (319). — 5) Zu § 41 Abs. 1 GBO. Diese Ausnahmevorschrift ist zugunsten einer Gemeinde entsprechend anwendbar, wenn diese Gesamtrechtsnachfolgerin einer anderen Gemeinde geworden ist, für die eine Hypothek auf einem Grundstück eingetragen steht. **162,** 244 (248). — 6) Zu § 28 Abs. 2 FGG. Schuldenbereinigung. **163,** 46 (47). — 7) Zu GBO. a.F. § 54; GBO. n.F. § 53. Welche Rechtsfolgen ergeben sich, wenn eine Arresthypothek entgegen der Vorschrift des § 932 Abs. 2 in Verbindung mit § 867 Abs. 2 ZPO. auf mehreren Grundstücken als Gesamthypothek eingetragen worden ist? **163,** 121. — 8) Eine Hypothek ist, wenn sich ein Verstoß gegen § 867 Abs. 2 ZPO. aus der Eintragung selbst ergibt, ihrem Inhalte nach unzulässig. Sie ist dann gemäß § 53 Abs. 1 Satz 2 GBO. n.F., § 54 Abs. 1 Satz 2 GBO. a.F. von Amts wegen zu löschen. Die Anregung zur Vornahme der Löschung ist als Rechtsmittel im Sinne des § 839 Abs. 3 BGB. anzusehen. **163,** 121 (125). — 9) Zu § 18 GBO. Zwischenverfügung. **163,** 121 (124). — 10) Zu § 21 AußStrPat. Erstreckt sich die Zuständigkeit des ostmärk.schen Verlassenschaftsgerichts auch auf den im Protektorat Böhmen und Mähren gelegenen unbeweglichen Nachlaß eines in der Ostmark verstorbenen deutschen Staatsangehörigen? **163,** 255. — 11) Zu § 145 AußStrPat., §§ 23, 24, 26, 41 Tschslow. Ges. v. 17. Juni 1931 über die Grundbestimmungen des Verfahrens außer Streitsachen SdGuV. Nr. 100. Welche Bedeutung hat die Genehmigung des Verkaufes eines Grundstücks aus einem Nachlaß durch das Abhandlungsgericht nach tschechoslowakischem (österreichischem) Recht? **163,** 273. — 12) Das Abhandlungsgericht hat besonders darauf zu achten, daß keine Rechtsgeschäfte ohne diejenigen vereinbart werden, deren Vernehmung oder Einwilligung zu ihrer Gültigkeit erforderlich sind. **163,** 273 (276). — 13) Zu §§ 16, 54 EHRVO. Sind die Bauernführer befugt, nach dem Ableben eines Bauern beim Nachlaßgericht die Ausstellung eines Erbscheins „für den Anerben" zu beantragen? **164,** 235. — 14) Zu § 82 GBO. Grundbuchberichtigungsverfahren auf Anregung des Bauernführers. **164,** 235 (239). — 15) Zu § 27 FGG. Weitere Beschwerde. **164,** 235 (240). — 16) Zu § 28 Abs. 2 FGG. **164,** 177 (179); 235 (236). — 17) Nach welchem Recht wird ein aus dem Altreiche stammender Deutscher beerbt, wenn er bei seinem Tode seinen Wohnsitz in der Ostmark oder im Sudetenlande hatte? — Ist eine Übertragung der Verlassenschaftsabhandlung vom zuständigen Gerichte der Ostmark an ein Gericht des Altreichs möglich? **164,** 355. — 18) Zu GBO. n.F. § 39 Abs. 1. Bedarf es der Anlegung eines Grundbuchblattes auf den Namen des veräußernden bisherigen Eigentümers, wenn ein buchungsfreies Grundstück an einen vom Buchungszwang nicht befreiten Erwerber übergehen soll? **164,** 385. — 19) Zu den Bestimmungen des Siebenten Abschnitts des Gesetzes über das gerichtliche Verfahren in Rechtsangelegenheiten außer Streitsachen vom 9. August 1854 (öst. RGBl. Nr. 208) „Von der Einberufung der Verlassenschaftsgläubiger"

(§§ 133 bis 136). **164,** 355 (358). — 20) Zu § 73 FGG. Erteilung eines etwa notwendigen beschränkten Erbscheins. **164,** 355 (359). — 21) Zu § 79 Abs. 2 GBO. **164,** 385. — 22) Zur Verordnung zur Ausführung der Grundbuchordnung vom 8. August 1935 RGBl. I S. 1089 § 14. **164,** 385 (388). — 23) Die Grundbuchordnung will ihrer Herrschaft grundsätzlich alle Grundstücke ihres Geltungsbereichs unterwerfen, wie § 3 GBO. mit der darin ausdrücklich vorgesehenen, aber streng zu beurteilenden Ausnahmen ergibt. Es bedarf daher eines besonderen Nachweises, wenn eine ihrer Vorschriften in einem Sonderfall als nicht anwendbar erkannt werden soll. **164,** 385 (389). — 24) Zu § 19 GBO. **164,** 385 (386). — 25) Ist gegen Beschlüsse, die ein Oberlandesgericht im Verfahren außer Streitsachen als erstes Gericht gefaßt hat, ein Rekurs zulässig? Zu § 9 des Patents vom 9. August 1854 (öst. RGBl. Nr. 208). **165,** 22 flg. — 26) Müssen die von preußischen Gemeinden oder Gemeindeverbänden errichteten Sparkassen, die gemäß der Dritten Verordnung des Reichspräsidenten zur Sicherung von Wirtschaft und Finanzen vom 6. Okto ber1931 zu Anstalten mit eigener Rechtspersönlichkeit umgestaltet worden sind, in das Handelsregister eingetragen werden? **166,** 334. — 27) Zu §§ 132 flg. FGG. Androhung einer Ordnungsstrafe. **166,** 334. — 28) Zu § 28 Abs. 2 FGG. Vorlegung an das Reichsgericht. **166,** 334 (335). — 29) Welches Oberlandesgericht hat über den Rekurs gegen den Beschluß eines Landgerichts zu entscheiden, mit dem die Streitanmerkung im Grundbuche bewilligt worden ist? **166,** 351. — 30) Hat das Reichsgericht das zuständige Gericht zu bestimmen, wenn Gerichte des Altreichs und der Ostmark über ihre Zuständigkeit in einer Angelegenheit der freiwilligen Gerichtsbarkeit streiten? **166,** 377. — 31) Zu §§ 61, 127 bis 130 des Öst. Grundbuchgesetzes vom 25. Juli 1871 (RGBl. Nr 95). **166,** 351 flg. — 32) Zu § 5 FGG. und zu § 4 der Verordnung über die Zuständigkeit der Oberlandesgerichte in Angelegenheiten der freiwilligen Gerichtsbarkeit und der Kostenordnung vom 23. März 1936 RGBl. I S. 251 in der Fassung der Verordnung vom 11. Juli 1938 RGBl. I S. 903. **166, 377.** — 33) Zu § 3 der vorbezeichneten Verordnung vom 23. März 1936/11. Juli 1938. **166,** 351 (352). — 34) Zu §§ 36, 43 Abs. 1 FGG. **166,** 377 (378). — 35) Zu § 144 Abs. 2 FGG. Öffentliches Interesse an der Beseitigung des Wahlergebnisses bei Vertreterwahlen der Genossenschaft. **166,** 175 (185). — 36) Zu §§ 79, 102 GBO. Rekurs gegen Beschluß eines Landgerichts über Bewilligung der Streitanmerkung im Grundbuche. **166,** 351 (352). — 37. Ist anerbengerichtliche Genehmigung erforderlich, wenn auf Antrag des Gläubigers an Stelle einer im Wege der Grundbuchbereinigung gelöschten Grundstücksbelastung Neueintragung an nächstbereiter Rangstelle erfolgen soll? **167,** 249. — 38) Ist zur Umschreibung im Grundbuch auf die Erben eines in der Ostmark wohnhaft gewesenen Reichsdeutschen auch im Gebiet des Altreichs die Einantwortungsurkunde des ostmärkischen Verlassenschaftsgerichts ausreichend oder ein Erbschein erforderlich? **167,** 383. — 39) Zu § 35 GBO. Erteilung eines beschränkten Erbscheins. Nachlaßabkommen zwischen dem Deutschen Reich und Österreich vom 5. Februar 1927. **167,** 383 (384). — 40) Zu § 79 GBO., Danziger Gesetz über die Bereinigung der Grundbücher vom 26. Juni 1931 (GBl. S. 584, 650), §§ 4, 5, GrundbuchbereinG. vom 18. Juli 1930 (RGBl. I S. 305), §§ 1 flg., 4, 6. **167,** 249 flg. — 41) Zu § 144 FGG.

Löschung einer GmbH. im Handelsregister. **167,** 184 (188). — 42) Zu § 73 FGG. Erteilung eines beschränkten Erbscheins. **167,** 383 (384). — 43) Zu § 86 FGG. Vermittlung des Nachlaßgerichts zur Erwirkung der Erbauseinandersetzung durch den Pfandgläubiger eines Erbteils. **167,** 298 (300). — 44) Welche Wirkung hat ein Ausschlußurteil, durch das ein mit Blankoindossament versehenes Konnossement gemäß der Verordnung vom 4. Oktober 1939 für kraftlos erklärt wird, für und gegen den Antragsteller und andere Personen? Ist darauf von Einfluß, daß das Ausschlußurteil von einem Nichtantragsberechtigten erwirkt worden ist? — Hat die Verordnung vom 4. Oktober 1939 mehr als eine nur verfahrensrechtliche Bedeutung? **168,** 1. — 45) Müssen die Sperrfristen für Anträge auf Aufhebung der Fürsorgeerziehung schon abgelaufen sein, wenn der Antrag gestellt wird? — Muß ein verfrühter Antrag auf Aufhebung der Fürsorgeerziehung stets als unzulässig verworfen werden? — Kann ein Antrag auf Aufhebung der Fürsorgeerziehung auch dann nicht vor Ablauf eines Jahres seit der Rechtskraft des sie anordnenden Beschlusses zugelassen werden, wenn in irriger Annahme bereits eingetretener Rechtskraft mit der endgültigen Fürsorgeerziehung schon vorher begonnen worden ist? **168,** 17. — 46) Zu § 28 FGG. und § 72 Abs. 4 JWG. **168,** 17 (19). — 47) Zu § 38 FGG. Ist bei der Einsetzung eines Abkömmlings als Nacherben im Zweifel die Vererblichkeit der Nacherbenanwartschaft als vom Erblasser nicht gewollt anzunehmen? **169,** 38. — 48) Zu §§ 38, 132, 140, 142 FGG. Ist das Amtslöschungsverfahren nach § 142 FGG. anwendbar, wenn eine Eintragung in das Handelsregister durch eine Veränderung der Umstände, die sie ursprünglich gerechtfertigt erscheinen ließen, nachträglich unzulässig geworden ist? **169,** 147. — 49) Zu §§ 2, 12 FGG. Darf im Verfahren nach § 31 des Personenstandsgesetzes das ersuchte Gericht die Vernehmung der Mutter des Kindes über die Frage eines Mehrverkehrs in der Empfängniszeit ablehnen? **169,** 158. — 50) Zu § 36 FGG. Welches Gericht ist als Vormundschaftsgericht zuständig, wenn nach dem Tode des Vaters die Mutter mit ihren minderjährigen Kindern aus dem Altreich nach dem Lande Österreich verzieht? **169,** 192. — 51) Steht dem Anerbengericht die Entscheidung darüber zu, ob ein vom Erbhofbauern abgeschlossener Vertrag ein zum Erbhof gehöriges Recht ergibt? **169,** 304. — 52) Die Formvorschrift nach § 313 BGB. erfordert, auch wenn es sich um eine Körperschaft des öffentlichen Rechts handelt, die Beurkundung nach §§ 175, 176 FGG., also die Aufnahme einer Niederschrift über eine Verhandlung, und die auf Art. 142 EG. zum BGB. und § 189 FGG. beruhenden Bestimmungen des § 45 des Sächsischen Gesetzes zur Ausführung einiger mit dem Bürgerlichen Gesetzbuch zusammenfallender Reichsgesetze vom 15. Juni 1900 (Sächs. GuVBl. S. 269 flg.) enthalten in dieser Beziehung keine abweichende Regelung. **169,** 65 (70). — 53) Über die Belehrungspflicht des Grundbuchbeamten. GBO. a.F. §§ 13, 19. **169,** 317. — 54) Auch nachträglich unzulässig gewordene Eintragungen in das Handelsregister können von Amts wegen gelöscht werden. Der Wortlaut des § 142 FGG. mag zwar, ebenso wie seine Entstehungsgeschichte, eine gegenteilige Deutung nahelegen. Das kann aber nicht zur Folge haben, daß damit die Möglichkeit, bei der Anwendung der Vorschrift einem inzwischen eingetretenen Wandel des Rechtsempfindens Rechnung zu tragen, entfiele. Über dem Wortlaut des Gesetzes steht der Rechtsgedanke, den es verwirklichen will. Um diesen zu erkennen, bedarf es einer Berücksichtigung der aus der geltenden Rechtsordnung erwachsenden Bedürfnisse, denen die Anwendung des Gesetzes dienen soll. Gebietet die heutige Rechtsauffassung, die Allgemeinheit in jedem Falle vor Täuschungen zu schützen und deshalb den Grundsatz der Firmenwahrheit auch gegenüber Mißbräuchen Platz greifen zu lassen, die sich aus einer nachträglichen Veränderung der für die Zulässigkeit einer Firma maßgebenden Umstände ergeben, so folgt daraus ohne weiteres, daß dieser Rechtsgedanke auch für die Auslegung der zur Bekämpfung derartiger Mißbräuche bestehenden Verfahrensvorschriften bestimmend sein muß. Daß eine solche Auslegung mit dem Gesetzeswillen in Einklang steht, tritt in der Bestimmung in § 10 Abs. 6 des Gesetzes über das Kreditwesen, die für gewisse Fälle nachträglich eingetretenen Firmenunzulässigkeiten im Verfahren nach § 142 FGG. ausdrücklich vorsieht, deutlich zutage. Nur durch eine Löschung von Amts wegen, die eine Bereinigung des Handelsregisters auch gegen den Willen des Eingetragnen ermöglicht und die Zulässigkeiten und Verzögerungen eines in seinem Erfolge von den wirtschaftlichen Verhältnissen und der Bereitwilligkeit des Betroffenen abhängigen Ordnungsstrafverfahrens nach §§ 132, 140 FGG. vermeidet, wird dem Erfordernis alsbaldiger Beseitigung täuschender Eintragung genügt. **169,** 147 (152). — 55) Die Prüfung, ob eine offenbare Unmöglichkeit im Sinne des § 1720 BGB. vorliegt, bewegt sich im Rahmen der vom Vormundschaftsgericht nach § 1720 BGB., § 31 PersStG., und zwar von Amts wegen, vorzunehmenden Ermittlungen. Welche Ermittlungen insoweit erforderlich sind, hat allein das Vormundschaftsgericht nach seinem Ermessen zu beurteilen. Für die Frage, ob die Vaterschaft des Ehemannes offenbar unmöglich ist, kann vor allem auch die Tatsache von Bedeutung sein, daß die Mutter innerhalb der Empfängniszeit außer mit ihm noch mit einem andern Manne geschlechtlich verkehrt hat. Es kann sich z. B. ergeben, daß die Mutter zur Zeit der Beiwohnung ihres späteren Ehemannes bereits von einem andern Manne schwanger war. In jedem Falle könnte ein etwaiger Mehrverkehr dem Vormundschaftsgericht Veranlassung geben, die Möglichkeit der Vaterschaft des Ehemannes durch eine Blutgruppen- oder Ähnlichkeitsprüfung nachprüfen zu lassen. Hieraus folgt, daß im Verfahren nach § 31 PersStG. die Vernehmung der Mutter über einen etwaigen Mehrverkehr während der Empfängniszeit keinesfalls als verboten angesehen werden kann. Hinzuweisen ist noch darauf, daß ein Zeugniszwang gegen die Mutter nicht ausgeübt werden kann. **169,** 158 (160). — 56) Zu FGG. § 16 Abs. 1, § 24 Abs. 2. Welche Bedeutung hat eine auf Grund des § 24 Abs. 2 FGG. angeordnete Aussetzung der „Vollziehung" des Ermächtigungsbeschlusses? — In welcher Weise ist bei der Einberufung der Generalversammlung auf die gerichtliche Ermächtigung hinzuweisen? — Sind, wenn die Satzung der Genossenschaft neben der öffentlichen Bekanntmachung der Einberufung zu einer Generalversammlung auch die schriftliche Einladung der Genossen vorschreibt, bei der Einberufung auf Grund gerichtlicher Ermächtigung auch die Vorstands- und Aufsichtsratsmitglieder schriftlich einzuladen? Kann auf Unterlassung solcher Einladung eine Anfechtungsklage gestützt werden? **170,** 83. — 57) Der Ermächtigungsbeschluß wird gemäß § 16 Abs. 1 FGG. mit seiner Bekanntmachung an die

Antragsteller wirksam. Die Ausnahmefälle, in denen eine gerichtliche Verfügung erst mit der Rechtskraft wirksam werden soll, sind im Gesetz ausdrücklich geregelt (vgl. z. B. § 53 FGG.). **170,** 83 (90). — 58) Zu § 24 Abs. 3, § 26 FGG. **170,** 83 (91 flg.) — 59) Zu § 43 Abs. 1, § 36 Abs. 1 FGG. Zuständigkeit des Amtsgerichts zu Erteilung der vermundschaftsgerichtlichen Genehmigung. Richtet sich das Wirksamwerden der vom zuständigen deutschen Vormundschaftsgericht erteilten Genehmigung zu einem Vertrage, den ein im Altreich lebender Österreicher als elterlicher Gewalthaber abgeschlossen hat, nach § 1829 BGB. oder nach österreichischem Recht? Macht es einen Unterschied, ob die Genehmigung vor der Eingliederung der Ostmark ins Reich oder nach diesem Zeitpunkte, jedoch vor dem 1. Juli 1939, erteilt worden ist? **170,** 198 flg. (200).

§ 367a. Bereinigung alter Schulden und Vertragshilfe.

1) Zu SchBG. § 3. Setzt die Bereinigung der Schuld eines Mitverpflichteten gemäß § 3 Abs. 1 Satz 2 des Schuldenbereinigungsgesetzes in jedem Falle die Schuldenbereinigung des Hauptschuldners voraus? **163,** 46. — 2) Zu § 8 SchBG. Vorlegung ans Reichsgericht. **163,** 46 (47). — 3) Von dem allgemeinen Grundsatz des § 3 Abs. 1 Satz 1 SchBG., daß durch die Schuldenbereinigung die Rechte der Gläubiger gegenüber Mitverpflichteten nicht berührt werden, kann gemäß Satz 2 in besonderen Fällen abgewichen werden, soweit das zur Vermeidung einer unbilligen Härte notwendig ist. Satz 2 läßt danach lediglich eine Ausnahme von dem Grundsatze des Satz 1 zu, betrifft also wie dieser nur den Fall, daß eine Schuldenbereinigung stattgefunden hat, und setzt weiter voraus, daß infolgedessen die volle Weiterhaftung des Mitverpflichteten gegenüber dem Gläubiger eine unbillige Härte bedeuten würde. Dieser aus dem Wortlaut klar hervorgehende Sinn des Gesetzes wird auch durch die amtliche Erläuterung zum Schuldenbereinigungsgesetz (DJ. 1939 S. 1334) bestätigt, wo es zu § 3 heißt: „Diese Rechte (des Gläubigers gegenüber Mitverpflichteten) bleiben also — wie beim Zwangsvergleich nach § 193 KO. — grundsätzlich auch dann bestehen, wenn die alte Forderung dem Schuldner gegenüber bei der Schuldenbereinigung ganz oder teilweise erlassen oder in sonstiger Weise verändert wird. Jedoch kann nach § 3 Abs. 1 Satz 2 von diesem Grundsatz abgewichen werden, soweit es notwendig ist, um eine unbillige Härte zu vermeiden." Gerade die Veränderung, welche die Verpflichtung des Hauptschuldners in der Schuldenbereinigung erleidet, in Verbindung damit, daß nach § 3 Abs. 2 SchBG. ein etwaiger Rückgriffsanspruch des Mitverpflichteten, wenn dessen Schuld aus der Zeit vor dem wirtschaftlichen Zusammenbruch des Schuldners stammt, in die Schuldenbereinigung des Hauptschuldners einbezogen wird, kann in erster Reihe zu der unbilligen Härte für den Mitverpflichteten führen, die das Gesetz vermieden wissen will. Unter diesen Umständen besteht kein Anhalt für die Annahme, daß im § 3 Abs. 1 Satz 2 SchBG. etwa zugunsten der Mitverpflichteten eine besondere selbständige Bereinigungsmöglichkeit unabhängig von einer Bereinigung des Hauptschuldners geschaffen werden sollte. Vielmehr ergibt sich aus der genannten Vorschrift zwingend, daß eine Bereinigung der Schulden Mitverpflichteter gegenüber dem Gläubiger nur als Teil oder Ergänzung einer

vorausgegangenen oder gleichzeitig durchgeführten Bereinigung des Hauptschuldners zulässig ist. Etwas anderes läßt sich auch nicht aus § 5 SchBG. herleiten, der neben dem Schuldner auch dem Mitverpflichteten das Recht gibt, durch einen Antrag an das zuständige Amtsgericht die Vertragshilfe des Richters in Anspruch zu nehmen (Abs. 1), und den Richter ermächtigt, auch die Rechte des Gläubigers gegenüber einem Mitverpflichteten dem § 3 entsprechend zu regeln (Abs. 3 Satz 3). Die Verweisung auf § 3 zeigt vielmehr deutlich, daß auch dort nur an eine Bereinigung der Schuld des Mitverpflichteten unter den Voraussetzungen der genannten Vorschrift, also als Folge und Ergänzung der Schuldenbereinigung des Hauptschuldners gedacht ist. **163,** 46 (48 flg.). — 4) Wenn Grundlage der in § 3 für den Mitverpflichteten getroffenen Regelung die vorher oder gleichzeitig durchgeführte Schuldenbereinigung des Hauptschuldners und die dadurch eingetretene Veränderung der Hauptschuld ist, so geht es nicht an, die Regelung auch dann anzuwenden, wenn sich an der Hauptschuld mangels einer so erfassenden Schuldenbereinigung nichts geändert hat. Abgesehen davon, fehlt es auch an einem inneren Grunde dafür, gerade die vom Oberlandesgericht München hervorgehobegen Fälle anders zu behandeln als diejenigen, in denen etwa die Schuldenbereinigung deshalb nicht stattfinden konnte, weil in der Person des Schuldners sachlichrechtliche Voraussetzungen dafür fehlten (§ 1 Abs. 4, 5 SchBG.) oder der Schuldner schon vor dem Inkrafttreten des Gesetzes verstorben war. Wenn insbesondere eine selbständige Bereinigung der Mitverpflichtung zugelassen werden soll, falls der an sich schuldenbereinigungsfähige Hauptschuldener nach dem Inkrafttreten des Gesetzes verstorben ist, so ist dabei nicht beachtet, daß in jedem Fall die Schuldenbereinigung für einen verstorbenen Schuldner unzulässig ist, mag er auch noch vor seinem Tode einen dahingehenden Antrag gestellt haben. Danach bleiben nur die Fälle, in denen der Hauptschuldner, obwohl alle Voraussetzungen für eine gerichtliche Bereinigung seiner Schulden vorliegen, sich aus irgendwelchen Gründen gegen die Durchführung eines solchen Verfahrens sträubt und den nach § 5 SchBG. erforderlichen Antrag nicht stellt. Hier mag es allerdings unbefriedigend erscheinen, daß ein Mitverpflichteter, der im Fall einer Bereinigung der Hauptschuld Aussicht auf eine Minderung oder sogar Streichung seiner Schuld hätte, dieses Ziel bei bösem Willen oder wegen gegensätzlicher Belange des Hauptschuldners nicht erreichen kann. Denn das dem Mitverpflichteten im § 5 SchBG. verliehene Antragsrecht geht jedenfalls nicht so weit, daß dadurch die richterliche Schuldenbereinigung für den Hauptschuldner auch gegen dessen Willen herbeigeführt werden könnte. Das folgt schon daraus, daß die Voraussetzung des Antrags auf richterliche Vertragshilfe nach § 5 Abs. 1 Satz 1, der mißlungene Versuch einer gütlichen Bereinigung (§ 4 SchBG.), nur vom Hauptschuldner selbst erfüllt werden kann und auch die dem Antrage nach § 5 Abs. 1 Satz 2 beizufügenden Unterlagen und Angaben, welche die Grundlage des weiteren Verfahrens bilden, dem Mitverpflichteten in aller Regel nicht zugänglich sein werden. Diese für den Mitverpflichteten unter Umständen eintretenden Härten müssen in Kauf genommen werden. Eine ausdehnende Auslegung des § 3 SchBG., die auch derartige Fälle mitumfassen würde, kann nicht in Frage kommen, da sie dem oben dargelegten Sinne der Vorschriften zuwiderlaufe. Schließlich verweist das Kammergericht mit Recht auf die tatsächlichen Schwierigkeiten, die sich für die richterliche Vertragshilfe ergeben müßten, wenn man dem Mitverpflichteten ein selbständiges Recht auf Bereinigung seiner Schuld zuspräche. Denn eine solche Bereinigung könnte nur im Einklang und auf der Grundlage der vermutlichen Bereinigung der Hauptschuld stattfinden, von der sie abhängig ist. Um deren Maß zu bestimmen, müßte der Richter aber die gesamten für eine Schuldenbereinigung des Hauptschuldners erheblichen Verhältnisse erörtern, was ohne Beteiligung des Hauptschuldners selbst kaum möglich erscheint. Nach alledem kann ein Mitverpflichteter, wenn eine Bereinigung der Hauptschuld — gleichgültig aus welchem Grund — nicht stattfindet, die Bereinigung der Mitverpflichtung nur erreichen, wenn die Voraussetzungen für eine allgemeine Schuldenbereinigung gemäß § 1 SchBG. bei ihm vorliegen, und zwar im Rahmen einer dann durchzuführenden Gesamtbereinigung. **163,** 46 (50). — 4) Zur Besetzung des Gerichts in Vertragshilfesachen nach der Verordnung über die Abwicklung von Lieferverträgen vom 20. April 1940. — Welche Rechtsnatur haben die in § 3 Abs. 1 und 2 das. vorgesehenen Fristen? Gibt es gegen ihre Versäumung eine Wiedereinsetzung in den vorigen Stand oder sonstige Nachsicht des Gerichts? **166,** 268. — 5) Hängt die Zulässigkeit des Abwicklungsverfahrens nach der Verordnung vom 20. April 1940 davon ab, ob das Bestehen des abzuwickelnden Vertragsverhältnisses zwischen den Parteien unstreitig ist? Welche Bedeutung hat es für den Verlauf des Abwicklungsverfahrens, wenn es insoweit an einem Einverständnis der Parteien fehlt? — Inwieweit ist das Vertragshilfegericht im Abwicklungsverfahren an Anträge der Parteien gebunden? **166,** 276. — 6) Steht einem Verfahren nach der Verordnung über die Abwicklung von Lieferverträgen vom 20. April 1940 entgegen, daß sich die Parteien schon vor Stellung des Antrages über einzelne Punkte der zu regelnden vertraglichen Beziehungen geeinigt haben? — Gehört ein Bauvertrag über die Herstellung eines Entwässerungsgrabens zu den in § 1 Abs. 2 der Verordnung genannten Lieferverträgen? **166,** 287. — 7) Zu § 1 der Verordnung über die Abwicklung von Lieferverträgen vom 20. April 1940 RGBl. I S. 671. **166,** 268 (271, 273, 276 bis 287), zu § 2 das. **166,** 287 (289 bis 296); zu § 3 das. **166,** 268 flg.; zu § 4 das. **166** flg.; zu § 6 das. **166,** 268 flg., 276 (281); zu § 7 das. **166,** 268 flg., 276 flg., 287 (292). — 8) Zu § 22 Abs. 2, § 29 Abs. 4 FGG. Vertragshilfe bei Lieferverträgen, Wiedereinsetzung in den vorigen Stand gegen die Versäumung der Beschwerdefrist. **166,** 268 (275). — 9) Läßt sich die Zulässigkeit eines Abwicklungsverfahrens nach der Verordnung vom 20. April 1940 mit der Behauptung bestreiten, die Erfüllung des Vertrages sei durch kriegswirtschaftliche Maßnahmen dermaßen erschwert, daß die dadurch verursachten Leistungshindernisse einer tatsächlichen Erfüllungsunmöglichkeit gleichzuachten seien? — Wird die Inanspruchnahme richterlicher Vertragshilfe dadurch ausgeschlossen, daß vor dem Erlasse der Verordnung vom 20. April 1940 in einem ordentlichen, infolge des Vertragshilfeantrags ausgesetzten Rechtsstreit mit Schadensersatzansprüchen wegen Nichterfüllung des abzuwickelnden Vertrages aufgerechnet worden ist? — Zur Frage der Entschädigung bei Aufhebung des abzuwickelnden Vertrages. **168,** 65. — 10) Zu § 1 der Verordnung vom 20. April 1940. **168,** 65. — 11) Sind §§ 30 und 31 der Vertragshilfeverordnung vom 30. November 1939 auf die Rechtsgültigkeit der Mängelrüge nach § 377 HGB. unmittelbar oder entsprechend anzuwenden? **170,** 155. — 12) Zu § 9 Abs. 4 der Vertragshilfeverordnung vom 30. November 1939. Unter welchen Voraussetzungen kann dem Mieter (Pächter) Vertragshilfe durch Beseitigung lediglich der Verzugsfolgen gewährt werden? **170,** 221.

Fünfter Teil.

Staats- und Verwaltungsrecht.

§ 368. Zuständigkeit der Verwaltungsbehörden, insbesondere der Polizeibehörden und Verwaltungsgerichte. Verwaltungsverfahren. Verwaltungsstreitverfahren. Landwirtschaftskammern.

(Vgl. auch Verhältnis der Gerichte zu den Verwaltungsbehörden in § 270 I und Rechtsweg für Ansprüche gegen den Staat und gegen Beamte in § 270 III des syst. Reg.)

1) Im Falle der Entlassung eines Beamten als Ehrenbeamten können die Gerichte nicht nachprüfen, ob der entlassene Beamte Ehren- oder Berufsbeamter war, und die ihm in dem letzten Falle zustehenden Versorgungsansprüche ihm nicht zusprechen. **161,** 163 [s. auch unten § 374 I NrNr. 1 bis 3]. — 2) Unzulässigkeit des Rechtswegs für eine Feststellungsklage wegen der außergerichtlichen Auseinandersetzung über das Vermögen bei Trennung dauernd vereinigter Schul- und Kirchenämter; Zuständigkeit des Oberpräsidenten oder der im Gesetze vom 7. September 1938 vorgesehenen Schiedsstelle. **161,** 236 (240, 243) [s. auch unten § 369 NrNr. 1 bis 4 und § 377 Nr. 1]. — 3) Wenn die Verwaltung einer Stiftung einer Behörde übertragen ist, steht die Aufsicht der dieser vorgesetzten Behörde zu (Staatsministerialbericht vom 23. Dezember 1844 JMBl. 1845 S. 26 [30 zu II]). Nach § 76 der Städteordnung für die Provinz Westfalen vom 19. März 1856 wird bei Städten bis zu 10000 Einwohnern diese Aufsicht vom Landrat ausgeübt. **161,** 288 (293). — 4) Wenn die Verwaltungsgeschäfte einer Stiftung bis zur endgültigen Regelung auf Anweisung der Aufsichtsbehörde vom Bürgermeister einem Rechtsanwalt treuhänderisch übertragen worden sind, so ergibt sich sein Recht zur Vertretung der Stiftung im Rechtsstreit. Gesetz vom 10. Juli 1924 (Preuß. GS. S. 575). **161,** 288 (294). — 5) Die Bestimmung des § 146 DBG. ist aus der bisherigen Rechtsentwicklung erwachsen und daher aus dieser zu verstehen. Sie ging dahin, daß der Grundsatz der richterlichen Nichtgebundheit an die Entscheidung anderer Behörden an der bindenden Kraft rechtsgestaltender Verwaltungsakte seine Schranke zu finden habe, zu denen insbesondere die Entscheidungen gehören, durch die ein Beamtenverhältnis beendigt wird. Der Grund für diese Beschränkung des Umfangs der richterlichen Prüfung liegt in der Selbständigkeit des Aufgabenbereichs der Verwaltung. Sie würde beeinträchtigt werden, wenn den Gerichten schrankenlos die Befugnis zustände,

Verwaltungsakte für ungültig zu erklären und dadurch in den Gang der Geschäfte einzugreifen, die den Verwaltungsbehörden zur eignen verantwortlichen Erledigung übertragen worden sind. Dieser Gesichtspunkt gewinnt aber nur bei Verwaltungsakten rechtsgestaltenden Inhalts Bedeutung. Er versagt, sofern es sich nicht um Willenskundgebungen der Verwaltungsbehörden handelt, durch die in die vorgefundene Rechtslage mit regelnder, rechtsgestaltender Kraft eingegriffen wird, sondern nur um die lediglich beurteilende, die wirkliche Rechtslage unberührt lassende Überprüfung anderweit gewordener Rechtsvorgänge. So verhält es sich aber bei den Vorbescheiden des § 143 DBG. Sie enthalten keine sachlichrechtlichen Änderungen der Beziehungen zwischen dem Dienstherrn und den Anspruchsberechtigten. Die in ihnen zutage tretende Auffassung der Behörde über diese kann daher den Umfang der richterlichen Nachprüfung nicht berühren. Die Bindung nach § 146 DBG. ist nicht auf Entscheidungen der „Anstellungsbehörde" zu beschränken. Greift beispielsweise der Beamte die seine Versetzung in den Ruhestand aussprechende Verfügung seiner vorgesetzten Dienstbehörde mit der Beschwerde an, so ist auch die Beschwerdeentscheidung der höheren Verwaltungsbehörde mit der Verbindlichkeit nach § 146 DBG. ausgestattet. **161,** 308 (314). — 6) Hat das Prozeßgericht die Wirksamkeit eines bei der Verwaltungsbehörde gestellten Antrags zu prüfen, der auf Eintragung eines Benutzungsrechts in das Wasserbuch gerichtet ist? — Welche Anforderungen sind an einen solchen Antrag zu stellen? Zum Preuß. Wassergesetz vom 7. April 1913 GS. S. 53 — WassG. — §§ 24, 379 flg. **161,** 243. — 7) Sind die auf der verfassungsmäßigen Leitungs- und Dienstgewalt eines Reichsministers beruhenden Verordnungen über Einrichtung und Zuständigkeit von Behörden Rechts- oder Verwaltungsverordnungen? Ist insbesondere die Zuständigkeitsordnung des Reichspostministers vom 13. März 1928 eine Rechtsverordnung? — Kann die Befugnis einer Behörde zur Vertretung bei Rechtsgeschäften entgegen den Bestimmungen über ihre Zuständigkeit durch Verwaltungsübung begründet werden? — Über die Vertretungsbefugnis der Oberpostdirektionen (Reichspostdirektionen). — Kann der Einwand, einem Beamten habe bei Abschluß eines Rechtsgeschäfts für die Behörde die Zuständigkeit gefehlt, mit Rücksicht auf Treu und Glauben, insbesondere weil seine Ermächtigung zu vermuten war, unbeachtlich sein? — Welcher Beamter ist zur Auskunft darüber befugt, durch wen eine Behörde beim Abschluß von Verträgen wirksam vertreten wird? Welche Bedeutung hat der vom Behördenvorstand einem Beamten ausgestellte Ausweis über dessen Vertretungsbefugnis? Wann kommt mit einer Behörde ein Auskunftsvertrag zustande? — Unter welchen Voraussetzungen ist eine öffentlich-rechtliche Körperschaft schadensersatzpflichtig, weil ein Beamter für sie einen Vertrag geschlossen und dabei seine Unzuständigkeit verschwiegen hat? — Über die Bedeutung der amtlichen Siegelung rechtsgeschäftlicher Erklärungen einer Behörde. **162,** 129. — 8) Über die staatsrechtliche Stellung der Reichspost als einer Hoheitsverwaltung. **162,** 129 (131 flg.). — 9) Nach der Rechtsprechung des Reichsgerichts ist die Haftung öffentlich-rechtlicher Körperschaften aus dem Gesichtspunkt stillschweigender Bevollmächtigung dann abzulehnen, wenn die mit Rücksicht auf öffentliche Belange gegebene Satzung die Vornahme der Handlung oder Bevollmächtigung ausschließt. **162,** 130 (133 flg.) — 10) Wer die Verwaltung zu leiten hat und dafür verantwortlich ist, muß nach natürlicher Anschauung seine Einrichtungen so treffen können, daß er seiner Verantwortung genügen kann. **162,** 130 (134). — 11) Die Verwaltungsverordnungen — Geschäftsordnungen, Geschäftsanweisungen usw. — vermögen allesamt mangels entgegenstehender Normen Recht in der Art zu schaffen, daß dadurch die Zuständigkeit von Behörden zu hoheitsrechtlichen Verrichtungen oder zur rechtsgeschäftlichen und prozeßrechtlichen Vertretung des Fiskus der Verteilung und Begrenzung nach festgelegt wird. **162,** 130 (137). — 12) Daß derartige Bestimmungen nur als Rechtsverordnung erlassen werden könnten, ist nie angenommen worden. Demzufolge hat das Reichsgericht auch nie gefordert, daß sie veröffentlicht werden. **162,** 130 (137). — 13) Grundsätzlich braucht sich die Befugnis einer Behörde zur Vertretung des Fiskus vor Gericht nicht mit dem sonstigen sachlichen Umfang ihrer Geschäfte zu decken. **162,** 130 (143). — 14) In der Rechtsprechung des Reichsgerichts ist stets die Ausschließlichkeit derjenigen öffentlich-rechtlichen Vorschriften und Satzungen anerkannt worden, welche die Vertretung der öffentlich-rechtlichen Körperschaften, insbesondere der gemeindlichen Sparkassen, auf bürgerlich-rechtlichem Gebiete regeln, und zwar mit der Folge, daß eine Vertretungsmacht aus anderweitigen Tatbeständen nicht zur Entstehung gelangt. Eine ähnliche Wirkung kann den für die Reichs- und Staatsverwaltungen erlassenen Anordnungen dieser Art nicht abgesprochen werden. Soweit dem Verkehr hierdurch Erschwerungen in der Nachprüfung der Vertretungsmacht entstehen, so sind diese in Kauf zu nehmen; die Rechtsprechung kann nichts daran ändern. **162,** 130 (149 flg.). — 15) Eine öffentlich-rechtliche Körperschaft kann sich auf die Rechtsunwirksamkeit einseitiger Verpflichtungserklärungen nicht berufen, wenn die zuständigen Beamten (Mitglieder des an sich zuständigen Vertretungsorgans der Körperschaft beim Fehlen der erforderlichen zweiten Unterschrift eines Kreisausschußmitglieds) es versäumt haben, den gesetzlichen Formvorschriften zu genügen, die für die rechtmäßige Vertretung der Körperschaft aufgestellt sind. **162,** 130 (151). — 16) Der dem Rechtsweg entzogene Verwaltungsakt kann nicht dadurch vor den ordentlichen Richter gebracht werden, daß seine Bemängelung nur äußerlich in das Gewand einer Schadensersatzklage gekleidet wird. Ob es sich um einen solchen Versuch handelt, ist nach der Klagebegründung zu beurteilen, die ein pflichtwidriges Verhalten eines Beamten erkennen lassen muß. Nur das tatsächliche Vorbringen der Klage ist dabei als richtig zu unterstellen; die vom Kläger geäußerte Rechtsansicht ist unmaßgeblich. **162,** 230 (233). — 17) Das Schiedsgericht für die landwirtschaftliche Marktregelung ist unter Ausschluß des Rechtswegs für die Entscheidung des Streites der Parteien, der unmittelbar auf eine Maßnahme des Zusammenschlusses, des Milchwirtschaftsverbandes, zurückgeht, gleichviel ob diese Maßnahme ordnungsmäßig vorgenommen worden ist oder nicht, zuständig. Die Aufgabe der landwirtschaftlichen Marktordnung besteht darin, nach den Erfordernissen der Gesamtwirtschaft und des Gemeinwohls die landwirtschaftlichen Märkte und den Absatz der bäuerlichen Erzeugung zu volkswirtschaftlich gerechtfertigten Preisen zu ordnen und dem deutschen Volke eine gesicherte Ernährungsgrundlage zu geben. Das sind Aufgaben, die vorwiegend dem Gebiete des öffentlichen Rechts angehören, und aus diesem Grunde hat die Verordnung vom 26. Februar 1935 die daraus entstandenen Streitigkeiten den ordentlichen Gerichten entzogen und einer besonderen Schiedsgerichtsbarkeit überwiesen. Diese Schiedsgerichtsbarkeit ist auch dann gegeben, wenn es sich darum handelt, ob ein Milchpreis, der für den Einzelfall mit Mitwirkung eines Milchwirtschaftsverbandes geregelt wurde, mit bindender Wirkung für die Pflichtlieferer einer Molkereigenossenschaft festgesetzt worden sind, nicht. Eine andere Beurteilung wäre nur dann angängig, wenn offensichtlich eine Anordnung der streitigen Art gar nicht ergehen könnte, etwa wegen ihres Inhalts oder weil sie sich gegen Personen richtete, die der Verbandsgewalt des Zusammenschlusses nicht unterworfen sind. **162,** 37 (43 flg.) — 18) Zur Ersten Verordnung zur Durchführung des Gesetzes zur Vorbereitung des organischen Aufbaues der deutschen Wirtschaft vom 27. November 1934 (RGBl. I S. 1194) §§ 5, 16 und zur Anordnung des Reichswirtschaftsministers über die bezirkliche und fachliche Gliederung der Reichsgruppe Handwerk innerhalb des organischen Aufbaues der gewerblichen Wirtschaft vom 23. März 1935 (Reichsanzeiger Nr. 71 vom 25. März 1935). Kann der Anspruch, daß ein Reichsinnungsverband eine in sein Aufgabengebiet fallende Maßnahme widerrufe, im ordentlichen Rechtswege verfolgt werden? **162,** 181. — 19) Der Aufgabenkreis eines Reichsinnungsverbandes liegt im wesentlichen auf öffentlich-rechtlichem Gebiete, soweit er die fachliche Betreuung seiner Mitglieder umfaßt. **162,** 181 (189 flg.). — 20) Die verlangte Entscheidung würde dem verklagten Verbande die Vornahme einer Handlung auferlegen, die in den Bereich seiner öffentlich-rechtlichen Bedeutung fiele, damit aber einer Verfolgung im Rechtsweg entzogen ist. **162,** 181 (192). — 21) Zur Verordnung über die Kassenärztliche Vereinigung Deutschlands vom 2. August 1933 (RGBl. I S. 567); Satzung der Kassenärztlichen Vereinigung Deutschlands vom 31. Oktober 1933 (Deutsches Ärzteblatt S. 576) § 8. Verfügung des Reichsführers der Kassenärztlichen Vereinigung Deutschlands vom 2. November 1933 (Deutsches Ärzteblatt S. 578). Wie ist die Befugnis der Amtsleiter der Kassenärztlichen Vereinigung Deutschlands abzugrenzen, mit „Maßregelungen" gegen Kassenärzte vorzugehen? Welche Anforderungen sind an das von den Amtsleitern dabei einzuhaltende Verfahren zu stellen? **164,** 15, 32. — 22) Rechtsstellung der Kassenärztlichen Vereinigung Deutschlands und ihr Verhältnis zu den Kassenärzten. **164,** 15 (19). — 23) Wesentliche Frage, ob es sich bei den Anordnungen der Amtsleiter der Kassenärztlichen Vereinigung um die Ausübung richterlicher Tätigkeit oder um bloße Verwaltungsakte gehandelt hat. **164,** 15 (19 flg.). — 24) Auch Verwaltungsakte sind grundsätzlich der richterlichen Nachprüfung entzogen. **164,** 15 (25). — 25) Es ist aber zu prüfen, ob es sich bei dem Begehren des Klägers um die Verfolgung eines Schadensersatzanspruchs (§ 839 BGB.) handelt oder ob der Kläger nicht vielmehr unter dem Vorwand der Geltendmachung eines solchen lediglich die Beseitigung des ihm nicht genehmen Verwaltungsaktes selbst anstrebt und auf diese Weise einen Erfolg zu erreichen versucht, zu dessen Herbeiführung der Rechtsweg nicht offensteht. **164,** 15 (25). — 26) Die Gerichte sind grundsätzlich zu einer inhaltlichen Nachprüfung der von den Verwaltungsbehörden im Rahmen ihrer Zuständigkeit erlassenen Entscheidungen nicht in der Lage. Diese Beschränkung findet ihre Grenze, sofern das Vorgehen des „Beamten" offenbare Willkür ist oder sich jedenfalls so weit von den an ordnungsmäßige Ausübung der Verwaltung zu stellenden Anforderungen entfernt, daß es als solche nicht mehr angesehen werden kann. **164,** 15 (31 flg.); **164,** 32 (44 flg.). — 27) Zum Gesetz über Kleinrentnerhilfe vom 5. Juli 1934 (RGBl. I S. 580) — KlRHG. — § 10, Gesetz über die Befreiung von der Pflicht zum Ersatz von Fürsorgekosten vom 22. Dezember 1936 (RGBl. I S. 1125) — BefrG. — § 4, Verordnung über die Fürsorgepflicht vom 13. Februar 1924 (RGBl. I S. 100) — FürsorgepflVO. — in der Fassung der Verordnung zur Vereinfachung des Fürsorgerechts vom 7. Oktober 1930 (RGBl. I S. 2002) § 3a. Steht in Preußen der ordentliche Rechtsweg offen für den Anspruch auf Freigabe einer Sicherheit, die für den Ersatz von Kosten der öffentlichen Fürsorge bestellt war? **164,** 226. — 28) Auch bei öffentlich-rechtlicher Natur des Klageanspruchs ist der Rechtsweg zulässig, wenn das Gesetz den Anspruch den Gerichten zur Behandlung im ordentlichen Prozeßverfahren zuweist. **164,** 226 (228). — 29) Der Hilfsbedürftige hat keinen Rechtsanspruch auf Fürsorge, während der Unterstützte zum Ersatz der vom Fürsorgeverband aufgewendeten Kosten nach § 25 FürsPflVO. rechtlich ververpflichtet ist. **164,** 226 (232). — 30) Läßt ein Gesetz auf einem an sich dem öffentlichen Rechte angehörenden Gebiet eine bürgerlich-rechtliche Ordnung der zu regelnden Rechtsbeziehungen zu, so weist es damit mangels einer entgegenstehenden ausdrücklichen Anordnung die Verfolgung der sich ergebenden Rechtsansprüche stillschweigend den ordentlichen Gerichten zu. **164,** 226 (233). — 31) Es braucht nicht erörtert zu werden, wie sich die durch § 3a Abs. 5 FürsPflVO. vorgeschriebene Bindung auswirken würde, wenn die Verwaltungsentscheidung in einem für die Klägerin gesetzlich zugelassenen Verfahren ergangen wäre. **164,** 226 (234). — 32) Über die Frage, ob den Gläubigern des Handwerkers während des Abwicklungsverfahrens für die Verfolgung ihrer bestrittenen Forderungen der ordentliche Rechtsweg verschlossen ist. **164,** 254. — 33) Solange aus dem Gesetze nicht erhellt, daß der Reichskommissar für die Preisbildung seine Ermächtigung überschritten hat, ist seine Anordnung durch das Gesetz selbst einer gerichtlichen Nachprüfung entzogen. **165,** 226 (230). — 34) Dies gilt insbesondere von einer rückwirkenden Herabsetzung des Ruhegehalts eines leitenden Angestellten nach der Verordnung zur Belebung der Wirtschaft vom 4. September 1932 (RGBl. I S. 425) 4. Teil Kap. V und der dazu ergangenen Ergänzungs- und Durchführungsverordnung vom 27. Februar 1933 (RGBl. I S. 89). Dabei handelt es sich um eine rückwirkende Anordnung, die mit Bedacht auf den Tag des Inkrafttretens der Hauptverordnung abgestellt war. **165,** 226 (230). — 35) Desgleichen von einer rückwirkenden, über die Erlassung des Gesetzes zurück für den 30. März 1933 ausgesprochenen Angestelltenentlassung nach dem Gesetze zur Wiederherstellung des Berufsbeamtentums vom 7. April 1933 (RGBl. I S. 175) in Verbindung mit § 5 Abs. 5 der Zweiten Durchführungsverordnung vom 4. Mai 1933 (RGBl. I S. 233). **165,** 226 (230 flg.). — 36) Mittels eines Schadensersatzanspruchs kann nicht die endgültige Anordnung der Verwaltungsbehörde über ein im allgemeinen Interesse notwendiges Geschehen zwischen Vertragsparteien außer Wirkung gesetzt werden. **165,** 226 (235). — 37) Unter welchen Voraussetzungen ist für den Anspruch eines Zusammenschlusses der deutschen Milch- und Fettwirtschaft gegen eines seiner Mitglieder der Rechtsweg zulässig. **165,** 300 [s. auch unter § 386 NrNr. 2 bis 4]. — 38) Zum Gesetz über Leistungen für Wehrzwecke (Wehrleistungsgesetz) vom 13. Juli 1938 (RGBl. 1938 I S. 887) §§ 26, 27. Gesetz über die Sachleistungen für Reichsaufgaben (Reichsleistungsgesetz) vom 1. September 1939 (RGBl. I S. 1645) §§ 26, 27. Schließen die Bestimmungen des Wehr- und Reichsleistungsgesetzes Ansprüche, die dem Wehr- (Reichs-) Leistungspflichtigen aus Anlaß der Inanspruchnahme nach Art. 131 WeimVerf. (§ 839 BGB.) gegen das Reich erwachsen sind, oder den Rechtsweg für solche Ansprüche aus? — Welche Rechtsbeziehungen ergeben sich, wenn der Wehrleistungspflichtige in Ausführung der Inanspruchnahme dem Reiche schuldhaft unmittelbaren oder mittelbaren Schaden verursacht hat? **165,** 323. — 39) Weder das Wehrleistungsgesetz vom 13. Juli 1938 noch das Reichsleistungsgesetz vom 1. September 1939, das, weil die Zulässigkeit des Rechtswegs nach dem zeitlich geltenden Recht beurteilt werden muß, maßgebend ist, schreiben Abweichendes vor, schon deshalb, weil sie sich mit Ansprüchen des Wehrleistungspflichtigen aus selbständigen Rechtsgründen überhaupt nicht befassen. Die Tatsachen, daß die beiden Gesetze dem Wehrpflichtigen einen von ihnen geschaffenen Anspruch auf Entschädigung geben, für diesen aber den Rechtsweg ausschließen, lassen dessen Zulässigkeit für Ansprüche anderer Art unberührt. **165,** 323 (329). — 40) Läge in Wahrheit ein Antrag auf Entschädigung nach § 26 Abs. 2 des Wehrleistungsgesetzes vor, nur gekleidet in das Gewand des Schadenersatzanspruchs aus Art. 131 WeimVerf., so wäre das eine Umgehung der in der Rechtsprechung herausgestellten Grundsätze. Sie liegt nicht vor, wenn der gesamte Tatbestand des § 839 BGB. in schlüssiger Weise dargelegt, insbesondere auch Tatsachen angeführt sind, aus denen das Vorliegen schuldhaften und amtspflichtverletzenden Verhaltens des Fahrers des verklagten Reichs abzuleiten ist. **165,** 323 (329). — 41) Über die Zulässigkeit des Rechtswegs für bürgerliche Rechtsstreitigkeiten über Staatshaftung aus Verlust beschlagnahmter Sachen. — Das Reichsgericht hat in ständiger Rechtsprechung zu den bürgerlichen Rechtsstreitigkeiten in förmlichem Sinn diejenigen Streitsachen gerechnet, die — ohne Rücksicht auf die nach heutiger Rechtsanschauung öffentlich-rechtliche Natur des anspruchbegründenden Rechtsverhältnisses — nach dem bei Verkündung des Gerichtsverfassungsgesetzes geltenden Rechtszustandes von den ordentlichen Gerichten entschieden werden sollten; hiervon ist es nur abgegangen, wenn einem im Einzelfall eingreifenden jüngeren Reichs- oder Landesgesetz der Ausschluß des Rechtswegs zu entnehmen war. Nachdem einmal erkannt war, daß § 13 GVG. nur vorbehaltlich einer entgegenstehenden Ordnung der Grenze zwischen Justiz und Verwaltung nach einem sachlichen Unterscheidungsmerkmal (bürgerlichrechtliche Natur des Anspruchs) gezogen wissen will, ließ sich der Schluß nicht abweisen, daß alle Streitsachen, für die nach dem Rechtszustande des Jahres 1937 der Rechtsweg zugelassen war, ohne Rücksicht auf einen Wandel in der Anschauung über die Abgrenzung zwischen öffentlichem und privatem Recht bis zu abweichender gesetzlicher Regelung den ordentlichen Gerichten belassen bleiben sollten. So gesehen ergibt die Rechtsprechung durchaus nichts Regelwidriges. „Historisch" wie der von ihr geprägte Begriff der bürgerlichen Rechtsstreitigkeit im förmlichen Sinn ist jedes Rechtsgebilde, das durch gesetzliche „Fixierung" ein vom Fortbestande der formenden Rechtsanschauung unabhängiges Dasein erlangt hat. Nur scheint die Kennzeichnung des aufgestellten Begriffs als eines historischen gelegentlich zu der irrigen Vorstellung geführt zu haben, als solle für das Urteil über das (erst in zweiter Reihe entscheidende) Wesen einer bürgerlichen Rechtsstreitigkeit im sachlichen Sinne die Rechtsanschauung einer längst verflossenen Zeit maßgebend sein. Geschichtlich zu verstehen ist nur der Begriff der bürgerlichen Rechtsstreitigkeit im förmlichen Sinne; diese umfaßt außer den nach der gegenwärtigen Rechtsanschauung zu bestimmenden bürgerlichen Rechtsstreitigkeiten im sachlichen Sinn auch solche Streitsachen, die unabhängig von der rechtlichen Natur des anspruchbegründenden Rechtsverhältnisses nach der gegenwärtigen Rechtslage vor die ordentlichen Gerichte gehören, und diese Rechtslage ist, wenn sie sich seitdem nicht geändert hat, noch diejenige des Jahres 1877. **166,** 218 (229). — 42) Heute ermöglicht der Wandel der Staatsverfassung, der die drei Gewalten (Gesetzgebung, Verwaltung, Justiz) wieder zu bloßen Funktionsbereichen der Führungsgewalt werden ließ, die Zuständigkeitsfrage mehr vom Mittelpunkte der Staatsgewalt aus zu würdigen. **166,** 218 (229). — 43) Daß die Zulässigkeit des Rechtswegs sich für alle Zeiten nach dem Stande des Jahres 1877 bestimmen solle, ist vom Reichsgericht soviel ersichtlich niemals ausgesprochen worden. Schon das grundlegende Urteil RGZ. Bd. 92 S. 310 verweist auf die Rechtslage bei Verkündung des Gerichtsverfassungsgesetzes oder eines in Betracht kommenden späteren Gesetzes. In gleicher Weise wird in RGZ. Bd. 106 S. 177 (179) einem späteren Sondergesetz der Vorrang vor dem Rechtszustande des Jahres 1877 gewährt. Es ist nicht zu leugnen, daß in einzelnen, zumeist älteren Entscheidungen der Gerichte die Zulässigkeit des Rechtswegs unter Zuhilfenahme von Erwägungen begründet worden ist, die einer späteren Nachprüfung nicht standgehalten haben. Dahin gehören Erwägungen, daß vermögensrechtliche Ansprüche begrifflich auf dem Gebiete des Privatrechts lägen oder daß auch bei Verletzung öffentlich-rechtlicher Pflichten grundsätzlich die ordentlichen Gerichte zur Entscheidung berufen seien, oder endlich, daß gegen eine Verwaltungsmaßnahme stets ein geordnetes Rechtsschutzverfahren gegeben sein müsse. Rechtssätze dieser Art sind inzwischen ausdrücklich aufgegeben worden. **166,** 218 (231). — 44) Daß im nationalsozialistischen Staat die Belange des einzelnen hinter denen der Allgemeinheit zurückzutreten haben, trifft zu, besagt aber nichts darüber, wann der einzelne zur Wahrung seiner Belange, soweit sie noch schutzwürdig sind, den Rechtsweg und wann er den Verwaltungsweg zu beschreiten hat. Da heute jedes Rechtsverhältnis nach den Belangen der Volksgemeinschaft auszurichten ist, haben und nehmen auch die ordentlichen Gerichte häufig Anlaß, diese Belange, die freilich nicht mit fiskalischen Interessen gleichzusetzen sind, gegenüber eigennützigen Bestrebungen einzelner in Schutz zu nehmen. **166,** 218 (231 flg.). — 45) Auf Grund neuer Rechtsanschauung ist die früher verneinte Frage bejaht worden, ob die Nachprüfung der Rechtmäßigkeit einer nur aus wichtigem Grunde statthaften Kündigung, d. h. eines rechtsgestaltenden Verwaltungsaktes, durch den mit einem vermögensrechtlichen Anspruch des betroffenen Beamten befaßten ordentlichen Richter landes- oder ortsgesetzlich ausgeschlossen werden könne. Dabei handelt es sich um eine nach öffentlichem Recht zu beantwortende Vorfrage eines kraft ausdrücklicher Gesetzesvorschrift (Art. 129 Abs. 1 Satz 4 WeimVerf.)

in den Rechtsweg verwiesenen Anspruchs. **166,** 218 (232). — 46) Zu bejahen ist eine stillschweigende Zuweisung von bürgerlich-rechtlichen Rechtsstreitigkeiten (im förmlichen Sinne) an die ordentlichen Gerichte. Solche stillschweigende Zuweisung ist möglich und kommt häufig vor. Im Jahre 1877 galt in weiten Teilen des damaligen Reichsgebietes und namentlich in Preußen kraft einer auf innerer Rechtsüberzeugung beruhenden gleichmäßigen Übung von langer Dauer ein Rechtssatz des Inhalts, daß in Schadensfällen aus öffentlich-rechtlicher Verwahrung gegenüber dem Staate bei den ordentlichen Gerichten Recht geholt werden könne. Dieser auf Gewohnheitsrecht gegründete Rechtszustand ist bei Schaffung des § 13 GVG. aufrechterhalten und seitdem nicht geändert worden. Er gilt deshalb auch heute noch. **166,** 218 (233 flg.). — 47) Wenn dem Kläger (aus Verlust beschlagnahmter Sachen) der Rechtsschutz der ordentlichen Gerichtsbarkeit versagt wäre, aber immer noch die Dienstaufsichtsbeschwerde zu Gebote stände, so wäre dies ebensowenig ein Grund, die Zulässigkeit des ordentlichen Rechtswegs zu verneinen, wie umgekehrt die Tatsache, daß eben eine solche Beschwerde und kein verwaltungsgerichtliches oder gleichgeartetes Verfahren bliebe, für sich allein zur Bejahung führen könnte. Immerhin ist das Fehlen eines andern geordneten Rechtsschutzverfahrens in Fällen, in denen seit langer Zeit in fester Rechtsprechung die Zulässigkeit des Rechtsweges angenommen wurde, ein Anzeichen dafür, daß der Gesetzgeber, der inzwischen auf anderen Rechtsgebieten nicht selten den Rechtsweg ausdrücklich ausgeschlossen oder die Bindung der Gerichte an Entscheidungen der Verwaltungsbehörden bestimmt hat, den Rechtsweg für Ansprüche von der Art des vorliegenden weiter für gegeben erachtet. Dies gilt um so mehr, als ein Rechtsuchender auf eine Dienstaufsichtsbeschwerde nur da beschränkt zu sein pflegt, wo es sich um reine Billigkeits- oder Ermessensentscheidungen handelt, wie sie hier, wo um ein Recht auf Entschädigung wegen schuldhafter Eigentumsverletzung gestritten wird, unzweifelhaft nicht in Frage steht. **166,** 218 (234). — 48) Zwar kann im bürgerlichen Rechtsstreit nicht darüber entschieden werden, ob das Beamtenverhältnis des Klägers zufolge der Anfechtung der Zurruhesetzung weder aufgelebt ist, oder ob der Kläger noch jetzt Ruhestandsbeamter ist. Wenngleich die Gerichte in den Rechtsstreitigkeiten über vermögensrechtliche Ansprüche der Beamten auch über die Vorfrage entscheiden können, ob ein Beamtenverhältnis noch besteht oder ob es erloschen ist, kann doch das Bestehen selbst nicht zum Gegenstand eines bürgerlichen Rechtsstreits gemacht werden. Wenn aber die Parteien darüber streiten, auf welchen Rechtsgrund die Zahlungen zurückzuführen sind, so handelt es sich um einen vermögensrechtlichen Anspruch, für den der Rechtsweg eröffnet ist. **166,** 353 (356 flg.) — 49) Es besteht kein Hindernis, daß sich Körperschaften des öffentlichen Rechts, und zwar auch zum Zwecke der Erreichung öffentlich-rechtlicher Ziele, mit einem bestimmten Geschäft oder mit einem umschriebenen Geschäftskreis auf den Boden des bürgerlichen Rechtsverkehrs begeben. Ob dies in einem bestimmten Falle geschehen ist und ob demnach die Verfolgung des Anspruchs aus der Betätigung der öffentlichen Körperschaft der Rechtsweg eröffnet ist, kann allein aus der Natur des einzelnen Rechtsverhältnisses entnommen werden, aus dem der Anspruch hergeleitet wird. Stellt sich dieser nach seiner tatsächlichen Begründung als Folge eines Sachverhalts dar, der nach Grundsätzen des bürgerlichen Rechts für die Entstehung eines solchen Anspruchs Raum läßt, so kann ihm der Rechtsschutz durch die ordentlichen Gerichte nach § 13 GVG. nicht versagt werden. Dagegen ist ihm der Rechtsweg in der Regel verschlossen, wenn er nach dem vom Kläger vorgetragenen Tatbestande nur als öffentlich-rechtlicher Anspruch bestehen und auch nur insofern Gegenstand des Streits sein kann. **167,** 225 (231). — 50) Die Frage, ob der vom Leistungspflichtigen auf Verlangen der Bedarfsstelle mit einem Dritten über eine bewegliche Sache gemäß § 3b Nr. 1 des Reichsleistungsgesetzes vom 1. September 1939 (RGBl. I S. 1645) abgeschlossene Mietvertrag etwa anfechtbar oder nichtig ist, unterliegt der Beurteilung des Gerichts, ebenso ob etwa der vereinbarte Mietzins gegen die Verordnung über das Verbot von Preiserhöhung vom 26. November 1936 (RGBl. I S. 955) verstößt und welche Folgen sich daraus ergeben. **167,** 281 (288). — 51) Für die Beurteilung der Zulässigkeit des Rechtswegs ist grundsätzlich das tatsächliche Vorbringen des Klägers maßgebend. Dabei kommt es nicht darauf an, ob der Rechtsweg nach der vom Kläger aufgestellten Rechtsansicht und nach den von ihm herangezogenen Gesetzesvorschriften zulässig ist, sondern darauf, ob dies nach dem Wesen des Klageanspruchs der Fall ist, wie er aus der Klagebegründung entnommen werden muß, wenn die vom Kläger vorgebrachten tatsächlichen Behauptungen als richtig unterstellt werden. Ob die aufgestellten tatsächlichen Behauptungen den erhobenen Anspruch zu rechtfertigen vermögen oder doch wenigstens eine Möglichkeit hierfür ersehen lassen, ist im allgemeinen unwesentlich. Vielmehr kommt es darauf grundsätzlich erst bei der später einsetzenden sachlichen Prüfung des Klageanspruchs an. Nur für das Gebiet der Staatshaftung hat die Rechtsprechung das Erfordernis aufgestellt, daß die tatsächlichen Behauptungen wenigstens die Möglichkeit einer Verantwortlichkeit des Staates erkennen lassen müßten, so daß da schon für die Entscheidung über die Zulässigkeit des Rechtswegs eine gewisse Nachprüfung des tatsächlichen Vorbringens des Klägers auf seine rechtliche Schlüssigkeit geboten ist. Diese Abweichung von dem Grundsatz, daß es für die Zulässigkeit des Rechtswegs nicht darauf ankommt, ob die tatsächlichen Behauptungen — ihre Wahrheit unterstellt — den gestellten Anspruch rechtfertigen können, sondern nur darauf, ob ein so aufgebauter Anspruch eine bürgerliche Rechtsstreitigkeit im Sinne des § 13 GVG. ergibt, war geboten, um Versuchen entgegenzutreten, die Frage der Rechtmäßigkeit von Verwaltungshandlungen unter dem Deckmantel schuldhafter Amtspflichtverletzung zur Entscheidung der ordentlichen Gerichte zu bringen. Abgesehen von dieser Ausnahme ist aber daran festgehalten, daß sich die Zulässigkeit des Rechtswegs danach richtet, ob der Streit über den erhobenen Anspruch nach der vom Kläger gegebenen tatsächlichen Begründung gemäß § 13 GVG. vor die ordentlichen Gerichte gehört oder nicht. **167,** 312 (314 flg.). — 52) Der Umstand, daß die Beklagte mit ihrem Unternehmen eine Aufgabe zum allgemeinen Wohl erfüllt, ergibt noch keine Unterwerfung der durch Einwirkungen betroffenen Grundbesitzer unter eine hoheitsrechtliche Stellung des Beklagten. Zunächst kommt es auf die Klarstellung an, daß der Anspruch seiner Natur nach in das Gebiet des bürgerlichen Rechts fällt. **167,** 312 (317). — 53) Es ist nicht Aufgabe der ordentlichen Gerichte, über die Rechtsbeständigkeit von Verwaltungsmaßnahmen zu entscheiden, die von obrigkeitlichen Stellen im Rahmen ihrer öffentlich-rechtlichen

Betätigung getroffen worden sind. Das gilt auch in dem Falle, daß der Betroffene das Verlangen solcher Nachprüfung in das Gewand der Geltendmachung eines Schadensersatzanspruchs aus Amtspflichtverletzung kleidet. Die Abgrenzung derartiger Fälle von der Verfolgung eines wirklichen Schadensersatzanspruchs aus Amtspflichtverletzung, welchem der Rechtsweg nach dem Gesetz offensteht, ist darauf abzustellen, ob das Klagevorbringen die schlüssige Behauptung eines Sachverhalts enthält, der die sämtlichen Tatbestandsmerkmale eines solchen Anspruchs ergibt. **168,** 129 (134). — 54) Über die Grenze des richterlichen Prüfungsrechts (s. Nr. 41). **168,** 129 (137). — 55) Über die gerichtliche Nachprüfung von Ermessensentscheidungen der Verwaltungsbehörden. Der Sinn dieser Rechtsprechung geht auf die grundsätzliche Verneinung solcher Nachprüfung und auf die Aussonderung allein derjenigen Verwaltungsvorgänge, die mit Verstößen so grober und in die Augen fallender Art behaftet sind, daß in ihnen eine ordnungsmäßige Ausübung der Verwaltung überhaupt nicht mehr erblickt werden kann. Gegensatz: gesetzesgebundene Maßregeln. **168,** 143 (164 flg.). — 56) Das öffentliche Gemeinwesen und die öffentlich-rechtliche Körperschaft kann sich zur Erreichung eines hoheitlichen Zweckes auf das Gebiet des bürgerlichen Rechts begeben und der sich dort darbietenden Rechtsmöglichkeiten bedienen. **168,** 361 (369). — 57) Die Gerichte können in die Ausübung öffentlicher Gewalt durch die befugten Amtsstellen nicht eingreifen; sie können daher auch nicht die Abänderung eines Zustandes erzwingen, den die Behörde kraft öffentlicher Gewalt — sei es auch zu Unrecht — geschaffen hat und aufrechterhalten zu müssen glaubt. **169,** 353 (356). — 58) Nicht eine dem Ermessen der Verwaltungsbehörde überlassene Verwaltungsmaßnahme, sondern ein Rechtsentscheid. **169,** 353 (359). — 59) Über die Frage der Zulässigkeit des Rechtswegs für eine Abwehrklage gegenüber Eigentumsstörung durch Einrichtungen einer städtischen Sielanlage. **170,** 40. — 60) Nach ständiger Rechtsprechung des Reichsgerichts ist der ordentliche Rechtsweg ausgeschlossen, wenn der abzuwehrende Eingriff in der Erfüllung einer öffentlich-rechtlichen, der gerichtlichen Entscheidung nicht unterliegenden Aufgabe geschieht. Die Gerichte dürfen nicht in das insoweit waltende Ermessen der öffentlich-rechtlichen Stelle bestimmend eingreifen. **170,** 40 (42). — 61) Eine in Ausübung öffentlicher Gewalt und Fürsorge vorgenommene Handlung bleibt auch dann Amtshandlung, wenn sie im Einzelfall ohne Recht in fremdes Eigentum eingreift. Es ist nicht Aufgabe der Gerichte, sondern der Verwaltungsstellen, in solchen Fällen dem rechtswidrigen Eingriff entgegenzutreten, falls nicht etwa höhere Rücksichten ihn gebieten sollten. Dabei ist der Umstand unwesentlich, ob die Maßnahme, der entgegengetreten werden soll, polizeilich genehmigt worden ist oder nicht. Entscheidend ist vielmehr, ob es sich um ein Werk handelt, das ein öffentlich-rechtlicher Hoheitsträger in Erfüllung seiner dem Allgemeinwohl dienenden Fürsorgepflicht so angelegt hat, wie es jetzt dasteht. **170,** 40 (42 flg.). — 62) Gegenüber Handlungen, die zur Erfüllung öffentlicher und gemeinnütziger Aufgaben geschehen, hat die Rechtsprechung Klagen im ordentlichen Rechtsweg auf Anbringung geeigneter Schutzeinrichtungen und auf Vornahme sonstiger Schutzmaßnahmen zugelassen, wenn damit nichts gefordert wird, woraus sich eine wesentliche Änderung oder Beeinträchtigung des öffentlichen Betriebes ergibt. **170,** 40 (43). — 63) Im

Rahmen der Billigkeit besteht für den Geschädigten ein vom Nachweise schuldhaften Handelns unabhängiger Aufopferungsanspruch, soweit ihm die Abwehrklage gegen schädigende Eingriffe der Beklagten in sein Recht mit Rücksicht auf öffentliche Belange versagt ist. **170,** 40 (44). — 64) Im Verfahren nach der Reichs-Rechtsanwaltsordnung über das Vertretungsverbot sind die Feststellungen im vorausgegangenen Verfahren über den Ausschluß des Anwalts nicht nachzuprüfen. Der dem Gericht in § 839 Abs. 2 BGB. gewährte Schutz würde aufgehoben, wenn eine beschlußmäßig auszusprechende Rechtsfolge des Urteils zur Nachprüfung des Urteils nötigte. **170,** 333 (338 flg.).

§ 369. Schulwesen.

1) Zum Begriffe des Vermögens, über das bei Trennung dauernd vereinigter Schul- und Kirchenämter die Auseinandersetzung stattzufinden hat. — Kann dieser außergerichtlichen Auseinandersetzung durch eine Feststellungsklage vorgegriffen werden? **161,** 236. — 2) Die bisher vereinigten (Schul- und Kirchen-) Ämter sind in der Regel die politische und die kirchliche Gemeinde. Nicht beteiligt sind die Ämter selbst; schon deshalb nicht, weil sie keine Rechtspersönlichkeiten darstellen und nicht Träger von Rechten sein können, sofern es sich nicht ausnahmsweise um eine Küsterlehrerpfründe als selbständige Rechtspersönlichkeit handelt. Wenn trotzdem in § 2 des Gesetzes vom 7. September 1938 GS. S. 93 von dem Vermögen der vereinigten Ämter die Rede ist, so kann darunter nur das Vermögen der Beteiligten, vornehmlich der Gemeinden verstanden werden, soweit es für Zwecke der vereinigten Ämter bestimmt war. Dem gleich ist aber der Begriff des „Vermögens", über dessen Auseinandersetzung der Oberpräsident zu beschließen hat. Auch hier ist der Inbegriff der Vermögensstücke gemeint, die zugleich für Schul- und für kirchliche Zwecke bestimmt waren. **161,** 236 (239 flg.) — 3) Das auseinandersetzende Vermögen braucht keineswegs den beteiligten Gemeinden gemeinschaftlich zu gehören, sondern es genügt, daß es einem gemeinsamen Zwecke gewidmet ist. Bei der Auseinandersetzung entscheidet nicht das Privateigentum allein, sondern auch das öffentliche Recht kann einen wesentlichen Einfluß ausüben. Die Auseinandersetzung hat begrifflich zum Gegenstande die Klarstellung der Rechte an den einzelnen Vermögensstücken unter Aufhebung der Gemeinschaft und unter Lösung der sich bisher daraus ergebenden Beziehungen. Unter Gemeinschaft ist aber keine solche bürgerlichen Rechts zu verstehen, sondern die Widmung beiderseitigen Vermögens zu öffentlich-rechtlichen Zugleichzwecken. Wenn mit der Trennung des Schulamts vom Kirchenamte bei einer vereinigten Stelle der öffentlich-rechtliche Zweck, der das zugehörige Vermögen bisher zusammenhielt, wegfällt, so nimmt jeder Eigentümer aus der Trennungsmasse sein Eigentum zurück, wie bei der Auseinandersetzung nach bürgerlichem Recht Gegenstände, die ein Gesellschafter der Gesellschaft zur Benutzung überlassen hat, ihm zurückzugeben sind. **161,** 236 (241). — 3) Die seither beiden Zwecken (kirchlichem und schulischem Zwecke) dienende Sache (Küsterschulhaus) ist nach der Auseinandersetzung entweder nur Schul- oder nur kirchlichen Zwecken unterworfen. Dieser Grundsatz gilt aber erst nach der Auseinandersetzung, und es geht nicht an, dieser dadurch vorzugreifen, daß über eine einzelne Rechtsbeziehung ein Feststellungsurteil des ordentlichen

Gerichts erwirkt wird. **161,** 236 (242 flg.). — 4) Das Auseinandersetzungsverfahren soll eine endgültige und vollständige Regelung der Beziehungen bringen. **161,** 236 (243). [S. auch unten zu § 377 Nr. 1, oben zu § 368 Nr. 2.] — 5) Zum Begriff der (öffentlich-rechtlichen) Widmung. — Setzt die Wirksamkeit der von einer politischen Gemeinde ausgehenden Widmung eine Verpflichtungserklärung voraus, die der Vorschrift des § 88 Abs. 4 Ziff. 7 der Preuß. Landgemeindeordnung für die sieben östlichen Provinzen der Monarchie vom 3. Juli 1891 (GS. S. 233) — LGO. — entspricht? **165,** 242. — 6) Die Bereiterklärung der Gemeinde, die Mittel aufzubringen, die nach der Feststellung des Konsistoriums zur Deckung des laufenden Geldbedarfs der in ihrem Bezirk zu errichtenden selbständigen Kirchengemeinde erforderlich waren, sollte die Schöpfung dieser Gemeinde ermöglichen und ihren Bestand sichern. Sie bildete demgemäß die Grundlage für die Errichtung der Kirchengemeinde durch die kirchliche Behörde und für deren Genehmigung durch die Staatsregierung. Ein mit solcher Zweckbestimmung gegebenes und zum Bestandteil des Gründungsplanes eines öffentlich-rechtlichen Verbandes gewordenes Leistungsversprechen entzieht sich der bürgerlich-rechtlichen Beurteilung. Es handelt sich vielmehr um die Begründung einer öffentlich-rechtlichen Verpflichtung. Bei diesem als Widmung bezeichneten Rechtsvorgang schöpft das einseitige Leistungsversprechen seine verpflichtende Kraft aus dem Zweck, dem die Leistung nach Bestimmung der für die Errichtung des neuen Verbandes öffentlich-rechtlich berufener Organe gewidmet ist. Es kann deshalb nicht darauf ankommen, ob jenes Versprechen nach den Grundsätzen des bürgerlichen Schuldrechts eine Verpflichtung zu erzeugen vermag. Ebensowenig erscheint es geboten, daß, wenn es sich bei der Widmung um die Leistungsversprechungen einer politischen Gemeinde handelt, dieses Versprechen den Vorschriften genügt, von deren Beachtung ihre rechtsgeschäftliche Bindung Dritten gegenüber gemeinderechtlich sonst abhängig ist. Die verpflichtende Kraft der Widmung setzt nur voraus, daß die Gemeinde ihren Willen, zum Besten des zu bildenden Verbandes eine Leistung zu erbringen, durch ihre Vertretung ordnungsgemäß und mit der erforderlichen Genehmigung der Aufsichtsbehörde gefaßt und dieser Willensentschluß der für die Körperschaftsgründung zuständigen Behörde zur Kenntnis gebracht hat. **165,** 242 (245 flg.).

§ 370. Fürsorgeerziehung. Öffentliche Armenpflege. Unterstützungswohnsitz.

— — — — — — — — — — —

§ 371. Öffentliche Abgaben. Allgemeines. Verjährung. Direkte Staatssteuern. Kriegssteuern. Industriebelastung.

— — — — — — — — — — —

§ 372. Indirekte Staatssteuern.

— — — — — — — — — — —

§ 373. Gemeindesteuern.

— — — — — — — — — — —

§ 374. Rechtsverhältnisse der Beamten. Deutsches Beamtengesetz. Berufsbeamtentumsgesetz. Beamtenrechtsänderungsgesetz.

(Haftung der Beamten bei Amtspflichtverletzungen s. § 145 unter § 839 BGB. — Haftung öffentlich-rechtlicher Körperschaften für das Verschulden ihrer Beamten s. § 147.)

I. Allgemeines.

1) Zu §§ 142, 143 DBG., zu §§ 6, 7 des Gesetzes zur Wiederherstellung des Berufsbeamtentums vom 7. April 1933 RGBl. I S. 175 [BBG.] in der Fassung des Gesetzes zur Änderung dieses Gesetzes vom 23. Juni 1933 RGBl. I S. 389 und zur Dritten Durchführungsverordnung zum BBG. vom 6. Mai 1933 RGBl. I S. 245 Nr. 9 zu § 7. Kann auch nach dem Deutschen Beamtengesetze der zur Verfolgung vermögensrechtlicher Ansprüche der Beamten erforderliche Vorbescheid der „obersten Dienstbehörde" nach Klageerhebung, auch in höheren Instanzen noch, nachgebracht werden? — Können die Gerichte im Falle der Entlassung eines Beamten als Ehrenbeamten nachprüfen, ob der entlassene Beamte Ehren- oder Berufsbeamter war, und die ihm in dem letzten Falle zustehenden Versorgungsbezüge zusprechen? **161,** 163. — 2) Die Beibringung des Vorbescheides (§ 143 DBG.) noch in der Revisionsinstanz ist für das frühere Recht in ständiger Rechtsprechung für ausreichend gehalten worden. Hieran ist auch für das neue Recht festzuhalten. Für eine insoweit geänderte Rechtsauffassung ist kein Anhalt gegeben. Auch nach neuem Recht liegt kein Anlaß vor, die Parteien zu zwingen, einen Rechtsstreit von neuem anzufangen, wenn der ablehnende Vorbescheid im Laufe des Verfahrens noch beigebracht wird. **161,** 163 (165). — 3) Die Entscheidungen, die das Ausscheiden aus dem Amte nach § 6 BBG. aussprechen, sind der gerichtlichen Nachprüfung nicht nur für die Frage der Beendigung des Amtes überhaupt oder des Zeitpunktes des Ausscheidens aus dem Amte, sondern auch insoweit entzogen, als es sich um die Voraussetzungen für die Zulässigkeit handelt. Die Gerichte können nach der Bestimmung in Nr. 9 zu § 7 der 3. DurchfVO. insbesondere nicht nachprüfen, ob die Entlassung eines Beamten aus dem Dienst, also ein Ausscheiden ohne Ruhegehalt, nach dem Gesetze zulässig war oder ob an Stelle der Entlassung die Versetzung in den Ruhestand hätte ausgesprochen werden müssen. Spricht die zur Entscheidung befugte Stelle die Entlassung aus, so ist diese damit rechtswirksam. Den Gerichten liegt nur noch ob, die aus der so geschaffenen Rechtslage sich ergebenden vermögensrechtlichen Folgerungen zu ziehen. **161,** 163 (166). — 4) Zu § 10 Abs. 1 und 2 BBG. Hat der im § 10 Abs. 2 BBG. bestimmte Stichtag des 1. April 1932 für jede Art von Gehaltsrückforderungen oder nur für die besondere im § 10 Abs. 1 BBG. vorgesehene Regelung Bedeutung? **161,** 167 (432). — 5) Schließt die Möglichkeit, aus einer gesetzlichen Kranken- oder Unfallversicherung Ersatz für den infolge einer Amtspflichtverletzung eingetretenen Schaden zu erlangen, die Amtshaftung aus? **161,** 199. — 6) Die Einschränkung der Beamtenhaftung (§ 839 Abs. 1 Satz 2) gilt allgemein. Die Möglichkeit oder die Tatsache anderer Schadloshaltung des Verletzten schließt eine Haftung aus § 839 BGB. von vornherein aus. Nicht nur ein vertraglicher Entschädigungsanspruch des Verletzten gegenüber einem Dritten beseitigt die Amtshaftung, sondern überhaupt jede Mög-

lichkeit anderweitiger Entschädigung, mag sie rechtlicher oder rein tatsächlicher Art sein, mag sie auf Gesetz oder Vertrag beruhen, bringt den Amtshaftungsanspruch zu Fall. Auch die Möglichkeit, aus einer vertraglichen Unfallversicherung Ersatz für einen durch Amtspflichtverletzung eingetretenen Unfallschaden zu erlangen, schließt die Amtshaftung aus. Die Rechtslage kann keine andere sein, wenn der Schutz der Verletzten, d. h. die Möglichkeit, anderweit für den erlittenen Schaden Ersatz zu erlangen, nicht durch einen Versicherungsvertrag, sondern durch die gesetzlich begründete Kranken- und Unfallversicherung gegeben ist. Die Tatsache, daß der Ersatzanspruch gemäß § 1542 Satz 1 RVO. ohne weiteres dem Versicherungsträger zuwächst, steht einer Anwendung des § 839 Abs. 1 Satz 2 ebensowenig entgegen, wie das bei einer vertraglichen Versicherung mit der Vorschrift des § 67 Abs. 1 Satz 1 VVG. der Fall ist, worin auch ein gesetzlicher Übergang des Ersatzanspruchs des Geschädigten an den Schädiger auf den Versicherungsträger vorgesehen ist. Der Sinn des § 839 Abs. 1 Satz 2 gegebener Gesetzesvorschrift ist eben der, den nur fahrlässig handelnden Beamten weitgehend zu schützen. Dem entspricht auch die Neigung der Rechtsprechung, den Kreis der nach § 839 Abs. 1 Satz 2 in Betracht kommenden anderweitigen Ersatzmöglichkeit nicht eng, sondern weit zu fassen. **161,** 199 (202). — 7) Amtspflichtverletzung städtischer Beamter im Bereich der von der Stadt verwalteten Stiftungen, die eigene Rechtspersönlichkeit besitzen. **161,** 288 [s. auch unten § 376 unter Nr. 5 bis 8]. — 8) Zum DBG. §§ 143, 146, zur Preuß. Kreisordnung für die Provinz Schleswig-Holstein vom 26. Mai 1888 (GS. S. 139) § 122 Nr. 3 und zum Preuß. Gesetz über die Anpassung der Landesverwaltung an die Grundsätze des nationalsozialistischen Staates vom 15. Dezember 1933 (GS. S. 479) §§ 1, 2. Sind bei der gerichtlichen Beurteilung vermögensrechtlicher Ansprüche von Beamten Vorbescheide der obersten Dienstbehörde bindend für die Vorfragen, ob und von welchem Zeitpunkt ab das Beamtenverhältnis endet oder der Beamte in den Wartestand zu versetzen ist? — Von welcher Stelle war 1934 im Bereiche der Kreisordnung für die Provinz Schleswig-Holstein die Versetzung eines Kreiskommunalbeamten in den Ruhestand anzuordnen und wie hatte das zu geschehen? **161,** 308. — 9) Zum Reichsbahngesetz vom 4. Juli 1939 RGBl. I S. 1205 (RBahnG.). Handelt der Fahrdienstleiter der Reichsbahn bei der Regelung der Personenzugfolge in Ausführung öffentlicher Gewalt? **161,** 341. — 10) Heute sind die Reichsbahnbeamten unmittelbare Reichsbeamte. Eine in seinem Amtsbereiche begangene unerlaubte Handlung des Fahrdienstleiters ist eine Amtspflichtverletzung im Sinne des § 839 BGB., auch wenn sie in dem bürgerlich-rechtlichen Geschäftskreise der Reichsbahn liegt. **161,** 341 (349). — 11) Handelt ein Behördenvorstand in Ausübung öffentlicher Gewalt, wenn er bescheinigt, daß ein Beamter der Behörde zu ihrer Vertretung bei Rechtsgeschäften befugt ist und von ihm vollzogene Unterschriften auf Bürgschaftserklärungen anerkannt werden? **162,** 129. — 12) Über das Verhältnis der verschiedenen Haftungsarten zueinander haben sich in der Rechtsprechung des Reichsgerichts feststehende Grundsätze herausgebildet. Hiernach stehen die öffentlich-rechtlichen Körperschaften bei der außervertraglichen Haftung für Verschulden ihrer nicht in Ausübung öffentlicher Gewalt handelnden Beamten völlig den nicht öffentlich-rechtlichen Personenvereinigungen gleich, so daß auf beide die Bestimmungen über die Organhaftung in §§ 30, 31, 89 oder die Haftung für Verrichtungsgehilfen anzuwenden sind, während eine Anwendung von § 839 BGB. insoweit ausgeschlossen bleibt. **162,** 129 (161). — 13) Der Umstand, daß die im bürgerlich-rechtlichen Geschäftskreise des Staates oder des Reiches vorgenommenen Handlungen von Beamten zugleich den öffentlichen Belangen dienen, befründet noch keine Ausübung anvertrauter öffentlicher Gewalt. **162,** 129 (162). — 14) Ein Fall, der völlig auf dem Gebiete der öffentlichen Gewaltausübung (Fürsorge) liegt. **162,** 129 (162). — 15) Die sichere Verwahrung eines Dienstsiegels und die Verhinderung seines Mißbrauchs durch Unbefugte ist Amtspflicht der Behörden innerhalb des Bereichs öffentlicher Gewalt. **162,** 129 (164). — 16) Die tatsächlichen Umstände, insbesondere des wirtschaftlichen Verkehrs, können es mit sich bringen, daß ein Vertreter nach § 30 BGB. bestellt werden muß, für den eine Entlastung dem Dritten gegenüber nicht möglich ist. **162,** 129 (166). — 17) Nach den hierüber in RGZ. Bd. 157 S. 228 (236) aufgestellten Grundsätzen ist einmal die Wirkung der Tätigkeit des Vertreters nach außen hin und zum andern die Verankerung seiner Stellung in die Verwaltungsvorschriften über die Gliederung seiner Behörde entscheidend. **162,** 129 (167). — 18) Selbstverständlich dürfen die Handlungen des Vertreters nicht so sehr außerhalb seines sachlichen Wirkungsbereichs liegen, daß der innere Zusammenhang zwischen ihnen und dem allgemeinen Rahmen der dem Vertreter übertragenen Obliegenheiten nicht mehr erkennbar und der Schluß geboten ist, daß er nur bei Gelegenheit, aber nicht in Ausführung der ihm zustehenden Verrichtungen gehandelt habe. **162,** 129 (169). — 19) Der Wortlaut der Anstellungsurkunde ist für die Frage, ob der Beamte als solcher zur Vorbereitung angestellt worden ist, nicht maßgebend, vielmehr kommt es entscheidend auf die Art der Tätigkeit an, die dem Beamten übertragen wird. **162,** 257 (260). — 20) Die beteiligten Soldaten haben sich beim Holen des Strohs in Ausübung öffentlicher Gewalt befunden. Sie kamen einem dienstlichen Befehle nach und führten eine Handlung öffentlicher Fürsorge aus. Das aus dem Magazin der Kaserne gefahrene Stroh diente zur Befriedigung notwendiger Bedürfnisse der Wehrmacht und war insofern zur Erhaltung und Förderung der militärischen Verwendungsfähigkeit der Truppe erforderlich. **162,** 308 (312). — 21) Übt der Schrankenwärter der Reichsbahn bei Bedienung der Schranken hoheitliche Gewalt aus, so daß die Reichsbahn für eine Pflichtverletzung nach den Grundsätzen der Amtshaftung einzustehen hat? Wird er dabei insbesondere als Bahnpolizeibeamter tätig oder ist die Bedienung der Schranken eine Hilfsverrichtung im bürgerlich-rechtlichen Geschäftskreise der Reichsbahn? **162,** 364. — 22) Personenbeförderung durch die Reichsbahn auch heute noch nicht Ausübung fürsorglicher Hoheitsgewalt, sondern sich im bürgerlich-rechtlichen Geschäftskreise haltend. Ebenso Güterbeförderung. **162,** 364 (365). — 23) Die Haftung der Reichsbahn für schuldhafte Pflichtverletzung des Betriebsbeamten kann sich nur auf §§ 823 flg. und § 831 BGB. stützen, auf die letzte Bestimmung, soweit der Beamte nicht als verfassungsmäßig berufener Vertreter der Reichsbahn nach §§ 89, 30, 31 BGB. in Betracht kommen kann. Die Folge ist die Möglichkeit des Entlastungsbeweises nach § 831 BGB. Die Überlastung des Schrankenwärters könnte ihren Grund in dem Verschulden anderer verfassungsmäßiger Vertreter oder anderer Verrichtungsgehilfen der Reichsbahn haben. **162,** 364 (369 flg.). — 24) Zu § 23 DBG. Allgemeine Verfügung des Reichsministers der Justiz vom 23. März 1937 DJ. S. 482. Verordnung über die Haftung des Reichs für die Justizbeamten vom 3. Mai 1935 RGBl. I S. 587. Nach welchen Grundsätzen ist beim Rückgriff des Reiches gegen einen Gerichtsvollzieher wegen Amtspflichtverletzung gegenüber einem Vollstreckungsgläubiger (Verstoß gegen erbhofrechtliche Vollstreckungsbeschränkungen) der Grad des dem Gerichtsvollzieher zur Last fallenden Verschuldens zu bestimmen? **163,** 104. — 25) Zum Gesetz zur Wiederherstellung des Berufsbeamtentums vom 7. April 1933 (RGBl. I S. 175) in der Fassung des Gesetzes zur Änderung dieses Gesetzes vom 23. Juni 1933 (RGBl. I S. 389) — BBG. — §§ 4, 6, Viertes und Sechstes Gesetz zur Änderung des Berufsbeamtengesetzes vom 22. März und 26. September 1934 (RGBl. I S. 203 und 845), DBG. § 38 Abs. 1. Kann die Umwandlung der Entlassung eines Beamten nach § 4 des Berufsbeamtengesetzes in die Zurruhesetzung nach § 6 das. von einem Verzicht des Beamten auf den Unterschied zwischen den Ruhegeldbezügen nach den beiden Bestimmungen abhängig gemacht werden? — Kann auf Teile des Ruhegeldes rechtswirksam verzichtet werden? **163,** 193. — 26) Der Rechtsweg (zu 24) ist zulässig. Nur über die Entlassung aus dem Amt und die Versetzung des Klägers in den Ruhestand hat die oberste Reichs- oder Landesbehörde unter Ausschluß des Rechtswegs zu entscheiden, nicht über die vermögensrechtlichen Folgen. **163,** 193 (195). — 27) Zulässigkeit der Revision (zu 25) ohne Vorhandensein der Revisionssumme. **163,** 193 (195). — 28) § 4 BBG. hat einen selbständigen Ruhegeldanspruch der Beamten geschaffen. Dagegen gelten für eine Versetzung in den Ruhestand nach § 6 das. die allgemeinen versorgungsrechtlichen Bestimmungen ohne die einschränkenden Vorschriften der §§ 8 flg. des Gesetzes. **163,** 193 (196). — 29) Schon nach früherem Rechte war ein Verzicht auf Versorgungsansprüche im gleichen Umfange wie ein solcher auf Dienstbezüge ausgeschlossen; nur insofern war eine Ausnahme anerkannt, als der Beamte zugleich auf sämtliche Rechte und Pflichten aus dem Beamtenverhältnis verzichtet, also aus ihm völlig ausscheidet. **163,** 193 (198). — 30) Hat die Klage eines verletzten Beamten, der vor dem Inkrafttreten des Deutschen Beamtengesetzes — 1. Juli 1937 — auf Feststellung der Ersatzpflicht des Schädigers wegen allen künftigen Schadens geklagt hat, die Unterbrechung der Verjährung auch insoweit herbeigeführt, als seine Ansprüche mit dem 1. Juli 1937 gemäß § 139 DBG. auf das infolge seiner späteren Zurruhesetzung ihm zur Gewährung von Versorgungsbezügen verpflichtete Reich übergegangen sind? **163,** 396. — 31) Das Reichsgericht hat mehrfach ein Verschulden des Beamten dann verneint, wenn es zwar selbst die Handlung des Beamten für sachlich pflichtwidrig erachtet, aber das Landgericht und das Oberlandesgericht sie für sachlich berechtigt erklärt haben. Dies gilt besonders dann, wenn es sich um die Tätigkeit eines Beamten handelt, die eine schnelle Entschließung fordert. Es ist überhaupt nichts weiter aufgestellt worden, als eine allgemeine Richtlinie für die rechtliche Würdigung von notwendigerweise verschiedenartigem Sachverhalt, für deren endgültige Beurteilung daher in jedem Falle die Gesamtheit seiner Umstände ausschlaggebend sein muß. **164,** 1 (41). — 32) Zum deutschen Beamtengesetz vom 26. Januar 1937 (RGBl. I S. 39) — DBG. — §§ 143,

163. Welche Behörde ist zuständig, Vorbescheide gemäß § 143 Abs. 1 DBG. an im Ruhestande befindliche Geschäftsführer von Ortskrankenkassen zu erteilen, wenn diese Beamten nicht Leiter der Ortskrankenkasse waren, aber als sogenannte Regulativbeamte die Rechte und Pflichten eines Gemeindebeamten besaßen? — Ist gegen Versorgungsbescheide (§§ 126 bis 133 DBG.), die von dem Leiter einer Ortskrankenkasse ausgehen, die Beschwerde gemäß § 143 Abs. 2 letzter Satz erster Halbsatz DBG. zugelassen? — Welche Rechtsfolgen hat ein gemäß § 143 Abs. 1 DBG. erteilter Vorbescheid, wenn er dem Beamten nur zugegangen, aber entgegen § 163 DBG. nicht zugestellt ist, und welche Bedeutung hat demgegenüber die Zustellung des Vorbescheides? **164,** 72. — 33) Handelt der Führer eines zur Paketpostbeförderung eingesetzten Kraftwagens der Deutschen Reichspost in Ausübung öffentlicher Gewalt, wenn er eine Dienstfahrt unternimmt? **164,** 273. — 34) Zur gleichen Frage für die Briefbeförderung. **164,** 273 (275). — 35) Es ist feste Rechtsprechung, daß als Ausübung öffentlicher Gewalt im Sinne der Amtshaftungsvorschriften jede Amtsausübung, d. h. jede dienstliche Betätigung eines Beamten des Reichs, eines Landes oder einer sonstigen, mit der Wahrnehmung von Hoheitsrechten betrauten öffentlichen Körperschaft, anzusehen ist, die sich nicht als Wahrnehmung bürgerlich-rechtlicher Belange des öffentlichen Dienstherrn darstellt. **164,** 273 (276). — 36) Für die Anwendung des Art. 131 WeimVerf. ist es belanglos, ob die dem Beamten übertragenen Aufgaben als solche gerade die Anwendung hoheitlicher Zwangs- oder Machtmittel erfordern. Entscheidend ist allein, ob die von ihm zu erfüllenden Aufgaben auf hoheitlichem oder ob sie auf bürgerlich-rechtlichem Gebiete liegen. Dabei ist der Begriff des „Beamten" nicht im staatsrechtlichen Sinne zu verstehen, sondern darunter fällt jede mit hoheitsrechtlichen Aufgaben betraute Person. **164,** 273 (276). — 37) Frühere Entscheidung zu Nr. 32. **164,** 273 (276 flg.). — 38) Maßgeblich ist, wie sich der Wille des Hoheitsträgers in dem Aufbau des Unternehmens äußert. Ist dieser Wille im Sinne einer Ausübung hoheitlicher Gewalt erkennbar, so kann sich nur fragen, ob eine abweichender Wille (bezüglich der Paketpostbeförderung) feststellbar ist. **164,** 273 (277). — 39) Es ist anerkannten Rechts, daß unter Ausübung öffentlicher Gewalt im Sinne des Art. 131 WeimVerf. nicht nur die Ausübung obrigkeitlicher Zwangsgewalt, sondern auch die Betätigung öffentlichen Schutzes und öffentlicher Fürsorge zu begreifen ist. **165,** 91 (98). — 40) Die Angestellten der Krankenkasse sind zwar nicht als Beamte im staatsrechtlichen Sinne anzusehen; aber als „Beamte" im Sinne des Art. 131 WeimVerf. und des § 839 BGB. gelten alle Personen, die der Staat oder eine dazu befugte Körperschaft mit öffentlicher Gewalt umkleidet. **165,** 91 (99). — 41) Als Klagegrundlage scheiden die Bestimmungen der §§ 823 flg. mit §§ 30, 31 oder § 831 BGB. aus, die Rechtsverhältnisse des bürgerlich-rechtlichen Verkehrskreises betreffen. **165,** 91 (100). — 42) Wenn die verklagte Krankenkasse den Vertrauensarzt lediglich als Organ des versicherungsrechtlichen Gemeinschaftsdienstes in Anspruch genommen hat, so ist die Haftung für etwaige schuldhafte Handlungen oder Unterlassungen des Vertrauensarztes bei der Ausübung seines Amtes nach Art. 131 WeimVerf. mit § 839 BGB. zu beurteilen, und sie trifft denjenigen, in dessen Dienst er steht. **165,** 91 (104). — 43) Das Nichtbestehen einer anderweitigen Ersatzmöglich-

keit nach § 839 Abs. 1 Satz 2 BGB. gehört mit zu Grundlagen der Klage aus Art. 131 WeimVerf. mit § 839 BGB. und ist daher von den Klägern darzutun. Die Frage kann in dem Rechtsstreit selbst abschließend geprüft werden. **165,** 91 (105). — 44) Zum Gesetze zur Wiederherstellung des Berufsbeamtentums vom 7. April 1933 (RGBl. I S. 175) in Verbindung mit § 5 Abs. 5 der Zweiten Durchführungsverordnung vom 4. Mai 1933 (RGBl. I S. 233). **165,** 226 (231). — 45) Zu § 23 Abs. 1 bis 4 DBG. und ihre Anwendung auf die Frage, welche Rechtsbeziehungen sich ergeben, wenn der Wehrleistungspflichtige in Ausführung der Inanspruchnahme dem Reiche schuldhaft unmittelbaren oder mittelbaren Schaden verursacht hat. **165,** 323 (333 flg.). — 46) Unter welchen Voraussetzungen haftet das Reich für das Verschulden seiner Beamten auf Dienstreisen, die sie in eigenen Kraftwagen der Behörde oder in „beamteneigenen" Kraftwagen ausführen? — Besteht eine anderweitige Ersatzmöglichkeit im Sinne von § 839 Abs. 1 Satz 2 BGB., wenn neben der Haftung der öffentlich-rechtlichen Körperschaft wegen des Amtsverschuldens eines Beamten zugleich die Haftung des Beamten als Halters des schadenstiftenden Kraftfahrzeugs begründet ist? **165,** 365. — 47) Benutzt etwa ein Richter zur Wahrnehmung eines Ortstermins einen gemieteten oder einen eigenen Kraftwagen, so liegt das jenseits der Ausübung öffentlich-rechtlicher Gewalt. Der Richter ist dann bloßer Verkehrsteilnehmer, nicht anders, als wenn er die Eisenbahn oder die Straßenbahn benutzen würde. In ähnlich liegenden Fällen der Benutzung eigener Kraftfahrzeuge durch Soldaten hat der Senat die Haftung des Reichs nach Art. 131 WeimVerf. verneint. Anders ist es, wenn eine Hoheitsverwaltung eigene Kraftfahrzeuge in den Dienst ihrer Aufgabe stellt. Freilich ist es denkbar, daß solche Kraftfahrzeuge auch in der Form eines „fiskalischen" Unternehmerbetriebes gehalten werden können, etwa um auf diese Weise den Beamten den Anmarsch zu ihrer Dienststelle oder den Abmarsch zu erleichtern. Regelmäßig aber werden Kraftfahrzeuge bei Hoheitsverwaltungen um der hoheitsrechtlichen Aufgaben willen gehalten. Sie haben den Zweck, die Erledigung dieser Art von Geschäften zu fördern und die Beamtenschaft dafür beweglicher und daher auch geeigneter zu machen. Die Beamten sind dann regelmäßig dienstlich gehalten, wenn nicht sogar verpflichtet, sich zur Erledigung ihrer Amtsgeschäfte der Dienstwagen zu bedienen. Es kann keine Rede davon sein, daß das Halten von Kraftwagen zu solchen Zwecken nur auf „fiskalischem" Gebiete läge und das Reich insoweit einem gewöhnlichen Fuhrunternehmen gleichgestellt werden könnte. Jedenfalls ist die Benutzung von Dienstkraftwagen unter den bezeichneten Verhältnissen eine dienstliche Angelegenheit, und sie steht, wenn der Zweck der Einzelfahrt, sei es auch nur mittelbar, der Ausführung eines hoheitrechtlichen Geschäfts dient, damit für die lebensnahe Betrachtung in einem engen, von der Behörde selbst geschaffenen und gewollten Zusammenhange. **165,** 365 (371) [s. auch § 376 unter Nr. 56]. — 48) Zum Gesetz über Reisekostenvergütung der Beamten vom 15. Dezember 1933 (RGBl. I S. 1067), veröffentlicht im RBesBl. 1933 S. 192 Nr. 2262 nebst den Änderungen RBesBl. 1937 S. 207 Nr. 2701) und Bestimmungen über die beamteneigenen Kraftwagen in ihrem Bereiche (Amtsbl. d. RPM. 1933 S. 163 Ambl. Vfg. Nr. 161). **165,** 365 (374). — 49) Die bisherige Rechtsprechung hat stets angenommen, daß die Haftung einer öffentlichen Körperschaft auf Grund von Art. 131 WeimVerf. nicht dadurch beeinträchtigt wird, daß die Körperschaft selbst zugleich als Fahrzeughalterin haftet. Dasselbe ist auch bei gleichzeitiger Haftung des schuldigen Beamten der Fall. **165,** 365 (374). — 50) Nach welchen Gesichtspunkten ist zu beurteilen, ob das Verhalten eines „Beamten", durch das ein Dritter verletzt wird, Ausübung öffentlicher Gewalt im Sinne der Vorschriften über die Haftung der öffentlich-rechtlichen Körperschaften ist? **166,** 1. — 51) Der Gesetzgeber wollte dadurch, daß er den Bestimmungen in §§ 89, 31, 831 BGB., Art. 131 WeimVerf. die Vorschriften über die Haftung der öffentlich-rechtlichen Körperschaften für Handlungen hinzufügte, die in Ausübung öffentlicher Gewalt begangen werden, das Ziel verwirklichen, daß die öffentlich-rechtlichen Körperschaften, wenn auch der Natur der Sache gemäß nach verschiedenen Grundsätzen, so doch für alle Handlungen einzutreten haben, die von ihren Beamten im Rahmen ihrer bestimmungsmäßigen Betätigung begangen wurden. Maßgebend kann nur sein, ob die schädigende Handlung in einer solchen Beziehung zur unmittelbaren Verwirklichung des staatshoheitlichen Zieles steht, daß sie mit dieser als ein einheitlicher Lebensvorgang angesehen wird. Ob das zutrifft, kann nur auf Grund der Lage des einzelnen Falles entschieden werden. Wesentlich ist dabei, ob ein genügend enger äußerer und innerer Zusammenhang zwischen der schädigenden Handlung und der staatshoheitlichen Betätigung besteht. Der äußere Zusammenhang kann zumal gerade durch die besondere Gestaltung unterbrochen sein, welche die öffentliche Körperschaft dem betreffenden Gebiet ihrer Betätigung allgemein erkennbar gegeben hat. Das ist der Fall, wenn sich die Körperschaft, was ihr freisteht, obschon zum Zwecke der Erreichung öffentlich-rechtlicher Ziele, mit einem bestimmten Geschäft oder einem abgegrenzten Geschäftskreis auf den Boden des bürgerlichen Geschäftsverkehrs begeben hat. Unter ähnlichen Gesichtspunkten ist es ferner begründet, wenn die Haftung der öffentlich-rechtlichen Körperschaft für die Verkehrssicherheit in ihren Gebäuden dem bürgerlich-rechtlichen Verkehrskreise der Körperschaften zugerechnet worden ist. Die innere Beziehung fehlt, wenn die schädigende Handlung nur in einer äußeren, zeitlichen oder gelegenheitsmäßigen, Beziehung zu der Ausübung der staatshoheitlichen Handlung steht. **166,** 1 (8). — 52) Bei Fahrten, die auf öffentlichen Straßen zum Zwecke der Betätigung öffentlicher Gewalt von Beamten unternommen werden, ergeben für die hier zu treffende Entscheidung offensichtlich die Begriffe der „Dienstreise" im Sinne der Vorschriften über die Erstattung von Aufwendungen der Beamten oder der Unfallfürsorgegesetzgebung nichts, da sie durch völlig andere rechtliche Zwecke bestimmt sind. Unabhängig davon sind für die hier zu erstrebende Klarstellung zunächst die Fälle auszuscheiden, in denen die öffentliche Körperschaft sich in keiner Weise darum kümmert, wie der Beamte an den Ort der Betätigung gelangt, ihm also überläßt, entweder eigene oder öffentliche Verkehrsmittel zu benutzen. In diesen Fällen liegt der Beginn der dienstlichen Betätigung zeitlich erst nach dem Eintreffen an Ort und Stelle, so daß die Reise noch dem bürgerlichen Lebenskreise des Beamten angehört. Demgegenüber mag es bei Dienstfahrten, die mit Fahrzeugen der öffentlichen Körperschaft unternommen werden, nicht schlechterdings undenkbar sein, daß die öffentliche Körperschaft von den eigentlichen Betätigungen ihrer hoheitlichen Gewalt die dazu nötigen Beförderungsfahrten äußerlich erkennbar abtrennt und sie zu einem nach bürgerlich-rechtlicher Art ausgestalteten Sonderunternehmen zusammenfaßt. Sofern aber keine solche eigenartige Gestaltung besteht, wird jedenfalls in aller Regel bei einer Kraftwagenfahrt, die ein Beamter in einem ihm von der öffentlichen Körperschaft zur Verfügung gestellten Wagen zum Zwecke hoheitlicher Betätigung unternimmt, der erforderliche äußere und innere Zusammenhang mit dieser anzunehmen sein. Nur diese Auffassung wird der Bedeutung der immer mehr gesteigerten Ausstattung der öffentlichen Dienststellen mit Kraftfahrzeugen gerecht, deren Zweck kein anderer ist als die leichtere und bessere Erfüllung der staatshoheitlichen Aufgaben der Körperschaften. Beispiele: Beförderung von Polizeimannschaften zum Übungsschießen, Beförderung eines Polizeioffiziers zu einer dienstlichen Besprechung, Fahrt eines Sturmbannarztes zu einem Krankenbesuch bei einem verletzten SA.-Mann, Beförderung eines Wehrmachtoffiziers vom und zum Dienst, Soldaten, die mit einem Pferdefuhrwerk Stroh abholen, Beförderung eines Wehrmachtbeamten zwecks Vornahme von Maßnahmen für die Versorgung der Truppe. **166,** 1 (8 flg.). — 53) Auf Grund neuer Rechtsanschauung ist die früher verneinte Frage, ob die Nachprüfung der Rechtmäßigkeit einer nur aus wichtigem Grunde statthaften Kündigung, d. h. eines rechtsgestaltenden Verwaltungsaktes, durch den mit einem vermögensrechtlichen Anspruch des betroffenen Beamten befaßten ordentlichen Richter landes- oder ortsgesetzlich ausgeschlossen werden könne. **166,** 218 (232). — 54) Zum Deutschen Beamtengesetz § 1 Abs. 3, § 2, §§ 143, 163; zu § 14 des Preuß. Gewerbe- und Handelslehrer-Besoldungsgesetzes vom 16. April 1928 (GS. S. 89), zu § 1 Abs. 3 DurchfVO. zum DBG. vom 2. Juli 1937/28. April 1938, zum Erlaß über die Ernennung und Entlassung der Landesbeamten vom 1. Februar 1935 (RGBl. I S. 73), Erlaß über die Ernennung der Beamten und die Beendigung des Beamtenverhältnisses vom 10. Juli 1937 (RGBl. I S. 769) nebst den ministeriellen Durchführungsvorschriften vom 12. Juli 1937 (RGBl. I S. 771). **166,** 296 (298 flg.). — 55) Zur Verordnung zur Durchführung der §§ 29 und 112 der Reichsdienststrafordnung im Bereiche des Reichsministeriums für Erziehung, Wissenschaft und Volksbildung vom 23. Juli 1937 (RGBl. I S. 302). **166,** 296 (302). — 56) Zum Deutschen Beamtengesetz vom 26. Januar 1937 (RGBl. I S. 39) — DBG. — §§ 32, 78; ferner § 142 Abs. 1, § 184 Abs. 1 S. 3, §§ 22, 23, 37 Abs. 2 Satz 4 bis 6, Abs. 4, §§ 126 bis 147 das., § 78 Abs. 1 das. **166,** 353 flg. — 57) Die Rechtsnorm des Art. 131 WeimVerf. gilt, und zwar mit der Einschränkung durch § 839 Abs. 1 Satz 2 BGB., seit der Wiedervereinigung Österreichs mit dem Deutschen Reich auch im Lande Österreich. — Zum Begriffe der Betriebsunternehmerschaft im Sinne des österreichischen Kraftfahrzeug-Haftpflichtgesetzes. **167,** 1. — 58) Über das Erfordernis des inneren Zusammenhangs, wie ihn die Rechtsprechung des Reichsgerichts für die Anwendung des Art. 131 WeimVerf. verlangt. **167,** 1 (4). — 59) Nach der Rechtsprechung des Reichsgerichts gelten als „Beamte" im Sinne des Art. 131 WeimVerf. nicht nur Beamte im staatsrechtlichen Sinne, sondern alle Personen, die der Staat oder eine dazu befugte Körperschaft mit öffentlicher Gewalt bekleidet. **167,** 1 (5). — 60) Im allgemeinen trifft nach Art. 131 WeimVerf. die Verantwortlichkeit für die Folgen der Verletzung der Amtspflicht das Gemeinwesen

(Staat und Körperschaft des öffentlichen Rechts), in dessen Dienste der „Beamte" steht, nicht dasjenige, von dem die ausgeübte öffentliche Gewalt ausgeht. Steht indessen der Beamte nicht im Dienste eines solchen Gemeinwesens, sondern im Dienst eines gewöhnlichen Unternehmens, so fällt die Verantwortlichkeit auf das Gemeinwesen zurück, das ihn mit öffentlicher Gewalt bekleidet und damit für den Bereich des Haftungsrechts zum „Beamten" gemacht hat. **167,** 1 (5). — 61) Über das Wesen und die Bedeutung des Art. 131 WeimVerf. Diese Bestimmung enthält unmittelbar anzuwendendes Recht und ist weiter in Geltung geblieben, obwohl die Weimarer Verfassung als solche durch den Umbruch im Jahre 1933 ihre Geltung verloren hat; sie legt den Rechtsgedanken der Staatshaftung in dem in Betracht kommenden Rahmen, der schon in verschiedenen Ländern gesetzlich eingeführt gewesen ist, abschließend für das ganze Reichsgebiet fest. Ihr liegt die Erwägung zugrunde, daß die Gerechtigkeit gebiete, den öffentlichen Verband (Staat, Gemeinde usw.) als die Gemeinschaft, in deren Dienst die hoheitliche Gewalt ausgeübt wird, auch für die dabei schuldhaft begangenen, schädigenden Amtshandlungen eintreten zu lassen und damit zugleich dem betroffenen Volksgenossen den Ausgleich seines Schadens durch einen leistungsfähigen Schuldner zu sichern, daß es dagegen unbillig wäre, den Verletzten an den Schädiger selbst zu verweisen, der möglicherweise zum Ersatz des Schadens außerstande ist. Weiter sollte mit der Staats- oder Verbandshaftung zugleich auch den Belangen der im öffentlichen Dienst handelnden Personen gedient werden, indem ihre unmittelbare Haftpflicht aufgehoben und ein Rückgriff gegen sie ihrer vorgesetzten Dienstbehörde überlassen werde. Diese gesetzliche Regelung entspreche im übrigen auch dem gegenwärtigen Rechtsdenken, wie denn der Grundgedanke der Staatshaftung in neueren gesetzlichen Bestimmungen anerkannt worden sei. Dieses Wesen der Bestimmung verlangt, jedenfalls soweit die Haftung des Reiches in Frage kommt, ihre Anwendbarkeit einheitlich im ganzen Gebiete des Großdeutschen Reiches und damit auch im Gebiete des bisherigen Bundesstaats Österreich von dem Augenblick an, in dem dieses durch das Gesetz vom 13. März 1938 ein Land des Deutschen Reiches und die Reichshoheit auf dieses Gebiet ausgedehnt wurde. **167,** 1 (7 flg.). — 62) Zur (österr.) Verordnung der Bundesregierung vom 24. April 1934 (BGB. Teil I Nr. 239), zum Bundesgesetz vom 19. Juni 1934 (BGBl. Teil II Nr. 75) § 8 zur Bundesverfassung, zum Gesetze vom 12. Juli 1872 (RGBl. Nr. 112) — Syndikatsgesetz —. **167,** 1 (8 flg.). — 63) Die Haftung des Reiches nach Art. 131 WeimVerf. mit § 839 BGB. an Stelle des die Amtspflichtverletzung begehenden Beamten schließt nach feststehender Rechtsprechung des Reichsgerichts eine Inanspruchnahme des Beamten aus Verschulden auf Grund der allgemeinen Bestimmungen über die unerlaubten Handlungen (§§ 823 flg. mit §§ 89, 31 oder § 831 BGB.) wie auch auf Grund des § 18 KFG. aus. Für das im übrigen im Land Österreich anwendbare österreichische Recht (§§ 1295 flg. ABGB.) hat angesichts der Bestimmung des Art. 131 WeimVerf. dasselbe zu gelten. Der Anspruch aus einer Gefährdungshaftung, so aus § 7 KFG., blieb hingegen für das Altreich unabhängig von der Haftung aus jener Bestimmung bestehen. **167,** 1 (9). — 64) Soweit der Verletzte für den Schaden, den er durch den Unfall erleidet, von der gesetzlichen Krankenversicherung Ersatz bekommt, wird die Amtshaftung nach § 839 Abs. 1 Satz 2 BGB. ausgeschlossen. **167,** 207 (208). — 75) Bei dem Ersatzanspruch des Versicherungsträgers für gewährtes Kranken- und Hausgeld ist zu beachten, wie hoch sich für dieselbe Zeit der Erwerbsausfall des Verletzten stellt. **167,** 207 (209). — 66) Der dem Verletzten zustehende Ersatzanspruch geht auf den Versicherungsträger nur im Umfange seiner Fürsorgepflicht und nur insoweit über, als er für diesen Schaden, d. h. für den in einem bestimmten Zeitraum eintretenden Schaden, Ersatz zu leisten hat. **167,** 207 (209). — 67) Für den Ausschluß der Schadenshaftung aus § 839 BGB. genügt es, daß der Geschädigte aus demselben Tatsachenkreise heraus, aus dem der Schadensersatzanspruch entstanden ist, einen Ersatzanspruch gegen einen Dritten hat. Die Frage, nach welchen Grundsätzen die Zahlung der Versicherung auf die Schäden, im besonderen auf die einzelnen Schadensarten anzurechnen sei, kann nur aus der Bestimmung des § 839 Abs. 1 Satz 2 BGB. selbst gefunden werden. Die Anrechnung in Beschränkung auf die Schadensart ist daher nur zu rechtfertigen, soweit dem Verletzten ein entsprechender Schaden entstanden ist. **167,** 207 (209). — 68) Die Versicherung hat dem Dritten gegenüber ihren Anspruch auf den Forderungsübergang nicht auf einen verhältnismäßigen Betrag ihrer Forderung zu beschränken, wenn der Versicherte selbst wegen Mitverschuldens von dem Dritten nur verhältnismäßigen Schadensersatz verlangen kann. **167,** 207 (210). — 69) Der von der Versicherung dem Dritten gegenüber geltend gemachte Ersatzanspruch muß aus demselben Tatsachenkreis herrühren, der von dem Dritten zu ersetzende Schaden muß nach seiner Art und nach seiner Entstehungszeit der Leistung der Versicherung entsprechen. Daher kann hier der Gedanke der Schadenseinheit aus unerlaubter Handlung, wie er im besonderen Hinblick auf die Frage der Verjährung ausgesprochen worden ist, nicht verwendet werden. **167,** 207 (211). — 70) Gesetzliche Ersatzansprüche, die nach § 1542 RVO. allein auf den Versicherungsträger übergehen, können vertraglich in den Grenzen der §§ 138, 276 Abs. 2 und der § 278 BGB. wegbedungen werden. **167,** 207 (213). — 71) Nur für das Gebiet der Staatshaftung hat die Rechtsprechung das Erfordernis aufgestellt, daß die tatsächlichen Behauptungen wenigstens die Möglichkeit einer Verantwortlichkeit des Staates erkennen lassen müßten, so daß da schon für die Entscheidung über die Zulässigkeit des Rechtswegs eine gewisse Nachprüfung des tatsächlichen Vorbringens des Klägers auf seine rechtliche Schlüssigkeit geboten ist. Dies war geboten, um Versuchen entgegenzutreten, die Frage der Rechtmäßigkeit von Verwaltungshandlungen unter dem Deckmantel schuldhafter Amtspflichtverletzung zur Entscheidung der ordentlichen Gerichte zu bringen. **167,** 312 (315). — 72) Zum Gesetz über die Haftung des Reichs für seine Beamten vom 22. Mai 1910 (RGBl. S. 798) § 1 Abs. 3. **167,** 367. — 73) Die Haftung des Reichs aus § 839 BGB. mit Art. 131 WeimVerf. ist bei gleichzeitiger Haftung aus § 86 Abs. 1 des Reichsversorgungsgesetzes ausgeschlossen, weil die nach diesem Gesetz versorgungsberechtigten Personen nur die auf ihm beruhenden Ansprüche gegen das Reich haben. Der Fall liegt grundsätzlich nicht anders als der des § 898 RVO. oder des § 124 DBG. Auch diese Vorschriften vernichten den über den Rahmen der sondergesetzlichen Versorgung hinausgehenden sachlichrechtlichen Schadensersatzanspruch. **167,** 385 (391). — 74) Dieselbe Wirkung (Nr. 73) haben die Ansprüche aus § 124 DBG.

167, 385 (391). — 75) Zum Deutschen Beamtengesetz vom 26. Januar 1937 (RGBl. I S. 39 — DBG. —) §§ 53, 132. Verliert ein wegen vorsätzlicher (nicht hoch- oder landesverräterischer) fortgesetzter Handlung zu einem Jahr Gefängnis rechtskräftig verurteilter Ruhestandsbeamter schon dann das Ruhegehalt, wenn nur der Beginn der Ausführung der Tat in die Zeit vor seiner Versetzung in den Ruhestand fällt? **168,** 81. — 76) Die formlose Mitteilung der den Ruhegehaltsanspruch des Klägers ablehnenden Entscheidung des Ministers hat die Eröffnung des Klagewegs nicht gehindert, sondern lediglich die erst mit der förmlichen Zustellung beginnende sechsmonatige Klageausschlußfrist nicht in Lauf gesetzt. **168,** 81 (83). — 77) Die notwendige Sicherheit über die Entstehung beamtenrechtlicher Fragen bei einer mit Gefängnisstrafe von mindestens einem Jahr abgeurteilten, nicht hoch- oder landesverräterischen, vorsätzlichen Handlung gebietet, eine sich über einen längeren Zeitraum erstreckende Begehungszeit auf einen bestimmten Zeitpunkt festzulegen. Dieser aber kann nur der Beginn der Ausführung der Tat sein. **168,** 81 (85). — 78) Zu § 41 Abs. 3 des Gesetzes zur Änderung von Vorschriften auf dem Gebiete des allgemeinen Beamten-, des Besoldungs- und des Versorgungsrechts vom 30. Juni 1933 (RGBl. I S. 433) und den mit dieser Bestimmung befaßten Entscheidungen. **168,** 129 (135). — 79) WeimVerf. Art. 131. Enthält es den Tatbestand eines Schadensersatzanspruchs, wenn ein früherer katholischer Geistlicher, der in dem besonderen Verfahren „contra clericos concubinarios" seines Amtes entsetzt worden ist, darlegt, daß nicht der — überhaupt nicht als begründet angenommene — Verdacht unkeuschen Wandels, sondern die dem Nationalsozialismus zugewandte Haltung des Geistlichen den wirklichen Grund seiner Amtsenthebung gebildet hat? Welche Rechtsnormen gelten für einen solchen Anspruch? Steht ihm der Rechtsweg offen? Gegen wen richtet er sich? **168,** 143. — 80) Über die Zulässigkeit des Rechtswegs für vermögensrechtliche Ansprüche der Geistlichen derjenigen Religionsgemeinschaften, die Körperschaften des öffentlichen Rechts nach Art. 129 Abs. 1 Satz 4 WeimVerf., §§ 174, 142, 182 DBG. **168,** 143 (151). — 81) Die höchstrichterliche Rechtsprechung hat den Begriff des Beamten im Sinne des Art. 131 WeimVerf. in weitgehendem Maße von dem staatsrechtlichen Beamtenbegriff gelöst und ihn auf jede Person ausgedehnt, die das Reich oder seine Gliederungen mit öffentlicher Gewalt bekleidet haben. **168,** 143 (158). — 82) Für die erforderliche Abgrenzung zwischen zuzulassenden und unzulässigen Klagen aus Amtspflichtverletzung ist entscheidend, ob der Klagevortrag, seine Richtigkeit unterstellt, die schlüssige Darlegung eines Sachverhalts enthält, der die sämtlichen Merkmale des in § 839 BGB. erforderten Tatbestandes ergibt. **168,** 143 (163). — 83) Nach § 839 Abs. 3 BGB. tritt die Ersatzpflicht des Beamten — oder gemäß Art. 131 WeimVerf. an seiner Stelle der öffentlichen Körperschaft — gegenüber dem Verletzten nicht ein, wenn dieser vorsätzlich oder fahrlässig unterlassen hat, den Schaden durch Gebrauch eines Rechtsmittels abzuwenden. Dabei handelt es sich um die Aufstellung eines rechtsvernichtenden Tatbestandes; es ist also Sache des in Anspruch Genommenen, insoweit den Sachverhalt darzulegen und insbesondere zu behaupten und erforderlichenfalls zu beweisen, daß die Unterlassung für die Schäden ursächlich gewesen ist und daß den Kläger an ihr ein Verschulden trifft. **168,**

143 (172). — 84) Über das Verhältnis zwischen dem Staat und den Kommunalverbänden bei Schadensersatzansprüchen wegen Amtspflichtverletzung und der dabei zu prüfenden Frage, in wessen Dienst der schuldige „Beamte" steht. **168,** 143 (162). — 85) Zu BGB. § 839, WeimVerf. Art. 131. Für Amtspflichtverletzungen eines Beamten haftet diejenige öffentlich-rechtliche Körperschaft, in deren Dienst der Beamte steht, regelmäßig also diejenige, von der er angestellt worden ist, während es nicht darauf ankommt, von wem sich die von ihm ausgeübte öffentliche Gewalt herleitet. **168,** 361 (368). — 86) Bei einer in einem bürgerlichen Dienstverhältnis tätigen Person kommt es nach feststehender Rechtsprechung nur darauf an, von welcher Seite sie mit der Ausübung der öffentlichen Gewalt betraut worden sind. **168,** 361 (369). — 87) Zu § 90 Abs. 1 DBG. Setzt § 90 Abs. 1 DBG. voraus, daß der Beamte später in der geringer besoldeten Amtsstelle in Fortsetzung desjenigen Beamtenverhältnisses verwendet wird, welches auch seiner früheren Verwendung in der höher besoldeten Amtsstelle zugrunde gelegen hat? — Hat ein Staatsbeamter, der unter Beurlaubung aus seinem Staatsamte zum hauptamtlichen Bürgermeister bestellt worden war, dann aber nach Zurücknahme seiner Berufung zum Bürgermeister seinen Dienst als Staatsbeamter wieder aufgenommen hat, im Sinne des § 90 Abs. 1 DBG. damit einen Ämterwechsel innerhalb eines einheitlichen Beamtenverhältnisses vollzogen? **168,** 398. — 88) Ausführungsbestimmungen des Reichsministers der Finanzen zu Abschnitt VIII des Deutschen Beamtengesetzes vom 30. Juni 1937 (RHuBBl. S. 211); Deutsches Polizeibeamtengesetz vom 24. Juni 1937 (RGBl. I S. 653) § 21; Zweite Verordnung zur Durchführung des Deutschen Beamtengesetzes vom 13. Oktober 1938 (RGBl. I S. 1421). **168,** 398 (401 flg.). — 89) Die Führer der Suchkolonnen und der ihren Einsatz leitende Feldhüter der verklagten Stadtgemeinde sind bei den Schutzmaßnahmen als „Beamte" im Sinne der Amtshaftungsvorschriften tätig gewesen, da sie mit hoheitlichen Aufgaben betraut waren. **169,** 312 (314). — 90) Eine den einzelnen Nutzungsberechtigten als „Dritten" gegenüber bestehende Amtspflicht der Suchkolonnenmitglieder, der Kolonnenführer oder des mit dem Einsatze der Kolonnen beauftragten Feldhüters zu einer restlosen Absuche aller Felder bestand nicht; die Tatsache, daß eine ordnungsmäßige Durchführung der Suchmaßnahmen letzten Endes auch dem einzelnen Nutzungsberechtigten zugute gekommen wäre, vermag daran nichts zu ändern. **169,** 312 (317). — 91) Zu § 839 BGB., WeimVerf. Art. 131. Zur Frage der Haftung einer Gemeinde für eine Maßnahme ihres Bürgermeisters zur Förderung einer amtlich angeordneten Alteisensammlung. **169,** 341. — 92) § 839 BGB. schließt die §§ 823 flg. BGB. insofern ein, als eine Amtspflichtverletzung jedenfalls immer dann als vorliegend angesehen werden muß, wenn von dem Beamten bei der Ausübung der ihm anvertrauten öffentlichen Gewalt der Tatbestand der unerlaubten Handlung im Sinne dieser Vorschriften verwirklicht worden ist. **169,** 341 (343). — 93) Zu § 839 BGB., WeimVerf. Art. 131. Amtshaftungsansprüche aus verfahrensmäßig fehlerhaften Handlungen einer Behörde kann nicht entgegengehalten werden, diese hätten bei Beachtung der Verfahrensvorschriften rechtsgültig vorgenommen werden können. **169,** 353 (358). — **94**) Mit einem auf Amtshaftung gestützten Anspruch kann keine Wiederherstellung in Natur, vielmehr nur Geldersatz ver-

langt werden. **169,** 353 (356). — 95) WeimVerf. Art. 131, BGB. § 839. Hat die Reichsbahn für Baustellen an der Bahnstrecke, insbesondere für einen im Bau befindlichen Wegübergang, eine Verkehrssicherungspflicht? — Ist das Bemühen eines Schrankenwärters, ein Hindernis auf der Bahnstrecke zu beseitigen und das Auffahren eines Zuges zu verhüten, Ausübung öffentlicher Gewalt oder bürgerlich-rechtliche Betätigung? **170,** 1. — 96) Die Reichsbahn haftet nicht für Schaden, den etwa Beamte, Angestellte oder sonstige für das Unternehmen „Reichsautobahn" tätige Personen von Unternehmen bei der Herstellung eines Wegübergangs schuldhaft angerichtet haben. **170,** 1 (7). — 97) Die Ausübung staatshoheitlicher Fürsorge, die allerdings eine Ausübung öffentlicher Gewalt im Sinne des Art. 131 WeimVerf. in der Regel in sich schließt, gehört nicht zum Inhalte der Bahnpolizeigewalt. **170,** 1 (9). — 98) Das Tätigwerden der Schrankenwärterin bei der Meldung an die Bahnstation geschah in Ausübung ihres Dienstes als Eisenbahnbetriebsbeamtin und diente vor allem der ihr obliegenden Sicherung des Eisenbahnbetriebs; demgemäß war es nach den Vorschriften über den bürgerlichen Geschäftsverkehr (§§ 823 flg. BGB.) zu beurteilen. Die Meldung bezweckte neben der Vermeidung des Gefährdung des Zugverkehrs zugleich die Verhütung einer Gefährdung des Kraftwagenverkehrs. Die bürgerlich-rechtliche Verkehrssicherungspflicht schließt die Pflicht in sich, dafür zu sorgen, daß Dritte durch einen Betrieb nicht zu Schaden kommen. **170,** 1 (9 flg.). — 99) Schadensersatzpflichtig ist auch, wer — wenn auch unwissend — eine Gefahr für den allgemeinen Verkehr gesetzt hat, nicht, sobald er die Gefahr erkennt, zu ihrer Abwendung alles tut, was ihm den Umständen nach zugemutet werden muß. **170,** 1 (13). — 100) Über die Frage der Zulässigkeit des Rechtswegs für Schadensersatzanspüche aus Amtshaftung aus § 839 BGB., Art. 131 WeimVerf.; die Behauptungen des Klägers dürfen eine Haftung der Beklagten nicht von vornherein als außerhalb jeglicher Möglichkeit liegend erscheinen lassen. **170,** 54 (57). — 101) RRAO. §§ 49, 95; BGB. § 839. Haftet für Amtspflichtverletzungen der Mitglieder der Rechtsanwaltsehrengerichte die Reichs-Rechtsanwaltskammer oder das Reich? Inwieweit sind im Verfahren nach der Reichs-Rechtsanwaltsordnung über das Vertretungsverbot die Feststellungen im vorausgegangenen Verfahren über den Ausschluß des Anwalts nachzuprüfen? **170,** 333. — 102) Die Richter der Rechtsanwaltsehrengerichte sind Beamte im Sinne des § 839 BGB. Das ihnen als Mitgliedern reichsgesetzlich bestellter Sondergerichte übertragene Amt ist Ausübung hoheitlicher Gewalt. Das ist für ärztliche Ehrengerichte, für die Jägerehrengerichte, für die Ehrengerichte der Rechtsanwälte bereits anerkannt. Die Haftung für Amtspflichtverletzungen der Ehrenrichter trifft aber nicht das Reich, sondern mit Rücksicht auf die Eigenschaft der Ehrengerichte als Organe der Selbstverwaltungskörper diese. **170,** 333 (336). — 103) Das Gemeinwesen haftet, für das der Beamte angestellt ist, nicht jenes, dessen Hoheitsrecht er ausübt. **170,** 333 (336). — 104) Der Begriff des Urteils in § 839 Abs. 2 BGB. ist in rein verfahrenstechnischem Sinne zu verstehen und auf andere richterliche Entscheidungen nicht zu erstrecken. **170,** 333 (338).

II. Reichsbeamte.

Es wird auf die Darstellung unter „Allgemeines“ in I dieses Paragraphen verwiesen.

III. Landesbeamte.

A. Staatsbeamte.

Zum Erlaß über die Ernennung und Entlassung der Landesbeamten vom 1. Februar 1935 (RGBl. I S. 73) Nr. III, IV und zu den Bestimmungen der Reichsminister des Innern und der Finanzen dazu vom 22. Februar 1935 (RGBl. I S. 268). **166,** 301.

B. Kommunalbeamte.

1) Von welcher Stelle war 1934 im Bereiche der Kreisordnung für die Provinz Schleswig-Holstein die Versetzung eines Kreiskommunalbeamten in den Ruhestand anzuordnen und wie hatte das zu geschehen. **161,** 308. — 2) Zur Ruhegehaltsberechtigung jüdischer Beamter, die nach § 4 Abs. 2 Satz 1 der Ersten Verordnung zum Reichsbürgergesetz vom 14. November 1935 in den Ruhestand getreten sind. — Ist die Ruhegehaltsberechtigung städtischer Kündigungsbeamter davon abhängig, daß sie eine planmäßige Stelle bekleiden? **162,** 257. — 3) Zu § 9 Abs. 1 KBG. Abweichungen von dem Grundsatze der lebenslänglichen Anstellung, je nachdem sie durch Ortsgesetz oder im Einzelfalle mit Genehmigung der Aufsichtsbehörde festgesetzt sind. Der Unterschied liegt darin, daß ein Ortsgesetz als Rechtsnorm allgemeine Grundsätze über die Art und Weise enthält, in der für bestimmte Beamtengruppen oder bestimmte Beamtenstellen von der lebenslänglichen Anstellung abgewichen werden solle, während die Stadt nicht selbständig, sondern nur mit Genehmigung der Aufsichtsbehörde darüber bestimmen kann, ob und wie bei der Anstellung einer bestimmten Einzelpersönlichkeit als Beamten das Dienstverhältnis zeitlich beschränkt werden soll. **162,** 257 (261). — 4) Das Kommunalbeamtengesetz bezweckte, die Verhältnisse der städtischen Beamten, und zwar gerade auch der Kündigungsbeamten, zu sichern und diesen durch die gesetzliche Verleihung von Ruhegehaltsrechten ein größeres Maß von wirtschaftlicher Unabhängigkeit zu verschaffen. Es wäre daher nicht verständlich, daß ihre Ruhegehaltsrechte — wie bei den Staatsbeamten — an haushaltsmäßig bestimmte Voraussetzungen hätten geknüpft werden sollen, obwohl es dafür gerade an derjenigen gesicherten Grundlage fehlte, auf welcher die Regelung für die Staatsbeamten aufgebaut war. Von einer Ruhegehaltsregelung kann zudem erwartet werden, daß sie eine klare und sinnvolle Ordnung enthält. Derselbe Maßstab, der bei staatlichen Kündigungsbeamten ohne weiteres zu einer Klärung der Frage ihrer Ruhegehaltsberechtigung führt, fehlte aber bei städtischen Kündigungsbeamten oder wäre bei ihnen nur dort vorhanden gewesen, wo der städtische Haushalt so wie der staatliche ausgestaltet war. Es konnte aber nicht von der zufälligen Art der städtischen Haushaltsgestaltung abhängig sein, wie es um das Ruhegehaltsrecht der städtischen Kündigungsbeamten, das einheitlich hat geregelt werden sollen, steht. Der § 2 Abs. 1 des Staatspensions-

gesetzes paßt nach alledem nicht für die Verhältnisse der städtischen Kündigungsbeamten und kann daher auch für sie nicht anwendbar sein. So erklärt denn auch Art. IV Nr. 2 Abs. 1 der Ausführungsanweisung vom 12. Oktober 1899 MBliV. S. 192, daß durch § 12 KBG. die Ruhegehaltsberechtigung der lebenslänglich angestellten städtischen Beamten auf die sämtlichen städtischen Beamten, insbesondere also die auf Kündigung angestellten, ausgedehnt werde. **162,** 257 (264 flg.). — 5) Zu DBG. §§ 78, 163, 182; Verordnung zur Durchführung des DBG. vom 29. Juni 1937 RGBl. I S. 669 Nr. 9 zu § 184, Reichsdienststrafordnung vom 26. Januar 1937 RGBl. I S. 7 — RDStrO. — § 19 Bedürfen Verfügungen, durch die ein Beamter in den Ruhestand versetzt wird, zu ihrer Wirksamkeit der förmlichen Zustellung? Kann die Zustellung durch den Nachweis ersetzt werden, daß die Entlassungsverfügung dem Beamten anderweitig zugegangen ist? Besteht diese Möglichkeit insbesondere dann, wenn die Zustellung vergeblich versucht worden ist? **163,** 181. — 6) Nr. 9 zu § 184 der Durchführungsverordnung zum Deutschen Beamtengesetz vom 29. Juni 1937 war zulässig und ist durch die im § 183 DBG. getroffene Übergangsregelung gedeckt. **163,** 181 (184). — 7) Wird keine Zustellungsurkunde aufgenommen, so fehlt der Zustellung ein wesentliches Erfordernis. Diese ist unwirksam (nachträgliche Abänderung der Vorschriften!). **163,** 181 (187). — 7) Zum Deutschen Beamtengesetz vom 26. Januar 1937 (RGBl. I S. 39) — DBG. — §§ 89, 90, 129. Wie ist das Ruhegehalt eines preußischen Kommunalbeamten zu berechnen, der vor seiner Zurruhesetzung neben seinem Gehalt aus seiner letzten Dienststelle noch ein Ruhegehalt aus seiner früheren Stelle als Wahlbeamter bezog? — Ist bei einem Beamten, der Versorgungsbezüge nach früherem und nach neuem Recht erhält, das Ruhegehalt, das beide zusammen nicht übersteigen darf, nach den geringeren Hundertsätzen des früheren Rechts oder nach den höheren des § 89 DBG. zu berechnen? **164,** 309. — 8) Zu § 55 Abs. 1 des preußischen Gesetzes über die Bildung einer neuen Stadtgemeinde Berlin vom 27. April 1920 (GS. S. 123) in der Fassung des § 91 der Preußischen Personal-Abbau-Verordnung vom 8. Mai 1924 (GS. S. 73), § 1 des preußischen Kommunalbeamtengesetzes vom 30. Juli 1899 (GS. S. 141), § 6 des Berufsbeamtengesetzes vom 7. April 1933 (RGBl. I S. 175), Beamtenrechts-Änderungsgesetz vom 30. Juni 1933 (RGBl. I S. 433 — BRÄndG. —, § 57 Nr. 2 des Reichsbesoldungsgesetzes in der Fassung vom 18. Juni 1923 (RGBl. I S. 385), § 2 Kap. X Teil III der preußischen Ersten Sparverordnung vom 12. September 1931 (GS. S. 179), Satz 5 zu § 90 der Ausführungsbestimmungen des Reichsministers der Finanzen zu Abschnitt VIII des Deutschen Beamtengesetzes vom 30. Juni 1937 (RHuBBl. S. 211), Nr. 4 der Verordnung zur Durchführung des Deutschen Beamtengesetzes vom 29. Juni 1937 (RGBl. I S. 660), preuß. Gesetz, betreffend die Pensionierung der unmittelbaren Staatsbeamten, vom 27. März 1872 (GS. S. 268) — PrPensG. — . **164,** 309 (310 flg.). — 9) Deutsches Beamtengesetz vom 26. Januar 1937 (RGBl. I S. 39) — DBG. — §§ 143, 163. Durchführungsverordnung zum Deutschen Beamtengesetz für die Kommunalbeamten (Beamten der Gemeinden, der Gemeindeverbände und der gemeindlichen Zweckverbände) vom 2. Juli 1937 (RGBl. I S. 729) in der Fassung der Verordnung zur Änderung und Ergänzung dieser Verordnung vom 28. April 1938 (RGBl. I

S. 509) § 1 Abs. 3. Erste Verordnung zur Durchführung der Deutschen Gemeindeordnung vom 22. März 1935 (RGBl. I S. 3939) § 33 Abs. 2. Beginnt der Lauf der Klageausschlußfrist des § 143 Abs. 1 DBG. auch dann 6 Monate nach Zugehen des Antrages des Beamten, wenn der beantragte Vorentscheid während dieses Zeitraums ergangen, aber nicht formgerecht zugestellt worden ist? — Welche Stelle ist in Preußen vor dem Inkrafttreten des Reichsgesetzes über die Vereinheitlichung im Behördenaufbau vom 5. Juli 1939 für Lehrpersonen an nichtstaatlichen öffentlichen Schulen oberste Dienstbehörde im Sinne des § 143 DBG. gewesen? **164,** 296. — 10) Entscheidungen, die dem Beamten nach den Bestimmungen des Gesetzes bekanntzugeben sind, müssen gemäß den Vorschriften der Reichsdienststrafordnung zugestellt werden, wenn durch sie eine Frist in Lauf gesetzt wird oder wenn Vermögensrechte der Beamten durch sie berührt werden. Ihre formlose Bekanntgabe hat nach § 163 DBG. zwar den Klageweg eröffnet, aber nicht die sechsmonatige Klageausschlußfrist in Lauf gesetzt. **166,** 296 (299). — 11) Über das Verhältnis zwischen dem Staat und den Kommunalverbänden bei Schadensersatzansprüchen aus Amtspflichtverletzung und der dabei erforderlichen Prüfung der Frage, in wessen Dienst der schuldige „Beamte" steht. **168,** 143 (162). — 12) Ist die Rücknahme der Versetzung eines Beamten in den Ruhestand, die nach dem 1. Juli 1937, dem Inkrafttreten des Deutschen Beamtengesetzes, erklärt wird, nach altem oder nach neuem Rechte zu beurteilen, wenn die Versetzung selbst unter altem Recht ausgesprochen war? — Schließt das Deutsche Beamtengesetz die Anfechtung der Versetzung eines Beamten in den Ruhestand in rechtsähnlicher Anwendung der Vorschriften des bürgerlichen Rechts aus? **166,** 353. — 13) Zu § 1 Abs. 3, § 4 der Durchführungsverordnung zum Deutschen Beamtengesetz für die Kommunalbeamten vom 2. Juli 1938 (RGBl. I S. 729) in der Fassung der Verordnung vom 28. April 1938 (RGBl. S. 509), § 33 Abs. 2 der Ersten Durchführungsverordnung zur deutschen Gemeindeordnung vom 22. März 1935 (RGBl. I S. 393), zum Preußischen Gesetz, betreffend die Anstellung und Versorgung der Kommunalbeamten vom 30. Juli 1899 (GS. S. 141). **166,** 353 (357 flg.).

IV. Beamtenunfallfürsorge. Reichsunfallfürsorgegesetz vom 18. Juni 1901. Preuß. Unfallfürsorgegesetz vom 2. Juni 1902.

1) Zum Unfallfürsorgegesetz für Beamte vom 18. Juni 1901 (RGBl. S. 211) § 12 Abs. 3 Satz 2. **163,** 396 (397 flg.) — 2) Im öffentlichen Dienste stehende Personen und ihre Hinterbliebenen, die auf Grund der Unfallversorgungsgesetzgebung einen Anspruch haben, haben gegen das Reich keinerlei weitere Ansprüche, insbesondere keinen nach dem Reichshaftpflichtgesetz, damit aber auch keinen nach dem österreichischen Eisenbahnhaftpflichtgesetz. Der abweichende Wortlaut der Bestimmungen zu § 134 Abs. 1 WFVG. und in § 124 DBG. von dem dem Gesetzgeber vorliegenden Wortlaute des § 86 des Reichsversorgungsgesetzes beweist, daß eine Abweichung von der aus besonderen Gründen für die Angehörigen der früheren Wehrmacht geschaffenen Regelung beabsichtigt war. Zum Beamtenunfallfürsorgegesetz vom 18. Juni 1901 (RGBl. S. 211). **166,** 257 (261).

§ 375. Wehrwesen und Reichsarbeitsdienst.

I. Wehrfiskus.

II. Rechtsverhältnisse der Wehrpersonen und Wehrbeamten.

1) Zum Gesetz über die Haftung des Reichs für seine Beamten vom 22. Mai 1910 RGBl. 798 § 1 Abs. 3. Nimmt ein Soldat, der das ihm zu einer hoheitsrechtlichen Dienstfahrt anvertraute Kraftfahrzeug dazu benutzt, um damit zu eigenen Zwecken einen längeren, mit dem Dienstbefehle nicht zu vereinbarenden Umweg zu machen, eine Schwarzfahrt vor? — Handelt der Soldat unter solchen Umständen noch in Ausübung öffentlicher Gewalt? **161,** 145. — 2) Die auf dienstlichen Befehl beruhende Beförderung von Offizieren durch Kraftwagen zum Dienst und vom Dienst zurück fällt in den Umkreis hoheitsrechtlicher militärischer Betätigung und erfüllt die Voraussetzungen der Ausübung öffentlicher Gewalt. **161,** 145 (150). – 3) Selbst wenn das Reichshaftungsgesetz mit der Einbeziehung der Personen des Soldatenstandes den dem § 839 BGB. zugrunde liegenden Beamtenbegriff nur hat klarlegen und nicht hat erweitern wollen, so läßt doch die allgemeine Fassung des Gesetzes keinen Zweifel, daß dieser Begriff sämtliche Wehrmachtsangehörigen ausnahmslos mitumfaßt. **162,** 308 (311). — 4) Soldaten sind nach § 21 Abs. 2 des Wehrgesetzes vom 21. Mai 1935 RGBl. I S. 609 die im aktiven Wehrdienst stehenden Offiziere, Unteroffiziere und Mannschaften, und dazu gehören nach dessen § 7 Abs. 1 Nr. 1 auch und in erster Reihe die Wehrpflichtigen während der Erfüllung der aktiven Dienstpflicht. **162,** 308 (312). — 5) Zu Nr. 76 der Heeresfahrvorschrift 465/5 vom 5. Oktober 1935. **162,** 308 (313). — 6) Zur Sittenwidrigkeit eines von einem Offizier der Wehrmacht im Widerspruche mit seinen Berufspflichten geschlossenen Mäklervertrags. **162,** 323. — 7) Zu § 43 RMilG. vom 2. Mai 1874, § 28 WehrG. vom 21. Mai 1935. Zum Gesetz über die Beschränkung der Rückgriffshaftung der Soldaten vom 7. April 1937 (RGBl. I S. 443); Verordnung zur Durchführung des Deutschen Beamtengesetzes vom 29. Juni 1937 (RGBl. I S. 669) vom 13. Oktober 1938 (RGBl. I S. 1421) Nr. 3 zu § 38. Wehrgesetz vom 21. Mai 1935 (RGBl. I S. 609) § 30. Reichsbesoldungsgesetz vom 16. Dezember 1927 (RGBl. I S. 349) § 1 Abs. 2). Zur vermögensrechtlichen Haftung der Soldaten gegenüber dem Reiche für Dienstversehen und zur Beschränkung des Rückgriffs des Reichs gegen sie. — Haben Soldaten im Falle verspäteter Auszahlung ihrer Gebührnisse einen Anspruch auf Verzinsung? **164,** 1. — 8) In den §§ 88, 89 II 10 ALR. (Haftung der Beamten dem Staat gegenüber für jedes Versehen) sind „Einzelausprägungen einer allgemeinen inneren Notwendigkeit für die Staatsdienerschaft" zu erblicken. Die Praxis hat von Anfang an diese Verantwortlichkeit dahin verstanden und verwirklicht, daß der Staatsdiener dem durch sein Verschulden geschädigten Staat Schadensersatz zu leisten habe. Dieser allgemeine Rechtsgrundsatz ist folgerichtig auf das Verhältnis zwischen dem Reich und dem Soldaten ausgedehnt, und es ist aus ihm gefolgert worden, daß das Reich den Soldaten auf Schadensersatz in Anspruch nehmen kann, wenn durch dessen in Ausübung des militärischen Dienstes begangene schuldhafte Pflichtverletzung

das Reich zu Schaden gekommen ist, und zwar ohne Unterschied, ob diese Pflichtverletzung bei Ausübung des soldatischen Außendienstes oder bei Behandlung vermögensrechtlicher Angelegenheiten des Reichs begangen worden ist. **164,** 1 (4). — 9) Dieser Schaden kann unmittelbarer oder mittelbarer Schaden sein. Jenes ist beispielsweise der Fall, wenn Vermögensstücke des Reichs beschädigt worden sind. Um mittelbaren Schaden handelt es sich, wenn und soweit durch die Pflichtverletzung ein Dritter Schaden erlitten und infolgedessen das Reich auf Ersatz in Anspruch genommen hat. Solche Ersatzpflicht des Reiches kann sich unter verschiedenen rechtlichen Gesichtspunkten ergeben. Mangels besonderer Vorschriften würde der Soldat (Beamte) nur dann ersatzpflichtig sein, wenn die Voraussetzungen der §§ 823 Abs. 1 oder 2 oder § 826 gegeben wären. Demgegenüber hat § 839 eine Erweiterung der Haftung geschaffen, dergestalt, daß die Beamten, zu denen im Sinne dieser Bestimmungen die Soldaten gehören, Dritten für diejenigen Schäden haften, die sie ihnen durch die Verletzung einer dem Geschädigten gegenüber bestehenden Amtspflicht schuldhaft zugefügt haben, die Erweiterung schließt die engeren Tatbestände der bezeichneten Gesetze ein. Sie greift sowohl dann Platz, wenn der Beamte in Ausübung ihm anvertrauter öffentlicher Gewalt tätig geworden ist, als auch dann, wenn das nicht zutrifft, der Beamte also nur eine Amtspflicht verletzt hat, die zwar ebenfalls gegenüber dem Geschädigten bestand, aber nicht auf dem Gebiete der öffentlichen Gewalt lag. Dieselbe Unterscheidung begründet indessen grundlegende Verschiedenheiten, sofern es sich um die Frage handelt, ob und unter welchen Voraussetzungen die öffentliche Körperschaft, welcher der Beamte angehört, für dessen schuldhafte Amtspflichtsverletzung einzutreten hat. Hat der Beamte (Soldat) in Ausübung ihm anvertrauter öffentlicher Gewalt gehandelt, so lassen das Gesetz vom 22. Mai 1910 und Art. 14 WeimVerf. sowie landesgesetzliche Vorschriften, abgesehen von gewissen Ausnahmefällen, die Haftung an Stelle des Beamten (Soldaten) die öffentliche Körperschaft treffen. Lag dagegen die von dem Beamten verletzte Amtspflicht auf dem Gebiete bürgerlich-rechtlicher Betätigung der öffentlichen Körperschaft, so greifen andere Normen ein, die unter den darin geregelten verschiedenen Voraussetzungen die öffentliche Körperschaft neben dem Beamten haften lassen. Als allgemein gesetzliche Bestimmungen kommen in diesem Sinne die Vorschriften des § 278, des § 831 und der §§ 89, 31, 823, 826 BGB. in Betracht. **164,** 1 (5 flg.). — 10) Wenn im gegebenen Falle Träger der Sozialversicherung den Schaden des Verletzten ausgeglichen haben, so vermögen sich infolge der Bestimmung des § 839 Abs. 1 Satz 2 weder der Verletzte selbst auf Grund des Anspruchs aus Amtspflichtverletzung noch die Träger der Sozialversicherung auf Grund dieses auf sie etwa nach § 1542 RVO. übergegangenen Anspruchs an den Beamten (Soldaten) oder vielmehr an dessen Stelle an der öffentlichen Körperschaft schadlos zu halten. **164,** 1 (6 flg.). — 11) Der Soldat soll in seiner Entschlußfähigkeit nicht dadurch gehemmt werden, daß er sich von Erwägungen über seine etwaige Haftung ängstlich beeinflussen ließe. Diesen Gedanken stellt die amtliche Erläuterung des Gesetzes vom 7. April 1937 (DJ. 1937 S. 646) als Ziel des Gesetzgebers hin. **164,** 1 (8). — 12) Sofern derjenige, welcher bei Ausführung der ihm übertragenen Obliegenheit der öffentlichen Körperschaft unmittelbaren oder mittelbaren Schaden verursacht hat, Beamter oder Soldat oder Angestellter der öffentlichen Körperschaft ist, ergibt sich die Grundlage seiner Haftung entweder aus beamtenrechtlichen (§ 23 DBG.) oder, im Falle des Soldaten, aus diesen rechtsähnlichen Normen oder, gegenüber dem Angestellten, aus Regelungen des Dienstvertrages, der zwischen ihm und der öffentlichen Körperschaft abgeschlossen wurde. Für den Wehrleistungspflichtigen, der außerhalb solcher Dauerverhältnisse für Belange des Reichs vorübergehend in Anspruch genommen wird, scheint es an einem entsprechenden Rechtssatze zu fehlen; denn weder Art. 131 Abs. 1 Satz 2 WeimVerf. noch § 23 Abs. 4 DBG. können für einen solchen die Grundlage abgeben. Jene Vorschrift „behält" die Rückgriffsmöglichkeit nur „vor", will sie also zwar, wenn sie auf Grund anderweitiger Bestimmungen besteht, nicht beseitigen, hingegen nicht erst schaffen. § 23 Abs. 4 DBG. schreibt zwar die Geltung der Abs. 2 und 3 auch für den Fall vor, daß eine Person, die nicht im Sinne des Deutschen Beamtengesetzes Beamter ist, in Ausübung der ihr anvertrauten öffentlichen Gewalt ihre Amtspflicht verletzt hat, und nach Abs. 2 hat der Beamte, sofern der Dienstherr einem anderen deshalb Schadensersatz geleistet hat, dem Dienstherrn dem Schaden insoweit zu ersetzen, als ihm Vorsatz oder grobe Fahrlässigkeit zur Last fällt. Indessen spricht dieser Abs. 2 nur die Beschränkung einer anderweit begründeten Pflicht zum Ersatz des (mittelbaren) Schadens aus; diese wird für den Beamten (im staatsrechtlichen Sinne) durch Abs. 1 der Bestimmung angeordnet; dieser Absatz 1 ist aber in Absatz 4 der Vorschrift nicht ebenfalls für anwendbar erklärt worden. Gleichwohl ist die Meinung abzulehnen, daß es in solchem Falle schuldhafter Schädigung des Reichs durch den Wehrleistungspflichtigen an einem Rechtssatze fehle, der es dem Reich ermöglichte, sich auch außerhalb des Gebietes des nur unmittelbaren Schadens an den Wehrleistungspflichtigen zu halten. Ein derartiges Ergebnis, das den Verletzer im Falle der Verursachung von mittelbaren Schäden frei ausgehen ließe und diese dem Staat endgültig aufbürdete, wäre mit dem Wesen des Rechts unvereinbar und daher unannehmbar. Es ist vielmehr zu erwägen: die Pflicht des Wehrleistungspflichtigen, der Inanspruchnahme zu entsprechen, ist zwar nicht bürgerlich-rechtlicher Natur, nichtsdestoweniger aber eine (öffentliche) Rechtspflicht. Sie schließt, wie alle Rechtspflichten, die Forderung der sorgsamen Erfüllung und daher der Vermeidung aller Verhaltungsweisen ein, durch die Personen oder Sachen zu Schaden kommen können und dem Reich daher ein Ersatzanspruch erwachsen kann. Wird dieser Pflicht schuldhaft und rechtswidrig zuwidergehandelt, so verwandelt sie sich nach denselben allgemeinen, das bürgerliche und das öffentliche Recht in gleicher Weise beherrschenden Grundsätzen in die Verpflichtung zum Ausgleich des dem Wehrleistungsberechtigten dadurch verursachten Schadens. **165,** 323 (332 flg.) — 13) Benutzung eigener Kraftfahrzeuge durch Soldaten; keine Haftung des Reichs nach Art. 131 WeimVerf. **165,** 365 (371). — 14) Zum Gesetz vom 31. Mai 1906 (RGBl. S. 593), Reichsversorgungsgesetz vom 12. Mai 1920 (RGBl. S. 989), Verordnung vom 24. September 1938 (RGBl. I S. 1196), Wehrmachtversorgungsgesetz vom 4. August 1921 (RGBl. S. 993), Gesetz vom 22. Juni 1923 (RGBl. I S. 513), Mannschaftsversorgungsgesetz vom 31. Mai 1906. **166,** 257 (260). — 15) Zum Gesetz über die Haftung des Reichs für seine Beamten vom 22. Mai 1910 (RGBl. S. 798) § 1 Abs. 3; Wehrgesetz vom 21. Mai 1935 (RGBl. I S. 609). Handelt ein Soldat auf der Dienstfahrt mit einem Heereskraftwagen noch in Ausübung öffentlicher Gewalt, wenn er zu persönlichen Zwecken einen Umweg macht? **167**, 367. — 16) Zu WeimVerf. Art. 131, BGB. § 839. Ist, wenn die Amtspflichtverletzung durch Mißbrauch eines Dienstgeräts begangen wird, die Vorgesetzteneigenschaft des Beamten (Soldaten) für sich allein ausreichend, um den für die Haftung des öffentlichen Dienstherrn erforderlichen inneren Zusammenhang zwischen der schädigenden Handlung und den hoheitlichen Aufgaben oder Befugnissen des Beamten und Soldaten zu begründen? **168**, 231. — 17) Stets muß zwischen der Handlung oder Unterlassung des Beamten (Soldaten) und seinen hoheitlichen Aufgaben oder Befugnissen in irgendeiner Weise ein innerer Zusammenhang bestehen. **168**, 231 (233). — 18) Zum Reichsarbeitsdienstgesetz vom 26. Juni 1935 (RGBl. I S. 769) § 1, Bekanntmachung über die zusammenhängende Fassung der für die Reichsarbeitsdienstfürsorge und -versorgung geltenden Vorschriften vom 29. September 1938 (RGBl. I S. 1253) §§ 65, 131; § 839 BGB., Art. 131 WeimVerf. Welche Ansprüche hat der Angehörige des Reichsarbeitsdienstes, dem ein vom Reichsarbeitsdienst zur ärztlichen Versorgung seiner Angehörigen bestellter Arzt durch fehlerhafte Behandlung Schaden verursacht hat? **168**, 388. — 19) Die Rechtsprechung hat den Beamtenbegriff im Sinne des Art. 131 WeimVerf. weitgehend von demjenigen des Staatsrechts gelöst und auf jede Person ausgedehnt, die das Reich oder seine Gliederungen mit öffentlicher Gewalt bekleidet haben. **168**, 388 (391). — 20) Für die Haftung aus Amtspflichtverletzung kommt diejenige öffentliche Körperschaft in Betracht, die der Schädiger zur Ausübung öffentlicher Gewalt berufen und damit für den Bereich des Haftungsrechts zum Beamten gemacht hat. **168**, 388 (392). — 20) WeimVerf. Art. 131. Besteht die Amtspflicht eines beamteten Kraftfahrers zur ordnungsmäßigen Führung des Kraftwagens auch gegenüber Personen, die unberechtigt oder gegen ausdrückliches Verbot auf dem Wagen mitfahren? Werden Ansprüche gegen das deutsche Reich aus Amtspflichtverletzungen außerhalb des Bereichs der Deutschen Reichsbahn durch die Möglichkeit ausgeschlossen, wegen desselben Schadens von der Deutschen Reichsbahn Ersatz zu erlangen? **170**, 311.

III. Rechtsverhältnisse der Militäranwärter.

— — — — — — — — — —

IV. Militärhinterbliebenenwesen.

1) Zum Wehrmachtfürsorge- und -versorgungsgesetz vom 26. August 1938 (RGBl. I S. 1077) — WFVG. — § 134 Abs. 1. Stehen einer Person, die wegen einer im Betriebe der Reichsbahn erlittenen Dienstbeschädigung Versorgungsansprüche nach dem Wehrmachtfürsorge- und -versorgungsgesetze hat, daneben gegen die Reichsbahn Ansprüche nach bürgerlichem Recht oder nach den Haftpflichtgesetzen zu? **166**, 257. — 2) Zum Gesetz vom 18. Juni 1901 (RGBl. S. 211), zu den Gesetzen vom 31. Mai 1906 (RGBl. S. 593) und 12. Mai 1920 (RGBl. S. 989), Verordnung vom 1. April 1939 (RGBl. I S. 1939). Verordnung vom 24. September 1938 (RGBl. I S. 1196) und

15. Juni 1938 (RGBl. I S. 631). Wehrmachtversorgungsgesetz vom 4. August 1921 (RGBl. S. 993). **166,** 257 (260). — 3) Zum Reichsversorgungsgesetz. Die versorgungsberechtigten Personen haben nur die auf ihm beruhenden Ansprüche gegen das Reich. Diese vernichten den über den Rahmen der sondergesetzlichen Versorgung hinausgehenden sachlichrechtlichen Schadensersatzanspruch gegen das Reich aus § 839 BGB. mit Art. 131 WeimVerf. **167,** 385 (391). — 4) Zum Fürsorge- und Versorgungsgesetz für die ehemaligen Angehörigen des Reichsarbeitsdienstes und ihre Hinterbliebenen — Reichsarbeitsdienstversorgungsgesetz — vom 8. September 1938 (RGBl. I S. 1158) §§ 7, 21; Bekanntmachung über die zusammenhängende Fassung der für die Reichsarbeitsdienstfürsorge und -versorgung geltenden Vorschriften vom 29. September 1938 (RGBl. I S. 1253) §§ 65, 131; Fürsorge- und Versorgungsgesetz für die ehemaligen Angehörigen der Wehrmacht und ihre Hinterbliebenen vom 26. August 1938 (RGBl. I S. 1077). **168,** 388 (393). — 5) Zum Wehrmachtfürsorge- und -versorgungsgesetz (WFVG.) vom 26. August 1938 (RGBl. I S. 1077). Den wegen einer Dienstbeschädigung (Tod des zum Wehrdienst eingezogenen Vaters durch Bahnunfall beim Verschieben eines Eisenbahnpionierzugs) versorgten Kindern sind nach Inanspruchnahme des Reichs aus § 134 WFVG. weitergehende Ansprüche auch gegen die Reichsbahn versagt. **170,** 311 (316).

V. Reichsarbeitsdienst.

S. vorstehend unter I bis IV.

§ 375a. Arbeitsrecht. Erwerbslosenfürsorge.

1) Zum Gesetz zur Ordnung der nationalen Arbeit vom 20. Januar 1934 (RGBl. I S. 45) — AOG. — § 2 Abs. 2, § 3. Kann das Vorstandsmitglied einer Aktiengesellschaft einen Ruhegehaltsanspruch auf die Fürsorgepflicht des Unternehmers und einen innerhalb des Betriebes bestehenden Brauch stützen? Genügt hierfür ein Brauch gegenüber den leitenden Angestellten des Betriebes? **169,** 300. — 2) Der Unternehmer ist nach § 2 Abs. 2 AOG., der die Fürsorgepflicht des Betriebsführers gegenüber der Gefolgschaft regelt, bei einem innerhalb des Betriebes bestehenden Brauch auch ohne besondere Vereinbarung grundsätzlich zur Zahlung eines Ruhegehaltes verpflichtet. **169,** 300 (302). — 3) Zu § 2 Nr. 3 der Zweiten Durchführungsverordnung zur Verordnung über die Beschränkung des Arbeitsplatzwechsels vom 7. März 1941 (RGBl. I S. 126). **170,** 54 (60).

§ 376. Sonstige staats- und verwaltungsrechtliche Verhältnisse.

I. Nürnberger Gesetze.

S. unter II.

II. Sonstiges.

1) Zum Luftverkehrsgesetz § 19 und zum Ersten Abkommen zur Vereinheitlichung des Luftprivatrechts vom 12. Oktober 1929 (RGBl. 1933 II S. 1040) — Warschauer Abkommen — Art. 17 flg. Zur Frage des Überganges von

Ansprüchen nach § 1542 RVO. im Falle der Tötung eines Fluggastes bei Luftbeförderung. **161,** 76. [S. auch unten zu § 378 Nr. 1.] — 2) Eine Dienstfahrt in Ausübung der öffentlichen Gewalt liegt dann vor, wenn die Fahrt nicht lediglich in Wahrung bürgerlich-rechtlicher (fiskalischer) Belange des öffentlich-rechtlichen Dienstherrn stattfindet. **161,** 145 (151). — 3) Wird von Dienstwaffen aus rein persönlichen Beweggründen und ohne innere Beziehung zum Dienste — wenn auch bei Gelegenheit und während des Dienstes — zum Schaden von Dritten schuldhaft Gebrauch gemacht, so fällt das nicht in den Bereich des Dienstes und der Ausübung öffentlicher Gewalt. **161,** 145 (151 flg.). — 4) Zum Postscheckgesetz vom 22. März 1921 (RGBl. S. 247) § 9 und zur Postscheckordnung vom 16. Dezember 1927 (PABl. S. 519) § 6 II 1. Zur Rechtsnatur des Postscheckverhältnisses. — Kann der Postscheckkunde, obwohl ihm § 6 II der Postscheckordnung „alle Nachteile" aufbürdet, die aus dem Verlust oder dem sonstigen Abhandenkommen sowie aus dem Mißbrauch der Formblätter entstehen, von der Reichspost gemäß § 9 des Postscheckgesetzes Schadensersatz wegen der Ausführung verfälschter Überweisungen verlangen, sofern die Beamten des Postscheckamts die Fälschung fahrlässig nicht erkannt haben? **161,** 174. — 5) Umfaßt das staatliche Aufsichtsrecht die Bestellung von Vertretern einer Stiftung als Ersatz fortgefallener oder behinderter Organe? — Erstreckt sich die Amtspflicht städtischer Beamter auch auf den Bereich der von der Stadt verwalteten Stiftungen, die eigene Rechtspersönlichkeit besitzen? **161,** 288. — 6) Das allgemeine Aufsichtsrecht der Verwaltungsbehörde ist in § 13 II 13 ALR. festgelegt. Im Ergebnis rechnen zu den dieser Aufsicht unterstellten öffentlichen Anstalten alle Stiftungen, die nicht reine Familienstiftungen sind, sondern teilweise auch öffentlichen Zwecken dienen. Die Aufsicht soll Ruhe, Sicherheit und Ordnung gewährleisten. Ähnliche Bestimmungen enthalten auch die Vorschriften über milde Stiftungen (§§ 37 flg. II 19 ALR.). Der Endzweck solcher Stiftungen soll gesichert bleiben. Mängel sollen behoben, die Einkünfte zweck- und vorschriftsmäßig verwendet werden. Dazu ist die Fortführung einer ordnungsmäßigen Verwaltung der Stiftung unerläßlich. Daher fällt auch der Ersatz fortgefallener oder behinderter Organe unter die Ausübung des Aufsichtsrechts. **161,** 288 (293). — 7) Wenn die Verwaltung einer Behörde übertragen ist, steht die Aufsicht der dieser vorgesetzten Behörde zu (Staatsministerialbericht vom 23. Dezember 1844 JMBl. 1845 S. 26 [30 zu II]). Nach § 76 der Städteordnung für die Provinz Westfalen vom 19. März 1856 wird bei Städten bis zu 10000 Einwohnern diese Aufsicht vom Landrat ausgeübt. **161,** 288 (293). — 8) Vertretung der Stiftung auf Grund Anweisung der Aufsichtsbehörde durch einen vom Bürgermeister bestellten Treuhänder im Preuß. Gesetz vom 10. Juli 1924 (Preuß. GS. S. 575). **161,** 288 (294). — 9) Seitdem die Städteordnungen die Verwaltung in die Hand der Städte gelegt haben, sind diese vielfach mit der Verwaltung der örtlichen Stiftungen betreut und ist die Verwaltung solcher Stiftungen als Gemeindeangelegenheit betrachtet worden. In der Städteordnung für Hannover vom 24. Juni 1858 ist z. B. die Verwaltung der Ortsstiftungen als Gemeindeangelegenheit und der Magistrat als Organ hierfür bestimmt worden (§ 126). Auch in Preußen ist die Entwicklung in dieselbe Richtung gegangen, wenn auch ausdrückliche Bestimmungen fehlen. Damit sind solche Stiftungen Gegenstand der städtischen Verwaltung geworden, und zwar auch dann, wenn sie eine eigene Rechtspersönlichkeit besessen haben. Es sind sogar Vorschriften ergangen, in welcher Form selbständige und unselbständige Stiftungen in den Haushaltsplan der Städte aufzunehmen sind. An diesem Grundsatze wird nichts geändert, wenn in der Stiftungsurkunde die Tätigkeit der einzelnen Organe der Stadt besonders und abweichend von den gesetzlichen Bestimmungen geregelt ist. Denn dem Willen der Stifter kam das Landesrecht sehr weit entgegen, sogar in der Bestimmung der Aufsichtsbehörden. Die bei der Genehmigung der Stiftungen eintretende staatliche Prüfung ließ Mißstände nicht befürchten. Die mit der Stadt- und zugleich mit der Stiftungsverwaltung betrauten Beamten handeln also auch bei dieser als Beamte der Stadt im Bereiche der ihnen im Rahmen der Stadtverwaltung obliegenden Amtspflicht, und zwar dann, wenn die Stiftung eigene Persönlichkeit hat und der Beamte als städtischer Beamter gleichzeitig Mitglied des Organs der Stiftung ist. Die Betätigung liegt dabei nicht in einem bürgerlich-rechtlichen Geschäftskreise, sondern im Bereiche der öffentlichen Verwaltung für Gemeindeangelegenheiten, und zwar auch im Bereiche der Fürsorge, wenn die Stiftung Mittel für die Krankenpflege vorsieht. Die Amtspflichten der städtischen Beamten erstrecken sich nach der Natur der Sache auf die Überwachung der vom Bürgermeister mit der Stiftungsverwaltung betrauten Person. Diese Amtspflicht besteht sowohl einer mit Rechtspersönlichkeit ausgestatteten Stiftung selbst gegenüber als auch gegenüber den an dem Stiftungsvermögen beteiligten Nutznießern. **161,** 288 (294 flg.). — 10) Zur Verordnung zur Ausschaltung der Juden aus dem deutschen Wirtschaftsleben vom 12. November 1938 (RGBl. I S. 1580) und zur 7. Verordnung vom 5. Dezember 1938 (RGBl. I S. 1751). Ist eine Aktiengesellschaft nach der Verordnung zur Ausschaltung der Juden aus dem deutschen Wirtschaftsleben vom 12. November 1938 auch dann berechtigt, einem ausgeschiedenen jüdischen Vorstandsmitglied ein vereinbartes Ruhegehalt zu entziehen, wenn es nicht wegen seiner Rassezugehörigkeit im Zuge der politischen Entwicklung, sondern aus anderen Gründen aus dem Vorstande ausgeschieden ist? **161,** 301. — 11) Zum Preußischen Wassergesetz vom 7. April 1913 GS. S. 53 — WassG. — §§ 152 flg., 197. ALR. Einl. § 75. Zum Begriff des Ausbaus eines Wasserlaufs. — Steht dem Anlieger eines Wasserlaufs ein Aufopferungsanspruch zu, wenn ihm durch Errichtung eines nicht dem Wasserlauf-Ausbau dienenden Deichs der Vorteil der Düngung durch Hochwasser genommen wird? — Steht ihm ein Aufopferungsanspruch zu, wenn der neu angelegte Deich den Abfluß von Überschwemmungswasser hindert, das unter dem Deich her auf sein Grundstück dringt? **161,** 364. — 12) Der Aufopferungsanspruch — in unmittelbarer oder in rechtsähnlicher Anwendung des § 75 Einl. z. ALR. — kommt nach feststehender Rechtsprechung nur dann in Betracht, wenn in ein wohlerworbenes Recht des Beschädigten, namentlich das Eigentum, eingegriffen wurde, nicht aber dann, wenn ihm tatsächliche Vorteile, auf deren Fortbestand er kein Anrecht hatte, entzogen wurden. **161,** 364 (368 flg.). — 13) Ist Inland in §§ 76 und 100 der österreichischen Jurisdiktionsnorm im Sinne des Staatsrechts oder im Sinne des Geltungsbereichs der österreichischen Prozeßgesetze zu verstehen? **161,** 18. — 14) Über hoheitsrechtliche Patentverletzungen. **161,** 387. — 15) Die Fernsprechordnung vom 15. Februar 1927 (PABl. S. 65) als Rechtsverordnung. **162,** 130 (137). — 16) Die Frage, ob die Oberpostdirektionen trotz des Vorbehalts in der Zuständigkeitsordnung nach allgemeinen verwaltungsrechtlichen Grundsätzen zur Bürgschaftsübernahme nicht wenigstens innerhalb des Kreises ihrer laufenden Verwaltungsgeschäfte befugt sind, kann dahingestellt bleiben, da die hier in Betracht kommenden Verpflichtungserklärungen schon wegen ihrer außerordentlich großen wirtschaftlichen Bedeutung nicht zu den laufenden Geschäften gehören. **162,** 130 (139). — 17) Die Einziehung freiwilliger Beiträge für die Invalidenversicherung im Wege eines gesetzlich abgeschafften, aber durch die Ortsbehörde mit Billigung der Landesversicherungsanstalt trotzdem beibehaltenen Einziehungsverfahrens befreit die Versicherten ebenso, als wenn das Einziehungsverfahren noch gesetzmäßig wäre. **162,** 130 (**146** flg.). — 18) Die Reichspost müßte die Handlungen und Erklärungen des Reichspostministeriums nach Treu und Glauben so gegen sich gelten lassen, wie sie der, den sie angehen, auffassen dürfte. **162,** 130 (150). — 19) Eine vertragsähnliche Haftung öffentlich-rechtlicher Körperschaften, für die ein dazu nicht befugter Beamter Verträge abgeschlossen hat, ist zu verneinen, weil die Haftungsfolgen einer unbefugten Vertretung in § 179 BGB. ausschließlich zu Lasten des Vertreters geregelt sind und weil die Bejahung einer Haftung der öffentlichen Körperschaften solchenfalls gerade die Rechtsfolge nach sich ziehen würde, vor denen die öffentlich-rechtlichen Körperschaften durch die Zuständigkeitsbestimmungen geschützt werden sollten. Die öffentlich-rechtliche Körperschaft kann grundsätzlich nicht schlechter gestellt werden als jeder andere, für den ein auftraglos handelnder Vertreter weder vermöge eines rechtsgeschäftlichen Abschlusses noch vermöge rechtsgeschäftlicher Verhandlungen irgendwelche Verpflichtungen begründen kann. **162,** 130 (159). — 20) Den gesetzlichen Vertretern öffentlich-rechtlicher Körperschaften kann im Rahmen dauernder Geschäftsverbindungen namentlich kaufmännischer Art, bei denen sich ein Vertrauensverhältnis herausbildet, eine Pflicht zum Eingreifen und zur Aufklärung obliegen. Dies beschränkt sich aber auf den Fall ihrer Kenntnis, daß untergeordnete Organe sich über ihre Zuständigkeitsgrenzen hinwegzusetzen pflegen. **162,** 130 (160). — 21) Zur Straßenverkehrs-Ordnung vom 13. November 1937 RGBl. I S. 1179 § 3 Abs. 3 Satz 1, Abs. 4. Wen trifft die Verantwortlichkeit, wenn gerade durch die Art der Aufstellung eines Verkehrszeichens eine Verkehrsgefahr entstanden ist? **162,** 273. — 22) Die Vorschriften der Straßenverkehrsordnung tragen die Unterscheidung zwischen der polizeilichen Aufgabe der Regelung und Sicherung des über die Straße gehenden öffentlichen Verkehrs einerseits und die Anlage und Unterhaltung der Straße selbst anderseits bis in das Verfahren der Kennzeichnung eines polizeilichen Gebotes und Verbotes an dem Wege hinein. **162,** 273 (276). — 23) Erstreckt sich die Haftungsvorschrift des Art. 131 WeimVerf. auch auf Pflichtverletzungen solcher Wehrmachtsangehörigen, die nur zur Erfüllung ihrer Wehrpflicht im Heere dienen? **162,** 308. — 24) Zur Reichs-Straßenverkehrs-Ordnung vom 28. Mai 1934 RGBl. I S. 457 § 10, Ausführungsanweisung vom 29. September 1934 RGBl. I S. 869, § 31 der Straßenverkehrs-Ordnung, §§ 65 Abs. 2 und 6, § 70 der Straßenverkehrs-Zulassungs-Ordnung. **162,** 308 (313). — 25) Zum Gesetz zur Neuregelung der Verhältnisse der Reichsbank und der Deutschen Reichsbahn vom 10. Februar 1937 RGBl. II S. 47 und zum Reichsbahngesetz vom 4. Juli 1939 RGBl. I S. 1205. **162,** 364. — 26) Zur Eisenbahn-Bau- und Betriebsordnung vom 17. Juli 1928 RGBl. II S. 541 §§ 74 flg. **162,** 364 (366). — 27) Bahnpolizeidienst eines Schrankenwärters bei Bedienung einer Fernschranke schon deshalb zu verneinen, weil der Bahnpolizeidienst die Möglichkeit einer unmittelbaren, persönlichen Einwirkung an Ort und Stelle auf Zuwiderhandelnde erfordert. **162,** 364 (366). — 28) Zum Gesetz über Kreuzungen von Eisenbahnen und Straßen vom 4. Juli 1939 RGBl. I S. 1211 mit Durchführungsverordnung vom 5. Juli 1939 RGBl. I S. 1215. Die Bahn ist auch an den Kosten für die Wegekreuzungen beteiligt, soweit ihre Änderung und ihre Ergänzung durch d n Bahnverkehr veranlaßt ist. Sie ist also wegebaupflichtig und aus dieser Eigenschaft heraus verpflichtet, für die Verkehrssicherheit auf den von ihr zu unterhaltenden Wegen zu sorgen und ortspolizeilichen Weisungen in bezug auf ihre Wegebaupflicht nachzukommen. **162,** 364 (367 flg.). — 29) Zwar sind den Eisenbahnbeamten polizeiliche Befugnisse übertragen, aber diese Befugnisse haben mit der allgemein bürgerlich-rechtlichen Verkehrssicherungspflicht eines Eisenbahnunternehmers nichts zu tun. Als solcher hat der Staat wie jeder Beförderungsunternehmer die sich aus § 823 BGB. sich ergebende bürgerlich-rechtliche Pflicht, dafür zu sorgen, daß durch die Ausführung seiner Beförderungen nicht Personen oder Sachen zu Schaden kommen. Die den Wegebaupflichtigen obliegende Anbringung und Unterhaltung von Warnungstafeln für den Kraftwagenverkehr sind auch dann als Erfüllung der Verkehrssicherungspflicht und nicht als Ausübung öffentlicher Gewalt aufzufassen, wenn der Wegebaupflichtige Hoheitsträger ist, obwohl die Warnzeichen, indem sie auf Gefahrstellen vorbereiten, zugleich geeignet sind, den Fahrer die an solchen Gefahrstellen zu beachtenden Polizeiverbote in Erinnerung zu rufen und ihre Beachtung nahezulegen. Daß der dafür verantwortliche Bahnunternehmer zugleich Inhaber der Bahnpolizeigewalt ist, ändert nichts daran, daß die Anbringung und Bedienung der Schranken noch nicht Ausübung der Polizeigewalt ist, sondern daß diese erst einzugreifen hat, wenn das Verbot, das Bahngelände nach Schließung der Schranken zu begehen, übertreten wird. Es ist nicht so, daß der Schrankenwärter durch das Schließen der Schranken den Übergang verbietet und damit eine polizeiliche Verfügung erläßt, sondern der Schrankenwärter ist nur Polizeivollzugsbeamter, der Zuwiderhandlungen zu verhindern hat. Aber auch die Bahnverwaltung erläßt durch das Schließen der Schranken keine polizeiliche Verfügung, sondern die Verfügung ist in § 79 EBBO. enthalten und dagegen gerichtet, daß der Bahnkörper betreten wird, wenn die Sicherheit des Bahnverkehrs seine Freihaltung erfordert. Deshalb gilt das Verbot auch für den Fall, daß sich ein Zug nähert. Daraus ergibt sich eindeutig, daß die Schließung der Schranken nur die Annäherung des Zuges anzeigt, und ebensowenig wie diese selbst eine polizeiliche Maßnahme ist, sondern nur den Zustand schafft, an den die Rechtsnorm, § 79 EBBO., das Verbot knüpft. Ist aber die Bedienung der Schranke nicht Ausübung der Bahnpolizei, so könnte sie nur dann Ausübung hoheitlicher Gewalt oder Fürsorge sein, wenn der Bahnbetrieb überhaupt auf öffentlich-restlichem Gebiet liegen würde. **162,** 364 (368 flg.). — 30) Ausübung öffentlicher Gewalt bei Bedienung einer

Schleuse im Nord-Ostsee-Kanal. Der Betrieb des Kanals ist kein fiskalischer, sondern dient gemeinnützigen Zwecken. Gerade darin liegt der wesentliche Unterschied zwischen dem Kanalbetrieb und dem Betriebe der Reichsbahn. Die Einrichtung des Kanalbetriebs bezweckt die Sicherung des Schiffahrtsverkehrs, also eine hoheitliche Fürsorgetätigkeit. Die Reichsbahn bezweckt die Personen- und Güterbeförderung. Bei ihr ist die Notwendigkeit der Verkehrssicherung nur eine Begleiterscheinung der Gefährlichkeit des Unternehmens. Daß Kanal und Bahn Reichsvermögen sind und von Reichsbeamten verwaltet werden, bedeutet noch nicht Gleichheit der rechtlichen Erscheinungsform und macht die Verkehrssicherung der Reichsbahn allein noch nicht zu öffentlich-rechtlichen Fürsorgemaßnahmen. **162,** 364 (369). — 31) Was ist unter „Inland" in § 606 RZPO. und § 100 JN. zu verstehen? **162,** 128. — 31) Geht ein an sich unübertragbares Vorkaufsrecht, das für zwei — eine Gesellschaft des bürgerlichen Rechts bildende — gemeindliche Körperschaften bestellt worden war, nach Auflösung dieser Körperschaften auf den zu ihrem gemeinsamen Rechtsnachfolger bestimmten Gemeindeverband über? **163,** 142. — 33) Durch die Einverleibung des Landes Waldeck, Gebietsteil Pyrmont, in das Land Preußen ist der bisherige Rechtsträger (Waldeck-Pyrmont) im Sinne der §§ 1061, 1090 BGB. nicht als untergegangen zu betrachten und deshalb eine für ihn bestellte beschränkte persönliche Dienstbarkeit nicht erloschen. **162,** 142 (153). — 34) Wesen und Wirkung der Vereinigung mehrerer Gemeinden dahin zu bestimmen, daß nach der Vereinigung die einheitliche Gemeinde in jeder Beziehung an die Stelle der früheren Einzelgemeinden — gegenüber deren Beamten — trete, daß sie insofern der bisherigen Einzelgemeinden „repräsentiere", deren Rechtspersönlichkeit in neuer Gestalt fortsetze. **163,** 142 (153). — 35) Ein — nach preußischem Landesrecht zu beurteilender — Nießbrauch, der zur Unterhaltung einer Schule bestellt war, erscheint, namentlich wenn man mehr auf den Willen des Bestellers bei der Bestellung sieht, mehr an die Schule selbst gebunden als an die Einrichtung, die eine wechselnde Gesetzgebung mehr nach außen hin als Träger des Schulzwecken gewidmeten Vermögens hinstellt. Auch im Schrifttum aus der Zeit vor dem Gesetz über die Veräußerung von Nießbrauchsrechten und beschränkten persönlichen Dienstbarkeiten vom 13. Dezember 1935 (Begründung DJ. 1936 S. 21) wurde bereits die Auffassung vertreten, daß diese Rechte durch Eingemeinden nicht zum Erlöschen kämen, weil die einverleibte Gemeinde nicht als untergegangen, sondern als umgewandelt anzusehen sei. **163,** 142 (153). — 36) Es wäre ein rechtlich verfehltes, aber auch ein unbilliges Ergebnis, wenn eine zu gemeinem Nutzen eingetretene Änderung der Gemeindeverfassung, durch die an dem für ein Vorkaufsrecht bestehenden Bedürfnis nicht das geringste geändert wurde, eigennützigem Streben nach Vereitelung dieses Rechts zum Erfolg verhelfen sollte. Ein solches Ergebnis stünde auch nicht im Einklange mit der Richtung der neueren Gesetzgebung, die in steigendem Maße öffentlich-rechtliche oder gemeinnützige Körperschaften zur sachgemäßen Lenkung der Bodenverteilung und -verwertung mit gesetzlichen Vorkaufsrechten ausstattet und so dieses Recht in den Dienst öffentlicher Belange stellt. **163,** 142 (152 flg.). — 37) Zur zweiten Verordnung des Reichspräsidenten zur Sicherung von Wirtschaft und Finanzen vom 5. Juni 1931 (RGBl. I S. 279) Zweiter Teil Kap. I §§ 7, 8 i. d. F. der

Verordnung vom 6. Oktober 1931 (RGBl. I S. 537 [539]). Gelten Unternehmungen, deren Gesellschaftskapital sich mit mehr als der Hälfte im Eigentum von zwei einander nebengeordneten Körperschaften des öffentlichen Rechts im Sinne der Gehaltsangleichungsbestimmungen von 1931 befindet, als Körperschaften des öffentlichen Rechts (halbstaatliche Unternehmungen) im Sinne dieser Vorschriften? **163,** 219. — 38) Unbeachtlichkeit des Vorbringens, daß die Beklagte nicht bei ihren anderen gegenwärtigen und früheren Angestellten ähnliche Maßnahmen ergriffen habe; Richtigkeit der Annahme, daß die etwaige Kürzungspflicht zeitlich unbegrenzt und daß die Verzögerung der Durchführung der Maßnahme bedeutungslos ist. **163,** 219 (227). — 39) Zum Preuß. Polizeiverwaltungsgesetz vom 1. Juni 1931 (GS. S. 77) — PVG. — §§ 14, 18, 19, 21, 70; Preuß. ALR. Einl. § 75. Ist der Pächter eines Grundstücks, das die Gemeinde als Wassereinzugsgebiet benötigt, als Störer der öffentlichen Sicherheit anzusehen, wenn er auf dem Grundstück eine Großbaggerei einrichtet, durch welche die Wasserversorgung gefährdet wird? Kann der Unternehmer für das polizeiliche Verbot eines solchen Unternehmens Entschädigung verlangen? **163,** 228. — 40) Zur Gemeindeordnung für das Königreich Böhmen vom 16. April 1864 (GuVBl. Nr. 7) §§ 28, 35. Zur Frage der Gültigkeit einer in Böhmen erlassenen Polizeiverordnung über die Streupflicht der Hauseigentümer bei Glatteis. **163,** 267. — 41) Zum Gesetz betr. die Entschädigung für unschuldig erlittene Untersuchungshaft vom 14. Juli 1904 (RGBl. S. 321); Gesetz über die Gewährung von Straffreiheit vom 7. August 1934 (RGBl. I S. 769). Kann eine Entschädigung für unschuldig erlittene Untersuchungshaft zugebilligt werden, wenn der wegen mehrerer selbständiger Straftaten Verhaftete und Angeklagte nur in einem Teil der Fälle freigesprochen worden ist? — Kann eine solche Entschädigung zugebilligt werden, wenn nach völliger Freisprechung vor der Strafkammer ein Teil der Straffälle endgültig vom Reichsgericht durch Einstellung des Verfahrens auf Grund des Straffreiheitsgesetzes vom 7. August 1934 erledigt worden ist? **163,** 297. S. auch unten § 391 Nr. 5 bis 7. — 42) Zur Reichsärzteordnung vom 13. Dezember 1935 (RGBl. I S. 1433): Standesgerichtsbarkeit. **164,** 15 (27), 32 (38). — 43) Zur Preuß. Verordnung, betreffend das Verwaltungszwangsverfahren wegen Beitreibung von Geldbeträgen, vom 15. November 1899 (GS. S. 545) — VZV. — § 49. Ist die Vollstreckungsbehörde, die einen von ihr im Verwaltungszwangsverfahren gepfändeten Geschäftsanteil an einer Gesellschaft mit beschränkter Haftung durch freihändige Veräußerung verwerten will, verpflichtet, vor Erlaß der dahingehenden Anordnung den Pfandschuldner zu hören? — Ist die Vollstreckungsbehörde durch vorgehende Pfändungspfandrechte an der Verwertung eines von ihr gepfändeten GmbH.-Anteils gehindert? — Bedarf der auf freihändige Veräußerung eines gepfändeten GmbH.-Anteils gerichtete Vertrag der gerichtlichen oder notarischen Beurkundung? — Kann im ordentlichen Rechtswege nachgeprüft werden, ob eine im Zwangsvollstreckungsverfahren getroffene Maßnahme der Vollstreckungsbehörde gegen die guten Sitten verstößt? **164,** 162. — 44) Zu § 9 des Gesetzes über Fernmeldeanlagen vom 14. Januar 1928 (RGBl. I S. 8), § 25 des Postgesetzes vom 28. Oktober 1871 (RGBl. S. 347), § 2 der Anweisung über das Verwaltungszwangsverfahren der Deutschen Reichspost in Preußen. **164,** 162 (166). — 45) Soweit die Veräußerung des Rechts als zulässige Form der Verwertung von der Vollstreckungsbehörde angeordnet werden kann, steht es in ihrem Ermessen, ob sie dies tun will. Eine Verpflichtung, sich dabei des Einverständnisses des Schuldners zu versichern, liegt ihr schon um deswillen nicht ob, weil es, soweit es sich um die Beitreibung von Geldbeträgen im Verwaltungszwangsverfahren handelt, in erster Reihe die Belange des Gläubigers sind, auf die sie bei ihrer Entschließung Rücksicht zu nehmen hat. **162,** 162 (168). — 46) § 35 VZV. gilt nur für die Zwangsvollstreckung in körperliche Sachen. Er soll, wie § 33 VZV., beim Vorliegen mehrerer zeitlich auseinanderfallender Pfändungen das weitere Verfahren vereinfachen und Unzuträglichkeiten verhüten, die sich ergeben können, wenn mehrere Vollstreckungsorgane in die Lage kämen, die Versteigerung vorzunehmen. Für die Zwangsvollstreckung in Forderungen und andere Vermögensrechte fehlt es an einer entsprechenden Bestimmung. Sie wäre auch mit dem Zwecke des Vollstreckungsverfahrens nicht vereinbar, da es solchenfalls der Schuldner unter Umständen in der Hand hätte, im Einvernehmen mit einem ihm wohlgesinnten Gläubiger, der sich bereit fände, ein von ihm erlangtes Pfändungspfandrecht nicht weiter zu verfolgen, anderen Gläubigern eine Befriedigung aus dem Pfand unmöglich zu machen. Wie deshalb die Zivilprozeßordnung nach §§ 835, 856, 857 bei mehrfacher Pfändung einer Forderung oder eines Rechts eine Überweisung zur Einziehung an jeden Gläubiger, auch die nachpfändenden, zuläßt und ihm die Geltendmachung der ihm hieraus erwachsenden Rechte unerachtet eines nach § 804 Abs. 3 ZPO. durch eine frühere Pfändung begründeten Vorzugsrechts eines andern Gläubigers gestattet, steht auch nichts im Wege, daß in Fällen, in denen eine Überweisung zur Einziehung nicht in Frage kommt oder nicht zum Ziele führt, zugunsten des nachpfändenden Gläubigers gemäß §§ 844, 857 ZPO. eine andere Art der Verwertung angeordnet wird. § 1290 BGB. findet insoweit keine Anwendung. **162,** 162 (169). — 47) Zu EHRVO. §§ 16, 54. Sind die Bauernführer befugt, nach dem Ableben eines Bauern beim Nachlaßgericht die Ausstellung eines Erbscheins „für den Anerben" zu beantragen? **164,** 235. — 48) Ist durch § 13 in Verbindung mit § 14 der Ersten Anordnung zur Verordnung über die Durchführung des Vierjahresplans auf dem Gebiete der Handwerkswirtschaft vom 22. Februar 1939 (RGBl. I S. 328) den Gläubigern des Handwerkers während des Abwicklungsverfahrens für die Verfolgung ihrer bestrittenen Forderungen der ordentliche Rechtsweg verschlossen? **164,** 254. — 49) Zum Gesetz über den Aufbau der Sozialversicherung vom 5. Juli 1934 (RGBl. I S. 557) Abschn. II Art. 1, Art. 2 § 1, Art. 3 §§ 1, 2, Art. 7 §§ 1, 2. Dritte Verordnung hierzu vom 18. Dezember 1934 (RGBl. I S. 1266) Nr. 3. Neunte Verordnung zur Neuordnung der Krankenversicherung vom 13. Juli 1935 (RGBl. I S. 1024) Art. 2 §§ 2, 3. Sechzehnte Verordnung zum Aufbau der Sozialversicherung betr. die Rechtsverhältnisse der Bediensteten der Versicherungsträger vom 9. Juni 1938 (RGBl. I S. 622) §§ 1, 3. Erlaß des Reichs- und Preuß. Arbeitsministers vom 30. März 1936 (RArbBl. IV S. 107). Bestimmungen des Reichsversicherungsamts über Anstellung, Besoldungs- und Dienstverhältnisse des Vertrauensarztes vom 15. Juli 1936 (RArbBl. IV S. 230) in der Fassung vom 29. Dezember 1938 (RArbBl. 1939 IV S. 40). Runderlaß des Reichsarbeitsministers von 27. Juni

1938 IIa 8742/38 (RVerf. 1938 S. 204). Ausführungs- und Überleitungsbestimmungen über das kassenärztliche Dienstverhältnis in der Fassung vom 5. April 1933 (RArbBl. IV S. 169) §§ 7, 13. Welche Rechtsnatur haben nach der Neugestaltung des Sozialversicherungsrechts die Obliegenheiten des Leiters einer Krankenkasse gegenüber den Versicherten? Nach welchen gesetzlichen Bestimmungen regelt sich demnach die Haftung der Krankenkasse für eine schuldhafte Handlung oder Unterlassung ihres Leiters zum Nachteil eines Versicherten? — Wer haftet dem geschädigten Versicherten für eine schuldhafte Handlung oder Unterlassung des Vertrauensarztes, welche dieser als Organ des versicherungsrechtlichen Gemeinschaftsdienstes bei der Beurteilung des Gesundheitszustandes des Versicherten begangen hat? — Erwirbt der Krankenversicherte, der in die Behandlung eines Kassenarztes tritt, auch nach der Neugestaltung des Sozialversicherungsrechts unmittelbar gegen den Kassenarzt einen Rechtsanspruch auf sachgemäße Behandlung? **165**, 91. — 50) Zu den Richtlinien für die Devisenbewirtschaftung vom 22. Dezember 1938 (RGBl. I S. 1851) Abschn. II Nr. 36, 37; Abschn. IV Nr. 49 flg., 61. Kann der im Auslande lebende Unterhaltsberechtigte Zahlung der Unterhaltsbeträge auf ein bei einer inländischen Bank errichtetes Vorzugssperrguthaben fordern? Wird der Unterhaltsverpflichtete durch die Aufforderung zur Zahlung auf ein solches Vorzugssperrguthaben in Verzug gesetzt? **165**, 219. — 51) In der Rechtsprechung ist anerkannt, daß der Schuldner nach Treu und Glauben die durch die Devisengesetzgebung erforderlich werdenden Änderungen in der Art der geschuldeten Leistung auf sich nehmen muß, sofern er dadurch nicht beschwert wird. **165**, 219 (221). — 52) Während des Aufenthalts der Kläger in einem feindlichen Staat wäre nach § 5 Abs. 2 der Verordnung über die Behandlung feindlichen Vermögens vom 15. Januar 1940 (RGBl. I S. 191) zur Überweisung von Unterhaltsrenten die Ausnahmebewilligung des Reichswirtschaftsministers erforderlich. **165**, 219 (222). — 53) Wenn die Klagepartei stets nur die Zahlung an eine inländische Bank gefordert hat und die hierzu erforderliche Genehmigung der Devisenstelle erwirkt und beigebracht hatte, bestand für den Beklagten keine Veranlassung, sich selbst um die Genehmigung nach Abschn. IV Nr. 61 der Richtlinien zu bemühen. **165**, 219 (223). — 54) Zur Verordnung zur Belebung der Wirtschaft vom 4. September 1932 (RGBl. I S. 425) 4. Teil Kap. V und der dazu ergangenen Ergänzungs- und Durchführungsverordnung vom 27. Februar 1933 (RGBl. I S. 89). **165**, 219 (230). — 55) Zu RVO. § 1542. Kann ein Schadensersatzanspruch auch dann entstehen und auf die Berufsgenossenschaft übergehen, wenn der durch einen Unfall verletzte Angestellte trotz der Verletzungen seine Stellung behält und sein Gehalt weiter bezieht? **165**, 236. — 56) Zum Wesen der Deutschen Reichspost. Die grundlegende Entscheidung in RGZ. Bd. 185 S. 83 hat mit der früheren Auffassung gebrochen, nach welcher die mit dem Betriebe der postalischen Anstalt verbundenen Geschäfte grundsätzlich dem bürgerlich-rechtlichen Rechtskreise zugerechnet wurden, und hat jedenfalls für die Briefbeförderung klargelegt, daß die darauf bezügliche Tätigkeit der Reichspost — einschließlich der Beförderung der Briefe durch Kraftwagen der Reichspost — als hoheitsrechtliche Tätigkeit und Ausübung öffentlicher Gewalt anzusehen ist. In RGZ. Bd. 164 S. 273 ist das gleiche auch für die Paketbeförderung ausgesprochen worden. Dienstfahrten, welche der Verwaltung, Leitung und Beaufsichtigung des Postwesens dienen, sind ebenfalls dem hoheitsrechtlichem Gebiete zuzurechnen. Die Reichspost ist für den Betrieb ihrer Anstalten nicht mehr wie früher einem bürgerlich-rechtlichen Unternehmer gleichzustellen, vielmehr tritt für den in Betracht kommenden Zusammenhang ihre Eigenschaft als Hoheitsverwaltung des Reichs in den Vordergrund. Das hoheitsrechtliche Wesen derjenigen Tätigkeit, welche die Reichspost auf dem Gebiete des deutschen Fernmeldewesens entfaltet, ergibt sich schon unmittelbar aus dem Gesetz über Fernmeldeanlagen vom 14. Januar 1928 (RGBl. I S. 8). Die Tätigkeit der Reichspost auf diesem Gebiete ist weder bürgerlich-rechtlich eingestellt noch bürgerlich-rechtlich zu beurteilen. **165,** 365 (368 flg.) [s. auch § 374 I unter NrNr. 46, 47]. — 57) Zum Gesetz über die einstweilige Neuregelung des Straßenwesens und der Straßenverwaltung vom 26. März 1934 (RGBl. I S. 243) §§ 2, 3. Kann dem Träger der Straßenbaulast, der nicht Eigentümer der Straße ist, bei Forderung von Schadensersatz wegen Beschädigung der Straße durch Bergbau entgegengehalten werden, daß der Eigentümer der Straße, der vor Geltung des Gesetzes über die einstweilige Neuregelung des Straßenwesens und der Straßenverwaltung vom 26. März 1934 zugleich Träger der Straßenbaulast war, in einem zu jener Zeit mit dem Bergwerksbesitzer abgeschlossenen Vertrag auf Ersatz des künftig an der Straße entstehenden Bergschadens verzichtet hat? **166,** 105. — 58) Zu § 3 Abs. 2 des Gesetzes vom 26. März 1934 und zu § 22 der Durchführungsverordnung vom 7. Dezember 1934 (RGBl. I S. 1237). Wenn in § 3 des Gesetzes von den „aus dem Eigentum an der Straße sich ergebenden Rechten und Pflichten" die Rede ist, so fallen darunter nicht etwa die mit dem Eigentum zusammenhängenden schuldrechtlichen Verträge. Der Verzicht auf künftigen Bergschädenersatz stellt keine sich „aus dem Eigentum" ergebende Pflicht dar, sondern ist eine von der Stadt eingegangene Bindung, die nicht zu einer Einschränkung des Eigentums ausgestaltet wurde, was an sich möglich wäre. **166,** 105 (111). — 59) Kann der Ersatzanspruch an den Staat wegen Verlustes beschlagnahmter Sachen nur auf Art. 131 WeimVerf. in Verbindung mit § 839 BGB. oder auch auf das öffentlich-rechtliche Verwahrungsverhältnis gestützt werden? — Kann der auf das öffentlich-rechtliche Verwahrungsverhältnis gestützte Ersatzanspruch im ordentlichen Rechtswege verfolgt werden? — Steht der Ersatzanspruch aus dem öffentlich-rechtlichen Verwahrungsverhältnis dem Eigentümer der beschlagnahmten Sachen zu, auch wenn sich die Beschlagnahmeverfügung nicht gegen ihn richtete? **166,** 218. — 60) Im Bereiche der strafverfahrensrechtlichen Beschlagnahme wird bei Verletzung der Obhut- und Rückgabepflicht, wie sie auch in anderen Fällen amtlicher Ingewahrsamnahme besteht, dem Berechtigten in Schrifttum und Rechtsprechung ein von den gesetzlichen Voraussetzungen des Art. 131 WeimVerf. unabhängiger Ersatzanspruch aus einem Verwahrungsverhältnis zuerkannt, der nirgends als bürgerlich-rechtlich zu bewerten, sondern allenthalben nach öffentlichem Recht zu beurteilen ist. **166,** 218 (223). — 61) Eine besondere Haftungsvorschrift enthält der § 102 des Vereinszollgesetzes. **166,** 218 (223). — 62) Der Anspruch aus dem öffentlich-rechtlichen Verwahrungsverhältnis ist für den Berechtigten günstiger als der Staatshaftungsanspruch aus Art. 131 WeimVerf., er besteht nicht nur hilfsweise (§ 839 Abs. 1 Satz 2), geht bei Versäumung eines Rechtsmittels nicht unbedingt verloren (§ 839 Abs. 3), hängt bei Ausländern nicht von Verbürgung der Gegenseitigkeit ab (§ 7 des Reichshaftungsgesetzes vom 22. Mai 1910 [RGBl. S. 798]) und unterliegt nicht der kurzen Verjährung nach § 852 BGB. **166,** 218 (224). — 63) Die durch eine Beschlagnahme begründeten Rechtsbeziehungen des Betroffenen zum Staate sind nicht vertraglicher oder vertragsähnlicher Art. **166,** 218 (235). — 64) Für das Gebiet der staatlichen Verwahrungshaftung ist der auf Art. 131 WeimVerf. gestützte, einen Anwendungsfall des § 111 StPO. betreffende Staatshaftungsansprüche anerkannt worden. **166,** 218 (237). — 65) Ein vom Verschulden unabhängiger Ersatzanspruch käme etwa in Betracht, wenn der Kläger durch die Beschlagnahme zur Aufopferung privater Rechte für das allgemeine Wohl genötigt worden wäre (§ 75 Einl. z. ALR.) oder wenn durch die Beschlagnahme rechtswidrig in sein Eigentum eingegriffen worden und er an einer nach den Regeln des bürgerlichen Rechts an sich zu begründenden Abwehrklage durch eine Sonderbestimmung oder aus besonderen Rücksichten, namentlich solchen des Gemeinwohls, gehindert gewesen wäre. **166,** 218 (239). — 66) Bei Beratung des Entwurfs der Strafprozeßordnung hat der Kommissar des Bundesrats eine Haftung der Staatskasse für zufälligen Verlust der verwahrten (beschlagnahmten) Sache verneint. Auch die allgemein gebilligte Vergleichung des öffentlich-rechtlichen Verwahrungsverhältnisses mit einem bürgerlich-rechtlichen Verwahrungsvertrage, der (außer im Falle des Verzuges [§ 287 Satz 2 BGB.]) keine Haftung des Verwahrers ohne Verschulden kennt, will zur Annahme einer Staatshaftung ohne Verschulden nicht stimmen. **166,** 218 (239). — 67) Zugunsten des Klägers greift bei der Schadensersatzklage auf Grund des öffentlich-rechtlichen Vertragsverhältnisses der in § 282 BGB. ausgedrückte, auch dem öffentlichen Rechte angehörende allgemeine Rechtsgedanke ein, wonach der Staat beweisen muß, daß die Unmöglichkeit der Rückgabe der beschlagnahmten Sache nicht die Folge eines von ihm zu vertretenden Umstandes ist. Die Anforderungen an diesen Beweis sind nicht streng zu bemessen. **166,** 218 (239). — 68) Zum Reichsbahngesetz vom 4. Juli 1939 (RGBl. I S. 1205), Gesetz zur Neuregelung der Verhältnisse der Reichsbank und der Deutschen Reichsbahn vom 10. Februar 1927 (RGBl. II S. 47). Reich und Reichsbahn sind nicht Reichspersönlichkeiten nebeneinander, sondern bilden eine Einheit. Der Reichsbahn kommt Parteifähigkeit, aber — wie auch aus dem Gegensatze zu der für die Reichsbank getroffenen Regelung erhellt — keine Rechtspersönlichkeit zu. Das Reichsbahnvermögen enthält zwar außer den Vermögensstücken, die schon immer Eigentum des Reiches oder des österreichischen Bundesschatzes gewesen sind, auch Vermögen, das früher der Deutschen Reichsbahngesellschaft und dem Wirtschaftskörper Österreichischer Bundesbahnen gehörte. Aber alle diese Bestandteile bilden jetzt nach § 1 Abs. 1 und 2 des Reichsbahngesetzes ein einheitliches Vermögen, für das gewisse Sonderbestimmungen gelten, das aber niemand sonst gehört als eben dem Reich. Wo immer die Reichsbahn im Rechtsverkehr auftritt, der Handelnde, Berechtigte und Verpflichtete ist nur das Reich. Wer einen Anspruch gegen die Reichsbahn erhebt, ist Gegner des Reichs. **166,** 257 (262). — 69) Zu § 7 des Reichsstatthaltergesetzes vom 30. Januar 1935 (RGBl. I S. 65). **166,** 257 (262). — 70) Zum Reichsgesetz über die Vereinheitlichung im Behördenaufbau vom 5. Juli 1939 (RGBl. I

S. 1197). **166,** 296 (302). — 70) Zu HGB. §§ 33, 36. Dritte Verordnung des Reichspräsidenten zur Sicherung von Wirtschaft und Finanzen vom 6. Oktober 1931 (RGBl. I S. 537) V. Teil Kap. I § 2. Preußische Verordnung über die Sparkassen sowie die kommunalen Giroverbände und kommunalen Kreditinstitute vom 20. Juli/4. August 1932 (GS. S. 241/275). Müssen die von Preußischen Gemeinden oder Gemeindeverbänden errichteten Sparkassen, die gemäß der Dritten Verordnung des Reichspräsidenten zur Sicherung von Wirtschaft und Finanzen vom 6. Oktober 1931 zu Anstalten mit eigener Rechtspersönlichkeit umgestaltet worden sind, in das Handelsregister eingetragen werden? **166,** 334. — 71) Zur Verordnung über die Neugestaltung der Reichshauptstadt Berlin und der Hauptstadt der Bewegung München vom 8. Februar 1939 (RGBl. I S. 159). Liegen den mit der Neugestaltung der Städte Berlin und München betrauten Behörden Amtspflichten gegenüber den Hauseigentümern ob, die Ersatzwohnraum für die aus abgerissenen Häusern verdrängten Mieter zur Verfügung halten müssen? **166,** 360. — 72) Zum Aufopferungsanspruch nach § 75 Einl. zum Preuß. ALR. **166,** 360 (362). — 73) Gilt die Rechtsnorm des Art. 131 WeimVerf., und zwar mit der Einschränkung durch § 839 Abs. 1 Satz 2 BGB., seit der Wiedervereinigung Österreichs mit dem Deutschen Reich auch im Lande Österreich. **167,** 1. — 74) Zum Gesetz über die Wiedervereinigung Österreichs mit dem Deutschen Reiche vom 13. März 1938 (RGBl. I S. 237). **167,** 1 (6). 75) Zur Verordnung zu diesem Gesetze vom 16. März 1938 (RGBl. I S. 249) und zum Ersten Erlaß des Führers und Reichskanzlers über die Einführung deutscher Reichsgesetze in Österreich vom 15. März 1938 (RGBl. 1938 I S. 247). **167,** 1 (6). — 76) Zum Wehrleistungsgesetz vom 13. Juli 1938 (RGBl. I S. 887) § 35 Abs. 1, §§ 15, 16; Runderlaß des Reichsministers des Innern vom 5. April 1939 I T Ra 313/39—116, RMBliV. 1939 Sp. 811/812, Rechtsgrundlagen Nr. 1 zu a und b. **167,** 1 (4, 13 flg.). — 77) Zum Preuß. Polizeiverwaltungsgesetz vom 1. Juni 1931 (GS. S. 77) — PVG. — §§ 14, 18—21, 41, 44, 70 flg. Kann eine nicht polizeipflichtige Person, die aber in einer Polizeiverfügung mit ihrem Einverständnis als polizeipflichtig behandelt worden ist und die ihr darin aufgetragenen Arbeiten ausgeführt hat, sich darauf berufen, sie habe das als Geschäftsführer für den eigentlichen Polizeipflichtigen getan? — Kann sie sich auf Geschäftsführung berufen, wenn der Polizeipflichtige zugleich Störer ihres Eigentums war? **167,** 55. — 78) Zu RVO. §§ 553a, 1542. Auf welcher Rechtsgrundlage können Hinterbliebene des bei einer Lebensrettung tödlich Verunglückten Ansprüche erheben? — Gehen die Ansprüche auf öffentliche Versicherungsträger insoweit über, als diese den Hinterbliebenen Leistungen zu gewähren haben? **167,** 85. — 79) Zu RVO. § 1542; zum 5. Gesetz über Änderungen in der Unfallversicherung vom 17. Februar 1939 (RGBl. I S. 267, 274). Schließt die Leistung der gesetzlichen Krankenversicherung die Amtshaftung aus? — Kann der Versicherungsträger aus dem nicht von ihm gedeckten Schaden des Verletzten Ersatz seiner Aufwendungen von dem Schädiger verlangen? Ist dieser Ersatzanspruch nach Art und Zeit der Aufwendungen beschränkt? Inwieweit kann insbesondere für die Krankenhauskosten die Ersatzforderung des Verletzten gegen den Schädiger wegen Verdienstausfalles in Anspruch genommen werden? **167,** 207. — 80) Kann ein rechtskräftig gewordener Beschluß über die Genehmigung einer Grundstücksveräußerung, der gemäß der Verordnung über den Einsatz des jüdischen Vermögens vom 3. Dezember 1938 (RGBl. I S. 1709) ergangen ist, nachträglich von der Verwaltungsbehörde abgeändert werden, wenn sich die Sachlage in einem Punkte geändert hat, der für die frühere Entschließung der Genehmigungsbehörde wesentlich war, und danach der Kaufvertrag mit dem früher genehmigten Inhalt undurchführbar geworden ist? **167,** 236. — 81) Im Gebiete der Bekanntmachung vom 15. März 1918 über den Verkehr mit landwirtschaftlichen Grundstücken (RGBl. I S. 123) sind rechtskräftige Entscheidungen der Behörden über die Genehmigung von Grundstücksveräußerungen oder deren Versagung als endgültig und nachträglich abändernde Entscheidungen als unwirksam angesehen worden, weil eine frühere Genehmigung die endgültige Bindung der Beteiligten und eine Versagung die endgültige Beseitigung der Vertragsverpflichtungen bewirkt hatte. **167,** 236 (241). — 82) Zu Art. I und II § 2 der Zweiten Durchführungsverordnung vom 18. Januar 1940 zur Verordnung über den Einsatz des jüdischen Vermögens (RGBl. I S. 188). **167,** 236 (240 flg.). — 83) Zum Danziger Gesetz über die Bereinigung der Grundbücher vom 26. Juni 1931 (GBl. S. 584, 650) §§ 4, 5; GrundbuchbereinG. vom 18. Juli 1930 (RGBl. I S. 305) §§ 1 flg., 4, 6. Ist anerbengerichtliche Genehmigung erforderlich, wenn auf Antrag des Gläubigers an Stelle einer im Wege der Grundbuchbereinigung gelöschten Grundstücksbelastung Neueintragung an nächstbereiter Rangstelle erfolgen soll? **167,** 249. — 84) Zu §§ 2, 3 des Danziger zweiten Gesetzes über den Ausgleich der Geldentwertung vom 28. September 1926 (GBl. S. 285) — Danziger Aufwertungsgesetz —. **167,** 249 (250). — 85) Zum Erlaß des Führers und Reichskanzlers über Gliederung und Verwaltung der Ostgebiete vom 8. Oktober 1939 (RGBl. I S. 2042, 2057) § 6 und über die Verwaltung der besetzten polnischen Gebiete vom 12. Oktober 1939 (RGBl. I S. 2077) § 4. Sind Angehörige des früheren polnischen Staates, die im Deutschen Reiche wohnen, aber nicht dem deutschen Volkstume zugehören, staatenlos geworden? — In welchem Zeitpunkte haben sie ihre frühere Staatsangehörigkeit verloren? **167,** 274. — 86) Zu den Runderlassen des Reichsministers des Innern vom 25. November 1939 und vom 15. April 1940 (RMinBliV. 1939 S. 2385, 1940 S. 805); § 4 der Verordnung des Generalgouverneurs vom 19. Februar 1940 über die polnische Gerichtsbarkeit im Generalgouvernement (VOBl. des Generalgouverneurs Teil I S. 64. **167,** 274 (277). — 87) Zum Gesetz über Sachleistungen für Reichsaufgaben (Reichsleistungsgesetz) vom 1. September 1939 (RGBl. I S. 1645) — RLG. — § 3b Nr. 1, §§ 26, 27. Ist für die Klage auf Zahlung des Mietzinses und auf Schadensersatz wegen Beschädigung der Mietsache auf Grund eines Mietvertrages, den der Leistungspflichtige auf Verlangen der Bedarfsstelle mit einem Dritten über eine bewegliche Sache gemäß § 3b Nr. 1 des Reichsleistungsgesetzes abgeschlossen hat, der Rechtsweg zulässig? — Steht, falls dieser Mietvertrag nichtig ist, dem Leistungspflichtigen gegen den Dritten wegen des Gebrauchs der Sache ein im ordentlichen Rechtswege verfolgbarer Anspruch wegen ungerechtfertigter Bereicherung zu? **167,** 281. — 88) Der unter der Herrschaft des Wohnungsmangelgesetzes zustande gekommene Zwangsmietvertrag hatte das Wesen eines echten bürgerlich-rechtlichen Mietvertrags. **167,** 281 (285). — 89) Zur Ersten Verordnung über Wasser- und Bodenverbände (Erste Wasserverbandsverordnung) vom 3. September 1937 (RGBl. I S. 933) — WasfVBO. —; Wasserverbandsgesetz vom 10. Februar 1937 (RGBl. I S. 188). Ist der ordentliche Rechtsweg zulässig für einen Anspruch, den ein Wasserverbandsmitglied gegen den Wasserverband wegen eines Eingriffs aus dem Verbandsunternehmen in ein dem Verbande angehöriges Grundstück erhebt? **167**, 312. — 90) Zu § 537 Abs. 1 Nr. 4a RVO.; § 899 Abs. 2 das.; Gesetz vom 20. Dezember 1928 (RGBl. I S. 405); preuß. Gesetz über das Feuerlöschwesen vom 15. Dezember 1933 (GS. S. 484); Runderlaß des Ministers des Innern über Werkfeuerwehren vom 28. Mai 1934 — II D 2293 — (MBliV. Sp. 783); pr. PolVO. über die Pflichtfeuerwehren vom 1. November 1934 (GS. S. 436) § 1; Allgemeine Verfügung vom 28. Dezember 1998 betr. die Regelung des Feuerwehrwesens — pr. MBliV. 1899 S. 6 —; § 2 des Reichsgesetzes über das Feuerlöschwesen vom 23. November 193 (RGBl. I S. 1662); § 2 der Vierten Durchführungsverordnung zum Gesetz über das Feuerlöschwesen (Organisation der Pflichtfeuerwehr) vom 24. Oktober 1938 (RGBl. I S. 2100; Berichtigung RGBl. 1940 I S. 178). Zum Begriff des Betriebsaufsehers im Sinne der Gewerbeunfallversicherung. — Sind Mitglieder von Betriebsfeuerwehren durch § 899 Abs. 2 RVO. geschützt? — Wird die Haftung des Deutschen Reiches für Amtspflichtverletzungen seiner Beamten durch § 898 RVO. ausgeschlossen? **167**, 385. — 91) Die Beschränkung des § 899 Abs. 1 RVO. gilt nur für Handlungen, für die der Betriebs- und Arbeiteraufseher als solcher, nicht in anderer Eigenschaft einzutreten hat. **167**, 385 (386). — 92) Nach den in der Rechtsprechung anerkannten Rechtsgedanken wird verlangt, daß eine gewisse Überwachung des ganzen Betriebes oder wenigstens eines Teils des Betriebs auf seine Sicherheit hin ausgeübt werde und eine Verantwortlichkeit nach solcher Richtung gegeben sei. Unzulässig ist aber eine Ausdehnung dahin, daß schlechthin die Bedienung jeder Maschine im Betriebe den damit betrauten Gefolgsmann zum Betriebsaufseher machen würde, weil eine Nachlässigkeit in der Bedienung die Betriebssicherheit gefährden könnte. Die rein mechanische Bedienung der Maschine genügt nicht, vielmehr muß die Verantwortung für den reibungslosen Ablauf eines Teils der Betriebsaufgaben, eine Aufsichtstätigkeit, wenn nicht über andere Betriebsangehörige, so doch über Betriebseinrichtungen zum bloßen Ingangsetzen hinzukommen. **167**, 385 (387). — 93) § 898 RVO. beschränkt auch die Haftung juristischer Personen, die Unternehmer versicherter Betriebe sind, obwohl sie strafrechtlich nicht verfolgt werden können. **167**, 385 (390). — 94) Zu Art. 131 WeimVerf. und §§ 1, 19, 38 Abs. 1, §§ 42, 46 Abs. 1 der Reichsärzteordnung vom 13. Dezember 1935 (RGBl. I S. 1433) — RÄO. —. Unter welchen Voraussetzungen kann die Reichsärztekammer mit ihren Maßnahmen in die bürgerlich-rechtlichen Belange der Ärzte eingreifen? **168**, 129. — 95) Zu § 1 des Gesetzes zur Sicherung der Einheit von Partei und Staat vom 1. Dezember 1933 (RGBl. I S. 1016). Es ist schlechterdings rechtswidrig, wenn jemandem seine Stellung genommen wird, weil er die Partei fördert, die Trägerin des deutschen Staatsgedankens ist. **168**, 143 (165). — 96) Zum Gesetz über beschränkte Auskunft aus dem Strafregister und die Tilgung von Strafvermerken vom 9. April 1920 (RGBl. S. 507) — Straftilgungsgesetz — § 4 Abs. 4; Verordnung zur Änderung dieses Gesetzes vom 17. November 1939

(RGBl. I S. 2254); WeimVerf. Art. 131. Galt die durch die Verordnung vom 17. November 1939 dem § 4 des Straftilgungsgesetzes als Abs. 4 angefügte Bestimmung, daß der Verurteilte im Falle der Tilgung des Vermerks über seine Verurteilung im Strafregister jede Auskunft über die Tat und über die Strafe verweigern und sich, soweit nicht eine andere, noch nicht getilgte Verurteilung entgegensteht, als unbestraft bezeichnen darf, schon im Jahre 1933 als Rechtsgrundsatz? **168,** 193. — 97) Zu § 1 des Gesetzes über die Einziehung kommunistischen Vermögens vom 26. Mai 1933 (RGBl. I S. 293); Gesetz über die Einziehung volks- und staatsfeindlichen Vermögens vom 14. Juli 1933 (RGBl. I S. 479); Preuß. Durchführungsverordnung vom 31. Mai 1933 (GS. S. 207); Erlaß des Führers und Reichskanzlers über die Verwertung des eingezogenen Vermögens von Reichsfeinden vom 29. Mai 1941 (RGBl. I S. 303); Verordnung über die Anmeldung des Vermögens von Juden vom 26. April 1938 (RGBl. I S. 415); § 1 Abs. 2 der Reichsärzteordnung vom 13. Dezember 1935 (RGBl. I S. 1433); § 8 der Zweiten Verordnung zur Durchführung des Gewerbesteuergesetzes vom 20. April 1938 (RGBl. I S. 209); § 8 Abs. 1 der Verordnung über den Einsatz des jüdischen Vermögens vom 3. Dezember 1938 (RGBl. I S. 1709); III 2 des Ersten Durchführungserlasses des Reichswirtschaftsministers vom 6. Februar 1939. **168,** 261 (263 flg.). — 98) Der ärztliche Beruf ist zwar kein Gewerbe; jedoch wird der Betrieb einer Privatkrankenanstalt als Gewerbebetrieb (§ 30 GewO.) angesehen. **168,** 261 (268). — 99) Zum Reichsjagdgesetz vom 3. Juli 1934/23. April 1938 (RGBl. 1934 **I** S. 549, 1938 **I** S. 410) — RJagdG. — § 11, § 12 Abs. 3 Satz 2, §§ 37, 42; § 6 des Ergänzungsgesetzes zum Reichssiedlungsgesetz vom 4. Januar 1935 (RGBl. I S. 1); Art. II § 2 der Zweiten Verordnung zur Durchführung der Verordnung über den Einsatz des jüdischen Vermögens vom 18. Januar 1940 (RGBl. I S. 188); Pachtschutzordnung (Bekanntmachung vom 23. Juli 1925 [RGBl. 1925 I S. 152, 1926 I S. 523; 1927 I S. 179, 1929 I S. 133, 1930 I S. 107, 1931 I S. 133, 1932 I S. 284, 1934 I S. 913, 1936 I S. 851, 1937 I S. 1051]); Reichspachtschutzordnung vom 30. Juli 1940 § 7, § 8 Abs. 1, §§ 20 flg. (RGBl. I S. 1065, 1369, 1606). **168,** 307 (308 flg.). — 100) Zur Verordnung des Reichsprotektors in Böhmen und Mähren über das jüdische Vermögen vom 21. Juni 1939 (VBlRProt. S. 45) § 1; Zweite Verordnung zur Durchführung der Verordnung über den Einsatz des jüdischen Vermögens vom 18. Juni 1940 (RGBl. I S. 188) Art. II § 2; Verordnung über die Behandlung von Vermögen der Angehörigen des ehemaligen polnischen Staates vom 17. September 1940 (RGBl. I S. 1270) §§ 1, 2, 5, 12. Ist bei Verfügungen von Juden über Grundstücke im Protektorat Böhmen und Mähren die genehmigende Behörde berechtigt, die Genehmigung einer solchen Verfügung mit einer Auflage zu verbinden und insoweit den Vertragswillen des Veräußerers abzuändern? **168,** 317. — 101) Für das Genehmigungsverfahren auf Grund der Bekanntmachung über den Verkehr mit landwirtschaftlichen Grundstücken vom 15. März 1938 (RGBl. I S. 123) hat die Rechtsprechung angenommen, daß eine rechtskräftige Entscheidung der Behörde, mit der die Genehmigung zu einer Grundstücksveräußerung versagt wird, die endgültige Vernichtung des Veräußerungsgeschäfts herbeiführt. Damit sind die Beteiligten von der früheren Vertragsbindung und Treupflicht befreit. Es wurde für unvereinbar mit der Rechtssicherheit erachtet, daß die Behörde ihre einmal getroffene Entscheidung nachträglich mit rechtlicher Wirkung sollte abändern können. **168**, 346 (351). — 102) Zu § 3 des Erlasses des Führers vom 23. Mai 1940 (RGBl. I S. 803) und § 2 der Verordnung über bürgerlich-rechtliche Überleitungsvorschriften für die Gebiete von Eupen-Malmedy und Moresnet vom 3. September 1940 (RGBl. I S. 1222). **168**, 346 (349). — 103) Zum Gesetz über die Errichtung eines Unternehmens „Reichsautobahnen" vom 27. Juni 1933 RGBl. II S. 509) in der Fassung des Gesetzes vom 18. Dezember 1933 (RGBl. I S. 1081); Erste Verordnung zur Durchführung dieses Gesetzes vom 7. August 1933 (RGBl. 1933 II S. 521) in der Fassung der Zweiten Durchführungsverordnung vom 8. März 1935 (RGBl. II S. 177); Satzung der Gesellschaft „Reichsautobahnen" vom 10./22. August 1933 (RMBl. S. 439); Gesetz zur Neuregelung der Verhältnisse der „Reichsautobahnen" vom 1. Juli 1938 (RGBl. II S. 207); Dritte Verordnung zur Durchführung des Gesetzes über die Errichtung eines Unternehmens „Reichsautobahnen" vom 1. Juni 1938 (RGBl. II S. 208); Drittes Gesetz zur Änderung dieses Gesetzes vom 25. Juli 1938 (RGBl. I S. 951); Viertes Gesetz zur Änderung dieses Gesetzes vom 29. Mai 1941 (RGBl. I S. 309); Neufassung des Reichsautobahngesetzes vom 29 Mai 1941 (RGBl. I S. 311); Vierte Verordnung zur Durchführung dieses Gesetzes vom 29. Mai 1941 (RGBl. I S. 311); Neufassung der Verordnung zur Durchführung des Reichsautobahngesetzes vom 29. Mai 1941 (RGBl. I S. 315); Satzung der „Reichsautobahnen" vom 1./3. Juni 1938 (RMBl. S. 374). Haftet das Unternehmen „Reichsautobahnen" oder die Deutsche Reichsbahn für den Ersatz des Schadens, den ein dem Unternehmen „Reichsautobahnen" zur Dienstleistung zugeteilter Beamter, Angestellter oder Arbeiter der Deutschen Reichsbahn in Ausübung der ihm anvertrauten öffentlichen Gewalt einem Dritten schuldhaft zufügt? — Werden die Unternehmerarbeiter an der Reichsautobahn in Ausübung öffentlicher Gewalt im Sinne des Art. 131 WeimVerf. betreut? **168**, 361. — 104) Das Unternehmen „Reichsautobahnen" erhielt auf Grund des Gesetzes vom 27. Juni 1933 mit dem Bau und Betrieb der Kraftbahnen Aufgaben staatshoheitlicher Natur übertragen. **168**, 361 (369). — 105) Zum Gesetz über die Unterkunft bei Bauten vom 13. Dezember 1934 (RGBl. I S. 1234); Ausführungsverordnung zu diesem Gesetze vom 10. Januar 1935 (RGBl. I S. 10). **168**, 361 (370). — 106) Zur Neunten Verordnung zur Neuordnung der Krankenversicherung vom 13. Juli 1935 (RGBl. I S. 1024) Art. 2 § 2; § 17 der Preußischen Amtsordnung vom 8. Oktober 1934 (GS. S. 393) in der Fassung der Verordnungen vom 13. Juli 1935 (MBliV. Sp. 894) und vom 13. September 1937 (RMBliV. Sp. 1533); Erste Durchführungsverordnung zur Deutschen Gemeindeordnung vom 22. März 1935 (RGBl. I S. 393); § 45 der Deutschen Gemeindeordnung vom 30. Januar 1935 (RGBl. S. 49). **168**, 398 (399 flg.). — 107) Zur Verordnung des Reichspräsidenten zur Sicherung der Wirtschaft und Finanzen vom 1. Dezember 1930 (RGBl. I S. 517) Siebenter Teil Kapitel III § 31; Gesetze vom 14. Juli 1933 (RGBl. I S. 484) und 29. Februar 1940 (RGBl. I S. 438). Welche Bedeutung hat die satzungsmäßig vorgesehene Gemeinnützigkeit einer Wohnungsgesellschaft mit beschränkter Haftung, der später die Gemeinnützigkeit aberkannt worden ist? **169**, 65. — 108) Verordnung zur Beschaffung von landwirtschaftlichem Siedlungsland vom 29. Januar 1919 (RGBl. S. 115); Reichssiedlungsgesetz vom 11. August 1919 (RGBl. S. 1429); Wohnungsgemeinnützigkeitsgesetz — WGG. — vom 29. Februar 1940 (RGBl. I S. 437) § 19 Abs. 5, § 21; Sozialisierungsgesetze vom 23. März 1919 über die Regelung der Kohlenwirtschaft und vom 24. April 1919 über die Regelung der Kaliwirtschaft (§ 17 AusfBest. vom 21. August 1919 RGBl. S. 1449; § 48 DurchfVO. vom 18. Juli 1919 RGBl. S. 663). **169,** 65 (77 flg.). — 109) Zum Reichs- und Staatsangehörigkeitsgesetz vom 22. Juli 1913 § 8; § 155 des Preuß. Gesetzes über die Zuständigkeit der Verwaltungs- und Verwaltungsgerichtsbehörden vom 1. August 1883. Welche Bedeutung kommt der im Einbürgerungsverfahren von einem Dritten zur Erfüllung der Voraussetzungen des § 8 des Reichs- und Staatsangehörigkeitsgesetzes abgegebenen schriftlichen Erklärung zu, daß er für die die Einbürgerung beantragende Person stets sorgen werde? **169,** 122. — 110) Zum Gesetz zum Schutze der landwirtschaftlichen Kulturpflanzen vom 5. März 1937 (RGBl. I S. 271) §§ 2, 16; Siebente Verordnung zur Abwehr des Kartoffelkäfers vom 4. Mai 1939 (RGBl. I S. 882) § 2 Abs. 2; BGB. § 839; WeimVerf. Art. 131. Besteht, wenn das kolonnenweise Absuchen der Kartoffelfelder nach dem Kartoffelkäfer für die Nutzungsberechtigten einer Gemeinde behördlich angeordnet worden ist, eine Amtspflicht zum gewissenhaften Absuchen aller Felder gegenüber den Nutzungsberechtigten als „Dritten" im Sinne der Amtshaftungsvorschriften? **169,** 312. — 111) Preuß. Polizeiverwaltungsgesetz vom 1. Juni 1931 (GS. S. 77) — PVG. — § 20. Zum Begriffe des Polizeipflichtigen im preußischen Recht. **169,** 353. — 112) Gesetz über den Güterfernverkehr mit Kraftfahrzeugen vom 26. Juni 1935 (RGBl. I S. 788) — GFVG. — §§ 1, 2; Durchführungsverordnung dazu vom 27. März 1936 (RGBl. I S. 320) § 4. Zum Begriffe des Güterfernverkehrs und des Werkverkehrs. **169,** 359. — 113) Zur Eisenbahn-Bau- und Betriebsordnung vom 17. Juli 1928 (RGBl. II S. 541) — EBBO. — in der Fassung der 6. Verordnung zur Änderung dieser Ordnung vom 20. November 1934 (RGBl. II S. 1051) § 18 Abs. 1 und 3, § 46 Abs. 4 und 5, §§ 75, 76, 77 bis 81. Hat die Reichsbahn für Baustellen an der Bahnstrecke, insbesondere für einen im Bau befindlichen Wegübergang, eine Verkehrssicherungspflicht? **170,** 1. — 114) Zum Reichskulturkammergesetz vom 22. September 1933 (RGBl. I S. 661); Erste Verordnung zur Durchführung des Reichskulturkammergesetzes vom 1. November 1933 (RGBl. I S. 797) — DurchfVO. — §§ 3, 4, 28; Anordnung des Präsidenten der Reichsmusikkammer zur Befriedung der wirtschaftlichen Verhältnisse im deutschen Musikleben vom 5. Februar 1935 (Reichsanzeiger Nr. 42 vom 19. Februar 1935) §§ 20, 24. Steht den Präsidenten der Einzelkammern der Reichskulturkammer eine Ordnungsstrafgewalt auch gegenüber solchen Personen zu, die wegen nur geringfügiger oder gelegentlicher Ausübung einer Kulturtätigkeit von der Zugehörigkeit zur Einzelkammer befreit sind? — Ersetzt bei Arbeitsverträgen mit Kulturausübenden die arbeitsamtliche Zustimmung das Erfordernis der Kammerzugehörigkeit? **170,** 54. — 115) Erste Durchführungsverordnung über die Einführung der Reichsmarkwährung in dem Gebiet der bisherigen Freien Stadt Danzig vom 7. September 1939 (RGBl. I S. 1691) §§ 1, 2 Abs. 1, §§ 4, 5; Verordnung über die Währungsumstellung von Schuldverhältnissen in den in das Deutsche Reich eingegliederten Ostgebieten usw. vom 14. Juni 1940 (RGBl. I S. 873) § 2; Dritte Durchführungsverordnung über die Einführung der Reichsmarkwährung in dem Gebiet der bisherigen Freien Stadt Danzig vom 22. November 1940 (RGBl. I S. 1527) § 1. Ist bei der Umstellung einer auf Danziger Gulden lautenden Forderung in Reichsmark der höhere Umrechnungssatz von 70 Rpf. für einen Gulden, soweit seine Anwendung von der Inländereigenschaft des Gläubigers abhängt, auch dann maßgebend, wenn der Vorteil daraus nicht dem inländischen Gläubiger, sondern nur ausländischen Berechtigten zugute kommen würde? **170,** 177. — 116) Vormundschaftsabkommen zwischen dem Deutschen Reich und der Republik Österreich vom 5. Februar 1927 (RGBl. II S. 511) Art. 4; Verordnung über die Deutsche Staatsangehörigkeit im Lande Österreich vom 3. Juli 1938 (RGBl. I S. 790) § 1; Zweite Verordnung über die deutsche Staatsangehörigkeit im Lande Österreich vom 30. Juni 1939 (RGBl. I S. 1072) Art. I § 1); Verordnung über die Deutsche Staatsangehörigkeit vom 5. Februar 1934 (RGBl. I S. 85) § 4 Abs. 1. Richtet sich die Wirksamkeit der vom zuständigen deutschen Vormundschaftsgericht erteilten Genehmigung zu einem Vertrage, den ein im Altreich lebender Österreicher als elterlicher Gewalthaber abgeschlossen hat, nach § 1829 BGB. oder nach österreichischem Recht? Macht es einen Unterschied, ob die Genehmigung vor der Eingliederung der Ostmark ins Reich oder nach diesem Zeitpunkte, jedoch vor dem 1. Juli 1939, erteilt worden ist? **170,** 198. — 117) Die Grundsätze des Vormundschaftsabkommens vom 5. Februar 1927 sind auch nach der Vereinigung der Ostmark mit dem Altreich weiter anwendbar. **170,** 198 (201). — 118) § 1829 Abs. 2 BGB. gehört nicht zum sog. ordre public des deutschen Rechts (Art. 30 EG. z. BGB.). **170,** 198 (201). — 119) Für die Frage, welche Landesangehörigkeit ein Reichsangehöriger besitzt, soll fortan maßgebend sein, in welchem Lande der Reichsangehörige seine Niederlassung hat. **170,** 198 (203). — 118) RErbG. §§ 37 flg., EHRV. § 30. In welchem Umfang kann der Besitzer eines Erbhofs gegenüber dem Herausgabeanspruch des Bauern ein Zurückbehaltungsrecht geltend machen? **170,** 257. — 119) Erstes Gesetz zur Überleitung der Rechtspflege auf das Reich vom 16. Februar 1934 (RGBl. I S. 91); RRAO. §§ 49, 95. Inwieweit sind im Verfahren nach der Reichs-Rechtsanwaltsordnung über das Vertretungsverbot die Feststellungen im vorausgegangenen Verfahren über den Ausschluß des Anwalts nachzuprüfen? **170,** 333. — 120) Zu § 5 der Verordnung zur Ergänzung der Reichs-Rechtsanwaltsordnung und der Reichsnotarordnung vom 22. Januar 1940 (RGBl. I S. 223). **170,** 333 (336 flg.).

Sechster Teil.

Kirchenrecht.

§ 377.

1) Zum Begriff des Vermögens, über das bei Trennung dauernd vereinigter Schul- und Kirchenämter die Auseinandersetzung stattzufinden hat. Zu § 30 des Preuß. Gesetzes, betreffend die Unterhaltung der öffentlichen Volksschulen, vom 28. Juli 1906 (GS. S. 335) — VUG. — und zu § 2 des Preuß. Gesetzes über die Trennung dauernd vereinigter Schul- und Kirchenämter vom 7. September 1938 (GS. S. 93). **161,** 236 [s. auch oben § 368 Nr. 2 und § 369 Nr. 1 bis 4]. — 2) Zum Begriff der (öffentlich-rechtlichen) Widmung. Setzt die Wirksamkeit der von einer politischen Gemeinde ausgehenden Widmung eine Verpflichtungserklärung voraus, die der Vorschrift des § 88 Abs. 4 Ziff. 7 der Preuß. Landgemeindeordnung für die sieben östlichen Provinzen der Monarchie vom 3. Juli 1891 (GS. S. 233) — LGO. — entspricht? **165,** 242 [s. auch oben zu § 369 unter NrNr. 5 und 6]. — 3) Die von der Gemeinde übernommene Leistung diente der Ausstattung der Kirchengemeinde und war als solche ihrem Wesen nach als dauernde Einnahmequelle gedacht und gewollt. Die der Kirchengemeinde in der Folge verliehene Berechtigung, sich die zur Erfüllung ihrer Aufgaben erforderlichen Mittel durch Ergebung von Kirchensteuern zu verschaffen (Preuß. Evang. Kirchengesetz vom 26. Mai 1905 — KGuVBl. S. 31 — und Preuß. Staatsgesetz vom 14. Juli 1905 — GS. S. 277 —) vermag den Fortbestand der Verpflichtung nicht in Frage zu stellen, da von dem Besteuerungsrecht grundsätzlich nur insoweit Gebrauch gemacht werden kann, als nicht andere Mittel, Einnahmen aus eigenem Vermögen oder Pflichtleistungen Dritter, zur Verfügung stehen. Es kann deshalb auch nicht darauf ankommen, ob durch starke Zunahme der Mitglieder der Kirchengemeinde deren Steuerkraft eine wesentliche Steigerung erfahren hat. **165,** 242 (247). — 4) Ist für vermögensrechtliche Ansprüche der Geistlichen öffentlich-rechtlicher Religionsgesellschaften aus ihrem Dienstverhältnis die ausschließliche Zuständigkeit der Landgerichte begründet und demgemäß die Revision ohne Rücksicht auf den Beschwerdewert zulässig? **165,** 343. — 5) Zum Gesetz über das Beschlußverfahren in Rechtsangelegenheiten der Evangelischen Kirche vom 26. Juni 1935 (RGBl. I S. 774) § 1. Handelt es sich um die Gültigkeit einer in der Evangelischen Landeskirche getroffenen Maßnahme, wenn Streit darüber besteht, ob ein Bescheid der Finanzabteilung eines evangelischen Konsistoriums zu Recht ergangen ist, durch den die Anrechnung anderweitiger Bezüge auf das Ruhegehalt eines Geistlichen angeordnet worden ist? **165,** 343. — 6) Die Geistlichen und die Kirchenbeamten der öffentlich-rechtlichen Religionsgesellschaften waren für den Geltungsbereich der Schutzvorschriften der Weimarer Verfassung als „Beamte" zu behandeln. Dazu kommt, daß diese Geistlichen

auch nach heutigem Recht den Beamten im eigentlichen Sinne des Staatsrechts in zahlreicher und auch wichtiger Hinsicht rechtlich gleichgestellt sind. Hierfür kann neben ihrer allgemeinen dienstlichen Stellung, zumal im Dienststrafrecht, beispielsweise auf die Anpassung ihrer Bezüge an die der unmittelbaren Staatsbeamten und auf ihre Unterwerfung unter dieselben Gehaltskürzungen hingewiesen werden, zu deren Anordnung die Kirchenbehörden staatsrechtlich ermächtigt wurden. In dieselbe Richtung weist die Anordnung, daß auch die Geistlichen den Treueid auf den Führer zu leisten haben. Das alles läßt aber die Tatsache unberührt, daß die Geistlichen nicht nur nach dem früheren Recht, sondern auch nach dem heutigen, auf dem Deutschen Beamtengesetz vom 26. Januar 1937 (RGBl. I S. 39) — DBG. — beruhenden Recht keine Beamten im eigentlichen Sinne sind, ihre rechtliche Stellung zum Staat vielmehr ganz anders und jedenfalls sehr viel loser ist als die eines jeden Beamten, auch eines Gemeindebeamten. Vor allem erfüllen die Beamten unmittelbar oder mittelbar staatliche Aufgaben; das trifft auf die Geistlichen nicht zu. Damit stimmt überein, daß die Regelung der Besoldung der Geistlichen ungeachtet der Vorschrift des § 174 Satz 2 DBG. von der staatlichen Gesetzgebung den einzelnen Religionsgesellschaften überlassen worden ist; sie kann in den Kirchen verschieden sein und braucht sich nicht an das Besoldungsrecht des Reichs anzulehnen. **165,** 343 (346 flg.). — 7) Zur Ruhegehaltsordnung für die Geistlichen der Evangelischen Landeskirche der älteren Provinzen vom 26. Mai 1909, GS. S. 206; Satzungen betreffend die Ruhegehaltskasse für evangelische Geistliche der im Gebiete des Preußischen Staates vorhandenen evangelischen Landeskirchen (GS. 1909 S. 212); Verfassungsurkunde für die Evangelische Kirche der Altpreußischen Union vom 29. September 1922 (KGVB. 1924 S. 59, GS. 1924 S. 226); Preußisches Gesetz über die Bereitstellung der Mittel zur Fortzahlung der Gehalts- und Ruhegehaltsbezüge an die Geistlichen und Beamten vom 7. Mai 1920 (GS. S. 272); Preußisches Gesetz über die Einstellung des Personalabbaues usw. (Personalabbau-Abwicklungsgesetz vom 25. März 1926 (GS. S. 105); Gesetz über das Beschlußverfahren in Rechtsangelegenheiten der Evangelischen Kirche vom 26. Juni 1935 (RGBl. I S. 774). **165,** 343 (348 flg.). — 8) Zum Codex iuris canonici vom 27. Mai 1917 — CJC. — can. 133, can. 363 § 2, can. 366, can. 368 § 1, can. 2146 § 1, can. 2176 bis 2186. Konkordat zwischen dem Heiligen Stuhl und dem Deutschen Reich vom 20. Juli 1933 (Bekanntmachung vom 12. September 1933, RGBl. II S. 679) Art. 1, 13, 14 Abs. 1, Art. 33 Abs. 1. Enthält es den Tatbestand eines Schadensersatzanspruchs, wenn ein früherer katholischer Geistlicher, der in dem besonderen Verfahren „contra clericos concubinarios" seines Amtes entsetzt worden ist, darlegt, daß nicht der — überhaupt nicht als begründet angenommene — Verdacht unkeuschen Wandels, sondern die dem Nationalsozialismus zugewandte Haltung des Geistlichen den wirklichen Grund seiner Amtsenthebung gebildet hat? Welche Rechtsnormen gelten für einen solchen Anspruch? Steht ihm der Rechtsweg offen? Gegen wen richtet er sich? **168,** 143. — 9) Über die Rechtsfähigkeit der Bistümer in Preußen. **168, 143** (149 flg.). — 10) Auch die allgemeine Vertretungsmacht eines Generalvikars, sofern der Bischof einen solchen eingesetzt hat, beruht unmittelbar auf dem Gesetze und macht daher den Eingesetzten zum gesetzlichen Vertreter im Sinne der Vorschriften des bürgerlichen und des Verfahrensrechts. **168,** 143 (150). — 11) Die Organe der öffentlich-rechtlichen Kirchengesellschaften sind öffentliche Beamte, insbesondere auch in dem Sinne, den § 839 BGB. voraussetzt. **168,** 143 (158).

Siebenter Teil.

Völkerrecht.

§ 378.

1) Zum Warschauer Abkommen (Erstes Abkommen zur Vereinheitlichung des Luftprivatrechts vom 12. Oktober 1929 RGBl. 1933 II S. 1040) Art. 17 flg. **161,** 76. — 2) Zu Art. 18 bis 21, 23 des Warschauer Abkommens. Das Abkommen gewährt keinen „gesetzlichen" Schadensersatzanspruch im Sinne des § 1542 RVO., sondern es kommt immer nur kraft eines Vertrags über eine internationale Beförderung zur Geltung und Ansprüche, die das Gesetz auf Grund dieses Vertrags gibt, sind immer vertragliche. Das Warschauer Abkommen ist anwendbar auf die Ansprüche der Hinterbliebenen gegen die Beklagte (D.-Luft-GmbH.); diese Ansprüche sind nicht nach § 1542 RVO. übergegangen, weil sie nicht auf gesetzlicher, sondern auf vertraglicher Grundlage beruhten. Das Warschauer Abkommen ist immer nur auf Grund eines Vertrags über eine zwischenstaatliche Beförderung anzuwenden. Die Ersatzansprüche, die es gewährt, können stets nur auf Grund dieses Vertrags erhoben werden. Die Ersatzansprüche sind vertragliche, nicht gesetzliche, und zwar unabhängig davon, ob die Ansprüche noch ausdrücklich in den Vertrag aufgenommen worden sind oder nicht. **161,** 76 (83) [s. auch oben zu § 376 Nr. 1]. — 3) Zur Pariser Verbandsübereinkunft (Pariser Unionsvertrag) — PUV. —, Londoner Fassung vom 2. Juni 1934 RGBl. 1937 II S. 583. **162,** 282.

Achter Teil.

Kolonialrecht. Schutzgebiete.

§ 379.

— — — — — — — — — — —

Neunter Teil. (Anhang.)

Krieg und Kriegsgesetze. Versailler Vertrag.

1. Einwirkung des Krieges auf die Rechtsverhältnisse. Kriegsklausel. Versicherung gegen Kriegsgefahr.

§ 380.

2. Reichs- (Wehr-)leistungswesen.

§ 381.

Zum Gesetz über Leistungen für Wehrzwecke (Wehrleistungsgesetz) vom 13. Juli 1938 (RGBl. I S. 887) — WLG. — und seine Entwicklung zum Reichsleistungsgesetz. **167**, 281 (286).

3. Kriegsgesetze und Kriegsverordnungen. Zwangswirtschaft.

§ 382. Verordnungen zum Schutze der Kriegsteilnehmer und über Bewilligung von Zahlungsfristen.

§ 383. Verordnungen über das gerichtliche Verfahren. Verordnung über die Todeserklärung Kriegsverschollener.

§ 384. Gesetze und Verordnungen zur Regelung der Preise. Marktschiedsgerichte. Kettenhandel. Kartelle. Vierjahresplan.

1) Zur Verordnung des Reichspräsidenten zur Sicherung der Ernte und der landwirtschaftlichen Entschuldung im Osthilfegebiet vom 17. November 1931 (RGBl. I S. 675) §§ 18, 19. Ist ein Erbvertrag der Anfechtung nach §§ 2281, 2079 BGB. entzogen, wenn er die Voraussetzung dafür gewesen ist, daß der eine der beiden Miteigentümer des zu entschuldenden Gutes die persönlichen Schulden des anderen für den Fall der nachher durchgeführten Entschuldung auf seinen Eigentumsanteil mitübernommen hat? **161**, 19. — 2) Wird das vertragliche Recht des Pächters zur Verlängerung der Pachtdauer dadurch beseitigt, daß sich die Preisbildungsvorschriften erheblich zuungunsten des Verpächters auswirken? **161**, 267. — 3) Zu § 2 des Gesetzes zur Durchführung des Vierjahresplans — Bestellung eines Reichskommissars für die Preisbildung — vom 29. Oktober 1936 RGBl. I S. 927 und zur Verordnung über das Verbot von Preiserhöhungen vom 26. November 1936 RGBl. I S. 955. Die gesamte Preisregelung ist in Verfolg des Vierjahresplans nicht zum Schutze oder zugunsten einzelner vorgenommen worden, sondern dient

ausschließlich dem allgemeinen Belang der deutschen Volkswirtschaft. Sie soll das Wirtschaftsleben auf einer gesunden Grundlage, insbesondere bei volkswirtschaftlich gerechtfertigten Preisen, aufrechterhalten und beleben. Dieser Zweck ist im Auge zu behalten, wenn untersucht wird, welche Rechte aus einer Preisfestsetzung demjenigen Vertragsteil erwachsen, dessen vertragliche Vorteile durch sie geschmälert werden. Dieser Vertragsteil erhält nunmehr für seine eigne Leistung eine gegenüber der vereinbarten Gegenleistung mehr oder weniger herabgesetzte Gegenleistung. Eine solche Verschiebung der Werte könnte in anderen Fällen wohl eine derartige Erschütterung der Geschäftsgrundlage bedeuten, daß dem Betroffenen nach § 242 BGB. die Fortführung des so veränderten Vertrages nicht mehr zuzumuten wäre. Für die Fälle, in denen diese Wertverschiebung auf seinen preisbildenden Maßnahmen beruht, kann diese Folge jedoch nicht eintreten. Sie würde mit dem Zwecke des Preisrechts ganz unvereinbar sein, nicht zu einer Festigung und Förderung der deutschen Wirtschaft, sondern zu ihrer Störung und Schädigung führen. Deshalb hat hier der Gesichtspunkt des Wegfalls oder der Erschütterung der Geschäftsgrundlage ganz auszuscheiden; der betroffene Vertragsteil bleibt an den Vertrag mit verändertem Preis unbedingt gebunden und muß ihn durchhalten. Gilt dies für einen bestehenden und unbedingten Vertrag, so läßt sich kein Grund finden, einen bedingten Vertrag, ein bindendes Vertragsangebot oder einen Vorvertrag anders zu behandeln; denn auch bei ihnen würde die deutsche Wirtschaft ebenso ungünstig beeinflußt werden, wenn sie ihre bindende Kraft infolge einer Maßnahme im Rahmen der Preisbildung verlören. **161,** 267 (272 flg.). — 4) Zur Kartellverordnung vom 2. November 1923 RGBl. I S. 1067, 1090 — KartVO. — § 1. Sind die Vereinbarungen, welche von den für einen Industriezweig verbandsmäßig zusammengeschlossenen Abnehmern des Groß- und Einzelhandels zur allgemeinen Regelung des Absatzes, insbesondere zur einheitlichen Festsetzung der Handelsspannen, getroffen werden, Kartellabreden im Sinne des § 1 KartVO.? — Zur Schriftform solcher Kartellabreden. **162,** 100. — 5) Wenn das in Rede stehende Vertragswerk (Abreden) die beteiligten Verbände gegenseitig binden sollten, so ist unbedenklich anzunehmen, daß sie als Kartellabrede im Sinne der KartVO. anzusehen sind. Seinem Inhalte nach enthält das Vertragswerk Verpflichtungen über die Handhabung der Erzeugung und des Absatzes, die Anwendung von Geschäftsbedingungen und die Art der Preisfestsetzung. Seinem Zwecke nach ist es offenbar auch darauf gerichtet und auch geeignet, den Markt auf dem Gebiete des Zigarettenhandels zu beeinflussen. Zweifelhaft könnte höchstens sein, ob auch dem Erfordernis einer körperschaftsrechtlichen Gestaltung und Zusammenfassung der Beteiligten genügt ist. Denn der etwaige Vertrag ist nicht geschlossen zwischen Unternehmern der gleichen Wirtschafts- und Absatzstufe zur waagerechten Preisbindung, sondern zwischen Unternehmern, die auf drei verschiedenen Absatzstufen stehen: Erzeugern, Großhandel und Einzelhandel, also in senkrechter Richtung. Solche Preisbindungen in senkrechter Richtung werden in der bisherigen Rechtsprechung dann jedenfalls nicht als kartellmäßig angesehen, wenn sie auf Einzelverträgen beruhen, die der einzelne Unternehmer, sei es der Erzeuger oder der Großhändler, mit seinen jeweiligen Abnehmern schließt; man spricht insofern von einer autonomen

Preisbindung der zweiten Hand. Derartigen Preisbindungsvereinbarungen fehlt in der Tat, selbst wenn sie auf eine Marktbeeinflussung abzielen sollten, die gesellschaftliche Wesensart; es handelt sich vielmehr um reine Gegenseitigkeitsverträge der Einzelunternehmer. Zweifelhafter ist bereits die Frage, ob ein Reverssystem, das kollektiv durchgeführt wird, d. h. bei dem die Abnehmer die Reversverpflichtung gegenüber dem Kartellverbande der vorgelagerten Wirtschaftsstufe eingehen, das Wesen eines Kartells im Sinne des § 1 KartVO. hat. Das Kartellgericht sieht hierin eine „kartellähnliche Abmachung", durch ein „gesellschaftsähnliches „Vertragsverhältnis" begründet wird. Das Reichsgericht hat hierzu bisher noch nicht Stellung genommen, braucht es hier auch nicht zu tun, da es sich um eine dritte Form der Preisbindung zweiter Hand handelt, nämlich um einen zusammenfassenden (kollektiven) Gegenseitigkeitsvertrag, den die verbandsmäßig zusammengeschlossenen Hersteller mit den ebenfalls verbandsmäßig zusammengeschlossenen Abnehmern schließen. Verträge dieser Art als Kartellverträge im Sinne des § 1 KartVO. anzusehen, unterliegt keinem Bedenken. Hierbei kann es dahingestellt bleiben, ob und inwieweit die einzelnen Verbände, die den Vertrag zur Förderung ihrer Mitglieder schließen, selbst Kartelle sind oder nur einen gewöhnlichen Zusammenschluß zur Wahrnehmung gemeinsamer Belange darstellen. Die Verträge dieser Art dienen jedenfalls dem gemeinschaftlichen Zwecke, den Absatz allgemeiner zu regeln und dadurch den Markt zu beeinflussen. Sie haben insofern gesellschaftliche oder doch zum mindesten gesellschaftsähnliche Wesensart. Sie unterliegen insbesondere auch der Gefahr, daß wirtschaftliche Machtstellungen gegenüber Dritten, am Vertrage nicht unmittelbar beteiligten Personen mißbraucht werden, einer Gefahr, die Veranlassung zum Erlaß der Kartellverordnung gegeben hat. Hiernach bedurfte das Vertragswerk der schriftlichen Form. Diesem Erfordernis ist nicht nur dann genügt, wenn die Voraussetzungen des § 126 BGB. erfüllt sind, sondern schon dann, wenn nur die Kartellabmachungen derart schriftlich niedergelegt sind, daß eine Nachprüfung sowohl auf den Inhalt wie auf die Personen der Teilnehmer ermöglicht ist. **162**, 100 (107 flg.). 6) Zum Gesetz zur Durchführung des Vierjahresplanes — Bestellung eines Reichskommissars für die Preisbildung — vom 29. Oktober 1936 (RGBl. I S. 927) §§ 4, 6 und zur Ersten Anordnung über die Wahrnehmung der Aufgaben und Befugnisse des Reichskommissars für die Preisbildung vom 12. Dezember 1936 (Deutscher Reichsanzeiger Nr. 291). Können die Strafverfügung einer Preisüberwachungsstelle und die Beschwerdeentscheidung des Reichskommissars der Preisbildungsstelle im Rechtsweg angegriffen werden? Unter welchen Voraussetzungen kann die gerichtliche Nachprüfung im Weg einer Schadensersatzklage wegen Amtspflichtverletzung herbeigeführt werden? Wird die Schadensersatzklage durch die gesetzliche Bestimmung gehindert, nach der Anordnungen auf Grund des Gesetzes über die Bestellung eines Reichskommissars für die Preisbildung für die Gerichte bindend sind und wegen eines Schadens, der durch eine Anordnung oder Maßnahme auf Grund dieses Gesetzes entsteht, keine Entschädigung gewährt wird? **162**, 230. — 7) Zum Gesetz zur Durchführung des Vierjahresplanes vom 29. Oktober 1936 (RGBl. I S. 927) § 2. Kann der Reichskommissar für die Preisbildung streitige und unabgewickelte Rechtsverhältnisse auch insoweit ordnen, als sie über den Zeitpunkt des Inkrafttretens des Gesetzes zur Durchführung des Vierjahresplanes zurückreichen? — Zur Möglichkeit einer Aufrechnung gegenüber dem vom Preisbildungskommissar festgesetzten Preise. **165**, 226. — 8) Zum Gesetz zur Durchführung des Vierjahresplans — Bestellung eines Reichskommissars für die Preisbildung — vom 29. Oktober 1936 (RGBl. I S. 927) — PBG. —. Verordnung über das Verbot von Preiserhöhungen vom 26. November 1936 (RGBl. I S. 955) — Preisstopverordnung (PStopV.) —. Fünfte Anordnung über die Wahrnehmung der Aufgaben und Befugnisse des Reichskommissars für die Preisbildung vom 6. Oktober 1937 (Reichsanzeiger Nr. 238 S. 4). Runderlaß des Reichskommissars für die Preisbildung vom 6. Oktober 1937, Nr. 155/37 (JW. 1937 S. 2757). Kann ein Grundstückskaufvertrag, der abgeschlossen wurde nach Inkrafttreten der Preisstopverordnung, aber vor der vom Preiskommissar vom 6. Oktober 1937 getroffenen Bestimmung über die Preisbildung und Preisüberwachung bei Grundstücken, vom Käufer mit der Begründung beanstandet werden, daß der vereinbarte Kaufpreis das volkswirtschaftlich gerechtfertigte Maß übersteige? **165**, 385. — 9) Das Preisbildungsgesetz und die auf dessen § 3 beruhende Preisstopverordnung beziehen sich auch auf Grundstücksgeschäfte (vgl. AV. des Reichsjustizministers vom 14. Juni 1937 — DJ. S. 954; Runderlaß Nr. 155/37 des Preiskommissars vom 6. Oktober 1937). **165**, 385 (389). — 10) Nach der Verordnung zur Sicherung der Preisüberwachung bei Grundstücken vom 8. Juli 1938 (RGBl. I S. 850) kann die zur Grundbucheintragung des Neuerwerbers nötige Unbedenklichkeitsbescheinigung der Grunderwerbssteuerstelle erst nach Entschließung der Preisbildungsbehörde über Billigung oder Beanstandung des Geschäfts erteilt werden. Sollte es vorgekommen sein, daß ein von ihr nicht beanstandeter Vertrag in Wahrheit doch gegen die Preisstopverordnung verstieße, so gilt in dem Falle die Genehmigung als Ausnahmebewilligung nach § 3 PStopV. (Runderlaß vom 6. Oktober 1937). Damit ist dann ein Verstoß gegen die Preisstopverordnung geheilt. Dann kann sich auch keine Partei mehr darauf berufen, daß der Vertrag wegen Preisüberhöhung ganz oder teilweise auf Grund der Preisstopverordnung in Verbindung mit § 134 BGB. nichtig sei. Das bedeutet einen Schutz des Grundstücksverkehrs vor Unsicherheit und nachträglichen Überraschungen. **165**, 385 (392). — 11) Dahingestellt bleibt, wie ein Fall zu entscheiden sein möchte, in dem etwa die Preisprüfungsbehörde doch noch nachträglich die Durchführung eines älteren Veräußerungsgeschäfts verbieten sollte. **165**, 385 (393). — 12) Es erübrigt sich die Erörterung der im Schrifttum streitigen Frage, ob bei Grundstückskäufen ein Verstoß gegen die Preisstopverordnung die Herabsetzung des Preises auf das richtige Maß oder vielmehr die Nichtigkeit des ganzen Vertrages zur Folge hat. Diese Frage ist nicht ohne weiteres damit entschieden, daß das Reichsgericht in einem den Kauf eines Kraftwagens betreffenden Streit für den Regelfall eine Herabminderung des Preises auf das richtige Maß angenommen hat. Zwischen dem Kauf einer Handelsware und dem eines Grundstücks bestehen wirtschaftliche und weltanschauliche Unterschiede, die für die Beantwortung der Rechtsfrage von Bedeutung sein können. **165**, 385 (393). — 13) Zum Gesetz zur Durchführung des Vierjahresplanes (Preisbildungsgesetz) vom 29. Oktober 1936 (RGBl. I S. 927) — PBG. —. Verordnung über das Verbot von Preiserhöhungen (Preisstopverordnung) vom 26. November 1936 (RGBl. I S. 955). Ist ein Grundstücksveräußerungsvertrag in vollem Umfange nichtig oder bleibt er mit verändertem Preise gültig, wenn die Preisbehörde dahin entschieden hat, daß der vereinbarte Preis volkswirtschaftlich nicht gerechtfertigt sei, und wenn sie gleichzeitig einen geringeren Preis angegeben hat, zu dem die Veräußerung genehmigt werden solle? **166**, 89. — 14) Beim Verkauf einer beweglichen Sache ist angenommen worden, daß ein Verstoß gegen das Verbot der Preiserhöhung keine Nichtigkeit des Vertrags zur Folge habe, und kein Unterschied für den Verkauf eines Grundstücks gemacht worden. **166**, 89 (92). — 15) Bei einem Pachtvertrag über ein Grundstück ist allgemein ausgesprochen worden, daß Verträge, die gegen die Preisstopverordnung verstießen, nicht nichtig, sondern zum zulässigen Preise gültig seien; das sei auch die überwiegende Meinung im Schrifttum. **166**, 89 (92). — 16) Das Reichsgericht hat in ständiger Rechtsprechung angenommen, daß be Überschreitung der auf Grund des Gesetzes, betreffend Höchstpreise, vom 4. August 1914 (RGBl. S. 339, 516) festgesetzten Preisgrenze die Nichtigkeit des § 134 BGB. nicht Platz greife, sondern der Kaufpreis auf das zulässige Maß herabzusetzen sei. **166**, 89 (93). — 17) In einem der Verordnung über Preisbildung für ausländische Waren vom 15. Juli 1937 (RGBl. I S. 881) unterliegenden Falle, in dem es sich um den Verkauf eines Kraftwagens handelte, hat das Reichsgericht angenommen, daß nach dem Zwecke dieser Verordnung, den Geschäftsverkehr in regelmäßigen, von Preisveränderungen nicht beunruhigten Bahnen zu halten, eine Überschreitung des nach ihr zulässigen, volkswirtschaftlich gerechtfertigten Preises nicht die Nichtigkeit des ganzen Geschäfts, sondern die Herabsetzung des vereinbarten Preises auf den richtigen Betrag zur Folge habe; dies abgesehen von einem Fall, in dem vorsätzlicher Verstoß beider Teile gegen die Verordnung Nichtigkeit des Geschäfts aus § 138 BGB. ergebe. Gleiche Erwägungen stellt das Urteil für Geschäfte mit Überschreitung der nach der Preisstopverordnung vom 26. November 1936 zulässigen Preise an. In einem die Vereinbarung eines Pachtzinses für Ausnützung eines Bimssteinvorkommens betreffenden Urteil wird als feststehend der Satz aufgestellt, daß ein Verstoß gegen die Preisstopverordnung nicht ohne weiteres die Nichtigkeit des Rechtsgeschäfts zur Folge hat, sondern daß das Geschäft als zu den zulässigen Bedingungen abgeschlossen gilt. Dahin geht jetzt auch — soweit ersichtlich einhellig — die Meinung des Schrifttums, falls es sich um Waren handelt, die Gegenstände des regelmäßigen Handelsverkehrs sind. Bestritten aber ist die Anwendung dieses Satzes auf Grundstücksverkäufe. Der Preiskommissar hat sich dahin geäußert: Der Grundsatz, daß eine Überschreitung des Stoppreises einen Kaufvertrag nicht vollständig nichtig macht, sondern daß der Verkauf zum Stoppreise gültig bleibe, gelte auch bei Grundstücksverkäufen. Wenn aber in Fällen der Überschreitung die Preisbehörde diese Genehmigung versage oder die Durchführung des Vertrags verbiete, was regelmäßig geschehen solle, so habe das die Nichtigkeit des Vertrags zur Folge. Dabei kann den Parteien mitgeteilt werden, zu welchem Preise die Behörde voraussichtlich ihre Zustimmung geben werde. Wenn aber ausnahmsweise die öffentlichen Belange die Herabsetzung des Kaufpreises und trotzdem die Durchführung des Eigentumsübergangs erforderten, so könne die Behörde den Kaufpreis unmittelbar auf das volkswirtschaftlich gerechtfertigte Maß herabsetzen; dann sei der Vertrag zu diesem Preise gültig. **166**, 89 (94). — 18) Geschäfte, die Preiserhöhungen und Vereinbarungen volkswirtschaftlich nicht gerechtfertigter Preise enthalten, sind verboten und bei schuldhaftem Handeln strafbar. Weder das Preisbildungsgesetz noch die Preisstopverordnung enthalten eine Bestimmung, die auf Ausschaltung der Regel des § 134 BGB. hinwiese. Daraus, daß die Höhe des zulässigen Preises vielfach — bei Grundstücken wohl in den meisten Fällen — erst nachträglich ermittelt werden muß und daß nach § 3 der Preisstopverordnung ausnahmsweise Zulassung überhöhter Preise möglich ist, kann nichts gegen völlige Nichtigkeit des Geschäfts aus unzulässiger Preisvereinbarung entnommen werden. Die Ermittlung und ihr Ergebnis, Genehmigung und Versagung, führen zur Feststellung dessen, was von Anfang an Rechtens war. Eine Ausnahmebewilligung ergibt die nachträglich eingetretene Gültigkeit eines ursprünglich nichtigen Geschäfts. Die Entscheidung der Zweifelsfrage muß der Interessenlage unter Beobachtung des Erfolgs entnommen werden, der sich bei der Anwendung der Preisstopverordnung in Verbindung mit § 134 BGB. nach der einen oder anderen Richtung ergibt. Die Rechtsanwendung muß den Belangen des Volksganzen und dem gesunden Rechtsempfinden gerecht werden und entsprechen. Bei solcher Betrachtungsweise tritt die Bedeutung des wirtschaftlichen und weltanschaulichen Unterschiedes hervor, der zwischen Gegenstände des regelmäßigen Handelsverkehrs, der Ware, und Grund und Boden besteht. Der regelmäßige Weg der Handelsware ist der Umlauf vom Hersteller durch den Handel zum Verbraucher. Die Höchstpreisgesetzgebung des Weltkrieges und die der Durchführung des Vierjahresplanes dienende neue Preisbildungsgesetzgebung wollen den regelmäßigen, nützlichen Geschäftsverkehr fördern und seine Aufrechterhaltung zu Preisen gewährleisten, die für die Volkswirtschaft erträglich sind, insbesondere die Erhaltung eines gesunden Verhältnisses zwischen Preisen und Löhnen ermöglichen. Das Höchstpreisgesetz enthielt auch noch Bestimmungen, die sich gegen das Zurückhalten von Gegenständen des täglichen Bedarfs richtete. Diesem Zwecke der Förderung sachdienlichen Umlaufs würde es widersprechen, wenn Veräußerungen zu übersetzten Preisen völlig vernichtet werden würden, während die Aufrechterhaltung von Verträgen zu richtigen Preisen dem erstrebten Ziele dient. Daher wird dem Zwecke dieser Gesetzgebung, entgegen der Regel des § 134 BGB., nicht völlige Nichtigkeit einer die erlaubte Grenze überschreitenden Preisvereinbarung, sondern Herabsetzung auf das richtige Maß entnommen. Dies geschieht zweifellos mit Recht, soweit es Waren des regelmäßigen Handelsverkehrs betrifft. Das Höchstpreisgesetz betraf nur solche Gegenstände, während die jetzige Preisgesetzgebung nicht zwischen Gütern des täglichen Bedarfs und anderen Gütern unterscheidet, sondern Güter und Leistungen jeder Art, insbesondere auch Grundstücke, betrifft. Das ist aber noch kein Grund, in Anwendung des § 134 BGB. die Veräußerungen aller Gegenstände gleich anzusehen, obschon bei verschiedenen Arten auch die Interessenlage ganz verschieden ist. Grundstücksverkäufe unterscheiden sich in ihrer wirtschaftlichen und volkswirtschaftlichen Bedeutung deutlich vom Warenhandel. Während das regelmäßige Schicksal der in diesen Handel fallenden Güter der Umsatz ist, sind Grundstücke ihrem Wesen nach gerade nicht zum

Umsatz bestimmt. Der Eigentümer eines Handelsguts entspricht allgemein den Belangen des Volksganzen, wenn er die in seinem Besitz befindliche Ware dem Verkehr zuführt. Bei Grundstücken ist dagegen gerade die Gesetzgebung des Dritten Reichs bestrebt, die Zusammengehörigkeit des Eigentümers mit seinem Besitz zu fördern und diesen nicht zur Handelsware werden zu lassen. Für den Verkäufer hat ein Festhalten am vereinbarten Preise bei einer Ware nicht die Bedeutung wie bei Grundstücken. Die Ware wird er im regelmäßigen Lauf jedenfalls einmal veräußern; dann kann er keinen höheren Preis erzielen als den nach der Preisstopverordnung zulässigen. Bei Grundstücken aber pflegt die Höhe des vereinbarten Preises ein den Entschluß zum Verkauf überhaupt sehr wesentlich bestimmender Umstand zu sein, dies jedenfalls bei wirtschaftlich gesunden Käufen, die nicht etwa als Notverkäufe zu jedem sich bietenden Preise vorgenommen werden. Es würde ein überraschendes Ergebnis sein, wenn ein Eigentümer, der sich zum Verkaufe seines Hauses zu einem bestimmten Preis entschlossen hat, etwa aus der Überlegung heraus, daß er die erzielte Summe notwendig braucht oder daß er sie anderweit gut verwenden kann, nachträglich gezwungen werden würde, das Haus zu einem weit geringeren Betrag abzugeben, obwohl ihn dieser für den vorgesehenen Zweck bei weitem nicht ausreichen mag. Damit würde die größte Unsicherheit in das wichtige Gebiet der Grundstücksveräußerungen hineingetragen werden. Der Verkäufer kann dann nicht mit nur einiger Sicherheit voraussehen, ob sein Entschluß zur Veräußerung die gewünschten wirtschaftlichen Folgen haben wird und ob er von seinem Standpunkt aus vernünftig ist. Ihm muß es als unerwarteter und unzulässiger Eingriff in die Freiheit seiner Entschließung erscheinen, wenn er zwar am Verkaufe festgehalten werden sollte, aber zu einem Preise, zu dem er sich freiwillig nicht zur Veräußerung entschlossen haben würde. Ihn im Wege der Rechtsprechung so gegen seinen Willen und entgegen der grundsätzlichen Freiheit der Verfügung über sein Eigentum zu binden, wäre dann gerechtfertigt, wenn die höherstehenden Belange des Volksganzen solches erfordern würden. Das ist aber bei Grundstücken regelmäßig nicht der Fall. Wo Grund und Boden für allgemeine Zwecke notwendig gebraucht wird, bestehen ausreichende Möglichkeiten der Beschaffung; so z. B. die Enteignung oder die besonders geregelte Bereitstellung von Siedlungsland. Daher liegt vom Standpunkte des allgemeinen Wohles keine Notwendigkeit vor, den Verkäufer eines Grundstücks entgegen dem Grundsatze des § 134 BGB. gegen seinen Willen am Vertrage festzuhalten, wenn dieser im wesentlichen Punkte des Preises nicht so, wie vereinbart, durchgehen kann. Im Gegenteil kann es nur dem Wohle der Volksgemeinschaft dienen, wenn die Rechtssicherheit nicht dadurch erschüttert wird, daß der Verkäufer zur Weggabe seines Grundstücks zu einem von ihm nicht vorausgesehenen Preise genötigt wird. Derartiges fordert der Zweck des Preisbildungsgesetzes und die Preisstopverordnung in Anwendung auf Grundstücksveräußerungen nicht. Im Ergebnis stimmt das überein mit der Auffassung des Preiskommissars, daß Grundstücke, die Vereinbarungen volkswirtschaftlich gerechtfertigte Preise enthalten, in der Regel nicht durchzuführen seien. Dabei bedarf es keiner Stellungnahme zu der Ansicht, daß in Ausnahmefällen Durchführung der Veräußerung gegen den Willen des Veräußerers zulässig sei. **166**, 89 (95 flg.). — 19) 1. Verordnung gegen Mißbrauch wirtschaftlicher Machtstellungen vom 2. November 1923 (RGBl. I S. 1067) — KartVO. — § 9. Bezieht sich die Einwilligung des Reichswirtschaftsgerichts zur Sperre eines Außenseiters grundsätzlich auch auf laufende Lieferverträge eines Kartellmitglieds mit dem Außenseiter? — Hat, wenn Liefervertrag und Kartellvertrag nebeneinander rechtswirksam sind, der Verkäufer die sich aus der Sperre für die Lieferung ergebenden Schwierigkeiten grundsätzlich selbst zu vertreten? — Bleibt es dem Außenseiter, auch wenn ihm nach der Entscheidung des Reichswirtschaftsgerichts der Beitritt zum Kartell zuzumuten ist, grundsätzlich selbst überlassen, ob er beitritt? Unter welchen Voraussetzungen ist er zum Beitritt verpflichtet? — Hat der Käufer (Gläubiger) das Leistungsunvermögen des Verkäufers (Schuldners) im Sinne des § 324 Abs. 1 BGB. auch dann zu vertreten, wenn er die Sperre durch unlauteren Wettbewerb hervorgerufen hat? **166**, 134. — 20) Zur Verordnung über die Bildung von Schiedsgerichten der landwirtschaftlichen Marktregelung vom 26. Februar 1935 (RGBl. I S. 293) — MarktschgVO. — § 3 Abs. 2 Nr. 2. Kann eine Streitigkeit „zwischen Mitgliedern der Zusammenschlüsse" im Sinne der Marktschiedsgerichtsverordnung auch dann gegeben sein, wenn der Streit nach Beendigung der Mitgliedschaft entsteht? — Handelt es sich um eine „Maßnahme" des Zusammenschlusses, wenn dieser, anstatt unmittelbar marktregelnde Anordnungen zu treffen, zur Erreichung seiner Aufgaben lediglich den Verkauf eines Betriebes an einen anderen Unternehmer vermittelt und die Vereinbarungen der Beteiligten genehmigt? **167**, 129. — 21) Zur Verordnung zur Änderung der Verordnung über die Bildung von Schiedsgerichten für die landwirtschaftliche Marktregelung vom 8. Juli 1939; zu den §§ 3, 7, 10 des Gesetzes über den vorläufigen Aufbau des Reichsnährstandes und Maßnahmen zur Markt- und Preisregelung für landwirtschaftliche Erzeugnisse (RNStG.) vom 13. September 1933 (RGBl. I S. 626); zu § 38 des Milchgesetzes vom 31. Juli 1930 (RGBl. I S. 421) in der Fassung vom 20. Juli 1933 (RGBl. I S. 527); zur Verordnung über den Zusammenschluß der Deutschen Milch- und Fettwirtschaft (ZusammenschlVO.) vom 29. Juli 1938 (RGBl. I S. 957); zur Anordnung des Reichsbauernführers vom 20. August 1938 (RNVBl. S. 423); zu den Satzungen der Hauptvereinigung der Deutschen Milch- und Fettwirtschaft und der Milch- und Fettwirtschaftsverbände. **167**, 129 (132 flg.). — 22) Über die Verbandsmitgliedschaft der Mitglieder der (unter 21) genannten Wirtschaftsverbände. **167**, 129 (135). — 23) Zur Verordnung über die Bildung von Schiedsgerichten für die landwirtschaftliche Marktregelung vom 26. Februar 1935 (RGBl. I S. 293) — MarktschgVO. — § 3 Abs. 2 Nr. 2. Sind die Marktschiedsgerichte zuständig für die Klage des Mitgliedes eines marktständischen Zusammenschlusses gegen eine der Verbandsgewalt des Zusammenschlusses ebenfalls unterworfene eingetragene Genossenschaft mit beschränkter Haftpflicht, wenn der Klageanspruch darauf gestützt wird, daß die Beklagte durch Gewährung der satzungsmäßigen Rückvergütung an ihre Mitglieder nach Maßgabe ihres Warenbezugs dem vom übergeordneten Zusammenschluß erlassenen Verbot einer Preisunterbietung zuwiderhandle, und wenn die Klage unter dem Gesichtspunkt eines durch die Zuwiderhandlung begangenen Wettbewerbsverstoßes oder auf Grund der Vorschriften über unerlaubte Handlungen erhoben wird? — Sind die Marktschiedsgerichte auch für Klagen auf Schadensersatz und Auskunfterteilung zuständig? **167,** 138. — 24) Zur Anordnung des Vorsitzenden der Hauptvereinigung der deutschen Gartenbauwirtschaft Nr. 111 vom 22. März 1937, betr. Regelung des Wettbewerbs in der Tafelwasser- und Limonadenindustrie (RNVBl. S. 134); zur Verordnung über die Bildung von Schiedsgerichten für die landwirtschaftliche Marktregelung vom 26. Februar 1935 in der Fassung der Verordnung zur Änderung dieser Verordnung vom 8. Juli 1939 (RGBl. I S. 1201); zu §§ 3, 10 des Gesetzes über den vorläufigen Aufbau des Reichsnährstandes und Maßnahmen zur Markt- und Preisregelung für landwirtschaftliche Erzeugnisse vom 13. September 1933 (RGBl. I S. 626); Verordnung über den Zusammenschluß der Deutschen Gartenbauwirtschaft vom 27. Februar 1935 (RGBl. I S. 343); Verordnung über den Zusammenschluß der Deutschen Gartenbauwirtschaft vom 21. Oktober 1936 (RGBl. I S. 911) in der Fassung der Verordnungen vom 9. April 1937 (RGBl. I S. 446) und 28. Juli 1937 (RGBl. I S. 869); Satzungen der Wirtschaftsverbände und der Hauptvereinigung vom 2. April 1935 (RNVBl. S. 173) und vom 6. Februar 1937 (RNVBl. S. 77). **167,** 138 (139 flg.). — 25) Die Marktschiedsgerichtsverordnung bietet weder nach ihrem Wortlaut noch nach ihrem Zweck Anlaß, ihr Anwendungsgebiet einzuschränken. **167,** 138 (148). — 26) Steht der Rechtsweg offen für einen Anspruch, der darauf beruht, daß eine mit Wirtschaftslenkung befaßte öffentlich-rechtliche Körperschaft in „Richtlinien" den Verarbeitern bestimmter inländischer, zu Verlustpreisen einzukaufender Rohstoffe die Zahlung von „Ausgleichsvergütungen" in Aussicht gestellt hat? **167,** 225. — 27) Zum Maisgesetz in der Fassung vom 5. Oktober 1934 (RGBl. I S. 918), zur Verordnung zur Ausführung dieses Gesetzes von demselben Tage (RGBl. I S. 921). **167,** 225 (230). — 28) Die Frage, ob im Falle eines Mietvertrags über eine bewegliche Sache, den der Leistungspflichtige auf Verlangen der Bedarfsstelle auf Grund des Reichsleistungsgesetzes mit einem Dritten abgeschlossen hat, der vereinbarte Mietzins gegen die Verordnung über das Verbot von Preiserhöhungen vom 26. November 1936 (RGBl. I S. 955) verstößt und welche Folgen sich daraus ergeben, unterliegt der Beurteilung des Gerichts. **167,** 281 (288). — 29) Zur Verordnung über das Verbot von Preiserhöhungen (Preisstopverordnung) vom 26. November 1936 (RGBl. I S. 955) — PrStVO. — § 1 Abs. 1. Gilt das Preiserhöhungsverbot des § 1 Abs. 1 der Preisstopverordnung vom 26. November 1936 auch für Verträge aus der Zeit vor dem Stichtage vom 18. Oktober 1936, in denen die Höhe des Kaufpreises von einer am Zahlungstage geltenden Richtzahl abhängig gemacht ist, wenn der danach zu zahlende Preis höher wäre, als der nach jenem Stichtage berechnete? **168,** 22. — 30) Zum Gesetz zur Durchführung des Vierjahresplanes — Bestellung eines Reichskommissars für die Preisbildung — vom 29. Oktober 1936 (RGBl. I S. 927) § 6 Abs. 1; Runderlaß des Reichskommissars für die Preisbildung Nr. 1/37 vom 30. Januar 1937; Runderlaß Nr. 37/40 vom 3. April 1940 (MittBl. des RfPr. I S. 212; Runderlaß Nr. 57/37 vom 8. März 1937 betr. Vorbehaltsklauseln; Erlaß des RfPr. vom 29. Dezember 1938 — A 20 — 2685 (MittBl. des RfPr. 1939 I S. 11); Erlaß des RfPr. vom 4. Mai 1939 — A 301—346, betr. Preisstellung für Verpackungsmaterial (MittBl. des RfPr. I S. 178); Runderlaß des RfPr. Nr. 37/40 vom 3. April 1940 — A 301—756 (MittBl. des RfPr. I S. 212. **168,** 22 (23 flg.). — 31) Das Verbot von „Preiserhöhungen" kann sich nur gegen Handlungen richten, die eine Erhöhung herbeiführen oder die sich in Preiserhöhungen auswirken oder darauf abzielen. **168,** 22 (27). — 32) Die Preisstopverordnung verfolgt den Zweck, den am Stichtage bestehenden Preisstand aufrechtzuerhalten und so die Kaufkraft des Arbeitslohnes der breiten Schichten des Volkes weitgehend zu sichern. **168,** 22 (28). — 33) Zum Gesetz zur Durchführung des Vierjahresplanes (Preisbildungsgesetz) vom 29. Oktober 1936 (RGBl. I S. 927) §§ 1, 2, 6; Verordnung zur Sicherung der Preisüberwachung bei Grundstücken vom 8. Juli 1938 (RGBl. I S. 850); Verordnung vom 17. September 1940 (RGBl. I S. 1287); Verordnung vom 27. März 1936 (RGBl. I S. 315. Ist ein Grundstücksveräußerungsvertrag auch nach österreichischem Recht in vollem Umfange nichtig, wenn die Preisbehörde den vereinbarten Preis als volkswirtschaftlich nicht gerechtfertigt beanstandet? — Ist die Preisbehörde befugt, die Aufrechterhaltung des Grundstücksveräußerungsvertrags zu dem von ihr festgesetzten geringeren Preis anzuordnen? **168,** 91. — 34) Zum Runderlaß des Reichsministers für Ernährung und Landwirtschaft vom 19. Mai 1941 (RMinBl. für die landwirtschaftliche Verwaltung Sp. 387); Runderlaß Nr. 30/41 vom 17. März 1941 (DR. Ausg. A 1941 S. 1144); § 6 des Ergänzungsgesetzes zum Reichssiedlungsgesetz vom 4. Januar 1935 (RGBl. I S. 1); § 2 der Zweiten Verordnung zur Durchführung der Verordnung über den Einsatz des jüdischen Vermögens vom 18. Januar 1940 (RGBl. I S. 188). **168,** 91 (94 flg.). — 35) Grundsätzliche Nichtigkeit eines Kaufvertrags über ein Grundstück bei Überschreitung des volkswirtschaftlich nicht gerechtfertigten Preises. **168,** 91 (96). — 36) Im Altreich sowohl wie in Österreich ist bei Höchstpreisüberschreitungen nach dem Weltkriege die Rechtsprechung dahin gegangen, die Geschäfte nur in Beschränkung auf den den Höchstpreis übersteigenden Teil des Kaufpreises für nichtig zu erachten und im übrigen aufrechtzuerhalten. **168,** 91 (98). — 37) Zum Gesetz zur Durchführung des Vierjahresplanes (Preisbildungsgesetz) vom 29. Oktober 1936 (RGBl. I S. 927) §§ 2, 6; Verordnung über das Verbot von Preiserhöhungen (Preisstopverordnung) vom 26. November 1936 (RGBl. I S. 955). Unter welchen Voraussetzungen macht ein Verstoß gegen die Preisbildungsvorschriften ein Rechtsgeschäft, insbesondere die Verpachtung eines Eigenjagdbezirkes, nichtig? **168,** 307. — 38) Der von der Preisüberwachungsstelle erhobene Anspruch, aus Gründen des öffentlichen Wohls auf den Beklagten einen Zwang zum Verkaufe seines Grundstücks ausüben zu dürfen, enthält in Wirklichkeit die Inanspruchnahme einer Enteignungsbefugnis. Die Grenzen zwischen Preispolitik und Enteignung, die auch heute noch gesetzgebungsmäßig streng getrennt sind, dürfen mit Rücksicht auf die Rechtssicherheit in der Praxis der Verwaltungsbehörden nicht verwischt werden. Dadurch würde nicht nur eine bedeutsame behördliche Zuständigkeitsverschiebung eintreten, sondern dem Eigentümer würde auch der sonst gegebene Rechtsweg völlig abgeschnitten werden. **168,** 307 (312). — 39) Zur Verordnung über das Verbot von Preiserhöhungen (Preisstopverordnung) vom 26. November 1936 (RGBl. I S. 955) § 1. Anordnung des Preisbildungskommissars über die Preisregelung im Geschäftsverkehr mit gebrauchten Kraftfahrzeugen vom 29. April 1939 (DRAnz. Nr. 100 vom 3. Mai 1939). Welche

Bedeutung hat es bei einem Abzahlungskaufvertrag über einen gebrauchten Lastkraftwagen für das Rücktrittsrecht des Verkäufers, ob der vereinbarte Kaufpreis mit den Vorschriften der Preisstoppverordnung im Einklang steht? **169,** 140. — 40) Hätte sich ergeben, daß der vereinbarte Kaufpreis den zulässigen Preis überstieg, so wäre jedenfalls bei einem in das Gebiet des Warenhandels fallenden Güterumsatzgeschäft, die Preisabrede, soweit sie über das zulässige Maß hinausging, nichtig und der Kaufvertrag als zu zulässigem Preis abgeschlossen anzusehen. **169,** 140 (142). — 41) Bei Sachen, die üblicherweise vermietet werden, bei denen also ein verkehrsüblicher Mietzins besteht, worin regelmäßig schon eine Entschädigung für die Wertminderung enthalten ist, welche die Sache durch die Ingebrauchnahme, sei es durch bloßen Verlust der Neuheit, sei es durch Abnutzung, erleidet, kann nicht daneben noch ein besonderer Entwertungszuschlag berechnet werden. **169,** 140 (144). — 41) Zur Verordnung über das Verbot von Preiserhöhungen (Preisstoppverordnung) vom 26. November 1936 (RGBl. I S. 955) § 1; Gesetz zur Durchführung des Vierjahresplanes (Preisbildungsgesetz) vom 29. Oktober 1936 (RGBl. I S. 927) § 2; Anordnung des Reichskommissars für die Preisbildung über Rabattstellung bei dem Vertrieb von Braunkohlenbriketts vom 22. März 1939 — RfPr. V — 21 — 1887. Dürfen Kohlenhändlern, die nicht als Großhändler erster oder zweiter Hand anerkannt sind, Preisnachlässe weitergewährt werden, die vor dem 1. April 1939 im Widerspruch zu den Lieferungsbedingungen der Kohlensyndikate zugestanden worden sind? **169,** 227. — 42) Wer sich widersprechende und möglicherweise unter sich in Widerstreit tretende Verpflichtungen eingeht, muß an und für sich grundsätzlich die sich daraus ergebenden Folgen selbst tragen. **169,** 227 (228).

§ 385. Verordnungen gegen das Ausland. Devisenrecht.

1) Zu den Richtlinien für die Devisenbewirtschaftung vom 22. Dezember 1938 (RGBl. I S. 1881) Abschn. II Nr. 36, 37; Abschn. IV Nr. 49 flg., 61. Ges. über die Devisenbewirtschaftung vom 12. Dezember 1938 (RGBl. I S. 1734). Verordnung über die Behandlung feindlichen Vermögens vom 15. Januar 1940 (RGBl. I S. 191). Kann der im Auslande lebende Unterhaltsberechtigte Zahlung der Unterhaltsbeträge auf ein bei einer inländischen Bank errichtetes Vorzugssperrguthaben fordern? Wird der Unterhaltsverpflichtete durch die Aufforderung zur Zahlung auf ein solches Vorzugssperrguthaben in Verzug gesetzt? **165,** 219. — 2) Der Schuldner muß nach Treu und Glauben die durch die Devisengesetzgebung erforderlich werdenden Änderungen in der Art der geschuldeten Leistung auf sich nehmen, sofern er dadurch nicht beschwert wird. **165,** 219 (221). — 3) Zur Schaffung von Vermögensansammlungen und Geldrücklagen ist der Unterhalt seinem Wesen nach nicht bestimmt. Nach dem Grundsatze von Treu und Glauben läßt es sich nicht rechtfertigen, dem Beklagten eine Leistung zuzumuten, die für ihn als Unterhaltsverpflichteten eine erhebliche Leistung bedeutete, aber nicht den Zweck zu erfüllen vermag, den sie für die Kläger als Unterhaltsberechtigte haben soll. Die Zahlung auf ein Sperrguthaben könnte den Beklagten nach dem Grundsatze von Treu und Glauben auch dann nicht angesonnen werden, wenn für die Klage die Möglichkeit bestünde, ihre Sperrguthabenforderung im Auslande börsenmäßig zu verwerten. Eine solche Verwertung wäre für sie mit so erheblichen Verlusten

verbunden, daß ihnen nur ein Notzuschuß bliebe, der nicht einmal zur Deckung des notdürftigsten Unterhalts ausreichen würde. Auch bei dieser Art der Verwertung wäre also der Zweck der Leistung, die Deckung des standesmäßigen Unterhalts der Kläger, nicht erreichbar. **165,** 219 (221 flg.). — 4) Während der Dauer des Aufenthalts der Kläger in einem feindlichen Staate wäre außerdem nach § 5 Abs. 2 der Verordnung über die Behandlung feindlichen Vermögens vom 15. Januar 1940 (RGBl. I S. 191) die Ausnahmebewilligung des Reichswirtschaftsministers erforderlich. **165,** 219 (222). — 5) Wenn die Kläger stets nur die Zahlung an eine inländische Bank gefordert und die hierzu erforderliche Genehmigung der Devisenstelle erwirkt und beigebracht haben, bestand für die Beklagte keine Veranlassung, sich selbst um die Genehmigung nach Abschnitt IV Nr. 61 der Richtlinien zu bemühen. **165,** 219 (222 flg.). — 6) Zur Verordnung über die Behandlung feindlichen Vermögens — FeindVermVO. — vom 15. Januar 1940 (RGBl. I S. 191) § 4. Befinden sich die dem Angehörigen eines Feindstaates gehörigen Güter an Bord des in einem ausländischen Hafen liegenden deutschen Schiffes im Inland im Sinne des § 4 I Nr. 1 FeindVermVO.? — Ist die Klage eines Dritten auf Herausgabe von Gegenständen, auf deren Herausgabe der Angehörige eines Feindstaates einen Anspruch im Sinne des § 4 I Nr. 5 FeindVermVO. hat, eine Verfügung über die Gegenstände? **168,** 1. — 7) Kann auf Grund eines gegenseitigen Vertrags, welcher der devisenbehördlichen Genehmigung bedarf, ein Schadensersatzanspruch wegen Nichterfüllung gemäß § 326 BGB. entstehen, solange die Genehmigung noch nicht erteilt ist? **168,** 261. — 8) Zum Gesetz über die Devisenbewirtschaftung vom 4. Februar 1935 (RGBl. I S. 105); Art. II § 5 der 10. Durchführungsverordnung zum Gesetz über die Devisenbewirtschaftung vom 16. September 1937 (RGBl. I S. 1018). Die Veräußerung des Grundstücks war nach Art. II § 5 der Durchführungsverordnung vom 16. September 1937 (RGBl. I S. 1018) genehmigungsbedürftig. § 38 des Devisengesetzes vom 4. Februar 1933 und Art. II § 10 der 10. Durchführungsverordnung bestimmten, daß Geschäfte, die gegen eine der Vorschriften verstoßen, nichtig seien, daß sie aber als vom Zeitpunkt ihrer Vornahme an wirksam gelten, wenn die Genehmigung nachträglich erteilt wird. Diese Rechtslage ergibt sich aus § 14 Nr. 2, §§ 40, 44, 64 Abs. 1 Satz 1, Abs. 2 des Gesetzes über die Devisenbewirtschaftung vom 12. Dezember 1938 (RGBl. I S. 1733). Die Rechtsgeschäfte sind also, solange die Genehmigung noch nicht erteilt ist, schwebend unwirksam. **168,** 261 (266). — 9) Auf Grund eines formgültig abgeschlossenen Vertrages, dem zu seiner Wirksamkeit nur die behördliche Genehmigung fehlt, ist zwar ein Treuhandverhältnis zwischen den Parteien begründet, so daß kein Teil sich einseitig grundlos vom Vertrage lossagen kann, solange aber die Genehmigung noch aussteht, ist kein Anspruch auf Erfüllung gegeben. **168,** 261 (266 flg.). — 10) Die devisenrechtliche Genehmigung ist keine rechtsgeschäftliche Bedingung, sondern eine Rechtsbedingung; auf eine solche kann die Vorschrift des § 162 weder unmittelbar noch entsprechend angewandt werden. **168,** 261 (267). — 11) Zum Gesetz über die Devisenbewirtschaftung vom 4. Februar 1935 (RGBl. I S. 106) § 38. Wie wirkt die Genehmigung einer Devisenstelle auf den Bestand des genehmigungspflichtigen Rechtsgeschäfts, wenn sie zunächst versagt worden war, später aber erteilt wird? — Nach wessen Person sind die Voraussetzungen für den Schutz des guten Glaubens zu beurteilen, wenn die Forderung aus einem Geschäft abgetreten worden ist, für das die erforderliche Genehmigung einer Devisenstelle fehlt? — Wie wirkt es auf den Schutz des guten Glaubens, wenn der Abtretende zur Zeit des Geschäftsabschlusses Devisenausländer war, nachher aber Deviseninländer geworden ist? **168**, 346. — 12) Zu § 2 der Vierten Verordnung zur Durchführung der Verordnung über die Devisenbewirtschaftung vom 9. Mai 1933 (RGBl. I S. 278); DevG. § 25; § 1 Abs. 3 der Verordnung über die Einführung der Gesetzgebung über die Devisenbewirtschaftung und den Zahlungsverkehr mit dem Ausland in den Gebieten von Eupen, Malmedy und Moresnet vom 7. Juni 1940 RGBl. I (S. 847). Inländern gegenüber kann die Nichtigkeit des Geschäfts nicht zu ihrem Nachteil geltend gemacht werden, wenn sie beim Geschäftsabschluß den die Nichtigkeit begründenden Sachverhalt nicht kannten. Weitergehenden Schutz genießen die Devisenausländer: Zum Nachteil von Personen, die im Ausland ansässig sind, kann die Nichtigkeit nur geltend gemacht werden, wenn sie diese kannten, also sowohl den die Nichtigkeit begründenden Sachverhalt, als auch die Anwendbarkeit einer Verbotsvorschrift auf ihn. Die so geschützte Person kann eine Einrede gegen die Geltendmachung der Nichtigkeit erheben, damit sie keinen Nachteil durch die tatsächlich vorhandene Nichtigkeit erleidet. Die Voraussetzungen des Schutzes des guten Glaubens sind also verschieden je nach der Person des durch die Nichtigkeit Beeinträchtigten. **168**, 346 (353).

§ 386. Kriegswirtschaftliche Verordnungen. Zwangswirtschaft.

(S. §§ 384, 385.)

1) Zur Verordnung über die Bildung von Schiedsgerichten für die landwirtschaftliche Marktregelung vom 26. Februar 1935 (RGBl. I S. 293). Sind für die Entscheidung eines Streites zwischen zwei Mitgliedern eines Milchwirtschaftsverbandes über die Ordnungsmäßigkeit und Verbindlichkeit einer von dem Verbande vorgenommenen Festsetzung des Milchpreises die Marktschiedsgerichte unter Ausschluß des ordentlichen Rechtswegs zuständig? **162**, 37. — 2) Zur Verordnung vom 26. Februar 1935 (RGBl. I S. 293) § 3 Abs. 2. Verordnung über den Zusammenschluß der deutschen Milchwirtschaft vom 17. August 1936 (RGBl. I S. 374). Verordnung über den Zusammenschluß der deutschen Milch- und Fettwirtschaft vom 29. Juli 1938 (RGBl. I S. 957). Unter welchen Voraussetzungen ist für den Anspruch eines Zusammenschlusses der deutschen Milch- und Fettwirtschaft gegen eines seiner Mitglieder der Rechtsweg zulässig? Zur Auslegung des § 3 Abs. 2 Nr. 2 der Verordnung über die Bildung von Schiedsgerichten für die landwirtschaftliche Marktregelung vom 26. Februar 1935. **165**, 300. — 3) Satzung vom 18. Juni 1936 (Verkündungsblatt des Reichsnährstandes — RNVBl. — S. 425). Satzung vom 20. August 1938 (RNVBl. S. 425). Über die Grundsätze, die für die Prüfung der Zulässigkeit des Rechtswegs maßgebend sind. **165**, 300 (304). — 4) Wären für eine Streitigkeit der vorliegenden Art die Marktschiedsgerichte als besondere Gerichte bestellt, so wäre der Rechtsweg nicht zulässig. **165**, 300 (306) [s. auch oben § 368 Nr. 25].

§ 387. Der Waffenstillstands- und der Friedensvertrag und ihre Auswirkungen.

— — — — — — — — — —

Zehnter Teil.

Aufwertung nach den Aufwertungsgesetzen und dem Anleiheablösungsgesetz.

§ 388. Aufwertung nach der Dritten Steuernotverordnung.

§ 389. Die Aufwertungsgesetze und deren Durchführungsverordnungen.

(Aufwerung von Hypotheken, Grund- und Rentenschulden s. § 77 XII.)

Die Paragraphen ohne Zusatz bedeuten die Paragraphen des Aufwertungsgesetzes.

§ 390. Das Gesetz über die Ablösung öffentlicher Anleihen vom 16. Juli 1925.

Elfter Teil.

§ 391. Strafrecht und Strafprozeß.

1) StGB. § 2 in der Fassung des Gesetzes vom 28. Juni 1935 RGBl. I (S. 839). Aufgabe des Richters, als rechtschöpfendes Organ des Staates neben dem geschriebenen Rechtssatz für den zwar nicht ausdrücklich bezeichneten, aber rechtsähnlichen Tatbestand einen entsprechenden ungeschriebenen Rechtssatz zu setzen, dessen Anwendbarkeit als dem Geiste des Gesetzes entsprechend und in ihm enthalten geboten ist und mindestens dann unbedenklich anerkannt werden muß, wenn es gilt, aufbauwidrige Lücken und Unvollkommenheiten der gesetzlichen Regelung zu schließen oder zu umgehen. Dasselbe muß dann gelten, wenn es sich um einen Tatbestand handelt, den der Gesetzgeber bei Erlaß des Gesetzes nicht berücksichtigen konnte und tatsächlich nicht berücksichtigt hat, etwa weil er außerhalb seines Gesichtskreises lag. Unter diesen Umständen haben Rechtslehre und Rechtsprechung die entsprechende Anwendung eines bestimmten Rechtssatzes auch einen zwar regelwidrigen, aber doch durchaus rechtsähnlichen Tatbestand anerkannt. — Im Rahmen des ebenmäßigen Aufbaues des Rechts als eines einheitlichen Ganzen gilt es, den in den Einzelvorschriften, wenn auch nicht immer deutlich erkennbar, ausgedrückten allgemeinen Rechtsgedanken zu erforschen und zu erfassen und ihm die Rechtsanwendung unter Wahrung aller berechtigten Belange und unter Beachtung gesunden Volksempfindens anzupassen. **162,** 244 (247, 253). — 2) Zu StGB. § 48. **162,** 230 (232). — 3) StGB. § 51 Abs. 1 und § 51 Abs. 2 in der Fassung

des Gesetzes vom 24. November 1933 (RGBl. I S. 995). Geminderte Zurechnungsfähigkeit schließt ein Verschulden nicht aus. **163**, 338 (341). — 4) Zu StGB. § 193: **163**, 210 (215). — 5) Zum Ges. betr. die Entschädigung für unschuldig erlittene Untersuchungshaft vom 14. Juli 1904 (RGBl. S. 321). Ges. über die Gewährung von Straffreiheit vom 7. August 1934 (RGBl. I S. 769). **163**, 297. — 6) Mit der Zustellung des Beschlusses (Nr. 5) entsteht der Entschädigungsanspruch als vererblich, wobei davon auszugehen ist, daß die gesetzlichen Voraussetzungen vorliegen. Ähnliches gilt für das Gesetz vom 20. Mai 1898. **163**, 297 (302). — 7) Gerade aus dem Ziel eines Straffreiheitsgesetzes heraus gibt die Zweite Durchführungsverordnung vom 1. Mai 1938 zum Straffreiheitsgesetz vom 30. Mai 1938 (RGBl. I S. 458) dem Beschuldigten, der seine Unschuld behauptet, die Befugnis, entgegen der Einstellung die Fortsetzung des Verfahrens zu beantragen. Bei einem dem Straffreiheitsgesetz vom 7. August 1934 unterliegenden Falle soll das Verfahren dann nicht eingestellt, sondern der Angeklagte freigesprochen werden. **163**, 297 (303 flg.) [s. auch oben zu § 376 Nr. 38]. — 8) Über einen Anwendungsfall des § 111 StPO. **166**, 218 (237). — 9) Die notwendige Sicherheit über die Entstehung beamtenrechtlicher Folgen bei einer mit Gefängnisstrafe von mindestens einem Jahr abgeurteilten, nicht hoch- oder landesverräterischen, vorsätzlichen Handlung gebietet, eine sich über einen längeren Zeitraum erstreckende Begehungszeit auf einen bestimmten Zeitpunkt festzulegen. Dieser aber kann nur der Beginn der Ausführung der Tat sein. **168**, 81 (85). — 10) Zum Gesetz über beschränkte Auskunft aus dem Strafregister und die Tilgung von Strafvermerken vom 9. April 1920 (RGBl. S. 507) — Straftilgungsgesetz — § 4 Abs. 4; Verordnung zur Änderung dieses Gesetzes vom 17. November 1939 (RGBl. I S. 2254); Allgemeine Verfügungen des Preußischen Justizministers vom 27. Dezember 1918 und 23. Juni 1920, betreffend Einschränkungen der Feststellung früherer Bestrafungen von Angeklagten und Zeugen (JMBl. 1918 S. 537, 1920 S. 350); Richtlinien für Strafverfahren, Allgemeine Verfügung des Reichsministers der Justiz vom 13. April 1935, Sonderveröffentlichung Nr. 7 der Deutschen Justiz Nr. 18 Abs. 1, Nr. 23, Nr. 206 Abs. 2; § 3 des österreichischen Straftilgungsgesetzes vom 21. März 1918 (RGBl. Nr. 108); Zweite Verordnung zur Änderung des Gesetzes über beschränkte Auskunft aus dem Strafregister und die Tilgung von Strafvermerken vom 20. August 1941 (RGBl. I S. 526). Galt die durch die Verordnung vom 17. November 1939 dem § 4 des Straftilgungsgesetzes als Abs. 4 angefügte Bestimmung, daß der Verurteilte im Falle der Tilgung des Vermerks über seine Verurteilung im Strafregister jede Auskunft über die Tat und über die Strafe verweigern und sich, soweit nicht eine andere, noch nicht getilgte Verurteilung entgegensteht, als unbestraft bezeichnen darf, schon im Jahre 1933 als Rechtsgrundsatz? **168**, 193.

II

Alphabetisches Register

(Die fettten Ziffern bezeichnen den Band, die gewöhnlichen die Seite.)

A

scheidung RGZ. Bd. 165 S. 307 nicht damit habe zu rechnen brauchen, daß die Amtszustellung die Berufungsfrist in Lauf setze? **166**, 126. — 11) Für Klagen der Kinder auf Feststellung der blutmäßigen A. bedarf es nach österreichischem Recht keines Nachweises des besonderen rechtlichen Interesses an der alsbaldigen Feststellung. **166**, 157. — 12) Die dreimonatige Frist zur Bestreitung der Ehelichkeit der Geburt nach österreichischem Recht beginnt mit Empfang verläßlicher Nachricht von der Geburt des Kindes; zur Bestreitung der blutmäßigen A. ist der Ehemann der Mutter nur befugt bei eigenem Interesse, das über das Interesse des Kindes hinausgeht. **167**, 120. — 13) Ein uneheliches Kind kann nicht auf Feststellung seiner A. von einem verstorbenen Manne gegen die uneheliche Mutter klagen. **167**, 289. — 14) Zuständigkeit des Gerichts für die Klage über blutmäßige A. (öst. Recht). **167**, 319. — 15) Ein während der Ehe geborenes Kind kann auf Feststellung seiner blutmäßigen A. von einem anderen Manne erst klagen, nachdem rechtskräftig festgestellt worden ist, daß es blutmäßig von dem Ehemanne der Mutter nicht abstammt (öst. Recht). **167**, 402. — 16) Über die Art der Beweisführung und den Umfang des Beweislast des auf Feststellung des Nichtbestehens der blutmäßigen A. klagenden vermeintlichen Vaters; die erbbiologische Untersuchung kann die Vaterschaft eines bestimmten Mannes auch in dem Fall ausschließen, daß sich die Untersuchung außer auf das Kind und die Mutter nur auf ihn, nicht auf einen weiteren als Erzeuger etwa in Betracht kommenden Mann zu erstrecken vermag. **168**, 187. — 17) Die Tatsache, daß das auf Feststellung seiner blutmäßigen A. vom Beklagten klagende Kind wegen Geistesschwäche unfruchtbar gemacht ist, kann das rechtliche Interesse an der begehrten Feststellung ausschließen. **168**, 316. — 18) Das rechtliche Interesse an der klageweisen Feststellung der blutmäßigen A. fehlt, wenn der Beklagte seine Vaterschaft anerkannt hat, sie auch jetzt nicht bestreitet und seine Vaterschaft von keiner Seite in Zweifel gezogen wird. **168**, 339. — 19) In einem Rechtsstreit über die A. kann die Einholung eines Ähnlichkeitsgutachtens trotz des Einwandes des Mehrverkehrs ausnahmsweise unterbleiben, wenn der Mehrverkehr durch das sonstige Beweisergebnis völlig ausgeschlossen erscheint. **168**, 385. — 20) Im Streit über die Feststellung der A. eines unehelichen Kindes hat dessen Mutter ein Recht zur Zeugnis- und Eidesverweigerung. **169**, 48. — 21) Was hat der Vater eines gesetzlich als ehelich anerkannten Kindes nach österreichischem Recht zur Widerlegung der blutmäßigen A. zu beweisen? **169**, 219. — 22) Der verneinenden Abstammungsklage steht nicht entgegen, daß der Kläger für seine Behauptung, nicht der Vater des Beklagten zu sein, keine bestimmten Beweise anzutreten vermag. **169**, 223. — 23) Keine Fortsetzung des bei einem Gerichte des Altreichs begonnenen Streites über die blutmäßige A. gegen den angeblichen Vater vor einem Gericht im Gebiete des ABGB. **169**, 365. — 24) Der Staatsanwalt ist berechtigt, in Abstammungsfeststellungssachen Rechtsmittel einzulegen; das Bestehen oder Nichtbestehen der Vaterschaft kann nach dem Tode des als Vater in Betracht kommenden Mannes nicht durch Feststellungsklage gegen die Kindesmutter geltend gemacht werden. **169**, 401.

Abstammung s. auch Beweisanforderungen, erbbiologisches Gutachten.

II

Alphabetisches Register

B

C

D

E

gegenüber nach der Trennung besonders lieblos und gehässig gezeigt hat, wird eine Beachtung ihres Widerspruchs gegen die E. nicht ausgeschlossen. **162,** 193. — 16) Nach § 78 Abs. 2 Satz 2 EheG. kommt es nicht unbedingt auf die Ertragsfähigkeit des Nachlasses an, sondern unter Umständen können für die Frage der Billigkeit allein die Verhältnisse des Erben entscheidend sein; in dem Unterhaltsrechtsstreit braucht auf die Einrede der Dürftigkeit des Nachlasses nicht sachlich eingegangen zu werden. **162,** 298. — 17) E. kann nicht auf Grund von Tatsachen verlangt werden, die schon in früherem Verfahren wegen Scheidung von Tisch und Bett als bedeutungslos angesehen worden sind. **163,** 77. — 18) Zur Nichtigkeit von Verträgen, welche die E. erleichtern sollen. **163,** 91. — 19) Protektoratsangehöriger; zuständiges Gericht. **163,** 127. — 20) Widerspruch gegen die E., wenn der Scheidungskläger die häusliche Gemeinschaft aufgehoben hat. **163,** 244. — 21) E. kann nicht auf Grund von Verfehlungen verlangt werden, die der verletzte Ehegatte nicht als ehezerstörend empfunden hat; auch nicht in Verbindung mit solchen, die wegen Fristablaufs als selbständige Scheidungsgründe ausscheiden. **163,** 246. — 22) Unterhaltsvertrag nach rechtskräftiger E. **163,** 280. — 23) Verlust des Rechts auf E.; Frist des § 57 Abs. 1 EheG. **163,** 305. — 24) Auf die Verschuldensfrage ist nicht von Amts wegen ohne Antrag einzugehen, auch nicht im Bereich des österreichischen Rechts. **163,** 335. — 25) Widerspruch gegen die E. im Falle des § 55 EheG. trotz milderer Beurteilung des ehezerrüttenden Verhaltens des Klägers infolge geminderter Zurechnungsfähigkeit und trotz seines mangelnden Verschuldens infolge geistiger Störung. **163,** 338. — 26) E. aus §§ 49, 50, 55 EheG. kann nicht verlangen, wer infolge geistiger Erkrankung kein Empfinden mehr für die ehezerrüttenden Tatsachen haben kann. **163,** 338. — 27) Widerspruch des Geisteskranken gegen die E. wegen Ehebruchs des Klägers; daß jener diese Verfehlung nicht als ehezerstörend empfunden hätte, kann ihm nicht entgegengehalten werden. **163,** 344. — 28) Bedeutung des Lebensalters, in dem Entfremdung und Trennung eingetreten sind, für die Beachtlichkeit des Widerspruchs gegen die E. **163,** 380. — 29) Rassenverschiedenheit bildet keinen Scheidungsgrund; Änderung der Scheidungsklage in die Aufhebungsklage ist nach österr. Recht im Rechtsmittelverfahren, jedoch nicht im Revisionsverfahren zulässig. **164,** 59. — 30) Bei E. nach § 55 EheG. kann der verklagte Eheteil nicht allein für schuldig erklärt werden. — Wovon hängt es ab, ob eine bereits bestehende Zerrüttung der Ehe durch neu eintretende Umstände noch vertieft werden kann? **164,** 92. — 31) Zur Anwendung des § 59 Abs. 2 EheG.; welche Gesichtspunkte sind maßgebend für die nach § 49 Satz 2 EheG. vorzunehmende Beurteilung, ob das Scheidungsbegehren mit Rücksicht auf eigene Verfehlungen des Scheidungsklägers sittlich nicht gerechtfertigt ist? **164,** 152. — 32) Zur Beachtlichkeit des Widerspruchs gegen die E. **164,** 155. — 33) Über die Voraussetzungen, unter denen das Scheidungsrecht nach dem zweiten Falle des § 56 EheG. als ausgeschlossen anzusehen ist. **164,** 185. — 34) Der Schuldausspruch bei E. wegen Verschuldens setzt keinen besonderen Antrag voraus; über die Bedeutung einer krankhaften Störung der Geistestätigkeit im Falle des § 49 EheG. **164,** 244. — 35) Wie wirkt § 616 ZPO. gegenüber einer Klage aus § 55 EheG.? **164,**

249. — 36) Welche Gesichtspunkte sind maßgebend für die Prüfung, ob die Schuld eines der Ehegatten überwiegt? **164,** 270. — 37) Die E. einer vor dem 1. August 1929 geschlossenen Ehe im Geltungsbereiche des österreichischen und einer vor dem 1. Januar 1930 geschlossenen Ehe im Geltungsbereiche des sudetendeutschen Rechts wegen vorzeitiger Unfruchtbarkeit ist möglich, wenn der klagende Ehegatte bis zum 31. Juli 1938 (31. Dezember 1939) von der Unfruchtbarkeit des anderen Ehegatten oder von dem Wegfallen eines Ausschließungsgrundes Kenntnis erlangt und das dreißigste Lebensjahr vollendet hat; die Fristen des § 58 EheG. werden schon durch die Klageerhebung eingehalten. **164,** 290. — 38) Der Widerspruch gegen die E. kann auch noch im Revisionsverfahren wirksam zurückgenommen werden. **164,** 319. — 39) Ein überwiegendes Verschulden des klagenden Ehegatten an der Zerrüttung der Ehe kann dadurch ausgeschlossen werden, daß die Zerrüttung ganz oder teilweise auf Ursachen zurückgeht, die von keinem Ehegatten verschuldet sind. **164,** 321. — 40) Zur E. aus § 50 EheG. genügt es nicht, daß die Ehe durch die unmittelbaren Wirkungen der geistigen Störung eines Ehegatten auf das eheliche Verhältnis, insbesondere durch eine auf dieser Störung beruhende Beeinträchtigung der geistigen Gemeinschaft der Eheleute, zerrüttet worden ist. **164,** 352. — 41) Über die Behauptungs- und Beweislast für den Grund der Ehezerrüttung, wenn ein Ehegatte seine Familie verlassen und ehebrecherische Beziehungen aufgenommen, also sich so verhalten hat, daß dadurch auch eine gesunde Ehe zerstört werden konnte; über die Pflicht des Gerichts, bei der Prüfung des Widerspruchs des aus § 55 EheG. verklagten Ehegatten gegen die Scheidung den eigentlichen Grund der Ehezerrüttung zu erforschen und dabei alle Anhaltspunkte zu beachten, die sich aus der Entwickelung der Ehe ergeben; auch unverschuldete Umstände, die zur Zerrüttung der Ehe beigetragen haben, können für die sittliche Rechtfertigung ihrer Aufrechterhaltung oder Lösung bedeutsam sein; die Belange minderjähriger Kinder geben nicht unter allen Umständen den Ausschlag für die Aufrechterhaltung der Ehe. **164,** 361. — 42) Die E. wegen Unfruchtbarkeit wird nicht stets dadurch ausgeschlossen, daß die Unfruchtbarkeit in Erfüllung der Frauen- und Mutterschaftspflichten eingetreten ist. **164,** 380. — 43) Mitschuldantrag trotz Neuerungsverbots im österr. Zivilprozeß **165,** 24. — 44) Wiederholung der Ehescheidungsklage; keine neue Prüfung des Widerspruchs. **165,** 32. — 45) Mitschuldantrag gegen den Kläger trotz Abweisung der auf sein Verschulden gestützten Scheidungswiderklage nach österr. Recht. **165,** 62. — 46) Wer ein Verhalten des anderen Ehegatten nicht als ehezerrüttend empfindet, hat kein Scheidungsrecht, so daß die Frage der Verzeihung gar nicht entstehen kann. **165,** 109. — 47) Wiederholung der Klage aus § 55 EheG. erst nach 3 Jahren. **165,** 125. — 48) Erwerb der deutschen Staatsangehörigkeit erst nach Aufhebung der häuslichen Gemeinschaft; Bedeutung für die Dreijahresfrist des § 55 EheG.; zum Begriff der Zerrüttung der Ehe und zur Beachtlichkeit des Widerspruchs. **165,** 149. — 49) Der auf E. verklagte Ehegatte kann einen Schuldausspruch gegen den klagenden Ehegatten wegen eines Grundes zur Aufhebung der Ehe beantragen; und zwar auch dann, wenn der Grund angriffsweise wegen Zeitablaufs nicht mehr geltend gemacht werden könnte. **165,** 317. — 50) Zum

Begriff der ekelerregenden Krankheit. **165,** 352. — 51) E. wegen Unfruchtbarkeit setzt dauerde Unfruchtbarkeit voraus, ist aber nur zu versagen, wenn auf erfolgreiche Beseitigung durch ärztlichen Eingriff zu rechnen ist. **165,** 354. — 52) E. und Eingehung einer neuen Ehe nach zwischenstaatlichem Recht. **165,** 398. — 53) Über die Voraussetzungen für die Wiederholung einer Ehescheidungsklage aus § 55 EheG. **166,** 166. — 54) Ob die Aufrechterhaltung oder Scheidung der Ehe sittlich gerechtfertigt ist, kann nach § 54 und § 55 Abs. 2 Satz 2 EheG. nur einheitlich beantwortet werden. **166,** 188. — 55) Zur Beachtlichkeit des Widerspruchs nach § 55 Abs. 2 EheG. **166,** 209. — 56) Die Übergangsbestimmung des § 95 Satz 2 EheG. bezieht sich nicht auf Fälle, in denen die E. von vornherein gemäß § 58 Abs. 2 EheG. ausgeschlossen gewesen wäre, wenn bei Eintritt der Unfruchtbarkeit das Ehegesetz schon gegolten hätte. **166,** 263. — 57) Die E. gemäß § 50 EheG. setzt nicht voraus, daß mit einer künftigen Wiederholung des ehewidrigen Verhaltens des beklagten Ehegattens zu rechnen ist; zur Anwendung des § 54 EheG. **166,** 344. — 58) Über die Feststellung des Vorhandenseins und der Rechtskraft eines in Spanien gegenüber deutschen Staatsangehörigen ergangenen Ehescheidungsurteils. **166,** 367. — 59) E. niederländischer Staatsangehöriger; Zuständigkeit der deutschen Gerichte; keine Trennung von Tisch und Bett. **167,** 193. — 60) Ausschluß der Scheidung nach § 49 Abs. 2 EheG. setzt nicht notwendig voraus, daß die beiderseitigen Verfehlungen im Zusammenhange stehen. **167,** 265. — 61. E. ehemaliger polnischer Staatsangehöriger. **167,** 274. — 62) Zur Beachtung des Widerspruchs der Frau gegen die E., wenn sie unfruchtbar geworden ist, weil der Mann sie mit einer Geschlechtskrankheit angesteckt hat. **168,** 38. — 63) Für die E. norwegischer Staatsangehöriger, die ihren Wohnsitz in Deutschland begründet haben, ist die deutsche Gerichtsbarkeit begründet; in welchem Umfange sind die Grundsätze des § 55 EheG. auf die E. einer Ausländerehe anwendbar, falls das Heimatrecht des Mannes, wie das norwegische Recht, für die E. der in Deutschland wohnenden Ehegatten auf das deutsche Recht zurückverweist? zur Beachtlichkeit des Widerspruchs gegen die E. **168,** 50. — 64) Zur Beachtlichkeit des Widerspruchs nach § 55 Abs. 2 EheG. **169,** 36, 126. — 65) Auch ein ausländisches Erkenntnis über eine Scheidung von Tisch und Bett kann die Grundlage für eine außerstreitige Umwandlung in eine Scheidung dem Bande nach bilden. **169,** 57. — 66) §§ 49, 50 EheG. können beide trotz Vorliegens der sachlichen Erfordernisse einer schweren Eheverfehlung unanwendbar sein. **169,** 59. — 67) Keine rechtswirksame Verzeihung, wenn sich der Ehegatte bei der Bekundung versöhnlicher Gesinnung in starker Gemütserregung befand. **169,** 196. — 68) Gegenüber dem Erfordernisse wirtschaftlicher Sicherung von Frau und Kindern läßt sich nicht geltend machen, im Falle der Scheidung sei zu hoffen, daß der klagende Ehemann von seinem bisherigen Bestreben, sich auf jede erdenkliche Weise den Unterhaltsverpflichtungen zu entziehen, abstehen werde; über die Voraussetzungen, unter denen die beklagte Ehefrau auf eigene Erwerbstätigkeit verwiesen werden kann. **169,** 396. — 69) Verweigerung der Fortpflanzung; Schuldmilderungsgrund. **170,** 193.

Ehescheidung s. auch Revision, Unterhaltsvereinbarung, Neuerungsverbot,

F

Fälschung s. Formblätter.

G

bewerber der Gesellschaft ist. **165**, 68. — 7) Zur nachträglichen Einräumung eines Sonderrechts für den Gründer einer GmbH. ist eine Satzungsänderung nötig. **165**, 129. — 8) Die Gesellschafter einer GmbH., die auf Grund rechtsungültiger Vereinbarungen im Innenverhältnis durch besondere gesellschaftliche Einlagen tatsächlich auf eine erweiterte Grundlage gestellt worden ist und sich unter Benutzung dieser Einlagen betätigt hat, können das von ihnen auf solche Weise Eingebrachte nicht schlechthin zurückfordern. **166**, 51. — 9) Zur Frage der Nichtigkeit und Anfechtbarkeit des gegen ein Gesetz, insbesondere gegen § 138 BGB., verstoßenden Beschlusses der Gesellschafterversammlung einer GmbH. **166**, 129. — 10) Dem Anspruch eines Gesellschafters, der auf einem durch Machtmißbrauch zustande gekommenen Gesellschafterbeschlusse beruht (Reingewinnverteilung an bevorrechtigte Gesellschafter), kann, auch wenn er weder nichtig noch angefochten worden ist, der Einwand unzulässiger Rechtsausübung entgegengehalten werden. **167**, 65. — 11) Wann entsteht ein Gläubigerrecht der Gesellschafter auf den Reingewinn? **167**, 68. — 12) Zur Beeinträchtigung eines Namens- und Firmenrechts durch die Firma einer GmbH. **167**, 184. — 13) Die grundbuchliche Belastung des Grundstücks einer GmbH. mit einer Hypothek kann auch dann eine Auszahlung im Sinne des § 30 Abs. 1 GmbHG. darstellen, wenn der als Gläubiger eingetragene Gesellschafter die Hypothek nicht erworben hat; im Fall einer gegen § 30 Abs. 1 a. a. O. verstoßenden Hypothekenbestellung, die im Zuge der Entwicklung zu weiteren Verkürzungen des Vermögens der GmbH. zugunsten des Gesellschafters oder seines Hypothekennachfolgers geführt hat, beginnt die Verjährung der Erstattungsansprüche nicht mit jeder neuen Verkürzung gesondert; eine gegen § 30 Abs. 1 a. a. O. verstoßende Hypothekenbestellung ist nicht stets nach § 134 BGB. nichtig. **168**, 292. — 14) Keine Gleichstellung mit dem alleinigen Gesellschafter im Bereiche des Warenzeichenrechts. **169**, 240. — 15) Zur Frage, ob der Gesellschafter aus einer GmbH. auch dann ausgeschlossen werden kann, wenn die Satzung keine entsprechende Bestimmung enthält. **169**, 330. — 16) Die Abänderung des Gesellschaftsvertrags einer GmbH. kann nicht von der Zustimmung eines Dritten abhängig gemacht werden; eine Satzungsbestimmung, daß das Vermögen der GmbH. bei deren Auflösung einem Dritten zufallen solle, kann ohne Zustimmung des Anfallberechtigten geändert werden. **169**, 65. — 17) Sonderrecht auf Geschäftsführung; Anfechtungsfrist. **170**, 358.

Gesellschaft mit beschränkter Haftung s. Bereicherungsanspruch, Genossenschaft, Gesellschafterversammlung, Firma, Verwaltungszwangsverfahren.

Gesellschafterabfindung durch langjährige Abzahlungsbeträge in tschechoslowakischen Kronen auf Dollargrundlage; Ausgleichungsanspruch bei Dollarentwertung. **163**, 324.

Gesellschafterversammlung. Unter welchen Voraussetzungen kann die Berufung der G. einer GmbH. zurückgenommen werden? **166**, 129.

Gesellschaftsähnlicher Vertrag über Herstellung und Verwertung eines Films. **161**, 321.

Gesellschaftsfirma s. Firma.

H

I

L

M

N

P

R

eines Milchwirtschaftsverbandes über die Ordnungsmäßigkeit und Verbindlichkeit einer von dem Verbande vorgenommenen Festsetzung des Milchpreises sind die Marktschiedsgerichte unter Ausschluß des ordentlichen R. zuständig. **162,** 37. — 3) Der Anspruch, daß ein Reichsinnungsverband eine in sein Aufgabengebiet fallende Maßnahme widerrufe, kann nicht im ordentlichen R. verfolgt werden. **162,** 181. — 3) Zulässigkeit des R. für den Schadensersatzanspruch eines Arztes wegen Maßregelungen durch Amtsleiter der Kassenärztlichen Vereinigung Deutschlands. **164,** 15. — 4) In Preußen steht der ordentliche R. offen für den Anspruch auf Freigabe einer Sicherheit, die für den Anspruch auf Ersatz der Kosten der öffentlichen Fürsorge bestellt war. **164,** 226. — 5) Durch § 13 in Verb. mit § 14 der Ersten Anordnung zur VO. über die Durchführung des Vierjahresplans auf dem Gebiete der Handwerkswirtschaft ist den Gläubigern des Handwerkers während des Abwicklungsverfahrens der R. für die Verfolgung ihrer bestrittenen Forderungen nicht verschlossen. **164,** 254. — 6) Der auf das öffentlich-rechtliche Verwahrungsverhältnis gestützte Ersatzanspruch für den Verlust beschlagnahmter Sachen kann im ordentlichen R. verfolgt werden. **166,** 218. — 7) Zur Abgrenzung der Zuständigkeit der Marktschiedsgerichte. **167,** 129, 138. — 8) Wie der Anspruch auf Zahlung einer Ausgleichsvergütung für Verarbeitung von Rohstoffen gegen eine öffentliche Körperschaft im R. geltend gemacht werden kann, so steht dieser auch für die Klage aus ungerechtfertigter Bereicherung nach Rückzahlung solcher Vergütung offen. **167,** 225. — 9) R. zulässig für den Anspruch aus dem Mietvertrag über eine bewegliche Sache auf Grund des Reichsleistungsgesetzes, unzulässig für den Anspruch aus ungerechtfertigter Bereicherung bei Nichtigkeit des Mietvertrages. **167,** 281. — 10) R. ist unzulässig für den Anspruch eines Wasserverbandsmitglieds gegen den Wasserverband wegen Eingriffs in ein Grundstück. **167,** 312. — 11) Abwehrklage gegenüber Eigentumsstörung durch Einrichtungen einer städtischen Sielanlage. **170,** 40.

Rechtsweg s. Amtspflichtverletzung, kirchliche Zwecke, Milchwirtschaft, Wehrleistung, Verwaltungszwangsverfahren, Preisüberwachungsstelle, Geistlicher.

Regulativbeamte s. Beamte.

Reich. Das R. als Fahrzeughalter muß sich, wenn es Ersatz eines an seinem Wagen entstandenen Schadens verlangt, bei der Schadensausgleichung gegenüber einem Verschulden des Schädigers die Betriebsgefahr und seine Haftung für eine mitwirkende Amtspflichtverletzung seines Fahrers anrechnen lassen und kann sich dabei auf eine Beschränkung seiner Haftung für das Verschulden seines Fahrers nicht berufen. **164,** 264.

Reich s. auch Revision, Soldaten.

Reichsarbeitsdienst. Der Angehörige des R., dem ein vom R. zur ärztlichen Versorgung seiner Angehörigen bestellter Arzt durch fehlerhafte Behandlung Schaden verursacht hat, hat deshalb Ansprüche nur gegen das Reich. **168,** 388.

Reichsärztekammer. Unter welchen Voraussetzungen kann die R. mit ihren Maßnahmen in die bürgerlich-rechtlichen Belange der Ärzte eingreifen? **168,** 129.

Reichsautobahnen. 1) Sie stehen in keinem Vertragsverhältnis zu den Arbeitern der beim Bau beschäftigten Unternehmer, auch nicht bei Zahlung von

dem 1. April 1939 in einem Rechtsstreit wegen Scheidung oder Aufhebung einer Ehe gefälltes Urteil ist nach der Überleitung der Rechtssache an die deutsche Gerichtsbarkeit zulässig, auch ohne daß sie im Urteil für zulässig erklärt ist. **162,** 63. — 4) In Ehesachen bedarf es keiner Verkündung des Ausspruchs über die Zulassung der R. **162,** 124. — 5) R. und Landesrecht. **163,** 195, 198. — 6) Zulässigkeit der R., wenn vermögensrechtliche Ansprüche mit nichtvermögensrechtlichen verbunden sind. **164,** 45. — 7) Die Zulassung der R. durch das Berufungsgericht erstreckt sich bei Verbindung einer vorentscheidenden Klage auf Scheidung oder Aufhebung einer Ehe mit einer vermögensrechtlichen Klage aus der Ehe auch auf den über das vermögensrechtliche Begehren entscheidenden Teil des Urteils. **164,** 287. — 8) Über die Anfechtbarkeit eines in nicht revisionsfähiger Sache von einem Oberlandesgericht erlassenen Urteils, durch das eine Berufung teils als unzulässig verworfen, teils als unbegründet zurückgewiesen und die Zurückweisung auch damit begründet worden ist, daß zufolge der Teilverwerfung über einen Grundbestandteil des sachlich geprüften Anspruchs bereits rechtskräftig entschieden sei. **164,** 325. — 9) Ist die Verurteilung des Reichs als Halters eines Kraftfahrzeugs, soweit sie auf der Gefährdungshaftung beruht, trotz Fehlens der Revisionssumme im Revisionsverfahren nachzuprüfen, wenn das Reich auch auf Grund der Amtshaftung für einen Beamten oder Soldaten verurteilt worden ist, weil dieser durch Verschulden bei einer Dienstfahrt den Unfall des Klägers verursacht hat? **164,** 341. — 10) Weist das Berufungsgericht eine R. als unzulässig zurück, so ist der Rekurs an das Reichsgericht gegeben. **165,** 107. — 11) Zulässigkeit der R. bei Klagen betr. uneheliche Vaterschaft. **165,** 248. — 12) Zulässigkeit der R. bei mehreren Ansprüchen in Sachen aus der Ostmark und dem Sudetengau. **165,** 255. — 13) Ohne Rücksicht auf Beschwerdewert für Schadensersatzansprüche des Reichs gegen Wehrleistungspflichtige? Anschlußrevision. **165,** 323 (334). — 14) R. ist ohne Rücksicht auf Beschwerdewert zulässig für Ruhegehaltsansprüche der Geistlichen öffentlich-rechtlicher Religionsgesellschaften. **165,** 343. — 15) Verweisung an zuständiges Gericht noch im Revisionsverfahren. **165,** 374. — 16) Ohne Rücksicht auf Streitwert in Österreich und im Sudetenland; die Landgerichte müssen ausdrücklich als ausschließlich zuständig bezeichnet sein. **165,** 393. — 17) R. ist zulässig, wenn im ersten Rechtszuge trotz ausschließlicher Zuständigkeit des Landgerichts ein Amtsgericht, im zweiten Rechtszuge ein Oberlandesgericht entschieden hat. **166,** 360. — 18) Der nicht selbständig anfechtbare Beschluß über Wiedereinsetzung und Zulässigkeit der Berufung kann auf R. hin nachgeprüft werden. **167,** 213. — 19. R. ist bei fehlender Revisionssumme unzulässig im Falle der Anfechtung eines Erstattungsbeschlusses durch einen Angestellten. **167,** 254. — 20) Das Revisionsgericht kann dahingestellt lassen, welches Recht für Ehescheidung maßgebend. **167,** 274. — 21) Aufrechterhaltenes Protektoratsrecht im Bereich der Reichszivilprozeßordnung nicht revisibel. **167,** 373. — 22) Das Reichsgericht hat infolge R. das neue internationale Ehescheidungsrecht der Reichsgaue der Ostmark auch dann anzuwenden, wenn das Berufungsurteil vor dem 1. November 1941 ergangen ist. **168,** 175. — 23) Zur Zulässigkeit der R. im Lande Österreich. **168,** 336. — 24) Die Abwägung des beiderseitigen

S

Schuldenbereinigung. Ohne Sch. des Hauptschuldners keine Bereinigung der Schuld eines Mitverpflichteten. **163,** 46.

Schuldmilderungsgrund s. Ehescheidung.

Schuldurkunde. Vollstreckbare; Eigentumsverhältnisse und Herausgabepflicht bei Nacherbschaft. **163,** 51.

Schuldverhältnis. Vor Inkrafttreten eines Gesetzes entstanden, kann trotz Art. 170 EG. z. BGB. von der neuen Vorschrift erfaßt werden. **167,** 44.

Schul- und Kirchenämter. Auseinandersetzung. **161,** 236.

Schutzgesetz. §§ 18 und 46 der Eisenbahn-Bau- und -Betriebsordnung sind Schutzgesetze im Sinne des § 823 Abs. 2 BGB. **169,** 376.

Schutzgesetz s. Kraftwagen.

Schutzumfang s. Patentverletzung.

Schutzverordnung vom 1. 9. 39. 1) Aufnahme des ausgesetzten Verfahrens. **167,** 123. — 2) Zur Wahrnehmung der Rechte des Betroffenen berufener Vertreter. **170,** 1.

Schwarzfahrt. 1) Sch. des Soldaten; Umweg auf einer Dienstkraftfahrt. **161,** 145. — 2) Sch. bei Umweg auf einer Dienstfahrt? **167,** 367. — 3) Haftung der NSDAP. für Sch. mit einem SS-Wagen; solche Haftung kann nicht geltend machen, wer in Kenntnis des Umstandes, daß es sich um eine Sch. handelt, an der Fahrt teilnimmt. **167,** 391.

Schweigen s. Bestätigungsschreiben.

Schweizer Urteil. Zuständigkeit für die Vollstreckungsgegenklage gegen ein Sch. U. **165,** 374.

Seenot s. Große Havarei.

Seerecht. Deutsches Recht ist anzuwenden, wenn die nach England bestimmte, in Schweden abgeladene Ladung wegen drohender Kriegsgefahr im deutschen Heimathafen des Schiffes gelöscht worden ist und der Reeder vom Abwesenheitspfleger des englischen Empfängers nach Ablieferung der Güter im Heimathafen Ersatz der dort erwachsenen Lagerkosten verlangt; die Reise ist hinsichtlich der Güter erst mit deren Ablieferung beendet; über die Sorgepflicht des Schiffers, wenn bis dahin die Belange des Reeders und der Ladungsbeteiligten in Widerstreit treten; über die Verpflichtung des Empfängers zum Ersatz von Lagerkosten, die durch Lagerung der Güter nach ihrer Löschung bis zur Ablieferung erwachsen sind. **169,** 257.

Seeversicherung. 1) Über die Haftung des Versicherers in der S., wenn ein einheitlicher Schaden durch mehrere, nur zum Teil durch den Versicherungsvertrag gedeckte Gefahrumstände verursacht worden ist; adäquate Verursachung und „nächste Ursache"; zur Abgrenzung zwischen Seegefahr und Kriegsgefahr nach der deutschen Kriegsklausel 1938. **169,** 1. — 2) Die Parteien haben angesichts der ihnen nach § 13 der Allg. Deutschen Seeversicherungsbedingungen obliegenden besonderen Betätigung von Treu und Glauben ihre Erklärungen über den Inhalt des Seeversicherungsvertrags mit größtmöglicher Klarheit und Bestimmtheit abzugeben. **169,** 24. — 3) Der deutsche Einfuhrkaufmann kann den sog. Mehrwert des Gutes auch dann gegen Seegefahr versichern, wenn er die Ware in Deutschland auf der Grundlage seines Einkaufspreises und damit auf der Grundlage des Versicherungswertes der Hauptversicherung veräußern muß. **169,** 368.

U

V

W

Z

III

Quellenregister

(Die fetten Ziffern bezeichnen den Band, die gewöhnlichen die Seiten.)

Erster Teil.

Reichsrecht.

Erster Abschnitt.

Inhaltsverzeichnis.

1. Bürgerliches Gesetzbuch.

(Die fetten Ziffern bezeichnen den Band, die gewöhnlichen die Seiten.)

Erster Teil.

Reichsrecht.

Erster Abschnitt.

Inhaltsverzeichnis.

1. Bürgerliches Gesetzbuch.

2. Einführungsgesetz zum Bürgerlichen Gesetzbuch.

3. Ehegesetz vom 6. Juli 1938.

4. Erste Durchführungsverordnung zum Ehegesetz vom 27. Juli 1938 (RGBl. I S. 923).

5. Vierte Durchführungsverordnung zum Ehegesetz vom 25. Oktober 1941 (RGBl. I S. 654).

6. Testamentsgesetz vom 31. Juli 1938.

7. Allgemeines Deutsches Handelsgesetzbuch (a. F.).

8. Handelsgesetzbuch von 1897.

9. Wechselordnung.

10. Wechselgesetz.

11. Einführungsgesetz zum Wechselgesetz.

12. Gerichtsverfassungsgesetz.

13. Zivilprozeßordnung.

14. Einführungsgesetz zur Zivilprozeßordnung.

15. Gerichtskostengesetz.

16. Gebührenordnung für Rechtsanwälte.

17. Gesetz über die Zwangsversteigerung und die Zwangsverwaltung.

18. Einführungsgesetz zum Zwangsversteigerungsgesetz.

19. Konkursordnung.

20. Grundbuchordnung in der Fassung vom 5. August 1935.

(Der Wortlaut der Fassung vom 20. Mai 1898 ist durch a. F. gekennzeichnet.)

21. Gesetz über die Angelegenheiten der freiwilligen Gerichtsbarkeit.

22. Rechtsanwaltsordnung (a. F.).

23. Reichsrechtsanwaltsordnung vom 21. Februar 1936.

24. Strafgesetzbuch.

25. Strafprozeßordnung.

26. Gewerbeordnung.

Zweiter Abschnitt.

Einzelne Gesetze und Verordnungen.

Zweiter Teil.

Gemeines Recht.

Codex juris canonici (1917).

Dritter Teil.

Preußisches Allgemeines Landrecht.

Vierter Teil.

Rheinisches Recht.

Code civil.

Fünfter Teil.

Landesgesetze.

*) Siehe auch Sudetenland und Protektorat Böhmen und Mähren.

2. Allgemeines Handelsgesetzbuch.

3. Gesetz über das gerichtliche Verfahren in bürgerlichen Rechtsstreitigkeiten vom 1. August 1895 (Zivilprozeßordnung) (RGBl. Nr. 113).

4. Einführungsgesetz zur Zivilprozeßordnung.

5. Konkursordnung.

6. Strafgesetz.

7. Einzelne Gesetze und Verordnungen.

Sachsen.

Sudetenland und Protektorat Böhmen und Mähren.

1. Allgemeines Bürgerliches Gesetzbuch.

Württemberg.

Sechster Teil.

Ausländisches Recht.

Ungarn.

IV

Zusammenstellung der Entscheidungen nach der Zeitfolge

1939.

1939.

1939.

1940.

1940.

1940.

1940.

1940.

1940.

November.

Dezember.

1941.

Januar.

1941.

1941.

1941.

1941.

1942.

1942.

1942.

1942.

V

Zusammenstellung

der

im 161. bis 170. Bande mitgeteilten Entscheidungen

nach

Gerichtsbezirken.

(Die fettgedruckten Zahlen bezeichnen die Nummern des Bandes, die gewöhnlichen die Nummern der Entscheidung.)

Reichsgericht unmittelbar.

161, 5, 9, 49, 69; **162**, 26; **163**, 59; **164**, 52, 63; **166**, 53; **167**, 24, 45, 53; **168**, 51; **169**, 10, 33, 64; **170**, 2, 4, 9, 37.

Oberlandesgerichte.

Bamberg.

162, 8; **163**, 54; **168**, 52.

Berlin.

161, 13, 19, 25, 26, 52, 56, 59, 70, 71; **162**, 21, 29, 30, 31, 39, 41, 47, 48, 55, 56, 60; **163**, 2, 3, 4, 10, 19, 27, 46, 48, 49, 53, 55, 61, 63; **164**, 2, 3, 7, 10, 11, 17, 22, 27, 40, 41, 46, 47, 53, 54; **165**, 4, 5, 18, 30, 31, 33, 35, 36 45, 48, 50, 56; **166**, 2, 15, 28, 32, 38, 40, 44, 48, 51; **167**, 2, 6, 7, 12, 16, 26, 41, 49, 50; **168**, 3, 6, 14, 28, 30, 35, 43, 53; **169**, 3, 5, 14, 15, 19, 21, 23, 32, 41, 43, 53, 55, 63, 66, 69, 75; **170**, 10, 45, 47, 51, 52, 57, 63.

Braunschweig.

164, 68.

Breslau.

161, 27, 34, 43; **162**, 9, 23, 50; **164**, 16, 34, 65; **165**, 10, 21, 22; **166**, 13, 16, 30; **167**, 23, 30; **168**, 11; **169**, 9, 28, 74.

Celle.

161, 14; **162,** 12, 24, 44; **163,** 60; **165,** 11, 17, 25; **166,** 5, 54; **167,** 51; **168,** 7, 27, 34, 38; **169,** 13, 68; **170,** 53.

Danzig.

170, 27.

Darmstadt.

161, 20; **162,** 25, 46; **167,** 34; **168,** 45, 55; **170,** 56.

Dresden.

161, 10, 12, 16, 28, 29, 32, 36, 41, 45, 63, 73; **162,** 18, 27, 37; **163,** 23, 33, 34, 47, 50; **164,** 29, 50, 51, 56, 66; **165,** 39; **166,** 3, 12, 18, 26; **167,** 3, 5, 21, 22, 28; **168,** 4, 9; **169,** 7, 8, 12, 20, 76; **170,** 17, 23, 28.

Düsseldorf.

161, 17, 30, 31; **162,** 10, 45; **163,** 5, 17, 36; **164,** 6, 12, 19, 45; **165,** 7, 15, 38, 49, 51; **166,** 22, 25, 41; **167,** 18, 33, 36, 52; **168,** 5, 22; **169,** 16; **170,** 6, 25.

Frankfurt a. M.

162, 11; **163,** 29; **165,** 1; **168,** 46; **169,** 30; **170,** 44, 45.

Graz.

161, 1, 4, 11, 48, 54; **163,** 13; **164,** 8, 21, 48, 49; **165,** 2, 9, 57; **166,** 8, 20, 46, 49; **167,** 17, 43, 56; **168,** 15, 16, 21; **169,** 18, 49, 52; **170,** 12, 34, 35, 65.

Hamburg.

161, 18, 50; **162,** 7,17,40; **163,** 26, 28, 37; **164,** 67; **165,** 28; **166,** 24, 31, 42, 52; **167,** 48; **168,** 1; **169,** 1, 2, 36, 46, 71; **170,** 7, 16, 22, 39, 48.

Hamm.

161, 7, 55, 67; **162,** 16, 34, 61; **163,** 11, 25, 58, 62; **164,** 18, 43, 60; **165,** 12, 13, 24, 40; **166,** 4, 6, 11, 36; **167,** 15, 31, 47; **168,** 25, 41, 56; **169,** 27, 34, 42, 48, 54, 73; **170,** 19, 64.

Innsbruck.

161, 15; **162,** 52; **163,** 24; **167,** 55; **170,** 30

Jena.

161, 37; **164,** 9; **166,** 27; **167,** 35; **168,** 12; **169,** 38.

Karlsruhe.

162, 33, 51; **163,** 31; **164,** 36; **166,** 37, 56; **168,** 18, 54; **169,** 24; **170,** 40.

Kassel.

164, 58; **165,** 52; **166,** 39, 50; **168,** 29.

Wien.

161, 3, 21, 38, 60, 64, 72; **162,** 22, 65; **163,** 12, 44, 66; **164,** 13; **165,** 14, 27, 29; **166,** 34; **167,** 11; **168,** 33; **169,** 29, 39, 65; **170,** 11, 24, 29, 36, 49

Zweibrücken.

162, 38, 53; **163,** 15, 57; **167,** 24, 38; **168,** 8; **170,** 15, 31.

Obergericht Brünn.

161, 33, 46; **162,** 28; **162,** 28; **163,** 14, 30, 42; **165,** 32. **166,** 9,43; **168,** 17.

Obergericht Prag.

161, 2, 22, 24, 42, 51, 53; **162,** 13, 15, 43, 58; **163,** 41, 43, 52. **164,** 20, 23, 30, 33, 59, 61, 71; **165,** 20, 47, 53; **167,** 39; **168,** 32.

Landgerichte.

Berlin.

166, 45; **167,** 27; **168,** 13; **169,** 4.

Beuthen.

161, 35.

Bremen.

164, 28.

Brüx.

161, 66; **162,** 32.

Chemnitz.

164, 42.

Danzig.

167, 29.

Dessau.

164, 69.

Dresden.

169, 26.

Duisburg.

169, 25.

Freiburg i. Br.

162, 59.

Glatz.

166, 33.

Gleiwitz.

168, 39.

Hannover.

164, 38.

Hamburg.

168, 2

Insterburg.

169, 22.

Kassel.

167, 37.

Konstanz.

170, 8.

Leipzig.

168, 31.

Memel.

170, 43.

Plauen i. V.

170, 61.

Schneidemühl.

167, 44.

Stettin.

163, 6.

Wiesbaden.

170, 32.

Wuppertal.

162, 35.

Amtsgerichte.

Amtsgericht Grottkau.

169, 62.

Amtsgericht Wien.

163, 40.

Reichspatentamt.

170, 59.

Druck Brandstetter, Leipzig

FSC
www.fsc.org
MIX
Papier | Fördert gute Waldnutzung
FSC® C083411

Kolibri 360 GmbH
Ferdinand-Jühlke-Straße 7
99095 Erfurt, Deutschland
produktsicherheit@kolibri360.de